VERÖFFENTLICHUNGEN
DER HOCHSCHULE FÜR WIRTSCHAFT UND POLITIK
UND DES
HWWA - INSTITUT FÜR WIRTSCHAFTSFORSCHUNG -
HAMBURG

HAMBURGER JAHRBUCH FÜR WIRTSCHAFTS- UND GESELLSCHAFTSPOLITIK

Herausgegeben von

HEINZ-DIETRICH ORTLIEB

BRUNO MOLITOR und WERNER KRONE

17. Jahr

1972

J. C. B. MOHR (PAUL SIEBECK) TÜBINGEN

Redaktion: Werner Krone
unter Mitarbeit von Bärbel Pusback

Printed in Germany
Satz und Druck: Hanseatische Druckanstalt GmbH, Hamburg-Wandsbek
ISBN 3 16 333901 8 (brosch.)
ISBN 3 16 333902 6 (Lw.)

Vorwort der Herausgeber

Anlaß zu diesem Jahrbuch war der Wunsch vieler heute in Wirtschaft, Verwaltung und Politik tätiger ehemaliger Studenten der Sozial- und Wirtschaftswissenschaften, auch nach Abschluß ihres Studiums mit „wissenschaftlichem Material" versorgt zu werden, das ihnen Anregung und Orientierung für die praktische Berufsarbeit bietet.

Dieses Buch will solche Anregungen in seinem ersten Teil geben, dessen Abhandlungen aus dem Forschungs- und Lehrgebiet der Wirtschafts- und Sozialwissenschaften stammen. Der Orientierung dient ergänzend der zweite Teil mit seinen Berichten. Der sozial- und wirtschaftswissenschaftlich vorgebildete Praktiker findet heute leider nur wenig Zeit, sich über den Stand der wissenschaftlichen und politischen Diskussion, über die wichtigste Literatur zu bestimmten ihn interessierenden Fragen und über den Inhalt mancher Bücher, die immer wieder in der Öffentlichkeit genannt werden, aus erster Hand zu informieren. Dabei sollen ihm die Berichte (in vielen Fällen auch die Abhandlungen) mit ihren Literaturhinweisen behilflich sein, indem sie ihm einen Überblick geben und die Entscheidung darüber erleichtern helfen, welchem wissenschaftlichen Werk sein Interesse gelten soll und wo er die Behandlung des einen oder anderen Themas weiterverfolgen kann. Den Autoren ist in der Gestaltung ihrer Beiträge selbstverständlich völlige Freiheit gelassen worden.

Bei alledem bewegt uns auch ein allgemeines pädagogisches Anliegen. Vielfach wird behauptet, es dauere gewöhnlich ein Menschenalter und länger, bis wissenschaftliche Erkenntnisse so weit ins öffentliche Bewußtsein gedrungen seien, daß sie von dort Pläne und Handlungen der Menschen mitbestimmen. Wenn auch dieser Umsetzungsprozeß wissenschaftlicher Ideen in einzelnen Fällen sicherlich von sehr unterschiedlicher Dauer ist und wenn der Stand der wissenschaftlichen Diskussion gelegentlich auch vom öffentlichen Geschehen überholt werden kann, so hat die Wissenschaft doch zu den meisten praktisch bedeutsamen Fragen einiges zu sagen, was, wenn es rechtzeitig und richtig verstanden wird, die Praktiker in Wirtschaft und Politik vor Irrtümern und Fehlentscheidungen bewahren kann. Damit dies aber möglich wird, darf die Wissenschaft nicht davor zurückschrecken, sich selbst in die Auseinandersetzung über gesellschafts- und wirtschaftspolitische Fragen einzuschalten und ihren eigenen Beitrag in eine Form zu gießen, die ihn der Praxis attraktiv und verständlich macht. Aus dem „Elfenbeinturm" reiner Neutralität vermag sie das selten; von hier aus läßt sich die Welt wohl interpretieren, aber kaum verändern. Zum Wirksamwerden im sozialen Bereich gehört nun einmal das Stellungnehmen und Bekennen. Auch ein Wissenschaftler kann das tun, ohne seinen Beruf verleugnen zu müssen, wenn er nur die Voraussetzungen klarstellt, auf denen sein Urteil beruht.

Das Hamburger Jahrbuch versucht, einen Beitrag zu dieser praktischen Funktion der Sozial- und Wirtschaftswissenschaften zu leisten. Wir hoffen, daß dieser Versuch nicht nur bei den Absolventen unserer Hochschulen, sondern darüber hinaus in einer breiteren Öffentlichkeit wachsendes Interesse und

Verständnis finden wird. Für jeden kritischen und konstruktiven Beitrag zu unserem Bemühen sind wir unseren Lesern stets dankbar.
Das Jahrbuch ist eine gemeinsame Veröffentlichung der Hochschule für Wirtschaft und Politik und des HWWA – Institut für Wirtschaftsforschung – Hamburg. Beide Institute widmen sich überwiegend der praktischen Forschung, und stets hat das Jahrbuch, wie es einer Hamburger Veröffentlichung wohl ansteht, sein Augenmerk nicht zuletzt darauf gerichtet, Verständnis für außen- und weltwirtschaftliche Zusammenhänge zu wecken.
Wir benutzen gern die Gelegenheit, allen Mitarbeitern am Jahrbuch und den Freunden und Förderern der Hochschule für Wirtschaft und Politik und des HWWA – Institut für Wirtschaftsforschung – Hamburg für ihre Hilfe zu danken.
Hamburg, Juli 1972

Die Herausgeber

Inhalt

I. Teil: Abhandlungen

II. Teil: Berichte

I. Teil

ABHANDLUNGEN

Aufklärung und Steuerung

Gesellschaft, Wissenschaft und Politik in der Perspektive des kritischen Rationalismus

von

HANS ALBERT

Zwischen Philosophie und Politik – und das heißt: nicht nur zwischen philosophischen und politischen Auffassungen, sondern auch zwischen philosophischen Ideen und der Gestaltung des sozialen Lebens – gibt es Zusammenhänge, die nicht immer in der Form ausdrücklich formulierter inhaltlicher Thesen zum Ausdruck kommen.[1] Sie sind oft indirekter Natur und zeigen sich zum Beispiel in der Art, wie man an die Lösung von Problemen herangeht und wie man Problemlösungen beurteilt, also gewissermaßen im methodischen Stil des Problemlösungsverhaltens, der in den verschiedenen Bereichen praktiziert wird. In methodischer Hinsicht lassen sich die Erkenntnispraxis – etwa im Bereich der wissenschaftlichen Forschung und des philosophischen Denkens – und andere Arten sozialer Praxis – etwa in Recht, Wirtschaft und Politik – unter Umständen durchaus unter einem einheitlichen Gesichtspunkt begreifen, einem Gesichtspunkt, der damit zusammenhängen mag, welche fundamentalen Anschauungen über die Struktur und das Funktionieren des menschlichen Geistes – anders ausgedrückt: über die Möglichkeiten der menschlichen Vernunft – man vertritt. Je nachdem, ob man an die Unfehlbarkeit bestimmter sozialer Instanzen oder auch bestimmter Methoden, an die Sicherheit gewisser Quellen der Erkenntnis oder an die absolute Gewißheit irgendwelcher Einsichten glaubt oder ob man davon ausgeht, daß alle Instanzen und Methoden prinzipiell fehlbar sind und daß der Glaube an sichere Erkenntnisquellen und an absolut gewisse Einsichten einer Illusion über menschliche Möglichkeiten entspringt, wird man zu anderen Vorschlägen nicht nur über Prozeduren der wissenschaftlichen Forschung, sondern darüber hinaus auch über die in anderen Bereichen der Gesellschaft einzuschlagenden Verfahrensweisen und für die Gestaltung des gesellschaftlichen Lebens im ganzen gelangen. In viel stärkerem Maße, als die meisten Leute wohl anzunehmen geneigt sind, ist die soziale Praxis in den verschiedenen Bereichen – von der Wissenschaft bis zur Wirtschaft – von philosophischen Ideen inspiriert, die sich allerdings mitunter den Anschein der Selbstverständlichkeit geben und daher leicht übersehen werden. Nun decken sich zwar solche Ideen nicht unbedingt mit den in der sogenannten Fachphilosophie – wie sie etwa auf den Universitäten gelehrt wird – vorherrschenden Auffassungen, aber es gibt doch mitunter interessante Beziehungen zu ihnen, und es ist jedenfalls nicht uninteressant, die

---

[1] Vgl. dazu etwa *John W. N. Watkins:* Erkenntnistheorie und Politik. In: Theorie und Realität. Ausgewählte Aufsätze zur Wissenschaftslehre, 2. Aufl., Tübingen 1972.

Konsequenzen dieser Auffassungen für das soziale Leben zu betrachten. Ich will daher zunächst einmal, wenn auch notgedrungen ganz knapp und skizzenhaft, die verschiedenen philosophischen Richtungen charakterisieren, die man heute als dominierend ansehen kann, und den von ihnen her möglichen Zugang zur politischen Problematik, um dann meine Auffassung damit konfrontieren zu können: den kritischen Rationalismus.

I. Philosophie und Politik im zeitgenössischen Denken

Da gibt es einmal das *analytische* Denken — die sogenannte analytische Philosophie, die im angelsächsisch-skandinavischen Bereich seit langer Zeit dominiert, bei uns aber bisher nur in geringem Maße Einfluß gewinnen konnte und mitunter immer noch als „Positivismus" klassifiziert und gleichzeitig abqualifiziert wird. Es ist sehr schwer, diese heute sehr vielgestaltige und differenzierte Strömung auf einen einheitlichen Nenner zu bringen, um sie im ganzen zu beurteilen. Dennoch ist es wohl im großen und ganzen richtig, wenn man sagt, daß in ihr eine Tendenz besteht, Philosophie auf Erkenntnistheorie, Erkenntnistheorie wieder auf Wissenschaftslehre und letztere auf Sprachanalyse zu reduzieren, das heißt also: auf die logische Analyse der Produkte wissenschaftlicher Tätigkeit, der Begriffe, Aussagen und Theorien, die in den verschiedenen Wissenschaften produziert und verwendet werden. Es muß betont werden, daß die bedeutenden Vertreter dieser Richtung, wie zum Beispiel der große englische Philosoph *Bertrand Russell*, keineswegs dieser Tendenz erlegen sind und daß sich ihre Werke einer solchen Einordnung nicht ohne weiteres fügen. Aber die erwähnte Tendenz ist dennoch charakteristisch für diese Richtung, und wenn sie voll zur Auswirkung kommt, muß sie in eine Sackgasse führen[2], nämlich zu einer „reinen" Philosophie, die zu den wichtigen Problemen der Wissenschaft, der Moral und der Politik keine wesentliche Beziehung mehr hat[3] und eine vollkommene Neutralisierung des Denkens mit sich bringt. Für die Beziehung zur Politik gibt es nichtsdestoweniger im analytischen Denken ein wichtiges Resultat, das charakteristischerweise der logischen Analyse entstammt: die Kritik am sogenannten naturalistischen Fehlschluß. Diese Kritik läßt sich schwerlich zurückweisen. Sie führt für die anderen philosophischen Richtungen zu einem schwierigen, bisher unbewältigten Problem. Es handelt sich dabei einfach darum, daß aus Sachaussagen keine Werturteile gefolgert werden können, so daß es nicht möglich ist, aus einer Erkenntnis eine Bewertung oder eine Forderung abzuleiten, wie das ja vielfach sogar in be-

---

[2] Sie führt nämlich im Extremfall zu einer auf die Analyse des faktischen Sprachgebrauchs beschränkten Kultursoziologie, die unter Umständen noch dazu impressionistisch verfährt, weil man ihren Charakter als einer Spezialwissenschaft nicht durchschaut; vgl. dazu meine Kritik in: Ethik und Meta-Ethik. Das Dilemma der analytischen Moralphilosophie, Archiv für Philosophie, 1961, abgedruckt in meinem Aufsatzband: Konstruktion und Kritik, München 1972. Eine politische Philosophie dieser Richtung muß sich auf die Analyse der politischen Sprache beschränken, wobei natürlich ein ideologiekritisches Motiv wirksam werden kann.

[3] Zur Kritik vgl. *Karl Popper:* The Nature of Philosophical Problems and their Roots in Science, in seinem Aufsatzband: Conjectures and Refutations, London 1963.

stimmten Wissenschaften, wie etwa der Nationalökonomie, praktiziert wird.[4] In positiver Hinsicht kann man immerhin auf die im analytischen Denken akzentuierte Möglichkeit hinweisen, die Resultate der Wissenschaft technologisch für die Politik zu verwerten.

Das *hermeneutische* Denken, das zum Beispiel in der Lebensphilosophie und im Existentialismus der verschiedenen Schattierungen vorherrscht, hat dagegen die Tendenz einer entschiedenen Subjektivierung der Erkenntnis, wobei erkenntnistheoretische Fragestellungen zurücktreten und der methodische Stil der Naturwissenschaften nur für einen engen Bereich akzeptiert wird. Im Kontrast zu der für diesen Denkstil kennzeichnenden Sachorientierung wird hier die Bedeutung der irrationalen „existenziellen" Entscheidung betont sowie die einer persönlichen Wahrheit, für die Wissenschaft und objektive Analyse bedeutungslos sind. Ein am Modell der Deutung von Texten gewonnenes Erkenntnisideal und die mit ihm verbundene Methode des Verstehens wird hier, teilweise sogar als tieferdringend und daher zu wesentlicheren Einsichten führend, dem naturwissenschaftlichen Denkstil und der für ihn charakteristischen Methode des Erklärens entgegengesetzt. Auslegung der Tradition als „Einordnung in ein Überlieferungsgeschehen" einerseits und existenzielle Entscheidung ohne die Hilfe rationaler Analyse andererseits werden als zentral angesehen.[5] Von daher scheint dann in politischer Hinsicht ein Verhaltensmuster naheliegend zu sein, das man wohl am besten als „Politik am hermeneutischen Halteseil" bezeichnen könnte: eine Praxis nämlich, die ihre Entscheidungen als Erkenntnisse camoufliert, indem sie die „Auslegung" der Situation, die ihnen jeweils vorhergeht – auf Grund heiliger Texte oder auch ohne diese Stütze –, mit entsprechenden Vorentscheidungen infiziert, so daß der oben erwähnte naturalistische Fehlschluß maskiert oder umgangen wird, wenn man es nicht vorzieht, die „reine" Entscheidung selbst als schöpferischen Akt mit einer höheren Weihe zu versehen.

Im *dialektischen* Denken dagegen zeigt die Philosophie die Tendenz, in einer geschichtsphilosophisch inspirierten „kritischen Gesellschaftstheorie" unterzugehen, die von ihren Verfechtern zwar mit höheren Ansprüchen ausgestattet zu werden pflegt, als man sie im allgemeinen mit den in der Wissenschaft üblichen Theorien verbindet, deren Struktur aber bisher kaum geklärt werden konnte.[6] Ich denke hier vor allem an die verschiedenen Versionen des Marxismus, die natürlich ebensowenig ohne weiteres auf einen

[4] Zur Kritik dieser Praxis vgl. etwa *Gunnar Myrdal:* Das politische Element in der nationalökonomischen Doktrinbildung (1932), 2. Aufl., Hannover 1936; siehe auch meine Schrift: Ökonomische Ideologie und politische Theorie (1954), 2. erweiterte Aufl., Göttingen 1972.

[5] Zur Kritik vgl. mein Buch: Traktat über kritische Vernunft, Tübingen 1968, 2. Aufl., 1969; sowie meinen Aufsatz: Hermeneutik und Realwissenschaft, in meinem Aufsatzband: Plädoyer für kritischen Rationalismus, München 1971.

[6] Vgl. dazu etwa *Max Horkheimer:* Kritische Theorie. Eine Dokumentation, Hrsg. *Alfred Schmidt*, Bd. I und II, Frankfurt 1968, bes. etwa Bd. II, S. 137 ff. u. S. 333 ff., wo eine solche Klärung versucht wird. Vgl. dagegen die Analyse *Werner Beckers* in seinem Buch: Idealistische und materialistische Dialektik, Stuttgart/Berlin/Köln/Mainz 1970, in der diese Tradition dialektischen Denkens einer gründlichen Kritik unterzogen wird.

Nenner zu bringen sind wie die des analytischen und des hermeneutischen Denkens.[7] Immerhin kann man hier zumindest die Neigung zu einer bewußten Politisierung des Denkens konstatieren, die am deutlichsten in der vielfach erhobenen Forderung seiner Parteilichkeit und in den bekannten Angriffen gegen Objektivität oder Objektivismus, gegen Wertfreiheit und gegen die Neutralität der Wissenschaft zum Ausdruck kommt[8], sowie in der These der Klassengebundenheit der Erkenntnis und den heute sogar in den westlichen Ländern wieder zunehmend in Mode kommenden Angriffen gegen die sogenannte „bürgerliche" Wissenschaft. Hier hat die Politik zwar unzweifelhaft ihren Platz – man könnte sagen: im Zentrum dieser Denkweise –, aber auf eine Art, die in ihrer Extremform auf Parteiliniendenken hinausläuft. Es treten Versuche auf, die eigenen politischen Ideale als sinngebende Kräfte in den Ablauf der Geschichte zu projizieren und bestimmte soziale Klassen oder Gruppen mit einem Erkenntnisprivileg und mit einem darauf gegründeten politischen Vorrang auszustatten, während gegen alle anderen – auch gegen ihre wissenschaftlichen Bemühungen – ein allgemeiner Ideologievorwurf erhoben wird. Dabei wird eine Argumentationsweise verwendet – die dialektische Methode –, die es offenbar mitunter erlaubt, die übliche Logik als irrelevant beiseite zu schieben.[9]

II. Kritischer Rationalismus als politische Philosophie

Nach dieser skizzenhaften und daher notwendigerweise unzulänglichen Charakterisierung der herrschenden philosophischen Strömungen und ihres Verhältnisses zur politischen Problematik komme ich nun zum kritischen Rationalismus.[10] Er ist hervorgegangen aus einer Kritik des klassischen

---

[7] Bestimmte Versionen, wie zum Beispiel die durch *Leszek Kolakowski* entwickelte – vgl. etwa sein Buch: Der Mensch ohne Alternative, München 1960 –, scheinen sogar der hier formulierten Darstellung überhaupt nicht zu entsprechen und daher auch der daran geknüpften Kritik zu entgehen.

[8] Vgl. dazu etwa *Herbert Marcuses* Kritik an *Max Weber* in: Industrialisierung und Kapitalismus. In: Max Weber und die Soziologie heute, Hrsg. *Otto Stammer*, Tübingen 1965, S. 161 ff., sowie meine Kritik in: Wissenschaft und Verantwortung, abgedruckt in meinem in Anm. 5 genannten Aufsatzband.

[9] Vgl. dazu z. B. das in Anm. 6 erwähnte Buch von *Werner Becker*, in dem die mit dieser Methode verbundenen Tricks – etwa am Beispiel der von *Hegel* postulierten „Dialektik von Form und Materie" – im einzelnen untersucht werden, wobei sich zeigt, daß es sich um folgenschwere logische Fehler handelt, die zu paradoxen Resultaten führen müssen; vgl. auch *Becker:* Dialektik als Ideologie: Hegel und Marx. Eine kritische Betrachtung über Zustandekommen, Sinn und Funktion der dialektischen Methode (erscheint demnächst), wo unter anderem auf die höchst fragwürdige Rolle der Dialektik im *Marx*schen Hauptwerk „Das Kapital" eingegangen wird.

[10] Die Bezeichnung stammt von dem aus Wien stammenden Philosophen *Karl Popper*, der seit langer Zeit an der London School of Economics lehrt und auf dessen Ideen diese philosophische Richtung zurückgeht; vgl. sein Buch: Die offene Gesellschaft und ihre Feinde (1944), Bd. I: Der Zauber Platons, Bern 1957, Bd. II: Falsche Propheten, Bern 1958, in dem seine Sozialphilosophie enthalten ist; sein erkenntnistheoretisches Hauptwerk: Logik der Forschung, Wien 1934, 4. Aufl., Tübingen 1971; vgl. auch seinen Aufsatzband: Conjectures and Refutations. The Growth of Scientific Knowledge, London 1963.

Modells der Rationalität, das letzten Endes am methodischen Prinzip einer absoluten Begründung orientiert war und daher darauf abzielte, Wahrheit und Gewißheit miteinander zu verschmelzen.[11]

Um es kurz zu machen: Die klassische Lehre, die den Rückgang auf sichere und unanzweifelbare Gründe fordert und damit letzten Endes unterstellt, daß es irgendwelche unfehlbare Quellen oder Träger der Erkenntnis gibt, führt in letzter Konsequenz zur dogmatischen Rationalisierung, also: zur Immunisierung von Problemlösungen aller Art gegen Kritik, und zwar nicht nur von Theorien, die ja als Lösungen bestimmter Probleme der Erkenntnis aufzufassen sind, sondern auch von Lösungen praktischer Probleme. Das beruht darauf, daß es die geforderte absolute Sicherheit nicht geben kann – auch nicht etwa in der naturwissenschaftlichen Forschung –, daß man sich aber durch geeignete Verfahrensweisen die Illusion einer solchen Sicherheit, die subjektive Gewißheit der Richtigkeit einer Problemlösung, stets verschaffen kann. Die Immunität oder Abgeschirmtheit einer Problemlösung gegen jede denkbare Kritik, die man zunächst vielleicht geneigt wäre, positiv einzuschätzen, beruht also keineswegs auf guten Eigenschaften, die die betreffende Lösung objektiv unangreifbar machen würden – solche prinzipiell unangreifbaren Problemlösungen gibt es nicht –, sie ist nicht etwa eine „natürliche" Eigenschaft derartiger Lösungen, sondern sie kann durch geeignete Maßnahmen – „Immunisierungsstrategien" – hergestellt werden, wenigstens zur eigenen Zufriedenheit ihrer Verfechter, und die Tatsache, daß sie *stets* hergestellt werden kann, gleichgültig wie schlecht die betreffende Lösung auch sein mag, zeigt, daß eine solche Abschirmung gegen Kritik *objektiv* gesehen wertlos ist.[12] *Dogmatisierung* – so kann man die Herstellung solcher Kritikimmunität von Problemlösungen nennen, wenn man sich an den eingebürgerten Sprachgebrauch anlehnen will – ist dabei nicht auf bestimmte Bereiche beschränkt – etwa auf eine Disziplin wie die Theologie oder auf den Bereich der Erkenntnis überhaupt –, sie ist vielmehr *eine allgemeine Möglichkeit der sozialen Praxis*, von der Erkenntnispraxis der Wissenschaft bis etwa zur Praxis in Recht, Politik und Wirtschaft.

Aus der Kritik des klassischen Modells der Rationalität, das, wie gesagt, letzten Endes zu dogmatischer Rationalisierung führen muß, hat sich ein revidierter Rationalismus entwickelt, ein Kritizismus, der von der prinzipiellen Fehlbarkeit der menschlichen Vernunft und damit auch des menschlichen Problemlösungsverhaltens überhaupt – gleichgültig, um Probleme welcher Art es sich handelt – ausgeht, der die Forderung, auf ein

---

[11] Vgl. dazu mein in Anm. 5 erwähntes Buch: Traktat über kritische Vernunft, sowie meinen Einleitungsaufsatz: Kritizismus und Naturalismus, zu: Konstruktion und Kritik, a.a.O. Für eine Analyse und Kritik der besonderen Art dieser Verschmelzung in der idealistischen Tradition, aus der sich unter anderem auch der Neomarxismus der Frankfurter Schule (*Horkheimer, Adorno, Habermas* usw.) speist, vgl. das in Anm. 6 erwähnte Buch von *Becker:* Idealistische und materialistische Dialektik.

[12] Karl *Popper* hat in seinem oben erwähnten Buch „Logik der Forschung" z. B. gezeigt, daß man jede wissenschaftliche Theorie prinzipiell gegen Widerlegung schützen kann, daß sie aber gerade dadurch ihren Wert für die Erkenntnis verliert.

sicheres Fundament zurückzugehen, als illusorisch zurückweist und daher das Prinzip der kritischen Prüfung an die Stelle des klassischen Prinzips der zureichenden – und das heißt: der absoluten und sicheren – Begründung setzt. Es kommt nicht darauf an, irgendwelche Problemlösungen durch Rekurs auf sichere Gründe zu rechtfertigen, sondern sie kritisch zu durchleuchten und nach Verbesserungsmöglichkeiten zu suchen, denn auch unsere besten Lösungen – zum Beispiel wissenschaftliche Theorien im Bereich der exakten Naturwissenschaften, von denen man mit Recht sagen kann, daß sie äußerst leistungsfähig und erfolgreich sind – leiden vermutlich an mehr oder weniger großen Schwächen, die aufzudecken und zu beseitigen sich lohnt. Das gilt aber natürlich nicht nur für die Wissenschaft, sondern auch, und zwar in nicht minder starkem Maße, für Recht, Wirtschaft und Politik, aber natürlich auch für Erziehung, Kunst und andere Bereiche. Für eine rationale Kritik ist aber die Konstruktion konkreter Alternativen von großer Bedeutung, damit ein Vergleich verschiedener Problemlösungen unter dem Gesichtspunkt ihrer Leistung und damit ihre komparative Beurteilung möglich wird, zum Beispiel der Vergleich wissenschaftlicher Theorien hinsichtlich ihrer Erklärungsleistung. Nicht die „Abstammung" einer Problemlösung – ihre Herkunft aus einer guten Quelle, etwa aus der Erfahrung, der Intuition oder gar aus einem mehr oder weniger heiligen Text –, sondern vielmehr ihre vergleichsweise „Leistung" ist relevant für ihre Beurteilung.

Dieses Modell der Rationalität wurde in der Wissenschaftslehre als theoretischer Pluralismus entwickelt und ist daher selbst als Alternative zu den bisher vorherrschenden Auffassungen – den monistischen Konzeptionen, die den Akzent auf die *eine* gute Lösung, die *eine* angeblich als wahr erwiesene Theorie etwa, legten – zu betrachten. Es geht nicht nur auf systematische Überlegungen zurück, sondern auch auf wissenschaftsgeschichtliche Betrachtungen. Es hat sich nämlich, wie schon erwähnt, herausgestellt, daß auch die besten Problemlösungen in diesem Bereich – nämlich naturwissenschaftliche Theorien mit großer Erklärungsleistung wie die Newtonsche Physik – stets mit gewissen Schwächen behaftet sind. Es gibt Ausnahmen, Anomalien, schwer zu deutende Erscheinungen, kurz: Fälle, die mit der betreffenden Theorie kaum zu vereinbaren sind, wenn man nicht zu logisch oder methodisch fragwürdigen Aushilfen greifen möchte,[13] sogar mitunter Widersprüche innerhalb des Systems. Nun wird aber erfahrungsgemäß eine solche Theorie kaum jemals aufgegeben, trotz aller dieser Schwächen, ehe eine konkrete, das heißt: ausgearbeitete, Alternative da ist, eine Konzeption nämlich, die mehr leistet – mehr und besser erklärt –, und nicht etwa nur ein Programm oder eine Skizze einer solchen Konzeption: Es gibt gewissermaßen kein theoretisches Vakuum. Theorien werden im allgemeinen, wenn sie überhaupt etwas leisten, nicht durch Aufweis ihrer Schwächen überwunden – so wichtig eine solche Kritik für ihre Überwindung auch sein mag –,

---

[13] Vgl. dazu *Thomas Kuhn:* Die Struktur wissenschaftlicher Revolutionen, Frankfurt 1967, der allerdings eine etwas problematische Deutung dieses Tatbestandes anbietet. Es handelt sich hier um eines der in letzter Zeit meist diskutierten Bücher aus dem Bereich der Wissenschaftslehre; vgl. dazu *Imre Lakatos* und *Alan Musgrave* (Hrsg.): Criticism and the Growth of Knowledge, Cambridge 1970.

sondern durch die Ausarbeitung besserer Theorien. Und das ist gut zu verstehen, wenn man ihre Funktion in Betracht zieht. Daher ist die Suche nach besseren konkreten Alternativen eine wichtige Bedingung des Erkenntnisfortschritts, auch da, wo man mit früheren Leistungen zufrieden sein zu können scheint. Weder die Dogmatisierung alter Problemlösungen noch ihre ersatzlose Eliminierung hilft weiter.

Diese Überlegungen müssen aber keineswegs auf den Bereich der Erkenntnis eingeschränkt werden. Sie sind so allgemeiner Natur, daß sie ohne weiteres für Problemlösungsverhalten in anderen Bereichen gelten, und damit auch: für die Politik. Auch da gibt es ja die Neigung zur Dogmatisierung bisheriger Problemlösungen und andererseits einen utopischen Radikalismus, der auf der Suche nach radikalen Lösungen bereit ist, zunächst ein soziales Vakuum zu schaffen, aus dem sich dann ein vollkommener Neuaufbau ergeben soll, ohne daß eine konkrete Alternative angeboten werden könnte, die sich hinsichtlich ihrer Leistung mit der bisher praktizierten Lösung vergleichen ließe. Es gibt ja sogar gute Beispiele dafür, daß beide Einstellungen, der konservative und der utopische Radikalismus, sich aus dem gleichen Ideenreservoir, aus der gleichen ideologischen Tradition, ergeben können. Sie bilden etwa die statische und die dynamische Version einer politischen Theologie, in der gewisse Wunscherfüllungsphantasmen, mit starken Motiven besetzte Wunschträume, im einen Falle „sterilisiert" werden – indem sie auf das Jenseits oder auf eine fernere Zukunft verwiesen werden –, im anderen Falle aber „mobilisiert" werden, so daß ihre Energie sich in unmittelbare Aktionen umsetzen läßt.[14] Es bedarf wohl keiner Erläuterung, daß eine politische Theologie dieser Art auch im Rahmen atheistischen Denkens möglich ist, wie die Rolle des Neomarxismus in der Studentenbewegung zeigt.[15]

Wer bereit ist, den prinzipiellen *Kritizismus* und *Revisionismus*, der sich in den Wissenschaften herausgebildet hat, *in die politische Methodologie* zu übernehmen, der wird Heilslehren dieser Art, auch wenn sie eine ehrwürdige Abstammung zu haben scheinen, mit dem Mißtrauen begegnen, das sie verdienen, wenn man ihre Leistungen in Betracht zieht.

III. Aufklärung und Steuerung: Revisionismus und Pluralismus als politische Methodologie

Damit komme ich zur nächsten Frage, nämlich zur Frage nach der Rolle, die die Erkenntnis für die Lösung praktischer – und damit auch politischer – Probleme spielen kann. Auf welche Weise lassen sich Problemlösungen der Wissenschaft für die Lösung anderer Probleme verwerten? Will man diese Frage adäquat beantworten, dann ist zunächst zu beachten – und darauf

[14] Vgl. dazu *Norman Cohn*: Das Ringen um das tausendjährige Reich, Bern und München 1961, wo diese Problematik im Zusammenhang mit den sogenannten millenarischen Bewegungen behandelt wird.

[15] Vgl. dazu die interessante historische Analyse des Manichäismus bis zu *Herbert Marcuse* durch *Walter Kaufmann* in seinem Aufsatz: Black and White, Survey, No. 73, 1969; sowie meinen Beitrag: Politische Theologie im Gewande der Wissenschaft. Zur Kritik der neuen deutschen Ideologie, Club Voltaire. Jahrbuch für kritische Aufklärung IV, Hrsg. *Gerhard Szczesny*, Reinbek 1970.

haben die Vertreter des analytischen Denkens, wie schon erwähnt, mit Recht aufmerksam gemacht –, daß Entscheidungen nicht aus Erkenntnissen allein abgeleitet werden können, es sei denn, man nehme den schon erwähnten naturalistischen Fehlschluß in Kauf. Es ist natürlich ohne weiteres möglich, sie als Erkenntnisse zu maskieren, wie das tatsächlich auch häufig geschieht, um auf diese Weise den Eindruck hervorrufen zu können, man habe die Forderungen, die man vertreten möchte, unmittelbar aus der Wissenschaft gewonnen, aber diese Möglichkeit ist bestenfalls unter Propagandagesichtspunkten von Vorteil. Wenn man die Kritik an dem erwähnten Fehlschluß berücksichtigt, muß man also zu dem Schluß kommen, daß hier ein echtes *Überbrückungsproblem* besteht, das *Problem der Brücke zwischen Erkenntnis und Entscheidung* oder, wenn man so will, zwischen Theorie und Praxis, ein Problem, das gelöst werden muß, wenn die jeweils relevante Erkenntnis für die Politik fruchtbar gemacht werden soll. Dieses Problem läßt sich durch Einführung geeigneter Brückenprinzipien grundsätzlich lösen,[16] von Prinzipien, die einerseits die Kritik an Wertorientierungen, Programmen und Maßnahmen aller Art, etwa unter dem Gesichtspunkt der Realisierbarkeit, ermöglichen, und zwar auf der Grundlage unseres theoretischen und historischen Wissens, und die andererseits die konstruktive Verwertung wissenschaftlicher Erkenntnisse für die Entwicklung praktischer Lösungen möglich machen. Darauf komme ich noch zurück.

Ganz abgesehen von der Möglichkeit, *Ergebnisse* der Wissenschaften für die Gestaltung der Praxis auszunutzen, einer Möglichkeit, die heute an sich von kaum einer Seite in Frage gestellt wird, führt aber die Übernahme des in der Praxis der Wissenschaften entwickelten Revisionismus in die politische Methodologie dazu, daß nun soziale Ordnungen, institutionelle Vorkehrungen und politische Maßnahmen selbst als Problemlösungen aufgefaßt werden, die prinzipiell „Hypothesen"-Charakter haben – die also nach Art wissenschaftlicher Hypothesen zu behandeln, also kritisierbar, revidierbar und bewährbar sind und daher weder dogmatisiert noch mit sakraler Weihe versehen werden sollten. Um ihre vergleichsweise Leistung und ihre relative Bewährung zu beurteilen, bedarf es nicht nur entsprechender Erkenntnisse – also etwa bestimmter Resultate wissenschaftlicher Forschung –, sondern darüber hinaus bestimmter Wertgesichtspunkte, die selbst wieder kritischer Analyse auf der Basis sachlicher Einsichten zugänglich gemacht werden können.[17] Bis zu einem gewissen Grade kann also das in der Wissenschaft entwickelte

---

[16] Für diese Problematik, auf die ich hier nicht näher eingehen kann, vgl. mein o. a. Buch: Traktat über kritische Vernunft, sowie meinen in Anm. 11 erwähnten Aufsatz: Kritizismus und Naturalismus.

[17] Auch für die Beurteilung wissenschaftlicher Theorien gibt es – das wird oft vergessen – solche Gesichtspunkte – etwa Kriterien der Bewährung –, die in Erkenntnisidealen verankert sind. Gerade die Verfechter einer „wertfreien" Wissenschaft haben den normativen Hintergrund der Forschungspraxis analysiert und gezeigt, daß er nicht nur mit objektiver Erkenntnis vereinbar, sondern sogar eine Bedingung dafür ist. Die Wissenschaftslehre behandelt solche Fragen großenteils, ohne den Boden sachlicher Analyse zu verlassen. Rationale Diskussion und Wertkritik sind auch in diesem Bereich ohne weiteres möglich, und zwar auf sachlicher Grundlage. Das gleiche gilt für andere Bereiche, wie zum Beispiel: Recht, Wirtschaft oder Politik.

Modell kritischer Rationalität für die anderen Bereiche der Gesellschaft und damit auch für die Politik fruchtbar gemacht werden.

Was nun die Verwertung von Resultaten der Wissenschaft für die gesellschaftliche Praxis angeht, so möchte ich *zwei Weisen der Praxisorientierung* unterscheiden, die man „*Aufklärung*" und „*Steuerung*" nennen kann. Beide gehen von der Ausnutzung unseres theoretischen Wissens und seiner Anwendung auf die in Frage kommenden Tatbestände aus, das heißt: von der *Erklärung* auf *nomologischer* Grundlage.[18]

Die Aufklärung, die ich hier meine, ist nicht etwa eine Ideologiekritik positivistischen Charakters, wie sie in extremer Form seinerzeit von *Theodor Geiger* ins Auge gefaßt wurde.[19] Sie ist kein bloßes „Sprachreinigungsunternehmen", wie das vom analytischen Gesichtspunkt her plausibel wäre, ein Unternehmen, bei dem es darauf ankäme, versteckte Werturteile in irgendwelchen Texten aufzudecken, um das *Max Weber*sche Wertfreiheitsprinzip etwa auch in Bereichen durchzusetzen, für die es nicht formuliert wurde. Sie ist auch nicht eine Ideologiekritik marxistischen Musters, die darauf abzielt, bestimmte Bewußtseinslagen durch Nachweis ihrer sozialen Verankerung, etwa ihrer Verwurzelung in einer Klassenlage, als „falsch" zu entlarven, um damit beide Tatbestände gleichzeitig als überholt deklarieren zu können. Es geht vielmehr darum, den Fortschritt der Erkenntnis für die Korrektur bestimmter Vorurteile fruchtbar zu machen, das heißt: die in der Gesellschaft vorherrschenden Auffassungen, vor allem auch insoweit sie für Einstellungen und Handlungen – zum Beispiel politisches Verhalten – bedeutsam sind, einer sachlich fundierten Kritik zu unterwerfen und auf diese Weise zu ihrer Revision – und damit auch einer entsprechenden Revision der Einstellungen und des Verhaltens – beizutragen. Dazu gehört auch die Vermittlung von Methoden rationalen Problemlösungsverhaltens – wie sie besonders in der Wissenschaft ausgebildet wurden – und die Förderung eines Denkstils, der dem oben skizzierten Modell kritischer Rationalität entspricht. Schließlich gehört dazu die Durchleuchtung sozialer Zusammenhänge auf wissenschaftlicher Grundlage, um das tatsächliche Funktionieren sozialer Mechanismen in der gegenwärtigen Gesellschaft erkennbar zu machen.

Eine Aufklärung dieser Art kann dazu dienen, der Dogmatisierung bestehender oder auch geforderter neuer Problemlösungen entgegenzuwirken, die sich auf Grund bestimmter sozialer Einflüsse – eines ständig wirksamen sozialen Trägheitsprinzips und des in den verschiedenen sozialen Gruppierungen wirksamen Konformitätsdrucks – immer wieder einstellt. Daß die Praxis

[18] Sie fußen also darauf, daß man die Erscheinungen unserer natürlichen und sozialen Wirklichkeit auf der Basis von Gesetzmäßigkeiten erklären kann, einer Möglichkeit, die für manche Bereiche – vor allem für den der geschichtlich-gesellschaftlichen Wirklichkeit – nicht selten auch heute noch bestritten wird; vgl. dazu aber die in dem oben erwähnten Sammelband „Theorie und Realität" abgedruckten Arbeiten.

[19] Damit soll keineswegs bestritten werden, daß *Geigers* Buch: Ideologie und Wahrheit, Stuttgart 1953, sehr interessante Analysen enthält. Ich habe an anderer Stelle zu zeigen versucht, daß das *Geiger*sche Programm in eine Sackgasse führen muß; vgl. meinen Beitrag zur König-Festschrift: Ideologie und Wahrheit. Theodor Geiger und das Problem der sozialen Verankerung des Denkens, abgedruckt in meinem schon erwähnten Aufsatzband: Konstruktion und Kritik.

einer solchen Aufklärung nicht in jeder Hinsicht mit den Methoden der Wissenschaft zu identifizieren ist, braucht kaum besonders betont zu werden. Vielfach wird die Vermittlung neuer Gesichtspunkte, Ideen und Ansätze sehr viel wirksamer mit künstlerischen Mitteln erreicht werden können.

Eine Aufklärung auf der Grundlage wissenschaftlicher Erkenntnisse wird nicht nur Klarheit über Tatsachen, sondern vor allem auch über Zusammenhänge, über Möglichkeiten und damit auch über Beschränkungen zu schaffen suchen, denen das menschliche Handeln – und damit die soziale Praxis – unterworfen ist. Einer der wichtigsten Dienste, die die theoretischen Realwissenschaften von der Physik bis zur Ökonomik der Gesellschaft leisten können, besteht ja gerade darin, daß sie den *Spielraum menschlicher Wirkungsmöglichkeiten* aufzeigen können und damit auch die *Einschränkungen*, die man berücksichtigen muß, wenn es um die Lösung praktischer Probleme geht. Mit der kritischen Durchleuchtung sozialer Zusammenhänge – etwa auch: bestehender Herrschaftsstrukturen –, die als Aufgabe einer Aufklärung dieser Art angesehen werden kann, mit einer wissenschaftlich inspirierten Sozialkritik, ist also nicht nur Ideologiekritik, sondern vor allem auch Utopiekritik verbunden, die Kritik an utopischen Forderungen, die der Vorstellung entstammen, es gäbe keine Beschränkungen für die Erfüllung menschlicher Wünsche, wenn man nur die richtigen Maßnahmen ergreifen würde.

Damit sind wir schon bei der anderen Weise der Praxisorientierung angelangt, die ich „Steuerung" genannt habe. Dabei habe ich an die konstruktive – oder „technische" – Verwendung der Realwissenschaften für die soziale Praxis gedacht. Ihre Möglichkeit beruht darauf, daß man das „nomologische" oder Gesetzeswissen, das in ihnen gewonnen wird, in eine Form bringen kann – seine technologische Form –, die erkennen läßt, welche Wirkungsmöglichkeiten für menschliches Handeln in bestimmter Hinsicht existieren. Einen Tatbestand *erklären* heißt gewissermaßen unter anderem auch: zeigen, wie man ihn prinzipiell *vermeiden* oder wie man ihn *herstellen* kann, wenn bestimmte Voraussetzungen erfüllt sind, das heißt: wenn bestimmte Eingriffe in das natürliche und das soziale Geschehen im Bereich des Möglichen liegen. Wenn es gelingt, das für die betreffende Problemlösung in Betracht kommende technologische Wissen auf Ansatzpunkte für menschliches Handeln zu beziehen, wie sie in der jeweiligen Situation vorliegen, dann läßt sich das Geschehen in dem betreffenden Bereich in Richtung auf bestimmte erwünschte Resultate steuern oder man hat zumindest Anhaltspunkte dafür, wie es zu steuern wäre.

Das muß nicht heißen, daß die betreffenden Geschehensabläufe in jeder Einzelheit vorherbestimmt werden. Es kann sich vielmehr um eine sehr grobe „Kanalisierung" des Geschehens handeln, das ihm einen sehr großen Spielraum läßt. Steuerungsversuche dieser Art hat es nicht nur in der Technik, sondern auch im sozialen Leben immer schon gegeben, vielfach auf der Grundlage alltäglicher Erfahrung. Dabei sind mitunter soziale Mechanismen zustande gekommen, wie zum Beispiel die *Marktmechanismen* mit ihren Produktions-, Akkumulations-, Beschäftigungs- und Verteilungswirkungen, die in ihren Konsequenzen von niemandem völlig überschaut und vorausberechnet werden konnten. Ihre Erforschung bildet ja seit langer Zeit die zentrale Problematik der Nationalökonomie. – Nur wenn man die hinter solchen Mechanismen waltenden Gesetzmäßigkeiten erkannt hat, hat man eine brauchbare Grundlage zur Entwicklung wirksamer institutioneller Regelungen, die darauf abzielen, bisher unkontrollierbare Wirkungen, soweit das notwendig erscheint, in die Hand zu bekommen. Sehr viele, wenn nicht sogar die meisten, Übelstände des sozialen Lebens sind nichts anderes als unbeabsichtigte, schwer vorhersehbare und daher auch nicht ohne weiteres – etwa mit genügend gutem Willen – kontrollierbare Konsequenzen institutioneller Regelungen, die nicht durch Anklage, Empörung oder Denunzierung des ganzen Systems beseitigt werden können, sondern nur durch Steuerungsmaßnahmen, durch planende Eingriffe politischer Instanzen, die dazu in der Lage sind, auf der Grundlage des vorhandenen Wissens. Weder die *Personalisierung* solcher Probleme – daß heißt letzten Endes: die Suche nach Sündenböcken – noch die heute vielfach übliche *totale Systemkritik* – die ohne adäquate Analyse der betreffenden Wirkungszusammenhänge auszukommen glaubt – kann da weiterhelfen. Eine rationale Politik muß sich auf eine *Analyse realisierbarer Alternativen* gründen, und eine solche Analyse wird nicht ohne das in den theoretischen Realwissenschaften gespeicherte Gesetzeswissen auskommen.

Es scheint nun nahezuliegen, die beiden Weisen der Praxisorientierung, die ich hier versucht habe zu charakterisieren, als *Freiheits-* und *Herrschaftsorientierung* mißzuverstehen, wie das auch tatsächlich schon geschehen ist: Die Aufklärung scheint auf die Befreiung – die Emanzipation – der Individuen abzuzielen, die Steuerung dagegen auf Herrschaft über sie. Das ist besonders naheliegend von einer Auffassung her, die das Wissen der theoretischen Realwissenschaft unter Vernachlässigung seiner Erklärungsfunktion von vornherein instrumentalistisch deutet, nämlich als bloßes Werkzeug praktischer Lebensbewältigung,[20] und dabei die erste der von mir geschilderten praktischen Funktionen, die Aufklärung, überhaupt seiner Kompetenz entzieht.[21] Nun ist nicht nur diese instrumentalistische Deutung, die die theoretischen Realwissenschaften gewissermaßen weltanschaulich völlig sterilisieren würde – was sicherlich der Bedeutung von *Kopernikus, Galilei, Newton, Darwin* usw. in keiner Weise entspräche –, außerordentlich fragwürdig, sondern darüber hinaus ist auch die Charakterisierung ihres technologischen Gebrauchs – ihrer konstruktiven Funktion – als „herrschaftsorientiert" sehr irreführend, weil sie den Eindruck erweckt, es müsse dabei stets um Stabilisierung oder Stärkung von Herrschaft gehen. De facto kann es sich aber gerade um das Gegenteil – um institutionelle Regelungen zur Kontrolle von Herrschaft – handeln, auch wenn natürlich die Anwendung des betreffenden Wissens, um solche Regelungen durchzusetzen, nur von

[20] Eine solche Deutung findet sich vor allem bei Denkern, die der Tradition des deutschen Idealismus nahestehen, etwa bei Verfechtern des Neomarxismus, die mit der Betonung der Herrschaftsorientierung dann eine negative Stellungnahme gegenüber der sogenannten „bürgerlichen" Wissenschaft verbinden.

[21] Diese Funktion wird dann mitunter einer „Geschichtsphilosophie in praktischer Absicht" zugewiesen, deren Struktur offenbar schwer zu klären ist, wie etwa bei *Jürgen Habermas*. Zur Kritik vgl. meinen in Anm. 5 erwähnten Aufsatz.

Positionen her ins Werk gesetzt werden kann, mit denen eine entsprechende Macht verbunden ist. Der Adressat der betreffenden Ratschläge ist daher sehr oft der Politiker, während sich die Aufklärung an alle Mitglieder einer Gesellschaft wenden kann. Aufklärung kann den Boden für eine Politik bereiten, die auf eine vernünftige Steuerung des sozialen Geschehens abzielt. Andererseits kann die Politik durch eine solche Steuerung auch dazu beitragen, daß sich die Chancen der Wirksamkeit von Aufklärung erhöhen – unter anderem durch entsprechende institutionelle Regulierungen im Erziehungswesen.

In dieser Hinsicht ist ein Zusammenhang von Realwissenschaft und Politik relevant, der von unseren Verfechtern kritischer Vernunft im allgemeinen vergessen zu werden pflegt. Wer nämlich das Maß an Rationalität in unserem sozialen Leben erhöhen will, tut gut daran, sich über die realen Bedingungen der Möglichkeit solcher Rationalität zu informieren, und die Erforschung dieser Bedingungen gehört in die theoretischen Realwissenschaften. Entsprechende Steuerungsmaßnahmen müssen sich also, wenn sie wirksam sein sollen, auf technologische Überlegungen stützen, in denen die in dieser Beziehung in Betracht kommenden Resultate dieser Wissenschaften verwertet sind. Um bestimmte Ideen zu verwirklichen, bedarf es einer Politik, die von einer Analyse der realen Bedingungen einer solchen Realisierung ausgeht, und die Frage der Realisierbarkeit ist ein Problem, für dessen Lösung nomologisches Wissen – das in den theoretischen Realwissenschaften gespeicherte Gesetzeswissen – vorausgesetzt wird. Die Leistung dieser Wissenschaften besteht ja darin, immer tiefer in die Beschaffenheit der Realität einzudringen durch Versuche der Erklärung auf theoretischer Grundlage, das heißt: durch die Erfindung, Entwicklung, Anwendung und Beurteilung erklärungskräftiger und damit gehaltvoller Theorien. Je größer deren Erklärungskraft, desto vielseitiger werden im allgemeinen die Möglichkeiten ihrer technologischen Verwertung und damit auch ihrer politischen Anwendung sein.

IV. Zur Problematik der politischen Relevanz wissenschaftlicher Forschung und ihrer politischen Steuerung

Hier ist es vielleicht angebracht, auf ein Problem einzugehen, das in letzter Zeit vor allem in der deutschen Diskussion große Beachtung gefunden hat: nämlich das Problem der politischen Relevanz wissenschaftlicher Forschungen und Fragestellungen. Dieses Problem wurde vorwiegend von Verfechtern einer neuen Wissenschaftsauffassung marxistischer Herkunft dramatisiert, die sich bemühten, die Unangemessenheit eines am Ideal reiner Wahrheitssuche orientierten Erkenntnisstrebens nachzuweisen. Unter Hinweis auf die schwerwiegenden sozialen Konsequenzen wissenschaftlicher Forschung wird in diesem Zusammenhang der Anspruch erhoben, diese Forschung einer Steuerung unter politischen Gesichtspunkten zu unterwerfen, damit sie sich an den für die Gesellschaft wichtigen Problemen orientiert und politisch relevante und annehmbare Lösungen produziert, Lösungen also, die zu günstigen sozialen Wirkungen führen.

Diese Auffassung mag auf den ersten Blick sehr plausibel klingen, vor allem, solange die Bewertungsgesichtspunkte, die hier eine Rolle spielen sollen, offengelassen werden. Sie zeugt nichtsdestoweniger von höchster Naivität hinsichtlich des Charakters der hier vorliegenden Probleme. Zunächst liegt ihr eine Wissenschaftskonzeption zugrunde, in der die Bedeutung umfassender und von der Bindung an spezielle Probleme der Alltagspraxis gelöster Theorien für die Entwicklung der Erkenntnis völlig verkannt wird. Gerade Theorien dieser Art haben sich später immer wieder als unentbehrliche Grundlage auch für die Lösung politisch relevanter sozialer Probleme erwiesen, und zwar: ohne daß man hätte vorhersehen können, welche Möglichkeiten der Verwertung es für sie geben würde. Das hängt vor allem damit zusammen, daß die Menge der Folgerungen aus solchen Theorien unübersehbar ist,[22] und zwar auch dann, wenn die betreffenden Theorien ausgearbeitet vorliegen. Nun müßte man aber, wenn die hier kritisierte Auffassung brauchbar sein soll, die praktische Relevanz einer Theorie sogar schon vorher beurteilen können, etwa dadurch, daß man ein Ausgangsproblem für die Theoriebildung wählen würde, das von praktischen Alltagsgesichtspunkten her bedeutsam zu sein schiene. Die Naivität dieser Auffassung liegt nicht nur darin, daß sie eine solche Beurteilungsmöglichkeit voraussetzt, sondern darüber hinaus in der unter wissenschaftstheoretischen und wissenschaftshistorischen Gesichtspunkten höchst fragwürdigen Vorstellung, daß der Ausgang von einem noch so dringenden Alltagsproblem überhaupt zu einer relevanten Theorie führen würde. Die Idee des unmittelbaren Praxisbezugs, die sich in dieser marxistisch inspirierten Wissenschaftsauffassung durchgesetzt hat, führt offenbar zu schwerwiegenden Mißverständnissen methodologischen Charakters, die zudem wissenschaftspolitisch äußerst bedenklich sind.

Im übrigen sind auch die sozialen Wirkungen solcher Theorien nicht im voraus bestimmbar, zumal sie zusätzlich noch von gesellschaftlichen Konstellationen und von den Einstellungen derjenigen Mitglieder der Gesellschaft abhängen, die sie zu verwerten suchen.[23] Man hat sich also wohl mit dem für unsere Relevanzapostel unbequemen Tatbestand abzufinden, daß wissenschaftliche Theorien stets in moralisch-politischer Hinsicht ambivalent sind und daß sich daran auch durch noch so reine Gesinnung und noch so guten Willen nichts ändern läßt. Sie lassen eine prinzipiell unbegrenzte Menge technischer Verwendungen in den verschiedensten Richtungen zu,

---

[22] Es handelt sich hier um ein relativ triviales Resultat der Logik, das aber von unseren meist der Dialektik zuneigenden Kritikern sogenannter bürgerlicher Wissenschaft nichtsdestoweniger übersehen wird, obwohl die Argumentation der von der Dialektik her kommenden Gegner der formalen Logik in den bisherigen Kontroversen jedesmal Schiffbruch erlitten hat. – Der in unserem Zusammenhang interessante Sachverhalt läßt sich folgendermaßen formulieren: Die Folgerungsmenge jeder solchen Theorie ist an sich unendlich groß. Je allgemeiner und gehaltvoller sie aber ist, desto umfassender ist ihre Folgerungsmenge; denn auch zwischen unendlich großen Mengen kann man Teilmengenbeziehungen konstatieren.

[23] Vgl. dazu *Friedrich H. Tenbruck:* Die Funktionen der Wissenschaft. In: Was wird aus der Universität? Hrsg. *G. Schulz,* Tübingen 1969; vgl. auch *M. Rainer Lepsius:* Soziale Konsequenzen von technischen Fortschritten. In: Wirtschaftliche und gesellschaftliche Auswirkungen des technischen Fortschritts, Hrsg. VDI, Düsseldorf 1971. Neomarxistisch eingestellte Kritiker erwecken dagegen vielfach den Eindruck, solche Wirkungen seien von der politischen Einstellung der Forscher abhängig, die diese Theorien produzieren – eine soziologisch gesehen höchst merkwürdige Auffassung.

von denen stets einige als annehmbar, andere dagegen als fragwürdig erscheinen werden, wobei es – abgesehen von Extremfällen – ziemlich gleichgültig ist, von welchen Wertgesichtspunkten man für ihre Beurteilung ausgeht. Dasselbe gilt aber sogar für die technologischen Systeme, die man aus ihnen ableiten kann. Die Argumente für eine politische oder gar ideologische Steuerung der wissenschaftlichen Forschung, die von der hier kritisierten Lösung des Relevanzproblems ausgehen, haben also eine äußerst problematische Grundlage.[24]

V. Die Rolle der Rationalität in der ordnungspolitischen Problematik

Dem oben entwickelten Vorschlag entsprechend können wir davon ausgehen, daß es angebracht ist, den für den Bereich der Erkenntnis gültigen Stil des Problemlösungsverhaltens in seinen Grundzügen auch in anderen Bereichen zu praktizieren, also zum Beispiel zur Lösung politischer Probleme. Auch hier muß der Lösung von Problemen eine Analyse der Problemsituation vorangehen, in der bisherige Lösungsansätze miteinander verglichen und hinsichtlich ihrer vergleichsweisen Leistung und der mit ihnen verbundenen Schwierigkeiten und Schwächen beurteilt werden. Auch hier muß die Entwicklung neuer Lösungsansätze aus der konstruktiven und kritischen Auseinandersetzung mit anderen Auffassungen entspringen, die, ganz wie in der Wissenschaft, sozial „verkörpert" sind in verschiedenen Individuen und Gruppen. Hier wie dort wird deshalb aus der Alternativanalyse, aus der Problemlösungen hervorgehen sollen, eine intersubjektive Diskussion, denn solche Alternativen werden nicht selten von denjenigen am besten präsentiert, die sie wirklich vertreten. Es ist also angezeigt, in Auseinandersetzungen mit den Verfechtern anderer Auffassungen einzutreten, wenn man nach einer Verbesserung bisheriger Problemlösungen sucht. Der aus methodischen Gründen anzustrebende theoretische Pluralismus wird schon aus diesem Grunde zu einem sozialen und politischen Pluralismus werden müssen.

Schon daraus ergibt sich nun gleich ein Gesichtspunkt für die inhaltliche Lösung der ordnungspolitischen Problematik, des Problems der Gestaltung unserer Gesellschaftsordnung, nämlich der, daß es angebracht ist, unsere Institutionen unter anderem so zu gestalten, daß für die Lösung von Problemen jeweils verschiedene Auffassungen in Betracht gezogen werden können und daß die Vertreter dieser Auffassungen Gelegenheit haben, sie ungehindert auszuarbeiten und zur Geltung zu bringen, unter Umständen sie auch für sich selbst zu erproben, soweit nicht die Freiheit anderer dadurch beeinträchtigt wird. Rationalität im sozialen Leben muß also keineswegs Homogenität, Einheit und Zentralisierung – oder gar Gleichschaltung – bedeuten, im Gegenteil: Soweit das irgendwie vereinbar ist mit der Aufrechterhaltung einer sozialen Ordnung, die die Sicherung der Lebensbedürfnisse aller Mitglieder der Gesellschaft gewährleistet, muß kulturelle, soziale und politische

[24] Vgl. dazu auch meinen Aufsatz: Wissenschaft, Technologie und Politik, abgedruckt in meinem schon erwähnten Aufsatzband: Konstruktion und Kritik. Natürlich ist damit nichts gegen die politische Steuerung der technischen Anwendung gesagt.

Vielfalt und damit freie Entfaltung aller Individuen als eine der Grundbedingungen einer Gesellschaft angesehen werden, in der rationales Problemlösungsverhalten in allen Bereichen annähernd erreicht werden soll.[25] Wie im Bereich der Wissenschaft, so muß daher auch in anderen sozialen Bereichen ein solches Verhalten institutionell ermöglicht und gestützt werden, durch institutionell wirksame Garantien der Gedankenfreiheit, der Freiheit der Kommunikation, der Diskussion und der Publikation, sowie der Erprobung neuer Lebensmöglichkeiten, oder, wenn man so will: des existenziellen Experiments.

Die soziale Verankerung divergierender Auffassungen in bestimmten Macht- und Interessenkonstellationen mag in mancher Hinsicht als ein Hindernis für die Durchsetzung brauchbarer Problemlösungen angesehen werden, sie hat andererseits den Vorteil, daß die Existenz eines vitalen Interesses an bestimmten, unter Umständen jeweils verschiedenen, Aspekten der sozialen Gesamtsituation dazu führen kann, daß die Probleme von den verschiedensten Seiten beleuchtet und daß auf diese Weise gegenseitige Korrekturen möglich werden, was angesichts der Tatsache, daß es keine vollkommenen Lösungen gibt, als ein Positivum angesehen werden kann, zumal die verschiedenen Gruppierungen der Gesellschaft dazu neigen, für die Situationsanalyse relevante Erkenntnisse vor allem dann ins Spiel zu bringen, wenn sie dem eigenen – vom eigenen Interesse mitgeprägten – Standpunkt förderlich erscheinen. Die Aufdeckung für diesen Standpunkt unangenehmer Tatsachen und Zusammenhänge pflegt in den meisten Fällen Vertretern anders gerichteter Interessen überlassen zu bleiben. Mit der Existenz aus sozialstrukturellen oder anderen Ursachen entgegengesetzter Interessen und Wertungen muß aber in jeder Gesellschaft, vor allem in einer modernen komplexen Gesellschaft, immer gerechnet werden.

Das bedeutet aber unter anderem, daß die kommunistische Fiktion einer einheitlichen, von allen Mitgliedern der Gesellschaft akzeptierten und für alle akzeptablen Wertskala, von der her ein prinzipiell realisierbares „Gemeinwohl“ mit den Mitteln der Erkenntnis bestimmbar und ein sich daran orientierender „Gemeinwille“ herstellbar wäre, nicht mehr aufrechterhalten werden kann.[26] Versuche, einen gesellschaftlichen Konsens durch ideologische Konstruktion eines für alle akzeptablen Gemeinwohls quasi-theoretisch vorwegzunehmen sowie einen entsprechenden Gemeinwillen zu konstruieren und ihn dem Gesellschaftskörper als Ganzem zuzuschreiben, können heute als hoffnungslos kompromittiert angesehen werden. Solche Vorstellungen sind de facto immer nur als institutionell etablierte und sanktionierte Dogmen durchsetzbar, als Offenbarungen einer zentralen Instanz, die über ein Deutungsmonopol verfügt und über die Gewaltmittel, die zu seiner Aufrechterhaltung erforderlich sind. Es gibt im sozialen Leben ebenso-

---

[25] Diese Betonung der Bedeutung der Vielfalt findet man vor allem bei *John Stuart Mill,* und zwar in seinem Buch: On Liberty (1859), deutsch: Die Freiheit, Zürich 1945, vgl. S. 187 ff., wo u. a. auch darauf hingewiesen wird, wie nützlich es ist, „daß der Wert der verschiedenen Lebensweisen praktisch erprobt werden darf“ (S. 188).

[26] Eine solche Fiktion ist in vielen Sozialtheorien zu finden, auch z. B. im liberalen ökonomischen Denken; vgl. dazu das in Anm. 4 erwähnte Buch von *Myrdal* und meine ebenfalls dort erwähnte Schrift.

wenig wie in der Erkenntnis einen archimedischen Punkt, ein sicheres Fundament, von dem her sich eine für alle Mitglieder der Gesellschaft in gleicher Weise akzeptable Politik begründen ließe, so daß von daher ein absoluter Konsens herstellbar wäre. Vor allem darf man nicht erwarten, daß sich ein solcher Konsensus gerade über sogenannte letzte Werte oder Ziele herstellen läßt, wie vielfach, sogar von Sozialtheoretikern, behauptet wird.[27] Ein solcher Konsens ist aber auch gar nicht notwendig für die Aufrechterhaltung und das Funktionieren einer sozialen Ordnung, und zwar aus zwei Gründen: erstens stehen in diesem Zusammenhang letzte Werte oder Ziele im allgemeinen überhaupt nicht – oder zumindest nur sehr selten – zur Diskussion, und zweitens läßt sich oft ein partieller, relativer und provisorischer Konsens gerade über Tatbestände oder Wünschbarkeiten erzielen, die kaum jemand geneigt wäre, unter die erwähnten Begriffe zu subsumieren, die aber dennoch unter den verschiedensten Wertgesichtspunkten als erstrebenswert erscheinen. Ein solcher Konsens auf mittlerer Ebene, der überdies Kompromißcharakter hat, läßt sich sehr oft ohne weiteres herstellen und scheint auch nicht selten durchaus zu genügen. Nur weil es im allgemeinen um Einigungen dieser Art geht, haben Repräsentations- und Abstimmungsmechanismen eine so große Bedeutung für das Funktionieren komplexer Gesellschaften.

Das alles läuft natürlich darauf hinaus, daß es *keine ideale Sozialordnung* geben kann, eine Ordnung, die allen Bedürfnissen in optimaler Weise gerecht wird. Auch solche Ordnungen sind mit Mängeln behaftete – fehlbare – Problemlösungen.[28] Im übrigen muß jeder Versuch einer rationalen Lösung der ordnungspolitischen Problematik Rücksicht darauf nehmen, daß der Ausgangspunkt einer solchen Lösung niemals ein soziales Vakuum sein kann, in dem sich beliebige Ideale verwirklichen lassen. Jede politische Aktion ist vielmehr ein Eingriff in mehr oder weniger stark strukturierte soziale Situationen, so daß man, um erfolgreich zu sein, das institutionelle Gerüst berücksichtigen muß, das diese Situationen prägt, und zwar nicht etwa, weil derartige Tatbestände unabänderlich wären, sondern nur, weil sie den notwendigen Ausgangspunkt für alle Änderungsversuche bilden. Die Politik – auch da, wo sie eine Änderung der sozialen Ordnung erstrebt – hat prinzipiell mit *zwei Arten von Einschränkungen* zu rechnen, deren Nicht-Berücksichtigung sie unrealistisch machen würde: erstens denjenigen Einschränkungen, die sich aus Gesetzmäßigkeiten aller Art ergeben und die in unserem theoretischen Wissen kodifiziert sind, und zweitens denjenigen, die sich aus der Beschaffenheit der jeweils gegebenen Situation ergeben und die im historischen Wissen – in einem sehr weiten Sinne des Wortes – erfaßt sind. Aus einer Anwendung des relevanten theoretischen Wissens auf die historische Situation ergibt sich jeweils die Lösung des Realisierbarkeitsproblems und damit gleichzeitig auch die Antwort auf die Frage, welche der angestrebten

---

[27] Dazu kritisch *Gösta Carlsson:* Betrachtungen zum Funktionalismus. In *Ernst Topitsch* (Hrsg.): Logik der Sozialwissenschaft, Köln/Berlin 1965.

[28] Im ökonomischen Denken hat die Idee einer vollkommenen Ordnung, in der maximale Bedürfnisbefriedigung für alle Mitglieder der Gesellschaft garantiert ist, lange Zeit eine große Rolle gespielt; zur Kritik vgl. die in Anm. 4 genannte Literatur.

Änderungen und in welchem Maße sie real miteinander unvereinbar sind. Nicht alle Anforderungen, die man an politische Problemlösungen — auch hinsichtlich der Änderung einer sozialen Ordnung — stellen möchte, pflegen im allgemeinen ohne weiteres miteinander vereinbar zu sein; das heißt: die Realisierung bestimmter ordnungspolitischer Zielsetzungen kostet meist bestimmte ebenfalls erwünschte Eigenschaften der realisierbaren Ordnung, so daß die institutionelle Ausgestaltung dieser Ordnung den Charakter eines Kompromisses tragen muß. Es ist daher zweckmäßig, konkrete institutionell durchkomponierte Alternativen hinsichtlich ihrer Leistung in bezug auf die in Betracht kommenden Kriterien miteinander zu vergleichen und für die Ausarbeitung und Konstruktion dieser Alternativen auf das vorhandene sozialtechnologische und historische Wissen zurückzugreifen. Daß man hier weder mit Logik, noch mit historischem Wissen, noch mit Phantasie allein, noch auch mit einer Kombination dieser drei Faktoren auskommt, läßt sich sehr einfach zeigen.[29] Das ergibt sich nämlich schon aus der Tatsache, daß bei jeder solchen Analyse immer wieder Fragen der folgenden Art auftauchen müssen: Was würde geschehen, wenn man diese oder jene Maßnahme ergreifen würde? Unter welchen Bedingungen könnte diese oder jene Wirkung erzielt werden? Welche Nebenwirkungen dieser oder jener Art ließen sich nicht vermeiden, wenn man diese oder jene Zielkombination erreichen wollte? Die Antwort auf solche Fragen besteht in sogenannten subjunktiven Konditionalaussagen, die sich nur auf Grund von Gesetzeswissen ableiten lassen.[30]

Je größer die Erklärungskraft der uns zur Verfügung stehenden Theorien ist, desto mehr Fragen dieser Art lassen sich mit ihrer Hilfe beantworten. Daß ohne eine adäquate Beantwortung derartiger Fragen eine rationale Politik nicht möglich ist, zeigt die große Bedeutung des Erkenntnisfortschrittes in den theoretischen Realwissenschaften für die Gestaltung des sozialen Lebens. Wer der rationalen Methode in der Politik Geltung verschaffen möchte, wird daher nicht nach einem Allheilmittel suchen und nicht nach einer Heilslehre, die die Eliminierung allen Übels durch Herstellung einer vollkommenen Gesellschaft verspricht, sondern er wird sich dafür einsetzen, daß unser unvollkommenes, mit Mängeln behaftetes Wissen in bestmöglicher Weise ausgenutzt wird für die Verbesserung der sozialen Zustände, und zwar durch Reformen, die schrittweise Veränderungen herbeiführen.

VI. Revolution oder Reform?

Im Rahmen einer sozialen Ordnung, die bis zu einem gewissen Grade den Charakter einer „offenen Gesellschaft" hat[31], deren politische Institutionen also die offene Diskussion von Änderungsvorschlägen, ihre Realisierung auf

---

[29] Es ist deshalb notwendig, darauf hinzuweisen, weil man in der Diskussion der ordnungspolitischen Problematik vielfach zu einem solchen Verfahren neigt; vgl. dazu die Kritik im Anhang 2 meiner in Anm. 4 genannten Schrift.

[30] Man pflegt heute den nomologischen (d. h. Gesetzes-) Charakter von Hypothesen davon abhängig zu machen, ob Aussagen dieser Art aus ihnen deduzierbar sind.

[31] Vgl. dazu *Karl Poppers* in Anm. 10 genanntes Buch: Die offene Gesellschaft und ihre Feinde.

demokratischem Wege und vor allem einen geregelten und gewaltlosen Regierungswechsel zulassen, läßt sich eine solche rationale Politik der schrittweisen Umgestaltung, eine Politik der Reformen, betreiben, die auf Gewaltmittel verzichtet und weder von unangemessenen Voraussetzungen hinsichtlich des Wissens – vor allem: über die Konsequenzen bestimmter Maßnahmen – noch von solchen hinsichtlich der Macht – die notwendig ist, um solche Maßnahmen effektiv zu machen – ausgeht.[32] Daß man sich für eine solche Weise des Vorgehens entscheidet, ist allerdings keineswegs selbstverständlich. Man könnte zunächst der Ansicht sein, eine entscheidende Verbesserung sei nur möglich, wenn eine zentrale Instanz die Macht erhalte, unter Verwendung aller Hilfsquellen durch radikale Eingriffe nach einem einheitlichen Plan die Gesellschaft im ganzen umzugestalten. Es komme also zunächst nur darauf an, durch einen gut vorbereiteten gewaltsamen Umsturz, durch eine Revolution, eine zu solchem Handeln bereite Elite an die Macht zu bringen und ihr Gelegenheit zu geben, ihre Pläne durchzuführen.

Die Erfahrungen, die mit solchen Versuchen gemacht wurden, sind allerdings alles andere als ermutigend. Zunächst ist die Unterstellung, daß eine mit derartigen Machtvollkommenheiten ausgestattete zentrale Instanz sich an den Interessen der von ihren Maßnahmen Betroffenen – das heißt also: an den Interessen aller Mitglieder der Gesellschaft – orientieren werde, schon aus dem Grunde illusorisch, weil die Interessenlage immer einer Interpretation bedarf und in einer so organisierten Gesellschaft die meisten Mitglieder keine ausreichenden Möglichkeiten mehr haben, ihre Deutungen der Situation zur Geltung zu bringen. Machtkonzentrationen der Art, wie sie für eine solche Totalplanung erforderlich sind, pflegen mit einer radikalen Schwächung der Kontrolle durch die der Herrschaft Unterworfenen verbunden zu sein und mit einem Abbau derjenigen Institutionen, die eine solche Kontrolle ermöglichen würden. Es hat sich aber gezeigt, daß die zentralen Instanzen so organisierter Gesellschaften sich, gerade weil sie kaum mehr solchen Kontrollen unterliegen, auf die Dauer in immer stärkerem Maße über die Bedürfnisse der von ihrer Planung Betroffenen hinwegzusetzen pflegen, wobei die Fiktion, daß sie im Sinne dieser Bedürfnisse handeln, durch eine geeignete Deutung der allgemeinen Interessenlage ohne weiteres aufrechterhalten werden kann, weil sie gleichzeitig über ein Interpretationsmonopol verfügen. Der Versuch, totale Visionen der vollkommenen Gesellschaft auf diese Weise in die Praxis umzusetzen, führt aus verständlichen Gründen zum Totalitarismus und darüber hinaus gerade deshalb zum Mißerfolg, weil die dazu erforderliche Machtkonzentration an der Spitze sich zu

[32] Kritiker dieser Auffassung pflegen sich ihre selbstgestellte Aufgabe heute vielfach dadurch zu erleichtern, daß sie behaupten, sie sei deshalb unanwendbar und daher irrelevant, weil auch in der westlichen Welt keine solche „offene Gesellschaft" zu finden sei. Eine solche Behauptung ist aber nur dann möglich, wenn man diesen *Popper*schen Begriff als Bezeichnung eines utopischen Zustandes mißversteht, ihn also in einer Weise deutet, wie sie für den marxistischen Begriff der „klassenlosen Gesellschaft" angemessen ist. Charakteristischerweise neigen gerade unsere marxistisch inspirierten Vertreter einer totalen Kritik am heutigen „System" zu solchen Mißdeutungen und zeigen damit, daß sie den für sie selbst kennzeichnenden Alternativ-Radikalismus auch in Konzeptionen hineinzuprojizieren suchen, die sich bewußt von diesem Denkstil distanzieren.

perpetuieren pflegt – und zwar im Eigeninteresse der Mitglieder des neu geschaffenen Machtapparates –, ganz abgesehen davon, daß sie trotz allem nicht dazu ausreichen würde, die utopische Zielsetzung zu realisieren.

Wir haben hier also ein Paradox der Machtkonzentration vor uns, aus dem sich die Irrationalität einer solchen Politik ergibt: Je größer die Machtkonzentration ist, die zur Realisierung der ursprünglichen Ziele herbeigeführt wird, in desto stärkerem Maße pflegt sie die Realisierung dieser Ziele zu erschweren, und zwar wegen der durch sie bewirkten Änderungen der Interessenlage, vor allem wegen der inzwischen in großem Maße erfolgten Investition neuer machtgestützter Interessen. Rationalität, Freiheit und Reformismus hängen eng miteinander zusammen. Die totale „Vernunft" der Geschichtsphilosophen dagegen ist im Effekt letzten Endes immer irrational und repressiv: sie ist maskierte Unvernunft.

Der Einwand, der gegen eine Politik schrittweiser Reformen oft gemacht wird, daß sie immer systemerhaltend und daher abzulehnen sei, krankt daran, daß hier im allgemeinen mit einem völlig vagen Systembegriff gearbeitet wird, ganz abgesehen davon, daß er davon ausgeht, alle wesentlichen Übel des jetzigen Zustandes der Gesellschaft seien dem „System als solchen" zuzuschreiben, ohne daß die betreffenden Theoretiker das für eine solche Zuschreibung notwendige nomologische Wissen vorweisen könnten.[33]

Der Alternativ-Radikalismus in der ordnungspolitischen Diskussion, der die Situation so charakterisiert, als ob es darum ginge, zwischen einer völlig freien Marktwirtschaft und einer totalen Planwirtschaft zu entscheiden, wobei idealtypische Hochstilisierungen bestimmter Elemente realer Sozialordnungen eine unheilvolle Rolle gespielt haben[34], kann heute als überholt gelten. Sowohl der dezentralisierte Steuerungsmechanismus des Marktes als auch der zentralisierte der Organisation sind Elemente möglicher Systeme sozialer Kontrolle, und wie sie im einzelnen zu kombinieren sind, um Resultate hervorzubringen, die unter dem Gesichtspunkt der Bedürfnisbefriedigung aller akzeptabel erscheinen, ist ein schwieriges sozialtechnologisches Problem, das nicht durch Rekurs auf dogmatische Prinzipien gelöst werden kann. Hier ist nicht eine Denunziation des Systems, sondern eine Analyse von Wirkungszusammenhängen am Platze, mit den Mitteln, die die modernen theoretischen Sozialwissenschaften zur Verfügung stellen.

---

[33] Angesichts der Tatsache, daß hinter dieser Art von Kritik eine völlig unzureichende Methodologie steht, die ihre Schwächen durch eine lautstarke Propaganda für einen neuen Wissenschaftsbegriff zu kaschieren sucht, kann man das in ihr praktizierte Verfahren nur als eine ad hoc-Strategie zur Einschüchterung Ahnungsloser kennzeichnen.

[34] Vgl. dazu kritisch: *Heinz-Dietrich Ortlieb* (Hrsg.): Wirtschaftsordnung und Wirtschaftspolitik ohne Dogma, Stuttgart/Düsseldorf 1954, sowie meine in Anm. 4 erwähnte Schrift.

Summary

There are connections between philosophy and politics which are not made explicit by formulation of certain theses. They appear in the manner of solving problems and of appraising problem solutions. The author analyses such connections as far as the three dominating philosophical schools of our time are concerned: the analytical, the hermeneutical and the dialectical school. Then he goes in characterizing critical rationalism as a general view about solving problems and as a rational philosophy of politics which favours revisionism as a general political methodology and the application of scientific knowledge to social practice in two ways which are described as „enlightenment" and „steering". Finally the author draws the consequences for the problem of political relevance of scientific research, for that of political order and the problem of revolution.

Wettbewerb und Innovation

von

GERD FLEISCHMANN

I. Technologische Stagnation als Problem der Wirtschaftspolitik

Wie immer man die neoklassische Wachstumstheorie beurteilen mag, als fortschrittlichsten Zweig der Wirtschaftswissenschaft oder als Sackgasse, in einem scheinen sich Anhänger und Kritiker einig zu sein: weit wichtiger als die Vermehrung von Arbeit und Kapital ist die qualitative Verbesserung beider Faktoren für das wirtschaftliche Wachstum. In der Wachstumstheorie war das Anlaß zu vielfältigen Definitionsvorschlägen für den exogenen Faktor „technischer Fortschritt". Es gibt aber auch Wirtschaftswissenschaftler – wie etwa *E. Mansfield*, *R. R. Nelson*, *F. M. Scherer*, *J. Schmookler* –, die technischen Fortschritt nicht mehr nur als Datum ansehen, sondern sich um Erklärungen für Innovationen bemühen. Man wird daher feststellen können, daß „technischer Fortschritt" ein Problem der Wirtschaftswissenschaft geworden ist. Ist es auch ein wirtschaftspolitisches Problem?

Zweifellos sind sich die Wirtschaftspolitiker der westeuropäischen Länder der besonderen Bedeutung des technischen Fortschritts für die Wohlfahrt ihrer Bürger – und ihre eigene Wiederwahl – bewußt: Eines der Hauptmotive für Englands Beitritt zur EWG ist die Hoffnung, daß dadurch die Innovationsbereitschaft und -fähigkeit der englischen Industrie erhöht wird. Und spätestens seit dem Auftreten von *Ralph Nader* ist es den Wirtschaftspolitikern in den USA bewußt geworden, daß eine der Schlüsselindustrien des Landes, die Automobilindustrie, jahrzehntelang statt Produktinnovation im wesentlichen nur modische Änderungen der Karosserieformen vorgenommen hat. Zum wirtschaftspolitischen Problem wird der technische Fortschritt hier in dem Sinn, daß bestimmte Branchen oder Firmen offenkundig hinter den technologischen Möglichkeiten der Zeit zurückbleiben. Die negative Formulierung des wirtschaftspolitischen Problems der Innovation, nämlich als Überwindung des Übels der technologischen Stagnation, hat dabei gewisse Vorzüge, die später deutlich werden sollen. Zunächst sei jedoch mit zwei Zitaten eine gewisse Anschauung von technologischer Stagnation gegeben.

Carter und *Williams* sind in ihrer empirischen Untersuchung des technischen Fortschritts in der englischen Industrie immer wieder auf Firmen gestoßen, die sie als „parochial" bezeichnet haben und die sie wie folgt beschreiben[1]: „Eine typische Firma dieser Art könnte z. B. bestimmte, lang eingeführte Spezialmaschinen herstellen. Die Geschäftsführer sind ihr Leben lang, genauer: seit ihrer Lehrlingszeit in der Firma. Ihre Parole ist, daß in ihrer Branche nur Erfahrung zählt. Sie kennen alle Gründe, warum es unmöglich ist, neue Wege zu gehen. Sie setzen ihr Produkt auf Grund

[1] *C. F. Carter* und *B. R. Williams:* Industry and Technical Progress, London 1957, S. 108 f. (übersetzt von mir, G. F.).

lang bestehender Handelskontakte ab, aber ihre Einstellung zu den Kunden ist: Friß Vogel oder stirb!; ihre Position auf dem Spezialgebiet ist stark genug, daß die Kunden meistens fressen ... Sie haben einen hilfreichen Begriff, nämlich ‚akademisch', zur Beschreibung der – wie sie meinen – Irrelevanz von Wissenschaftlern und Laboratorien für ihre Branche. ... Ihre Fehlschläge führen sie auf ein unfreundliches Schicksal oder auf die Machenschaften der Regierung zurück." Die technologische Stagnation in der Automobilindustrie der USA ist von *J. Keats* folgendermaßen beschrieben worden[2]: „Die Grundkarosserie wird in diesem Jahr ein wenig hierhin gebogen, im nächsten Jahr ein wenig dorthin. Die Scheinwerfer sind in einem Jahr höher, im nächsten niedriger, oder sie verdoppeln sich, nebeneinander, übereinander oder schräg angeordnet. Die Türschlösser sind verdeckt oder versenkt oder in Knöpfe oder Riegel verwandelt; die Chromleisten werden von Jahr zu Jahr etwas hin- und hergeschoben. Der Kühlergrill wird massiv oder klassisch. Heckflossen werden höher oder wachsen seitwärts ... Indessen ändert sich nichts Wesentliches – außer dem Preis." Es sei dahingestellt, ob diese Schilderung übertrieben ist oder ob sie – wenn man etwa an mangelnde Sicherheitsvorkehrungen denkt – noch zurückhaltend ist. Es kam nur darauf an, das praktische wirtschaftspolitische Problem zu veranschaulichen, nach dessen wissenschaftlicher Bewältigung in der Theorie der Wirtschaftspolitik, der Theorie der Wettbewerbspolitik und der Theorie des Marktes gefragt werden soll.

II. Theorie der Wirtschaftspolitik: Auf der Suche nach optimaler Innovation

Gemeinhin wird als Aufgabe der Theorie der Wirtschaftspolitik angesehen, Grundlagen für eine rationale Wirtschaftspolitik zu entwickeln. Zwar zweifeln viele, ob eine rationale Wirtschaftspolitik realisierbar ist, aber im allgemeinen wird nicht bezweifelt, daß es sinnvoll sei, unter Rationalität die Maximierung (oder Optimierung) einer Zielfunktion zu verstehen, im Fall der Wirtschaftspolitik: einer gesamtwirtschaftlichen Zielfunktion. Während es nun ohne weiteres sinnvoll ist, von den Zielen eines einzelnen Menschen zu sprechen, ist die Formulierung einer sozialen Zielfunktion durchaus fragwürdig: wie lassen sich konfligierende Ziele der Individuen in einer Funktion zusammenfassen? Wohlfahrtsökonomen haben sich mit *Pareto* diesem Dilemma entzogen, indem sie sich auf Zielfunktionen beschränkten, denen alle Staatsbürger – wie sie meinten – zustimmen würden. Ein soziales Optimum ist danach erreicht, wenn nur noch Änderungen möglich sind, bei denen mindestens ein Staatsbürger geschädigt wird. Gezeigt wurde schließlich, daß ein solches Optimum im Zustand vollkommener Konkurrenz eintreten würde.

Diese statische Wohlfahrtsökonomik hat so heftige Kritik erfahren, daß sie meistens nur noch mit der Rechtfertigung vorgetragen wird, daß man

[2] *J. Keats:* The Insolent Chariots, Philadelphia–New York 1958, S. 54 f., zitiert nach *Harald Jürgensen* und *Hartmut Berg:* Konzentration und Wettbewerb im Gemeinsamen Markt – Das Beispiel der Automobilindustrie –, Göttingen 1968, S. 86 (übersetzt von mir, G. F.).

bei ihrem Studium nicht umhin könne, viel über Mikroökonomik zu lernen. Nachdem das Programm der sog. neuen Wohlfahrtsökonomik praktisch zusammengebrochen ist, sollte man kaum Aussagen von ihr über die wirtschaftspolitische Bewältigung des Problems der technologischen Stagnation erhoffen. Aber im Schatten der neoklassischen Wachstumstheorie hat sich inzwischen eine Wohlfahrtsökonomik des optimalen Wachstums entwickelt. Mit der ersten „goldenen Regel" sollte gezeigt werden, daß bei vollständiger Konkurrenz und gleichgewichtigem Wachstum eine Regulierung des Zinssatzes auf der Höhe der Wachstumsrate des Sozialprodukts einen maximalen Konsum ermöglicht. Mit der zweiten „goldenen Regel" sollte gezeigt werden, daß unter den gleichen Bedingungen ein optimales Mischungsverhältnis von arbeits- und kapitaleffizienzförderndem technischen Fortschritt von den Unternehmern gewählt wird. Der nächste Schritt wird sein zu zeigen, welche formalen Bedingungen ein optimales Mischungsverhältnis von Prozeß- und Produktinnovationen aufweisen muß.[3] Wegen der Knappheit der Ressourcen für die Entwicklung des technischen Fortschritts (Wissenschaftler, Ingenieure) besteht ein substitutives Verhältnis zwischen Produkt- und Prozeßinnovation. Die Konsumenten werden andererseits weder einseitig nur Prozeßinnovationen wünschen (also steigende Versorgung mit gleichbleibenden Produkten) noch einseitig nur Produktinnovationen (also relativ geringe Versorgung mit immer besseren Gütern). Es läßt sich daher eine optimale Mischung von Prozeß- und Produktinnovation vorstellen, in der die objektive Substitutionsrate mit der subjektiven übereinstimmt.

Nun wäre die Klärung der Frage, unter welchen Bedingungen ein optimales Verhältnis von Prozeß- zu Produktinnovationen zustande kommt, durchaus interessant, wenn wir wüßten, wie Unternehmen überhaupt zu Prozeß- und Produktinnovationen veranlaßt werden. Leider wissen wir darüber noch recht wenig. Man könnte jetzt – wie es in der Wohlfahrtsökonomik üblich ist – darüber spekulieren, wie ein ideales System vollkommener Konkurrenz beschaffen sein müßte, damit durch gewinnmaximierende Unternehmer das Optimum erreicht wird. Aber ebensowenig wie die statische Wohlfahrtsökonomik mit der Frage nach der optimalen Ausnutzung der vorhandenen Ressourcen einen Beitrag zur Lösung des brennenden praktischen Problems einer langanhaltenden Arbeitslosigkeit hat leisten können, so wenig kann uns die dynamische Wohlfahrtsökonomik einen Hinweis zur Lösung des praktischen wirtschaftspolitischen Problems der technologischen Stagnation geben; wir finden keinen Ansatz zur Beantwortung der Frage, wie etwa eine Änderung des Innovationsverhaltens der oben beschriebenen parochialen Firma in England oder der amerikanischen Automobilindustrie zu bewirken wäre.

Worauf ist eigentlich die ständige Suche nach Optimallösungen für eine fiktive Welt zurückzuführen, nach Lösungen, die für die Bewältigung drängender wirtschaftspolitischer Probleme offenbar keine Hilfe bieten? Es ist zu vermuten, daß dem eine tief in den Traditionen der Wissenschaften verankerte Anschauung zugrunde liegt, nämlich daß sich die Wissenschaftlichkeit einer Behauptung daran ermessen läßt, ob sie sich durch Deduktion aus

[3] Vgl. *Bruno S. Frey:* Optimales Wachstum. Übersicht und Kritik. In: Jahrbücher für Nationalökonomie und Statistik, Bd. 184 (1970), S. 25 ff.

gesicherten, allgemein akzeptablen Prämissen rechtfertigen läßt. Eine Handlungsanweisung, bei der sich später herausstellt, daß sie nicht die beste ist, kann offenbar nicht auf sicheren wissenschaftlichen Fundamenten geruht haben. Um sich gegen einen derartigen Vorwurf abzusichern, ist man bei der theoretischen Grundlegung für praktisches Handeln genötigt, von vornherein die beste überhaupt nur denkbare Lösung, die maximale oder optimale, anzustreben.

Ein solches Vorgehen ist in manchen Fällen durchaus angebracht. Wenn in einer praktischen Situation etwa nur ein Ziel verfolgt wird und das Problem so übersichtlich ist, daß alle Alternativen mit ihren Wirkungen auf das Ziel bekannt sind, warum sollte man dann nicht die günstigste Alternative wählen? In den meisten wirtschaftspolitischen Problemsituationen sind die Verhältnisse aber nicht so einfach: in der Regel sind weder alle Alternativen noch alle Wirkungen auf die Ziele bekannt. Ist es in dieser Situation sinnvoll, von der Fiktion auszugehen, alle Alternativen und Wirkungen seien doch bekannt, um eine modellhafte Optimallösung ableiten zu können, in der Hoffnung, daß man eines Tages, wenn die Alternativen besser bekannt sind, gleich eine nicht zurückweisbare praktische Optimallösung anbieten kann? Wenn eine umfassende Kenntnis der Alternativen und ihrer Wirkungen kurz bevorstünde, könnte man dieses Vorgehen auch noch für sinnvoll halten. Von umfassender Kenntnis der relevanten Zusammenhänge in der Realität sind wir aber so weit entfernt, daß wohlfahrtstheoretische Optimallösungen für Idealzustände keine praktische Relevanz haben. Bedeutet das Verzicht auf Rationalität? Wir meinen: keineswegs. Bei regelmäßig wiederkehrenden Handlungssituationen in einer Welt, die wir nur unvollkommen durchschauen, ist zweifellos eines der wichtigsten Momente, die zu einem besseren Handlungserfolg führen, daß der Handelnde aus seinen Irrtümern und Fehlern lernt. Das ist ohne Anwendung von Optimalkriterien möglich. Und gerade die Bereitschaft, die eigenen Anschauungen über die Zusammenhänge in der Realität zu korrigieren, scheint ein Kennzeichen von Rationalität zu sein; während die Suche nach Kriterien für eine Erfolgsgarantie eher einen dogmatischen Charakter hat: bei Mißerfolg kann man sich mit dem Hinweis auf korrekte Anwendung der Erfolgskriterien rechtfertigen.

Wir kommen aus diesen Überlegungen heraus zu dem Vorschlag, unter rationalem Handeln nicht in erster Linie ein zielmaximierendes Verhalten zu verstehen, sondern ein Verhalten, daß auf die Möglichkeit zielt, aus der Analyse der Handlungsergebnisse zu lernen. Welche Konsequenz hat das für die Theorie der Wirtschaftspolitik?

Wir meinen, daß wirtschaftspolitische Probleme nicht um jeden Preis als Optimalitätsprobleme aufgefaßt werden sollten: Die Frage nach einem optimalen Verhältnis von Prozeß- zu Produktinnovation etwa fordert zur Konstruktion eines Idealmodells heraus, das sich an der Realität nicht überprüfen läßt. Wirtschaftspolitische Probleme sollten auch in der Wissenschaft vor allem so betrachtet werden, wie sie sich dem praktischen Wirtschaftspolitiker stellen, nämlich als Fragen, wie bestimmte soziale Übel, wie Arbeitslosigkeit, Inflation, Ausbeutung, Strukturkrisen etc. überwunden werden können. Darum ist in der Einleitung auch bewußt nicht vom wirtschaftspolitischen Problem der — optimalen — Innovation, sondern vom Problem der technologischen Stagnation gesprochen worden. Diese Orientierung veranlaßt den Wirtschaftswissenschaftler, Theorien zur Erklärung des sozialen Übels zu entwickeln, denn die Ursache eines Übels zu kennen, ist die wichtigste Voraussetzung dafür, es zu vermeiden. Theorien zur Erklärung von Übeln sind Theorien über die gegenwärtige Realität – nicht über eine in der Zukunft herzustellende – und sind daher prinzipiell empirischer Prüfung zugänglich. – *J. B. Say* versuchte zu zeigen, daß in einer ideal funktionierenden Marktwirtschaft eigentlich keine Depressionen vorkommen können, daß tatsächlich Depressionen so etwas wie Unglücksfälle darstellen. Den Wirtschaftspolitikern hat diese Einsicht wenig geholfen. *Keynes* versuchte zu erklären, warum im tatsächlichen Prozeß der Marktwirtschaft immer wieder Arbeitslosigkeit entstanden ist: er hat durch seine Einsichten eine tiefgreifende Reform in der Wirtschaftspolitik der kapitalistischen Länder bewirkt.

III. Theorie der Wettbewerbspolitik: Wettbewerbsfreiheit und Spielraum für Innovationen

Während in der Wohlfahrtsökonomik das Problem der Innovation nie eine besondere Bedeutung erlangt hat, steht in der modernen Theorie der Wettbewerbspolitik die Innovation im Zentrum des Interesses. Wettbewerb wird nicht mehr in erster Linie als eine Marktform – etwa des Polypols – verstanden, sondern als ein ständiger Prozeß von Innovation und Imitation. So heftig die Kontroversen zwischen verschiedenen Theoretikern der Wettbewerbspolitik auch sein mögen: einig sind sie sich weitgehend in der Auffassung, daß die vollkommene Konkurrenz – i. S. des homogenen Polypols mit gleichen Kostenfunktionen, vollkommener Markttransparenz und unendlich schneller Anpassungsgeschwindigkeit – eine Schlafmützenkonkurrenz darstellen würde, weil jeder Anreiz zur Innovation fehlt. Einig ist man sich auch, daß dieser Wettbewerbsprozeß als Wechsel von Innovation und Imitation in den marktwirtschaftlichen Ordnungen auf mancherlei Weise gefährdet ist und daß es daher Aufgabe staatlicher Institutionen ist zu verhindern, daß der Prozeß in eine technologische Stagnation ausläuft.

Eine zentrale Kontroverse entzündete sich jedoch an der Frage, ob der Staat sich darauf beschränken soll, vermeidbare Machtpositionen zu verhindern, damit nicht durch Marktmacht Innovationen unterdrückt werden können, oder ob der Staat auch positiv den Marktprozeß beeinflussen solle, damit technologische Stagnationen überwunden werden können. Wir werden zunächst auf die erstere Position, die neoklassische Konzeption der Wettbewerbsfreiheit, eingehen, die in der Bundesrepublik insbesondere von *Hoppmann* vertreten wird.

Der Grundgedanke dieser Konzeption ist, daß der Mensch zu seiner Selbstverwirklichung nach Leistung strebt und dabei einen Leistungsmaßstab im Wettbewerb mit anderen Menschen findet. Im Wettbewerb vorzustoßen und den Vorgestoßenen wieder einzuholen, wird als ständige menschliche Handlungstendenz vorausgesetzt.[4] Behindert wird diese Tendenz durch

[4] *Erich Hoppmann:* Zum Problem einer wirtschaftspolitisch praktikablen Definition des Wettbewerbs. In *Hans K. Schneider* (Hrsg.): Grundlagen der Wettbewerbspolitik, Berlin 1968, S. 14 (Schriften des Vereins für Socialpolitik, NF Bd. 48).

mächtige Wirtschaftssubjekte. Durch Drohung können diese erreichen, daß die Innovation eines tatsächlichen oder potentiellen Wettbewerbers nicht durchgeführt wird. Es ist daher Aufgabe staatlicher Wirtschaftspolitik, private Marktmacht zu beseitigen oder ihren Einsatz zu verbieten. Läßt sich auf einem Markt die private Machtposition nicht beseitigen, so ist Wettbewerb nicht möglich und der Markt stellt einen sog. Ausnahmebereich dar, für den „eine Verstaatlichung, eine staatliche Aufsicht oder eine Mißbrauchskontrolle vorgesehen" werden kann.[5] Man mag nun bezweifeln, ob es wirklich bei allen Menschen einen „ursprünglichen Trieb" gibt, sich um die Wette zu bewerben, aber immerhin scheint die Konzeption gut überprüfbar zu sein. Wird auf einem Markt eine technologische Stagnation festgestellt, müßte nach dieser Wettbewerbstheorie eine Wettbewerbsbeschränkung vorliegen. Wird eine solche Beschränkung nicht gefunden, ist die Theorie offenbar falsch. Bei näherer Betrachtung zeigt sich aber, daß sich – wenn man nur lange genug sucht – eine Wettbewerbsbeschränkung in aller Regel finden läßt: Die Wettbewerber in einer Gesellschaft bilden durchweg eine Gruppe im soziologischen Sinn, das heißt, es finden sich zwischen ihnen nicht nur kompetitive, sondern auch kooperative Beziehungen. Und da sich diese Beziehungen nicht verhindern lassen, kann man bei unbefriedigenden Marktergebnissen immer darauf verweisen, daß bei dem betreffenden Wirtschaftszweig „Wettbewerb offenbar unmöglich" sei. *Tolksdorf* hat auf die damit verbundene Tautologisierungstendenz der neoklassischen Theorie der Wettbewerbspolitik aufmerksam gemacht.[6] Wir möchten hier auf eine andere Gefahr hinweisen. Wenn die technologische Stagnation oder andere negative Marktergebnisse einer Branche nicht durch die Anwendung von Anti-Monopol- und Kartellgesetzen behoben werden können, gerät die Branche nach der Logik dieser Konzeption in den Ausnahmebereich, in welchem der Staat durch direkte Kontrolle die Verantwortung für ein befriedigendes Funktionieren übernimmt.[6a] In einer parlamentarischen Demokratie kann der Staat relativ leicht an eine derartige Verantwortung geraten. Auch wenn man nicht die Ansicht teilt, daß der Staat nichts anderes sei als ein Ausschuß der Bourgeoisie, ist dennoch nicht zu verkennen, daß die Interessen von Unternehmen, die sich in einer prekären Situation befinden – und eine technologische Stagnation ist auch für die Branche selbst nachteilig –, besonders große Chancen haben, berücksichtigt zu werden. Hat der Staat aber einmal die Verantwortung übernommen, kann er sich ihr kaum wieder entziehen. Die neoklassische Theorie der Wettbewerbspolitik erweckt den Anschein einer besonders konsequenten Verteidigung des Wettbewerbs gegen Wettbewerbsbeschränkungen. Aber der Alternativradikalismus – ent-

---

[5] *Erich Hoppmann:* Workable Competition als wettbewerbspolitisches Konzept. In: Theoretische und institutionelle Grundlagen der Wirtschaftspolitik (Festschrift Theodor Wessels), Berlin 1967, S. 195.

[6] *Michael Tolksdorf:* Hoppmanns neoklassische Wettbewerbstheorie als Grundlage der Wettbewerbspolitik. In: Jahrbücher für Nationalökonomie und Statistik, Bd. 183 (1969/70), S. 61 ff.

[6a] Es ist einzuräumen, daß *Hoppmann* daneben noch die Möglichkeit einer Wettbewerbsförderungspolitik sieht. Er scheint dieser Möglichkeit jedoch keine besondere Bedeutung beizumessen (vgl. *Erich Hoppmann:* Workable Competition als wettbewerbspolitisches Konzept, a. a. O., S. 172 u. 180).

weder unbeschränkter Wettbewerb oder staatliche Reglementierung – übersieht, daß manche privat organisierte Wettbewerbsbeschränkung an internen Interessenkonflikten zwischen den kooperierenden Unternehmen wieder zerbricht, während die staatliche Reglementierung eines Marktes kaum wieder rückgängig zu machen ist.

Diese Kritik ist allerdings nicht so zu verstehen, daß vorgeschlagen wird, private Wettbewerbsbeschränkungen für relativ harmlos zu halten und staatliche Eingriffe in den Marktprozeß als unzweckmäßig. Wir teilen im Gegenteil die Meinung, daß gegen wirklich ins Gewicht fallende Wettbewerbsbeschränkungen – etwa durch Fusion von Großunternehmen – noch viel zu wenig getan wird und daß der Staat auf vielen Gebieten der Wirtschaft, die von großer Bedeutung sind, viel zu wenig Verantwortung übernommen hat – etwa auf dem Gebiet der Umweltzerstörung durch private Produktion. Die Kritik sollte vielmehr auf die Möglichkeit einer weiteren Alternative zwischen unbeschränktem Wettbewerb und staatlicher Reglementierung hinweisen. Für das uns beschäftigende Problem bedeutet das: Wenn es darum geht, die technologische Stagnation auf einem Markt zu überwinden, sollte man nicht nur von der Hypothese ausgehen, daß die Ursache in einer Beschränkung des Wettbewerbs liegt. Alternative Erklärungen für die technologische Stagnation mögen besser zutreffen und die Möglichkeit eröffnen, die Stagnation zu überwinden, ohne daß der Staat in den Marktprozeß reglementierend eingreifen müßte.

IV. Theorie der Wettbewerbspolitik: Wettbewerbsintensität und Motivation zur Innovation

Während in der neoklassischen Wettbewerbstheorie die Neigung zur Innovation als ein Datum vorausgesetzt wird, der es nur gilt, einen Realisierungsspielraum zu verschaffen, soll nunmehr eine Theorie geprüft werden, in der Bestimmungsgründe der Bereitschaft zur Einführung des technischen Fortschritts berücksichtigt werden, und zwar die Theorie des funktionsfähigen Wettbewerbs von *Kantzenbach*[7]. Diese Theorie weist eine Motivationshypothese auf, die die drei folgenden Teilaussagen enthält: 1. die Innovationsneigung wird um so höher sein, je größer die auf Grund der Innovation erwartete Gewinnchance ist; 2. die Innovationsneigung wird um so höher sein, je größer das Verlustrisiko bei Unterlassung der Innovation ist; 3. Furcht vor Mißerfolg hat einen größeren Einfluß auf die Innovationsneigung als Hoffnung auf Erfolg.

Die Frage ist nun, unter welchen Bedingungen die Hoffnung auf Erfolg bzw. die Furcht vor Mißerfolg besonders groß sein wird. Bei gegebenem Homogenitätsgrad der Produkte und gegebener Auslastung der Kapazität ist – so wird gesagt – die Gewinnchance einer Innovation im Polypol größer als im Oligopol, da der Innovator im Polypol einer vollkommen preiselastischen

[7] *Erhard Kantzenbach:* Die Funktionsfähigkeit des Wettbewerbs, 2. Aufl., Göttingen 1967; *ders.:* Das Konzept der optimalen Wettbewerbsintensität. Eine Erwiderung auf den gleichnamigen Besprechungsaufsatz von Erich Hoppmann. In: Jahrbücher für Nationalökonomie und Statistik, Bd. 181 (1967/68), S. 193 ff.

Nachfrage gegenübersteht.[8] Dafür ist andererseits das Verlustrisiko einer unterlassenen Innovation im Oligopol größer als im Polypol, da das Oligopol eine größere Wettbewerbsintensität aufweist: Der mit der Innovation zögernde Oligopolist muß – im Gegensatz zum Polypolisten – damit rechnen, daß ihm der einzelne innovierende Konkurrent einen fühlbaren Teil der Nachfrage entzieht. Diese Aussage wird zusammenfassend als Wettbewerbshypothese bezeichnet. Aus der Verbindung von Motivationshypothese und Wettbewerbshypothese folgt eine der zentralen wettbewerbspolitischen Thesen der Theorie, nämlich die These, daß die technologische Stagnation auf einem Polypolmarkt sich dadurch beheben läßt, daß durch Förderung von Fusion oder Kooperation zwischen jeweils einer kleineren Anzahl von Wettbewerbern ein Oligopol entsteht. (Allerdings nur ein weites Oligopol, weil im engen Oligopol bereits durch informelle Abstimmung fühlbare Wettbewerbsbeschränkungen möglich sind.) Gemäß der Wettbewerbshypothese sinkt dann die Gewinnchance der Innovation, steigt aber das Verlustrisiko der unterlassenen Innovation; und da nach der Motivationshypothese das Verlustrisiko einen größeren Einfluß auf die Innovationsneigung hat, wird durch die Umwandlung des Polypols in ein (weites) Oligopol die Innovationsneigung steigen.

Der Vorzug dieser Hypothese ist ihr hoher empirischer Gehalt: die Kritik, daß sich noch viele Variable denken lassen, die einen Einfluß auf die Wettbewerbsintensität und die Innovationsneigung haben können, ist methodologisch verfehlt, solange nicht zunächst nachgewiesen wird, daß die Hypothese empirisch falsch ist (die vielen denkbaren Variablen mögen ja jeweils nur einen sehr geringen Einfluß haben). Vorliegende empirische Untersuchungen scheinen aber bisher die Hypothese weder zu bestätigen noch zu widerlegen.[8a] Die Kritik muß daher immanent ansetzen. Zunächst sei die Wettbewerbshypothese in Frage gestellt.

1. Die Hypothese des größeren Verlustrisikos im Oligopol hängt offenbar von einer speziellen Annahme über den Ablauf des Innovationsprozesses ab: nämlich davon, „daß die Innovationen von einzelnen Unternehmen eingeführt werden"[9], daß die Erfindungen von den gleichen Unternehmen gemacht werden, die auch die Innovation vornehmen, und daß die Innovation von den Konkurrenten nicht einfach übernommen werden kann. Werden die Innovationen jedoch in einer vorgelagerten Erfindungsindustrie[10] gemacht – wie das etwa typischerweise in der Landwirtschaft der Fall ist –, so kann der erste Schub der Innovation auch im Polypol bei einer so großen Anzahl von Wettbewerbern zugleich erfolgen, daß die passiven Wettbewerber eine fühlbare Gewinnminderung und damit einen Druck zur Imitation erfahren. Auf Branchen, deren Innovationstätigkeit wesentlich im Kauf

[8] *Erhard Kantzenbach:* Das Konzept der optimalen Wettbewerbsintensität, a. a. O., S. 217.

[8a] Vgl. die Übersicht bei *F. M. Scherer:* Industrial Market Structure and Economic Performance, Chicago 1970.

[9] *Erhard Kantzenbach:* Das Konzept der optimalen Wettbewerbsintensität, a. a. O., S. 217.

[10] *Manfred Neumann:* Die Erfindungsindustrie – eine Alternative zum Schumpeterschen Innovationsmodell. In: Jahrbuch für Sozialwissenschaft, Bd. 20 (1969), S. 310 ff.

von verbesserten Produkten einer vorgelagerten Erfindungsindustrie besteht, ist die Theorie daher offenbar nicht anwendbar.

2. Gegen die *Hypothese*, daß die höhere Wettbewerbsintensität im Oligopol eine höhere Innovationsneigung bewirkt als im Polypol, läßt sich die folgende, wichtigere Kritik richten. Der fühlbare Einfluß der Innovation eines einzelnen Oligopolisten auf die übrigen Wettbewerber veranlaßt diese zweifellos zu vorsorglichen Forschungs- und Entwicklungstätigkeiten. Wenn nun aber jeder Oligopolist vom anderen erwarten muß, daß er eine Reihe von Erfindungen bereithält, die er kurzfristig in Innovationen umsetzen kann, wird der potentielle Innovator immer bedenken müssen, daß er bei den Konkurrenten eine Innovationsreaktion auslösen wird, die den Vorteil der eigenen Innovation in Frage stellt. Sobald die Oligopolisten diese Zusammenhänge durchschauen, werden sie zwar weiterhin zur Sicherung eines Reaktionspotentials Forschung und Entwicklung betreiben, die Ergebnisse aber nur sehr vorsichtig in Innovationen umsetzen. Die höhere Wettbewerbsintensität im Oligopol mag also zu einer verstärkten Forschungs- und Entwicklungstätigkeit anregen, aber damit noch nicht zu einer verstärkten *Innovations*tätigkeit; und auf diese kommt es schließlich an.

3. Es sei schließlich die Motivationshypothese in Frage gestellt, also die Hypothese, daß für die Innovationsneigung die Furcht vor Verlusten wichtiger ist als die Hoffnung auf Gewinn. Es hat den Anschein, daß diese Hypothese eine Art Axiom der Wettbewerbstheorie darstellt, Axiom insofern, als viele an ihrer Wahrheit zuletzt zweifeln würden. Wettbewerb wird in erster Linie als ein Druckmittel betrachtet; dadurch daß Wettbewerb Furcht vor Mißerfolg weckt, reizt er die Menschen zur Überwindung ihrer natürlichen Trägheitstendenz an. Unter anderem ist das Prüfungssystem in Schule und Universität eine Konsequenz dieser Auffassung und bringt damit auch ein Überwiegen von Mißerfolgsmotivation hervor. Wird nun dieses Motiv, Mißerfolg zu vermeiden, durch eine hohe Wettbewerbsintensität angeregt, so bewirkt die Angst vor Mißerfolg – wie jede Angst – eine Tendenz zur Meidung der betreffenden Situation. Wenn aber ein Verlassen des Feldes nicht möglich ist, wie es in schulischen und ökonomischen Wettbewerbssituationen häufig der Fall ist, so wird sich der Mißerfolgsmotivierte gemäß der psychologischen Theorie der Leistungsmotivation entweder unrealistisch hohe Ziele setzen oder ein besonders niedriges Anspruchsniveau wählen (im ersten Fall ist ein Mißerfolg nicht blamabel, im zweiten Fall unwahrscheinlich). In beiden Fällen ist kaum zu erwarten, daß es zu einer erfolgreichen Innovation kommt.[11] Andererseits müssen Personen, die eine hohe Motivation haben, Erfolg zu suchen, nicht erst durch besonderen Wettbewerbsdruck zum Handeln angeregt werden.

Wenn also in einem Polypol eine technologische Stagnation herrscht, weil mißerfolgsmotivierte Unternehmer dominieren, ist von einer Erhöhung der Wettbewerbsintensität keine Verbesserung der Situation zu erwarten. Aber die Empfehlung *Kantzenbachs*, Kooperation oder Fusion zwischen jeweils einer kleineren Anzahl von Polypolisten zu fördern, mag durchaus richtig

---

[11] Vgl. *John W. Atkinson:* An Introduction to Motivation, New York–Toronto–London– Melbourne 1964, S. 245.

sein, wenn auch aus anderen Gründen. Die geringe Innovationsbereitschaft von Unternehmern auf vielen Polypolmärkten wird durch eine starre Unternehmensorganisation noch verstärkt. Die übrigen Mitglieder der Organisation werden vom Unternehmer oft nur als Vollstrecker seiner Entscheidungen angesehen; Innovationsvorschläge, die von diesen übrigen Mitgliedern kommen, erscheinen als indiskutabel: „Gute Ideen kommen von oben."[12] Kooperation oder Fusion mit anderen Unternehmen ist geeignet, die Starrheit der Organisation zu lösen. Die zunehmende Komplexität der Organisation verlangt die Bildung von Abteilungen mit eigenem Entscheidungsspielraum: Innovationsanstöße können und müssen nun „von unten" kommen. Dadurch erhöht sich die Chance, die Kreativität der bereits vorhandenen Mitglieder der Organisation anzuregen, und zugleich wird die Organisation für neue kreative Personen attraktiv, die sowohl vom „Herr im Haus"-Verhalten von Kleinunternehmern als auch von Bürokratisierung in Großunternehmen abgestoßen werden.

Der mangelnden Funktionsfähigkeit von Polypolmärkten – sofern es sich um stagnierende Branchen in einer Strukturkrise handelt – ist offenbar nicht in erster Linie durch erhöhten oder verringerten Konkurrenzdruck abzuhelfen, sondern vor allem durch eine Erhöhung der Zahl innovationsbereiter Unternehmer und innovationsfähiger Unternehmensorganisationen. Bevor wir auf den hiermit angedeuteten Zusammenhang zwischen innovativem Unternehmer und innovativer Unternehmensorganisation näher eingehen, sei zunächst das Vorurteil des Ökonomen zugunsten des Wettbewerbs noch tiefer in Frage gestellt.

V. Theorie des Marktes: Abwanderung und Kritik als alternative Sanktionen bei technologischer Stagnation

Auf Grund von Wettbewerb zwischen den Produzenten sind – so wird gesagt – die Konsumenten in der Lage, die Produktion und auch die Produktinnovation in die von ihnen gewünschte Richtung zu lenken. Das Gewinninteresse werde die Unternehmer veranlassen, die vom Verbraucher honorierten Produkte herzustellen; von Unternehmern, die weniger erwünschte Qualitäten herstellen, kann der Verbraucher wechseln zu Unternehmern, die die erwünschten Qualitäten bringen. Inzwischen hat die Kritik am manipulativem Einsatz der Werbung durch die Produzenten erheblichen Zweifel an der Vorstellung der Konsumentensouveränität aufkommen lassen. Aber die Kontroverse um Sinn und Unsinn der Werbung hat wirtschaftspolitisch und theoretisch wenig Frucht getragen. Um so mehr erscheint uns daher die neue Theorie *Albert Hirschmans* über „Abwanderung und Kritik" („Exit and Voice")[13] als ein wichtiger Durchbruch in dieser ideologieträchtigen Diskussion.

Durch Kritik und Anregung der Kunden auf eine gewünschte Innovationsrichtung aufmerksam gemacht zu werden, kann durchaus auch im Interesse

---

[12] *Donald A. Schon:* Technology and Change. The New Heraclitus, New York 1967, S. 86.

[13] *Albert O. Hirschman:* Exit, Voice, and Loyality, Cambridge (Mass.) 1970.

von Produzenten liegen. Für einen Kunden in der großen Gruppe sind jedoch die Kosten, die Stimme zu erheben, relativ hoch: Wenn ein Kunde allein Kritik und Anregung gibt, ist die Wahrscheinlichkeit eines Erfolges sehr gering. Mögen doch die anderen Kritik üben; viel weniger kostspielig ist es, beim nächsten Kauf den Produzenten zu wechseln. Hinzu kommt, daß gerade die besonders qualitätsbewußten und informierten Kunden, die vor allem zu Kritik befähigt wären, am ehesten geneigt sind, bei ungenügender Qualität den Produzenten zu wechseln. Die Veranstaltung von Wettbewerb im Sinne eines Angebots von zusätzlichen Alternativen kann daher durchaus die paradoxe Konsequenz haben, daß Innovationen gerade gehemmt werden. So führt *Hirschman* den desolaten Zustand vieler öffentlicher Schulen in den USA wesentlich mit auf die Existenz von Alternativen in Form privater Schulen zurück. Engagierte Eltern sind am ehesten geneigt, bei Mißständen nach Alternativen zu suchen; und das führt sie meistens zu einer der privaten Schulen, so daß ihre Kritik den öffentlichen Schulen fehlt. Vermehrung von Alternativen kann daher dem Fortschritt hinderlich sein, wenn damit die sowieso schon schwache Position der Kritik in großen Gruppen noch weiter geschwächt wird. Denn die kritische Stimme ist ein öffentliches Gut – im weiten Begriff *Olsons* –, das in der großen Gruppe nur unter besonderen Bedingungen hervorgebracht wird. Die Erfindung von Verfahren und Institutionen, die die Bildung und Kommunikation von Kritik erleichtern, ist daher eine wichtige Aufgabe von Theorie und Praxis der Wirtschaftspolitik. Daß wirksame Kritik an der technologischen Stagnation einer Branche durch die Kunden möglich ist, hat die Kampagne von *Ralph Nader* gegen die Automobilindustrie der USA überzeugend gezeigt. Die politische Demokratie und die Wissenschaft sind uns heute ohne eine Kombination von Kritik und Wettbewerb nicht vorstellbar: der ökonomische Markt sollte auf diese Kombination nicht verzichten.

VI. Theorie des Marktes: Innovative Unternehmer und innovative Unternehmensorganisation

Es wird kaum Ökonomen geben, die leugnen, daß eine der wichtigsten Voraussetzungen für Innovationen innovative Unternehmer sind und daß von der Gesamtheit der Unternehmer nur eine Minderheit innovativ ist. Aber *Schumpeter*, der auf eindrucksvolle Weise die Figur des schöpferischen Unternehmers in die ökonomische Analyse eingeführt hat[14], fand mit diesem Ansatz kaum Nachahmer. Erst *Heuß* hat neuerdings Unternehmertypen systematisch zur Erklärung von Marktprozessen verwendet.[15] Trotz des wichtigen Fortschritts in der Theorie des Marktes hat *Heuß* jedoch keine neuen Möglichkeiten der Wirtschaftspolitik aufgewiesen, sondern mit besseren Argumenten die Notwendigkeit einer konsequenten Antikartell- und -konzentrationspolitik bestätigt.[16] Sollte sich die Wirtschaftspolitik damit begnügen, den marktmäßigen Handlungsspielraum zu gewährleisten, im übrigen aber

---

[14] *Josef A. Schumpeter:* Theorie der wirtschaftlichen Entwicklung, 6. Aufl., Berlin 1964.

[15] *Ernst Heuß:* Allgemeine Markttheorie, Tübingen–Zürich 1965.

[16] Ebenda, S. 262 ff.

das Auftreten innovativer Unternehmer als ein „Naturereignis" hinzunehmen? Wenn Innovationen nur von ererbten Charaktereigenschaften und marktmäßigem Handlungsspielraum abhingen, bliebe nichts anderes übrig. Aber offenbar hängen Innovationen entscheidend von weiteren Faktoren ab, die einer Beeinflussung zugänglich sind.

Zunächst ist zu fragen, wie der innovative Unternehmer überhaupt psychologisch zu kennzeichnen ist. *Heuß* hat bei der Behandlung von Unternehmertypen darauf hingewiesen, daß ein Pionierunternehmer zu einem immobilen Unternehmer werden kann, weil etwa die gleichbleibende Charaktereigenschaft einer starren Ideendurchsetzung zwar eine Bedingung für die erfolgreiche Pionierleistung gewesen sein mag, bei veränderten Umweltbedingungen aber eine notwendige Anpassung verhindern kann.[17] Damit werden jedoch die Typen des Pionierunternehmers und des immobilen Unternehmers ununterscheidbar vom Ergebnis des Handelns des Unternehmers, nämlich von der Innovation bzw. der technologischen Stagnation, und eine unabhängige psychologische Kennzeichnung der Unternehmertypen fehlt daher. *Heuß* nimmt das bewußt in Kauf[18], obwohl durch die Rede von „Eigenschaften" und „Charakteren" der Unternehmer der Eindruck erweckt wird, als sei eine psychologische Kennzeichnung intendiert. Ohne Hilfe durch psychologische Theorien dürfte aber eine von der Situation unabhängige psychologische Kennzeichnung des Unternehmers auch gar nicht möglich sein. Einen wichtigen Vorstoß in dieser Richtung verdanken wir *McClelland*[19]. Auf der Grundlage einer Theorie der Leistungsmotivation gelangt er zur Bewährung der Hypothese über den positiven Zusammenhang zwischen der Stärke der Leistungsmotivation und unternehmerischem Erfolg. Unter Leistungsmotivation ist dabei ein Streben nach Erfolg um des Erfolges willen oder ein Streben nach Innovation zu verstehen, und die Stärke dieses Motivs ist mit Hilfe psychologischer Tests im Labor feststellbar, also unabhängig von der praktischen Handlungssituation der Person.

Ermöglicht nun diese Theorie eine Erhöhung der Innovationstätigkeit, indem sie Methoden zur Stärkung der Leistungsmotivation aufweist? Zunächst dominierte die Hypothese, daß die Stärke des Leistungsmotivs von Erziehungsmethoden in der mittleren Kindheit abhängt. Für die praktische Wirtschaftspolitik war die Theorie damit relativ uninteressant, denn erstens sind elterliche Erziehungsmethoden nur sehr schwer und langsam zu ändern, und zweitens wäre eine Erfolgskontrolle erst zwanzig bis dreißig Jahre später möglich. *McClelland* und Mitarbeiter sind daher der Frage nachgegangen, ob ein psychologisches Training von Erwachsenen zur Stärkung der Leistungsmotivation möglich ist und ob diese Stärkung auch zu größerem unternehmerischen Erfolg führt. Mit gewissen Vorbehalten sind sie zu einer positiven Antwort auf beide Fragen gelangt.[20] Die Ergebnisse sind zwar noch nicht so überzeugend, daß man psychologisches Motivationstraining bereits

[17] *Ernst Heuß:* Allgemeine Markttheorie, a. a. O., S. 10 f.

[18] Ebenda, S. 10.

[19] *David C. McClelland:* Die Leistungsgesellschaft (Übersetzung aus dem Amerikanischen), Stuttgart 1966. Vgl. meinen Besprechungsaufsatz in diesem Jahrbuch, 11. Jahr (1966), S. 220 ff.

[20] Vgl. *David McClelland* und *David G. Winter:* Motivating Economic Achievement, New York–London 1969.

als ein bewährtes wirtschaftspolitisches Instrument zur Innovationsförderung ansehen könnte. Aber die Theorie und ihre Prüfung sind immerhin so vielversprechend, daß man die Motivation von Unternehmern nicht als ein unbeeinflußbares „Naturereignis" hinnehmen muß.

Innovationen sind nicht nur vom Auftreten innovativ orientierter Unternehmer und von marktmäßigem Handlungsspielraum abhängig, sondern auch von der zwischen Unternehmer und Markt vermittelnden Unternehmensorganisation. Ohne die Organisation, vor allem ohne ihre Wachstumsmöglichkeiten hätte ein innovierender Unternehmer eine viel geringere volkswirtschaftliche Bedeutung. Ein begehrtes neues Produkt oder ein kostensenkendes neues Verfahren setzt sich viel schneller durch, wenn die Produktion im innovierenden Unternehmen wächst, als wenn sich die Neuerung nur durch Diffusion in andere Unternehmen ausbreitet.[21] Es wäre jedoch irreführend, wenn man die Unternehmensorganisation nur als ein Instrument zur Potenzierung der Wirkung des „Mannes an der Spitze" ansähe. Die Kehrseite wäre – wenn man mit *Heuß* von der Annahme ausgeht, daß initiative Unternehmer eine Minderheit unter den Unternehmern insgesamt bilden –, daß alle Branchen früher oder später eine Mehrheit technologisch stagnierender Unternehmen aufweisen, weil sie von konservativen Unternehmern geleitet werden.[22] Aber nur Kleinstunternehmen, die z. B. aus dem Unternehmer und mithelfenden Familienangehörigen bestehen, sind auf Gedeih und Verderb von der Initiative des Unternehmers abhängig. In größeren Unternehmen kann die Leitung durch eine Mehrzahl von Personen und auf mehreren Leitungsebenen erfolgen. Ein einzelner konservativer Unternehmer ist nicht mehr schicksalbestimmend für die Unternehmung, weil er entweder auf der gleichen Ebene innovative Mitunternehmer hat oder weil innovative Personen selbst oder zumindest ihre Ideen aus unteren Leitungsebenen zur Spitze aufsteigen können. Aber wie Innovationen durch Marktzutrittshemmnisse für innovative Einzelunternehmer verhindert werden können, so kann auch durch organisatorische Hemmungen der Einfluß innovativer Personen in der Unternehmung auf die Unternehmensentscheidungen unterdrückt werden. Wenn in einer Unternehmung die Vorstellung herrscht, daß gute Ideen nicht von unten, sondern nur von oben kommen,[23] oder wenn in einer Unternehmung eine strikte Trennung von Entscheidungsvorbereitung und Entscheidung durch ein rigoroses Linie-Stab-System versucht wird[24], haben Innovationen nur eine geringe Chance. Gesetze ge-

---

[21] Die Intensität des Wettbewerbs dürfte weniger von der oligopolistischen Interdependenz abhängig sein, wie *Kantzenbach* und *Ott* meinen (vgl. *Erhard Kantzenbach:* Das Konzept der optimalen Wettbewerbsintensität, a. a. O., S. 208, und *Alfred E. Ott:* Marktform und Verhaltensweise, Stuttgart 1959, S. 46 ff.), als vielmehr von den Kostenunterschieden und den Wachstumsmöglichkeiten der Unternehmen (vgl. dazu *Jack Downie:* The Competitive Process, London 1958).

[22] Vgl. *Ernst Heuß:* Allgemeine Markttheorie, a. a. O., S. 105 ff.

[23] Vgl. *Donald A. Schon:* Technology and Change, a. a. O., S. 86.

[24] Vgl. die erfahrungswissenschaftliche Kritik an der strikten Trennung von Entscheidungsvorbereitung und Entscheidung durch *Eberhard Witte* (Phasentheorem und Organisation komplexer Entscheidungsverläufe. In: Schmalenbachs Zeitschrift für betriebswirtschaftliche Forschung, Bd. 20 (1968), S. 625 ff.) und am Linie-Stab-System durch *Martin Irle* (Macht und Entscheidungen in Organisationen, Frankfurt a. M. 1971).

gen Wettbewerbsbeschränkungen, die eine Marktorganisation schaffen sollen, in der innovative Vorstöße und Nachahmung für aktuelle und potentielle Wettbewerber möglich sind, müßten ergänzt werden durch Gesetze, die in der Unternehmensorganisation ebenfalls den Handlungsspielraum für Innovationen gewährleisten. Zwar wäre es angesichts des noch geringen Wissens über die Bedingungen einer innovativen Unternehmensorganisation verfrüht, ein Gesetz gegen organisatorische Innovationsbeschränkungen in den Unternehmungen zu erlassen, aber vorbereitet werden sollte es schon heute. Nur die Marktorganisation zu beeiflussen kann sinnvoll erscheinen, solange Kleinstunternehmen dominieren. Geraten in diesem Fall Firmen im Wettbewerbsprozeß in Konkurs und nimmt der ehemalige Einzelunternehmer eine abhängige Beschäftigung an, wird das Wissen der untergegangenen Unternehmung durch den Unternehmer bewahrt. In einer größeren Unternehmensorganisation ist das Wissen der Firma aber nicht in einer Person gebündelt: im Konkurs geht auch spezifisches Wissen über die Unternehmensorganisation unter, das eine wesentliche Basis für komplexe Innovationen ist, die nur in einer größeren Organisation durchführbar sind.[25] Gesetzliche Vorschriften zur Unternehmensorganisation richteten sich in der Vergangenheit im wesentlichen auf den Schutz der Gläubiger, in der Gegenwart zielen sie zunehmend auf den Schutz der Arbeitnehmer; in der Zukunft sollten sie auch stärker die Interessen der Kunden berücksichtigen, indem sie einerseits der Kritik des Kunden stärkeren Einfluß einräumen und indem sie andererseits innovativen Anstößen, die von Mitgliedern der Unternehmung ausgehen, größeren Spielraum verschaffen.

Summary

Striving for optimal solutions in a context of very limited knowledge of alternatives seems not to be rational: there is – as in welfare economics – the temptation to build theories for fictitious ideal worlds. The problem is not to seek solutions for optimal innovation, but to find explanations for technological stagnation and means to overcome it. The neoclassical theory of competition suggests that the main cause of technological stagnation, which public policy can change, is restriction of competition. But policies to secure freedom to innovate will not lead to innovation, if there is a lack of motivation. According to the concept of optimal intensity of competition the main motive for innovation is fear of failure. Public policy should therefore realize maket structures, in which competition is very intense as in "wide" oligopolies. But the arousal of fear of failure seems not to be a good instrument as the psychological theory of achievement motivation indicates. Beside competition other factors relevant for innovation are discussed: critique by customers may be more effective than voiceless change of customers to another firm in a competitive maket; the motive of entrepeneurs to innovate may be increased by psychological motivation training; since innovativeness of firms not only depends on top-management, but also on other members of the organization, organizational reforms will be important means to solve the problem of technological stagnation.

[25] Diese Überlegung beruht auf einer Anwendung der Theorie des Unternehmenswachstums von *Edith T. Penrose* (The Theory of the Growth of the Firm, Oxford 1959). Eine zentrale Hypothese dieser Theorie ist, daß die Unternehmung in ihrem Wachstumstempo dadurch begrenzt wird, daß neuen Leitungspersonen erst unternehmungsspezifisches Wissen vermittelt werden muß, bevor sie ihre Aufgaben übernehmen können.

Faustregeln für den Umfang und die Finanzierung öffentlicher Investitionen

von

WERNER NOLL und LEONHARD MÄNNER

A. Vorbemerkungen

I.

1. Seit Mitte der 60er Jahre wird den öffentlichen Investitionen in der BRD auch von der praktischen Wirtschaftspolitik eine besondere Aufmerksamkeit geschenkt.[1] Diese hat unter anderem ihren Grund in der Behauptung, daß in hochentwickelten Ländern der Beitrag der öffentlichen Investitionen zum Wachstum ein größerer sei als der des Privatkapitals – bei der gegenwärtigen Relation zwischen beiden Kapitalarten. Danach hätte gegenwärtig der öffentliche Kapitalbestand eine unteroptimale Höhe. Unteroptimale Höhe kann dabei bedeuten, daß der öffentliche Kapitalbestand im Verhältnis zu einer Zielgröße absolut zu niedrig ist, daß der öffentliche Kapitalbestand relativ zum privaten Kapitalbestand zu niedrig ist oder daß wegen der Fehlallokation des an und für sich hohen öffentlichen Kapitalbestandes (unterschiedliche Grenzproduktivitäten des öffentlichen Kapitals nach Verwendungsarten und Regionen) der öffentliche Kapitalbestand relativ zu den angestrebten Zielen zu niedrig ist.

Das sind vorerst äußerst vage Vermutungen und Aussagen. Wir werden uns deshalb eingehend mit dem exakten Gehalt der Tatsachenbehauptung, daß der öffentliche Kapitalbestand gegenwärtig unteroptimal ist, auseinandersetzen müssen. Dafür werden über die Realität Aussagen auf höchster Abstraktionsebene erforderlich sein, wobei notwendigerweise viele Einzelphänomene unter den Tisch fallen werden. Auch müssen wir analytisch vorgehen, also die drei oben angedeuteten Auslegungen der Tatsachenbehauptung isoliert und sukzessive untersuchen, obwohl es durchaus sein kann, daß alle drei Komponenten simultan diese Tatsachenbehauptung provozieren.

Stimmt diese Tatsachenbehauptung, so ist damit implizite der Vorwurf erhoben, daß im Hinblick auf die Verteilung des realen Sozialproduktes auf öffentliche und private Verwendungen der politische Entscheidungsmecha-

---

[1] Ein Ergebnis war die Ergänzung des Artikels 91 GG im Sommer 1969 durch Einführung des Instituts Gemeinschaftsaufgaben für Ausbau und Neubau wissenschaftlicher Hochschulen, Verbesserung der regionalen Wirtschaftsstruktur und Verbesserung der Agrarstruktur und des Küstenschutzes. Vgl. im übrigen die Sammelbände der Schriften des Vereins für Socialpolitik NF Bd. 54, Berlin 1970, Theorie und Praxis der Infrastrukturpolitik, Hrsg. *R. Jochimsen* und *U. E. Simonis,* und NF Bd. 58, Berlin 1971, Grundfragen der Infrastrukturplanung für wachsende Wirtschaften, Hrsg. *H. Arndt* und *O. Swatek.*

nismus versagt. Die Gründe dafür sollen uns nicht interessieren.[2] Wir wollen uns stattdessen auf die Erarbeitung von rein ökonomischen Faustregeln für den Umfang und die Finanzierung von öffentlichen Investitionen konzentrieren.

2. Ist der öffentliche Kapitalbestand im Ausgangszustand tatsächlich unteroptimal, so ist zu vermuten, daß die Faustregeln[3] für eine optimale Finanzierung der öffentlichen Investitionen anders aussehen als die von der neoklassischen Finanztheorie angebotenen. Das ist angesichts neuerer Arbeiten eine etwas gewagte Feststellung. Aber üblicherweise geht die Neoklassik bei ihrer Analyse von einem optimalen Kapitalbestand aus. Sie beschreibt nämlich die optimale Verteilung eines gegebenen Kapitalbestandes auf den privaten und den öffentlichen Sektor (Ausgangszustand) und leitet dann die Regeln ab für die Höhe und die Verteilung eines Zuwachses zum Kapitalbestand aus der laufenden Produktion unter dem Aspekt, daß zu jedem Zeitpunkt die Optimalregeln für die Verteilung auf den öffentlichen und den privaten Sektor eingehalten werden.

Einen unbestreitbaren und unentbehrlichen Vorzug hat aber diese neoklassische Sicht. Sie beschreibt widerspruchsfrei den Optimalzustand und die Bedingungen, unter denen der Optimalzustand aufrechterhalten wird. Wie eine Volkswirtschaft über einen optimalen Anpassungsprozeß aus einem unteroptimalen Anfangszustand in einen optimalen Zustand übergeführt werden kann, sagt sie nicht. Es ist aber möglich, mit Hilfe der „optimal control theory"[4] dieses Problem zu lösen, wenn auch auf hoher Abstraktionsebene. Allerdings erfordert dieser Weg einen großen Aufwand an mathematischen Werkzeugen, wodurch die Verständlichkeit nicht gerade gefördert wird. Hier sollen rein verbal auf der Grundlage der Ergebnisse der „optimal control theory" Faustregeln entwickelt werden, deren simultane Befolgung es ermöglicht, den besten Weg vom unteroptimalen zum optimalen Zustand einzuschlagen.

Dabei soll der Begriff „optimal" nicht überstrapaziert werden. In der Realität kann aus einem grundsätzlichen Mangel an exakten Informationen über die relevanten Größen heraus auch nicht der exakte optimale Zustand und der exakte optimale Anpassungsprozeß an den exakten optimalen Zustand beschrieben werden. Es sind nur Feststellungen und Vermutungen über Größenordnungen und Größenverhältnisse möglich und entsprechend also auch nur grobe Faustregeln zu entwickeln, die nicht auf exakte Informationen angewiesen sind. Welche Informationen notwendig sind, wird unsere Untersuchung zeigen.

---

[2] Vgl. aber *A. Downs:* Ökonomische Theorie der Demokratie, Tübingen 1968; *M. L. Olson:* Die Logik des kollektiven Handelns, Tübingen 1968; *G. L. Tullock:* The Politics of Bureaucracy, Washington 1965.

[3] Faustregeln werden gewonnen aufgrund von vereinfachten Entscheidungsmodellen. Diese vereinfachten Entscheidungsmodelle müssen die fundamentalen ökonomischen Probleme widerspiegeln, dürfen also nur von minder wichtigen Problemen abstrahieren. Insofern stellen Faustregeln Normen für Entscheidungen dar, deren Befolgung auf möglichst wirtschaftlichstem Wege zum Ziel führt.

[4] *J. K. Arrow* und *M. Kurz:* Public Investment, the Rate of Return and Optimal Fiscal Policy, Baltimore und London 1970.

II.

Es ist angebracht, in diesen einleitenden Bemerkungen auf einige Aspekte unseres Themas einzugehen, die von großer wirtschaftspolitischer Bedeutung sind, von uns aber nicht untersucht werden.

1. So hat die Auffassung, daß der öffentliche Kapitalbestand unteroptimal ist, in der praktischen Finanzpolitik der Bundesrepublik zur Folge, daß der Kreditfinanzierung der öffentlichen Investitionen im steigenden Umfange Bedeutung beigemessen wird.[5] Es wird davon ausgegangen, daß durch die Kreditfinanzierung die Relation zwischen privatem Kapitalbestand und öffentlichem Kapitalbestand verschoben werden kann.

Hauptsächlich wird die Kreditfinanzierung aber aus konjunkturpolitischen Gründen bejaht[6], weil sie in Phasen verminderter Wirtschaftstätigkeit ein unbestrittenes Instrument der Aktivierung ist. Kreditfinanzierung bedeutet hier Kreditschöpfung. Ein solches Vorgehen wird zusätzlich mit dem Argument gestützt, daß damit zugleich wachstumspolitische Ziele verfolgt werden.[7] Die wachstumspolitischen Investitionen werden also als konjunkturpolitisches Mittel benutzt.

2. Damit hat man zwar erkannt, daß ein gewisser Umfang öffentlicher Investitionen notwendig ist, um das maximale Wachstumspotential der Wirtschaft zu erreichen, gleichzeitig werden aber diese öffentlichen Investitionen unter Stabilitätsgesichtspunkten ungleichmäßig über die Zeit verteilt. Diese Ungleichmäßigkeit scheint nicht so gravierend zu sein, da wegen der unteroptimalen Höhe des öffentlichen Kapitalbestandes die Gefahr einer Überversorgung nicht besteht. Andererseits erfordert eine Verschlechterung der Relation zwischen öffentlichem Kapital und privatem Kapital infolge Zurückhaltung der öffentlichen Hand in der Hochkonjunktur eine umso höhere öffentliche Investitionstätigkeit in der Rezession, allein schon, um zumindest die alte Relation herzustellen. Aber ist diese unregelmäßige zeitliche Verteilung der wachstumspolitischen öffentlichen Investitionen wirklich so unproblematisch?

Die Stabilitätspolitik mit Hilfe der öffentlichen Investitionen beruht auf der *Keynes*schen Theorie. Die zeitliche Verteilung der Investitionen wird fast ausschließlich unter Beschäftigungsgesichtspunkten gesehen. Widerspricht das aber nicht den Faustregeln für den besten Weg zum Optimalzustand? Müssen also eventuell die Faustregeln bei Stabilitätspolitik modifiziert werden?

3. Um die in dieser Fragestellung angedeutete Problematik zu illustrieren, sind einige Bemerkungen zur Rolle des öffentlichen Kapitals zu machen. Öffentliches Kapital ist eigentlich keine homogene Größe. Es hat verschiedene Aufgaben zu erfüllen.

---

[5] Siehe Gesetz zur Förderung der Stabilität und des Wachstums der Wirtschaft vom 8. Juni 1967, die Änderung des Grundgesetzes vom 12. Mai 1969, sowie die Ablösung der Reichshaushaltsordnung durch das Haushaltsgrundsätzegesetz und die Bundeshaushaltsordnung vom 19. August 1969.

[6] Vgl. *H. Haller:* Lerneffekte. In: Der Volkswirt, Nr. 17, 24. April 1970.

[7] Die mittelfristige Finanzplanung versucht den konjunktur- und den wachstumspolitischen Aspekt zu verbinden. Siehe §§ 9 und 10 des Stabilitätsgesetzes in Verbindung mit § 6, II und § 1.

a) Ein Teil des öffentlichen Kapitals kann als öffentliches Gut unmittelbaren Nutzen stiften. Dieser Teil des öffentlichen Kapitals ist für uns nicht problematisch. Eine Stabilitätspolitik mit Hilfe einer unregelmäßigen Verteilung der Investitionen in derartiges Kapital ist zu befürworten, weil diese Investitionsschwankungen nur die Auslastung des volkswirtschaftlichen Produktionsapparates, nicht aber dessen Effizienz tangieren. Das ist analog zu einer „Investition" eines Privathaushalts in ein langlebiges Gebrauchsgut. Aus diesem Gebrauchsgut zieht der Haushalt direkten Nutzen, ohne daß dadurch die Produktionsbedingungen in der Volkswirtschaft tangiert werden.

b) Ein anderer Teil des öffentlichen Kapitals, das produktive öffentliche Kapital, ist komplementär zum privaten Kapital und zur Arbeit. Die Grenzproduktivität des privaten Kapitals ist um so höher, je höher relativ der produktive öffentliche Kapitalbestand ist. Eine Stabilitätspolitik mit Hilfe einer unregelmäßigen zeitlichen Verteilung der Investitionen in derartiges Kapital ist bedenklich.

Eine Hochkonjunktur ist nämlich auf verstärkte Privatinvestitionen zurückzuführen. Deshalb bleibt das produktive öffentliche Kapital relativ zurück, auch wenn die Investitionen in produktives öffentliches Kapital weiter auf durchschnittlichem Niveau erfolgen. Eine Drosselung dieser Investitionen zum Zwecke der Konjunkturdämpfung würde diese Tendenz verstärken. Damit hätten wir eine verstärkte relative Senkung der Grenzproduktivität des Privatkapitals vermutlich in einem Stadium der Konjunktur, in dem diese Senkung zu einer Depression führen kann. Der Investitionsanreiz kann dann einfach fehlen. Dadurch ist eine Stabilisierung auf Vollbeschäftigungsniveau zum Scheitern verurteilt, weil infolge Unterschreitung einer Mindestrentabilität Investitionen im Privatsektor unterbleiben. Eine verstärkte Investition in produktives öffentliches Kapital auf der „Talsohle" birgt in sich den gegenteiligen Effekt, nämlich eine relativ zu hohe Steigerung der Grenzproduktivität des Privatkapitals und damit den Keim einer darauf folgenden, zu bekämpfenden Hochkonjunktur.

Stabilitätspolitik dieser Art kann sich also reproduzieren, macht sich immer wieder selbst erforderlich. Da die Zeitspanne zwischen Beginn der Investition und der Auswirkung dieser Investition auf die Grenzproduktivität des Privatkapitals, bedingt durch die Herstellungszeit, ein perfektes timing verhindert, auch dann, wenn das Problem erkannt ist, liegt es nahe, Investitionen in produktives öffentliches Kapital kontinuierlich und konjunkturunabhängig durchzuführen. Es ist zu vermuten, daß eine kontinuierliche Investition in produktives öffentliches Kapital besser zur Stabilisierung des Wirtschaftsablaufs beiträgt als eine gegenteilige Politik.

Diese Überlegungen zeigen, daß vermutlich die herrschende Auffassung über die richtige zeitliche Verteilung der öffentlichen Investitionen einer Korrektur bedarf, und daß diese Korrektur nicht zuletzt durch die Untersuchung des bestmöglichen langfristigen Anpassungsprozesses des öffentlichen Kapitalbestandes an einen optimalen Zustand eingeleitet werden kann.

B. Die stilisierten Fakten (realistischen Abstraktionen) der Untersuchung

Bevor wir anhand von äußerst einfachen Modellen unsere Faustregeln entwickeln, wollen wir darstellen, welche vereinfachten Vorstellungen über die technologischen und institutionellen Gegebenheiten unserer Untersuchung zugrunde liegen, und damit zeigen, welchen Stellenwert die von uns entwickelten Faustregeln für konkrete Entscheidungen in der Bundesrepublik Deutschland haben.

I.

Wir können die technologischen Gesetzmäßigkeiten unserer Volkswirtschaft stark vereinfacht folgendermaßen beschreiben:

1. Es gibt zwei Kategorien von Gütern. Die einen lassen sich über einen realen Marktmechanismus effizient allokieren, bei den anderen ist das nicht möglich. Die Güter, deren effiziente Allokation über einen realen Marktmechanismus in einem dezentralen Wirtschaftssystem nicht möglich ist, bezeichnen wir als öffentliche Güter; die Güter, deren effiziente Allokation über einen realen Marktmechanismus in einem dezentralen Wirtschaftssystem tendenziell möglich ist, als private Güter. Private und öffentliche Güter sind entweder Konsum- oder Produktionsgüter.
2. Öffentliche und private Güter sind in den Produktions- und Konsumtionsprozessen der Wirtschaftssubjekte komplementär zueinander; d. h. daß das Grenzprodukt einer gegebenen Menge an privaten Produktionsmitteln um so höher ist, je höher die Ausstattung der Volkswirtschaft mit öffentlichen Produktionsmitteln ist – und umgekehrt; daß der Grenznutzen einer gegebenen Menge an privaten Konsumgütern um so höher ist, je höher die Ausstattung der Volkswirtschaft mit öffentlichen Konsumgütern ist – und umgekehrt.[8]
3. Die öffentlichen und privaten Güter, deren Lebensdauer länger als eine Wirtschaftsperiode ist, werden als Kapitalgüter bezeichnet. Sie bilden den öffentlichen und den privaten Kapitalbestand. Diese Kapitalbestände sind nicht reversibel, d. h. privates Kapital kann nicht in öffentliches Kapital transformiert werden – und umgekehrt. Nur durch Investitionen kann das relative Verhältnis von privatem und öffentlichem Kapitalbestand geändert werden. Bleibt das relative Verhältnis zwischen öffentlichem und privatem Kapital konstant, so ist bei gegebenem Arbeitsvolumen eine Vergrößerung des gesamtwirtschaftlichen Kapitalbestandes verbunden mit einer unterproportionalen Vergrößerung des Sozialproduktes. Diese Aussage ist so lange richtig, wie am Allokationsmechanismus nichts geändert wird, so unvollkommen dieser Mechanismus auch ist.

Der überwiegende Teil des öffentlichen Kapitals ist Infrastrukturkapital. Infrastrukturkapital, das unmittelbare Nutzungen an die Haushalte abgibt,

[8] Auf diese Weise sind die „Externalitäten" der Auswirkungen von Investitionen in öffentliche Güter (hauptsächlich Infrastrukturkapital) zur Vereinfachung der Analyse „internalisiert".

bezeichnen wir als Infrastruktur-Konsumtivkapital. Das Infrastrukturkapital, das komplementär zum produktiven Privatkapital ist, bezeichnen wir als Infrastruktur-Produktivkapital, das Infrastrukturkapital, das zur Minderung der umweltschädlichen Einflüsse von privaten Konsumtions- und Produktionsprozessen eingesetzt wird, bezeichnen wir als Infrastruktur-Umweltschutzkapital. Es ist evident, daß das Umweltschutzkapital im Grunde keine eigene Kategorie darstellt, sondern auf Produktiv- und Konsumtivkapital aufgeteilt werden könnte. Andererseits ist eine bestimmte Infrastrukturanlage sowohl Konsumtiv-, Produktiv- als auch Umweltschutzkapital.

Typische Merkmale des Infrastrukturkapitals sind:[9] Unteilbarkeit der Anlagen, deren wichtigste Auswirkung die Größendegression (economies of scale) ist; lange Herstellungszeit und lange Lebensdauer, so daß eine Erhöhung der öffentlichen Investition mit einem Konsumverzicht über mehrere Perioden verbunden ist; Interdependenz zwischen einzelnen Bestandteilen jeweils eines Infrastrukturbereichs, so daß die volle Leistungsfähigkeit erst nach langer Anlaufzeit erreicht wird; die Leistungen werden im Privatsektor allgemein als inputs verwendet, ohne daß genau zugerechnet oder ein Wirtschaftssubjekt von der Nutzung ausgeschlossen werden kann (Nichtanwendbarkeit oder Nichtanwendung des Ausschlußprinzips). Infrastrukturkapital hat also starke positive externe Effekte, die es verhindern, daß die optimale Allokation durch einen realen Marktmechanismus (Preismechanismus) erfolgen kann.[10]

Würde der Staat dieses Infrastrukturkapital nicht bilden, so müßte es die Privatwirtschaft unter Effizienzgesichtspunkten tun. In einem dezentralen Wirtschaftssystem wird das nicht im erforderlichen Umfang der Fall sein, weil Aufwendungen einzelner Unternehmungen für solche Infrastrukturmaßnahmen durchaus zu Erträgen bei anderen Unternehmungen werden können, ohne daß für den aufwendenden Unternehmer die Möglichkeit besteht, über einen Marktpreis diesen Vorteil sich entlohnen zu lassen, wodurch diese anderen Unternehmungen einen Konkurrenzvorteil erlangen.[11] Nur die Erteilung von Monopolstellungen und Konzessionen ermöglicht es, derartige Aufgaben privaten Unternehmern zu überlassen.

4. Der technische Fortschritt ist arbeitsvermehrend. Es wird also unterstellt, daß der Effizienzeinheitengehalt einer Arbeitsstunde in Abhängigkeit vom Zeitablauf von Jahr zu Jahr steigt — in unserer Wirtschaft gegenwärtig langfristig um etwas über 4 Prozent. Diese Art des technischen Fortschritts hat zur Folge, daß für eine konstante Investitionsquote die Volkswirtschaft bei Vollbeschäftigung auf einen stetigen Zustand hin konvergiert, in dem die Wachstumsrate des Sozialprodukts und des Kapitalbestandes gleich der Summe aus Wachstumsrate der Beschäftigung und der Rate des arbeitsvermehrenden technischen Fortschritts ist.

---

[9] Vgl. hierzu *R. L. Frey:* Infrastruktur, Zürich und Tübingen 1970, S. 1 f.

[10] Aufgrund dieser Merkmale können folgende Bereiche zur Infrastruktur gerechnet werden: Verkehr, Energie, Ausbildung, Forschung, Gesundheitswesen, Wasserbau und Wasserwirtschaft, Anlagen für Kultur, Erholung, Sport sowie öffentliche Verwaltung.

[11] Ausbildung z. B. in einem Unternehmen und Abwerbung durch nicht ausbildende Unternehmen. Andere Beispiele: Abwasser, Abwärme, Abgase, Staub, Verkehrssysteme.

Wenn z. B. das Verhältnis zwischen Investition/Ausbringung-Verhältnis (der Investitionsquote) s und dem Kapital/Ausbringung-Verhältnis (dem Kapitalkoeffizienten) v höher ist als die Summe aus der Wachstumsrate n der Beschäftigung und der Rate b des arbeitsvermehrenden technischen Fortschritts, so wächst der Kapitalbestand mit einer schnelleren Rate als das Arbeitsvolumen, gemessen in Effizienzeinheiten. Das Kapital/Arbeit-Verhältnis (die Kapitalintensität) steigt, damit steigt auch der Anteil der Investitionsquote, der zur Aufrechterhaltung der erreichten Kapitalintensität notwendig ist, und der Anteil sinkt, der einer Kapitalintensivierung dient. Da die Grenzproduktivität des Kapitals als Folge der Kapitalintensivierung sinkt, das Kapital/Ausbringung-Verhältnis also steigt, wird tendenziell $s/v = n + b$. In diesem Zustand wächst der Kapitalbestand nur noch mit der Rate des Arbeitsvolumens, die Investitionsquote wird vollständig zur Aufrechterhaltung der erreichten Kapitalintensität verwendet.

Natürlich braucht nicht davon ausgegangen zu werden, daß die Investitionsquote s konstant bleibt. Die Produktionsbedingungen (Ertragsgesetze) und die Investitionsentscheidungen müssen nur so beschaffen sein, daß $s/v \rightarrow n + b$ konvergiert. Dann haben wir die Tendenz der Volkswirtschaft zu einem stetigen Zustand, in dem alle Verhältniszahlen und alle Wachstumsraten konstant sind. Der Konsum pro Kopf z. B. wächst mit der Rate des technischen Fortschritts.

Wir gehen davon aus, daß dies auf höchster Abstraktionsebene (und sehr langfristig gesehen) Aussagen über die Wachstumsvorgänge in unserer konkreten Volkswirtschaft sind.

II.

1. Die folgenden institutionellen Gegebenheiten sind für unsere Untersuchung relevant und liegen ihr zugrunde:

a) Es gibt einen dezentral organisierten privaten Sektor, in dem die Allokation der Faktoren und Güter über den Marktmechanismus erfolgt. Der Marktmechanismus hat – bei aller Unvollkommenheit im Einzelfall – die Tendenz, die Güter und Faktoren in die produktivsten Verwendungsrichtungen zu lenken, also bei gegebener Bedürfnis- und Vermögensstruktur die volkswirtschaftlichen Ressourcen optimal zu allokieren. Die Effizienz des privaten Sektors, also das Niveau, auf dem der private Sektor die Wirtschaftssubjekte mit Konsumgütern versorgen kann, hängt von Größe und Struktur des öffentlichen Sektors ab.

b) Der öffentliche Sektor ist föderalistisch organisiert. In ihm erfolgt die Allokation der Ressourcen über einen politischen Mechanismus. Die Hauptaufgabe des öffentlichen Sektors ist es, Infrastrukturleistungen zur Verfügung zu stellen, die als Inputs von Konsum- oder/und Produktionsprozessen der Wirtschaftssubjekte – Haushalte und Unternehmungen – dienen, ohne daß ein Preismechanismus dafür sorgt, daß diese Leistungen adäquat entlohnt werden.[12] Die Wahl des Finanzierungssystems für die Infrastrukturleistungen und für die Infrastrukturinvestitionen müßte unter dem Aspekt

[12] Was eine „adäquate Entlohnung" sein könnte, soll weiter unten gezeigt werden.

der adäquaten Entlohnung der Infrastrukturleistungen erfolgen.

c) Für eine optimale Aufteilung des Sozialproduktes auf den privaten und den öffentlichen Sektor gibt es keinen autonomen Mechanismus. Wie hoch der Anteil des öffentlichen Sektors am realen Sozialprodukt ist, folgt aus der politischen Entscheidung. Dieser Anteil kann nicht unmittelbar festgesetzt werden, sondern nur mittelbar über die Wahl des Finanzierungssystems für die öffentlichen Ausgaben sowohl der Struktur als auch dem Umfang nach. Es ist also durchaus möglich, daß das gewählte Finanzierungssystem den angestrebten Anteil des Staates am Sozialprodukt nicht erbringt, weil mit Hilfe der gewählten Mittel angesichts des Verhaltens der Wirtschaftssubjekte der angestrebte Anteil nicht realisiert werden kann.

2. Angesichts dieser institutionellen Gegegebenheiten müssen die Faustregeln für den Umfang und die Finanzierung der öffentlichen Investitionen zur Lösung der folgenden Probleme beitragen:

a) Welchen Anteil am Sozialprodukt muß der öffentliche Sektor haben? Dabei ist zu berücksichtigen, daß die Höhe des Sozialprodukts selber eine Funktion dieses öffentlichen Anteils ist. Das ist dann der Fall, wenn durch den Anteil des öffentlichen Sektors am Sozialprodukt die Effizienzbedingungen tangiert werden. Diese Frage wird von uns hauptsächlich untersucht. Es muß ein Organisationsmechanismus in Form von Faustregeln gefunden werden, der sicherstellt, daß die Aufteilung des Sozialprodukts auf den privaten und den öffentlichen Sektor so erfolgt, daß die gesamtwirtschaftlichen Effizienzbedingungen der Produktion und die gesamtwirtschaftlichen Bedingungen der optimalen Allokation der Faktoren und Güter (tendenziell) realisiert werden. Wir gehen dabei davon aus, daß es eine optimale Aufteilung des realen Nettosozialprodukts auf den öffentlichen und den privaten Sektor gibt.

b) Wie muß dieser Anteil des öffentlichen Sektors auf die einzelnen Verwendungsarten aufgeteilt werden? Es geht dabei nicht nur darum, in welchen Relationen die einzelnen Aufgabengebiete des öffentlichen Sektors Produktionsmittel beanspruchen, sondern auch darum, welche Schattenpreise man für die Güter der einzelnen Aufgabengebiete findet. Der reale Organisationsmechanismus im öffentlichen Sektor muß bewußt geschaffen werden und kann dann besser sein als der reale Marktmechanismus im privaten Sektor. Dieser bewußt geschaffene Organisationsmechanismus muß imstande sein, die Bedingungen einer optimalen Allokation der Faktoren und Güter im öffentlichen Sektor (tendenziell) zu realisieren.

c) Wie müssen die Finanzierungsmittel aufgebracht werden, die den öffentlichen Sektor in die Lage versetzen, einen bestimmten Anteil am Sozialprodukt zu beanspruchen? Hier gibt es die Möglichkeiten der nicht zweckgebundenen Besteuerung, der Verschuldung bei den privaten Haushalten, der Verschuldung bei der Notenbank und der zweckgebundenen Steuern, Gebühren und Beiträge. Es liegt auf der Hand, daß die Art und Weise, wie die Finanzierungsmittel aufgebracht werden, den Allokationsprozeß im privaten Sektor beeinflußt. Die Wahl des Finanzierungssystems muß aber auch unter dem Aspekt der Aufteilung der öffentlichen Ausgaben auf produktive und konsumtive Kategorien der Verwendung gesehen werden.

So könnte eine gemischte Finanzierung eines öffentlichen Investitionsvorhabens durch Steuern und Anleihen dann gerechtfertigt sein, wenn dieses Investitionsvorhaben den Realkonsum erhöht (dieser konsumtive Anteil wäre durch direkte Steuern zu finanzieren), gleichzeitig aber auch das Produktionspotential erhöht (dieser produktive Anteil wäre als Vorleistung für die Produktion im privaten Sektor durch Produktionsbesteuerung – Mehrwertsteuer als Äquivalent der Entlohnung der Leistungen des öffentlichen Kapitals bei der Produktion der Güter im privaten Sektor – und durch Anleihen zu finanzieren). Für die Anleihenfinanzierung müßten allerdings zusätzliche Voraussetzungen vorhanden sein – wie weiter unten gezeigt werden wird.

C. Ableitung der Faustregeln

I.

1. Das Problem der unteroptimalen Versorgung einer Volkswirtschaft entsteht also – wenn die Ausführungen oben über die technologischen und die damit verbundenen institutionellen Merkmale einer realen Marktwirtschaft in einer hoch industrialisierten Volkswirtschaft zutreffen – aus dem Nebeneinander von öffentlichem und privatem Sektor. Es ist für die Beantwortung der Frage, wie eigentlich der optimale Zustand mit optimaler Versorgung mit öffentlichem Kapital aussieht, wie der Ausgangszustand aussieht und wie der optimale Anpassungspfad von dem Ausgangszustand an den optimalen Endzustand auszusehen hat, am zweckmäßigsten, das einfachst mögliche Ausgangsmodell zu wählen. Das wäre das Modell, in dem es die Trennung der beiden Sektoren nicht gibt. Das ist wegen der Existenz öffentlicher Güter nur dann der Fall, wenn wir eine voll zentralisierte Wirtschaft[13] annehmen.
In dieser Modellwirtschaft sorgt der Staat dafür, daß die Bedürfnisbefriedigung der Wirtschaftssubjekte maximiert wird, und zwar nicht nur temporal, sondern auch intertemporal. Zu diesem Zwecke muß er die Konsumhöhe C und die Investitionshöhe I_p der privaten Investitionen und $I_ö$ der öffentlichen Investitionen so wählen, daß bei gegebenen volkswirtschaftlichen Ressourcen im Ausgangszustand und bei gegebener Technologie und ihrer Veränderung die Bedürfnisbefriedigung maximiert wird. Formal heißt das, daß eine Zielfunktion Z, die das Integral aller diskontierten Nutzen bildet, unter den Nebenbedingungen der maximal möglichen Produktion und der Aufteilung dieser Produktion auf Konsum und Investition maximiert wird.

2. Wir sehen im folgenden davon ab, daß öffentliches Kapital unmittelbaren Nutzen stiften kann und betrachten nur das produktive öffentliche Kapital, das also komplementär zum privaten Kapital und zur Arbeit ist. Das Nettosozialprodukt Y ist dann eine Funktion der Arbeit L und der beiden Kapitalarten privates Kapital K_p und öffentliches Kapital $K_ö$. Die Zahl der Arbeiter wächst mit der konstanten Rate n, und wir haben einen arbeitsvermehrenden technischen Fortschritt mit der konstanten Rate b. Die gesamtwirtschaftliche Produktionsfunktion sei linearhomogen. Wir haben also im Zeitpunkt t die Funktion

[13] Die folgende Darstellung einer optimalen Kapitalakkumulationspolitik beruht auf *J. K. Arrow* und *M. Kurz:* a. a. O., S. XVI–XXII, S. 87–114.

$$\text{(I)}\ Y(t) = F[K_p(t), K_ö(t), L_0 e^{(n+b)t}].$$

Es gelten die folgenden Identitäts- und Definitionsgleichungen:

$$\text{(II)}\ Y = C + I_p + I_ö$$

und

$$\text{(III)}\ \dot{K}_p = I_p; \dot{K}_ö = I_ö.$$

$L_0 e^{(n+b)t}$ stellt in (I) das Arbeitsvolumen, gemessen in Effizienzeinheiten, dar. Wir wissen, daß wir eine linearhomogene Produktionsfunktion bei arbeitsvermehrendem technischen Fortschritt auf das Arbeitsvolumen, gemessen in Effizienzeinheiten, beziehen können. Bezeichnen wir das Nettoproduktion/Arbeit-Verhältnis mit y, das Privatkapital/Arbeit-Verhältnis mit k_p und das Öffentlichkapital/Arbeit-Verhältnis mit $k_ö$, so bekommen wir die Makro-Produktionsfunktion im engeren Sinne.

(1) $y(t) = f[k_p(t), k_ö(t)]$, wobei
(2) $f_p > 0 > f_{pp}; f_{pö} \geqq 0$
und $f_ö > 0 > f_{öö}; f_{öp} \geqq 0$ ist.

Die Zielfunktion Z ist

$$(3) \qquad Z = \int_0^\infty e^{-\lambda t} U[c(t)]\, dt.$$

Dabei bezeichnet c(t) das Konsum/Arbeit-Verhältnis[14] im Zeitpunkt t, U den Nutzen und λ den Diskontierungsfaktor. Ein konstantes c in der Gleichung (3) ist bei arbeitsvermehrendem technischen Fortschritt verbunden mit einer Steigerung des Pro-Kopf-Konsums im Laufe der Zeit mit der Rate b. Das ist in λ berücksichtigt; es ist $\lambda = \omega - (n + b)$, wobei ω die Konsumzinsrate[15] im optimalen stetigen Zustand bezeichnet und $(n + b)$ die natürliche Wachstumsrate ist. Der Diskontierungsfaktor ist hier als konstant angenommen, wodurch natürlich ein Fehler in die Argumentation kommt, denn auf dem Wege vom Ausgangszustand zum Endzustand, auf dem sich c(t) ändert, wird sich im allgemeinen auch λ als Folge einer Senkung der Konsumzinsrate gegen ω ändern. Bei Berücksichtigung dieser Änderung wäre die Gleichung (3) zu kompliziert.[16]

In der Zielfunktion wird die Einkommensverteilungsproblematik vernachlässigt. Die Funktion ist additiv über die Zeit, d. h., daß die U [c(t)] unabhängig voneinander sind. Unter den gemachten Annahmen über die Produktionsfunktion und den technischen Fortschritt und der Annahme, daß der Grenznutzen des Pro-Kopf-Konsums mit steigender Höhe sinkt (oder zumindest gleichbleibt) konvergiert das Integral von (3), d. h. (3) hat einen endlichen Wert. Der unendliche Zeithorizont ist eine Idealisierung der grundlegenden Tatsache, daß die Folgen der Investition sehr langfristig sind.

---

[14] Arbeit in Effizienzeinheiten gemessen.

[15] Die Konsumzinsrate sagt aus, wieviel zusätzliche Einheiten zukünftigen Konsums notwendig sind, damit der Konsument auf eine Einheit gegenwärtigen Konsums verzichtet.

[16] Für unsere Zwecke – Demonstrationszwecke – genügt sie vollkommen. Wir wollen nicht mit Kanonen nach Spatzen schießen.

Bezeichnen wir das Nettoinvestition/Arbeit-Verhältnis in privates und öffentliches Kapital jeweils mit i_p bzw. $i_ö$, so ist definitionsgemäß

(4) $y = c + i_p + i_ö$.

Der Zuwachs zum jeweiligen Kapitalbestand pro Arbeitseinheit $\dot{k}_p$ bzw. $\dot{k}_ö$ ist damit jeweils

(5) $\dot{k}_p = i_p - (n + b)k_p; \dot{k}_ö = i_ö - (n + b)k_ö$.

3. Der Staat hat die Instrumente c, i_p und $i_ö$ als Funktionen der Zeit so zu wählen, daß die Zielfunktion maximiert wird, also maximiere

(3) $Z = \int_0^\infty e^{-\lambda t} U\,[c(t)]\,dt$

unter den Nebenbedingungen

(1) $y(t) = f\,[k_p(t), k_ö(t)]$

(4) $y(t) = c(t) + i_p(t) + i_ö(t)$

(5) $\dot{k}_p(t) = i_p(t) - (n + b)k_p(t)$;

$\dot{k}_ö(t) = i_ö(t) - (n + b)\,k_ö(t)$

(6) $k_p(o) = \overline{k}_p; k_ö(o) = \overline{k}_ö$.

Eine optimale Politik führt unter den gemachten Voraussetzungen zu einem stationären Wertepaar für k_p und $k_ö$[17], nennen wir sie k_p^∞ und $k_ö^\infty$. Unter den Modellvoraussetzungen müßten k_p^∞ und $k_ö^\infty$ bei optimaler Politik konstant gehalten werden, wenn sie die Anfangswerte von k_p und $k_ö$ wären. Dann wären c, i_p und $i_ö$ ebenfalls konstant. Die folgende Diskussion ist jedoch nicht begrenzt auf Wachstumspfade im stetigen Zustand. Die Ausgangsbedingungen können beliebig sein[18].

4. Wir nehmen als Ausgangsbedingung an, daß $k_p(o)$ und $k_ö(o)$ zueinander eine derartige relative Höhe haben, daß bei gegebenem Gesamtkapital/Arbeit-Verhältnis $k = k_p + k_ö$ das maximale Nettoprodukt pro Arbeitseinheit erzielt wird. Maximierung der Ausbringung erfordert natürlich

(8) $f_p = f_ö$,

daß also die Ertragsrate des öffentlichen Kapitals gleich der Ertragsrate des privaten Kapitals ist. Strebt der Staat eine Maximierung der Zielfunktion (3) an, dann ist es offensichtlich, daß er – da er laut Annahme die Macht dazu hat – vor allem eine Maximierung der laufenden Produktion durch Erfüllung der Bedingung (8) anstrebt. Die Nettoproduktion nach (1) ist jetzt

(9) $y = g(k) = \max\limits_{k_p + k_ö = k} f(k_p, k_ö)$.

Wir wählen die Instrumente c und i als Funktionen der Zeit, oder besser als Funktionen von k so, daß die Zielfunktion (3) unter den Nebenbedingun-

[17] Also zu einem stetigen Zustand, in dem das Kapital/Arbeitseffizienzeinheiten-Verhältnis konstant ist über die Zeit (vgl. B. I.[4]).

[18] *J. K. Arrow* und *M. Kurz:* a. a. O., S. XIX.

gen (9), (5), (4) für einen bestimmten Anfangswert $k(0) = \bar{k}$ maximiert wird, also maximiere

$$(10) \qquad Z = \int_0^\infty e^{-\lambda t} U[c(t)]\, dt$$

unter N. B.[19]

$$(11) \qquad y = g(k)$$
$$(12) \qquad y = c + i$$
$$(13) \qquad \dot{k} = i - (n + b)k$$
$$(14) \qquad k(0) = \bar{k}$$

Mit jedem vorgeschlagenen Konsumstrom für k(0) ist ein Konsumzinssatz r_c verbunden. Der Konsumzinssatz sagt aus, wieviel zusätzliche Einheiten zukünftigen Konsums notwendig sind, damit der Konsument auf eine Einheit gegenwärtigen Konsums verzichtet.
Dann ist der optimale Kapitalakkumulationspfad derjenige, der das Grenzprodukt des Kapitals gleich dem Konsumzinssatz macht, und zwar im Ausgangszeitpunkt $t = 0$ wie in allen folgenden Zeitpunkten. Es muß also gelten:

$$(15) \qquad f_p = f_ö = g' = r_c.$$

Wäre das nicht der Fall, wäre z. B. $r_c > f_p$, so würde es sich lohnen, die Kapitalbildung soweit zugunsten des Konsums einzuschränken, bis die Gleichheit von (15) erfüllt ist.
Es ist sofort einsichtig, daß die Höhe der Investition nicht allein von der Grenzproduktivität des Kapitals abhängt, sondern auch von der Veränderung dieser Grenzproduktivität als Folge der durch die Investition bewirkten Kapitalakkumulation. Denn die Kapitalakkumulation muß zu jedem Zeitpunkt so sein, daß die Gleichung (15) erfüllt ist. Das ist aber nur dann der Fall, wenn bei der Bestimmung der Höhe der Investition diese Veränderung berücksichtigt wird.
Eines ist aber auf Grund der Modellannahmen — die mit den stilisierten Fakten über die wirtschaftliche Entwicklung in der Bundesrepublik übereinstimmen — sicher: Es existiert eine optimale Akkumulationspolitik im Sinne einer Maximierung der Zielfunktion.
Im konkreten Einzelfall ist es allerdings nicht immer klar, wie eine derartige optimale Politik eingeleitet werden soll. Zur Bewältigung dieses Problems (Durchführbarkeit der Optimalpolitik) und auch für die Diskussion einer möglicherweise notwendigen Politik des Zweitbesten erweist es sich als nützlich, den Begriff des Nutzenpreises des Kapitals p einzuführen[20].
Diesen Nutzenpreis des Kapitals erhalten wir auf folgendem Wege: Wir definieren eine Funktion $W = W(k)$ in der Weise, daß zu jedem vorgegebenen Wert von k es einen durch die optimale Politik eindeutig bestimmten maximalen Wert von Z gibt, den wir mit W(k) bezeichnen. Dann ist der Nutzenpreis (Schattenpreis) p(k) gegeben durch:

[19] Die Zeitindizes werden weggelassen.
[20] *K. J. Arrow* und *M. Kurz:* a. a. O., S. XXIII, S. 65.

(16) $$p(k) = \frac{\partial W}{\partial k}.$$

Damit kann ein Zuwachs zum Kapitalbestand pro Arbeitseinheit mit diesem Nutzenpreis bewertet werden. Folglich kann auch der Wert N des Nettoprodukts pro Arbeitseinheit in Nutzeneinheiten ausgedrückt werden:

(17) $$N = U(c) + p\dot{k}.$$

Die Investition i muß so gewählt werden, daß N maximiert wird.[21] Das ist dann der Fall, wenn

(18) $$U'(c) = p$$

ist, wenn also der Konsum pro Arbeitseinheit soweit zugunsten der Investition pro Arbeitseinheit eingeschränkt wird, daß der Grenznutzen des Konsums gleich dem Grenznutzen der Steigerung der Kapitalintensität ist. Damit haben wir dann die zeitliche Veränderung $\dot{p}$ des Nutzenpreises festgelegt, und bei richtiger Wahl von p(o) ist die zeitliche Veränderung $\dot{p}$ so, daß die Gleichheit des Konsumzinssatzes mit der Grenzproduktivität des Kapitals dauernd erfüllt ist.

Arrow und *Kurz*[22] ermitteln auf Grund plausibler, die Allgemeingültigkeit im Sinne unseres Zieles nicht tangierender Annahmen, daß

(19) $$\frac{\dot{p}}{p} = \omega - g'(k)$$

ist, wobei ω den Konsumtivzinssatz und damit nach (15) die Grenzproduktivität des Kapitals im optimalen stetigen Zustand bezeichnet und g'(k) die Grenzproduktivität des Kapitals im jeweiligen Zeitpunkt ist. Die relative (negative) Änderung des Schattenpreises ist also um so geringer, je näher die Wirtschaft dem optimalen stetigen Zustand gekommen ist. Sie ist im optimalen stetigen Zustand gleich null.

(I) $N(t) = U[c(t)] + p\dot{k}(t)$
unter N.B.
(II) $y(t) = g[k(t)]$
(III) $y(t) = c(t) + i(t)$
(IV) $\dot{k}(t) = i(t) - (n + b)\,k(t)$
(V) $k(t) = \bar{k}$
Durch Einsetzen von (III) und (IV) in Gleichung (I) unter der Voraussetzung, daß (II) und (V) eingehalten werden, bekommen wir (der Zeitindex wird weggelassen):
maximiere
(I') $N = U[y - i] + p[i - (n + b)k]$
Die notwendige Bedingung für Max N ist bei einem i erfüllt, für das gilt:
(V') $$\frac{\partial N}{\partial i} = \frac{\partial U}{\partial c}(-1) + p = 0.$$

Das heißt aber:
(18) $U'(c) = p$.

[21] Das Problem lautet jetzt: maximiere
[22] *K. J. Arrow* und *M. Kurz:* a. a. O., S. 65. Der Ansatz ist hier etwas anders.

Bei dieser Interpretation der optimalen Akkumulationspolitik gehen wir davon aus, daß eine abrupte Änderung der Akkumulation durch Festlegung von p(0) erfolgen muß, der Nutzenpreis des Kapitals also im Ausgangszustand festgestellt werden muß. Jede im Laufe der folgenden Zeit in Erwägung gezogene diskretionäre Änderung der Akkumulation ist abzulehnen – wenn p(0) richtig gewählt wurde.

4. Zur Veranschaulichung des optimalen Akkumulationspfades wählen *Arrow* und *Kurz* eine einfache Nutzenfunktion $U(\bar{c})$, die homogen vom Grade $1-\sigma$ ist, wobei $\sigma < 1$ ist. Das $\bar{c}$ bezeichnet den Pro-Kopf-Konsum. Die Elastizität der Grenznutzenfunktion U'(c) ist dann $-\sigma$. Nach einigen Umformungen erhalten *Arrow* und *Kurz*[23] einen Konsumzinssatz[24] von

$$(20) \qquad r_c = \omega + \sigma \frac{\dot{c}}{c},$$

wobei ω der Konsumzinssatz im optimalen stetigen Zustand und $\dot{c}/c$ die relative zeitliche Veränderung des Konsums pro Arbeitseinheit ist. Nach (15), (19) und (20) ist

$$(21) \qquad \frac{\dot{c}}{c} = \frac{g'(k) - \omega}{\sigma}.$$

Diese Gleichung zusammen mit der aus (11), (12) und (13) sich ergebenden

$$(22) \qquad \dot{k} = g(k) - c - (n + b)\, k$$

stellt ein Differentialgleichungssystem dar, das die zeitliche Entwicklung des Kapitalbestandes und des Konsums pro Arbeitseinheit angibt[25] und damit in Kenntnis von $(n + b)$ und des absoluten Anfangskapitalbestandes und Anfangskonsums auch die Änderung der absoluten Größen C und K. Der Anfangskapitalbestand ist gegeben, der Anfangskonsum nicht, da er ein Instrument ist.

Der Anfangskonsum muß durch die Bedingung determiniert werden, daß der zeitliche Konsumpfad (21) und der zeitliche Kapitalpfad (22) auf ihre stetigen Werte hin konvergieren. Diese sind dann erreicht, wenn $\dot{c}$ und $\dot{k}$ in den Gleichungen (21) und (22) gleich null sind, wenn also nach (15), (17), (18), (19), (21):

---

[23] *K. J. Arrow* und *M. Kurz:* a. a. O., S. XXI.

[24] Es ist ausdrücklich darauf hinzuweisen, daß c das Konsum/Arbeit-Verhältnis ist, wobei Arbeit in Effizienzeinheiten gemessen wird. Wird der Konsum pro Kopf der Berechnung von r_c zugrunde gelegt, so wird der Konsumzinssatz im optimalen stetigen Zustand durch:

$$(20') \qquad r_c^{\infty} = \omega = \varrho + \sigma b$$

angegeben, wobei ϱ die „reine" Zeitpräferenzrate, b die Wachstumsrate des Pro-Kopf-Konsums im stetigen Zustand, σ die Elastizität des Grenznutzens des Konsums bezeichnen. Die Größe σb trägt dem sinkenden Grenznutzen des Konsums Rechnung, der mit dem infolge des arbeitsvermehrenden technischen Fortschritts steigenden Pro-Kopf-Konsum verbunden ist. (Vgl. hierzu auch *R. M. Solow:* Wachstumstheorie, Göttingen 1971, S. 98.)

[25] *K. J. Arrow* und *M. Kurz:* a. a. O., S. XXI.

(23) $f_p^\infty = f_ö^\infty = g'(k^\infty) = \omega$

(24) $c^\infty = y^\infty - (n + b)\, k^\infty.$

Langfristig muß die Grenzproduktivität der beiden Kapitalarten also gleich dem subjektiven Zeitpräferenzparameter ω sein. Die Investitionshöhe ist dann die, die die beiden Kapitalbestände absolut mit der natürlichen Wachstumsrate $(n + b)$ wachsen läßt, der Konsum ist das, was von der Nettoproduktion übrig bleibt.

Aus (21) folgt, daß der Konsum pro Arbeitseinheit solange wächst, wie die Zinsrate höher ist als der langfristige subjektive Zeitpräferenzparameter ω. Wenn der Kapitalbestand im Anfangszustand niedrig ist, dann wird der Konsum niedrig angesetzt und steigt allmählich zusammen mit dem Kapital bis zum Wert des stetigen Zustandes. Entsprechend muß also p(o) gewählt werden.

Der Zusammenhang zwischen der Investition und den gegenwärtigen und zukünftigen Konsumzinssätzen und Grenzproduktivitäten ist jedoch äußerst komplex. Es kann auf Grund der von *Arrow* und *Kurz*[26] angestellten Überlegungen als erste Annäherung (als Faustregel) gesagt werden, daß die Höhe des Teils der Investition, der den Kapitalbestand pro Arbeitseinheit, gemessen in Effizienzeinheiten, verändert, proportional dem Unterschied zwischen der tatsächlichen Grenzproduktivität des Kapitals und dem Zeitpräferenzparameter und damit der Grenzproduktivität des Kapitels von ω im optimalen stetigen Zustand sein muß. Das ist z. B. dann der Fall, wenn ein bestimmter Anteil des zugerechneten Kapitaleinkommens investiert wird. Ist $f_ö\infty = f_p\infty = \omega$, dann wächst der absolute Kapitalbestand nur noch in dem Maße, daß die erreichte Kapitalintensität k aufrechterhalten wird, d. h. daß $i = (n + b)\, k$ ist, was bedeutet, daß der absolute Kapitalbestand mit der natürlichen Wachstumsrate wächst.

Um es zu wiederholen: Das optimale Investitionsvolumen ist außerhalb des Wachstums im stetigen Zustand, in dem die Wachstumsrate gleich $n + b$ ist, nicht nur durch die Zinsrate determiniert, sondern in erster Linie durch deren zukünftige Veränderung. Die Zinsrate als solche determiniert nur den Kapitalbestand. Die Investition determiniert die Änderungsrate des Kapitalbestandes. Deshalb hängt die Investition auch von der Änderungsrate der Zinsrate ab, und nicht nur von der Zinsrate selbst. Eine Bestimmung der Zinsrate für eine optimale öffentliche Investitionspolitik hat nur dann einen Sinn, wenn sie mit einer Investitionstätigkeit auf einem entsprechenden Niveau verbunden ist.[27]

Um aber auch dieses festzustellen. Es wurde ein äußerst vereinfachter Ansatz gewählt, um die Bedingungen für eine optimale Kapitalakkumulationspolitik zu analysieren. Und für diese äußerst vereinfachte Modellvorstellung kam eine Regel heraus, die besagt, daß die Investitionshöhe einem bestimmten Anteil des zugerechneten Kapitaleinkommens gleich sein muß, wobei dieser Anteil jeweils absolut größer als $(n + b)\, K(t)$ zu sein hat, bis im stetigen optimalen Zustand dieser Anteil gleich $(n + b)\, K(t)$ ist. Es kann also sogar für ein derartiges Entscheidungsmodell ohne großen rechentechnischen

[26] *K. J. Arrow* und *M. Kurz:* a. a. O., S. XXII.

[27] Ebenda, S. XXII.

Aufwand keine *exakte* Regel angegeben werden. Es wird nur angegeben, daß der Kapitalbestand entsprechend einem eindeutig vorgegebenen Anteil der Eigenertragsrate wachsen muß. Dieser Anteil liegt allerdings sehr nahe bei 100 % der Eigenertragsrate (der jeweiligen Grenzproduktivität des Kapitals). Für realistischere Modellvorstellungen ist es von vornherein klar, daß diese unbestimmte Faustregel noch vager ausfallen muß.

II.

1. Soweit die auf Grund dieses einfachen Modells abgeleitete Faustregel. Was sagt sie aus für die öffentliche Investitionspolitik in einer Marktwirtschaft mit staatlichem Sektor? Die genaue Höhe des Proportionalitätsfaktors kann die Faustregel nicht angeben. Wir brauchen aber eine praktisch anwendbare Faustregel. Die Investition von fast 100 % des zugerechneten Kapitaleinkommens pro Arbeitseinheit z. B. — Grenzproduktivität des Kapitals minus Diskontierungsfaktor mal Kapital pro Arbeitseinheit: $(g' - \lambda)\, k$ — führt zu einer asymptotischen Annäherung an den optimalen stetigen Zustand. In diesem Zustand wachsen der gesamte Kapitalbestand, das Nettosozialprodukt, der Konsum und die Investition bei einer Zinsrate $r_c^{\infty} = f_p^{\infty} = f_ö^{\infty} = g'^{\infty} = \lambda + (n + b)$ mit der natürlichen Rate $n + b$. Die Größen k^{∞}, c^{∞}, i^{∞} sind erreicht. Der Konsum pro Kopf wächst dann mit der Rate b.

Eine derartige Investitionspolitik scheint nicht der abgeleiteten Faustregel zu widersprechen. Sie hat zum Ergebnis, daß die relative Änderung des Konsums pro Arbeitseinheit und des Nutzenpreises des Kapitals pro Arbeitseinheit dann am höchsten ist, wenn die Differenz zwischen ω und $g'(k)$ am höchsten ist. Denn je höher $g'(k)$ relativ zu ω ist, um so größer ist die zeitliche Veränderung der Kapitalintensität bei einer derartigen Investitionspolitik. Approximativ wäre also durch diese Investitionspolitik den Gleichungen (19), (21) Rechnung getragen.

Garantiert dann aber die Einhaltung dieser modifizierten Faustregel, daß jederzeit auf dem dadurch eingeschlagenen Wachstumspfad die Gleichheit von Konsumtivzins und Produktivzins eingehalten wird?

Die Einhaltung dieser Gleichheit garantiert natürlich allein die richtige Wahl der Kontrollvariablen p(o) am Anfang der Optimalpolitik und die Kenntnis der Veränderung von p während des optimalen Akkumulationsprozesses. Diese richtige Wahl ist angesichts des Fehlens hierfür relevanter Informationen praktisch nicht möglich, so daß wir uns mit Hilfskonstruktionen behelfen müssen.

2. Die bisherigen Überlegungen wurden gebracht, um eine Norm für die Beurteilung und die Gestaltung der öffentlichen Investitionspolitik in einer Wirtschaft mit einem öffentlichen und einem privaten Sektor zu erhalten. Führen wir nun explizite die Trennung der Volkswirtschaft in einen öffentlichen und einen privaten Sektor ein. Es sei angenommen, daß der Marktmechanismus Vollbeschäftigung bei Preisniveaustabilität garantiert und daß die Wirtschaftssubjekte sich vollkommen rational verhalten. Nehmen wir nun weiter an, daß aus irgendeinem Grunde die öffentlichen Investitionen nur eine Höhe haben, die bei gegebenem Zinssatz das Öffentlichkapital/Ar-

beit-Verhältnis $k_ö$ aufrechterhalten. Dieses $k_ö$ sei nicht gleich dem optimalen Endwert $k_ö^\infty$ bei Maximierung der Zielfunktion (3).[28] Da $k_ö$ zum privaten Kapital komplementär ist, bedeutet das, daß der private Sektor durch dieses Investitionsverhalten an der Verfolgung der optimalen Akkumulationspolitik zur Maximierung der Zielfunktion gehindert wird. Denn eine Steigerung des Privatkapital/Arbeit-Verhältnisses k_p hat eine starke Senkung der Grenzproduktivität des Privatkapitals zur Folge, so daß dieser Akkumulationsprozeß sehr schnell in einen stetigen Zustand einmündet, in dem k_p konstant bleibt.

a) Denkbar ist auf Grund der vorangegangenen Überlegungen und der unterstellten Investitionspolitik des Staates ein Zustand, in dem zwar die Gleichheit von

$$(15) \qquad r_c = f_ö = f_p = g'$$

gegeben ist, die Effizienzbedingungen der Produktion also erfüllt sind, die unzureichende Akkumulationspolitik der öffentlichen Hand die Wirtschaft aber daran hindert, die Zielfunktion zu maximieren.

Hier wäre die Befolgung der Faustregel durch den Staat, daß das dem öffentlichen Kapital pro Arbeitseinheit zugerechnete Einkommen zum größten Teil, nämlich mit $(f_ö - \lambda)\, k_ö$ zu jedem Zeitpunkt investiert wird, eine bessere Akkumulationspolitik als das Verharren auf einem stetigen Zustand. Eine Befolgung dieser Faustregel ergibt mit Sicherheit einen asymptotischen Anpassungspfad an $k_ö^\infty$. Durch die Steigerung von $k_ö$ bei Befolgung der Faustregel wird die Grenzproduktivität des Privatkapitals bei gegebenem k_p gesteigert, wodurch bei gegebener Bedürfnisstruktur ein Akkumulationsprozeß mit dem Ergebnis einer Steigerung von k_p ausgelöst wird. Verhalten sich die Wirtschaftssubjekte im privaten Sektor völlig rational, so werden sie in Reaktion auf die Akkumulationspolitik des Staates im öffentlichen Sektor das Kapital im privaten Sektor so akkumulieren, daß im Endeffekt k_p^∞ erreicht ist. Voraussetzung für diesen Vorgang ist allerdings, daß die Wahl der Finanzierungsart für die öffentlichen Investitionen richtig ist. Das wird hier unterstellt, aber dazu soll weiter unten Stellung genommen werden.

Sollte k_p zeitweilig hinter $k_ö$ zurückbleiben, so würde die Eigenertragsrate des öffentlichen Kapitals sofort relativ zur Eigenertragsrate des privaten Kapitals sinken und damit die öffentliche Investition und der Zuwachs zum öffentlichen Kapital. Es ist also in der Faustregel ein gewisser Anpassungsautomatismus eingebaut.

Damit hätten wir *eine* Interpretation der Behauptung, die Bildung des öffentlichen Kapitals sei in der Vergangenheit zu niedrig gewesen. Der Staat hat eine Kapitalakkumulationspolitik getrieben, die eine Maximierung der Zielfunktion verhinderte.

b) Eine *zweite* Interpretation, und auch eine viel näherliegende, ist die, daß mit der Behauptung gesagt wird, daß $f_ö > f_p$ ist, daß also infolge rela-

[28] Warum die staatlichen Ausgaben für öffentliche Investitionen in diesem Sinne ungenügend sind, soll uns hier nicht interessieren. Vgl. hierzu *A. Downs:* Why the Government Budget is to small in a Democracy. In *E. S. Phelps* (Hrsg.): Private Wants und Public Needs, New York 1965.

tiven Zurückbleibens von $k_ö$ gegenüber k_p die Effizienzbedingungen verletzt sind, der Akkumulationsprozeß in der Vergangenheit unteroptimal war.[29] Da davon ausgegangen werden muß, daß Privatkapital nicht in öffentliches Kapital transferierbar ist, kann die Gleichheit von $f_ö$ und f_p nur durch eine verstärkte Akkumulation öffentlichen Kapitals hergestellt werden. Es liegt natürlich nahe, das gesamte Investitionsvolumen so lange in öffentliches Kapital zu lenken, bis $f_ö = f_p$ ist. Das würde allerdings wegen der langen Herstellungszeit und dem durch die lange Lebensdauer bedingten hohen Kapitalkoeffizienten der öffentlichen Investitionen und dem dadurch geringen kurzfristigen Kapazitätseffekt einen sehr hohen zwischenzeitlichen Konsumverzicht hervorrufen. Gerade wegen dieses rein technisch bedingten, sich über mehrere Perioden erstreckenden, starken Konsumverzichts bei der Befolgung einer Politik der Investition nur in öffentliches Kapital bei $f_ö > f_p$ scheint die Maximierung der Produktion nicht den unbedingten Vorrang zu haben. Hier scheint die Befolgung der Faustregel, *alles* zugerechnete Einkommen des öffentlichen Kapitals in öffentlichen Investitionen anzulegen, die brauchbarste Lösung zu sein.

Das öffentliche Kapital soll also mit seiner Eigenertragsrate wachsen. Da ja sowieso die Effizienzregeln verletzt sind, ihre rigorose Realisierung in kürzester Zeit durch eine entsprechende Akkumulationspolitik zu einem unzumutbaren Konsumversicht führen würde, braucht auch die mögliche Verletzung der Bedingung $r_c = f_p = f_ö$ kein Einwand gegen diese Faustregel zu sein, da ja zumindest $r_c \neq f_ö$ im Ausgangszustand schon gegeben ist. Die Befolgung der Faustregel hat andererseits den Vorteil, daß das öffentliche Kapital gegen $k_ö^{\infty}$ tendiert – damit der öffentliche Kapitalbestand über $k_ö^{\infty}$ nicht hinausschießt, muß allerdings die Faustregel rechtzeitig entsprechend der Faustregel für $f_ö = f_p$ modifiziert werden –, daß also das öffentliche Kapital mit Sicherheit erstens den Rückstand gegenüber dem privaten Kapital im Sinne der Effizienzregeln aufholt und zweitens den privaten Akkumulationsprozeß in Richtung auf den Wert k_p^{∞} bringt. Für das letztere ist natürlich Voraussetzung ein völlig rationales Verhalten der Wirtschaftssubjekte im privaten Sektor und die Wahl der richtigen Finanzierungsart für die öffentliche Investition.

c) Eine *dritte* Interpretation wäre diejenige, daß zwar $f_ö < f_p$ ist, daß also der öffentliche Kapitalbestand im Sinne der Erfüllung der Effizienzbedingungen der Produktion relativ zum Privatkapital zu hoch ist, daß aber diese Diskrepanz infolge nicht rationaler Verhaltensweise der Wirtschaftssubjekte und eventuell grundsätzlich nicht richtiger Finanzierung der öffentlichen Investitionen immer noch einem Zustand der Wirtschaft vorzuziehen ist, in dem zwar die Effizienzbedingungen der Produktion erfüllt sind, der Wert der Zielfunktion Z aber geringer ist als bei $f_ö < f_p$. Dieser Zustand tritt natürlich ein, wenn der Staat aus institutionellen Gründen nicht alle Aktions-

[29] Das $f_ö > f_p$ kann aber auch aus einer zu hohen Privatinvestition als Folge einer zu niedrigen Bewertung der Faktorkosten der Privatproduktion resultieren, wenn der produktive Beitrag des öffentlichen Kapitals zur Produktion im Privatsektor zu niedrig entlohnt wird; $f_ö > f_p$ wäre also auf ein relatives Vorauseilen der Privatkapitalbildung zurückzuführen. Wir wollen von diesem Fall aber absehen.

parameter kontrolliert und aus diesem Grunde die Finanzierung der öffentlichen Investitionen nicht vollkommen richtig sein kann.
Eine Steigerung von $k_ö$ bei $k_ö(t) < k_ö^\infty$ erhöht die Grenzproduktivität des privaten Kapitals. Durch die Steigerung der Grenzproduktivität wird bei richtiger Wahl der Aktionsparameter die private Investitionstätigkeit angeregt, so daß das Investitionsvolumen im Privatsektor gesteigert wird. Eine erhöhte Investitionstätigkeit des Staates bei $f_ö < f_p$ ist aber nur dann sinnvoll, wenn durch die dadurch bewirkte Kapitalakkumulation im privaten Sektor und die dadurch bewirkte Steigerung der Produktion von Konsumgütern der Wert von Z erhöht wird. Es ist daran zu erinnern, daß nicht jede Steigerung der Konsumgüterproduktion zu einer Erhöhung des Wertes von Z führt.[30]
d) Eine *vierte* denkbare Interpretation wäre die, daß zwar der öffentliche Sektor den optimalen Anteil am Nettoprodukt der Volkswirtschaft bekommt und die öffentliche Investition die richtige Höhe hat, diese Investitionen aber falsch allokiert werden, also die Investitionslenkung im öffentlichen Sektor die Effiziensbedingungen der Produktion verletzt. Dadurch entsteht natürlich der Eindruck, daß zuwenig öffentliches Kapital gebildet wird. Wir wollen hier auf dieses Problem nicht weiter eingehen, diese Sicht der Dinge aber zur Disposition stellen, wenn wieder einmal darüber zu entscheiden ist, öffentliche Gelder in „notleidende" Projekte zu stecken.

III.

1. Soweit zum Umfang der öffentlichen Investition. Es ist noch die Frage offengeblieben nach der richtigen Finanzierung der öffentlichen Investitionen, wenn in Bezug auf den Umfang der Investitionen die Faustregeln befolgt werden.
Um die Argumentation zu vereinfachen, wird davon ausgegangen, daß der Staat das Geldvolumen festsetzen kann, daß er sich verschulden kann und daß es nur zwei Arten von Steuern gibt, eine Einkommensteuer und eine Mehrwertsteuer. Alle Leistungen des Staates, für die Gebühren und Beiträge in äquivalenter Höhe gezahlt werden, erscheinen unproblematisch und werden hier nicht behandelt. Das Problem bleibt die Finanzierung von grundsätzlich mit bestimmten Infrastruktursystemen verbundenen Defiziten und von Leistungen an den Privatsektor, die nicht exakt zurechenbar sind und deshalb keinen vom Leistungsempfänger zu zahlenden Preis haben.
Es sei daran erinnert, daß hier das öffentliche Produktionskapital zur Debatte steht, das in der Produktion der Endprodukte im privaten Sektor komplementär zum privaten Kapital und zur Arbeit ist und als Input in die Produktion der Endprodukte eingeht. Es ist also zwingend, daß dem öffentlichen Kapital ein Einkommen aus der Produktion des Endprodukts zugerechnet wird, das seinem Beitrag zum Wert des Produkts entspricht. Da aber diese Zurechnung wegen des Charakters des öffentlichen Kapitals über den Preismechanismus nicht möglich ist, bleibt nur ein Ausweg. Ein Teil der entsprechend gestalteten Mehrwertsteuer muß als Äquivalent für die Entloh-

[30] Für Einzelheiten dieses Aspekts sei verwiesen auf *R. M. Solow:* a. a. O., S. 90–102.

nung des öffentlichen Kapitals betrachtet werden[31]. Die Mehrwertsteuer beeinflußt direkt den Preis des Gutes, das von den Wirtschaftssubjekten nachgefragt wird, und im Preis des Gutes müssen die Kosten der Produktion zum Ausdruck kommen. Nur dann können die rationalen Entscheidungen der Wirtschaftssubjekte auch zu einer gesamtwirtschaftlich optimalen Kapitalakkumulation führen.

Es ist also dafür zu sorgen, daß ein Teil der Mehrwertsteuer dem zugerechneten Kapitaleinkommen entspricht und in Höhe dieses Teils der Mehrwertsteuer, modifiziert durch die Faustregel [32], öffentliche Investitionen stattfinden.

2. Es muß also fast in Höhe des zugerechneten Kapitaleinkommens öffentlich investiert werden. Dieses zugerechnete Kapitaleinkommen kommt über die Mehrwertsteuer herein. Wie soll aber dieser Teil der Mehrwertsteuer verwendet werden? Diese Frage taucht zwangsläufig auf, denn Steuern kann man ja für alle Zwecke verwenden (Nonaffektationsprinzip). Dafür gibt es nun zwei extreme Möglichkeiten, wenn die Finanzierung optimal sein soll.

a) Dem öffentlichen Kapital steht öffentliche Schuld bei den Privathaushalten in gleicher Höhe gegenüber. Die Mehrwertsteuereinnahmen, die den zugerechneten Kapitaleinkommen entsprechen, dienen vollständig dazu, den Zinsendienst zu finanzieren, dienen also als Kapitaleinkommen der Privathaushalte. Will der Staat die Faustregel befolgen, so muß er die Haushalte dazu bringen, öffentliche Anleihen in fast genau der gleichen Höhe zu zeichnen. Für öffentlichen Konsum und öffentliche Investition steht die zugerechnete Mehrwertsteuer in diesem Fall also nicht zur Verfügung.

b) Dem öffentlichen Kapital steht keine öffentliche Schuld gegenüber. Das heißt, daß die Finanzierung der öffentlichen Investitionen bisher ausschließlich über Steuereinnahmen erfolgt ist. Will der Staat die Faustregel befolgen, so sind die Mehrwertsteuereinnahmen, die dem zugerechneten Kapitaleinkommen entsprechen, fast vollständig unmittelbar für Nettoinvestitionen zu verwenden. Sie werden auch nicht für den Staatskonsum abgerufen, weil bei optimaler Finanzierung der öffentliche Konsum durch andere Steuern schon abgedeckt wird.

c) In der Realität wird historisch gesehen die Finanzierung der öffentlichen Investitionen gemixt erfolgt sein. Entsprechend gemixt muß dann auch die Finanzierung in der Zukunft sein. Beispiel: Steht dem öffentlichen Kapitalbestand eine öffentliche Schuld gegenüber, die 1/2 des Kapitalbestandes ausmacht, so muß die Finanzierung der Nettoinvestitionen zur Hälfte durch Anleihen und zur Hälfte durch Steuern erfolgen. Denn die eine Hälfte des durch die Mehrwertsteuer aufgebrachten zugerechneten öffentlichen Kapitaleinkommens muß als Zinseinkommen an den Privatsektor gezahlt werden, so daß der Staat über Anleihen diesen Betrag wieder hereinholen muß.

3. Es sei aber auch ausdrücklich darauf hingewiesen, daß den bisherigen

---

[31] Ein anderer Teil könnte der Entlohnung anderer staatlicher Inputs in die Produktion im Privatsektor dienen, für die keine Preise berechnet werden, obwohl das möglich wäre, diese Leistungen also eigentlich nicht vom Staat zwingend zu erbringen wären. Selbstverständlich müssen auch die Abschreibungen auf das produktive öffentliche Kapital durch die Mehrwertsteuer aufgebracht werden.

[32] Also nicht die Höhe des ganzen zugerechneten Kapitaleinkommens, sondern fast 100 % davon.

Ableitungen ein klassischer Zinsmechanismus zugrunde lag. Wenn aber z. B. das Sparvolumen nur vom Einkommen abhängig ist, kann bei Befolgung der hier angedeuteten Finanzierungsregeln das gesamtwirtschaftliche Sparvolumen unter- oder eventuell überoptimal sein. Dann müßte der Staat kompensierend Steuer- bzw. Anleihefinanzierung betreiben, um das System dem Optimalzustand zuzuführen.[33]

D. Anwendung der Faustregel auf die gegenwärtige Situation in der BRD

1. Wir wollen an Hand von konkreten Zahlen der BRD – so fehlerhaft sie auch sein mögen – zeigen, daß unsere Faustregeln praktische Bedeutung haben, auch wenn sie auf höchster Abstraktionsebene abgeleitet werden. Um das zu zeigen, brauchen wir den Bestand an öffentlichem Sachkapital in laufenden Preisen – weil die Investitionen ja auch in laufenden Preisen getätigt werden –, die Eigenertragsrate dieses Kapitals und die Summe der Zinszahlungen der öffentlichen Hand an den Privatsektor auf Grund von öffentlicher Verschuldung.[34]

Öffentliche Hand ist die Gesamtheit der Gebietskörperschaften: Bund, Länder, Gemeinden (der öffentliche Gesamthaushalt). Sachkapital dieser Gebietskörperschaften in unserem Sinne ist das Infrastruktur-Produktivkapital. Da es für diese Art öffentlichen Kapitals keine exakten Angaben gibt, sind wir auf Grund von Plausibilitätsüberlegungen auf grobe Schätzungen angewiesen. Wir schließen von vornherein langlebige Konsumgüterkäufe und Verteidigungsinvestitionen aus. Die so noch verbleibenden Bauten und Ausrüstungen bilden den für uns relevanten öffentlichen Kapitalbestand.

Die beste Meßzahl für den Bestand dieses öffentlichen Kapitalbestandes ist selbstverständlich der Anfangskapitalbestand der Periode, für die wir beispielhaft die Faustregeln anwenden. Eine derartige Zahl ist nicht verfügbar. Wir helfen uns mit dem Verfahren der Fortschreibung, wählen eine Anfangsgröße für $t = 1954$ und addieren kumulativ die bis 1971 erfolgten Bruttoinvestitionen in diese Art öffentliches Kapital. Wegen der im Zeitraum 1955–71 erfolgten kontinuierlichen Preissteigerungen wird bei diesem Verfahren der Wert des Kapitalbestandes in laufenden Preisen systematisch unterschätzt, denn die Wertsteigerung des jeweils schon vorhandenen Kapitalbestandes infolge Preissteigerungen wird durch das angewandte Verfahren nicht erfaßt. Deshalb werden die Größen mit Hilfe eines entsprechend der Zusammensetzung der öffentlichen Bruttoinvestitionen gemischten Preisindexes in Preise von 1971 umgerechnet. Die so ermittelten Werte sind Bruttogrößen, sind folglich noch um die Abschreibungen zu vermindern. Zur Bestimmung des Abschreibungssatzes wurde eine lineare Abschreibung

[33] Wenn sich die Wirtschaftssubjekte nicht rational verhalten, müssen durch flankierende Maßnahmen die Voraussetzungen für die Anwendung der Faustregeln geschaffen werden. In beiden Fällen, also in dem des rationalen und in dem des nicht rationalen Verhaltens ist die Problematik Steuer- oder Anleihefinanzierung im Zusammenhang mit der zeitlichen Lastverschiebung – isoliert aufgeworfen – eine Scheinproblematik.

[34] Vgl. Faustregeln in C III 2 (3).

unterstellt und die durchschnittliche Nutzungsdauer der öffentlichen Investitionsgüter mit 40 Jahren angesetzt. Den Anfangskapitalbestand geben wir aufgrund der Untersuchungen von *Krelle*[35] und *Kirner*[36] in Preise von 1971 umgerechnet mit 202,44 Mrd. DM an. Aus der nachstehenden Tabelle ergeben sich die Nettosachinvestitionen für die anschließende Zeit von 1955 bis 1971 und die Entwicklung des Nettokapitalbestandes.

Wie aus der Tabelle ersichtlich, ist der Nettokapitalbestand von 202,44 Mrd. DM im Jahre 1954 auf 405,29 Mrd. DM im Jahre 1970 angewachsen. Durch allzu exakte Angaben wollen wir nicht eine Genauigkeit vortäuschen, die in Wirklichkeit gar nicht vorhanden ist. Den folgenden Überlegungen legen wir deshalb für das Jahr 1970 die Zahl von rd. 400 Mrd. DM zugrunde.

2. Als weitere Größe brauchen wir die Eigenertragsrate des öffentlichen Sachkapitals. Wie hoch wäre sie anzusetzen? Die Untergrenze wäre nach unserem Modell die Eigenertragsrate im optimalen Endzustand, also $f_ö = \lambda + n + b$. Setzen wir für λ, den „reinen" Zeitdiskontsatz, 0,5 %, für b = 4 % und für n = 0, so erhalten wir für den Zurechnungszins die Untergrenze von 4,5 %. Das würde für Preisniveaustabilität gelten. Davon gehen wir aus,

Entwicklung von Investitionen und Kapitalbestand der öffentlichen Haushalte in Mrd. DM von 1955–1971

	Bruttosachinvestitionen[1] in jeweiligen Preisen	Bruttosachinvestitionen in Preisen von 1971[2]	Nettosachinvestitionen in Preisen von 1971	Nettokapitalbestand in Preisen von 1971	Wachstumsrate des Nettokapitalbestandes in %
1955	5,32	11,36	6,02	208,46	2,97
1956	5,84	12,14	6,62	215,08	3,18
1957	5,82	11,69	6,02	221,10	2,80
1958	7,01	13,18	7,32	228,42	3,31
1959	8,04	14,33	8,26	236,68	3,62
1960	7,44	12,51	6,28	242,96	2,65
1961	10,79	17,10	10,60	253,56	4,36
1962	13,32	19,65	12,82	266,38	5,06
1963	15,61	22,03	14,82	281,20	5,56
1964	18,27	25,23	17,57	298,77	6,25
1965	19,38	26,69	18,55	317,32	6,21
1966	19,53	26,44	17,85	335,17	5,63
1967	19,44	27,20	18,14	353,31	5,41
1968	19,09	25,63	16,16	369,47	4,57
1969	21,51	27,37	17,45	386,92	4,72
1970	26,30	28,77	18,37	405,29	4,75
1971	30,60[3]	30,60[3]	18,71[3]	424,10[3]	4,62[3]

[1] Quelle: Finanzberichte 1961–1972. Die Zahlen setzen sich zusammen aus Bauten + Neuanschaffung von beweglichem Vermögen – Vermögensveräußerungen.
[2] Gemischter Index aus den Indizes für Bürogebäude (60 %) und Straßenbau (40 %).
[3] Die Zahlen für 1971 sind erwartete bzw. geschätzte Größen.

[35] *W. Krelle:* Bestimmungsgründe der Einkommensverteilung in der modernen Wirtschaft. In: Schriften des Vereins für Socialpolitik, N. F. Bd. 13, 1957, S. 90–91.

[36] *W. Kirner:* Zeitreihen für das Anlagevermögen der Wirtschaftsbereiche in der Bundesrepublik Deutschland. In: DIW – Beiträge zur Strukturforschung, H. 5, 1968, S. 132.

weil der Kapitalbestand in gegenwärtigen Preisen berechnet wurde. Der Zinssatz muß also ohne Inflationsrate angesetzt werden.
Tatsächlich müßte der Zinssatz auf öffentliches Kapital zumindest dem Zinssatz auf privates Kapital entsprechen. Dieser Privatzinssatz ist durch Bereinigung der tatsächlichen Zinssätze von konjunkturellen Schwankungen zu ermitteln. Dieser Zinssatz auf Privatkapital ist aber auch schwer zu finden. Als Hilfsgröße nehmen wir den Zinssatz, den ein Produzent als Schuldner zu zahlen hat. In der Realität ist der Kapitalmarkt aber gespalten, so daß kein einheitlicher Zinssatz festzustellen ist, sondern nur ein Zinssatzspektrum. Mit einem mittleren monetären Privatzinssatz von 8 % glauben wir nicht zu weit abseits zu liegen. Nehmen wir an, daß die säkulare Inflationsrate 2 % beträgt, so ist der private Realzinssatz mit 6 % anzusetzen. Die zuzurechnende Eigenertragsrate des öffentlichen Kapitals plus zuzurechnender Inflationsrate müßte bei der üblichen Interpretation der Tatsachenbehauptung, daß relativ zum Privatkapital zu wenig öffentliches Kapital vorhanden ist, im oberen Bereich des Zinsspektrums liegen. Wir nehmen 9 % an. Dann ist der zuzurechnende Realzinssatz 7 %.
3. Es wäre also im Jahre 1971 über Steuern, die die im Privatsektor produzierten Güter direkt belasten, an zugerechnetem Nettokapitaleinkommen 28 Mrd. DM aufzubringen gewesen. Damit müßten nach der Faustregel öffentliche Nettosachinvestitionen der von uns definierten Art im Jahre 1971 in Höhe von ungefähr 28 Mrd. DM erfolgt sein. Tatsächlich aber waren für 1971 Nettosachinvestitionen des öffentlichen Gesamthaushalts von ungefähr 19 Mrd. DM vorgesehen (siehe Tabelle). Nach unserer Faustregel wären 9 Mrd. DM an Investitionen seitens des Staates zu wenig geplant – natürlich unter der Voraussetzung, daß die von uns genannten empirischen Größenordnungen realistisch sind.
Soweit zum Umfang der öffentlichen Investitionen. Die Art der Finanzierung ist nach unserer Faustregel abhängig von der Höhe der historisch überkommenen öffentlichen Verschuldung und dem Zinssatz, der auf diese öffentliche Verschuldung gezahlt wird. Ist die Höhe dieses öffentlichen Zinssatzes im Sinne unserer Faustregel ungefähr „richtig", so sind für die Finanzierungsart der öffentlichen Investitionen allein die Höhe der Zinszahlungen des öffentlichen Gesamthaushaltes maßgeblich. An Nettozinszahlungen waren für 1971 insgesamt 6 Mrd. DM[37] vorgesehen. Diese hätten also aus dem zugerechneten Kapitaleinkommen von 28 Mrd. DM an die privaten Haushalte gezahlt werden müssen und in genau dem gleichen Umfange hätte sich der öffentliche Gesamthaushalt beim privaten Sektor netto verschulden müssen. Der Rest des zugerechneten öffentlichen Kapitaleinkommens in Höhe von 22 Mrd. DM hätte direkt in öffentlichen Nettoinvestitionen angelegt werden müssen.
Tatsächlich war eine Nettoverschuldung von 6,5 Mrd. DM beim Privatsektor vorgesehen.[38] Damit war sie nur 0,5 Mrd. DM höher als nach der Faustregel erlaubt, d. h. diese 0,5 Mrd. DM hätten steuerfinanziert werden

[37] Finanzbericht 1972, S. 19–20. Von den Zinseinnahmen sind etwa 1,5 Mrd. DM tatsächlich oder aus rechtlichen Gründen gebunden.
[38] Finanzbericht 1972, S. 24, Tab. 6, Veränderungen der Forderungen nach Verbindlichkeiten.

sollen. Für 1971 waren konkret rund 19 Mrd. DM Nettoinvestitionen vorgesehen. Somit war die geplante Finanzierung der Nettoinvestitionen durch Steuern 12,5 Mrd. DM. Die unserer Faustregel entsprechende Sollgröße von 28 Mrd. DM öffentlicher Nettoinvestitionen zeigt, daß die Differenz zur tatsächlich beabsichtigten Nettoinvestition in Höhe von 9 Mrd. DM voll durch Steuermittel hätte aufgebracht werden müssen. Hätte der Staat die Faustregel befolgt, so wären die 28 Mrd. DM mit 6 Mrd. DM Kredit und 22 Mrd. DM Steuern (12,5 + 9 + 0,5) zu finanzieren gewesen.[39]
Das Zahlenbeispiel hat gezeigt – so angreifbar es im Detail auch sein mag –, daß wir mit unserer Faustregel der Wirklichkeit nahe kommen, obwohl sie auf höchster Abstraktionsebene gewonnen wurde. Modelldenken kann also doch von höchster praktischer Bedeutung sein. Außerdem ist zu vermuten, daß auf dem Wege des trial and error im Zuge der Befolgung unserer Faustregeln noch exaktere Größen als im vorgeführten Zahlenbeispiel gefunden werden können. Hauptsache ist, daß erst einmal die Faustregeln der Bestimmung des Umfangs und der Finanzierung der Nettoinvestitionen in öffentliches Produktivkapital angewendet werden.

Summary

We are starting with the statement that the stock of public capital is suboptimal, and ask for the optimal path of accumulation of public capital.
First we describe the economic elements of the economy by stylized facts. The basic assumptions are, that we have no autonomous mechanism for the distribution of a given social product between the public and the private sector; that public and private capital are complementary in production and consumption; and that we have a social welfare function, the maximization of which is a target of capital accumulation.
Starting from an arbitrary situation, we find the optimal intertemporal paths of consumption and capital accumulation by means of optimal control theory. The Rule of Thumb for the accumulation of public capital – developed in that way – says that almost all of the imputed revenue of public capital has to be invested. The imputed revenue of public capital has to be raised by a value added tax. Consequently the problem of financing by public debt has relevance only in relation to the amount of public debt inherited from the past.
By generalization of the Rule of Thumb, we compare the result of our considerations with the actual situation in the Federal Republic of Germany. An example demonstrates that in the year 1971 the amount of public investment was too small. On the other hand, in financing of public investment, we had only small deviations from the Rule of Thumb.

[39] Es liegt nahe, die durch Konfrontation unserer Faustregel mit den geplanten bzw. geschätzten Größen des Jahres 1971 sich ergebende Differenz durch bewußt konjunkturpolitische Maßnahmen zu erklären. Aber auch in anderen Konjunkturphasen hat die Wachstumsrate des Nettokapitalbestandes nie die der Faustregel entsprechende Wachstumsrate erreicht (s. Tab.).

Grundfragen einer optimalen Planung der Infrastruktur*

von

GÜNTER ELSHOLZ

I. Begriff der Infrastruktur

Es gibt Definitionen des Infrastrukturbegriffs, nach denen dieser Text, weil er sich u. a. mit neuen Verfahrensregeln und Organisationsformen für die Bereitstellung von Infrastrukturleistungen befaßt, selbst Teil der Infrastruktur, genauer: der institutionellen Infrastruktur wäre. Doch ist der Infrastrukturbegriff bislang höchst umstritten und hat alles andere als eine einheitliche Definition erfahren, auch wenn oder vielleicht gerade weil dieser aus dem militärischen Sprachgebrauch stammende Begriff in der politischen Tagesdiskussion eine erstaunliche – wenn auch meist rein rhetorische – Zauberkraft entfaltet. Die wissenschaftliche Auseinandersetzung mit diesem Phänomen setzt in der BRD erst in neuerer Zeit verstärkt ein.[1]

Vielfach denkt man bei dem Begriff Infrastruktur an Kollektivgüter, die in einem bestimmten Komplementärverhältnis zu privaten Investitionen und zum privaten Konsum stehen. Wenn dem so wäre, dann würden diejenigen, die nicht bereit sind, zugunsten von Infrastrukturausgaben auf privaten Konsum zu verzichten, aus ihrem ständig steigenden Sortiment an privaten Konsumgütern keinen wirklichen Nutzen ziehen können, einfach weil ihnen die notwendigen Komplementärgüter fehlen. Die wirkliche Nutzung eines Automobils setzt eben gut funktionierende Straßen, Unfallkrankenhäuser und Friedhofsbetriebe voraus – alles öffentliche Güter.

Oder noch deutlicher: wenn die Regierung zur Sicherung der kurzfristigen Preisstabilität öffentliche Investitionen zurückstellt – was übrigens dauernd geschieht, da in Phasen des Booms die Kürzung öffentlicher Ausgaben erfahrungsgemäß die politisch bequemste Maßnahme zur Nachfragedämpfung darstellt und zusätzliche öffentliche Investitionen in Rezessionsperioden das nicht kompensieren können, weil Rezessionen seltener und kürzer als Boomphasen sind[2] –, dann dürfte sie damit auf mittlere Sicht um so stärkere Preissteigerungen heraufbeschwören, weil zu vermuten ist, daß sich die

---

* Überarbeitete Fassung eines Vortrages, gehalten auf der Arbeitstagung der Gesellschaft der Freunde und Förderer der Hochschule für Wirtschaft und Politik am 26. Juni 1971 in Hamburg-Sasel.

[1] Vgl. die Verhandlungen auf der Tagung des Vereins für Socialpolitik in Innsbruck v. 29. 9.–2. 10. 1970. Abgedruckt in *H. Arndt u. D. Swatek* (Hrsg.): Grundfragen der Infrastrukturplanung für wachsende Wirtschaften. In: Schriften des Vereins für Socialpolitik, N. F. 58, Berlin 1971, sowie dem Vorbereitungsband für diese Tagung *R. Jochimsen* u. *H. E. Simonis* (Hrsg.): Theorie und Praxis der Infrastrukturpolitik. In: Schriften des Vereins für Socialpolitik, N. F. Bd. 54, Berlin 1970.

[2] Vgl. Jahresgutachten 1970 des Sachverständigenrates zur Begutachtung der gesamtwirtschaftlichen Entwicklung, Bundestagsdrucksache VI/1470, Ziff. 100.

Produktivität der Privatwirtschaft wegen des Fehlens der erforderlichen Komplementäreinrichtungen in der Infrastruktur negativ entwickeln wird.[3] Sieht man genauer hin, so beinhalten einige Definitionen jedoch noch ein etwas anderes, sehr viel grundsätzlicheres Verhältnis der Komplementarität. *Reimut Jochimsen* definiert in seiner 1966 erschienenen Schrift „Theorie der Infrastruktur" wie folgt: „Mit Infrastruktur der Marktwirtschaft wird in dieser Arbeit die Gesamtheit aller materiellen, institutionellen und personellen Anlagen, Einrichtungen und Gegebenheiten bezeichnet, die den Wirtschaftseinheiten im Rahmen einer arbeitsteiligen Wirtschaft zur Verfügung stehen und die mit dazu beitragen, 1. die Entgelte für gleiche Leistungen der Produktivkräfte auszugleichen und 2. zugleich die größte Zuwachsrate der Gesamtwirtschaft herbeizuführen." Und an anderer Stelle: „Die Infrastruktur bestimmt damit den Entwicklungsstand, d. h. das tatsächliche Niveau und den jeweiligen Integrationsgrad der Wirtschaftstätigkeit."[4] Nach *Jochimsen* hat die Infrastruktur also zwei Funktionen: einmal Wirtschaftswachstum und zum anderen Integration zu ermöglichen. Eine besonders aparte Bedeutung hat bei ihm der Begriff der Integration: er zielt auf die „Funktionstüchtigkeit der Marktwirtschaft" in dem Sinne, daß – so *Jochimsen* – die infrastrukturellen Voraussetzungen, d. h. das überall zugängliche System von allgemeinen Vorleistungen und der Ausbildungsstand, die Gleichheit garantieren sollen, welche neben den Freiheitspostulaten der dezentralen Wirtschaftsweise erforderlich sei. Integration in diesem Sinne zusammen mit dem Wirtschaftswachstum bestimmen nach seiner Meinung den Entwicklungsstand der Volkswirtschaft.

Diese Definition bringt, genau besehen, die Infrastruktur in ein Komplementärverhältnis zur kapitalistischen Wirtschaftsordnung. Sie hat danach die Aufgabe, desintegrative Tendenzen wie Disharmonien und Konfliktmöglichkeiten, die sich aus dem System ergeben, zu beseitigen und alles zu unternehmen, was ein hohes Wirtschaftswachstum, also eine hohe Produktivität der privaten Investitionen, begünstigt. Am Rande vermerkt sei hier die Frage, was ein hoher Integrationsgrad denn überhaupt mit Entwicklung zu tun hat. Die *Marx*sche Analyse hat doch gezeigt, daß der gewaltige kapitalistische Entwicklungsprozeß auf dessen Antagonismen beruhte, daß Fortschritt eine Folge der nicht vorhandenen Integration sei, oder genau gesagt, eine Folge der extrem ungleichen Entlohnung der Produktivkräfte, also der Profitmöglichkeiten. Aber wenn man es ernst meint mit der obigen Definition, dann ergibt sich als Konsequenz natürlich eine ganz spezifische Struktur der Infrastrukturausgaben, und zwar eine solche, die weitgehend von den Kapitalisten selbst definiert werden kann, denn sie wissen schließlich am besten, welche staatlichen Ausgaben ihre eigene Entwicklung am meisten fördern. Daraus ergeben sich auch Planungsprobleme, sobald der Staat nicht mehr nur nachträglich die privaten Investitionen mit einer entsprechenden Infrastrukturausstattung versieht, sondern selbst daran geht, eine lang-

[3] Vgl. *R. Frey:* Infrastruktur und Wirtschaftswachstum. In: Konjunkturpolitik, 15. Jg. (1969), S. 124.

[4] *R. Jochimsen:* Theorie der Infrastruktur – Grundlagen der marktwirtschaftlichen Entwicklung, Tübingen 1966, S. 145 f.

fristige Aufgabenplanung zu betreiben, wie sie jetzt z. B. auch in Hamburg in Angriff genommen wird.

Die Planungsstäbe sehen sich gezwungen, schon im Anfangsstadium der Planung großes Gewicht auf den Informationsaustausch mit der Privatwirtschaft zu legen, um deren Vorstellungen genau kennenzulernen.[5] Liegt dann eines Tages ein Planentwurf vor, der den Wünschen der Privatwirtschaft Rechnung trägt, so dürfte der politische Entscheidungsspielraum der Regierung bezüglich der möglichen Realisierung oder Nichtrealisierung des Planes bereits sehr eingeengt sein; denn die Privatwirtschaft beruft sich natürlich darauf, sie habe im Vertrauen auf die zu erwartende Realisierung des Planentwurfes ihre privaten Investitionen getätigt. Solange man die Infrastruktur in einem Komplementärverhältnis zur kapitalistischen Produktion sieht, ist der staatliche Spielraum in der Tat denkbar eng.

Bruno Frey vertritt die These: „Wenn die Infrastruktur knapp wird, so bewirken die entstehenden politischen Kräfte starke Tendenzen zu einem Regierungswechsel, vereinfacht und extrem formuliert: Die Regierung ist eine Funktion des (Infrastruktur-)Kapitalstocks."[6] Er zeigt, daß die Bundesrepublik Deutschland nach dem Zweiten Weltkrieg zunächst über ein relativ großes Infrastrukturangebot verfügte und daß es deshalb auch eine wenig infrastrukturbewußte Regierung gab. *Erhard* setzte noch 1957 die Besteuerung für öffentliche Investitionen mit entschädigungsloser Enteignung gleich.[7] Als dann zu Beginn der 60er Jahre der Mangel an Infrastruktur immer spürbarer wurde (in den Ballungszentren wurde das z. T. schon früher deutlich) und die Unternehmen wegen dieser Knappheit immer höhere Kapitalaufwendungen je Outputeinheit auf sich nehmen mußten, war das von einer parallelen Verminderung der Mehrheiten der damaligen Regierungspartei im Bundestag begleitet, bis hin zum Regierungswechsel.[8]

Neben diesen Definitionen, die die Infrastruktur durch ihre Funktionen abgrenzen, gibt es in der Literatur sehr viel häufiger solche, die auf den gemeinsamen Merkmalen dieser besonderen Kategorie von Gütern beruhen — abgesehen von den enumerativ vorgehenden Definitionen, in denen die typisch zur Infrastruktur gehörenden Sektoren aufgezählt werden und die meistens mit „usw." enden.

Die auf Merkmale abstellende Begriffsabgrenzung ist zwar formaler, hat aber den bedeutsamen Vorzug, daß sie hinsichtlich der Funktion dieser Güter offener ist, mithin nicht schon durch die Definition auch die inhaltliche Struktur der Infrastruktur festgelegt ist. Ein sehr gutes Beispiel dafür findet sich bei *G. Gäfgen*[9]. Infrastrukturgüter sind demnach solche, auf die eines oder mehrere der folgenden Merkmale zutreffen:

---

[5] Vgl. *H. Schulze:* Die langfristige Aufgabenplanung des Staates und ihre politischen Aspekte. In: Wirtschaftsdienst, 51. Jg. (1971), S. 615.

[6] *B. Frey:* Eine politische Theorie des wirtschaftlichen Wachstums. In: Kyklos, Bd. 21 (1968), S. 88.

[7] *L. Erhard:* Wohlstand für alle, Düsseldorf 1957, S. 367.

[8] *B. Frey:* a. a. O., S. 90 ff.

[9] Vgl. *G. Gäfgen:* Entscheidungs- und organisationstheoretische Probleme einer optimalen Planung der Infrastruktur. In *H. Arndt* u. *D. Swatek* (Hrsg.): a. a. O., S. 346.

1. Öffentliche Güter
   a) als soziale Güter
   b) als meritorische Güter;
2. lokale oder regionale Gebundenheit der Produktion und Nutzung dieser Güter mit „spillovers" in andere Regionen;
3. Produktion mit besonders bedeutsamen Unteilbarkeiten, besonders bei linien- und leistungsgebundenen Einrichtungen wie Straße, Strom, Telefon;
4. Güter, deren Produktion einen besonders hohen Kapitalbedarf und eine langfristige Kapitalbindung erfordert (lange Ausreifungs- und Nutzungsdauer der Investitionen);
5. Produktionen mit besonders hohem Risiko.

Auf die ersten beiden Punkte sei etwas genauer eingegangen. Bei den öffentlichen Gütern, die man als soziale Güter bezeichnet, liegt Nicht-Rivalität der individuellen Nutzung oder Nichtanwendung des Ausschlußprinzips vor. Nicht-Rivalität meint, daß die Nutzung durch A die Nutzung durch B nicht ausschließt: z. B. Fernsehsendung im Gegensatz zum Fernsehapparat. Ausschlußprinzip meint, daß es entweder technisch unmöglich ist oder zu hohe Kosten verursacht, jemanden von der Nutzung eines Gutes auszuschließen. Häufig fallen beide zusammen, aber nicht notwendig. Es ist theoretisch nachweisbar, daß bei diesen sozialen Gütern der Marktmechanismus, auch ein in der Planwirtschaft simulierter Marktmechanismus, nicht zu einer effizienten Versorgung mit diesen Gütern führt (weil z. B. die Grenzkosten der Beteiligung eines zusätzlichen Benutzers gleich Null sind). Diese Überlegungen beziehen sich sowohl auf öffentliche Konsumgüter als auch auf öffentliche Investitionen.

Meritorische Güter sind solche, deren Nutzung als gesellschaftlich so vorteilhaft gilt, daß sie über das Ausmaß hinaus, in dem der Markt sie unter Umständen zur Verfügung stellt und sie auch von privaten Nachfragern erworben werden, zusätzlich durch öffentliche Subventionierung angeboten werden, d. h. bei ihnen ist das Ausschlußprinzip an und für sich möglich und auch effizient, aber gesellschaftlich nicht erwünscht (z. B. Nulltarif für Schulunterricht oder bei öffentlichen Nahverkehrsmitteln).

Da der Staat in diesem Falle u. U. die individuellen Präferenzen korrigiert, auf jeden Fall aber den Bürgern sein eigenes gesellschaftliches Präferenzen-Schema aufzwingt, führt das in unserem Gesellschaftssystem zu einigen Schwierigkeiten. *Musgrave* meint, es sei unangenehm, darüber zu reden, weil man nicht genau wisse, was man sagen solle, und deshalb lasse man diese Güter meistens außen vor.[10] Ich halte diese These geradezu kennzeichnend für einen liberalen Ökonomen, der sich auf das Prinzip der Wertfreiheit zurückzieht. In Wirklichkeit scheint mir hier bei den meritorischen Gütern der Hauptansatzpunkt für eine wirklich souveräne Infrastrukturpolitik zu liegen, weil hierin die Chance für eine informierte politische Führungsgruppe mit weitem Horizont liegt, die durch den kapitalistischen Prozeß verzerrten

---

[10] Vgl. einen Diskussionsbeitrag von *R. A. Musgrave* in *H. Arndt* u. *D. Swatek* (Hrsg.): a. a. O., S. 65.

individuellen Präferenzen zu korrigieren. Freilich würde ein solches politisches Vorgehen auf die Dauer wohl nur dann von den Wählern honoriert werden, wenn der Staat neben der indirekten Präferenzbeeinflussung durch die Bereitstellung solcher meritorischer Güter auch eine Politik der gezielten direkten Präferenzbeeinflussung betreibt. Hier ist *Bruno Frey* voll zuzustimmen, wenn er schreibt: „Überdies sollten Präferenzen in einer modernen Gesellschaft nicht mehr als außerhalb des politischen Einflußbereiches angesehen werden. Es ist a priori nicht auszuschließen, daß eine ‚Investition in die Präferenzbeeinflussung' eine höhere Rendite (gemeint ist: volkswirtschaftliche Rendite; G. E.) erzielt als Investitionen in Realkapital oder sogar in Bildung und Fortschritt."[11]

Daß die Zielfunktionen auch individueller Entscheidungsprozesse laufend informationsabhängige Veränderungen erfahren, ist eine empirisch gesicherte Tatsache. Es wäre also nötig, die individuellen Entscheidungsträger ständig mit Zusammenhangsinformationen zu konfrontieren, um sie im Zwiegespräch mit den Planungsgremien in kleinen Lernschritten schließlich zu veranlassen, ihre wirklichen Präferenzen explizit zu formulieren, also zu offenbaren.

Im übrigen spielten meritorische Güter stets schon eine große Rolle (Gesundheitswesen, Ausbildung, Forschung). Mehr oder weniger unbewußt hat man also immer schon bestehende „Mängel" der individuellen Präferenzsysteme korrigiert. Die Gründe dafür sind im wesentlichen die zu beobachtende individuelle Höherbewertung kurzfristiger Bedürfnisse („Kurzsichtigkeit"), fehlende oder diffuse Präferenzen (alte und kranke Menschen), einseitige Verzerrung der Präferenzen durch kommerzielle Werbung, Schwierigkeiten bei der individuellen Erfassung von Interdependenzen, so daß viele kleine Einzelentscheidungen sich zu einer großen addieren können, die – als solche präsentiert – keiner gewollt hat.

Eine zweite Merkmalskategorie war die lokale Gebundenheit der Produktion und Nutzung der Güter mit „spillovers" in andere Regionen. Viele Infrastrukturgüter kennzeichnet eine geographische Breitenwirkung, die in der angelsächsischen Literatur je nach Position des Beobachters mit spillover bzw. spillin effects bezeichnet wird. Sie sind eine spezielle Form der externen Effekte (z. B. begünstigt der Ausbau einer Hochschule in einem Bundesstaat auch die Bürger der Nachbarstaaten). Hieran ist von *Weisbrod* die These geknüpft worden, daß die einzelnen Glieder eines föderativen Staatsaufbaus grundsätzlich unter Mißachtung von „spillover-effects" disponieren, erhaltene „spillin effects" dagegen sozusagen als Gratis-Vorleistung auffassen.[12]

Dieser Zusammenhang fördert die allgemeine Tendenz zur Unterversorgung im Infrastrukturbereich, mit einer Ausnahme, auf die *Ramser* ausdrücklich

---

[11] *B. Frey:* Probleme von heute und die Theorie des optimalen Wirtschaftswachstums. In: Schweizerische Zeitschrift für Volkswirtschaft und Statistik, 106. Jg. (1970), S. 164 (Zit. bei *B. Fritsch:* Die Abhängigkeit zwischen gesellschaftlicher Wohlstandsfunktion und Infrastrukturplanung. In *H. Arndt* u. *D. Swatek* [Hrsg.]: a. a. O., S. 614).

[12] Vgl. *B. Weisbrod:* External Benefits of Public Education. An Economic Analysis, Princeton 1964.

hingewiesen hat[13]: im Rahmen des Bürgermeister-Wettbewerbs um private Investitionen, also im Rahmen der gewerblichen Wirtschaftsförderung – ich verweise auf das oben erläuterte Komplementärverhältnis von Infrastruktur und kapitalistischer Produktion – ergibt sich in einem föderativen Staatsaufbau eher eine Tendenz zur Überversorgung mit Infrastrukturleistungen. Hier also wieder der Hinweis darauf, daß die Struktur der Infrastruktur – so häßlich das Wort auch sein mag – unser entscheidendes Augenmerk verdient.

II. Infrastrukturplanung

Worin liegen nun die besonderen Probleme, wenn für den Infrastrukturbereich Pläne aufgestellt werden sollen? Sehen wir zur Vereinfachung von Infrastrukturteilen mit nicht-investivem Charakter einmal ab, so haben wir es mit Investitionsplanungen zu tun. Die Entscheidungsprobleme der Infrastrukturpolitik sind dann wie folgt abzugrenzen:

1. Es ist die optimale gesamtwirtschaftliche Investitionsquote und damit implizit die Konsumquote festzulegen, wobei zu beachten ist, daß Exportüberschüsse die gegebenen Möglichkeiten einengen. (Der Anteil unserer Exportüberschüsse am Sozialprodukt war in den Jahren 1967/69 nahezu ebenso groß wie der Anteil der öffentlichen Investitionen.)
2. Die Investitionsquote ist optimal zu unterteilen in private und öffentliche Investitionen.
3. Innerhalb der öffentlichen Investitionen ist ein optimales Verhältnis zwischen den Investitionen in die Superstruktur (z. B. staatliche Werften, Banken) und in die Infrastruktur festzulegen.
4. Innerhalb der Quote der Infrastrukturinvestitionen sind die Investitionsmittel optimal auf Sektoren und Regionen aufzuteilen.
5. Intrasektoral und vor allem intraregional müssen sich die Investitionen aus optimalen Bündeln von Einzelprojekten zusammensetzen, für die wiederum eine Prioritätenskala zu erstellen wäre.

Hierbei handelt es sich also um ein mehrstufiges Optimierungsproblem, d. h. die Optimierung auf einer Ebene gelingt nur, wenn man für die jeweilige andere Ebene bereits Optima unterstellen kann. Genaugenommen müßte die gesamte Planung, wenn sie widerspruchsfrei sein soll, in einer einzigen simultanen Programmierung erfolgen. Das ist ebenso utopisch wie die Vorstellung, es gäbe eine gesamtgesellschaftliche Zielfunktion, die ja für eine entscheidungstheoretische Formulierung des Problems Voraussetzung wäre. Deshalb kann es hier von vornherein nur Planungen geben, die sich mit einer second-best-Lösung zufriedengeben. Auf zwei Arten dieses Typs will ich kurz eingehen:

a) In Hamburg und anderswo wird seit kurzem versucht, eine langfristige Aufgabenplanung aufzubauen, nachdem zahlreiche negative Erfahrungen mit der mittelfristigen Finanzplanung eine Erweiterung des Planungshorizontes nahelegten. So zeigte sich z. B., daß der Entscheidungsspielraum der Regierung während der ersten Jahre der fünfjährigen Planungsperiode durch

[13] Vgl. *H. H. Ramser:* Dezentrale Planung der Infrastrukturausgaben. In: Finanzarchiv, Bd. 27 (1968), S. 484–503.

die hohen finanziellen Belastungen der bereits im Bau befindlichen Projekte aus früheren Perioden stark eingeengt ist. Erst im letzten Jahr ergeben sich Möglichkeiten zur Inangriffnahme neuer Vorhaben, d. h. es kommt nur zur Anfangsfinanzierung („Bauzaun"), und das dann einsetzende Ende der Planungsperiode verstellt den Blick für die riesigen Folgekosten.[14]

Die neue Aufgabenplanung soll durch die Erstellung in sich schlüssiger Planungs-Alternativen der Entscheidungsvorbereitung dienen. Es handelt sich dabei primär um eine langfristige vorausschauende Ermittlung der Bedarfe, die in einem zweiten Planungsschritt jeweils in den Ressourcenrahmen (Fläche, Finanzen, Personal, Baukapazität) eingepaßt werden. Da im Prinzip weiterhin die einzelnen Behörden in ihren Funktionsbereichen Bedarfspläne aufstellen, kann es sich bei der zentralen Aufgabenplanung nur um eine sogenannte datenbegleitende Koordination handeln.

Die Bedarfsziffern werden im Prinzip auf der Grundlage von zwei konstituierenden Komponenten entwickelt:

(1) Eine grundsätzlich positive, d. h. von politischen Wertungen im wesentlichen unabhängige Komponente; gemeint ist die Festlegung der Bedarfsträger. Ihre Veränderung bewirkt auch bei Konstanz der normativen Vorstellungen über das wünschenswerte Versorgungsniveau entsprechende Änderungen des Infrastrukturbedarfs. Hier wären etwa folgende Determinanten zu nennen: Bevölkerungsgröße, Altersstruktur, sozioökonomische Bevölkerungsstruktur, räumliche Wirtschaftsstruktur etc. In vielen Fällen (Ausnahmen: Bedarfsanmeldungen der privaten Industrie, Bedarfsanmeldung durch politischen Druck) berücksichtigen die Behörden bei ihren Bedarfsplanungen lediglich diese Komponente und kommen damit über schlichte Trendextrapolationen definitiv zu konservativen Lösungen, weil sie hinsichtlich der normativen Entscheidung den Status quo unterstellen.

(2) Eine grundsätzliche normative Komponente, die festlegt, welches Versorgungsniveau der Bedarfsträger erreicht werden soll, welches Anspruchsniveau also wünschenswert sei.

Auch das fällt zunächst mangels vorgegebener politischer Zielwerte noch in die Kompetenz derjenigen, die die Entscheidung vorbereiten. Um dabei auch „Strukturbrüche im Entwicklungstrend und künftige Neuentwicklungen zu berücksichtigen, bedarf es des Einsatzes anderer Methoden, die die schöpferischen Kräfte der jeweiligen Experten für die Gewinnung von Zukunftsvorstellungen mobilisieren. Insofern werden die entwickelten Methoden der Gruppendiskussion ... einen breiten Anwendungsbereich finden."[15]

Diese Äußerungen des Leiters des zentralen Planungsstabs in Hamburg hören sich recht harmlos an, implizieren aber eine schier unlösbare Aufgabe; denn zunächst wäre für jeden einzelnen Fachbereich die inhaltlich-fachliche Reformkonzeption zu durchdenken (z. B. Bildungsreform, Altenhilfekonzeption, Reform des Strafvollzugs etc.), und wenn sich dann beim Einpassen in den Ressourcenrahmen zwangsläufig zeigt, daß der Ansatz utopisch war, erzwingt der damit ermittelte Ressourcenengpaß eine völlig neuartige

---

[14] Vgl. *H. Schulze:* a. a. O., S. 612, sowie *K. Schmidt* u. *E. Wille:* Die mehrjährige Finanzplanung – Wunsch und Wirklichkeit, Tübingen 1970.

[15] *H. Schulze:* a. a. O., S. 614.

Reformkonzeption, da derartige Konzeptionen im Regelfall unteilbar sind. Wird das unterlassen und dotiert man den alten Reformentwurf z. B. nur mit der Hälfte der dafür erforderlichen Ressourcen (Fläche, Finanzen, Personen, Baukapazität), so dürften in zahllosen Fällen immaterielle Investitionsruinen entstehen. Wie dem auch sei, die Entscheidungsvorbereiter werden der Regierung — das ist ihre Aufgabe — einige alternative Planungsmodelle vorlegen. Erst wenn die Regierung sich dann für ein bestimmtes Modell entschieden hat, hat sie sich damit auf bestimmte Zielvorstellungen festgelegt. Diese hätten aber eigentlich bereits zu Beginn des Planungsprozesses vorliegen sollen. Das Parlament, um das kurz anzudeuten, ist bis dahin überhaupt nicht eingeschaltet gewesen, es lernt nur die endgültige Alternative der Regierung kennen.

b) Eine weitere Methode im Rahmen der zweitbesten Planungsmöglichkeiten ist unter dem Namen Nutzen-Kosten-Analyse oder cost–benefit analysis bekannt geworden.[16] Diese Methodik der Entscheidungsvorbereitung setzt bei der rationalen Auswahl der zur Debatte stehenden alternativen Einzelprojekte an. Dieser Ansatz unterstellt sozusagen, daß die vorangegangenen Hauptallokationsentscheidungen (Investitionsquote, Aufteilung private–öffentliche Investitionen, Aufteilung der öffentlichen Investitionen auf Sektoren und Regionen) bereits gefallen sind, und fragt, welche der zur Debatte stehenden Alternativen bei gegebenem Versorgungsniveau und gegebenem öffentlichen Ausgabenvolumen den höchsten wohlfahrtssteigernden Nettoeffekt erzielen dürfte. Bei der Berechnung von Nutzen und Kosten der Alternativen wird dann gleichsam von unten her versucht, möglichst viele gesamtwirtschaftliche Konsequenzen in die Bewertung der Projekte einzubeziehen. Die zunächst quantitative Erfassung aller gesamtwirtschaftlich relevanten Nutzen- und Kostenströme bestimmter Projekte — insbesondere auch der externen Effekte, wie z. B. der oben erwähnten Spillovereffekte, also solcher Effekte, die für den entsprechenden Entscheidungsträger selbst nicht fühlbar werden — wirft eine Unzahl vertrackter Probleme auf, vor allem wegen der ‚intangibles', der auf Grund ihrer Unteilbarkeit physisch nicht einmal quantifizierbaren Effekte.

Als noch schwieriger erweist sich sodann die Bewertung der Nutzen- und Kostenströme. Das hängt damit zusammen, daß Begriffe wie „Nutzen" und „Kosten" ja zunächst nur einen rein instrumentalen Charakter haben, also erst im Hinblick auf ein bestimmtes Wertsystem Aussagekraft gewinnen. Einen allgemein akzeptierten Wohlfahrtsindikator besitzen wir aber nicht mehr, nachdem uns bewußt geworden ist, daß unser traditioneller Wohlstandsindex, die Sozialproduktsberechnung, die wirkliche Wohlfahrtsentwicklung eher fratzenhaft verzerrt, denn exakt wiedergibt, weil z. B. Dinge, für die kein Marktpreis erzielt wird, auch ohne Wertansatz bleiben (Luft, Wasser, Landschaft) und außerdem die Einkommensverteilung unberücksichtigt bleibt, so daß auch die einseitigen Wertzuwächse bei wenigen als allgemeine Wohlstandserhöhung in Erscheinung treten.

Nun sind sich die Nutzen-Kosten-Theoretiker all dieser Schwierigkeiten

---

[16] Als eine der jüngsten Monographien vgl. dazu *E. J. Mishan:* Cost – Benefit Analysis, London 1971.

durchaus bewußt. Da sie aber nichts anderes wollen, als nur die Wahrscheinlichkeit guter Entscheidungen ein bißchen zu erhöhen, entwickeln sie diese Methoden weiter und versuchen, die Schwierigkeiten mehr und mehr abzubauen. Die wichtigste Gefahr dieses Ansatzes liegt in den Unsicherheiten seines methodischen Vorgehens. Gerade dieser Umstand begünstigt nämlich Versuche, über manipulierte Nutzen-Kosten-Analysen vorgefaßte politische Meinungen nun auch noch nachträglich quasiwissenschaftlich abzusichern. Das hat in den USA eine große Rolle gespielt, ja die größte Zahl der Nutzen-Kosten-Analysen diente ausschließlich diesem Zweck. Trotzdem bleibt dieses Fundamentalprinzip, nach dem wir alle Kosten und Nutzen zu erfahren und zu bewerten haben, ein Prinzip, das direkt der Ökonomie entstammt und das zumindest eine vorläufige Richtlinie für politische Wertungen abgeben sollte (Gesetz der „ökonomischen Ethik").

Dennoch muß dem politischen Entscheidungsträger das Recht bleiben – zwar in Kenntnis dieses ökonomischen Kalküls, und das ist das Neue an der Nutzen-Kosten-Analyse, daß ihm nämlich diese Kenntnis vermittelt wird –, sich für etwas ganz anderes zu entscheiden. Je stärker er sich von den durch die Nutzen-Kosten-Analyse empfohlenen Projekten entfernt, desto stärker macht er das zur Richtlinie seines politischen Handelns, was *Boulding* kürzlich die „heroische Ethik" genannt hat („Hier stehe ich, ich kann nicht anders").[17]

Dazu ein Beispiel: Es läßt sich mit Hilfe einer Nutzen-Kosten-Analyse nachweisen, daß z. B. in Hamburg im Bereich der Altenhilfe von den Alternativen „Status-quo-Politik" und „Bau von zusätzlichen 9000 Alten- und Pflegeheimplätzen" der zweiten Alternative nach ökonomischen Überlegungen eindeutig der Vorzug gebührt.[18] Wenn dann jedoch der Politiker die Grundsätze seiner „heroischen Ethik" wie folgt umschreibt: „Meine Fraktion stellt grundsätzlich an den Anfang aller Überlegungen, daß zuallererst immer noch die Familie die Verantwortung für ihre alten Angehörigen habe"[19], dann ist damit die Alternative „Altenheimneubau" prinzipiell ausgeschaltet. Nur weiß der Politiker dank der Nutzen-Kosten-Analyse, oder sollte es doch wissen, wie teuer ihn seine „heroische Ethik" zu stehen kommt: da die einzelnen Familien sich natürlich nicht an die Rolle halten, die ihnen im Weltbild mancher Politiker zugedacht ist, und ihre alten Mitglieder praktisch nicht pflegen, drängen die alten, pflegebedürftigen Menschen, um nur ein Beispiel zu nennen, in die Krankenhäuser und blockieren dort als nicht krankenhausbehandlungsbedürftige reine Pflegefälle Betten, die um ein vielfaches aufwendiger sind als die Alten-Pflegeheimbetten.

Streißler warf unlängst die Frage auf, ob der Wähler überhaupt eine rationale Infrastrukturpolitik wünsche.[20] Es sei ein zunehmendes Interesse an

---

[17] *K. Boulding:* Economics as a Moral Science. In: The American Economic Review, 1969, S. 1 ff. (deutsch unter dem Titel „Volkswirtschaftslehre als Moral-Wissenschaft" in diesem Jahrbuch, 16. Jahr (1971), S. 11 ff.).

[18] Vgl. *G. Elsholz:* Altenhilfe als Gegenstand rationaler Infrastrukturplanung, Hamburg 1970.

[19] Vgl. Äußerung von Frau *Schröder,* Detmold (CDU/CSU), im Protokoll der 121. Bundestagssitzung v. 19. 3. 1965.

[20] Vgl. einen Diskussionsbeitrag von *Streißler* in *H. Arndt* u. *D. Swatek* (Hrsg.): a. a. O., S. 98.

Lotterien zu beobachten. Interessant wären Lotterien insbesondere durch das „Prinzip Hoffnung". Infrastrukturpolitik wäre demnach einer solchen Lotterie vergleichbar, mit der Hoffnung aller, mehr zu erhalten, als sie geben. Und je zufälliger die Vergabe erfolge, desto besser könne man in der Öffentlichkeit die Hoffnung auf Lotteriegewinne wachhalten. Dieser Zufallsprozeß wird heute jedoch mehr und mehr durch politischen Druck von Partikularinteressen gewürzt. Das leistet dem Prinzip der Feuerwehrplanung Vorschub, die immer dann in Erscheinung tritt, wenn es brennt, und in der Zwischenzeit tote Wartezeiten überwinden muß. Im Sinne des Lotteriespiels könnte dann jeder versuchen, möglichst viele Brände und Scheinbrände zu signalisieren, in der Hoffnung, daß Löschzüge anrollen.

Vielleicht ist diese Entwicklung, die heute für weite Bereiche der Infrastrukturpolitik immer noch kennzeichnend ist, notwendig, um das Bewußtsein zu schärfen für das Erfordernis weiterer umfangreicher Investitionen in die Methodik der Infrastrukturplanung, für die die Unterversorgungsthese ebenso gilt wie für die Infrastruktur selbst.

Summary

If infra-structure is defined by it functions, the structure of infra-structure is fixed too. This is especially true if one allow oneself to be guided by definite complementary relationships. A concept limited by common characteristics is more formal, but it gives planning processes a wider field to work in.

The many staged problem of optimization, a problem raised by every attempt at planning an infra-structure, is likely not to be solvable exactly by the theory of decision for the time being. In practical terms, then, one is dealing with approaches to find a second-best-solution for both long term task-planning and cost-benefit analysis. Previous research efforts show that the thesis of under-supply is not only to be applied to the infra-structure itself but also to the methodology in planning infrastructure.

Anmerkungen zum „Dritten Programm für die mittelfristige Wirtschaftspolitik" in der EWG

von

OTMAR ISSING

I. Der unbefriedigende Stand der Koordinierung der Wirtschaftspolitik in der EWG

1. Mangelhafte Koordinierung der wirtschafts- und währungspolitischen Maßnahmen

Schon bei der Verabschiedung der Vertrages von Rom wurden kritische Stimmen laut, die auf die unbefriedigenden, weil vagen Bestimmungen über die Koordinierung der Wirtschafts- und Währungspolitik im Vertragstext hinwiesen. Die schnellen Fortschritte im Abbau der Handelshindernisse innerhalb der Gemeinschaft, vor allem die Vollendung der Zoll-Union am 1. Juli 1968, ließen die „Integrationsdifferenzen" zwischen den „Marktbereichen" und dem Sektor der Wirtschafts- und Währungspolitik immer deutlicher werden. Schließlich demonstrierten die Abwertung des französischen Franc im Sommer 1969, die Aufwertung der DM im darauffolgenden Herbst sowie das „Floating" der DM 1971 geradezu, wie wenig es gelungen war, über eine Harmonisierung oder Koordinierung der Wirtschafts- und Währungspolitik zu einer gleichgewichtigen Wirtschaftsentwicklung in den einzelnen Ländern der Gemeinschaft zu kommen.

Dabei hatte die EWG versucht, mit Hilfe einer ganzen Reihe von Ausschüssen die Koordinierung wirtschaftspolitischer Maßnahmen voranzutreiben. Dieser Koordinierung dienen: der Währungsausschuß, der Ausschuß für Konjunkturpolitik, der Ausschuß der Präsidenten der Zentralbanken der Mitgliedstaaten der EWG, der Ausschuß für Haushaltspolitik und der Ausschuß für mittelfristige Wirtschaftspolitik. Während in den Veröffentlichungen der Gemeinschaft in der Vergangenheit gelegentlich optimistisch über die Verbesserung und Intensivierung dieser Koordinierungsbemühungen berichtet wurde, zieht der „Werner-Bericht" nüchtern folgendes Fazit: „Die bisherigen Bemühungen ermöglichten Teilfortschritte, haben aber in der Praxis nicht zu einer wirksamen Koordinierung oder Harmonisierung der Wirtschaftspolitik in der Gemeinschaft geführt, die indessen dem Geist des Vertrages von Rom entsprochen hätte und die auch durch Anwendung der grundlegenden Vertragsbestimmungen, insbesondere der Vorschriften über die Wirtschafts- und Währungspolitik, hätte weitgehend verwirklicht werden können."[1]

[1] Bericht an Rat und Kommission über die stufenweise Verwirklichung der Wirtschafts- und Währungsunion in der Gemeinschaft, „Werner Bericht" (endgültiger Text), Sonderbeilage zum Bulletin 11–1970 der Europäischen Gemeinschaften, Luxemburg, 8. Oktober 1970, S. 8.

2. Ansätze zur mittelfristigen Wirtschaftspolitik

Schon frühzeitig erkannte man, daß der Versuch einer Koordinierung wirtschafts- und währungspolitischer Maßnahmen innerhalb der Gemeinschaft von vornherein zum Scheitern verurteilt sein muß, wenn die einzelnen Mitgliedstaaten unterschiedliche *Ziele* verfolgen bzw. die *Prioritäten* ihrer Politik verschieden setzen. Die Kommission der EWG entwickelte daher bereits 1962 in ihrem Memorandum über das Aktionsprogramm der Gemeinschaft für die zweite Stufe eine Konzeption für die „langfristige Programmierung" der Wirtschaftspolitik in der Gemeinschaft. Diese „Programmierung" beruhte auf der Überlegung, die langfristigen Ziele gemeinschaftlich zu fixieren; die kurzfristige Wirtschaftspolitik, also die Konjunkturpolitik, sollte dann innerhalb dieses Rahmens — ausgedrückt durch die langfristigen Ziele — koordiniert werden.[2]

Dieser Vorschlag löste heftige Diskussionen aus, ging es doch hier offenkundig auch bzw. in erster Linie um eine Auseinandersetzung zwischen ordnungspolitischen Leitbildern: der französischen Planification, der die Brüsseler Programmierungskonzeption zunächst weitgehend entsprach, stand die Soziale Marktwirtschaft gegenüber. In der Folge bahnte sich eine Art Kompromiß zwischen den beiden Hauptkontrahenten Bundesrepublik und Frankreich an, der sich auch in dem neuen Terminus „mittelfristige Wirtschaftspolitik" (bei unverändertem Zeithorizont von fünf Jahren!) dokumentierte.[3]

Am 15. April 1964 beschloß der Ministerrat, einen Ausschuß für mittelfristige Wirtschaftspolitik einzusetzen. Dieser Ausschuß, dem eine ständige Sachverständigengruppe zugeordnet ist, entwickelt seitdem die Grundlagen für die mittelfristige Wirtschaftspolitik in der Gemeinschaft. In den Jahren 1967 und 1969 hat der Rat das erste und zweite Programm für die mittelfristige Wirtschaftspolitik angenommen. Von einem bemerkenswerten positiven Einfluß dieser beiden Programme auf die Koordinierung der Wirtschafts- und Währungspolitik in der Gemeinschaft kann man angesichts der fast permanenten Krisensituation in den letzten Jahren jedoch kaum sprechen.

II. Das Dritte Programm für die mittelfristige Wirtschaftspolitik

1. Der „Werdegang" des „Dritten Programms"

Während der Ausschuß für mittelfristige Wirtschaftspolitik im Jahre 1968 mit der Prüfung begann, „in welcher Weise die Mitgliedstaaten und die Gemeinschaftsorgane das erste Programm für die mittelfristige Wirtschaftspolitik durchgeführt haben"[4], das „Zweite Programm" fertiggestellt und

---

[2] Zur „Vorgeschichte" siehe *Egon Tuchtfeldt:* Von der Wirtschaftsprogrammierung zur mittelfristigen Wirtschaftspolitik in der EWG, Wirtschaft und Recht, H. 2, 1964, S. 122 ff. Zu den verschiedenen Grundtypen der volkswirtschaftlichen Rahmenplanung und ihrer Beurteilung *ders.:* Die volkswirtschaftliche Rahmenplanung im Widerstreit der Meinungen, Weltwirtschaftliches Archiv, 1965, S. 14 ff.

[3] Siehe hierzu *Karlheinz Kleps:* Langfristige Wirtschaftspolitik in Westeuropa, Freiburg 1966, S. 429 ff.

[4] *Kommission der Europäischen Gemeinschaften:* Zweiter Gesamtbericht über die Tätigkeit der Gemeinschaften 1968, Brüssel–Luxemburg, Februar 1969, S. 127.

schließlich am 12. Dezember 1968 durch den Ministerrat gebilligt wurde, begann der Ausschuß bereits mit der Vorbereitung des „Dritten Programms“; dabei standen zunächst die Projektionen der „Sachverständigengruppe für mittelfristige Wirtschaftsperspektiven“ im Mittelpunkt der vorbereitenden Arbeit.

Diese Sachverständigengruppe hatte schon 1966 damit begonnen, quantitative Analysen und Projektionen im Rahmen der Gemeinschaft durchzuführen. In engem Kontakt mit dem Ausschuß für mittelfristige Wirtschaftspolitik erarbeitete die Sachverständigengruppe die „quantitativen Perspektiven“ für den Zeitraum 1970—75;[5] diese quantitativen Perspektiven bilden weitgehend die Grundlage des „Dritten Programms“. Die Kommission der Europäischen Gemeinschaften übermittelte dem Rat im Oktober 1970 den „Entwurf des Dritten Programms für die mittelfristige Wirtschaftspolitik“[6]; dieser Entwurf entspricht wiederum vollständig dem „Vorentwurf“ des Ausschusses für mittelfristige Wirtschaftspolitik. Der Ministerrat hat schließlich in Übereinstimmung mit dem „Entwurf“ der Kommission auf seiner Sitzung vom 8./9. Februar 1971 das „Dritte Programm“ verabschiedet und die Absicht bekundet, „gemäß den darin enthaltenen Leitlinien zu handeln“.[7]

2. Die allgemeine Zielsetzung des „Dritten Programms“

Die hochgesteckten Erwartungen, die der Ministerrat an die Verabschiedung des „Dritten Programms“ knüpft, spiegeln sich in folgenden Worten wider: „Der Entwurf des dritten Programms trägt den Stempel der Ereignisse, welche die Entwicklung der Gemeinschaft in den letzten beiden Jahren beeinträchtigt haben. Indem die Lehren aus einer Periode gezogen werden, während der die Divergenzen zwischen den Volkswirtschaften der Mitgliedstaaten in hohem Maße zum Entstehen von Währungsstörungen beigetragen haben, wird versucht, das Problem der Kompatibilität der Wirtschaftsentwicklung in den einzelnen Mitgliedstaaten aufzuwerfen, die Voraussetzungen für diese Kompatibilität zu untersuchen und die Politik zu bestimmen, mit der die Kompatibilität gewährleistet werden kann, um künftig die Stabilität der Wechselkursrelationen innerhalb der Gemeinschaft zu wahren.“[8] Gleichzeitig wird dem „Dritten Programm“ auch eine wichtige Funktion auf dem Wege zur Wirtschafts- und Währungsunion zuerkannt.[9]

Im Mittelpunkt dieser Bemühungen um die „Kompatibilität“ der Wirt-

---

[5] *Sachverständigengruppe für mittelfristige wirtschaftliche Perspektiven* (zukünftig zitiert als: *Sachverständigengruppe):* Perspektiven bis 1975, Makroökonomische Entwicklung und wirtschaftspolitische Probleme in der Gemeinschaft, Teil I: Perspektiven und Probleme auf Gemeinschaftsebene, Teil II: Projektionen der Mitgliedsländer, Brüssel, März 1971. – Zum Verfahren der Entstehung der mittelfristigen Programme in der EWG siehe *Bernhard Molitor:* Die mittelfristige Wirtschaftspolitik in der Europäischen Wirtschaftsgemeinschaft. In: Planung IV, Planung international, Hrsg. *Joseph H. Kaiser*, Baden-Baden 1970, S. 135 ff.

[6] *Kommission der Europäischen Gemeinschaften:* Entwurf eines dritten Programms für die mittelfristige Wirtschaftspolitik, Brüssel, 21. Oktober 1970.

[7] Amtsblatt der Europäischen Gemeinschaften (zukünftig zitiert als: Amtsblatt), 14. Jg., Nr. L 49, 1. März 1971, S. 5.

[8] Amtsblatt, a.a.O., S. 3.

[9] Ebenda.

schaftspolitik in den einzelnen Mitgliedstaaten stehen *quantitative Orientierungsdaten* für die mittelfristige Wirtschaftspolitik, die mit der Verabschiedung des „Dritten Programms" erstmals als Grundlage der Koordinierung der Wirtschaftspolitik anerkannt werden.[10] Diese quantitativen Orientierungsdaten sind nichts anderes als Indikatoren für die Entwicklung der vier Zielgrößen außenwirtschaftliches Gleichgewicht, allgemeines Preisniveau, Beschäftigungsgrad bzw. Arbeitslosenquote und gesamtwirtschaftliche reale Wachstumsrate.

Die Rolle der mittelfristigen Projektionen auf Gemeinschaftsebene ist in einer *ex ante-Koordinierung* der wirtschaftspolitischen Ziele zu sehen, d.h. die mittelfristigen Orientierungsdaten haben *normativen*, also *Zielcharakter*.[11] „Um in der Gemeinschaft zu kompatiblen gesamtwirtschaftlichen Entwicklungen zu gelangen, ist es wesentlich, sich auf mittelfristige Orientierungsdaten zu stützen, die gemeinsam auf der Grundlage quantifizierter Projektionen erarbeitet wurden. Diese Projektionen ermöglichen es, die verschiedenen Interdependenzen innerhalb der einzelnen Länder, zwischen den Mitgliedstaaten und gegenüber dritten Ländern zu berücksichtigen. Sie gestatten es somit, die autonomen nationalen Zielvorstellungen mit den tatsächlichen Möglichkeiten in Einklang zu bringen."[12]

Die ex ante-Koordinierung der Ziele soll also nicht die Koordinierung der Maßnahmen ersetzen, sondern die Grundlage hierfür abgeben. Die Abstimmung der „Globalpolitik" der einzelnen Mitgliedstaaten enthält dabei alle Elemente des Konzepts der *Globalsteuerung*[13], also auch die Einkommenspolitik: die Steuerung der Gesamtnachfrage soll ergänzt werden „durch eine möglichst regelmäßige Konzertierung mit den Sozialpartnern auf Gemeinschaftsebene wie auch innerhalb der einzelnen Mitgliedstaaten".[14] Ferner wird auf die Bedeutung der *Strukturpolitik*, namentlich in der Regional- und Beschäftigungspolitik, hingewiesen.[15] Während das „Zweite Programm" sich fast ausschließlich mit strukturellen Aspekten befaßte und als Kernstück eine „geschlossene Konzeption der Grundsätze einer allgemeinen Strukturpolitik" enthielt[16], sind im „Dritten Programm" Steuerung der Gesamtnachfrage und

---

[10] Das „Erste Programm" enthielt nur einige allgemeine Projektionen für die Periode 1965–70 (Zahl der Erwerbspersonen, reale Wachstumsrate, Entwicklung einzelner Sektoren etc.). Es heißt dort jedoch ausdrücklich: „Sie stellen keine Zielsetzungen dar, sondern geben entsprechend einer Erklärung des Rates lediglich quantitative Hinweise." Amtsblatt der Europäischen Gemeinschaften vom 25.4.1967, S. 1524. Das „Zweite Programm" brachte keinerlei neue Projektionen, sondern nur einige Korrekturen der Projektionen des „Ersten Programms".

[11] *Sachverständigengruppe:* a. a. O., Teil I, S. 40 und 45.

[12] Amtsblatt, S. 12.

[13] Im Entwurf der Kommission war direkt von einem „Prozeß der konzertierten Globalsteuerung" die Rede. (*Kommission der Europäischen Gemeinschaften:* Entwurf eines dritten Programms für die mittelfristige Wirschaftspolitik, a. a. O., S. 13.)

[14] Amtsblatt, S. 4.

[15] Ebenda. Dieser Aspekt soll im weiteren nicht näher verfolgt werden. Die entsprechenden Ausführungen finden sich im Kapitel III, Leitlinien für die Wirtschaftspolitik, B, II: Die Rolle der Gemeinschaft auf strukturpolitischem Gebiet.

[16] Begleitbrief des Präsidenten der Kommission *J. Rey* zum „Zweiten Programm", Amtsblatt, 12. Jg., Nr. L 129, 30. Mai 1969, S. 3.

Strukturpolitik als die beiden komplementären Teile der konzertierten Gesamtstrategie anzusehen.[17]
Fast als Kuriosum sind am Rande die „gesellschaftspolitischen Ambitionen" des „Dritten Programms" zu vermerken: Unter der Überschrift „Die Wirtschaftspolitik im Dienste gesellschaftspolitischer Ziele"[17a] wird auf die Wechselwirkung von wirtschaftlicher und sozialer Entwicklung verwiesen. Unter den als „vorrangig empfundenen Zielen", die mit dem „Dritten Programm" ebenfalls festgelegt werden, fehlt von der „vermehrten Bereitstellung öffentlicher Leistungen, insbesondere im Erziehungswesen, Gesundheitswesen und Wohnungsbau", über die „energischere Bekämpfung" der Umweltverschmutzung zur „größeren Gleichheit der Startchancen" kaum ein Ziel, auf das man sich nicht leicht einigen könnte. Freilich ist so gut wie kein Zusammenhang zwischen diesen Zielen und dem eigentlichen Inhalt des „Dritten Programms" zu sehen – außer in dem Gemeinplatz, daß nur eine wachsende Wirtschaft über eine höhere Steuerkraft die hierfür nötigen Mittel bereitstellen kann.

3. Ordnungspolitische Aspekte

Aus ordnungspolitischer Sicht könnte gerade das „Dritte Programm" die aus dem Jahre 1962 datierende prinzipielle Auseinandersetzung um die wirtschaftspolitische Konzeption innerhalb der Gemeinschaft neu entfachen. Freilich haben sich die Fronten längst verändert. So ist in der Bundesrepublik an die Stelle des Leitbildes der „Sozialen Marktwirtschaft" das Konzept der „Globalsteuerung" getreten; der „Abstand" zur Auffassung Frankreichs hat sich damit zweifelsohne verringert.[18]
Im „Dritten Programm" steht das Prinzip der an quantitativen Zielen orientierten Globalsteuerung eindeutig im Vordergrund. Dabei sind sich Befürworter und Kritiker dieses Konzeptes noch keineswegs einig, ob die Globalsteuerung eine „stabile" ordnungspolitische Konzeption darstellt oder ob sich aus ihren unbestreitbaren Mängeln zwangsläufig Weiterungen im Sinne einer „Interventionsspirale" ergeben werden.[19] „Selbst richtige Prognosen sichern keine gleichgewichtige Wirtschaftsentwicklung, wenn die Aufteilung der Gesamtnachfrage auf die einzelnen Anbieter dem Markt überlassen bleibt."[20] Das „Dritte Programm" enthält aber in der Tat zahlreiche Ansatzpunkte, von denen aus „sektorale Projektionen" zum Bestandteil des Gesamtkonzeptes werden könnten. Die Sachverständigengruppe für mittelfristige wirtschaftliche Perspektiven hat übrigens in ihrem Bericht ausdrücklich

---

[17] Amtsblatt, 1. März 1971, S. 23. (Alle weiteren Zitate unter „Amtsblatt" beziehen sich auf das „Dritte Programm" und somit auf das Amtsblatt vom 1. März 1971.)
[17a] 1. Kapitel, Abschnitt C.
[18] *Kleps* sah bereits für die erste Hälfte der 60er Jahre Entwicklungstendenzen, die (gegenüber der französischen Planification) an einer „ordnungspolitischen Alternative für den Gemeinsamen Markt inzwischen zweifeln lassen". (*K. Kleps:* a. a. O., S. 468.)
[19] Siehe hierzu *K. Kleps:* a.a.O., S. 462 und passim.
[20] *Ernst Dürr:* Probleme der Konjunkturpolitik, Freiburg 1968, S. 113.

betont, daß nur Zeitgründe derartige Projektionen verhindert haben.[21] Für die Zukunft wird man deshalb wohl mit „Sektorprojektionen" zu rechnen haben. Ob sich hieraus schließlich doch noch ein später Sieg der „économie concertée" über die „politique concertée" entwickeln wird, mag hier dahingestellt sein. Man wird auf jeden Fall in absehbarer Zeit – vielleicht schon beim „Vierten Programm" – eine Neuauflage des Streites um die „beste" Programmierungskonzeption erwarten können.

Ein wesentliches Element des „Dritten Programms" verdient unter ordnungspolitischem Aspekt noch besondere Erwähnung: die Einkommenspolitik über die bereits erwähnte „Konzertierung mit den Sozialpartnern". Da in diesem Zusammenhang die nationalen Bestrebungen im Rahmen der Gemeinschaft aufeinander abgestimmt werden sollen, handelt es sich im Grunde um eine „Konzertierung der konzertierten Aktionen" verbunden mit einer eigenen „konzertierten Aktion" auf Gemeinschaftsebene.

Diese Politik wäre unter zwei Gesichtspunkten zu analysieren. Zum einen scheint es angesichts der durchweg negativen Erfahrungen mit der Einkommenspolitik fraglich, ob eine Konzeption, die wie das „Dritte Programm" auf den Erfolg der Einkommenspolitik vertrauen muß, nicht von vornherein skeptisch zu betrachten ist. Zum anderen sind die ordnungspolitischen Bedenken gegen die „konzertierte Aktion" gerade in der Bundesrepublik derart eindringlich formuliert worden, daß sie nicht leicht von der Hand zu weisen sind.[22] Auf EWG-Ebene sind diese Einwendungen infolge der mangelhaften Kompetenz des Europäischen Parlaments sowie der damit verbundenen und vielbeklagten, dürftigen demokratischen Kontrolle der EWG-Politik sicherlich nicht geringer anzusetzen.

4. Das Problem der Kompatibilität

Von der Zielsetzung des „Dritten Programms", der ex ante-Koordinierung der Wirtschaftspolitik her, verdient die Frage der Kompatibilität der quantitativen Orientierungsdaten besonderes Interesse. Für die vier „Indikatoren" hat der Rat die in Tabelle 1 angegebenen quantitativen Orientierungsdaten für die einzelnen Mitgliedstaaten in dem Zeitraum 1970–75 beschlossen.

Die Schwierigkeiten der Prognose bestimmter Entwicklungen lassen nun von vornherein Zweifel am Sinn derartiger quantitativer Orientierungsdaten

---

[21] „Durch die große Priorität der übrigen in diesem Abschnitt aufgezählten Probleme war es auf Gemeinschaftsebene nicht möglich, Fortschritte auf dem Gebiet von Sektorprojektionen zu machen, die systematisch in den Rahmen der globalen Projektionen eingeordnet werden können. Untersuchungen der Projektionen bezüglich der Kohärenz zwischen Entstehung und Verwendung des Bruttosozialprodukts nach Produktgruppen und/oder Wirtschaftszweigen konnten aus diesem Grund auf Gemeinschaftsebene nicht vorgenommen werden." (*Sachverständigengruppe:* Teil I, S. 13.)

[22] Hierzu vor allem der von *E. Hoppmann* herausgegebene Sammelband: Konzertierte Aktion – Kritische Beiträge zu einem Experiment, Frankfurt 1971.

Tabelle 1

Die kompatiblen Orientierungsdaten

	Außenwirtschaftliches Gleichgewicht[a)] Durchschnittliche Salden für den Zeitraum 1971–1975 in % des BSP zu jeweiligen Preisen		Preisentwicklung[b)] Durchschnittliche jährliche Zunahme in % (1971–1975)		Wachstum[d)e)] Durchschnittliche jährliche Wachstumsraten für den Zeitraum 1971–1975	Arbeitslosenquote[f)] In % der Erwerbsbevölkerung[g)] Durchschnittliche Größenordnung für den Zeitraum 1971–1975
	Außenbeitrag	Saldo der laufenden Rechnung	Entwicklung des allgem. Preisniveaus[c)]	Preisindex des privaten Verbrauchs	Reales Bruttosozialprodukt	
Deutschland	um 1,7	um 0,2	2,0–2,5	1,8–2,3	4,3–4,8	0,8
Frankreich	um 1,0	um 0,1	2,5–3,0	2,3–2,8	5,4–5,9	1,5
Italien	um 0,5	um 0,8	2,5–3,0	2,3–2,8	5,7–6,2	3
Niederlande	um 1,0	um 0,8	2,8–3,3	2,3–2,8	4,5–5,0	1,3
Belgien	um 0,5	um 0,1	2,8–3,3	2,6–3,1	4,3–4,8	1,7
Luxemburg	um 0	um 0	2,3–2,8	2,3–2,8	3,0–3,5	keine nennenswerte Arbeitslosigkeit
Gemeinschaft	um 1,0	um 0,3	2,5–3,0	2,3–2,8	5,0–5,5	

a) Quelle: Amtsblatt, S. 19.
b) Quelle: Amtsblatt, S. 20.
c) Impliziter Preisindex des Bruttosozialproduktes.
d) Quelle: Amtsblatt, S. 21.
e) Die Margen für die Wachstumsraten ergeben sich aus der Ungewißheit über die Entwicklung der Produktivität und der Beschäftigung.
f) Quelle: Amtsblatt, S. 21.
g) Diese Definition der Arbeitslosigkeit ist in Deutschland und den Niederlanden nicht gebräuchlich. In diesen beiden Ländern wird die Arbeitslosenquote normalerweise in % der abhängigen Erwerbspersonen dargestellt.

wach werden.[23] Besonders problematisch erscheinen hierbei die Wachstumsprognosen.[24] Die „Unterstellung" im Rahmen der Gesamtprojektion, daß sich die wirtschaftspolitischen und hier speziell die strukturpolitischen Maßnahmen als wirksam erweisen, hat in erster Linie für das Wirtschaftswachstum vorrangige Bedeutung![25] Gerade der wachstumspolitische Effekt strukturpolitischer Maßnahmen, die zudem noch nicht einmal näher bekannt sind, läßt sich jedoch nur mit großen Einschränkungen richtig prognostizieren.[26] Ähnliche Einwendungen gelten in besonderem Maße auch für die Prognose des jeweiligen „Außenbeitrages". So wurde z. B. in der Bundesrepublik die „nationale Zielvorstellung" über die Höhe des Außenbeitrages in Höhe von 1 % des Bruttosozialprodukts im Durchschnitt der Jahre 1966–70 um fast das 2,5fache „übertroffen"![27]

Ohne auf diese Problematik näher einzugehen, läßt sich somit festhalten: Es erscheint höchst zweifelhaft, ob die im „Dritten Programm" festgelegten quantitativen Orientierungsdaten tatsächlich ein System *kompatibler wirtschaftspolitischer Ziele* darstellen. Damit wird aber die Zweckmäßigkeit des ganzen Programms überhaupt in Frage gestellt; schließlich soll mit der Verabschiedung des „Dritten Programms" der unbefriedigende Zustand der Vergangenheit beseitigt werden, daß die einzelnen Mitgliedstaaten „autonom" wirtschaftspolitische Ziele entsprechend den national bestimmten Prioritäten verfolgten, woraus dann – wegen der Inkompatibilität dieser Zielsetzungen – wiederum die bekannten Schwierigkeiten für die Gemeinschaft resultierten.

Die „Sachverständigengruppe für mittelfristige wirtschaftliche Perspektiven" hat sich sehr kritisch mit dem „Kompatibilitätsproblem" auseinandergesetzt. Im Bericht wird als Fazit dieser Diskussion festgestellt, daß sich innerhalb

---

[23] Die *Sachverständigengruppe* weist in ihrem Bericht (Teil I, S. 5 ff.) selbst auf die Mängel der bereits für die Periode von 1966–70 vorgelegten Projektionen hin. (Bemerkenswert ist die Tatsache, daß in der Vergangenheit gerade bei den öffentlichen Anlageinvestitionen die größten Abweichungen zwischen Ist- und Prognosewerten auftraten; s. S. 21.) Ob die in diesem Bericht erwähnten Verbesserungen im Projektionsverfahren zu wesentlich genaueren Ergebnissen führen werden, muß sich erst herausstellen.

[24] Siehe hierzu *E. Dürr:* Probleme der Konjunkturpolitik, a. a. O., S. 110 ff. u. S. 128 ff., sowie *ders.:* Wachstumspolitisch relevante Ergebnisse der Wachstumstheorie. In: Beiträge zur Wachstumspolitik, Schriften des Vereins für Socialpolitik, Neue Folge, Bd. 55, Berlin 1970, S. 1 ff. Zur allgemeinen Problematik einer an quantitativen Daten orientierten Wachstumspolitik *Artur Woll:* Wachstum als Ziel der Wirtschaftspolitik, Walter Eucken-Institut, Vorträge und Aufsätze, Nr. 22, Tübingen 1968.

[25] Zu dieser „Unterstellung" siehe *Sachverständigengruppe:* Teil I, S. 146.

[26] Im übrigen mutet die Begründung zur Wachstumszielsetzung im „Dritten Programm" beinahe naiv an. Es wird dort zunächst darauf hingewiesen, daß wichtige Kollektivbedürfnisse in den nächsten Jahren zu befriedigen sind, die Vollbeschäftigung gesichert werden soll und schließlich wichtige Aufgaben der Entwicklungshilfe zu erfüllen sind. Dann heißt es: „Deshalb (sic!) sieht der Entwurf des dritten Programms ein ebenso kräftiges Wachstumstempo vor, wie es seit 1958 in der Gemeinschaft erzielt worden ist." (Amtsblatt, S. 3.)

[27] Siehe auch *Sachverständigengruppe:* Teil I, S. 22. – Auf die besonderen Probleme, die durch den Beitritt der neuen Mitglieder in der EWG auftreten werden, wäre gerade in diesem Zusammenhang hinzuweisen.

der Sachverständigengruppe in dieser Frage deutlich zwei „Richtungen“ unterscheiden lassen:

„Die ‚eine Richtung‘ hält es nicht für möglich, eindeutig Inkompatibilitäten zwischen den einzelnen Projektionen festzustellen; eine Reihe von ernsten Risiken für die Realisierung der Projektionen wird jedoch nicht geleugnet, so daß die Möglichkeit besteht, daß sich die tatsächlichen Entwicklungen am Rande der Kompatibilität bewegen ...“ „Die ‚andere Richtung‘ räumt zwar ein, daß allein aufgrund der vorliegenden Zahlen kompatible Entwicklungen nicht grundsätzlich auszuschließen sind. Die Wahrscheinlichkeit des Auftretens von ernsten Inkompatibilitäten in der tatsächlichen Entwicklung noch innerhalb der Projektionsperiode wird jedoch für erheblich größer gehalten als eine Bewegung nur am Rande der Inkompatibilität ...“[28]

Vergleicht man dagegen den „offiziellen“ Text mit diesen ernsten Vorbehalten, kann man bestenfalls den darin enthaltenen „Optimismus“ bewundern. In Punkt 4 der Begründungen zum Entwurf des „Dritten Programms“ durch die Kommission heißt es schlicht: „Im Entwurf des dritten Programms werden kompatible Orientierungsdaten für die wichtigsten Indikatoren der gesamtwirtschaftlichen Entwicklung vorgelegt.“[29] Die im „Dritten Programm“ selbst geäußerten Bedenken über mögliche Inkompatibilitäten zeugen ebenfalls eher von einer extrem „optimistischen Grundhaltung“.[30] Im weiteren ist dementsprechend immer wieder nur von den „kompatiblen Orientierungsdaten“ die Rede.

Es wird sich herausstellen müssen, ob ein derart forcierter „Optimismus“ einen Prozeß der „Selbstverwirklichung“ auslösen kann oder ob die Unterschätzung der „Kompatibilitätsproblematik“ neue Gefahren für die Gemeinschaft heraufbeschwört und generell dazu beiträgt, daß solche Gemeinschaftsbeschlüsse immer weniger ernst genommen werden.

5. Der Kompromißcharakter der quantitativen Orientierungsdaten

Die von den einzelnen Mitgliedstaaten ursprünglich vorgelegten *nationalen* Projektionen für den Zeitraum 1970—75 schienen „an der Grenze der Inkompatibilität“ zu liegen.[31] Die Sachverständigengruppe entwickelte daher einen „dreistufigen Abstimmungsprozeß“, um in Zusammenarbeit mit dem „Ausschuß für mittelfristige Wirtschaftspolitik“ durch eine Annäherung der nationalen Projektionen schließlich zu *kompatiblen* quantitativen Orientierungsdaten für die Gemeinschaft zu kommen.[32]

Das Ziel des „Dritten Programms“ liegt darin, im Sinne dieser kompatiblen Orientierungsdaten zu einer „ausgewogenen Entwicklung“ innerhalb der Gemeinschaft zu kommen.[33] Auf diese Weise sollen die Störungen und Krisen

---

[28] *Sachverständigengruppe:* Teil I, S. 147.
[29] Amtsblatt, S. 3.
[30] Siehe dazu Amtsblatt, S. 17 ff.
[31] Amtsblatt, S. 19.
[32] Siehe *Sachverständigengruppe:* Teil I, S. 52 f. An anderer Stelle (S. 54) wird allerdings betont, daß dieses Anpassungsverfahren nur „unvollkommen“ angewendet wurde und zudem die Projektionsverfahren in den einzelnen Mitgliedstaaten noch große Unterschiede aufweisen.
[33] Begründung zum „Entwurf“ der Kommission, Amtsblatt, S. 3.

der Vergangenheit vermieden werden, wie sie sich in den Zahlungsbilanzungleichgewichten und Wechselkursänderungen dokumentierten. „Die Anpassung zwischen Volkswirtschaften, die sich von einem unterschiedlichen Entwicklungsstand aus in unterschiedlichem Tempo entwickeln, erfolgt normalerweise über die relative Entwicklung der Inlandspreise, über den Kapitalverkehr und über Wanderungen von Arbeitskräften und – bei einem fundamentalen Ungleichgewicht – über Änderungen der Währungsparität. In der Europäischen Wirtschaftsgemeinschaft ist dafür Sorge zu tragen, daß sich diese Anpassung vollziehen kann, ohne daß in den innergemeinschaftlichen Beziehungen auf protektionistische Maßnahmen oder Paritätsänderungen zurückgegriffen werden muß."[34]

Entsprechend wurde die Anpassung der an der Grenze der Inkompatibilität liegenden nationalen Projektionen dadurch vollzogen, daß jeder Mitgliedstaat die „Ziele seiner Partner stärker berücksichtigt", d. h. die Einigung erfolgte auf dem „Mittelweg".[35]

Am schwierigsten war dieses Prinzip bei dem Indikator für die Preisentwicklung zu realisieren; gleichzeitig stimmt gerade hier das Ergebnis bedenklich. Die Divergenzen der nationalen Projektionen waren hier am größten: Für die Gesamtperiode 1970–75 betrug hier der maximale Abstand der Indices, nämlich zwischen der Bundesrepublik und Belgien, rund 10 Prozentpunkte, zwischen der Bundesrepublik und den Niederlanden 7 Prozentpunkte.

Tabelle 2 *Nationale Projektionen*

	Durchschnittliche jährliche Zuwachsrate in %	
	Preisindex des Bruttosozialprodukts	Preisindex des privaten Verbrauchs
Bundesrepublik	2,2	1,9
Frankreich	3,0	2,8
Italien	2,8	2,5
Niederlande	4,0	3,2
Belgien	4,0	3,9
Luxemburg	2,5	2,5
EWG-Durchschnitt	2,8	2,5

Quelle: *Sachverständigengruppe:* Teil I, S. 138.

Nachdem man sich auf das Prinzip geeinigt hatte, Wechselkursänderungen innerhalb der Gemeinschaft zu vermeiden, und gleichzeitig die Methode des „Mittelweges" akzeptiert hatte, war es klar geworden, daß die Bundesrepublik mit der Anerkennung einer höheren Inflationsrate ein „Stabilitätsopfer" bringen mußte, während am anderen Ende die „inflationsfreudigeren" Mitgliedstaaten niedrigere Preissteigerungsraten anzustreben hatten. Im Prin-

[34] Amtsblatt, S. 12.
[35] Amtsblatt, S. 13.

zip ist mit der Anerkennung dieser Methode des „Mittelweges“ also jeder Mitgliedstaat, dem es einfallen sollte, eine geringere Inflationsrate anzustreben als vorgesehen, vorweg zum „Störenfried“ erklärt.

Die Einigung auf eine durchschnittliche jährliche Preissteigerungsrate von 2,5–3 % innerhalb der Gemeinschaft stellt einen „politischen Kompromiß“ dar.[36] Diese Inflationsrate wirft zwei Probleme auf. Zum einen bleibt ungeklärt, wie ein jährlicher Anstieg des Preisindex für das Bruttosozialprodukt in der Bundesrepublik in Höhe von 2,0 % und in den Niederlanden sowie in Belgien von je 3,3 % miteinander kompatibel sein sollen. Immerhin ergibt diese „ungünstigste“ Konstellation kumuliert eine Inflationsdifferenz von über 6,5 % für die Gesamtperiode! Zum anderen zeigt folgender Satz, wie sehr sich in der Gemeinschaft eine stark „relativierte Stabilitätsvorstellung“ durchgesetzt hat: „Mit dieser Preissteigerungsrate (von 2,5–3 % jährlich, d. Verf.) bringt die Gemeinschaft ihren Willen zum Ausdruck, eine Zone der Stabilität zu bilden.“[37] Seitdem sich die Staats- und Regierungschefs auf ihrer Konferenz am 1./2. Dezember 1969 in Den Haag zu einer „Gemeinschaft der Stabilität und des Wachstums“ bekannt haben, ist die Entschlossenheit hierzu häufig betont worden.[38] Immerhin bedeutet eine jährliche Preissteigerungsrate von 3 %, daß der Realwert einer Geldvermögensanlage (ohne Zinsen) in knapp 24 Jahren halbiert wird! Mit der Verabschiedung des „Dritten Programms“ durch die gleichen Regierungen ist das „Bekenntnis zur Stabilitätsgemeinschaft“ daher wohl schon jetzt seines Inhalts entleert.[39]

---

[36] „Die Größenordnung von 2,5–3 % ergibt sich als politischer Kompromiß zwischen den Zielvorstellungen und Realisierungsmöglichkeiten in den Mitgliedsländern unter Berücksichtigung der Arbeitshypothese über die Entwicklung außerhalb der Gemeinschaft.“ (*Sachverständigengruppe:* Teil I, S. 151.)

[37] Zwei Probleme können in diesem Zusammenhang nur angedeutet werden. Erstens setzt eine quasi angekündigte Inflationsrate in dieser Höhe das „Vertrauen“ in eine anhaltende Geldillusion voraus, wenn nicht vielfältige Ankündigungseffekte bewirken sollen, daß selbst diese Rate noch übertroffen wird. Zweitens wird hier ein Konflikt mit den oben genannten allgemeinen „gesellschaftspolitischen Zielen“ deutlich. Es ist schwer zu verstehen, wie bei diesen Preissteigerungen das Ziel einer „gerechteren Einkommens- und Vermögensverteilung“ (Amtsblatt, S. 10) erreicht werden soll.

[38] Amtsblatt, S. 20.

[39] Die Erfahrungen der Vergangenheit und die seit der Verabschiedung des „Dritten Programms“ eingetretene Entwicklung lassen die im endgültigen Text wie im Bericht der Sachverständigengruppe geäußerte Besorgnis, ob die einzelnen Mitgliedstaaten die „Zielvorgabe“ bei der Preisentwicklung überhaupt erreichen, mehr als berechtigt erscheinen. – Zudem finden sich im „Dritten Programm“ immer wieder Hinweise, in der weiteren Zukunft könne man sich dann auch wieder an strengere Stabilitätsvorstellungen heranwagen, doch scheint auch hier eher Skepsis angebracht zu sein. *Hamm* meint: „Ich fürchte, daß es relativ schwierig sein wird, das einmal als angemessen angesehene Stabilitätsziel von 2,5 bis 3 % später wieder zu revidieren.“ (*Walter Hamm:* Gefahren für Stabilität durch Inflationstendenzen und geplante Währungspolitik in der EWG. In: Ist die Marktwirtschaft noch gesichert?, Aktionsgemeinschaft soziale Marktwirtschaft, Tagungsprotokoll Nr. 36, Ludwigsburg 1971, S. 69.)

6. Koordinierung der Ziele und Koordinierung der Maßnahmen

Die quantitativen Orientierungsdaten des „Dritten Programms", also die Einigung auf kompatible Ziele, sollen den Rahmen für die Koordinierung der wirtschafts- und währungspolitischen Maßnahmen abgeben, keinesfalls aber diese Koordinierung überflüssig machen, da sonst die vorgegebenen Ziele nicht erreicht werden können und sich die alten Schwierigkeiten einstellen müssen.

Das Verhältnis von Koordinierung der Ziele und der Mittel wirft zwei unterschiedliche Fragen auf:

1. Ist eine Ausrichtung der Maßnahmen auf dem Gebiet der Wirtschafts- und Währungspolitik an diesen Zielen überhaupt sinnvoll? Diese Fragestellung mag auf den ersten Blick überraschen. Es sei jedoch nur an das Problem erinnert, ob die auf Gemeinschaftsebene gebilligten quantitativen Orientierungsdaten tatsächlich dem Anspruch der Kompatibilität genügen. Gerade aus den entsprechenden Passagen im Bericht der Sachverständigengruppe geht hervor, daß man nicht übertrieben „pessimistisch" eingestellt sein muß, um die Gefahr der Inkompatibilität für sehr groß zu halten. Sollten aber schon die *Ziele* inkompatibel sein, muß sich eine Koordinierung der *Mittel*, die an diesen Zielen orientiert ist, äußerst ungünstig für die Gemeinschaft auswirken. Die Möglichkeit der Revision der quantitativen Orientierungsdaten, wie sie analog dem „rollierenden" System der mittelfristigen Projektion in der Bundesrepublik vorgesehen ist, kann diesen Schwierigkeiten nur sehr bedingt Rechnung tragen.

Aber auch wenn diese Ziele wirklich kompatibel sein sollten, könnte man noch Zweifel über die Richtigkeit einer Ausrichtung der Politik an quantitativen Orientierungsdaten hegen. In der Diskussion „Regelmechanismen" kontra „Globalsteuerung" wurden Grenzen und Gefahren einer Politik quantitativer Orientierungsdaten deutlich. Allein die bekannten „lags" der Geld- und Finanzpolitik können dazu führen, daß eine an quantitativen Zielprojektionen orientierte Wirtschaftspolitik zu falschen Entscheidungen führt oder einen Prozeß des „Übersteuerns" der Konjunktur auslöst.

2. Wird aber unterstellt, die angegebenen Ziele seien kompatibel, muß die Frage lauten: Welche Vorkehrungen sind im „Dritten Programm" getroffen, damit die Koordinierung der Maßnahmen tatsächlich erreicht wird und nicht wie in den letzten Jahren allein der Versuch hierzu schon in Ansätzen steckenbleibt?

Analysiert man das „Dritte Programm" unter diesem Aspekt, besteht aller Grund zur Skepsis. Die „Bestimmungen" etwa in dem entscheidenden Bereich der Geld- und Finanzpolitik gehen über vage und unverbindliche Formulierungen nicht hinaus. Im Grunde ist nicht mehr vorgesehen, als die bisher so erfolglose „Politik der Ausschüsse" ein wenig zu intensivieren.[40] Wie auch der Bericht der Sachverständigengruppe feststellt, muß man aber von „offensichtlich weiterbestehenden unterschiedlichen wirtschaftspolitischen Grundhaltungen in den Mitgliedstaaten" ausgehen.[41] Anders formu-

[40] Siehe: Amtsblatt, S. 31 f.
[41] *Sachverständigengruppe:* Teil I, S. 147.

liert: Allen Anzeichen nach sind die Mitgliedstaaten nach wie vor nicht ernsthaft bereit, auf die „Autonomie“ ihrer Entscheidungen in Fragen der Wirtschafts- und Währungspolitik zu verzichten. Tritt in den nächsten Jahren keine überraschende Änderung in dieser Einstellung ein, können daher auch vom „Dritten Programm“ keine nennenswerten Impulse für die Entwicklung der Gemeinschaft in Richtung Wirtschafts- und Währungsunion ausgehen.

7. *Die „äußere“ Währungspolitik*

Ein letzter Punkt muß diese skeptische Beurteilung weiter verstärken. Die erfolglosen Bemühungen, im August 1971 nach der Dollar-Krise und den amerikanischen Zahlungsbilanzmaßnahmen zu einer einheitlichen „äußeren“ Währungspolitik zu kommen, demonstrieren mit aller Deutlichkeit, daß die Gemeinschaft selbst in einer dafür „günstigen“ Situation nicht zum gemeinschaftlichen Handeln fähig ist.[41a]

Im „Dritten Programm“ wird dieser Eindruck nur bestätigt. Die Sachverständigengruppe stellte ihre Projektionen unter der Annahme auf, daß die durchschnittliche jährliche Preissteigerungsrate während des Zeitraumes 1970—75 in den wichtigsten Drittländern 3 % bzw. 3,3 % beträgt; bei einer internationalen Preissteigerungsrate außerhalb der EWG von 4 % oder mehr, sieht die Sachverständigengruppe die Entwicklung innerhalb der Gemeinschaft entsprechend den Projektionen ernsthaft gefährdet.[42] In diesem Fall müßte die Gemeinschaft daher ihre „Stabilitätsoption“ in „effizienter Weise auch außenwirtschaftlich absichern und verteidigen“, was in „mittel- und längerfristiger Perspektive ... bei anhaltenden weltweiten Inflationstendenzen wahrscheinlich nur durch eine größere gemeinschaftliche Flexibilität der Wechselkurse (bzw. durch gemeinsame Paritätsänderungen) gegenüber dem Rest der Welt verwirklicht werden“ kann.[43]

Aber was ist aus diesem letztlich eindeutigen Votum im endgültigen offiziellen Text geworden! Zwar ist auch hier gewichtig davon die Rede, daß bei stärkeren Preissteigerungen in den Drittländern „die Gemeinschaft ihre Zielsetzungen energisch verteidigen“ wird, „um eine Stabilitäts- und Wachstumszone zu bleiben“[44]. Im ganzen Text findet sich jedoch kein Wort über die hierzu notwendige gemeinschaftliche außenwirtschaftliche Absicherung. Somit sind keine gemeinsamen Schritte vorgesehen, vielmehr wird das Problem mehr oder weniger „hinausdefiniert“. So soll die Gemeinschaft ihre „Autonomie“ in der Preisentwicklung betonen und sich den internationalen Preissteigerungstendenzen „nicht lediglich passiv anpassen“. Über eine Stabilitätspolitik entsprechend den selbstgesteckten Zielen „könnte sie sich gegebenenfalls von den internationalen Tendenzen absetzen und jedenfalls dämpfend auf sie einwirken. So schwierig eine derzeitige Orientierung für

[41a] Es wird sich erst zeigen müssen, ob die inzwischen vereinbarte Verringerung der Bandbreiten innerhalb der EWG und der Ansatz einer gemeinsamen Wechselkurspolitik nach außen als Beginn einer neuen Ära auf diesem Gebiet zu werten ist.

[42] *Sachverständigengruppe:* Teil I, S. 75 ff. und 79 f.

[43] *Sachverständigengruppe:* Teil I, S. 80 und 180.

[44] Amtsblatt, S. 20.

ein einzelnes Land auch zu befolgen sein mag, so überzeugend ist sie doch für die Gemeinschaft als Ganzes."[45]
Nimmt man diese Ausführungen genau, so wäre damit faktisch eine Wechselkurskorrektur im Sinne einer gemeinsamen Aufwertung (über einen flexiblen Außenwert oder eine abrupte Wechselkursanpassung) sogar ausgeschlossen. *Dämpfend* auf die internationale Preisentwicklung kann die Gemeinschaft nur wirken, wenn sie über den direkten internationalen Preiszusammenhang preisdämpfende Wirkungen *exportiert*.[46] Eine Aufwertung müßte diesen Effekt jedoch zunichte machen!
Gleichzeitig müssen sich jedoch im Falle des „Stabilitätsexports" (unter der Annahme normal reagierender Leistungsbilanzen) Leistungsbilanzüberschüsse der Gemeinschaft einstellen. Damit muß aber auch für eine weltwirtschaftlich derart bedeutende Gruppe wie die EWG die Gefahr des Inflationsimports immer stärker werden, ganz davon abgesehen, daß der „Stabilitätsexport" via Preise der Außenhandelsgüter zwangsläufig mit einem parallelen Inflationsimport auf dem gleichen Weg verbunden ist! Mit anderen Worten: Auch die Gemeinschaft als Ganzes kann sich dauerhaft nur durch eine Aufwertung der Mitgliedswährungen vom internationalen Inflationstrend „abhängen", falls dieser wesentlich über die von der EWG angenommene Rate von 3 bzw. 3,3 % pro Jahr hinausgeht.
Mit dem Ausweichen vor der Konsequenz einer gemeinsamen außenwirtschaftlichen Absicherung über die Aufwertung (oder sogar mit dem in den oben zitierten Ausführungen implizierten Votum gegen einen solchen Schritt) wird aber nicht nur das Bekenntnis zur „Stabilitätsgemeinschaft" selbst in der mit 2,5—3 % Preissteigerung schon stark relativierten Form noch in Frage gestellt, auch für die Kompatibilität der quantitativen Orientierungsdaten ergeben sich hieraus ernste Probleme. Die Sachverständigengruppe hat an verschiedenen Stellen ihres Berichts darauf hingewiesen, daß in einer fehlenden Absicherung gegenüber einem stärkeren Inflationstrend außerhalb der Gemeinschaft „eine der Hauptgefahren für die Realisierung kompatibler Entwicklungen" liegt,[47] und selbst im offiziellen Text wird auf diese Gefahr — wenn auch weniger eindringlich — verwiesen.[48] Dieser Gefahr nicht rechtzeitig und eindeutig vorzubeugen, heißt den Erfolg des „Dritten Programms" allein von hier aus in Frage zu stellen.
Kommt aber kein gemeinschaftlicher Schritt zur Abwehr der „Inflation von außen" zustande, liegt die Wahrscheinlichkeit *isolierter* Schritte einzelner Mitgliedstaaten, die es mit der Stabilität „etwas ernster" meinen, unmittelbar auf der Hand.[49] Ein Hauptziel des „Dritten Programms", Wechsel-

---

[45] Amtsblatt, S. 22. Kurz vorher (S. 20) wird das sehr hohe Gewicht der „Sechs" im Welthandel betont und hierin die Möglichkeit gesehen, einen beachtlichen Einfluß auf die internationalen Preistrends auszuüben.
[46] Hierzu und zum folgenden *Otmar Issing:* Die Theorie des direkten internationalen Preiszusammenhanges bei anomaler Reaktion der Leistungsbilanz. In: Zeitschrift für Nationalökonomie, Bd. 31 (1971), S. 203 ff. Selbstverständlich schlägt der „Stabilitätsexport" durch die EWG wesentlich stärker zu Buch als die relativ unbedeutende Wirkung im Falle des „Alleinganges" eines einzelnen Landes.
[47] *Sachverständigengruppe:* Teil I, S. 179 und passim.
[48] Amtsblatt, S. 22.
[49] *Sachverständigengruppe:* Teil I, S. 81 und S. 180.

kursänderungen innerhalb der Gemeinschaft zu vermeiden, wäre dann aber nicht erreicht, selbst wenn sich die „innergemeinschaftlichen“ quantitativen Orientierungsdaten als kompatibel herausstellen und die Koordinierung der übrigen Maßnahmen auf dem Gebiet der Wirtschafts- und Währungspolitik gelingen sollte.

Summary

The E. E. C. has not made great progress in co-ordinating the economic policies of member states in the last years. This fact was demonstrated after all by the changes of exchange rates and the period of floating rates. The "Third Program for medium-term economic policy" is hoped to bring forth closer co-ordination by settling a system of compatible economic goals for all member states. The "Third Program" contains quantitative annual "Orientierungsdaten" for the price level, the real growth rate, unemployment and the balance of trade (goods and services) for the period 1970—75.

It seems dubious, if the "Third Program" can fullfill its principal aim, the better ex-ante co-ordination of economic policy in all member states. The most important reason for this scepticism is the unsolved problem, whether these quantitative "Orientierungsdaten" are really compatible. But even supposing that these goals are compatible, the attempt of better co-ordination will be only successful if member states are more inclined than in the past to give up a great deal of their sovereignty in the field of financial and monetary policy.

Particular problems are involved in fixing an average annual rise of the price level of 2,5 to 3 per cent for the E. E. C. Fighting against inflation has different priority among economic goals in different countries. But also in order to defend this goal of reduced price stability against greater inflation outside the Common Market, member countries must agree on practicing a common exchange rate policy towards other currencies. The lack of such a rule is one of the greatest shortcomings in the "Third Program".

Geldmengensteuerung als Instrument der wirtschaftlichen Stabilisierung

Zur wirtschaftspolitischen Bedeutung des Ansatzes von Milton Friedman

von

DIETMAR HAUBOLD

I. Keynesianische Revolution und monetaristische Gegenrevolution

Das theoretische Fundament des *Friedman*schen Ansatzes ist die Quantitätstheorie,[1] allerdings in einer im Vergleich zur klassischen Fassung erheblich modifizierten Form. Die Quantitätstheorie behauptet einen Kausalnexus zwischen Geldmengenänderungen und Veränderungen des Preisniveaus. Diese Überlegungen führten zur Formulierung von Quantitätsgleichungen, so z. B. in Form der Einkommensvariante $Y = P \cdot Y_r = M \cdot V$, wobei P = Deflationierungsfaktor zur Bestimmung des realen Volkseinkommens, Y = nominales Volkseinkommen, Y_r = reales Volkseinkommen, M = Geldmenge und V = Einkommenskreislaufgeschwindigkeit des Geldes.

Derartige Formulierungen von Quantitätsgleichungen weisen jedoch eine gemeinsame Schwäche auf: Sie sind als Identitätsgleichungen kausalanalytisch ohne Informationsgehalt, denn ex post muß dem bewerteten Güterstrom ein äquivalenter Ausgabenstrom gegenüberstehen. Um die Gleichungen auf den ursprünglichen Gehalt der Quantitätstheorie – das exogene Geldangebot determiniert das Preisniveau – zurückzuführen, wurden Einkommenskreislaufgeschwindigkeit und Realeinkommen als kurzfristig konstant unterstellt. Begründet wurde diese Sicht mit der Stabilität der Zahlungssitten und der klassischen Annahme der Vollbeschäftigung aller Ressourcen.

Die unmittelbare wirtschaftspolitische Konsequenz des quantitätstheoretischen Ansatzes war, daß der Geldpolitik die beherrschende Rolle bei der Stabilisierung des Wirtschaftsablaufs zufallen mußte. Als wichtigste wirtschaftspolitische Instrumente wurden demzufolge die Diskontpolitik und Offenmarktoperationen angesehen.

Keynes[2] und die Vertreter der „New Economics“ wandten gegen die Quantitätstheorie ein, daß das Preisniveau ebenso wie die Güterpreise durch Angebot und Nachfrage bestimmt werde. Wenn mithin unterstellt werde, daß Geldmengenvariationen Preisniveauänderungen zur Folge haben, so müsse gezeigt werden, wie Geldmengenänderungen auf die monetäre Gesamt-

---

[1] Die Vertreter der modernen Quantitätstheorie („Monetaristen“) können in zwei Gruppen aufgeteilt werden, die nicht immer die gleichen Ansichten vertreten: auf der einen Seite die Chicago-Schule mit *Milton Friedman* an der Spitze und auf der anderen Seite *Brunner* und *Meltzer*. Die folgenden Ausführungen beschränken sich im wesentlichen auf die erste Gruppe.

[2] Vgl. *J. M. Keynes:* The General Theory of Employment, Interest, and Money, London und New York 1960, S. 295 ff.

nachfrage und auf das monetäre Angebot wirken.[3] Nach Keynesianischer Auffassung führen Geldmengenänderungen nur bei nicht vollkommen zinselastischer Liquiditätspräferenz, nicht vollkommen zinsunelastischer Investitionsneigung und steigenden Grenzkosten zu Preisniveauänderungen.

Angesichts der Weltwirtschaftskrise war *Keynes* indes der Ansicht, daß in Phasen der Unterbeschäftigung der Zins ein bestimmtes Mindestniveau erreicht, das selbst bei einer stark expansiven Geldpolitik nicht mehr unterschritten werden kann. Die Vorteile der Liquiditätshaltung werden dann so groß, daß sie durch die (entgangene) Verzinsung für Finanzinvestitionen nicht aufgewogen werden („liquidity trap"). Eine Geldmengenexpansion hat entgegen der quantitätstheoretischen Sicht keine Erhöhung des Preisniveaus, sondern einen kompensatorischen Abfall der Umlaufgeschwindigkeit zur Folge. In Phasen der Unterbeschäftigung ist die Umlaufgeschwindigkeit demzufolge eine sehr instabile, passive Größe. Erhöhungen von M führen zum Rückgang von V, und die Abnahme von M führt zum Anstieg von V. In beiden Fällen wird sich das Produkt dieser beiden Größen und damit die Nachfrage nicht ändern.[4] *Keynes* unterstellte, daß die kompensatorischen Bewegungen der Umlaufgeschwindigkeit nur im Falle der Unterbeschäftigung eintreten, im Falle von Vollbeschäftigung und Inflation aber die Quantitätstheorie ihre Gültigkeit behielte. Einige Postkeynesianer (z. B. *Alvin Hansen*) vertraten indessen die Ansicht, daß selbst bei einem Nichtvorhandensein der „liquidity trap" Geldmengenänderungen nur geringe Auswirkungen auf die Realausgaben zeitigen. Zwar würde bei einer Geldmengenvermehrung der Zins gesenkt; der gesunkene Zinssatz hätte jedoch kaum Auswirkungen auf die Investitionstätigkeit, da die Investitionsneigung nahezu unelastisch in bezug auf den Zins sei.

Die wirtschaftspolitischen Implikationen der Keynesianischen Analyse liegen auf der Hand. Der Geldpolitik wurde nur eine geringe Rolle bei der Beeinflussung des Konjunkturgeschehens eingeräumt. Das Hauptgewicht der Konjunkturstabilisierung wurde auf die Fiskalpolitik gelegt, da sie im Gegensatz zu der nur mittelbar über den Zins wirkenden Geldpolitik direkt bei den Nachfrageaggregaten ansetzt.

Nach *Friedman* wurde die Keynesianische Konjunkturdiagnose und -therapie durch die Erfahrungen in der Nachkriegszeit widerlegt.[5] Entgegen den Voraussagen der Keynesianer wurde nicht die Deflation, sondern die Inflation zum wirtschaftspolitischen Hauptproblem nach dem Kriege. Dabei wurden die inflationären Entwicklungen wesentlich durch die Politik des leichten Geldes begünstigt. Nach und nach mußten alle westlichen Industrieländer zur orthodoxen, restriktiven Geldpolitik zurückkehren, um die Inflation wenigstens einigermaßen in den Griff zu bekommen.

---

[3] Vgl. *E. Schneider:* Einführung in die Wirtschaftstheorie, III. Teil: Geld, Kredit, Volkseinkommen und Beschäftigung, 8. Aufl., Tübingen 1964, S. 212 ff.

[4] Vgl. *M. Friedman:* Nachkriegsentwicklungen in Geldtheorie und Geldpolitik. In *ders.* (Hrsg.): Die optimale Geldmenge und andere Essays, München 1970, S. 102 f; *ders.:* Money II: Quantity Theory. In: International Encyclopedia of the Social Sciences, Vol. 10, S. 438 f.

[5] Zu den folgenden Ausführungen vgl. vor allem *M. Friedman:* The Counter-Revolution in Monetary Theory, London 1970, S. 15 ff.

Ein weiterer Faktor, der die Keynesianische Behauptung von der Bedeutungslosigkeit der Geldpolitik in Frage stellte, waren die Untersuchungen der Chicago-Schule über die Rolle des Geldes in den großen Depressionen, insbesondere in der Weltwirtschaftskrise Anfang der 30er Jahre. Während *Keynes* und die Mehrzahl der Ökonomen der Ansicht waren, daß die Depression trotz expansiver Geldpolitik des Federal Reserve System eingetreten sei, wiesen *M. Friedman* und *A. Schwartz*[6] sowie *Ph. Cagan*[7] nach, daß die Währungsbehörden der USA in Wirklichkeit eine deflationäre Politik betrieben haben. Zwischen 1929 und 1933 fiel die Geldmenge in den USA um ein Drittel und dies nicht etwa, weil keine Kreditnachfrage bestand, sondern weil das Federal Reserve System eine scharfe Verminderung der Geldmenge zuließ oder erzwang.

Einwände gegen die Keynesianische Doktrin lieferten *Friedman* auch die Untersuchungen über den Zusammenhang zwischen Geldmenge einerseits und Nominaleinkommen, Preisen und Zinsen andererseits. So stellte *Friedman* eine enge Korrelation zwischen Änderungen in der Zuwachsrate der Geldmenge und Änderungen des Nominaleinkommens fest. Dieser empirische Zusammenhang scheint die Keynesianische These zu widerlegen, daß die Einkommenskreislaufgeschwindigkeit instabil sei und sich passiv den Änderungen von Geldmenge oder Geldeinkommen anpassen würde. In diesem Zusammenhang weist *Friedman* darauf hin, daß die Einkommenskreislaufgeschwindigkeit in den USA zwischen 1929 und 1933 zusammen mit der Geldmenge sank. Die Einkommenskreislaufgeschwindigkeit würde mithin Bewegungen der Geldmenge verstärken anstatt sie zu neutralisieren, wie es die Keynesianer erwarten.

Neben den empirischen Analysen über die Rolle des Geldes wurde die Keynesianische Lehre auch durch einige Entwicklungen auf dem Gebiete der ökonomischen Theorie erschüttert. Als wohl bedeutendste Entwicklung auf diesem Gebiete sind die Untersuchungen von *Haberler*, *Pigou* und *Don Patinkin* über die Rolle der realen Kassenhaltung in bezug auf die Beeinflussung der Ausgabenströme anzusehen.[8] Während im *Keynes*schen Ansatz die Vorstellung dominiert, daß Substitutionsmöglichkeiten nur zwischen Geld- und Finanzinvestitionen (festverzinsliche Wertpapiere, insbesondere Staatspapiere) bestehen, betonen *Haberler*, *Pigou* und *Don Patinkin* die Substitutionsmöglichkeit zwischen Kasse einerseits und realen Ausgaben andererseits („Real-Balance-Effekt").[9]

Nach dieser Konzeption sind mithin für die Beeinflußbarkeit des Wirtschafts-

---

[6] Vgl. *M. Friedman* and *A. Schwartz:* A Monetary History of the United States 1867–1960, Princeton 1963, S. 676 ff.; *dies.:* Money and Business Cycles. In: The Review of Economics and Statistics, Vol. 45 (1963), No. 1, Part 2 (supplement), S. 50 ff.

[7] Vgl. *Ph. Cagan:* Determinants and Effects of Changes in the Stock of Money 1875–1960, New York 1965, S. 262 ff.

[8] Vgl. *M. Friedman:* Nachkriegsentwicklungen in Geldtheorie und Geldpolitik, a. a. O., S. 104 f.; *ders.:* Die Rolle der Geldpolitik. In: Die optimale Geldmenge, a. a. O., S. 137.

[9] Vgl. dazu *H. G. Johnson:* Geldtheorie und Geldpolitik. In *ders.* (Hrsg.): Beiträge zur Geldtheorie und Geldpolitik, Berlin 1969, S. 26 ff.; *ders.:* Neuere Entwicklungen in der Geldtheorie, ebenda, S. 87 ff.

ablaufs durch geldpolitische Maßnahmen nicht induzierte Zinsänderungen und der Verlauf der Geldnachfragefunktion, sondern allein Umschichtungen im Bereich des Vermögensbestandes ausschlaggebend. So ändern sich bei Geldmengenvariationen automatisch die Vermögenspositionen der Wirtschaftssubjekte, was eine Umstellung der Konsum- und Investitionspläne zur Folge hat.

Die explizite Berücksichtigung des Realvermögens als Determinante des Ausgabeverhaltens durch den Real-Balance-Effekt führte zur Überwindung der klassischen Dichotomie zwischen Geld- und Werttheorie, wonach die Güternachfrage vollständig durch die relativen Güterpreise und das absolute Preisniveau durch die Geldmenge bestimmt sind. Die Nachfrage nach Gütern wird nunmehr als von den relativen Preisen *und* der Realkasse abhängig gesehen.

Diese Konzeption nimmt eine zentrale Stellung in der Neuformulierung der Quantitätstheorie bei *Milton Friedman* ein. Im Gegensatz zur klassischen Quantitätstheorie, die dem Geld ausschließlich die Funktion eines Tauschmittels zuschrieb, berücksichtigt *Friedman* auch die Wertaufbewahrungsfunktion.[10] Die Alternative zur Kassenhaltung ist nicht nurmehr der Kauf von Gütern, sondern die Haltung aller anderen monetären und realen Aktiva.

Nach klassischer Ansicht führen Geldmengenvariationen direkt zu Änderungen des Preisniveaus. Eine Beschreibung des Transmissionsprozesses, *wie* Geldmengen- zu Preisänderungen führen, wird nicht gegeben. *Friedman* und die Vertreter der modernen Quantitätstheorie versuchen dagegen zu zeigen, wie sich der Anpassungsprozeß vollzieht. Ähnlich wie bei *Keynes* besteht nur ein indirekter Zusammenhang zwischen Geldmenge und effektiver Nachfrage. Zwar sehen sowohl die klassische als auch die moderne Quantitätstheorie in der Geldmenge die entscheidende Bestimmungsgröße für das Preisniveau. Nach klassischer Ansicht führen Änderungen des Geldangebots zu proportionalen Änderungen des Preisniveaus, da Realeinkommen und Einkommenskreislaufgeschwindigkeit als kurzfristig konstant unterstellt wurden. Die moderne Version behauptet dagegen, daß Geldmengenänderungen zu Änderungen des nominellen Volkseinkommens führen. Preisniveau, Realeinkommen und Einkommenskreislaufgeschwindigkeit werden als variabel angesehen.

Nach *Friedman* sind die Beziehungen zwischen Geldmengenänderungen und Preisänderungen zwar eng, aber nicht mechanisch starr. Diskrepanzen zwischen den beiden Größen werden durch zwei Hauptfaktoren verursacht: Produktionsänderungen und Kassenhaltung des Publikums.[11]

Wenn z. B. unterstellt wird, daß die Geldmenge über einen bestimmten Zeitraum hinweg konstant gehalten wird, die Gesamtproduktion sich aber in der gleichen Periode verdoppelt, so kann man erwarten, daß die Preise ceteris paribus ungefähr auf die Hälfte des ursprünglichen Niveaus fallen. „Der Gesamtbetrag der ‚Arbeit‘, die die Geldmenge zu leisten hat, wäre in diesem

[10] Zu den folgenden Ausführungen vgl. *B. Ziese:* Zur Neubegründung der Quantitätstheorie, Kieler Studien Nr. 111, Tübingen 1970, S. 18 f.

[11] Vgl. *M. Friedman:* Geldangebot, Preis- und Produktionsänderungen. In *E. Dürr* (Hrsg.): Geld- und Bankpolitik, Köln und Berlin 1969, S. 117.

Fall verdoppelt, und die nominell gleiche Geldmenge könnte ihre ‚Arbeit' nur auf einem tieferen Preisniveau verrichten."[12] Für *Friedman* bestimmt daher langfristig die Geldmenge pro Produktionseinheit und nicht die globale Geldmenge das Preisniveau oder, was dasselbe bedeutet: Die Entwicklung des nominellen Volkseinkommens hängt langfristig von der Entwicklung der Geldmenge ab. Die Produktion hängt langfristig von den vorhandenen Ressourcen, dem Bevölkerungswachstum, der Kapitalakkumulation, der Wirtschaftsstruktur, dem technischen Fortschritt u. a. ab. Geld- und Preisänderungen spielen hier allenfalls eine Nebenrolle. Kurzfristig hingegen können Änderungen der Geldmenge und der Preise sehr wohl auf das Wachstum der Produktion einwirken. Dies gilt insbesondere für plötzliche und starke Preisänderungen, während der Einfluß nur geringfügiger Preisbewegungen empirisch nicht eindeutig belegt werden kann.[13]

Ebenso wie langfristige Produktionsänderungen ist auch der zweite Hauptfaktor, der ein Auseinanderfallen der Geld- und Preisbewegungen bewirken kann, das Verhältnis zwischen gewünschtem Kassenbestand und Einkommen, durch die geldpolitischen Instanzen generell nicht steuerbar. Dabei ist streng zwischen nominaler und realer Geldmenge zu unterscheiden.[14, 15] Die nominale Geldmenge ist eine exogene, angebotsdeterminierte Variable, die durch die Zentralbank gesteuert und für geldpolitische Zwecke eingesetzt werden kann. Demgegenüber ist die reale Geldmenge eine endogene, nachfragedeterminierte Variable, die durch das Zusammenspiel der finanziellen und realen Sektoren determiniert wird. Sie kann nicht durch geldpolitische Maßnahmen beeinflußt werden und unterliegt einer Gleichgewichtslösung, die von der Nachfrage nach Realkasse bestimmt wird. Die Untersuchung der Bestimmungsgründe der Geldnachfrage nimmt daher eine zentrale Stellung in der modernen Quantitätstheorie ein.

II. Die Geldnachfrage (reale Geldmenge)

Die Monetaristen sehen die Quantitätstheorie primär als eine Theorie der Nachfrage nach Geld.[16] Für die Wirtschaftssubjekte ist die Geldhaltung nur

[12] *M. Friedman:* Geldangebot, Preis- und Produktionsänderungen, a. a. O., S. 117 f.

[13] Vgl. ebenda, S. 125 f.

[14] Vgl. *D. I. Fand:* Ein monetaristisches Modell des Geldwirkungsprozesses. In *W. Ehrlicher* und *H. Lipfert* (Hrsg.): Kredit und Kapital, 3. Jg. (1970), S. 368 ff.; *W. Ehrlicher:* Geldtheorie. In: Kompendium der Volkswirtschaftslehre, 3. Aufl., Bd. 2, Göttingen 1972, S. 11 (Vorabdruck).

[15] Im Gegensatz zu den Monetaristen unterscheiden die Keynesianer nicht zwischen nominaler und realer Geldmenge. Bei den Keynesianern werden die Preise aus institutionellen Gründen als kurzfristig rigide gesehen, so daß Änderungen in der nominalen Geldmenge zu gleichgerichteten Änderungen der realen Geldmenge führen müssen. Wie oben bereits gezeigt wurde, führen Geldmengenvariationen nach Ansicht der Keynesianer zu Änderungen des Outputs und/oder der Einkommenskreislaufgeschwindigkeit (Kassenhaltung), aus den aufgezeigten Gründen jedoch vorwiegend zu letzterer Entwicklung. Vgl. dazu *M. Friedman:* A Theoretical Framework for Monetary Analysis. In: Journal of Political Economy, Vol. 78 (1970), No. 2, S. 207 ff.

[16] Vgl. dazu *M. Friedman:* Die Quantitätstheorie des Geldes: eine Neuformulierung. In: Die optimale Geldmenge, a. a. O., S. 78 ff.; *ders.:* Quantity Theory. In: Encyclopedia, a. a. O., S. 439 ff.; *ders.:* A Theoretical Framework for Monetary Analysis, a. a. O., S. 202 ff.

eine unter vielen Möglichkeiten der Vermögenshaltung. Für die Produktionsunternehmen ist Geld eine Quelle produktiver Dienste, also ein Kapitalgut. Die Theorie der Geldnachfrage ist damit ein spezieller Gegenstand der Kapitaltheorie.

Die Nachfrage nach Geld wird in formaler Identität zur Theorie der Wahlhandlungen gesehen. Danach hängt die Geldnachfrage von drei Haupteinflußgrößen ab:

1. vom Gesamtvermögen analog zur Budgetrestriktion (Bilanzgerade).
2. von der Struktur des Gesamtvermögens. Dabei determinieren die relativen Preise und Erträge alternativer Vermögensanlagen die Zusammensetzung des Gesamtvermögens. Die Bestimmung der optimalen Zusammensetzung der Vermögensobjekte erfolgt im Rahmen einer preistheoretischen Gleichgewichtsanalyse unter Anwendung der Nutzenmaximierungshypothese (Zweites *Gossen*sches Gesetz).
3. von den Neigungen und Präferenzen der Vermögen haltenden Wirtschaftssubjekte.

Da das Gesamtvermögen statistisch kaum erfaßbar ist, bedient sich *Friedman* des Einkommens als Indikator für das Gesamtvermögen. Dies erscheint insofern gerechtfertigt, als das Einkommen die Summe aller Vermögenserträge darstellt. *Friedmans* Vermögensbegriff ist daher sehr weit gefaßt. Das Gesamtvermögen besteht danach aus dem „materiellen" Vermögen (nonhuman wealth): Geld, festverzinsliche Wertpapiere, Aktien, Realgüter und dem „menschlichen" Vermögen (human wealth, personal earning capacity). Das menschliche Vermögen ist dabei das erwartete und auf den Gegenwartswert diskontierte, während der gesamten Lebensdauer aus Arbeit erzielbare Einkommen.

Ebenso wird das gesamte Vermögen approximativ durch das auf den Gegenwartswert diskontierte, erwartete Gesamteinkommen ermittelt. Wenn Y der Gesamteinkommensstrom, W das Gesamtvermögen und r der Zinssatz (Zinsindex, gewogener Durchschnitt der Zinssätze aller Vermögensanlagen) ist, so ergibt sich $W = Y/r$. Da das Einkommen als Indikator für das Gesamtvermögen verwendet wird, kann die Geldnachfrage nicht auf das tatsächliche Einkommen bezogen werden, sondern auf das von den Wirtschaftssubjekten längerfristig erwartete Einkommen. *Friedman* benutzt hier das von ihm im Zusammenhang mit der Analyse der Konsumfunktion entwickelte Konzept des permanenten Einkommens,[17] d. h. des zukünftig erwarteten langfristigen Durchschnittseinkommens pro Periode.

Neben dem durch das permanente Einkommen repräsentierten Gesamtvermögen ist – wie bereits erwähnt – die Struktur der Vermögensanlagen für die Geldnachfrage von Bedeutung. Die Überführung von menschlichem in materielles Vermögen unterliegt engen institutionellen Beschränkungen. Die Substitutionsbedingungen zwischen menschlichem Vermögen und anderen Vermögensanlagen sind mithin kaum in Marktpreisen bestimmbar. Zu jedem Zeitpunkt gibt es für jedes Wirtschaftssubjekt eine Aufteilung des Gesamtvermögens in menschliches und materielles Vermögen, das als gegeben be-

[17] Vgl. *M. Friedman:* A Theory of the Consumption Function, Princeton 1957, S. 20 ff.; *G. Ackley:* Macroeconomic Theory, New York 1967, S. 244 f.; *H. G. Johnson:* Neuere Entwicklungen in der Geldtheorie, a. a. O., S. 97 f.

trachtet wird. *Friedman* benutzt daher die Relation zwischen non-human wealth und Gesamtvermögen als Determinante für die Geldnachfrage.[18] Weiterhin wird die Geldnachfrage durch die erwarteten Einkommensströme aus materiellen Vermögensanlagen (Geld, festverzinsliche Wertpapiere, Aktien, reale Aktiva) und den bereits erwähnten Neigungen und Präferenzen der Wirtschaftssubjekte bestimmt.

Mit Hilfe dieser Komponenten formuliert *Friedman* die individuelle Geldnachfragefunktion, die über einige Zwischenschritte in die übliche Form der Einkommensversion der Quantitätsgleichung transformiert werden kann.[19] Die Einkommenskreislaufgeschwindigkeit (reale Kassenhaltung) wird nun nicht mehr als physisches Datum, sondern als Resultante eines ökonomischen Gleichgewichtsprozesses angesehen, und die Funktionen enthalten die grundlegenden technischen und kostenmäßigen Faktoren, die die Kosten der Kassenhaltung beeinflussen.

Durch die Aggregation der individuellen Funktionen erhält man die entsprechenden gesamtwirtschaftlichen Funktionen. Dabei bleibt jedoch der Effekt der Einkommensverteilung auf die Variablen (distributional effect) unberücksichtigt. Zu beachten ist auch, daß das Preisniveau in den gesamtwirtschaftlichen Funktionen zu einer abhängigen (endogenen) Variablen wird.

Die Gleichungen determinieren die Bedingungen, unter denen das nominale Geldangebot (exogene Variable) dem nachgefragten Betrag (endogene Variable) entspricht. Selbst unter dieser Gleichgewichtsbedingung reichen die Gleichungen jedoch nicht aus, um das nominale Einkommen zu bestimmen. Erst wenn unterstellt wird, daß die Geldnachfrage (bzw. die Einkommenskreislaufgeschwindigkeit) in bezug auf die bestimmenden Variablen weitgehend unelastisch ist oder die Variablen als starr und gegeben betrachtet werden, äußern sich Änderungen des Geldangebots in Veränderungen des nominellen Einkommens. Aber auch in diesem Falle kann nicht gesagt werden, welchen Anteil dabei Änderungen der Preise und Änderungen des Realeinkommens haben.

Die modernen Quantitätstheoretiker unterstellen nun aufgrund empirischer Analysen, daß die Geldnachfragefunktion und damit reale Kassenhaltung und Einkommenskreislaufgeschwindigkeit stabile Funktionen seien. Dies bedeutet nicht etwa, daß die Einkommenskreislaufgeschwindigkeit konstant ist, sondern daß die funktionale Beziehung zwischen der Einkommenskreislaufgeschwindigkeit (Geldnachfrage, reale Kassenhaltung) und ihren Bestimmungsfaktoren im Zeitablauf unverändert bleibt. Bei Unterstellung einer stabilen Geldnachfragefunktion, und dies ist die wichtigste wirtschaftspolitische Implikation des *Friedman*schen Ansatzes, kann mit Hilfe der angebotenen Geldmenge ein abschätzbarer und vorhersehbarer Einfluß auf das nominelle Volkseinkommen genommen werden.

Welche Überlegungen führen nun zu der Annahme einer stabilen Funktion

---

[18] Vgl. *M. Friedman:* Quantity Theory. In: Encyclopedia, a. a. O., S. 440; *ders.:* A Theoretical Framework for Monetary Analysis, a. a. O., S. 203.

[19] Vgl. *M. Friedman:* Die Quantitätstheorie des Geldes: eine Neuformulierung, a. a. O., S. 86; *G. Fels:* Der internationale Preiszusammenhang, Köln, Berlin, Bonn, München 1969, S. 22 f.; *R. Hanseleit:* Determiniertheit und Konsistenz in der Entwicklung der Quantitätstheorie, Kölner Diss. 1970, S. 231.

für die Einkommenskreislaufgeschwindigkeit? – Den wichtigsten Bestimmungsfaktor für die nachgefragte Geldmenge sieht *Friedman* im Realeinkommen. Nach seinen empirischen Untersuchungen[20] sind säkulare Änderungen des realen Geldbestandes pro Kopf eng mit säkularen Änderungen des realen Pro-Kopf-Einkommens korreliert. Bei steigendem Realeinkommen steigt die Nachfrage nach Kasse langfristig gesehen überproportional an. Nach dem empirischen Material des Zeitraums 1875–1954 für die USA tendierte eine Realeinkommenssteigerung pro Kopf von 1 % dazu, von einem Anstieg der realen Kassenhaltung pro Kopf von ca. 2 % begleitet zu werden. Mit *Selden*[21] ist *Friedman* daher der Meinung, daß Geld in der Terminologie der Konsumtheorie ein Luxusgut sei. Aus diesen Ergebnissen leitet er ein stabiles Verhältnis zwischen der Geldnachfrage bzw. der Einkommenskreislaufgeschwindigkeit und der Realeinkommensentwicklung ab.

Kurzfristig, d. h. innerhalb eines Konjunkturzyklus, zeigt die Geldnachfrage bzw. die reziproke Größe Einkommenskreislaufgeschwindigkeit eine gegenzyklische Bewegung. Die Einkommenskreislaufgeschwindigkeit steigt im Konjunkturaufschwung an und geht im Abschwung zurück.[22] Diese Tatsache scheint im Gegensatz zur säkularen Entwicklung zu stehen: Langfristig entwickeln sich Realeinkommen und Einkommenskreislaufgeschwindigkeit in entgegengesetzter, kurzfristig dagegen in gleicher Richtung. *Friedman* sieht die Erklärung dieses Zusammenhangs darin, daß die Nachfrage nach Kasse nicht vom statistisch gemessenen, sondern vom erwarteten permanenten Einkommen abhängt.[23] Im Aufschwung übersteigt das statistische das permanente Einkommen, so daß die gemessene Geldnachfrage geringer und die gemessene Einkommenskreislaufgeschwindigkeit höher ist, als es vom statistischen Einkommen her zu erwarten wäre. Ein analoger Sachverhalt gilt für den Abschwung.

Neben der Realeinkommensentwicklung determinieren die Kosten der Kassenhaltung, d. h. die Preis- und Zinsentwicklung, Geldnachfrage und Einkommenskreislaufgeschwindigkeit. – Nach *Friedman* antizipieren die Wirtschaftssubjekte längerfristige Preisentwicklungen und passen ihre Kassenhaltung entsprechend an. So wird angenommen, daß die Wirtschaftseinheiten bei längeren Inflationsprozessen die Inflationsrate extrapolieren und ihre nominelle Kassenhaltung um die Inflationsrate erhöhen, damit die gewünschte Realkasse konstant gehalten werden kann.[24] Die erwartete Preisänderungsrate hat jedoch in ökonomisch relativ stabilen Zeiten eine geringe Bedeutung und kann vernachlässigt werden.[25] Anders ist dies allerdings bei Hyper-

[20] Vgl. *M. Friedman* and *A. Schwartz:* A Monetary History, a. a. O., S. 676 ff.; *M. Friedman:* Die Geldnachfrage: einige theoretische und empirische Ergebnisse. In: Die optimale Geldmenge, a. a. O., S. 159 f.

[21] Vgl. *R. T. Selden:* Monetary Velocity in the United States. In *M. Friedman* (Hrsg.): Studies in the Quantity Theory of Money, Chicago 1956 (Neudruck 1963), S. 195 ff.

[22] Vgl. *M. Friedman:* Die Geldnachfrage: einige theoretische und empirische Ergebnisse, a. a. O., S. 160 ff.

[23] Vgl. ebenda, S. 166 ff.

[24] Vgl. *H. G. Johnson:* Ein Überblick über die Inflationstheorie. In *ders.* (Hrsg.): Beiträge zur Geldtheorie und Geldpolitik, a. a. O., S. 134 ff.

[25] Vgl. *M. Friedman:* Die Geldnachfrage: einige theoretische und empirische Ergeb-

inflationen. Hier rufen starke Preissteigerungen einen Abfall des gewünschten Verhältnisses von Kasse zu Einkommen hervor.

III. Die Rolle des Zinses

Eine besondere Bedeutung kommt der Rolle des Zinses in monetaristischer Sicht zu, da sie sich grundlegend von der traditionellen Keynesianischen Anschauung unterscheidet. Im Gegensatz zu *Keynes*, der zumindest für Phasen der Unterbeschäftigung eine unendliche Zinselastizität der Geldnachfrage annahm, schließt *Friedman* zwar den Einfluß des Zinses auf die Geldnachfrage nicht aus, kommt aber aufgrund seiner empirischen Untersuchungen zu dem Ergebnis, daß die Geldnachfrage nahezu zinsunelastisch sei.[26] Damit wird ausgeschlossen, daß sich Geldmengenvariationen – wie im Falle der *Keynes*schen „liquidity trap" – nur in gegenläufigen Bewegungen der Einkommenskreislaufgeschwindigkeit niederschlagen und das Einkommensniveau nicht tangieren.[27] Die Monetaristen lehnen die Keynesianische Liquiditätspräferenztheorie des Zinses nicht grundsätzlich ab. Sie sind aber der Ansicht, daß Liquiditätseffekte nur kurzfristige Einflüsse ausüben. Vorübergehend kann eine Geldmengenerhöhung via steigende Nachfrage nach Finanzanlagen und steigenden Kursen zu sinkenden Marktzinsen führen. Längerfristig gesehen werden die Marktzinssätze jedoch auf ihr ursprüngliches Niveau zurückkehren. Zur Begründung wird angeführt:[28]

1. Sinkende Zinssätze der finanziellen Aktiva führen zu vermehrten Ausgaben für reale Aktiva. Dies führt zu Einkommenszuwächsen und einer erhöhten Geldnachfrage, d. h. das Angebot an finanziellen Aktiva wird steigen, die Kurse werden sinken und die Zinsen steigen.
2. Im Zuge der Expansion infolge des erhöhten Geldangebotes kommt es zu Output- und Preissteigerungen. Durch die Preissteigerungen sinkt der Realwert der Geldmenge. Um die Realkasse auf dem gewünschten Niveau zu halten, werden vermehrt finanzielle Aktiva angeboten, so daß es auch von dieser Seite zu Kurssenkungen und Zinssteigerungen kommt.

Einkommens- und Preissteigerungseffekte wirken demnach auf eine Zinssteigerung hin, die die ursprüngliche Zinssenkung infolge des Liquiditätseffektes wieder zum Verschwinden bringt. Nach jüngeren empirischen Untersuchungen[29] kehren die Marktzinssätze innerhalb eines Jahres auf ihr Ausgangsniveau zurück, so daß eine einmalige Erhöhung des Geldangebots keine dauerhafte Wirkung auf das Zinsniveau zeigt.

Bei steigenden Preisen infolge eines beschleunigten Geldmengenwachstums können die Marktzinssätze sogar aufgrund inflationärer Erwartungen über das Ausgangsniveau getrieben werden. In diesem Zusammenhang ist die monetaristische Unterscheidung von nominalem (Markt-)zins und realem

---

nisse, a. a. O., S. 190 ff.; *M. Friedman* and *A. Schwartz:* A Monetary History, a. a. O., S. 657 ff.

[26] Vgl. ebenda, S. 648 ff.; *dies.:* Money and Business Cycles, a. a. O., S. 44 f.

[27] Vgl. dazu *H. G. Johnson:* Neuere Entwicklungen in der Geldtheorie, a. a. O., S. 106.

[28] Vgl. *D. J. Fand:* a. a. O., S. 371 f.

[29] Vgl. ebenda, S. 372.

Zins von Bedeutung. Der nominale Zins ergibt sich aus dem Zusammenspiel von Angebot und Nachfrage auf den Kreditmärkten. Es wird jedoch unterstellt, daß auch die inflationären Erwartungen Einfluß auf die Höhe des nominalen Zinses haben. Demzufolge wird der Realzins als der um die erwartete Inflationsrate korrigierte Zins definiert.[30] Im Anfangsstadium inflationärer Entwicklungen setzen sich die Erwartungen in bezug auf Preiserhöhungen nur langsam durch. Entsprechend steigen die Aufschläge auf den Realzins nur allmählich, und es gehen *steigende Preise* mit *steigenden Zinssätzen* einher. Wird später die Inflationsrate voll antipiziert, so sind *steigende Preise* mit einem *hohen, aber stabilen Zinsniveau* verbunden. Bei anhaltenden Preissteigerungen und voller Antizipation der Inflationsrate ist es also durchaus möglich, daß der kurzfristige auf eine Zinssenkung hinwirkende Liquiditätseffekt einer Geldmengenerhöhung langfristig überkompensiert wird.

Die Keynesianer unterstellen mithin eine kurzfristig negative, die Monetaristen eine langfristig positive Korrelation zwischen nominaler Geldmenge und Zins. Der Grund für diese divergierenden Meinungen liegt letztlich in der unterschiedlichen Sicht über die Transmission monetärer Impulse. Während die Keynesianer die Zinsmechanik betonen, legen die Monetaristen das Schwergewicht auf die Preismechanik. „Monetaristen sehen das Preisniveau als ausgleichende Größe zwischen der Nachfrage nach und dem Angebot an Realkasse an, so daß die nominale Geldmenge eine Determinante des Preisniveaus ist; für die Fiskalisten (sprich Keynesianer, d. Verf.) ist der Zinssatz die ausgleichende Größe zwischen der Nachfrage nach und dem Angebot an Geld, und sie erklären das Preisniveau mit Hilfe von Geldlöhnen, Kosten pro Arbeitseinheit, Gewinnaufschlägen usw.“[31]

Die Berücksichtigung von Preisänderungserwartungen bei der Bildung des Marktzinses hat unmittelbare Konsequenzen für die Wirtschaftspolitik.[32] Die Keynesianer unterscheiden nicht zwischen realem und nominalem Zins. Sie beziehen also erwartete Änderungen des Preisniveaus nicht in das Kalkül ein. Daraus folgt, daß sie Veränderungen der Marktzinssätze als brauchbare Indikatoren für eine Verknappung oder Verflüssigung auf den Geld- und Kreditmärkten ansehen. Angesichts der Preiserwartungen betonen die Monetaristen dagegen die Unbrauchbarkeit des Marktzinses als wirtschaftspolitischen Indikator.

Auch als wirtschaftspolitisches Instrument erscheint der Zins den Monetaristen als unbrauchbar. Im Gegensatz zu den Keynesianern sehen sie die Geldnachfrage als Bestimmungsgröße des gewünschten realen Kassenbestandes an und nicht als Determinante des Zinsniveaus. Da die Realkasse als endogene Variable kaum beeinflußbar und die Zinsentwicklung als Ergebnis von Veränderungen der Kassenhaltung aufgrund von Umstrukturierungen des Vermögens zu sehen ist, läßt sich durch die wirtschaftspolitischen Instanzen auch kein dauerhafter Einfluß auf die Zinssätze ausüben.

---

[30] Vgl. *W. Ehrlicher:* a. a. O., S. 37; *H. G. Johnson:* The Keynesian Revolution and the Monetarist Counter-Revolution. In: The American Economic Review, Vol. 61 (1971), No. 2, S. 9.

[31] *D. J. Fand:* a. a. O., S. 372.

[32] Vgl. dazu *H. G. Johnson:* Recent Developments in Monetary Theory – A Commentary. In: Money in Britain 1959–1969, London 1970, S. 88 f.

Die Monetaristen empfehlen daher Änderungen im Geldangebot (nominale Geldmenge) als effizientes wirtschaftspolitisches Instrument. Begründet wird diese Sicht mit der Stabilität der Geldnachfragefunktion. Wie aufgezeigt wurde, sehen die Monetaristen die Einkommenskreislaufgeschwindigkeit (reale Kassenhaltung) als stabile Funktion des Realeinkommens an. Der Zins und Preisänderungen werden als Einflußfaktoren zwar nicht ausgeschlossen, aber für unerheblich gehalten. Bei Unterstellung einer derartigen Geldnachfragefunktion werden sich Veränderungen in der angebotenen Geldmenge in Veränderungen des nominalen Volkseinkommens und des Preisniveaus niederschlagen.

IV. Das Geldangebot (nominale Geldmenge)

Die Untermauerung dieser These erfolgt bei *Friedman* durch breit angelegte empirische Untersuchungen. Er kommt dabei zu dem Ergebnis, daß in säkularer Sicht[33]

1. Veränderungen der Wachstumsrate des Geldvolumens eine notwendige und hinreichende Bedingung für Veränderungen des nominalen Volkseinkommens waren;
2. Veränderungen der Wachstumsrate des Geldvolumens ihren Niederschlag vor allem in Preisniveauänderungen und nicht in der Wachstumsrate des realen Volkseinkommens fanden.

Dabei spricht vieles dafür, daß die Wirkungsrichtung von Geldmengenänderungen zu Preisniveauänderungen ging, daß also Preisniveauänderungen durch Geldmengenänderungen verursacht wurden.[34]

Aus wirtschaftspolitischer Sicht wichtiger als der säkulare Zusammenhang zwischen Geldmenge, Preisen und Nominaleinkommen ist indessen der kurzfristige konjunkturelle Aspekt. Was die zyklische Beziehung betrifft, so ist „die Richtung des Einflusses zwischen Geldmenge, Einkommen und Preisen weniger klar ausgeprägt und komplexer für Konjunkturzyklen als für die längeren Bewegungen ... Daher sind Geldmengenänderungen eine Folge ebenso wie eine unabhängige Ursache von Einkommens- und Preisänderungen, obwohl sie, wenn sie einmal eintreten, noch weitere Wirkungen auf Einkommen und Preise ausüben. Diese Überlegung verwischt das Verhältnis zwischen Geld und Preisen etwas, aber sie kehrt es nicht um. Denn es gibt viele Hinweise dafür ..., daß die Geldmenge sogar während Konjunkturzyklen eine weithin unabhängige Rolle spielt."[35]

Zur Stützung dieser These wird einmal angeführt, daß die Änderungsrate des Geldmengenwachstums ausgeprägte Zyklen aufweist, die dem allgemeinen Verlauf der wirtschaftlichen Aktivität entsprechen und ihm mit einem großen Intervall vorausgehen. *Friedman* ermittelte diese Lags durch die Messung der Zeitspannen zwischen maximaler Wachstumsrate des Geldangebots und dem absoluten Maximum der ökonomischen Aktivität (gemäß

[33] Vgl. *M. Friedman* and *A. Schwartz:* A Monetary History, a. a. O., S. 676 ff.; *dies.:* Money and Business Cycles, a. a. O., S. 53 ff.

[34] Zur Begründung dieses ‚Kausalnexus' vgl. vor allem *Ph. Cagan:* a. a. O., S. 235 ff. Ferner *B. Ziese:* a. a. O., S. 57 ff.

[35] *M. Friedman:* Geldangebot, Preis- und Produktionsänderungen, a. a. O., S. 122.

Index der industriellen Produktion). Danach hatten die Änderungsraten des Geldmengenwachstums über 18 Konjunkturzyklen in den Vereinigten Staaten seit 1870 im Durchschnitt ihren Höhepunkt 16 Monate vor dem konjunkturellen Höhepunkt und ihren Tiefpunkt 11 Monate vor dem allgemeinen Tiefpunkt der wirtschaftlichen Aktivität. Aber nicht nur die Länge der Lags, sondern auch ihre Variabilität ist beträchtlich. So schwankte die zeitliche Verzögerung bei Höhepunkten zwischen 13 und 24 Monaten und bei Tiefpunkten zwischen 5 und 21 Monaten.[36]

Weitere Beweise für die Unabhängigkeit des Geldangebotes ergeben sich für *Friedman* aus der Überprüfung historischer Datenkonstellationen.[37] Danach führten finanzielle Paniken am Anfang von Depressionen zu einem Run auf die Banken und zu Bankzusammenbrüchen mit der Folge, daß die Geldschöpfung im Bankensystem und die Geldmenge rapide abnahmen. Zudem war zu beobachten, daß die Zentralbank in solchen Phasen oft eine restriktive Politik betrieb. Da die Paniken am Anfang der Depressionen zu beobachten waren, so wird argumentiert, wurde die durch sie induzierte Verringerung des Geldvolumens zur Ursache nachfolgender Verringerungen des Volkseinkommens und schwerer Depressionen. Die Abnahme der Geldmenge war mithin die unabhängige und der Niedergang der wirtschaftlichen Aktivität die abhängige Variable im Verlaufe der untersuchten Depressionen, und dieser Wirkungszusammenhang wird auch für leichtere konjunkturelle Schwankungen unterstellt.[38]

Die Annahme eines autonomen Geldangebots und einer stabilen Geldnachfragefunktion reichen allein für eine effiziente Geldmengenpolitik der Notenbank nicht aus. Die Monetaristen müssen darüber hinaus auch nachweisen, daß die Notenbank das volkswirtschaftliche Geldangebot durch den Einsatz ihres Instrumentariums im gewünschten Maße steuern kann.

Da es keine klare Trennung zwischen Geld und „near-moneys" gibt, ist auch keine eindeutige Definition der angebotenen Geldmenge möglich. Nach Ansicht der Monetaristen stehen jedoch alle Geldmengendefinitionen in einem kurzfristig stabilen Verhältnis zueinander, so daß die präzise Definition des Geldmengenbegriffs von sekundärer Bedeutung sei.[39]

Friedman grenzt die Geldmenge aus vorwiegend operationalen Gründen wie folgt ab: vom Publikum gehaltenes Währungsgeld (Noten- und Münzenumlauf) sowie bereinigte Sicht- und Termineinlagen der Geschäftsbanken, wobei Einlagen der öffentlichen Hand und Nostroeinlagen der Banken ausgeschlossen sind.[40] Das Geldangebot hängt dabei stark von institutionellen Faktoren, d. h. der Geldordnung der entsprechenden Volkswirtschaften ab.

[36] Vgl. ebenda, S. 123; *M. Friedman:* Der „Lag" in der Wirksamkeit geldpolitischer Maßnahmen. In: Die optimale Geldmenge, a. a. O., S. 253 ff.

[37] Vgl. *M. Friedman* and *A. Schwartz:* A Monetary History, a. a. O., S. 676 ff.; *dies.:* Money and Business Cycles, a. a. O., S. 50 ff.; *B. Ziese:* a. a. O., S. 62 f.

[38] Vgl. *M. Friedman* and *A. Schwartz:* Money and Business Cycles, a. a. O., S. 55; *Ph. Cagan:* a. a. O., S. 297; Zur Wirkungsrichtung zwischen Geldmenge und Wirtschaftstätigkeit vgl. auch die ausführliche Darstellung bei *M. Friedman:* Die Geldstudien des National Bureau. In: Die optimale Geldmenge, a. a. O., S. 277 ff.

[39] Vgl. dazu *P. Wood* and *J. Rhys:* The Definition of Money and the Possibility of Monetary Control. In: The Banker's Magazine, Vol. 211 (1971), No. 1525, S. 169.

[40] Vgl. *M. Friedman:* A Program for Monetary Stability, New York 1959, S. 90 f.; *ders.:* Die Geldstudien des National Bureau, a. a. O., S. 274 ff.

Für die Vereinigten Staaten und auch für Großbritannien sieht *Friedman* die nominale Geldmenge im letzten Jahrhundert im wesentlichen durch drei Faktoren determiniert:[41]

1. die Notenbankgeldmenge, die das Verhalten der Währungsbehörden und Zahlungsbilanzeinflüsse widerspiegelt („high-powered money", „monetary base").
2. die Relation Einlagen zu Mindestreserven, die das Verhalten der Banken charakterisiert (deposit-reserve ratio).
3. die Relation Einlagen zu Bargeldbeständen der Nichtbanken, die das Verhalten des Publikums charakterisiert (deposit-currency ratio).

Aufgrund ihrer empirischen Untersuchungen kommen *Friedman* und *Schwartz* zu dem Schluß, daß Änderungen des „high-powered money" die wichtigste Ursache für zyklische Schwankungen des Geldvolumens waren. Die Kreditbanken nutzten ihr Giralgeldschöpfungspotential stets weitgehend aus und bewegten sich an ihrer Kreditobergrenze. Änderungen der deposit-reserve ratio und der deposit-currency ratio hatten nur in wirtschaftlichen Ausnahmesituationen (monetäre Paniken, Bankenrun) Einfluß. Daher sei die angebotene Geldmenge eng an die Notenbankgeldmenge gebunden, und das Federal Reserve System könne somit das Geldangebot kontrollieren.

Es kann hier zunächst festgehalten werden, daß nach Meinung *Friedmans* die nominale Geldmenge eine exogene Variable ist, daß die Notenbank diese Variable steuern kann und daß durch das Geldangebot bei Unterstellung einer stabilen Geldnachfragefunktion das Nominaleinkommen in gewünschter Weise beeinflußt werden kann. Im folgenden soll dargestellt werden, aufgrund welcher Wirkungsprozesse monetäre Impulse der Notenbank Volkseinkommen und Preise beeinflussen.

V. Der Transmissionsprozeß

In Kurzfassung könnte die Transmission monetärer Impulse etwa wie folgt charakterisiert werden: Ändert die Notenbank die angebotene Geldmenge, so daß eine ungleichgewichtige Situation zwischen Geldangebot und Geldnachfrage eintritt, dann ändern sich die Preis- und Zinsrelationen zwischen den einzelnen Vermögensanlagen. Gemäß Nutzenmaximierungshypothese setzen Substitutionsprozesse ein, in deren Verlauf es zu einer Vermögensumschichtung, zur Änderung der Investitions- und Konsumausgaben und damit letztlich zu Volkseinkommens- und Preisniveauänderungen kommt. Entscheidend für die moderne Quantitätstheorie ist, daß der Substitutionsprozeß nicht nur monetäre, sondern auch reale Aktiva (Investitions- und Konsumgüter) erfaßt, daß also die effektive Nachfrage beeinflußt wird.

Im folgenden sollen die durch monetäre Impulse ausgelösten Anpassungs-

[41] Vgl. *M. Friedman* and *A. Schwartz:* A Monetary History, a. a. O., S. 790 ff.; *B. Liskar:* Der monetäre Steuerungsprozeß in jüngster Sicht. In *W. Schmitz* (Hrsg): Geldwertstabilität und Wirtschaftswachstum, Wien und New York 1971, S. 232 ff.; vgl. dazu auch die Ausführungen bei *Ph. Cagan:* a. a. O., S. 8 ff.

prozesse im konjunkturellen Zusammenhang dargestellt werden.[42] Ausgangspunkt ist eine Rezession mit niedrigen oder stagnierenden Wachstumsraten und eine expansive Geldpolitik der Zentralbank.

Die steigende nominale Geldmenge wird die Wirtschaftssubjekte in einer ersten Phase zum Abbau ihrer realen Kassenbestände veranlassen. Im einsetzenden Substitutionsprozeß werden zuerst die Märkte für festverzinsliche Wertpapiere, dann für Aktien und schließlich für Güter und Dienstleistungen beeinflußt.[43] Die Wirtschaftssubjekte werden folglich zuerst in verstärktem Maße Wertpapiere nachfragen. Der Preis der monetären Aktiva (Kurs) steigt, und der Zins sinkt. Da die realen Aktiva relativ billiger geworden sind, kommt es zu einer Substitution von monetären durch reale Aktiva. Als Ergebnis dieses Anpassungsprozesses steigt letztlich die Nachfrage nach Investitions- und Konsumgütern. Je enger die Substitutionsbeziehungen zwischen monetären und realen Aktiva sind, d. h. je zinselastischer die Investitions- und Konsumgüternachfrage ist, um so stärker wird der monetäre Impuls auf die effektive Gesamtnachfrage wirken.[44] Die Kapazitäten werden besser ausgelastet. Output und Beschäftigung werden angehoben, ohne daß es in dieser ersten Phase zu Preiserhöhungen kommt. Infolge des expandierenden Outputs steigt auch die Nachfrage nach Realkasse, so daß der ursprünglichen Zinssenkung entgegengewirkt wird.

In einer zweiten Phase kommt es bei anhaltender Ausweitung der Geldmenge und güterwirtschaftlicher Expansion zu Engpässen und inflationären Entwicklungen. Diese werden zuerst im Investitionsgüterbereich sichtbar. Konsumgüterpreise und Löhne folgen mit zeitlicher Verzögerung. Infolge des Anstiegs von Output und Preisen erhöhen sich Nachfrage nach Realkasse und Zinsniveau weiter. Diese Tendenz wird insofern unterstützt, als im Zuge verstärkter Kreditnachfrage das Angebot an Titeln (monetäre Aktiva) zunimmt. Halten die Preissteigerungen an, dann wird die Inflationsrate in zunehmendem Maße auf den Kreditmärkten antizipiert. Nach einer gewissen Dauer des Inflationsprozesses wird die Preissteigerungsrate in voller Höhe antizipiert, und der Nominalzins liegt um die Inflationsrate über dem Realzins. Die monetären Instanzen könnten infolge der Zinssteigerungen den irrigen Eindruck gewinnen, daß die Geldversorgung für die Kreditnachfrage der Wirtschaft nicht ausreicht, obgleich die Zinssteigerungen auf der Antizipation der Inflationsrate beruhen und die Geldpolitik weiter expansiv wirkt.

Führt die Zentralbank aufgrund ihrer Zinsorientierung ihre expansive Politik fort, so kommt es in der dritten Phase zur Vollauslastung der Kapazitäten und zur Ausschöpfung der Ressourcen (insbesondere Arbeitskräfte). Die

---

[42] Die folgenden Ausführungen halten sich eng an die Darstellung bei *W. Ehrlicher:* a.a.O., S. 38 f.; vgl. ferner *M. Friedman* and *A. Schwartz:* Money and Business Cycles, a.a.O., S. 59ff.; *M. Friedman:* Quantity Theory. In: Encyclopedia, a.a.O., S. 441 f.; *ders.:* A Theoretical Framework for Monetary Analysis, a.a.O., S. 223 ff.; *K. Brunner:* Eine Neuformulierung der Quantitätstheorie. In *W. Ehrlicher, H. Lipfert* (Hrsg.): Kredit und Kapital, 3. Jg. (1970), S. 8 ff.; *ders.:* The Role of Money and Monetary Policy. In: Review – Federal Reserve Bank of St. Louis, Vol. 50 (1968), Nr. 7, S. 18 ff.; *B. Ziese:* a.a.O., S. 11 ff.

[43] Vgl. *M. Friedman* and *A. Schwartz:* Money and Business Cycles, a.a.O., S. 61.

[44] Vgl. *B. Ziese:* a.a.O., S. 17.

anhaltende Zunahme der Geldmenge schlägt sich voll in Preissteigerungen nieder.
In monetaristischer Sicht läßt sich jedoch das durch die expansive Geldpolitik erreichte hohe Beschäftigungsniveau des Booms nicht auf Dauer halten.[45] Denn: Die Reallohnerwartungen steigen, da die Nominallöhne steigen und die Arbeitnehmer die gestiegenen Geldlöhne mit dem früheren Preisniveau bewerten. Für die Arbeitgeber dagegen sinken die Reallohnzahlungen, da im Inflationsprozeß die Güterpreise schneller als die Faktorpreise steigen. „Tatsächlich sind es das gleichzeitige ex post-Absinken der Reallöhne aus der Sicht der Arbeitgeber und der ex ante-Anstieg der Reallöhne aus der Sicht der Arbeitnehmer, die einen Beschäftigungszuwachs ermöglichen."[46] Da aber das ex post-Absinken der Reallöhne die Erwartungen der Arbeitnehmer in zunehmendem Maße beeinflußt und zu ständig höheren Nominallohnforderungen führt, wird die Nachfrage nach Arbeitskräften tendenziell zurückgehen. Ein Absinken des Beschäftigungsniveaus kann nur vermieden werden, wenn die Inflationsrate ständig ansteigt, da dann aufgrund der Antizipation einer zu geringen Inflationsrate in den Nominallohnforderungen die Reallohnentwicklung hinter der Reallohnerwartung der Arbeitnehmer zurückbleibt. Dies ist jedoch auf die Dauer eine unrealistische Annahme.
Für die Stabilisierung des Beschäftigungsniveaus durch die Geldpolitik gilt mithin ähnliches wie für die Stabilisierung der Zinssätze. Die kurzfristigen Effekte einer expansiven Geldpolitik (Senkung der Zinssätze, Erhöhung des Beschäftigungsniveaus) werden durch die langfristigen Entwicklungen (Anstieg der Zinssätze, Abnahme des Beschäftigungsniveaus) konterkariert. Die modernen Quantitätstheoretiker sind daher der Ansicht, daß die Zentralbank durch die Kontrolle über die Nominalgrößen die Realgrößen wie Realzins, Beschäftigungsniveau, Höhe des realen Sozialproduktes nicht nach Belieben stabilisieren kann.
Läßt die Zentralbank in einer vierten Phase das erforderliche Maß des Geldmengenwachstums nicht mehr zu, sondern schaltet auf eine restriktive Politik um, dann kommt es zu einem Rückgang der Nachfrage nach Arbeitskräften und sinkenden Wachstumsraten des Outputs. Eine Preisberuhigung setzt jedoch nicht ein, da die Arbeitnehmer in ihren Lohnforderungen die bisherigen Inflationsraten antizipieren. Auch das Marktzinsniveau wird aufgrund des verzögerten Abbaus der Inflationserwartungen weiterhin hoch sein. Verstärkt wird diese Tendenz dadurch, daß die Wirtschaftssubjekte infolge ihrer Orientierung am permanenten Einkommen ihre Kassenhaltung als zu niedrig empfinden und monetäre Aktiva abstoßen. Hält die Zentralbank auch in dieser Phase das Marktzinsniveau für einen verläßlichen Indikator, so kommt es erneut zu einer Übersteuerung („overkill"): Die kontraktive Politik wird beibehalten, wenn bereits ein Umschalten auf expansiven Kurs angeraten erscheint.
Nach Ansicht der Monetaristen ist die Zentralbank nicht in der Lage, durch eine antizyklische Geldpolitik die Ziele Geldwert- und Konjunkturstabilisierung zu erreichen. Die Orientierung der Geldpolitik an unzulänglichen

---

[45] Vgl. *M. Friedman:* Die Rolle der Geldpolitik, a. a. O., S. 143 ff.
[46] Ebenda, S. 147.

Indikatoren (Markt- bzw. Nominalzins) führt sowohl in Abschwungs- als auch in Aufschwungsphasen zu einer Übersteuerung. Eine Verstärkung der Konjunkturausschläge und ein über die Konjunkturzyklen hinweg ansteigender Trend der Geldentwertung sind die unmittelbaren Folgen dieser verfehlten Politik.

VI. Wirtschaftspolitische Forderungen

Aus dem Versagen der antizyklischen Geldpolitik zog *Friedman* weitreichende wirtschaftspolitische Konsequenzen. Insbesondere fordert er eine Umgestaltung der gegenwärtig praktizierten Geldpolitik, der bislang Aufgaben zugewiesen seien, zu deren Lösung sie nicht in der Lage sei. Nach *Friedman* kann die Geldpolitik[47]

– vermeiden, daß das Geld selbst zu einer Hauptquelle wirtschaftspolitischer Störungen wird. Dies ist eine unmittelbare Schlußfolgerung aus der Überprüfung historischer Datenkonstellationen.

– zur Schaffung stabiler Rahmenbedingungen für die Volkswirtschaft beitragen. Diese Forderung richtet sich vornehmlich auf die Stabilisierung des Preisniveaus und damit auf die Stabilisierung der Erwartungen der einzelnen Wirtschaftseinheiten.

– dazu beitragen, daß die aus anderen Quellen resultierenden wirtschaftlichen Störungen ausgeglichen werden.

Die Geldpolitik ist dagegen nicht in der Lage, reale Größen wie Realzins, Beschäftigungsniveau, Niveau und Wachstum des realen Sozialprodukts sowie der realen Geldmenge beliebig zu stabilisieren. Sie sollte sich daher von Größen leiten lassen, die sie in den Griff bekommen kann,[48] wie z. B. die Wechselkurse, das Preisniveau und die nominale Geldmenge.

Von diesen Größen ist das Preisniveau zweifellos die wichtigste. Über den Zusammenhang zwischen Maßnahmen der Zentralbank und Änderungen des Preisniveaus ist jedoch bei Berücksichtigung des gegenwärtigen Forschungsstandes zu wenig bekannt, so daß der Versuch einer direkten Beeinflussung des Preisniveaus zu einer Quelle wirtschaftspolitischer Störungen würde. *Friedman* sieht daher in der nominalen Geldmenge das beste verfügbare Zielkriterium für die Geldpolitik.

Da die kurzfristigen Wirkungen der Geldpolitik zu unbestimmt sind, tritt *Friedman* für eine langfristige Konzeption ein. Die Größe und Variabilität der Lags hat zur Folge, daß sich die Wirkungen verschiedener monetärer Impulse überlagern. Zudem lassen sich nur schwer geeignete Indikatoren für den richtigen zeitlichen Einsatz geldpolitischer Maßnahmen finden. Da die Zentralbank unbewußt dazu neigt, die Verzögerungswirkungen der getroffenen Maßnahmen durch eine erhöhte Intensität auszugleichen, kommt es regelmäßig zu abrupten Änderungen im Einsatz der Instrumente und zu einer Übersteuerung des Ablaufprozesses. Diese Sicht resultiert zu einem guten Teil aus der liberalen Grundhaltung *Friedmans*.[49] Wie alle modernen Quantitätstheoretiker geht er davon aus, daß starke wirtschaftliche

---

[47] Vgl. *M. Friedman:* Die Rolle der Geldpolitik, a. a. O., S. 149 ff.

[48] Vgl. ebenda, S. 152 ff.

[49] Vgl. dazu *W. Ehrlicher:* a. a. O., S. 38 und 52.

Störungen i. d. R. auf staatliche Eingriffe zurückzuführen sind und daß die ohne derartige Eingriffe verbleibenden Restschwankungen von den Selbststeuerungskräften der Wirtschaft ausgeglichen werden könnten.

Anstelle der bislang geübten ad hoc-Steuerung fordert *Friedman* daher die Einführung eines monetären Regelmechanismus, und zwar die kontinuierliche Ausdehnung der Geldmenge mit einer konstanten Wachstumsrate. Dabei sei die Größe der Wachstumsrate und die Definition des Geldmengenbegriffs im Vergleich zur Konstanz der Rate von untergeordneter Bedeutung.

Die ursprüngliche Version dieses Konzeptes[50] hatte die langfristige Stabilisierung des Güterpreisniveaus zum Ziel. Aus der Erkenntnis heraus, daß die durch monetäre Impulse ausgelösten Variationen des Nominaleinkommens langfristig vornehmlich auf Veränderungen des Preisniveaus beruhen, sollen starke konjunkturelle Ausschläge durch eine Anpassung des Geldangebots an die Geldnachfrage vermieden werden. Da die reale Kassenhaltung eng mit der Realeinkommensentwicklung korreliert ist, soll das Geldangebot im Ausmaß des zu erwartenden durchschnittlichen Realeinkommenswachstums ausgeweitet werden. Eine geringfügige Modifikation dieser Regel ergibt sich durch die Berücksichtigung der Einkommenselastizität der realen Kassenhaltung. Für die USA hält *Friedman* einen Anstieg des Geldangebots von 5 % für angebracht. Diese Rate umfaßt 4 % für das langfristige Wachstum des Realeinkommens und 1 % für das überproportionale Ansteigen der Kassenhaltung (Einkommenselastizität von ca. 2).

Im Jahre 1969 modifizierte *Friedman* diese Regel, indem er unter wohlfahrtstheoretischen Aspekten die Stabilisierung des Faktorpreisniveaus zum Zielkriterium erhob.[51] Stabile Faktorpreise bedeuten in einer dynamischen Wirtschaft sinkende Endproduktpreise. Dadurch nimmt die reale Kasse zu, und es entstehen Wohlfahrtsgewinne. Mit zunehmenden Preissenkungen entstehen jedoch auch Kosten der Kassenhaltung, die die Wohlfahrtsgewinne neutralisieren.[52] Demzufolge stellt sich die Frage nach der optimalen Preissenkungsrate und unter Berücksichtigung des engen Zusammenhanges zwischen Geldmenge und Preisniveau die Frage nach der optimalen Wachstumsrate der Geldmenge.

Unter Berücksichtigung eines jährlichen Wachstums des Arbeitskräftepotentials von 1 % und der Einkommenselastizität der Kassenhaltung von ca. 2 empfiehlt *Friedman* einen jährlichen Anstieg der Geldmenge von 2 %. Da aber nur 1 % des Geldmengenwachstums nachfragewirksam würde und das Realeinkommen durchschnittlich um 4 % wächst, hätte dieser Regelmechanismus ein jährliches Absinken des Güterpreisniveaus von 3 % zur Folge. Diese Preissenkungsquote läßt sich jedoch bei den gegenwärtigen Inflationsraten von 5—6 % nur unter großen Reibungs- und Anpassungsverlusten durchsetzen. *Friedmans* Vorschlag läßt sich daher als Zweistufen-Lösung

---

[50] Vgl. *M. Friedman:* A Program for Monetary Stability, a. a. O., S. 89 ff.

[51] Vgl. *M. Friedman:* Die optimale Geldmenge. In: Die optimale Geldmenge und andere Essays, a. a. O., S. 67 ff.

[52] Vgl. ebenda, S. 31.

interpretieren:[53] Anwendung der 5 %-Regel bis zur Stabilisierung des Güterpreisniveaus bei annähernder Vollbeschäftigung mit einer nachfolgenden Umschaltung auf die 2 %-Regel als optimale Lösung.

Das reibungslose Arbeiten der Regelmechanismen erfordert eine totale Kontrolle des Geldangebots durch die Zentralbank. *Friedman* tritt daher für eine Reihe von flankierenden Maßnahmen ein, die diesem Ziel dienen sollen. Da sich diese Maßnahmen z. T. auf die institutionellen Verhältnisse in den USA beziehen und in ihrer Ausgestaltung zu radikal erscheinen, so daß ihre Durchführung in hohem Maße unwahrscheinlich ist, erübrigt sich hier eine detaillierte Darstellung.

Friedman unterscheidet streng zwischen Geldpolitik und Kreditpolitik.[54] Zur Kreditpolitik zählt er alle Maßnahmen, die sich auf Zinssätze, Kreditvergabebedingungen und Konditionen auf den Kreditmärkten beziehen. Im einzelnen sind dies Qualitätsanforderungen an rediskontfähige Wertpapiere, Wertpapierlombardierung, Konsumentenkredit und Kontrolle über die Depositenzinsen.[55] Diese Instrumente lehnt er als ineffizient ab.

Von den Instrumenten der Geldpolitik: Diskont-, Mindestreserven- und Offenmarktpolitik, läßt *Friedman* nur das letztere gelten.[56] Die Diskontpolitik belasse die Initiative bei den Banken, so daß die Bemühungen der Notenbank neutralisiert werden könnten. Zudem sei der Diskontsatz kein Indikator für eine expansive oder kontraktive Politik, da es auf die Differenz zwischen Diskontsatz und Marktzinsniveau ankomme. Schließlich wird auch die Beeinflussung des Diskontsatzes aus devisenpolitischen Gründen abgelehnt. *Friedman* fordert zur außenwirtschaftlichen Absicherung die Einführung flexibler Wechselkurse.[57]

Bei der Variation der Mindestreservesätze sei die Reaktion der Banken ungewiß. Außerdem habe die Mindestreservepolitik störende Ankündigungseffekte. Daneben eigne sich dieses Instrument kaum zur Feinsteuerung, da schon Änderungen der Reservesätze von 1 % so große Auswirkungen haben, daß mit der Offenmarktpolitik gegengesteuert werden müsse. Obgleich die Offenmarktpolitik auch kein ideales Instrument sei, habe sie jedoch die geringsten Fehler. Mit ihr ließen sich Ankündigungseffekte vermeiden, sie sei leicht revidierbar, beeinflusse die Rentabilität der Banken nur mittelbar, treffe nicht einzelne Banken, sondern gleichmäßig das gesamte Bankensystem und eigne sich am besten zur Feinsteuerung.

Zur Absicherung der Offenmarktpolitik greift *Friedman* den „100 %-Plan"

---

[53] Vgl. ebenda, S. 71 f.; *H. Besters:* Geldpolitik am Scheideweg, Zur Interpretation der „Optimalen Geldmenge" von Milton Friedman. In: Die Aussprache, 21. Jg. (1971), H. 1/2, S. 44.

[54] Vgl. z. B. *M. Friedman:* Nachkriegsentwicklungen in Geldtheorie und Geldpolitik, a. a. O., S. 110 f.

[55] Vgl. *M. Friedman:* A Program for Monetary Stability, a. a. O., S. 26 ff.

[56] Vgl. ebenda, S. 30 ff.; vgl. dazu auch die Zusammenfassung der wichtigsten wirtschaftspolitischen Forderungen unter dem gleichen Titel in *J. H. Crutchfield* u. a. (Hrsg.): Money, Financial Institutions, and the Economy, Englewood Cliffs, N. J. 1965, S. 302 ff.

[57] Vgl. *M. Friedman:* The Case for Flexible Exchange Rates. In *ders.* (Hrsg.): Essays in Positive Economics, Chicago und London 1966, S. 157 ff.; *ders.:* Die Rolle der Geldpolitik, a. a. O., S. 153.

bzw. „Chicago-Plan“ aus den 30er Jahren wieder auf.[58] Danach sollen die Geschäftsbanken verpflichtet werden, auf ihre Einlagen eine 100%ige Mindestreserve bei der Zentralbank zu halten. Damit würde die Geldschöpfung im Bankensystem beseitigt. Die Kreditversorgung der Wirtschaft sollen investment trusts übernehmen, die sich ihre Mittel über die Emission von Obligationen beschaffen. *Friedman* ist der Ansicht, daß die Kredite dieser Institute keine „geschaffenen“, sondern nur „vermittelte“ seien, daß es sich also um eine bloße Mobilisierung von Spargeldern und nicht um Kreditschöpfung handele.

Zur Absicherung seiner geldpolitischen Konzeption lehnt *Friedman* schließlich auch die antizyklische Finanzpolitik ab. Dies geschieht einerseits mit den gleichen Argumenten, die auch gegen die antizyklische Geldpolitik ins Feld geführt werden können. Ebenso wie die monetären Impulse wirken Budgetvariationen mit erheblichen zeitlichen Verzögerungen, die durch einen langen „decision lag“ der politischen Instanzen noch größer einzuschätzen sind. Andererseits hätten zeitweilige Budgetvariationen keine verläßlichen und hinreichend vorhersehbaren Effekte. Vor allem müsse berücksichtigt werden, welche Auswirkungen fiskalpolitische Maßnahmen auf die Geldmenge haben. So könne es durchaus sein, daß die Finanzierung eines Budgetdefizits kontraktive geldpolitische Wirkungen auslöse. *Friedman* läßt keinen Zweifel, daß er den geldpolitischen Effekten eine größere Wirkung zuspricht als den fiskalpolitischen.[59] Nicht zuletzt wird die Fiskalpolitik auch deshalb abgelehnt, weil Budgetvariationen wegen ihrer wichtigen allokativen Effekte – Aufteilung der Ressourcen auf den öffentlichen und den privaten Sektor – nicht unter dem Druck kurzfristiger Stabilisierungsziele vorgenommen werden sollten.[60] Der Staatshaushalt solle sich daher „zyklus-neutral“ verhalten.

VII. Kritische Anmerkungen

Friedmans theoretischer Ansatz und seine wirtschaftspolitischen Schlußfolgerungen blieben naturgemäß nicht unwidersprochen. Die gravierendsten Einwände richten sich dabei gegen den von den Monetaristen unterstellten Kausalnexus zwischen Geldmengenänderungen und Änderungen des nominalen Volkseinkommens sowie des Preisniveaus. Vor allem *Kaldor*[61] weist darauf hin, daß die enge Korrelation nichts über das Ursache-Wirkungs-Verhältnis aussagt. In seiner Argumentation bezieht er den bankingtheoretischen Standpunkt, daß sich die angebotene Geldmenge dem Geldbedarf der Wirtschaft anpaßt, daß mithin die nominale Geldmenge keine exogene, sondern eine endogene Variable sei.

Im Brennpunkt der Diskussion steht dabei besonders *Friedmans* Lag-Hypo-

---

[58] Vgl. *M. Friedman:* A Program for Monetary Stability, a. a. O., S. 68 ff.

[59] Vgl. *M. Friedman:* The Counter-Revolution in Monetary Theory, a. a. O., S. 19 f.

[60] Vgl. *D. J. Fand:* a. a. O., S. 380.

[61] Vgl. *N. Kaldor:* Die neue Geldlehre. In: IFO-Studien, Jg. 16 (1970) H. 1/2, S. 54 ff.; ferner *C. Köhler:* Thesen und Gegenthesen, Bemerkungen zu Milton Friedmans monetärem Konzept des „New Liberalism“. In: Weltwirtschaftliches Archiv, Bd. 105 (1970), H. 1, S. 34 und 36.

these, mit der er teilweise seine Sicht über das Ursache-Wirkungs-Verhältnis stützt. Aus der Multiplikatortheorie ist jedoch bekannt, daß die Multiplikatorwirkung time lags benötigt.[62]
Da die für Produktionsausweitungen erforderlichen Ausgaben für Produktionsfaktoren i. d. R. über zusätzliche Kredite finanziert werden, liegt die Geldschöpfung zeitlich vor der Einkommensbildung. Erst danach finden weitere induzierte Ausgaben statt, so daß die Expansion der Geldmenge vor der Erhöhung des Sozialproduktes liegt, ohne daß man die steigende Geldmenge als Ursache bezeichnen kann.[63]
Friedmans Vorgehen zeigt deutlich die Gefahren eines monokausalen Erklärungsversuchs für Schwankungen der wirtschaftlichen Aktivität; denn er konzentriert seine Analyse allein auf Geldmengenänderungen als Determinante für Volkseinkommensänderungen. Autonome Verschiebungen der Konsum- und Investitionsneigungen werden überhaupt nicht diskutiert. Zudem kann man keine Schlußfolgerungen über die Wirkungen geldpolitischer Maßnahmen ziehen, ohne gleichzeitig explizite oder implizite Hypothesen darüber aufzustellen, wie die Entwicklung bei der Ergreifung anderer Maßnahmen verlaufen wäre. Derartige ceteris-paribus-Feststellungen sind kaum in der Lage, die Realität in ausreichendem Maße zu erklären.[64]
Problematisch ist auch die Messung der Lags. Wie schon angedeutet, ermittelte *Friedman* die Lags als die Zeitspannen zwischen der maximalen Wachstums*rate* des Geldangebots und dem *absoluten* Maximum der ökonomischen Aktivität. Er begründet dieses Vorgehen damit, daß das Geldangebot einen zu starken Trend aufweist und daß man, um zyklische Sckwankungen vergleichen zu können, die Wachstumsraten des Geldmengenangebots mit den Konjunkturschwankungen konfrontieren müsse. Nach *Culbertson*[65] handelt es sich hierbei jedoch nicht um ein ökonomisches, sondern um ein mathematisches Problem, da bei völlig synchron verlaufenden Zeitreihen das relative Maximum der einen Reihe (Geldmenge) vor dem absoluten Maximum der anderen Reihe (output) liegen muß.
Darüber hinaus ist zu berücksichtigen, daß eine derartige Messung der Wirkungslags geldpolitischer Maßnahmen nur zulässig ist, wenn man unterstellt, daß Konjunkturschwankungen monetär bedingt sind. Bezieht man andere Faktoren wie z. B. die Wechselwirkungen von Multiplikator- und Akzelerationsprinzip in das Kalkül ein, so besteht allenfalls ein loser Zusammenhang zwischen Geldpolitik und konjunktureller Entwicklung.[66] Wenn z. B. eine Änderung der Geldpolitik kurz vor einem durch nicht-

---

[62] Vgl. dazu *L. A. Metzler:* Three Lags in the Circular Flow of Income. In: Income, Employment, and Public Policy. Essays in Honor of Alvin Hansen, New York 1948, S. 11 ff.; *G. Ackley:* The Multiplier Time Period: Money, Inventories, and Flexibility. In: The American Economic Review, Volume 51 (1951), S. 350 ff.
[63] Vgl. *N. Kaldor:* a. a. O., S. 56.
[64] Vgl. *J. Kareken* and *R. M. Solow:* Lags in Monetary Policy. In *W. Hamovitch* (Hrsg.): Monetary Policy, The Argument from Keynes' Treatise to Friedman, Boston u. a. 1966, S. 125.
[65] Vgl. *J. M. Culbertson:* Friedman über den Wirkungslag der Geldpolitik. In *E. Dürr* (Hrsg.): Geld- und Bankpolitik, Köln und Berlin 1969, S. 138.
[66] Vgl. *E. Dürr:* Time Lags der Geldpolitik, Systematik der Zusammenhänge, Ursachen und Verkürzungsmöglichkeiten. In *W. Ehrlicher, H. Lipfert* (Hrsg.): Kredit und Kapital, 3. Jg. (1970), S. 144 f.

monetäre Faktoren bedingten Konjunkturumbruch einsetzt, so würde der Geldpolitik nach der *Friedman*schen Methode ein geringer Lag und mithin eine hohe Effizienz zugeschrieben werden, obgleich der Umbruch auch ohne die geldpolitischen Maßnahmen eingetreten wäre. Gelingt es dagegen einer frühzeitig einsetzenden restriktiven Geldpolitik, die Hochkonjunktur zu stabilisieren, so erscheinen die geldpolitischen Maßnahmen als schlecht, da sie mit einem langen Lag behaftet sind.

Selbst wenn vorausgesetzt werden kann, daß die nominale Geldmenge eine exogene Größe ist und die Währungsbehörden die angebotene Geldmenge autonom regulieren können, so ist der von den Monetaristen unterstellte Transmissionsprozeß nicht eindeutig. Damit es zu der durch Geldmengenänderungen induzierten Substitution von monetären durch reale Aktiva kommt, müssen die Erträge der einzelnen Aktiva vergleichbar sein. Dies wiederum setzt voraus, daß den realen Aktiva ein interner Zinssatz zugeordnet werden kann.

Analog zur obigen Gleichung für die Bestimmung des Gesamtvermögens kann der interne Zinssatz als $r_i = \frac{Y_i}{W_i}$ definiert werden, wobei r_i für den internen Zinssatz des realen Aktivums i, Y_i für den Wert des Nutzenstromes, den das Aktivum abgibt, und W_i für den Preis des Aktivums steht. Ein derartiges Kalkül kann jedoch allenfalls für Investitionsgüter und eventuell einige langlebige Konsumgüter angestellt werden. Für einen Teil der langlebigen und für die nicht dauerhaften Konsumgüter gibt es keinen Markt für Nutzungen, und der Zinssatz spielt überhaupt keine Rolle.[67] Die Geldmenge beeinflußt also keinesfalls die gesamte effektive Nachfrage. Damit kann aber die Geldmenge auch nicht die strategische Rolle spielen, die ihr von den modernen Quantitätstheoretikern zugedacht wird.

Diese Rolle muß auch aus einem anderen Grunde angezweifelt werden. Die hohe Effizienz, die *Friedman* der Geldpolitik zuschreibt, ist eine unmittelbare Folgerung aus der Annahme, daß die Geldnachfrage zinsunelastisch ist. Nur in diesem Falle kann die Zentralbank einen direkten Einfluß auf Nominaleinkommen und Preisniveau nehmen. Ist die Geldnachfrage dagegen mehr oder weniger zinselastisch, so werden sich Geldmengenvariationen teilweise in Zinssatzänderungen niederschlagen, ohne das Einkommensniveau nennenswert zu beeinflussen. Für eine Zinselastizität der Geldnachfrage gibt es indes einige Anhaltspunkte. Zum einen besteht nach der *Keynes*schen Theorie eine mehr oder weniger enge Beziehung zwischen Einkommen und Zinsniveau. Demzufolge kann ein Teil der Einkommensabhängigkeit der Geldnachfrage als Zinsabhängigkeit interpretiert werden.[68] Zum anderen wies *Brunner*[69] nach, daß die Geldnachfrage bis zu einem gewissen Grad zinselastisch ist und daß das Zinsniveau neben dem permanenten Einkommen als zweite Variable zur Erklärung der Geldnachfrage herangezogen werden kann.

[67] Vgl. *K.-H. Ketterer:* Geldtheorie (II), Die „neue Preistheorie". In: Wirtschaftswoche Nr. 31 vom 30. 7. 1971, S. 27 f.; *B. Ziese:* a. a. O., S. 48 ff.
[68] Vgl. *B. Ziese:* a. a. O., S. 26.
[69] Vgl. ebenda; *K. Brunner:* Institutions, Policy, and Monetary Analysis. In: The Journal of Political Economy, Vol. 73 (1965), S. 212 ff.

Neben dem theoretischen Ansatz geben auch *Friedmans* wirtschaftspolitische Schlußfolgerungen zu erheblichen Bedenken Anlaß. Die Einwände richten sich hier vornehmlich gegen die wirtschaftspolitische Operationalität der vorgeschlagenen Maßnahmen. Seine Forderung, die Geldmenge mit einer konstanten Rate wachsen zu lassen, erfordert exakte langfristige Prognosen über die Bevölkerungsentwicklung, das reale Wirtschaftswachstum und die Entwicklung der Einkommenskreislaufgeschwindigkeit (reale Kassenhaltung).

Während die Prognose der Bevölkerungsentwicklung noch relativ unproblematisch erscheint, ist die Vorhersage des realen Wirtschaftswachstums mit erheblicher Unsicherheit belastet. Fehlprognosen können nicht ausgeschlossen werden, was im Falle von Überschätzungen der realen Expansionsmöglichkeiten zu einer inflationären, im Falle der Unterschätzung zu einer deflationären Entwicklung führen würde.

Auch die Entwicklung der Einkommenskreislaufgeschwindigkeit ist nicht eindeutig vorhersagbar. *Friedmans* Luxusguthypothese des Geldes, die besagt, daß bei steigendem Einkommen die Kassenhaltung überproportional ansteigt bzw. — was das gleiche bedeutet — die Einkommenskreislaufgeschwindigkeit sinkt, stimmte nur bis zum Beginn der 50er Jahre in den USA mit der Wirklichkeit überein. Von 1956 bis 1966 stieg dagegen die Umlaufgeschwindigkeit des Geldes in den USA um 37 %.[70] Diese Entwicklung wurde vor allem dadurch ermöglicht, daß die Unternehmen selbst bei restriktiver Geldpolitik zusätzliche Kredite erhalten konnten, sei es infolge eines unvermindert hohen Liquiditätsstatus der inländischen Banken, sei es durch ein Ausweichen auf ausländische Kreditgeber.

Dem könnte jedoch entgegengehalten werden, daß diese Einflüsse bei Einführung der *Friedman*schen Bankenreform weitgehend ausgeschaltet würden. Aber sowohl der „100 %-Plan" als auch die Einführung flexibler Wechselkurse erscheinen angesichts der nationalen Geldordnungen und der geltenden internationalen Währungsordnung als völlig unrealistische Forderungen. Ebenso dürfte die Einführung eines monetären Regelmechanismus auf erhebliche politische Widerstände stoßen, da die Zentralbankleitungen zum bloßen ausführenden Organ von Parlamenten und Regierungen degradiert würden. Insgesamt gesehen hat der *Friedman*-Plan daher kaum Aussichten, jemals in vollem Umfang verwirklicht zu werden.

Friedman ist selbst Realist genug einzusehen, daß sein Vorschlag der kontinuierlichen Geldmengenausweitung keine Ideallösung ist. Gleichwohl ist er der Ansicht, daß seine Konzeption gegenüber der bisherigen wirtschaftspolitischen Praxis ein bedeutender Fortschritt sei, da sie einen wesentlichen Beitrag zur wirtschaftlichen Stabilisierung, insbesondere zur Vermeidung von Inflation und Deflation, leisten könne.[71] Es wäre in der Tat erwägenswert, ob eine Verstetigung der Geldmengenexpansion den allzu häufigen Interventionen und der Orientierung der Geldpolitik an relativ kurzfristigen Zielen vorzuziehen ist.

---

[70] Vgl. *E. Dürr:* Die Konzeption von Milton Friedman. In: Wirtschaftsdienst, 51. Jg. (1971), Nr. 6, S. 310.

[71] Vgl. *M. Friedman:* Die Rolle der Geldpolitik, a. a. O., S. 155 f.; *ders.:* The Counter-Revolution in Monetary Theory, a. a. O., S. 27 f.

Summary

As opposed to the predictions of Keynesian theorists not deflation but inflation became the cardinal problem of economic policy after World War II, and this is where the „New Economics" failed in *Friedman's* opinion. According to *Friedman* this failure rested upon Keynesian theorists' misinterpretation of the role of money and interest. Based on empirical studies *Friedman* got the result that the demand function for money is stable and that the nominal quantity of money can be fixed by the central bank. With a stable demand function for money, however, the central bank can influence nominal income and prices by variations of the supply of money.

By reason of his empirical analysis *Friedman* concludes that monetary policy is not capable to stabilize real magnitudes such as the real interest rate, the level of employment, level and growth of real national product as well as real quantity of money. In his opinion monetary policy is to be conformed to magnitudes which it can influence: exchange rates, price level, and nominal quantity of money. He regards a continuous growth of the nominal quantity of money as the most efficient policy; i. e. he recommends rules instead of discretion in monetary policy. The rate of growth of money supply should conform to the long run development of real income and velocity of circulation. The working of such a mechanism demands the total control of money supply by the central bank. In this context *Friedman* postulates institutional alterations.

Criticism against *Friedman's* conception ist primarily directed at the supposed direction of influence between changes of the nominal quantity of money on one hand and changes of nominal income and the price level on the other. In opposition to *Friedman* some theorists emphasize the standpoint of the banking theory that the stock of money automatically adjusts itself to the needs of the economy. Moreover, the continuous growth of the nominal quantity of money requires exact forecasts of the real income development, growth of population, and velocity of circulation. At present, however, such accurate forecasts are not possible. Finally it is argued that *Friedman's* postulation of institutional changes of the monetary system is not practicable for political reasons.

Bemerkungen zur Ausgestaltung des wirtschafts- und konjunkturpolitischen Instrumentariums

von

HANS G. SCHACHTSCHABEL

In der Bundesrepublik Deutschland steht der staatlichen Wirtschafts- und Konjunkturpolitik durch das *Gesetz zur Förderung der Stabilität und des Wachstums der Wirtschaft vom 8. Juni 1967* (StWG)[1] ein Komplex prozeßpolitischer Maßnahmen zur Verfügung, mit denen der Konjunkturverlauf beeinflußt werden kann. Es handelt sich dabei zweifellos um ein modernes, auf der Grundlage neuerer makrotheoretischer Erkenntnisse entwickeltes Instrumentarium, mit dem die wirtschaftspolitischen Ziele der Vollbeschäftigung, der Preisniveaustabilität und des Zahlungsbilanzausgleichs bei angemessenem Wachstum erreicht oder zumindest angesteuert werden können.
Doch ist das Problem eines *zeitadäquaten Ausbaues* der wirtschafts- und konjunkturpolitischen Mittel aufgekommen, um mit verbesserten und vermehrten Instrumenten effizienter, vor allem zeitlich exakter und maßnahmenmäßig intensiver einsetzen und steuern zu können. Die Anlässe resultieren nicht nur aus wirtschaftswissenschaftlichen Erörterungen und Überlegungen. Vielmehr drängt auch die politische Praxis auf eine Überprüfung, gegebenenfalls auf eine Ergänzung des vorliegenden wirtschafts- und konjunkturpolitischen Instrumentariums.[2]
Bei diesen Erörterungen geht es im wesentlichen einerseits um die *Verbesserung und Ergänzung der Instrumente diskretionärer Konjunkturpolitik*, speziell der finanzpolitischen Mittel, andererseits um den *Einbau bzw. die Anwendung von Regelmechanismen.*

I.

Aus dem Bereich der diskretionären Konjunkturpolitik seien im folgenden vor allem zwei Komplexe diskutiert.
1. Es ist vorgeschlagen worden, in Ergänzung oder als Variante zu der bereits im StWG festgelegten befristeten Steuererhöhung (§ 26 Nr. 3 b StWG i. V. § 51 Abs. 3 EStG, § 27 StWG i. V. §§ 19 c und 23 a Abs. 1 Nr. 2 KStG) *rückzahlbare Zuschläge zur Einkommen- und Körperschaftsteuer* vorzusehen, eventuell mit Erhöhung des Zuschlagsatzes bis 20 v. H.
Auch in diesem Falle wird ein *Entzug von Kaufkraft* bewirkt, jedoch ohne

---

[1] BGBl. I S. 582.
[2] Die wirtschaftswissenschaftlichen Erörterungen sind verstärkt angestoßen worden durch den *Sachverständigenrat* zur Begutachtung der gesamtwirtschaftlichen Entwicklung, der in seinem Jahresgutachten 1969/70 „Im Sog des Booms" akzentuiert „Neue Wege der Konjunkturpolitik" vorschlägt (vgl. insbes. die Ziffern 263 und 264, 267, 270 bis 272). Auf der politischen Ebene ist vor allem in der Sitzung des Deutschen Bundestages am 2. 2. 1971 anläßlich der Beratung des Jahreswirtschaftsberichtes 1971 die Novellierung des StWG deutlich angesprochen worden (vgl. Deutscher Bundestag, VI. Legislaturperiode, 95. Sitzung am 2. Februar 1971, S. 5227, 5245).

endgültige Mehrbelastung des Steuerzahlers. Diese Maßnahme ist sicherlich politisch leichter durchsetzbar. Denn im Gegensatz zur befristeten Steuererhöhung kann für diese Maßnahme nicht behauptet werden, daß mit ihr staatliche Wirtschafts- und Konjunkturpolitik vornehmlich zu Lasten der Arbeitnehmer oder des Mittelstandes betrieben wird. Neben der Terminierung, die eine Rückzahlung der abgeführten Steuerzuschläge sichert, können mit der Fixierung der Erhebung des Steuerzuschlags von einer bestimmten Steuerhöhe ab Bezieher niedriger Einkommen ausgenommen und damit sozial geschützt werden (Sozialgrenze). Gegen eine solche Maßnahme sprechen allerdings vor allem zwei Erkenntnisse: Zum einen ist nicht ausgeschlossen, daß bei einem Teil der Wirtschaftssubjekte, anders als bei einer Steuererhöhung, in Erwartung der Rückzahlung Entsparungsprozesse eingeleitet oder Zwischenfinanzierungen vorgenommen werden und damit der intendierte kontraktive Effekt teilweise konterkariert wird. Zum anderen muß damit gerechnet werden, daß bei der Rückzahlung des Steuerzuschlags über den ohnehin gesparten Teil hinaus zusätzliche Mittel einer nachfragewirksamen Verwendung entzogen werden. Schon aus diesem Grunde sollte der Rückzahlungstermin nicht festgelegt werden, abgesehen davon, daß diese allein nach konjunkturellen Erfordernissen zu treffende Entscheidung nicht durch eine starre Terminierung eingeschränkt werden sollte.

Es sollte auch keine *Verzinsung des Zuschlags* vorgesehen werden, da bei (zinsloser) Stillegung des Aufkommens bei der Deutschen Bundesbank Zinsen aus Steuermitteln aufgebracht werden müßten. Abgesehen von der damit auftretenden Zinszahlung des Zahlenden an sich selbst, würden bei einer Sozialgrenze auch Nichtbetroffene die Zinslast tragen müssen.[3] Es erscheint wegen mangelnder Praktikabilität unzweckmäßig, als Variante zur befristeten Steuersenkung eine vorübergehende *Steuerstundung* vorzusehen.

2. Verschiedentlich wird erwogen, die Nachfrage über die *Regelung der Abzahlungsgeschäfte* zu beeinflussen, indem eine der konjunkturellen Lage adäquate Veränderung der Bedingungen im Abzahlungsgeschäft angewandt werden soll. Jedoch ist eine spürbare Beeinflussung der Nachfrage durch eine Veränderung der Abzahlungsbedingungen sehr unwahrscheinlich. Einerseits sind die Abzahlungsmodalitäten zumindest kurzfristig kontraktbestimmt, also nicht veränderbar für bereits laufende Abzahlungsgeschäfte. Andererseits besteht die Vermutung, daß etwa bei einer Verkürzung der Abzahlungsfristen eher die Ersparnisse angegriffen als auf Konsum verzichtet wird (*Duesenberry*-Hypothese, ratchet-effect). Die Wirtschaftssubjekte werden zunächst mit allen Mitteln versuchen, ihren Konsumstandard aufrechtzuerhalten. Abgesehen davon, erscheint es aber in einer Marktwirtschaft wirtschaftsverfassungsrechtlich äußerst bedenklich, durch eine Normierung der Abzahlungsmodalitäten in die privatwirtschaftliche Gestaltungs- bzw. Freiheitssphäre aus konjunkturpolitischen Erwägungen einzugreifen.

[3] Praktischer Vorgang ist der bereits im Sommer 1970 eingeführte *Konjunkturzuschlag*. Der hier erwogene Vorschlag zielt darauf ab, die Bundesregierung zu ermächtigen, durch Rechtsverordnung (mit Zustimmung des Bundesrates) über eine derartige Maßnahme verfügen zu können.

II.

Im Rahmen der öffentlichen Finanzpolitik kann eine antizyklische Beeinflussung der Konjunktur wesentlich über die *Konjunkturausgleichsrücklage* (vgl. §§ 5, 6, 15 StWG) praktiziert werden.[4] Es ist zu prüfen, ob ihre Ausdehnung auch auf die Gemeinden rechtlich möglich und wirtschaftspolitisch zweckmäßig ist. Daneben ist die konjunkturpolitische Eignung einer auf die private Wirtschaft bezogenen *Investitionsausgleichsrücklage* in Form eines Investitionsfonds zu untersuchen.

1. Die jetzige Regelung der *Konjunkturausgleichsrücklage* (KAR) betrifft lediglich Bund und Länder, nicht aber Gemeinden und Gemeindeverbände. Diese werden lediglich im Falle einer obligatorischen Zuführung zur KAR gem. § 15 Abs. 4 StWG durch eine Verringerung der Verbundmasse betroffen (mit einer Einschränkung des Verbundanteils an den Gemeinschaftssteuern werden indirekt auch die Gemeindeeinnahmen geschmälert). Nach den Bestimmungen des StWG werden die Gemeinden unmittelbar neben § 16 nur durch die §§ 19–21 (Kreditlimitierung) sowie § 28 (Anpassung der Gewerbesteuervorauszahlungen) erfaßt, ferner mittelbar durch die Bestimmungen des § 12 Abs. 1 (Ausrichtung der Dotationen an den Zielen des § 1), der §§ 26, 27 (Beteiligung der Gemeinden an der ESt und KSt) sowie durch wirtschaftspolitisch ausgerichtete Finanzhilfen für besonders bedeutsame Gemeindeinvestitionen gem. Art. 104a Abs. 4 Grundgesetz (GG), die den finanziellen Handlungsspielraum der Gemeinden berühren.[5]

Eine spezielle Problematik wirft die Generalklausel des § 16 StWG auf. Die Bestimmung des Abs. 1, die Gemeinden hätten bei ihrer Haushaltswirtschaft dem Zielkatalog des § 1 Rechnung zu tragen, war entsprechend der nach der alten Fassung des Art. 109 Abs. 3 GG geschaffenen Bundeskompetenz zur Grundsatzgesetzgebung für den Sachbereich „konjunkturgerechte Haushaltspolitik" verfassungskonform und schloß auch die Gemeinden ein. Mit der Neufassung des Art. 109 Abs. 3 GG[6] wurde, wenn auch offenbar in Unkenntnis der Tragweite, die Gesetzgebungskompetenz für den Sachbereich „konjunkturgerechte Haushaltswirtschaft" auf Bund und Länder beschränkt, so daß § 16 Abs. 1 StWG seit diesem Zeitpunkt als verfassungswidrig gilt.[7]

Damit bleibt die Bestimmung des § 16 Abs. 2 StWG, wonach die Länder durch geeignete Maßnahmen auf eine den konjunkturpolitischen Erfordernissen entsprechende Haushaltswirtschaft der Gemeinden und Gemeindeverbände hinzuwirken haben. Solche „geeigneten Maßnahmen" der Länder müssen aber aufgrund landesrechtlicher Normen erfolgen, die allerdings dem essentiellen Kern des Art. 28 Abs. 2 GG (Haushaltshoheit der Gemeinden und Gemeindeverbände) nicht widersprechen dürfen. Ohne auf die besondere rechtliche Problematik einer konjunkturpolitisch adäquaten Ausgestaltung und des Einsatzes landesrechtlicher Normen mit kommunaler

---

[4] Von der Erörterung anderer Maßnahmen und Möglichkeiten, insbes. auch der konjunkturpolitischen Bedeutung der Aufteilung in einen Kern- und Eventualhaushalt, muß abgesehen werden.

[5] Vgl. *A. Möller* (Hrsg.): Kommentar zum Gesetz zur Förderung der Stabilität und des Wachstums der Wirtschaft, 2. Aufl., Hannover 1969, S. 211 f.

[6] Vgl. 20. Gesetz zur Änderung des Grundgesetzes vom 12. 5. 1969 (BGBl. I S. 357).

[7] Vgl. *A. Möller* (Hrsg.): a. a. O., S. 213; *Institut Finanzen und Steuern:* Probleme des Stabilitäts- und Wachstumsgesetzes, 1970, H. 95, S. 40.

Verpflichtungswirkung einzugehen[8], dürften einer konjunkturpolitisch effizienten Einflußnahme auf die Gemeinden und auch der Ausdehnung des Instruments der KAR, trotz prinzipieller konjunkturpolitischer Zweckmäßigkeit, erhebliche rechtliche Hindernisse entgegenstehen.
Schließlich muß auch berücksichtigt werden, daß neben rechtlichen Bedenken weitere Schwierigkeiten bei der Einbeziehung der Gemeinden in die KAR bestehen. Die kommunale Ausgabengebarung ist außerordentlich schwer in kontraktiver Richtung zu beeinflussen, da beispielsweise die Bautätigkeit, die einen großen Teil der kommunalen Ausgaben beansprucht, kontraktbestimmt ist, d. h. für eine kurzfristige Manipulation nicht adäquat erscheint. Noch nicht begonnene Bauprojekte können zwar storniert, die bereits in der Ausführung begriffenen Vorhaben können aber nur unter erheblichen Kosten vorläufig beendet werden. Insofern sind kurzfristige Ausgabenkürzungen nur in äußerst begrenztem Maße möglich, die zudem infolge ihres geringen Umfangs keine entscheidenden Auswirkungen auf die Konjunktur haben dürften.
2. Zur Beurteilung einer auf die private Wirtschaft bezogenen *Investitionsausgleichsrücklage* in Form eines Investitionsfonds muß berücksichtigt werden, daß hierfür schon ein Beispiel existiert.
In *Schweden* ist der Investitionsfonds als Mittel der Konjunktursteuerung seit längerem eingeführt. Die gesetzlichen Regelungen sehen vor, daß Aktiengesellschaften und Genossenschaften bis zu einer bestimmten Höhe steuerfreie Rückstellungen auf Investitionsfonds bilden können. Um die Steuerfreiheit in Anspruch nehmen zu können, muß ein bestimmter Prozentsatz der Rückstellungen auf ein zinsloses Sperrkonto der Notenbank eingezahlt werden, was konjunkturpolitisch eine Stillegung nachfragewirksamer Finanzierungsmittel bedeutet. Die Auflösung der Rückstellungen kann nur mit Genehmigung der Arbeitsmarktbehörde, in gewissen Fällen auch seitens der Regierung vorgenommen werden. Ein Zuwiderhandeln ist mit der Versteuerung des in Anspruch genommenen Betrages verbunden.[9]
Die wirtschaftspolitische Wirksamkeit dieses Instruments setzt zunächst einmal voraus, daß der Investitionsfonds über eine genügend große Manövriermasse verfügt, d. h. Rückstellungen in einer gewissen Mindesthöhe vorhanden sind, die bei einem konjunkturpolitischen Einsatz eine spürbare Wirkung innerhalb des Wirtschaftskreislaufes gewährleisten. Selbst wenn diese Vorbedingung erfüllt sein sollte, ist ein entscheidender Einfluß auf die Investitionstätigkeit der Unternehmer zweifelhaft. In einer Hochkonjunktur, verbunden mit einer optimistischen Einstellung der Investoren hinsichtlich der zukünftigen Gewinnentwicklung, liegt die Vermutung nahe, daß die Unternehmer ihre geplanten Investitionen freiwillig auch dann kaum zurückstellen oder gar unterlassen werden, wenn ihnen dadurch Steuervergünstigungen verloren gehen. Die analoge Argumentation gilt für den

[8] Vgl. dazu im einzelnen *A. Möller* (Hrsg.): a. a. O., S. 213 ff.
[9] Vgl. insbes. *S. Dath:* Konjunkturpolitik über steuerfreie Investitionsfonds nach schwedischem Vorbild, Düsseldorf 1961; *C. Carnap:* Die Investitionsfonds – ein konjunktur- und arbeitsmarktpolitisches Instrument. In: Vierteljahresbericht der Skandinaviska Banken, H 3, Stockholm 1963; *H. Heide:* Die langfristige Wirtschaftsplanung in Schweden, Tübingen 1965.

Fall einer Stagnation oder Rezession. Ist die Stimmung der Unternehmer pessimistisch, so sind zusätzliche Investitionen auf Grund der vom Investitionsfonds zur Verfügung gestellten Mittel nicht zu erwarten. Es ist auch unwahrscheinlich, daß der antizyklische Effekt sowohl in kontraktiver als auch in expansiver Richtung in gleichem Ausmaß wirksam wird.

3. Mit den Vorschlägen zur Novellierung des Stabilitäts- und Wachstumsgesetzes ist auch angeregt worden, „die fiskalpolitischen Einwirkungen auf die privaten Investitionsentscheidungen dadurch zu verbessern und zu erweitern, daß – neben oder anstelle der Variation der degressiven Abschreibung – konjunkturpolitisch bedingte Investitionsabgaben und -zulagen eingeführt werden“[10].

a) In diesem Zusammenhang könnte an die unmittelbare Beeinflussung der Investitionstätigkeit durch Einführung einer *Investitionsteuer* (gegenüber einer indirekt mittels Abschreibungen gem. § 26 Nr. 3 b StWG) mit sofortiger Belastungswirkung (bei der Afa erst im Rahmen der Veranlagung) gedacht werden. Zwar bietet eine entsprechend ausgestaltete Investitionsteuer gegenüber der degressiven Abschreibung eine Reihe von Vorteilen; so könnten über eine Investitionsteuer

- die Anschaffungs- und Herstellungskosten unmittelbar beeinflußt,
- auch Unternehmen mit ausreichender Liquidität getroffen,
- grundsätzlich alle Anschaffungen belastet,
- durch Differenzierung des Steuersatzes ein selektives Vorgehen nach Branchen und Investitionsgütern erreicht,
- das Aufkommen getrennt erfaßt und damit eventuell der Konjunkturausgleichsrücklage zugeführt werden.

Jedoch muß für den dargestellten Komplex der die unternehmerische Investitionstätigkeit beeinflussenden Maßnahmen mit Nachdruck darauf aufmerksam gemacht werden, daß die Anwendung der Investitionsteuer schon immer auf heftige Kritik gestoßen ist und auch nicht als unproblematisch angesehen werden darf. Abgesehen davon, daß die Investitionsteuer auch für die Finanzierung der Vermögensbildung in Arbeitnehmerhand – übrigens wenig ausgewogen und teilweise auch irritierend – vorgeschlagen worden ist, wird durchaus beachtenswert geltend gemacht, daß jegliche Anwendung einer besonderen und dazu noch variierbaren Investitionsteuer ein weiteres Unsicherheitsmoment schafft.

b) Weiterhin sollte eine *Umwandlung der Investitionsprämie* (nach § 26 Nr. 3 a und § 27 Nr. 2 StWG) in eine Investitionszulage geprüft werden. Im Gegensatz zur unmittelbaren Prämie, die von der Steuerschuld und damit auch vom anfallenden Gewinn abhängig ist, wirkt eine Zulage gleichmäßiger, da sie Unternehmen unabhängig von der Höhe des Gewinns erfaßt. Zudem treten Auswirkungen auch bei ausländischen Unternehmen auf, in deren Heimatstaat zur Vermeidung der Doppelbesteuerung das Anrechnungsverfahren praktiziert wird. Auf alle Fälle wird die Wirksamkeit der Maßnahmen durch die Umstellung auf das Zulagesystem erhöht.

c) Auch *befristete Zu- und Abschläge zur Umsatzsteuer* sollten erwogen

---

[10] *O. Schlecht:* Erfahrungen und Lehren aus dem jüngsten Konjunkturzyklus, Tübingen 1972, S. 54 f.

werden. Eine Variierung der Umsatzsteuer bedeutet zweifellos eine Vergrößerung ihrer Breitenwirkung. Da unmittelbar bei den Verbrauchsausgaben der Privaten angesetzt wird und nicht (wie bei § 26 Nr. 3 b StWG) beim verfügbaren Einkommen, so wird damit eine sofortige Entzugswirkung erreicht. Allerdings spricht gegen diese Maßnahme der unmittelbare Effekt auf das Konsumgüterpreisniveau. Der Preisanstieg würde sich zunächst verstärken, ohne daß Gewähr dafür besteht, daß die Preise nach Wegfall des Zuschlags auf die Ausgangshöhe zurückgehen. Bedenken sind auch darin zu sehen, daß eine Variierung der Umsatzsteuer der Harmonisierung in der EWG entgegensteht. Prinzipiell wäre sie unter diesem Aspekt nur bis zur Beseitigung der Steuergrenzen möglich. Entscheidend ist aber, daß ein Abschlag auf die Umsatzsteuer konjunkturpolitisch allenfalls bei extremer Situation des Unterkonsums/Übersparens mit fehlenden privaten und öffentlichen Investitionsmöglichkeiten in Betracht kommen dürfte. Doch auch in diesem Falle erscheint ein gezielter Einsatz von Haushaltsmitteln adäquater und effizienter.

d) Abschließend soll nur noch bemerkt werden, daß befristete umsatzsteuerliche Maßnahmen auch für die *außenwirtschaftliche Absicherung* eingesetzt werden können. Diese Maßnahmen können unter bestimmten Voraussetzungen anstelle einer Wechselkursänderung analog dem praktizierten Absicherungsgesetz zweckmäßig sein. Ihre Vorteile liegen in der Reversibilität bzw. der Möglichkeit der Befristung, ferner der Beschränkung auf Teilbereiche der Zahlungsbilanz sowie darin, daß der Importeur vergütungsberechtigt, der Exporteur steuerpflichtig wird, wobei der jeweilige Einsatz der Mittel immer nur vom Inland ausgeht. Jedoch sind diese Maßnahmen nur als Importvergütung und Exportsteuer möglich; umgekehrt wirkende Maßnahmen (Importbehinderung bzw. Exportförderung) sind wegen internationaler Bindungen ausgeschlossen. Der Einbau dieser Maßnahmen in das StWG ermöglicht es, daß im Bedarfsfalle schnell gehandelt werden kann. Es ist durchaus möglich, daß die steuerliche Absicherung auch im Rahmen der anstehenden Neuordnung des Weltwährungssystems Bedeutung erlangt.

4. Der Vollständigkeit wegen sei noch erwähnt, daß die Änderung des Außenwirtschaftsgesetzes von 1961 dazu geführt hat, daß am 10. 12. 1971 das *Bardepotgesetz* verabschiedet worden ist.[11] Damit ist ein konjunkturpolitisches Instrument geschaffen worden, mit dem vor allem zinsinduzierte und spekulative Liquiditätszuflüsse aus dem Ausland eingeschränkt werden können. Diese Maßnahme, die an sich auch dem StWG hätte eingefügt werden können, kann bei Gefährdung des gesamtwirtschaftlichen Gleichgewichts praktiziert werden. Insofern bedeutet die Einführung der Bardepotpflicht die Schaffung eines neuen Instruments zur Abwehr ausländischer Liquiditätszuflüsse, die erhebliche nachteilige Wirkungen auf die konjunkturelle Entwicklung der heimischen Wirtschaft ausüben können.

III.

Unabhängig von den Vorschlägen für die Verbesserung und Ergänzung der allgemeinen Maßnahmen im Stabilitäts- und Wachstumsgesetz könnten spe-

---

[11] Vgl. dazu im einzelnen: Deutscher Bundestag, VI. Legislaturperiode, 158. Sitzung am 10. Dezember 1971, S. 9084 ff.

zielle Anregungen berücksichtigt werden. Sie sollen lediglich aufgezählt werden.

1. Die *Termine* zur Vorlage der Gutachten des Sachverständigenrates (SVR) sowie des Jahreswirtschaftsberichtes (JWB) sollten um 4 bis 6 Wochen vorverlegt werden, damit die Eckwerte der Jahresprojektion bei der Aufstellung des Haushalts berücksichtigt werden können. Zudem erscheint im Prozeß der europäischen Integration eine terminliche Vereinheitlichung zweckmäßig. Denn der *Werner-Plan* sieht einen europäischen JWB vor, für den die nationalen JWB rechtzeitig zur Verfügung stehen müßten.

2. Im Rahmen einer Erweiterung der Möglichkeiten einer expansiven Fiskalpolitik könnten die Ressorts zur *Planung kurzfristig realisierbarer Investitionsmaßnahmen* verpflichtet werden. Die jetzige Verpflichtung nach § 11 StWG ist nicht konkret genug. Ferner könnten Bundesbahn und Bundespost zur Aufstellung *mehrjähriger Investitionsprogramme* verpflichtet werden.

In die mehrjährige Finanzplanung des Bundes sollte das *ERP-Sondervermögen* wegen seiner umfangreichen Investitionsförderungsmaßnahmen einbezogen werden.

3. Schließlich kann für die obligatorische Konjunkturausgleichsrücklage an eine Erhöhung der *3prozentigen Sollquote* gedacht werden.

4. Auch die Herabsetzung bzw. Aufhebung der *Höchstbeträge für die Kreditlimitierung* (§ 20 StWG) erscheint diskussionswert.

IV.

1. Die neuerdings im konjunkturpolitischen Bereich viel gebrauchten Begriffe „regelgebundene Konjunktursteuerung", „Regelmechanismen" oder auch „automatische Regelung" stammen aus der Allgemeinen Systemtheorie, speziell der Kybernetik. Im Mittelpunkt sich selbstregulierender Systeme steht die *Rückkoppelung* (feed-back), bei der prinzipiell (und in einfachster Form ausgedrückt) die Manipulation einer Größe (Eingangsgröße) eine Rückkoppelung, -meldung oder -wirkung auf eine andere Größe ausübt, wodurch es zum Einspielen einer neuen Situation kommt.

2. Das *Problem der Regelmechanismen* ist durch die Bestrebungen nach einem Abbau der traditionellen Konjunkturpolitik des freien Ermessens mit fallweise zu ergreifenden konjunkturpolitischen Maßnahmen zugunsten einer maßgerechten Steuerung des konjunkturellen Ablaufes aufgekommen. Absicht ist es, objektiv entgegenstehende Schwierigkeiten zu überwinden, die etwa darin bestehen, daß die wirtschafts- und konjunkturpolitischen *Ermessensspielräume* (des Staates und/oder der Notenbank) zu weit bzw. die Entscheidungsmechanismen zu schwerfällig sind. Ferner entstehen *Wirkungsverzögerungen* (lag-Problematik) und damit verbunden das Problem des effektiven *timing*. Und schließlich geht es um Fragen der *politischen Durchsetzung* konjunkturpolitischer Maßnahmen und die mit ihnen gewünschte Erreichung von Zielen.

In der Literatur wird davon ausgegangen, daß die *Politiker* den Regelmechanismen skeptisch gegenüberstehen, weil sie in einem sich weitgehend selbststeuernden System das Absinken der Bedeutung politischer Entscheidungen befürchten müssen.[12] Trotzdem steht das Problem an: *konjunkturpolitische ad-hoc-Maßnahmen oder Regelmechanismen.*

Abgesehen davon, daß schon im Gutachten des SVR (Jahresgutachten 1969/70) zwecks wirksamer Konjunktursteuerung der Einbau von Regelmechanismen angeregt wird, hat der Wissenschaftliche Beirat beim Bundeswirtschaftsministerium den Auftrag erfüllt, über die Praktikabilität von Regelmechanismen zur Sicherung von Stabilität und Wachstum ein Gutachten zu erstellen.[13]

3. Im Rahmen konjunkturpolitischer Regelmechanismen werden *drei Varianten* unterschieden, die automatisch aufgrund ihrer konjunkturflexiblen Wirkungsweise einen stabilisierenden, antizyklischen Einfluß ausüben.

a) *Built-in flexibility*: Darunter werden im weiteren Sinne alle konjunkturflexiblen, selbsttätig und antizyklisch wirkenden Automatismen (Wechselkursmechanismus; Zinsautomatismus u. a.) und im engeren, hier verwendeten Sinne die im Fiskalsystem eingebauten Stabilisatoren (auch: built-in stabilizers) verstanden. Diese Bedingungen erfüllen bestimmte Staatseinnahmen, insbes. die Einkommen- und Körperschaftsteuer, und spezielle Staatsausgaben, wie z. B. Transferzahlungen aus der Arbeitslosenversicherung.

Die Einkommen- und Körperschaftsteuer läßt im Konjunkturaufschwung Haushaltsüberschüsse und im Konjunkturabschwung Haushaltsdefizite entstehen, wenn sich die Einnahmen im Verhältnis zum Sozialprodukt überproportional in der gleichen Richtung ändern.[14] Für ihre Stabilisierungswirkung ist „die quantitative und qualitative Struktur der unterliegenden Einkommen (ceteris paribus sind höhere Einkommen reagibler als niedrige, Unternehmergewinne empfindlicher als Renten, Mieteinkünfte und Zinsen)", ferner die „absolute und relative Gesamtgröße der steuerbelasteten Einkommen"[15], die progressive Ausgestaltung des Tarifs sowie die Zeit zwischen Einkommensentstehung und Steuererhebung ausschlaggebend. Der Steuertarif muß möglichst progressiv gestaltet sein, damit bei einer Erhöhung des Gesamteinkommens in der Boomphase das private Einkommen in höheren Progressionsstufen versteuert wird, wodurch die Einnahmen aus der Einkommensteuer in bezug auf die Bemessungsgrundlage überproportional steigen. Ferner muß die zeitliche Verzögerung zwischen Einkommensentstehung und Steuerzahlung minimiert werden, wie dies zwar bei der nach dem Quellenabzugsverfahren aufgebauten Lohnsteuer, nicht jedoch bei der nach dem Veranlagungsverfahren konstruierten Einkommensteuer der Fall ist. Der hier bestehende time-lag hat eine destabilisierende Wirkung, der

---

[12] Vgl. *O. Schlecht:* a. a. O., S. 39 ff.

[13] Aus den zahlreichen Veröffentlichungen über Regelmechanismen soll lediglich auf einige wichtige Publikationen verwiesen sein, die von *R. G. D. Allen, W. J. Baumol, H. Besters, J. Beyfuss, E. Dürr, W. P. Egle, M. Friedman, H. Giersch, H. Haller, W. Hankel, A. G. Hart* et al., *K.-H. Ketterer, R. G. Lebrecht, R. A. Musgrave, F. Neumark, A. T. Peacock, A. W. Phillips, R. Richter* u. *R. Selten, B. Schips* erschienen sind.

[14] Vgl. *W. Albers:* Die automatische Stabilisierungswirkung der Steuern. In: Jahrbücher für Nationalökonomie und Statistik, Bd. 180 (1967), S. 99.

[15] *F. Neumark:* Einkommensteuer. In: Handwörterbuch der Sozialwissenschaften, Bd. 3 (1961), S. 79.

andererseits jedoch in Rezessionsphasen positiv zu beurteilen ist.[16]
b) *Formula flexibility:* Die formula flexibility wird auch als Indikatoren-Flexibilität bezeichnet. Grundlage ist ein ausgebautes System von Konjunkturindikatoren, die als „leading indicators" oder als „Frühindikatoren" (innerhalb eines entsprechenden „Frühwarnsystems") im Gegensatz zur gegenwärtigen Orientierung an sog. „lagging indicators" (nachhinkende Indikatoren) dienen. An Hand eines derartigen Indikatoren-Systems kann das Parlament für den Fall von Konjunkturstörungen vorsorglich Änderungen von Einnahmen oder Ausgaben beschließen, die automatisch in Kraft treten, wenn in der konjunkturellen Entwicklung die Grenzwerte der zugrundegelegten Indikatoren unter- oder überschritten werden.[17]
Die Problematik der formula flexibility liegt in der Erarbeitung weitgehend sicherer und damit geeigneter Konjunkturindikatoren. Allgemein werden als taugliche Frühindikatoren angesehen: Verhältnis der Arbeitslosen zu offenen Stellen, Auftragsbestände und -eingänge, Kapazitätsauslastung, Geldstrombreite. Im Jahresgutachten 1970/71 des SVR wird ein „Gesamtindikator zur Konjunkturdiagnose" (Ziff. 142 ff.) zur Diskussion gestellt. Aufgabe des Gesamtindikators soll es sein, kritische Konjunkturphasen (Gefährdungsphasen) relativ früh zu diagnostizieren, vor allem anzuzeigen, wenn gesamtwirtschaftliche Ziele, wie etwa Vollbeschäftigung oder Preisstabilität, gefährdet sind. Von ausschlaggebender Bedeutung ist aber der Aufbau sowie die Ausgestaltung eines derartigen Gesamtindikators, wenn er kritische Konjunkturphasen möglichst frühzeitig und exakt signalisieren soll.[18]
Der Vorteil der formula flexibility ist darin zu sehen, daß ihr Einsatz nicht dem freien Ermessen der politischen Entscheidungsträger überlassen wird. Vielmehr muß der Einsatz, infolge der Bindung an die Konjunkturindikatoren, dann automatisch eintreten, wenn die voraus festgelegten Abweichungen nach oben oder unten eintreten. Sinn und Zweck ist, die im parlamentarischen Bereich auftretenden Zeitverzögerungen, die sich oft durch langwierige Auseinandersetzungen ergeben, wenigstens für den Bereich der Fiskalpolitik zu vermeiden. Gegen eine Politik der formula flexibility sprechen Schwierigkeiten steuertechnischer Art, vor allem aber ist eingewendet worden, daß häufige Variationen der Steuersätze und Änderungen auf der Ausgabenseite zu Unsicherheiten im Entscheidungsverhalten der Wirtschaftssubjekte führen könnten.[19] Auch ist angeführt worden, sie sei zu schematisch konzipiert und erschwere ein elastisches Reagieren der Konjunkturpolitik.[20]
c) *Regelgebundene Konjunkturpolitik:* Die entsprechenden Vorschläge stammen im wesentlichen aus dem deutschsprachigen Raum.[21] Ziel ist es, im Sinne der formula flexibility ein komplexes System von Regeln nicht nur für die Fiskal-, sondern in erweitertem Rahmen auch für die Geld-, Kredit-,

---

16 Vgl. *W. Albers:* Die automatische Stabilisierungswirkung der Steuern, a. a. O., S. 120.
17 Vgl. ebenda, S. 99.
18 Vgl. *K.-H. Ketterer:* Ein neues Frühwarnsystem. In: Wirtschaftswoche, 25. Jg. (1971), H. 7, S. 4 ff.
19 Vgl. *F. Neumark:* Wirtschafts- und Finanzprobleme des Interventionsstaates, Tübingen 1961, S. 157.
20 Vgl. *O. Schlecht:* a. a. O., S. 47.
21 Vgl. insbes. die Gutachten des SVR.

Lohn- und Außenwirtschaftspolitik zu erarbeiten, „die ein wirtschaftspolitisches Wohlverhalten erzwingen, das dann entsprechende Verhaltensweisen der einzelnen Wirtschaftssubjekte nach sich zieht".[22] Ein solches System soll sich vor allem erstrecken auf:

- Regeln für die Geldmengenpolitik, mit Orientierung am Wachstum des Produktionspotentials (etwa im Sinne von *M. Friedman*),
- Regeln für die Wechselkurspolitik, z. B. nach der Art des crawling peg,
- Regeln für die Lohnpolitik in Form der „Kostenniveauneutralität"[23],
- Regeln für eine konjunkturneutrale Finanz- und Kreditpolitik mit Orientierung am mittelfristigen Wachstum des Produktionspotentials (potentialorientierte Finanz- und Kreditpolitik).

Wesentlich für dieses Konzept ist es, daß die kurzfristig orientierte Konjunkturpolitik durch eine globale, mittelfristige prozeßpolitische Strategie ersetzt werden soll. „Mit der mittelfristigen Orientierung der Politik an den Meßzahlen des Potentialwachstums prägen sich in das öffentliche Bewußtsein hinreichend präzise Trendvorstellungen ein. Sie sind geeignet, die Unternehmen und die Haushalte zu stabilisierenden Dispositionen zu ermutigen, wenn immer die Lage fühlbar vomTrend abweicht."[24] Es handelt sich um eine Art *sozialkybernetisches Regelsystem*, „in dem von der makroökonomisch garantierten Trendstabilisierung zyklenglättende Rückkopplungseffekte aus dem mikroökonomischen Bereich erwartet werden".[25] Der Verwirklichung dieses Konzepts stehen politische Widerstände (Gefahr der Einengung des politischen Ermessensspielraumes) sowie technische Schwierigkeiten (regeladäquate Steuerung) entgegen. Diese Probleme versuchen neuerdings die Konzepte der *halbautomatischen Regelung* zu lösen. Einerseits geht es dabei darum, den Mißbrauch der politischen Entscheidungsautonomie durch den Zwang zu konjunkturadäquaten Entscheidungen zu verhindern. Andererseits zielt man auf eine Synthese zwischen Regelbindung und konjunkturadäquater bzw. situationsbezogener Entscheidungsfindung, wobei offenbar der SVR dieser Lösung zuzuneigen scheint.[26] Alle diese mit dem Regelmechanismus zusammenhängenden Fragen sind noch im Fluß.[27] Endgültige Ergebnisse sind noch nicht abzusehen, so daß die praktische Anwendung regelgebundener Konjunkturpolitik noch offen ist.

Summary

The German „Growth and Stability Law" is a rather modern instrument for cyclical stabilization. But the problems of the present economic situation have initiated a discussion to reconsider the regulations of this law. It is to examine if and to what extend these instruments can be modified and completed in order to increase its efficiency. Such an improvement is as well possible by supplementation of discretionary fiscal policy as by the building-in of automatically operating rules. There are discussed several proposals of new discretionary measures. In regard of the second problem the possible application of built-in flexibility and formula flexibility is reflected.

[22] Vgl. *H. Giersch:* Geldwertstabilität und Wirtschaftswachstum, unveröfftl. Manuskript, zitiert bei *J. Beyfuss:* Regelmechanismen – Konjunkturpolitisches Konzept der Zukunft?, Beiträge des Deutschen Industrieinstituts, 8. Jg., H. 3, S. 18.

[23] Vgl. Jahresgutachten 1964/65 des SVR, Ziff. 248.

[24] *H. Giersch:* a. a. O., S. 9. [25] *J. Beyfuss:* a.a. O., S. 18.

[26] Vgl. Jahresgutachten 1969/70 des SVR, Ziff. 263 ff.

[27] Vgl. auch die Stellungnahme der Bundesregierung im JWB 1970, Ziff. 11.

Erstmals Stagflation in der Bundesrepublik Deutschland – Ursachen und Konsequenzen

von

HANS-JÜRGEN SCHMAHL

Die Wirtschaft der Bundesrepublik Deutschland stand 1971/72 erstmals im Zeichen einer Stagflation. Die gesamtwirtschaftliche Produktion, gemessen am saisonbereinigten realen Bruttosozialprodukt, stagnierte ab Frühjahr 1971 und ging zeitweilig sogar leicht zurück.[1] Die Verbraucherpreise dagegen, gemessen am Preisindex für die Lebenshaltung aller privaten Haushalte, stiegen in der gleichen Zeit unverändert kräftig an. Eine solche Kombination von Produktions- und Preisentwicklung ist erstmals 1969/70 in den USA und 1969/71 in Großbritannien beobachtet worden und hat damals beträchtliches Aufsehen erregt. Dort hat das Phänomen den Namen bekommen, der sich allmählich auch im deutschen Sprachgebrauch einzubürgern scheint. Stagflation ist eine Wortschöpfung aus den Begriffen „stagnation“ und „inflation“.[2]

Nach der Begriffsbestimmung der OECD ist Stagflation eine Phase „fortgesetzter Inflation unter Bedingungen stagnierender Erzeugung und wachsender Beschäftigungslosigkeit“[3]. Es stellt sich die Frage, welche Konsequenzen aus diesem Sachverhalt zu ziehen sind. Kurzfristig behindert die Stagflation eine expansive Konjunkturpolitik. Mittelfristig zwingt sie zum Überdenken der therapeutischen Möglichkeiten, aber auch der Möglichkeiten eines Schutzes gegen unerwünschte Konsequenzen verstärkter Geldentwertung. Kommen wir der Schwelle näher, „von der ab das Verlangen nach verwaltungswirtschaftlichen Maßnahmen virulent wird“[4]? Zunächst aber ist zu fragen: wie kann das Phänomen gedeutet werden und welche Perspektiven eröffnen sich für die weitere Entwicklung?

Der Preisanstieg verläuft zyklisch

Der hier behandelte Sachverhalt ist einzuordnen in den Themenkomplex der „schleichenden Inflation“. Jeder Versuch einer Deutung wird von den bekannten Ansätzen zu deren Erklärung auszugehen haben. „Schleichende Inflation“ ist allerdings ein unpräziser Begriff. *Bombach* weist darauf hin, daß darunter ganz verschiedene Aspekte verstanden werden können. Mögliche Kriterien können Langfristigkeit, Stetigkeit und Ausmaß sein. Unumstritten ist wohl das Kriterium der Langfristigkeit des Prozesses. Die Er-

[1] Vgl. *Deutsche Bundesbank:* Reihe 4, Saisonbereinigte Wirtschaftszahlen, Mai 1972, S. 2, und *Deutsches Institut für Wirtschaftsforschung:* Vierteljahreshefte zur Wirtschaftsforschung, H. 1/2/72, S. 10.

[2] Der Begriff tauchte m. W. zuerst im „Economist“ am 5. 9. 1970 auf.

[3] Zitiert nach „Fortune“, August 1971, S. 145.

[4] *Karl Schiller:* Preisstabilität durch globale Steuerung der Marktwirtschaft, Walter Eucken Institut, Vorträge und Aufsätze, Nr. 15, Tübingen 1968, S. 21.

fahrung zeigt, daß in der Nachkriegszeit in allen Ländern das Preisniveau einen eindeutig aufwärtsgerichteten Trend hat. Kaum umstritten wird auch das Merkmal der Größenordnung sein, jedenfalls in der allgemeinen Definition, sie müsse „mäßig genug (sein), um nicht kumulative Prozesse auszulösen". Anders ist es mit der Stetigkeit in dem Sinne, daß sich der Preisanstieg ziemlich gleichmäßig über die Zeit verteilt. *Bombach* weist darauf hin, daß in Wirklichkeit ein treppenförmiger Anstieg des Preisniveaus anzutreffen ist, die Folge eines Wechsels von Perioden beschleunigten und verlangsamten Preisanstiegs.[5]

Hier wird nun der Zusammenhang zwischen Konjunkturzyklus und Preisentwicklung deutlich. „Der Preisanstieg in Boomperioden ist so alt wie der Konjunkturzyklus; das Nichtzurückgehen der Preise in der Rezession ist das Spezifikum der jüngeren Vergangenheit ... Daraus resultiert das treppenförmige Ansteigen des Preisniveaus ..., das nur durch den statistischen Kunstgriff der Glättung als ‚schleichende' Inflation erscheint."[6] Nun ist in der Nachkriegsentwicklung in den meisten Ländern die Rezession nicht die Regelform des Konjunkturabschwungs gewesen. Als Konjunkturabschwung wird die Phase rückläufiger Auslastung der gesamtwirtschaftlichen Kapazitäten bezeichnet. Sie braucht nicht notwendigerweise bis zum absoluten Rückgang der — von Saisonschwankungen bereinigten — Produktion zu gehen, den man als Rezession bezeichnet. Sicherlich machen relativ milde Konjunkturabschwungsphasen einen Preisrückgang oder wenigstens Preisstabilität von vornherein weniger wahrscheinlich als Rezessionen. Doch die neuere Entwicklung ist ja wesentlich ungünstiger: Stagnation genügt eine ganze Zeit lang nicht mehr, den Preisanstieg auf der Verbraucherebene auch nur zu verlangsamen.

Konjunktur- und Preiszyklus

Die Konjunkturabhängigkeit des Preisanstiegs betont auch *Giersch*.[7] Er weist in diesem Zusammenhang besonders auf die Rolle der time-lags hin. Der Preiszyklus folgt dem Konjunkturzyklus in deutlichem Abstand, d. h. der Preisanstieg flacht sich später ab als der Produktionsanstieg. Die Wirkungszusammenhänge, die den zyklischen Ablauf der Preisbewegung bewirken, können aufgrund von Beobachtungen in der Bundesrepublik Deutschland wie folgt beschrieben werden. In der ersten Zeit des Aufschwungs steigt die Produktivität (Produktion je Beschäftigtenstunde) kräftig an, weil nicht nur die Kapazitäten, sondern auch das Arbeitskräftepotential der Betriebe besser ausgelastet werden. (Man bezeichnet das auch als den Abbau von „Arbeitslosigkeit am Arbeitsplatz", das ist gewissermaßen die Wiederauflösung von Hortungen.) In diesem Zeitabschnitt sind Arbeitskräfte noch verhältnismäßig reichlich, der Lohnanstieg ist daher im allgemeinen noch

[5] *Gottfried Bombach:* Ursachen der Nachkriegsinflation und Probleme der Inflationsbekämpfung. In: Stabile Preise in wachsender Wirtschaft, Tübingen 1960, S. 191.
[6] *Ders.:* Trend, Zyklus und Entwicklung des Preisniveaus. In: Weltwirtschaftliches Archiv, Bd. 104 (1970 I), S. 274.
[7] Vgl. *Herbert Giersch:* Geldwertstabilität, Sparen und Wirtschaftswachstum. In *Wallich, Giersch, Pfleiderer:* Wirtschaftswachstum durch Geldentwertung?, Heidelberg o. J., S. 41 ff.

nicht sehr groß. Mäßiger Lohn- und kräftiger Produktivitätsanstieg bewirken zusammen sinkende Lohnkosten je Stück. Dennoch werden die Preise im allgemeinen nicht gesenkt – eine Verhaltensweise, deren große Bedeutung für die Erklärung der schleichenden Inflation offensichtlich ist.

In der Spätphase des Aufschwungs läßt das Tempo des Produktivitätsanstiegs bereits wieder nach, weil er aus erhöhter Auslastung nicht mehr gespeist wird. Nun hat sich in der Regel aber der Lohnanstieg in Reaktion auf die zunehmende Verknappung von Arbeitskräften verstärkt; die Lohnkosten je Stück steigen. Damit kommen auch die Preise in Bewegung. Im Abschwung schließlich sinkt die Kapazitätsauslastung – definitionsgemäß – wieder, ohne daß der Arbeitskräfteeinsatz von den Betrieben rasch angepaßt wird; wahrscheinlich ist das vielfach auch gar nicht möglich. So läßt sich der nicht unmittelbar in der Produktion tätige Teil der Beschäftigten kurzfristig wahrscheinlich gar nicht an Produktionskürzungen anpassen. Die Folge ist ein Nachlassen des Produktivitätsanstiegs bis zur Stagnation, unter Umständen sogar ein Rückgang. Der Lohnanstieg läuft aber noch eine Zeitlang in alter Stärke weiter, mit der Folge, daß die Lohnkosten je Stück erheblich ansteigen. Das löst in großem Umfang Überwälzungsversuche der Anbieter aus, die zumindest in dem Sinne gelingen, daß die höheren Preise durchgesetzt werden, wenn auch teilweise unter Einbußen am Absatz oder an sonst möglicher Absatzausweitung. Die Preisindexziffern unterscheiden nicht zwischen Preiserhöhungen mit und ohne Mengeneinbuße.

Die Preisentwicklung in vier Konjunkturzyklen

Wegen des engen Zusammenhanges zwischen Konjunktur- und Preiszyklus sollte sich jeder Versuch, Aussagen über die Intensität des Preisauftriebs über eine längere Zeitspanne zu machen, an den Konjunkturzyklen orientieren. In der Bundesrepublik Deutschland ist die bisherige wirtschaftliche Entwicklung in fünf Zyklen verlaufen. Den ersten sollte man nicht in Überlegungen über die Preisentwicklung einbeziehen, da es damals starke Verzerrungen vor allem durch die Korea-Krise gab. Die zeitliche Abgrenzung des zweiten ist nicht ganz eindeutig vorzunehmen. Das dürfte auch der Grund dafür sein, daß der Sachverständigenrat zur Begutachtung der gesamtwirtschaftlichen Entwicklung seine Zyklenabgrenzung erst mit dem dritten Zyklus beginnt. Bei den übrigen stellt sich die Frage, wie man volle Jahre an den „Nahtstellen" den einzelnen Zyklen zurechnet. Das ist um so weniger eindeutig zu entscheiden, als die Abgrenzung auch dieser Zyklen nur mit Toleranzen möglich ist, weil das statistische Material und die Methoden seiner Umformung – z. B. die Trendbereinigung – gar nicht exakt genug sind. Hier sollen dem zweiten bis fünften Zyklus die folgenden vollen Kalenderjahre zugerechnet werden: 1953 bis 1957, 1958 bis 1962, 1963 bis 1967 und 1968 bis 1972.

Für jeden Zyklus soll das jahresdurchschnittliche Ausmaß des Preisanstiegs ermittelt werden. Als Indikator soll dabei ein Index des Verbraucherpreisniveaus benutzt werden. Das empfiehlt sich einmal, weil in das Verbraucherpreisniveau weit mehr Arten von Preisen, vor allem auch für Dienstleistungen, eingehen als etwa in einen Index industrieller Erzeugerpreise. Zwar gibt es einen noch umfassenderen Preisindikator, nämlich den sog. „Preisindex des Bruttosozialprodukts“. Doch dieser ist vor allem deshalb ein Instrument von fragwürdiger Aussagekraft, weil die Entwicklung der „Preise für den Beitrag des Staates zum Bruttosozialprodukt“ recht willkürlich definiert ist. In der wirtschaftspolitischen Diskussion ist die Verbraucherpreisentwicklung ohnehin zum allgemein angewandten Meßkriterium für die Geldwertentwicklung geworden.

Als Indikatoren bieten sich grundsätzlich die verschiedenen Typen von Preisindexziffern für die Lebenshaltung und der „Preisindex für den privaten Verbrauch“ aus der volkswirtschaftlichen Gesamtrechnung an. Letzterer hat in der öffentlichen Diskussion keine große Bedeutung erlangt, wohl nicht zuletzt deshalb, weil er amtlich nur für Halbjahre und mit großer Verspätung verfügbar ist. Der umfassendste Indikator unter den Preisindices für die Lebenshaltung ist derjenige für „alle privaten Haushalte“. Da er aber erst für die Zeit ab 1962 verfügbar ist, muß hier auf den „Preisindex für die Lebenshaltung eines 4-Personen-Arbeitnehmerhaushalts mit mittlerem Einkommen“ zurückgegriffen werden.

Ermittelt werden der jahresdurchschnittliche Anstieg je Zyklus, die höchste und niedrigste Zuwachsrate eines Kalenderjahres im Zyklus sowie die höchste und niedrigste Zuwachsrate (im Vorjahresvergleich) eines einzelnen Quartals in jedem Zyklus. Die entsprechenden Raten für einen einzelnen Monat anzugeben erscheint nicht zweckmäßig, da hier Zufallseinflüsse eine große Rolle spielen können.

Die Verbraucherpreise[a]) in vier Konjunkturzyklen (Veränderungen in %)

	Konjunkturzyklus			
	1953–57	1958–62	1963-67	1968–72[b])
Jahresdurchschnittlicher Anstieg	+0,9	+2,0	+2,7	+ 3,7
Höchster Jahresanstieg[c])	+2,5 (1956)	+3,0 (1962)	+3,5 (1966)	+5,4 (1971)
Niedrigster Jahresanstieg[c])	−1,8 (1953)	+1,0 (1959)	+1,4 (1967)	+1,5 (1968)
Höchster Quartalsanstieg[c])	+3,5 (II/56)	+3,5 (II/62)	+4,3 (I/66)	+6,3 (IV/71)
Niedrigster Quartalsanstieg[c])	−2,2 (IV/53)	−0,5 (II/59)	+0,6 (IV/67)	+1,3 (II/68)

a) Preisindex für die Lebenshaltung eines 4-Personen-Arbeitnehmerhaushalts mit mittlerem Einkommen. Quelle: Statistisches Bundesamt.

b) 1972 eigene Schätzung; dabei ist ein Anstieg von 5,0 % unterstellt.

c) Im Vergleich zum entsprechenden Vorjahreszeitraum.

Die Zahlenübersicht über die Entwicklung der Verbraucherpreise zeigt sehr deutlich eine kontinuierliche Verstärkung des Preisauftriebs – und damit seiner Kehrseite, der Geldentwertung – von Zyklus zu Zyklus. Für den Zeitabschnitt 1968 bis 1972 wird sich durch eine Abweichung der tatsächlichen von der geschätzten Entwicklung für 1972 der angegebene Durchschnitt von 3,7 % pro anno vermutlich um nicht mehr als ± 0,1 Prozenpunkt ändern. Das entspricht einer „zulässigen" Fehlermarge der Schätzung für das Jahr 1972 von ± 0,5 Prozentpunkten. Dagegen wird die Vergleichbarkeit des fünften mit den vorangegangenen Zyklen geringfügig durch den Preiseffekt gestört, der mit dem Übergang zur Mehrwertsteuer per 1. 1. 1968 verbunden war. Beziffert man ihn mit rd. 1 %, so ermäßigt sich der Durchschnittsanstieg für die Jahre 1968 bis 1972 auf 3,5 %. An der Festtellung, daß sich der Preisauftrieb laufend verstärkt hat, ändert sich dadurch aber nichts. Bemerkenswert ist, daß es im Zyklus 1953–57 noch ein Jahr gab, in dem das Preisniveau durchschnittlich zurückgegangen war, im Zyklus 1958–62 immerhin noch ein einzelnes Quartal, in dem das der Fall war, danach aber – trotz erstmaliger Rezession 1966/67 – nicht mehr.

Stagflation: Neue Quantität oder mehr?

Im längerfristigen Zusammenhang gesehen ist die Preisentwicklung im fünften Zyklus die Fortsetzung einer auch zuvor schon beobachteten Tendenz der Verstärkung. Sie ist nicht einmal erstaunlich, wenn man in Betracht zieht, daß der vergangene Boom – genauer: der Nachfrageanstieg im Verhältnis zu den Wachstumsmöglichkeiten – der stärkste der Nachkriegszeit war. So hat der Sachverständigenrat zur Begutachtung der gesamtwirtschaftlichen Entwicklung m. E. mit Recht darauf hingewiesen, die Stärke des zurückliegenden Preisauftriebs sei „nicht außer Proportion zur Stärke des zurückliegenden Booms".[8] Hier handelt es sich wohl wirklich nur um eine neue Quantität, so eindrucksvoll – in negativem Sinne – sie auch ist. Entscheidend für die Frage nach einer neuen „Qualität" der jüngsten Entwicklung scheint ein anderes Kriterium, nämlich die Reaktion der Verbraucherpreisentwicklung auf den Konjunkturabschwung. Wie war sie in früheren Zyklen und wie ist sie im jüngsten gewesen?

Die Beantwortung dieser Frage setzt voraus, daß man einerseits den Konjunkturzyklus, andererseits den Zyklus der Verbraucherpreise hinlänglich exakt darstellen kann. Als Indikator für den Konjunkturzyklus wird vielfach die saisonbereinigte Zeitreihe der Kapazitätsauslastung in der Industrie benutzt, die näherungsweise auch die Schwankungen (nicht aber unbedingt das Niveau) der gesamtwirtschaftlichen Kapazitätsauslastung wiedergibt und damit der anfangs genannten Definition des Konjunkturzyklus entspricht. Für die Bundesrepublik liegen (nichtamtliche) Angaben hierüber ab 1958 vor.[9] Der Zyklus der Verbraucherpreise kann am besten anhand der

---

[8] *Sachverständigenrat zur Begutachtung der gesamtwirtschaftlichen Entwicklung:* Währung, Geldwert, Wettbewerb, Jahresgutachten 1971/72, Stuttgart und Mainz 1971, Ziff. 318.

[9] Vom Deutschen Institut für Wirtschaftsforschung (DIW) und vom Ifo-Institut, München. Hier sind saisonbereinigte Zahlen des DIW benutzt worden. Vgl. *Deutsches Institut für Wirtschaftsforschung:* Wochenberichte, Nr. 29/1971, S. 209.

Abweichung vom Trend dargestellt werden.[10] (Das ist natürlich auch eine Möglichkeit zur Darstellung des Konjunkturzyklus: Abweichung der industriellen Produktionsentwicklung vom Trend. Sie führt für die Bundesrepublik zu praktisch den gleichen Ergebnissen wie die Benutzung einer Zeitreihe der Kapazitätsauslastung.) Ausgangsreihe ist eine von Saisonschwankungen weitgehend freie Zeitreihe eines repräsentativen Indikators der Verbraucherpreise. Diese Voraussetzungen sind beim „Preisindex für die Lebenshaltung aller privaten Haushalte, ohne Saisonwaren" am besten erfüllt. Leider liegen Ergebnisse erst ab 1962 vor. So ist der time-lag der Verbraucherpreisreaktion auf den Konjunkturabschwung von 1961/63 nur näherungsweise durch Verkettung mit dem Preisindex für die Lebenshaltung eines 4-Personen-Haushalts mit mittlerem Einkommen zu ermitteln. „Exakt" ist er dagegen erst für die folgenden Abschwungsphasen – immer im Sinne der genannten Definition: Phasen rückläufiger Kapazitätsauslastung – anzugeben.

Bei dem geschilderten Verfahren hängen die Ergebnisse natürlich stark von der Trendbereinigung ab. Zeitnahe Ergebnisse sind dabei immer dem Einwand ausgesetzt, daß man den Trend im Grunde erst mit einem Abstand von etlichen Jahren zutreffend ermitteln könne.[11] Dieser Einwand ist unwiderleglich. Dennoch müssen zeitnahe Versuche der hier betriebenen Art gewagt werden, wenn man nicht auf Deutungen gegenwärtiger Phänomene ganz verzichten will und damit auf wichtige Entscheidungshilfen für die Wirtschaftspolitik. Das aber kann wohl niemand ernsthaft wollen.

Die Preisreaktion läßt auf sich warten ...

Der time-lag der Preisreaktion wird gemessen als zeitliche Differenz zwischen dem Höhepunkt des Konjunkturzyklus (= höchster Auslastungsgrad) und des Preiszyklus (maximale obere Abweichung der Preisentwicklung vom Trend). Ausgangswerte sind Vierteljahresergebnisse. In der Abschwungsphase 1961/63 hat der time-lag etwa drei Quartale betragen. 1965/1967 lagen sechs Quartale zwischen den Höhepunkten von Konjunktur- und Preiszyklus. Im Abschwung 1970/72 dürfte der Höhepunkt des Verbraucherpreisanstiegs frühestens im zweiten Quartal 1972 erreicht werden; dabei ist der Preiseffekt der Branntwein- und Mineralölsteuererhöhung ab 1. Januar bzw. 1. März 1972 rechnerisch eliminiert worden. Das wären 9 Quartale nach dem Kulminationspunkt der Konjunktur. Der Unterschied zum Abschwung 1965/67 ist so erheblich, daß er nicht mit der Fehlergrenze solcher Rechnungen erklärt werden kann.

Das lange Ausbleiben der Reaktion der Verbraucherpreise ist das bemerkenswerteste Novum an der gegenwärtigen Abschwungsphase. Schon 1965/1967 ließ die Reaktion länger auf sich warten als in der vorhergehenden Abschwungsphase. Nun ist die Reaktionszeit abermals erheblich länger geworden. Ist auch das nur eine veränderte Quantität? Oder beginnt hier „Quantität" in „Qualität" umzuschlagen, ist die Stagflation Indiz für das Überschreiten einer Schwelle?

---

[10] Hier prozentuale Abweichung von einem linearen Trend für die Jahre 1962–71, der als Zeitabhängige nach der Methode der kleinsten Quadrate ermittelt wurde.

[11] Das betont z. B. *Bombach:* Trend, Zyklus und Entwicklung des Preisniveaus, a. a. O., S. 266.

... aber sie zeichnet sich ab

Für die Vermutung, daß es überhaupt noch zu einer Abflachung des Verbraucherpreisanstiegs als Folge der veränderten Konjunkturlage kommt, spricht die Lohnentwicklung, „die Hauptdeterminante der Preisentwicklung“[12]. Das Ausmaß der bei Lohnabschlüssen vereinbarten Steigerungsraten hat sich binnen Jahresfrist halbiert, der Anstieg der effektiven Stundenverdienste wird im Durchschnitt des Jahres 1972 nur noch rd. 8 % (nach 13 % 1971) betragen.[13] Das ist aber immer noch weit mehr, als auch nur mit annähernder „Kostenneutralität“ zu vereinbaren wäre. Doch hier zeigt sich eine besondere Art von Rigidität der Löhne: der starke Preisanstieg verhindert niedrigere Lohnabschlüsse. Der genannte Lohnanstieg bedeutet angesichts des relativ schwachen Produktivitätsanstieges für 1972 eine Zunahme der Lohnkosten je Produkteinheit in der Gesamtwirtschaft von 4 bis 5 %.[14] Daß das wiederum Rückwirkungen auf die Preise haben muß, ist offenkundig. Man darf eben jenen Zusammenhang nicht übersehen, auf den schon bei der Behandlung des Verhältnisses zwischen Konjunktur- und Preiszyklus hingewiesen worden war: Konjunkturabschwung bedeutet zwar verringerten Nachfragesog, aber anhaltenden Kostendruck. Denn die Produktivitätsentwicklung ist in dieser Phase regelmäßig schwach, hinzu kommen steigende „overhead costs“ (wachsende Fixkostenbelastung je Stück bei sinkender Kapazitätsauslastung).

Erklärungsansätze der Inflationstheorie

Der Hinweis auf Nachfragesog und Kostendruck führt nun mitten hinein in die Ansätze zur Erklärung der schleichenden Inflation.[15] Die wichtigsten Erklärungsansätze können folgendermaßen systematisiert werden:

1. *Nachfrage-Inflation (Demand-pull-inflation):* Das Preisniveau steigt, weil sich die Gesamtnachfrage stärker als das – zu bisherigen Preisen bewertete – Angebot erhöht.

a) Erklärung mit dem Ausgabeverhalten der Wirtschaftssubjekte. Das Geld wird hier in einer abhängigen Rolle gesehen: die Nachfrage „schafft sich ihre Geldmenge“ (Hauptvertreter: *Keynes*).

b) Erklärung mit der Geldmengenentwicklung. Hier wird die Nachfrage als abhängig von der Geldmengenentwicklung gesehen: die Geldmenge „schafft sich ihre Nachfrage“ (Hauptvertreter: *Friedman*).

c) Wichtige Sonderfälle:

ca) Erhöhte Überschüsse oder verringerte Defizite der Leistungsbilanz (Bilanz des Außenhandels, der Dienstleistungen und der Übertragungen im grenzüberschreitenden Wirtschaftsverkehr) bedeuten Einkommensanstieg

---

[12] Ebenda, S. 262.

[13] *HWWA-Institut für Wirtschaftsforschung-Hamburg:* Konjunktur von morgen, Nr. 354 vom 27. 1. 1972.

[14] Ergibt sich aus einem erwarteten Anstieg der effektiven Stundenlöhne von rd. 8 % und des realen Bruttosozialprodukts je Erwerbstätigenstunde von rd. 3,5 % (Schätzungen des HWWA).

[15] Vgl. hierzu besonders *Harald Scherf:* Untersuchungen zur Theorie der Inflation, Kieler Studien, Tübingen 1967, sowie die dort gegebenen umfangreichen Literaturhinweise.

im Inland. Konsequenz wie oben unter a). Ein Fall „importierter Inflation“. cb) Zahlungsbilanzüberschüsse = Devisenzuflüsse vergrößern die inländische Geldmenge. Konsequenz wie oben unter b). Ebenfalls eine Spielart „importierter Inflation“.

2. *Kosteninflation (Cost-push-inflation):* Das Preisniveau steigt, weil Kostenerhöhungen weitergewälzt werden. Genaugenommen ist von „Kosteninflation“ nur zu sprechen, wenn „als Folge der Erhöhung der Produktionskosten und der Preise für Güter und Dienste ... die reale Güternachfrage und daher das reale Sozialprodukt ab(nimmt)“[16]. Hierbei wird im allgemeinen mit dem weitaus wichtigsten Kostenfaktor, den Löhnen, argumentiert. Kosteninflation setzt voraus, „daß ein Teil der Güterpreise und Faktorpreise nicht voll flexibel ist, also nicht auf alle Änderungen der Nachfrage spontan so reagiert, daß Angebot und Nachfrage ausgeglichen werden“[17].

3. *Eine Mischform (Demand-shift-inflation):* Im Zuge einer Veränderung der Nachfragestruktur kommt es bei unveränderter Gesamtnachfrage zu Preiserhöhungen. In den Bereichen steigender Nachfrage entsteht eine Angebotslücke, die Preise steigen („Nachfrageinflation“). In den schrumpfenden Bereichen aber werden die Preise nicht gesenkt. Soweit dies mit steigenden Fixkosten erklärlich ist, handelt es sich um „Kosteninflation“ (Hauptvertreter: *Ch. L. Schultze*).

4. *Das Phänomen der „Administered prices“:* Hier ist der Sachverhalt gemeint, daß die Preispolitik vieler Unternehmen mehr oder weniger losgelöst von kurzfristigen Marktgegebenheiten betrieben wird. Administered prices sind nach *Ackley* „nicht notwendig gut oder schlecht, hoch oder niedrig ..., sie sind einfach Preise, die durch den Verkäufer oder Käufer fixiert und für einen beträchtlichen Zeitraum konstant gehalten werden. Sie werden also nicht durch das Spiel von Angebot und Nachfrage bestimmt.“[18] Dieses Verhalten bedeutet, daß die Preispolitik der Unternehmen eine eigenständige Rolle für den Preisbildungsprozeß spielt.

Dieser Systematisierungsversuch ist weder vollständig noch unanfechtbar. Schon der kurze Überblick zeigt, daß Preissteigerungen nicht unbedingt „Über“-Nachfrage voraussetzen, daß die Abwesenheit von Übernachfrage nicht unbedingt Preisstabilität bedeutet und daß sinkender Absatz schon gar nicht Preisrückgänge zur Folge haben muß. Die Inflationstheorie hält also genügend Begründungen für einen Preisanstieg bereit, der nach den Vorstellungen der „klassischen“ Preistheorie nicht recht zu erklären ist. Wenn, wie 1971 in der Bundesrepublik Deutschland, die Produktion stagniert, die Nachfrage — gemessen am Auftragseingang der Industrie — zurückgeht, Kapazitätsauslastung und Beschäftigung abnehmen, dann paßt dazu nach den Regeln der klassischen Preistheorie kein Preisanstieg und schon gar kein unverändert kräftiger Preisanstieg. Doch die Preisentwicklung ist offensichtlich im Abschwung weniger an der Nachfrage als an den Kosten orientiert. Ein schlagendes Beispiel dafür war die im Januar 1972 vorgenommene Erhöhung der Automobilpreise auf breiter Front, genau zu der Zeit, als die größten

---

[16] Ebenda, S. 38. M. E. auch schon, wenn das Realprodukt signifikant weniger zunimmt als die gesamtwirtschaftliche Produktionskapazität.

[17] Ebenda, S. 41.

[18] Ebenda, S. 65.

Produzenten wegen des Nachfragerückgangs Feierschichten einlegen mußten. „Nicht Angebot und Nachfrage bestimmen allein Preis und Menge der gehandelten Waren, Lohnsätze und Beschäftigung, sondern auch gesellschaftliche Momente, wie Arbeitsrecht und öffentliche Meinung und vor allem die Verhandlungsmacht und das Geschick von Gewerkschaften und Arbeitgebern haben einen weitreichenden Einfluß auf den Preis- und Lohnbildungsprozeß."[19]

Mögliche Gründe für nachlassende Preisreagibilität

Die Möglichkeit, eine Kombination von ungebrochenem Preisanstieg und stagnierender oder gar rückläufiger Produktion theoretisch zu deuten, ist eine Sache, die Relevanz der Erklärungsansätze für eine konkrete Situation eine andere. Das bemerkenswerteste Novum der jüngsten Entwicklung, so wurde argumentiert, ist die ungewöhnlich lange Reaktionszeit der Preise auf die veränderte Konjunkturlage. Die Vermutung liegt nahe, daß auch das Ausmaß der Reaktion abermals geringer sein wird als in früheren Zyklen. Denn der nächste Aufschwung rückt näher, und so wird es immer weniger wahrscheinlich, daß die schwache Nachfrage zum dominierenden Bestimmungsgrund für das Preisverhalten wird. Zu fragen ist nun, wie die nachlassende Preisreagibilität zu erklären ist. Offensichtlich kommt dabei der Tatsache entscheidende Bedeutung zu, daß im Abschwung der Preisanstieg an der Kostenentwicklung orientiert ist, die Löhne aber an der Preisentwicklung in der Vergangenheit plus — je nach Arbeitsmarktlage — einem Zuschlag für die Verbesserung des Reallohns. Wenn nun in Abschwungsphasen der Produktivitätsanstieg geradezu zwangsläufig schwach ist, muß diese Kombination von Verhaltensweisen eine verzögerte Preisreaktion zur Folge haben. Das Lohnverhalten bedingt kräftigen Kostenauftrieb, der Kostenauftrieb treibt die Preise, der Preisanstieg bestimmt die neuen Lohnabschlüsse mit. Ursache und Wirkung sind in einer solchen Lohn-Preis- oder Preis-Lohn-Spirale kaum zu identifizieren.

Je konsequenter dies Verhalten praktiziert wird, desto größer muß die Verzögerung sein, mit der die Preise auf Konjunkturabschwächungen reagieren. Und je milder und/oder kürzer die Abschwungsphasen sind, desto geringer ist die Chance, zeitweilig überhaupt noch eine erhebliche Abschwächung des Preisauftriebs zu erreichen. Denn es gilt zwar, daß „bei genügend großer Arbeitslosenzahl ... alle Lohnerhöhungsforderungen zusammen(brechen)"[20], allgemeiner ausgedrückt, daß das Ausmaß der Lohnsteigerungen letztlich von Veränderungen der Arbeitsmarktsituation abhängt. Das hat sich für die Bundesrepublik auch jüngst wieder bestätigt. Doch wenn man eine Rezession mit Unterbeschäftigung vermeidet, dann kommt es im Zweifel gar nicht erst zu jenem Maß von Abflachung des Lohnanstiegs, das zusammen mit der im Abschwung schwachen Produktivitätsentwicklung auch nur näherungsweise Kostenstabilität bedeuten könnte.

Der „Erfolg" spricht für die Annahme, daß die eben beschriebenen Verhaltensweisen heute konsequenter praktiziert werden als früher. Doch es gibt auch konkrete Einzelhinweise. Die bereits erwähnte Erhöhung der Auto-

[19] Ebenda, S. 46 f.
[20] Ebenda, S. 47.

mobilpreise durch sämtliche deutschen Hersteller erinnert geradezu an das in den USA bekannte Prinzip des „target pricing". Dabei steht im Vordergrund eine Gewinnsumme als Zielgröße. Bei einer bestimmten zahlenmäßigen Absatzvorstellung setzt ihre Realisierung eine bestimmte Gewinnspanne voraus, diese wiederum einen bestimmten Stückpreis. (Daß Anhebungen des Stückpreises cet. par. die Absatzmenge verringern und insoweit die Stückkosten durch steigende „overhead costs" erhöhen, sei nur der Vollständigkeit halber ausdrücklich erwähnt. Diese Zusammenhänge müssen beim target pricing selbstverständlich berücksichtigt werden.) Auf solche Art der Preissetzung deutet jedenfalls der Kommentar hin, den der Verband der Deutschen Automobilindustrie dazu gab: „Die Preispolitik überrascht nur auf den ersten Blick und nur, wenn man von dem Denken in Preis-Absatz-Funktionen ausgeht und die Ertragsseite vernachlässigt."[21]

Konzentration und kartell-analoges Verhalten

Solche Verhaltensweisen funktionieren ohne besondere Schwierigkeiten auf oligopolistischen Märkten. (Zumal wenn man, wie im Falle des Automobilmarktes, sogar mit einem gewissen Parallelverhalten der ausländischen Konkurrenz rechnen kann.) Hier droht auch keine Gefahr vom Kartellgesetz. „Es ist Kriterium für die Anwendbarkeit des Kartellverbots des § 1 (des Gesetzes gegen Wettbewerbsbeschränkungen), daß die wettbewerbsrelevante Handlungsfreiheit durch Vertrag oder Beschluß beschränkt wird. Damit erfaßt § 1 jedoch aus dem Spektrum möglicher Kollusionsformen (*Machlup*) nur einen sehr kleinen Ausschnitt. Denn auf sich verengenden Märkten erweist sich die förmliche Fixierung der Aktionsparameter mehr und mehr als entbehrlich. Auf oligopolistischen Märkten kann eine Verhaltenskoordination durch ‚Quasi-Abkommen' (*Fellner*) oder durch stillschweigende Verständigungsabkommen (‚agreement to agree') herbeigeführt werden, ohne daß es dazu eines Kartellvertrages im herkömmlichen Sinne bedarf. Aufeinander abgestimmtes Verhalten, Preisführerschaft, Marktinformationssysteme u. a. sind solche Strategien wettbewerbsbeschränkender Kooperation, die nach Zweck und Wirkung echte Kartellsurrogate darstellen können."[22]

Von der Entwicklung der Marktformen her sind in der Bundesrepublik die Voraussetzungen für ein die Preisstabilität begünstigendes Funktionieren des Wettbewerbs ganz allgemein ungünstiger geworden. Das Kartellamt konstatiert eine Verstärkung des Konzentrationsprozesses. Dabei hätten vor allem die wettbewerbspolitisch unerwünschten Zusammenschlüsse zugenommen.[23] Doch mehr oder weniger unabhängig von der Marktform breiten sich Verhaltensweisen aus, die kartellartige Wirkung haben oder zumindest haben können. Aufsehen erregte zu Beginn des Jahres 1970 eine Erklärung des Hauptverbandes der Deutschen Bauindustrie e. V., in der davon

[21] Mit Preiserhöhungen in die Flaute. In: Wirtschaftswoche/Der Volkswirt, Nr. 4/1972, S. 61. Auf das „Denken in Preis-Absatz-Funktionen" wird man dabei allerdings nicht verzichten können.

[22] Bericht des Bundeskartellamtes über seine Tätigkeit im Jahre 1970 ..., Bundestagsdrucksache VI/2380 vom 28. Juni 1971, S. 10 f.

[23] Ebenda, S. 13 und 15.

die Rede war, im gerade begonnenen Jahr würden die Baupreise um 10 % steigen.[24] Das ist weithin als „Empfehlung" verstanden worden. Welchen Anteil diese in die Form einer „Prognose" („Zielprojektion" wäre wahrscheinlich der angemessene Terminus) gekleidete Empfehlung an der tatsächlichen Preissteigerung von rd. 16 % (für Bauleistungen an Wohngebäuden) hatte, ist kaum festzustellen. Zusammenhänge sind allerdings naheliegend. Die Bauindustrie ist aber alles andere als oligopolistisch strukturiert.

Ob sich auch das Verhalten der Gewerkschaften neuerdings verändert hat, ist schwieriger zu sagen. Ihnen wird ohnehin seit je ein — tatsächlich oder vermeintlich — marktform-analoges „monopolistisches" Verhalten unterstellt. Doch die Grenzen werden immer noch von der Arbeitsmarktlage gezogen, und sie werden von den Gewerkschaften offenbar weiterhin als eng angesehen. Dafür spricht jedenfalls ihre erneute deutliche Reaktion auf die Konjunkturabschwächung. Immerhin stellt aber die Orientierung der Lohnforderungen an vergangenen Abschlüssen und am vergangenen Preisanstieg (als Untergrenze) eine gewisse Parallele zum kosten- und gewinnorientierten Verhalten der Unternehmer dar. Ein neues Element könnte man vielleicht auch in dem Gewicht der „Nebenforderungen" erblicken, wie vermögenswirksame Leistungen, längerer Urlaub, Wegfall niedriger Tarifgruppen u. ä. Dadurch werden die „Gesamtkosten" der einzelnen Tarifabschlüsse oft optisch kleiner dargestellt, als sie in Wirklichkeit sind. Die morphologischen Bedingungen dagegen haben sich, anders als auf der Anbieterseite der Gütermärkte, nicht signifikant verändert. Der Organisationsgrad — Anteil der gewerkschaftlich organisierten Arbeitnehmer an der Gesamtzahl — war 1970 mit 32,7 % sogar etwas niedriger als 1960 (33,7 %)[25] und die Organisationsform war insgesamt gleich geblieben.

Vertrauen auf die „Vollbeschäftigungsgarantie"

Das jüngst beobachtete Verhalten bedeutet für die Anbieter auf den Gütermärkten, daß sie Absatzeinbußen oder Einbußen an möglicher Absatzausweitung in Kauf nehmen. Für die Gewerkschaften bedeutet es ein vergrößertes Risiko für die Arbeitsplätze ihrer Mitglieder. Beider Verhalten ist also, genau besehen, außerordentlich kurzsichtig. Doch eben hier kommt eine Erwartung hinzu, die zu einem anderen Urteil führt. Es ist die Zuversicht, daß Konsequenzen des Preis- und Lohnverhaltens auf Absatz und Beschäftigung durch konjunkturstützende Maßnahmen rasch beseitigt werden. Je größer diese Zuversicht ist, desto weniger Anlaß zur Zurückhaltung besteht. Dies dürfte für die Erklärung veränderter Verhaltensweisen mindestens ebenso wichtig sein wie alle Hinweise auf den Konzentrationsprozeß in der Wirtschaft. Auf den Fall der Automobilpreiserhöhung bezogen, könnte man die zugrundeliegende Motivierung etwas überspitzt so formulieren: Die Spannen werden in der Flaute aufgebessert, für den Mengenabsatz sorgt anschließend die Konjunkturpolitik durch expansive Maßnahmen. Die Er-

[24] Industriekurier Nr. 11 vom 22. Januar 1970.

[25] Errechnet nach Angaben des Deutschen Gewerkschaftsbundes, der Deutschen Angestelltengewerkschaft und des Statistischen Bundesamtes.

wartung schneller Hilfe durch die Wirtschaftspolitik ist sicherlich durch Willenserklärungen des Bundeskanzlers,[26] die als „Vollbeschäftigungsgarantie" interpretiert werden konnten, gestärkt worden. Doch m. E. ist ebenso wichtig die Erfahrung von 1967. Schließlich dürfte auch die permanente Inflation im Ausland nicht ohne Einfluß auf das Verhalten der Sozialpartner geblieben sein.

Steilerer Trend der Geldentwertung unvermeidlich?

Während noch keine Abflachung des Verbraucherpreisanstiegs zu konstatieren war, stellte die Bundesregierung schon den Beginn eines neuen Aufschwungs in Aussicht.[27] Damit wurde die Chance für ein sehr starkes Nachlassen des Preisauftriebs weiter verringert. Der auf 5,0 % geschätzte Anstieg der Verbraucherpreise für 1972 ist demnach wohl als Untergrenze anzusehen. Freilich, aus dem geschilderten Zusammenhang zwischen Konjunktur- und Kostenzyklus ergibt sich, daß die eigentliche Hoffnung in der ersten Phase des Aufschwungs liegt, also vor allem im Jahre 1973. In der Tat könnte nur eine Entwicklung, die die pessimistischen Einschätzungen noch übertrifft, verhindern, daß im Jahre 1973 die Preisanstiegsrate auf 4 % zurückgeht. Selbst ein solcher Preisanstieg im ersten vollen Jahr des nächsten Zyklus aber wäre fast dreimal so groß wie im Anfangsjahr des fünften Zyklus, also 1968 (+ 1,5 %). Damit steht schon heute fest, daß der nächste Zyklus mit einem ungleich höheren „Sockel" des Preisanstiegs beginnt.

Gesetzt den Fall, die Preisentwicklung würde nach 1973 nach dem Muster des Zyklus 1968—72 verlaufen, so würden die Verbraucherpreise – wegen der Vergleichbarkeit gemessen am Preisindex für die Lebenshaltung eines 4-Personen-Haushalts mit mittlerem Einkommen – im Durchschnitt des sechsten Zyklus bereits um nahezu 5 % (im fünften Zyklus: rd. $3^1/_2$ %) steigen. Ob die Preisentwicklung wirklich so zu werden droht, hängt nicht zuletzt vom Gelingen der Konjunktursteuerung ab. Erinnert man sich daran, daß das jüngst erreichte Ausmaß mit der Stärke des vergangenen Booms zusammenhing – insoweit also ein Ergebnis ungezügelter Übernachfrage war –, dann besteht ein erfolgversprechender Ansatz darin, den nächsten Aufschwung nicht zum Boom ausarten zu lassen. Wie sind bei gegebenen institutionellen Bedingungen der Wirtschaftspolitik dafür die Chancen?

Kann der nächste Aufschwung gezügelt werden?

Die wichtigste „immanente" Neigung zur Übersteigerung des Aufschwungs geht von der unternehmerischen Investitionstätigkeit aus. Für die Vergangenheit ist festzustellen, daß die Konjunkturzyklen in der Bundesrepublik vom Investitionsrhythmus geprägt sind. Auch die jüngste Abschwungsphase war in erster Linie von der sinkenden Investitionstätigkeit bestimmt. Es

---

[26] Vgl. beispielsweise seine Ansprache zur Eröffnung der Hannover-Messe am 25. April 1970, in der er sagte: „Eine mehr oder weniger gewollte Rezession kann für mich jedenfalls kein Instrument der Stabilitätspolitik sein." In: Bulletin der Bundesregierung, Nr. 58 vom 28. April 1970, S. 542.

[27] So Minister *Schiller* vor dem Parteivorstand der SPD. Vgl. „Die Welt" Nr. 20 vom 25. 1. 1972, S. 11.

kann unterstellt werden, daß der neue Aufschwung umgekehrt wieder von der Tendenz zu einer zyklischen Übersteigerung der Investitionsneigung – übersteigert, gemessen an den mittelfristigen Möglichkeiten – gekennzeichnet sein wird. Natürlich ist das nicht isoliert zu sehen, sondern in der Wechselwirkung mit anderen mehr oder weniger „autonomen" Nachfrageaggregaten — staatliche Nachfrage und Ausfuhr — und der mehr oder weniger davon abhängigen Entwicklung des privaten Konsums. (Die starken Rentenerhöhungen der Jahre 1973 ff. sind ein quasi-autonomes Element.)
Die staatliche Nachfrage sowohl nach Waren und Leistungen, die man gemäß der Konvention als „Staatsverbrauch" bezeichnet, als auch nach Investitionen (zum weitaus größten Teil Bauten) wird gewiß kräftig weiter steigen. Sie kann und soll künftig immer weniger als konjunkturpolitischer Lückenbüßer in dem Sinne dienen, daß sie privater „Übernachfrage" auch nur vorübergehend weicht. Man muß sich endlich mit dem Gedanken vertraut machen, daß öffentliche Ausgaben kein Instrument der Konjunkturpolitik sein können, wenn ihre technisch und rechtlich überhaupt variierbaren Teile – und das sind im wesentlichen die Investitionsausgaben – dringend gebraucht werden, um einen weiteren Wachstumsprozeß der Wirtschaft überhaupt sinnvoll erscheinen zu lassen. (Eine andere Lesart lautet: ihn überhaupt möglich zu machen.)
Eine besonders wichtige Quelle des gesamtwirtschaftlichen Ungleichgewichts war in den letzten Jahren die „offene außenwirtschaftliche Flanke". Mit den Beschlüssen der Washingtoner Konferenz des Internationalen Währungsfonds im Dezember 1971 – weltweites Realignment der Währungsparitäten und Erweiterung der Bandbreiten – ist hier zweifellos ein wichtiger Schritt zur Verbesserung der Verhältnisse getan worden. Doch für die effektiven Austauschrelationen der Währungen untereinander gilt, daß Veränderung das einzig Beständige an ihnen ist. Es ist kaum anzunehmen, daß sich von nun an Kosten und Preise in den wichtigsten Welthandelsländern parallel entwickeln werden. Dann aber werden die Paritäten in absehbarer Zeit wieder unrealistisch werden und sich erneut Ungleichgewichte in den Zahlungsbilanzen bilden. Die sog. „internationale Spekulation" ist inzwischen so flexibel geworden, daß künftig schon relativ kleine Ungleichgewichtstendenzen genügen dürften, um kritische Zuspitzungen des Währungsgeschehens auszulösen. Nach der bisherigen Erfahrung gehört dabei die Bundesrepublik zu den bevorzugten Zielen „heißer" Gelder.

Die außenwirtschaftlichen Probleme kehren wieder

Doch nicht nur an die Konsequenzen eines Devisenzustroms für die innere Liquidität ist zu denken. Auch an die direkten Einkommenswirkungen steigender Exportüberschüsse muß erinnert werden – und natürlich an den direkten internationalen Preiszusammenhang.
Die deutsche Exportposition stützt sich auf drei Pfeiler: 1. Eine Warenstruktur mit hohem Anteil von Investitions- und dauerhaften Gebrauchsgütern (1971 : 55 %); sie verspricht Expansionsmöglichkeiten in einer Welt wachsender Wirtschaft und steigenden Wohlstands. 2. Eine Struktur der Abnehmerschaft, die dadurch gekennzeichnet ist, daß 84 % (Stand 1971) der

Ausfuhr in wohlhabende und expandierende Industrieländer geht. 3. Eine relative Preis- und Kostenposition, die offensichtlich selbst nach der Aufwertung von 1969 noch günstig war und nach dem Realignment von 1971 wohl lediglich „normalisiert“ worden ist. Gelingt es, künftig den Kosten- und Preisanstieg in der Bundesrepublik unter dem unserer Handelspartner (im „exportgewogenen“ Durchschnitt) zu halten, wird auch dieser dritte Pfeiler wieder erstarken. Selbst skeptische Erwartungen über die künftige Entwicklung unseres Geldwertes ändern daran nichts. In den anderen Ländern sind die Chancen nämlich durchweg noch ungünstiger. So bleibt als Fazit der Überlegungen, daß der nächste Exportboom wohl nur eine Frage der Zeit ist.[28]

Die Gefahr neuer außenwirtschaftlicher Ungleichgewichtstendenzen wird durch die größeren Bandbreiten der Wechselkurse (± 2,25 % gegenüber bisher ± 1 %) nur kurzfristig hinausgeschoben. Das gilt um so mehr, als unter den EWG-Ländern engere Bandbreiten (nämlich ± 1,125 %) vereinbart worden sind. Die erweiterte EWG aber nimmt 48 % unserer Exporte auf und liefert 51 % unserer Importe (Stand 1970). Sollte es noch zu einer internationalen Vereinbarung kommen, die mehr Flexibilität des Wechselkursgefüges sichert – z. B. durch verbindliche Regelung der Kriterien, nach denen die Regierung eines Landes die Parität verändern muß –, dann ändert das für die Bundesrepublik die Probleme nur noch graduell. Dazu ist die Bedeutung der EWG-Länder für unseren Außenhandel zu groß. Im Ergebnis kann eine EWG-Währungsunion mit de facto schon jetzt unveränderlichen Paritäten für uns nur bedeuten, daß die „außenwirtschaftliche Flanke“ permanent offenbleibt.

Noch mehr Preisanstieg im sechsten Konjunkturzyklus?

In summa sind also auch für den nächsten Aufschwung starke Auftriebskräfte zu erwarten. Die Zurückdrängung privater Nachfrage, insbesondere des Konsums, wird damit auf jeden Fall erforderlich, will man einen Boom vermeiden. Das nächstliegende Mittel dazu wären Steuererhöhungen. Erreichbar wäre der gleiche Nachfrageeffekt allerdings auch durch eine Zunahme der privaten Sparquote. Die öffentliche Hand müßte sich dann entsprechend stärker verschulden. Doch es ist vorerst nicht zu sehen, wie die erforderliche Erhöhung der Sparquote mit Sicherheit erreicht werden könnte. Offen bleibt aber auch die Frage, ob die Bundesregierung den Mut zu genügend großen Steuererhöhungen haben wird. Die bisherigen Erfahrungen sprechen dagegen. Alles in allem gibt es also kaum Anhaltspunkte, die dafür sprechen, daß der nächste Aufschwung entscheidend besser gezügelt werden kann als der vergangene, zumal der Expansionsspielraum diesmal relativ gering ist.

Bei der Abschätzung der künftigen Chancen für eine Verwirklichung des Ziels „Preisniveaustabilität“ ist sodann zu berücksichtigen, daß sich stabilitätswidrige Verhaltensweisen eingebürgert haben. Da es 1971/72 keine starke konjunkturelle Abkühlung gab, ist kaum mit einer Revision der neuerdings zu beobachtenden Verhaltensmuster zu rechnen. Hatte die Erfahrung des

[28] Vor einem neuen Exportboom? In: Wirtschaftwoche/Der Volkwirt, Nr. 4/1972 vom 28. Januar 1972, S. 58 f.

Jahres 1967 den Boden für das Vertrauen auf permanente Vollbeschäftigung bereitet, so kann die Erfahrung des Jahres 1972 eigentlich nur die Erkenntnis zur Folge haben, daß für stabilitätswidriges Verhalten keine wirtschaftpolischen Sanktionen zu erwarten sind. (Für eine solche Politik kann es gute Gründe geben — man muß nur ihre Konsequenzen für die Stabilität sehen.)
Es muß wohl als besonders gravierend angesehen werden, daß neuerdings die öffentliche Meinung anders auf Preiserhöhungen reagiert als früher. Noch vor dem letzten Boom bedurfte es gewissermaßen der moralischen Rechtfertigung, wenn Preise erhöht wurden. Das war sicherlich eine wirksame „Bremse" angesichts der Tatsache, daß die Preispolitik der Unternehmen eine eigenständige Bedeutung im Preisbildungsprozeß besitzt. Neuerdings gibt es das moralische Verdikt für Preissteigerungen offensichtlich nicht mehr. Schlimmer noch, es hat sich — zumindest vorübergehend — eine Mentalität verbreitet, in der es geradezu als töricht gilt, Preise nicht zu erhöhen.[29]
Schließlich ergeben sich in den nächsten Jahren noch einige Probleme für die Stabilität, die aus der Zuspitzung sektoraler Strukturprobleme entstehen. Hier ist einmal die Problematik der Baupreise (ganz zu schweigen von den Bodenpreisen) zu nennen, die um so gravierender werden dürfte, je mehr die öffentliche Hand den Baumarkt beansprucht, ohne daß ein Zurücktreten der privaten Baunachfrage schon abzusehen wäre. Die vom Sachverständigenrat zur Begutachtung der gesamtwirtschaftlichen Entwicklung angeregte und von der Bundesregierung in Auftrag gegebene Bau-Enquête soll hier erst die Voraussetzungen für eine mögliche Abhilfe klären. Auswirkungen dürften auf jeden Fall noch lange auf sich warten lassen. Angesichts der forcierten öffentlichen Investitionen wird der Baumarkt sehr bald wieder zum Engpaß werden. Was das für die Baupreise bedeutet, ist inzwischen hinreichend erfahren worden. Ein anderes Problem sind die Agrarpreise. Solange die Agrarpreispolitik eines der wichtigsten Instrumente der Einkommenspolitik in diesem Sektor unserer Volkswirtschaft ist, werden periodische Erhöhungen der landwirtschaftlichen Erzeugerpreise um so notwendiger, je mehr das allgemeine Preis- und Einkommensniveau steigt. (Auf die Konsequenzen für die Produktion braucht hier nicht eingegangen zu werden.) In Zukunft ist hier mit mehr Preisanstieg zu rechnen als bisher. Der Anteil der Verbraucherausgaben für Nahrungsmittel beträgt — gemessen am Warenkorb des Preisindex für die Lebenshaltung aller privaten Haushalte — rd. 30 %.
Sollte die Nachfragesteuerung besser als in den vergangenen Jahren gelingen, so stehen dem veränderte, für die Stabilität ungünstige Verhaltensweisen und im ganzen stärkere sektorale Schwierigkeiten gegenüber. Im Durchschnitt des nächsten Zyklus dürfte daher der erwähnte Verbraucherpreisanstieg von nahezu 5 % pro Jahr schwer zu vermeiden sein. Am Ende des nächsten Zyklus wird mit großer Wahrscheinlichkeit wieder eine Stagflation, also die Kombination von stagnierender oder rückläufiger Produktion mit kräftigem Preisanstieg, stehen. Sie dürfte künftig die übliche Form der späten Abschwungsphase sein, wenn sich an der faktischen Rangfolge der wirtschaftspolitischen Ziele nichts ändert.

[29] Über entsprechende Äußerungen von Unternehmensleitungen wurde verschiedentlich in der Presse berichtet.

Verbesserung der Globalsteuerung

Das Mißlingen der Konjunktursteuerung in den letzten Jahren und die Aussicht, unter den gegebenen Bedingungen auch künftig nicht viel mehr Erfolg erwarten zu können, läßt ganz verschiedene Schlußfolgerungen zu. Man könnte resignieren und sich auf Maßnahmen gegen unerwünschte soziale Folgen der Geldentwertung beschränken. Man könnte die Lösung auch in einer andersartigen als der bisher praktizierten Wirtschaftspolitik suchen, nämlich in direkten Eingriffen in den Prozeß der Preis- und Einkommensbildung. Zunächst aber sollte wohl überlegt werden, wie man die Politik der Globalsteuerung verbessern kann.[30]

Globalsteuerung ist der Versuch, die planvolle makroökonomische Beeinflussung der Kreislaufgrößen mit der Regelung der einzelwirtschaftlichen Beziehungen durch den Wettbewerb zu kombinieren. Diese Politik ist in den letzten Jahren vor allem deshalb wenig erfolgreich gewesen, weil die politische Handlungsfähigkeit nicht ausreichte. Als notwendig erkannte Maßnahmen unterblieben, wurden allzulange verzögert oder zu schwach dosiert. Eine gewisse Rolle haben aber zweifellos auch unzulängliche Prognosen gespielt. Vielfach ist die Stärke der Expansion unterschätzt und die Wirkung restriktiver Faktoren und Maßnahmen überschätzt worden.[31] Mängel des Instrumentariums haben dagegen keine nennenswerte Rolle gespielt.[32] Selbst die Währungspolitik ist in mehreren Varianten aktiviert worden. Das „Floating" von Mai bis Dezember war hier der Höhepunkt einer vorher kaum für möglich gehaltenen Experimentierfreudigkeit. Möglichkeiten zur Verbesserung der Globalsteuerung erwachsen sicherlich aus den Erfahrungen, die man im vergangenen Konjunkturzyklus gemacht hat. Fraglich ist allerdings, ob aus den gemachten Fehlern wirklich Konsequenzen gezogen werden.

Manches spricht dafür, daß man am ehesten dort anzusetzen bereit ist, wo es am wenigsten nötig ist, nämlich bei den Instrumenten. Darauf deuten jedenfalls Informationen über Pläne zur Novellierung des Stabilitätsgesetzes hin.[33] So ist an erweiterte Möglichkeiten zur Bildung von Konjunkturausgleichsrücklagen gedacht; bisher durften sie höchstens 3 % der Steuereinnahmen des Vorjahres ausmachen. Ähnlich soll die Möglichkeit zur Kreditbeschränkung bei den Gebietskörperschaften (sog. „Schuldendeckel") verschärft werden; gegenwärtig kann die Kreditaufnahme höchstens auf 80 % des im Durchschnitt der letzten fünf Jahre in Anspruch genommenen Kredits beschränkt werden. Auch der auf 10 % begrenzte konjunkturpolitische Zuschlag zu den Einkommensteuern soll künftig höher sein können. Hinzu

[30] Daß sie stärker als bisher von der Wettbewerbspolitik flankiert werden müßte, ergibt sich aus den Ausführungen über Konzentration und kartell-analoges Verhalten. Vgl. dazu auch *Sachverständigenrat zur Begutachtung der gesamtwirtschaftlichen Entwicklung:* Währung, Geldwert, Wettbewerb, Jahresgutachten 1971/72, Stuttgart und Mainz 1971, Ziff. 377 ff.

[31] Vgl. dazu *Otto Schlecht:* Erfahrungen und Lehren aus dem jüngsten Konjunkturzyklus. In: Walter Eucken Institut, Vorträge und Aufsätze, Nr. 35, Tübingen 1972, bes. S. 38 f.

[32] Vgl. dazu *Hans-Jürgen Schmahl:* Globalsteuerung — Zwischenbilanz einer neuen Konjunkturpolitik. In diesem Jahrbuch, 16. Jahr (1971), S. 282 ff.

[33] Handelsblatt Nr. 25 vom 4./5. Februar 1972, S. 2.

kommen Erwägungen über neue oder modifizierte Instrumente der Kreditpolitik. Das Offenmarktgeschäft mit Nichtbanken soll ausgedehnt werden und selbst die Kreditplafondierung wird wieder erwogen. Schließlich ist hier auch das Bardepotgesetz zu nennen, das die Aufnahme von Auslandskrediten durch Unternehmen erschweren soll.

Prognosen mit vergrößerter Treffsicherheit wären ohne Frage wichtig als Entscheidungshilfe für eine wirkungsvollere Konjunkturpolitik. Doch hier sind die Möglichkeiten vorerst eng begrenzt. Verbesserungsfähig ist das statistische Instrumentarium. Ein methodischer „Durchbruch" dagegen, etwa durch Anwendung ökonometrischer Modelle, ist nicht zu erwarten.[34]

Bliebe also der politische Entscheidungsprozeß, der Bereich, in dem nach den bisherigen Erfahrungen die größten Mängel aufgetreten sind. Hier kann man offensichtlich nur darauf hoffen, daß mit der Zeit die Einsicht bei den Beteiligten wächst. Bezeichnend für die geringen Möglichkeiten auf diesem Gebiet sind die Vorschläge, die im Bundesministerium für Wirtschaft und Finanzen zur „Verbesserung des Entscheidungsprozesses" bereitgehalten werden: 1. der permanente Dialog über Diagnosen, Prognosen und Projektionen; 2. die stärkere Verzahnung der verschiedenen Beratungs-, Koordinierungs- und Entscheidungsgremien; 3. die frühzeitige Aufdeckung von Fehlentwicklungen und Fehlverhalten; 4. die Vermittlung der Einsicht, daß prophylaktisches Handeln weniger harte Eingriffe erfordert als zu spätes.[35] Dennoch wird der Ausweg, die politische Ad-hoc-Entscheidung durch Regelmechanismen zu ersetzen, offensichtlich nicht angestrebt. Interessanterweise stehen dabei im Vordergrund der Ablehnung nicht Sacheinwände, sondern politische Argumente: „Regierung und Parlament können sich in den parlamentarischen Demokratien ihrer Verantwortung für die Auswahl der anzustrebenden Ziele wie auch der dafür erforderlichen Mittel nicht entziehen und sie automatischen Reglern überlassen. Auch die Wahl der zu ergreifenden Mittel impliziert angesichts der vielfachen Interdependenzen schwerwiegende politische Entscheidungen."[36]

Alles in allem dürften die Aussichten für eine merkliche Verbesserung der Konjunkturpolitik im Sinne der Globalsteuerung also nicht sehr groß sein. „Wir müssen ... die Grenzen der Machbarkeit deutlicher sehen. Bei aller Verbesserung der diagnostischen und therapeutischen Methoden werden in einem demokratisch verfaßten Staat mit marktwirtschaftlicher Ordnung, pluralistischer Gruppengesellschaft mit den dazugehörigen Freiheitsspielräumen und den internationalen Bindungen immer wieder Fehler produziert, müssen Durststrecken und ein gewisses Quantum an Unvernunft hingenommen werden."[37]

---

[34] Diese Meinung vertritt auch *Schlecht*. Vgl.: Erfahrungen und Lehren aus dem jüngsten Konjunkturzyklus, a. a. O., S. 48.

[35] Ebenda, S. 48 ff.

[36] Ebenda, S. 40. Die „Auswahl der anzustrebenden (Haupt-)Ziele" ist durch das Gesetz (§ 1 Stab. Ges.) vorgegeben, ihre Rangfolge („gleichzeitig" = gleichrangig) auch. Offenbar meint *Schlecht* hier Zielkonfliktsituationen, die in der Tat die politische Entscheidung über Prioritäten erfordern.

[37] Ebenda, S. 66.

Schutzmaßnahmen gegen Konsequenzen der Geldentwertung

Wenn schon die Wahrscheinlichkeit einer weiteren Verstärkung des Preisauftriebs in mittelfristiger Sicht groß ist, dann wird es zunehmend wichtiger, die Möglichkeiten eines Schutzes vor unerwünschten Verteilungskonsequenzen der Geldentwertung zu prüfen. „Inflation ist Diebstahl", hat es *L. Albert Hahn* drastisch formuliert. In dieser Form gilt das Wort wohl am ehesten in der Beziehung zwischen Kreditnehmer und Geldsparer. Tatsache ist, daß der Kreditnehmer an der Geldentwertung „verdient", der Geldsparer aber verliert – es sei denn, der Zins, den der eine zahlt und der andere bekommt, enthielte einen kompensierenden „Geldentwertungszuschlag".
Daß überhaupt ein Geldentwertungszuschlag im Zins enthalten sei, ist heute wohl communis opinio. Für die Richtigkeit dieser Annahme spricht der in vielen Ländern zu beobachtende Zusammenhang, daß mit zunehmender Geldentwertungsrate auch ein höheres Zinsniveau verbunden ist. (Kurzfristige, mit dem Konjunkturzyklus und der Konjunkturpolitik zusammenhängende Schwankungen können hier unberücksichtigt bleiben.) Ein Beweis ist das natürlich nicht, sondern lediglich eine „Nichtfalsifizierung". Doch der Zusammenhang ist auch erklärbar. Bei steigender Geldentwertungsrate und gleichbleibendem Nominalzins sinkt der Realzins. Darauf steigt tendenziell die Kreditnachfrage und daraufhin der Zins. Fraglich ist aber, ob man tatsächlich von einer „Kompensation" der Geldentwertung durch den Geldentwertungszuschlag sprechen kann. Zumindest hinsichtlich des Zinssatzes für Spareinlagen mit gesetzlicher Kündigungsfrist, auf die 1971 immerhin noch rd. 59 % aller Spareinlagen entfielen,[38] gilt das keineswegs. Das zeigt folgende Gegenüberstellung.

Sparzins und Geldentwertung in der Bundesrepublik

	1963–67	*1968–71*
Durchschnittlicher Spar-Eckzins[a]	3,6	4,2
Durchschnittlicher Anstieg des LHK-Index[b]	2,7	3,4
Durchschnittlicher Realzins	0,9	0,8

[a] Zeitgewogener Durchschnitt nach Angaben der Deutschen Bundesbank.
[b] Preisindex für die Lebenshaltung eines 4-Personen-Haushalts mit mittlerem Einkommen.

Es zeigt sich zwar, daß mit der Anstiegsrate des Verbraucherpreisniveaus auch das Zinsniveau gestiegen ist. Aber der verbleibende Realzins ist nach wie vor so niedrig, daß man nicht von einer Kompensation der Geldentwertung sprechen kann. Allerdings ist diese Art der Realzinsrechnung vergröbernd, da sie an die „durchschnittliche Verwendung" des verfügbaren Einkommens der privaten Haushalte anknüpft, wie sie aus dem „Waren-

[38] *Deutsche Bundesbank:* Statistische Beihefte zu den Monatsberichten, Reihe 1, Bankenstatistik, September 1971, S. 71.

korb" des Preisindex für die Lebenshaltung hervorgeht. In welchem Maße Ersparnisse von der Geldentwertung betroffen sind, hängt aber vom tatsächlichen Verwendungszweck ab.

Empfindliche Konsequenzen hat die Geldentwertung für die sog. festen Einkommen. Diese Kategorie ist allerdings nur noch verhältnismäßig selten vertreten. Löhne und Gehälter werden im Normalfalle jährlich erhöht, wobei der Erhöhungssatz auch von der Preisanstiegsrate bestimmt wird. Die Sozial- und neuerdings auch die Kriegsopferrenten werden quasi-automatisch jährlich nach Maßgabe der durchschnittlichen Einkommensentwicklung der Beschäftigten erhöht. Allein aus dem time-lag der Anpassungssätze ergeben sich zuweilen Härten. So stiegen die Sozialrenten 1971 nur etwa ebenso stark wie die Verbraucherpreise, aber immerhin wenigstens so stark. Erfolgt eine Anpassung nicht, wie das z. B. häufig bei betrieblichen Pensionsleistungen und bei Rentenzahlungen aus privaten Versicherungsverträgen der Fall ist, dann vermindert sich der Realwert der Zahlungen laufend.

Die meisten Arbeits- und Transfereinkommen sind also bereits de facto dynamisiert. Miet- und Pachtverträge werden immer häufiger so gestaltet, daß sie in relativ kurzen Intervallen der allgemeinen Entwicklung angepaßt werden können.[39] Daher dürfte das Schwergewicht der Bemühungen auf den Schutz der Sparer gegen Folgen der Geldentwertung zu legen sein. Zu denken ist dabei sowohl an einen „Geldentwertungsbonus" auf Spareinlagen wie an wertgesicherte Anleihen. Die Rückwirkungen, die solche Schutzmaßnahmen ihrerseits auf den Prozeß der Geldentwertung haben könnten, sind umstritten. Sie reichen von der Befürchtung, der Prozeß würde dadurch beschleunigt, bis zur Annahme, er werde im Gegenteil dadurch gebremst werden. Diese Überlegungen sollen hier nicht nachvollzogen werden.[40] Wenn Schutzklauseln gegen Geldentwertungsfolgen den Geldentwertungsprozeß bremsen können, dann sollte ihre Einführung überlegt werden. Kommt man dagegen zu dem Ergebnis, sie würden das Gegenteil tun, dann bedeutet das m. a. W., daß die nicht geschützten Gruppen ein „Stabilisierungsopfer" bringen, das anderen zugute kommt. Mit welchem Recht kann man das verlangen? Die Forderung nach Schutz gegen Inflationsfolgen ist also mit dem Argument der Beschleunigung des Geldentwertungsprozesses nicht ohne weiteres abzuwehren.

Direkte Eingriffe in die Preis- und Einkommensbildung?

Je weniger die Stabilität mit den üblichen Mitteln der Wirtschaftspolitik – Geld- und Finanzpolitik, Einkommenspolitik der moral suasion – gewahrt werden kann, um so lauter wird die Forderung nach direkten Eingrif-

---

[39] Geldwertsicherungsklauseln sind gem. § 3 des Währungsgesetzes vom 20. Juni 1948 grundsätzlich nicht zulässig. Sie können aber von der Bundesbank genehmigt werden. Zu den Schuldverhältnissen, für die eine Genehmigung entweder überhaupt nicht oder nur unter bestimmten Voraussetzungen erteilt wird, gehören auch Miet- und Pachtverträge über Gebäude oder Räume. Vgl. dazu *Deutsche Bundesbank:* Monatsberichte, April 1971, S. 25 ff.

[40] Vgl. dazu *H. Timm:* Der Einfluß von Geldwertsicherungsklauseln auf Geldkapitalangebot und -nachfrage und auf die schleichende Inflation. In: Jahrbuch für Nationalökonomie und Statistik, Bd. 180 (1967), S. 313 ff., bes. S. 325 ff.

fen in den Prozeß der Preis- und Einkommensbildung. Das zeigt sich ganz deutlich an der neueren Entwicklung im Ausland. Zahlreiche Länder haben in den Jahren 1970—1971 zum Mittel des Lohn- und Preisstopps gegriffen.[41] Solche Maßnahmen können, kurzfristig und als „Flankenschutz“ für eine Ursachentherapie eingesetzt, durchaus angebracht sein.[42] Ansonsten aber sind sie reine Symptomkuren und tragen in sich die Tendenz zu immer weiterer Verlängerung. Man braucht kein Anhänger des *Hayek*schen Ölflecktheorems in seiner strengen Fassung zu sein, um zu dem Schluß zu gelangen, daß damit weitere Eingriffe an anderer Stelle notwendig werden dürften. Ein solcher Weg führt wohl mit einer gewissen Zwangsläufigkeit zu einer anderen Wirtschaftsordnung, als wir sie heute haben. Die Implikationen einer solchen Entwicklung können im Rahmen dieses Beitrags nicht einmal andeutungsweise aufgezeigt werden. Es ist lediglich darauf hinzuweisen, daß sich stabilitätspolitisch begründetes Verlangen nach einer anderen Wirtschaftsordnung trifft mit den ganz anders motivierten Forderungen nach „systemüberwindenden“ Reformen. Je weniger also die Stabilitätspolitik gelingt, desto größer wird der Druck in Richtung einer Veränderung der bestehenden Wirtschaftsordnung.

Summary

In 1971/72 for the first time there has been a stagflation in the FRG, i. e. a situation of stagnating production and continuing strong increase in prices. In the medium-term run the price increase already hat become stronger and stronger in the past. Measured by the average increase per business cycle — because of the close connection between business cycles and price development — there has been a continuous rise of the rate of increase in consumer prices. In the recent cycle ended in 1972 it has been most remarkable, that the time-lag between the peak of the business cycle and the peak of the rise in prices was much longer than in previous cycles.

A change in behavior of entrepreneurs and trade unions seems to be the major reason for the extended time-lag of prices compared with previous cycles. Social partners continued their struggle for the distribution of incomes even during stagnation of production and slight fall of employment, safeguarded by the socalled "guarantee for full employment" given by the government and proved by experience. In the meantime a new upswing of the business cycle has begun, while the rate of price increase has remained high. As "global steering" of the economy does not work sufficiently, there is little hope that it will be possible to reach lower rates of increase in prices. But even if government and Central Bank would succeed in preventing a new boom, only part of the problem would be solved. Changed behavior of social partners and special problems in certain sectors of the economy (f. i. the sharp rise in building prices and the need for higher prices in agriculture) even then will prevent a return to more moderate rates of price increase than on the average of the recent business cycle. Probably this will lead to claims for measures to meet the consequences of creeping inflation on distribution of incomes or even for a change of the economic system.

---

[41] Vgl. OECD, Economic Outlook, Nr. 10, Dezember 1971, S. 35 ff.

[42] *Arbeitsgemeinschaft deutscher wirtschaftswissenschaftlicher Forschungsinstitute:* Die Lage der Weltwirtschaft und der westdeutschen Wirtschaft im Frühjahr 1971, S. 14.

Finanzierung und Bilanzierung im Regierungsentwurf eines GmbH-Gesetzes

von

EDGAR CASTAN

I. Mindestbetrag des Stammkapitals

Zu den bereits im Geburtsjahr des geltenden GmbH-Gesetzes (1892) strittigen Normen gehört die Vorschrift über das Mindeststammkapital. Für eine Anhebung des nunmehr seit 80 Jahren unverändert gebliebenen Betrages (20 000 Mark, von denen bei Bargründung nur der 4. Teil vorhanden sein muß) sprechen gewichtige Gründe: Einmal kann davon ausgegangen werden, daß die Verschuldung der Unternehmen in Rechtsform der GmbH im Durchschnitt höher ist als die der Unternehmen in anderer Rechtsform, obwohl der Haftungsausschluß ihrer Gesellschafter eigentlich das Gegenteil erwarten ließe. Eine amtliche Bilanzstatistik (entsprechend der Statistik für die Aktiengesellschaften[1]) gibt es für die gegenwärtig eingetragenen rund 83 000 Gesellschaften m. b. H. zwar nicht. Verfügbar sind aber Zusammenstellungen der Deutschen Bundesbank, die als hinreichend repräsentativ angesehen werden können. Tab. 1 läßt erkennen, daß in 11 der untersuchten und vergleichbaren 15 Branchen[2] im Jahre 1967 der Verschuldungsfaktor (Jahresüberschuß und Abschreibungen in Prozent der Verbindlichkeiten abzüglich der flüssigen Mittel) der Gesellschaften m. b. H. ungünstiger (niedriger) lag als bei den Unternehmen der anderen Rechtsformen. Zumindest seit der Untersuchung von *Beaver*[3] kann davon ausgegangen werden, daß der Verschuldungsfaktor als Indikator künftiger Unternehmungskrisen allen anderen Bilanzkennzahlen überlegen ist. Für seine Verwendung spricht insbesondere, daß er durch die Bildung und Auflösung von stillen Rücklagen relativ wenig beeinflußt wird.

Die Vermutung, daß die GmbH im Durchschnitt krisenanfälliger ist, weil sie mit einem zu geringen Eigenkapital ausgestattet wird (oder weil man sie bevorzugt bei vergleichsweise hohem Unternehmungsrisiko wählt, ohne auf diese Tatsache bei der Bemessung des Eigenkapitals genügend Rücksicht zu nehmen), läßt sich mit Hilfe der Konkursstatistik erhärten: In den vergangenen 20 Jahren haben die Gesellschaften m. b. H. von allen Rechtsformen die höchste Insolvenzquote (Zahl der Insolvenzen bezogen auf den jeweili-

---

1 *Statistisches Bundesamt:* Fachserie C, Unternehmen und Arbeitsstätten, Reihe 2, Kapitalgesellschaften, I. Abschlüsse der Aktiengesellschaften (jährlich seit 1948).

2 In die Untersuchung einbezogen wurden 1020 Aktiengesellschaften, 5400 Gesellschaften m.b.H. und 30 500 sonstige Unternehmen (insbesondere Personenunternehmen und Genossenschaften), die gegenüber der Deutschen Bundesbank aus rediskontierten Wechseln verpflichtet sind.

3 *William H. Beaver:* Financial Ratios as Predictors of Failure. In: Empirical Research in Accounting. Selected Studies 1966 (Supplement to Vol. 4 of the Journal of Accounting Research, 1967, S. 71–111).

Tabelle 1 *Verschuldungsfaktoren*[1] *der in die Statistik der Deutschen Bundesbank einbezogenen Unternehmen nach Rechtsformen für das Jahr 1967*

Wirtschaftszweig	Rechtsform	Zentralwert	Streuung im Mittelbereich	
			unterer	oberer
			Quartalswert	
Chemische Industrie	AG	45,0	25,0	77,5
	GmbH	22,5	12,5	47,5
	Sonstige	35,0	20,0	67,5
Steine und Erden	AG	50,0	30,0	85,0
	GmbH	25,0	15,0	42,5
	Sonstige	40,0	22,5	72,5
Eisen-, Stahl-, NE-Metallerzeugung	AG	17,5	12,5	25,0
	GmbH	20,0	10,0	32,5
	Sonstige	25,0	15,0	47,5
Stahl- und Leichtmetallbau	AG	15,0	12,5	37,5
	GmbH	15,0	7,5	32,5
	Sonstige	27,5	15,0	55,0
Maschinenbau	AG	17,5	12,5	35,0
	GmbH	20,0	10,0	40,0
	Sonstige	30,0	17,5	60,0
Straßenfahrzeugbau	AG	40,0	17,5	70,0
	GmbH	20,0	12,5	55,0
	Sonstige	30,0	15,0	55,0
Elektrotechnik	AG	27,5	17,5	32,5
	GmbH	20,0	10,0	42,5
	Sonstige	32,5	17,5	70,0
EBM-Waren	AG	27,5	17,5	62,5
	GmbH	22,5	12,5	42,5
	Sonstige	32,5	17,5	67,5
Bekleidungsgewerbe	AG	15,0	10,0	. .
	GmbH	15,0	7,5	32,5
	Sonstige	25,0	12,5	55,0
Textil-, Polsterei-, Dekorateurgewerbe	AG	25,0	17,5	47,5
	GmbH	17,5	10,0	32,5
	Sonstige	27,5	15,0	55,0
Nahrungs- und Genußmittelgewerbe	AG	42,5	17,5	80,0
	GmbH	17,5	10,0	37,5
	Sonstige	25,0	15,0	42,5
Baugewerbe	AG	22,5	12,5	45,0
	GmbH	20,0	10,0	40,0
	Sonstige	35,0	20,0	62,5
Großhandel	AG	12,5	5,0	20,0
	GmbH	7,5	5,0	17,5
	eGmbH	7,5	5,0	10,0
	KG, OHG	17,5	10,0	37,5
	Einzelkfl.	20,0	10,0	45,0
Einzelhandel	AG	27,5	12,5	67,5
	GmbH	10,0	5,0	27,5
	eGmbH	12,5	7,5	20,0
	KG, OHG	22,5	12,5	42,5
	Einzelkfl.	22,5	12,5	42,5
Verkehr und Nachrichtenübermittlung	AG[2]	35,0	20,0	55,0
	AG[3]	25,0	17,5	37,5
	GmbH	22,5	12,5	47,5
	Sonstige	45,0	25,0	85,0

[1] Jahresüberschuß und Abschreibungen in % der Verbindlichkeiten abzüglich flüssige Mittel. Die Kennzahlen wurden für jeden einzelnen Jahresabschluß ermittelt und in festgelegten Abständen von je 2,5 %-Punkten gruppiert.
[2] Überwiegend in privatem Eigentum.
[3] Überwiegend im Eigentum der öffentlichen Hand.
Quelle: Monatsberichte der Deutschen Bundesbank, Jg. 22 (1970), H. 4, S. 30.

gen Bestand an Unternehmen) aufzuweisen gehabt (vgl. Tab. 2). Bei diesen Zahlen ist noch zu berücksichtigen, daß die nichttätigen Unternehmen bei den Gesellschaften m. b. H. weitaus stärker vertreten sind als bei den anderen Rechtsformen. Berücksichtigt man den gegenüber 1892 ungleich größeren Kapitalbedarf der Unternehmen und die verminderte Kaufkraft der Währungseinheit, dann nimmt der Gesetzgeber bei unverändertem Mindeststammkapital heute eine sehr viel höhere Verschuldung in Kauf als vor 80 Jahren.

Tabelle 2 *Konkurse und Vergleichsverfahren nach Rechtsformen, in absoluten Zahlen und ‰ der jeweiligen Anzahl der Gesellschaften am Jahresende 1950, 1960–1969*

Jahr	OHG/KG		GmbH		eGmbH		AG/KGaA	
	absol.	‰	absol.	‰	absol.	‰	absol.	‰
1950	587	7,6	826	41,1	10	3,9	47	2,7
1960	241	–	232	6,6	2	0,9	3	0,2
1961	244	2,5	245	6,3	7	3,0	4	0,2
1962	233	2,5	263	6,4	1	0,4	1	0,05
1963	326	–	323	6,9	6	2,4	1	0,05
1964	288	–	356	7,1	6	2,4	3	0,1
1965	246	–	338	6,2	8	3,2	2	0,09
1966	431	–	464	8,0	12	5,0	4	0,2
1967	560	4,6	598	9,6	6	2,5	3	0,1
1968	368	3,0	474	7,0	5	2,2	4	0,2
1969	336	2,7	508	6,9	2	0,9	3	0,1

Quelle: *Edgar Castan:* Rechtsformen der Betriebe, Stuttgart 1968, S. 81 (ergänzt).

Gegen eine Heraufsetzung des Mindeststammkapitals werden am häufigsten drei Argumente vorgebracht: (1) Die überwiegende Mehrzahl der bestehenden Gesellschaften m. b. H. verfüge nur über ein Stammkapital von 20 000 DM, ohne daß so ernsthafte wirtschaftliche Schwierigkeiten eingetreten seien, daß eine Heraufsetzung des Mindeststammkapitals unausweichlich wäre.[4] (2) Die GmbH werde nicht selten als Rechtsform für besondere Vereinigungen oder Einrichtungen verwandt, für die nicht stets ein Stammkapital von mehr als 20 000 DM erforderlich erscheine.[5] (3) Eine Erhöhung würde einer späteren Harmonisierung in der EWG entgegenstehen, da das Mindeststammkapital in den Partnerländern durchweg niedriger angesetzt sei.[6] Der erste Einwand dürfte durch die Konkursstatistik widerlegt sein. Wem die Zahl von jährlich 500 in der Hochkonjunktur zusammenbrechenden Gesellschaften m. b. H. noch nicht Anlaß genug für eine Gesetzesänderung ist, der setzt offenbar ein erhebliches Vertrauen in die „Selbstreini-

[4] Begründung des Regierungsentwurfs eines GmbH- Gesetzes vom 5. 11. 1971 (Bundesratsdrucksache 595/71), S. 87.

[5] Deutscher Industrie- und Handelstag, Bundesverband der Deutschen Industrie, Bundesverband deutscher Banken, Bundesvereinigung der Deutschen Arbeitgeberverbände, Gesamtverband der Versicherungswirtschaft, Hauptgemeinschaft des Deutschen Einzelhandels, Bundesverband des Deutschen Groß- und Außenhandels: Gefahr für die GmbH, Bonn 1969, S. 24.

[6] Ebenda, S. 26.

gungskraft des Marktes". In Anbetracht der Insolvenzfolgen für Arbeitnehmer, Lieferanten und wirtschaftlich schwache Geldgeber (z. B. die sogenannten Bau„herren" von Einfamilienhäusern) ist man dabei allerdings nicht zimperlich.

Die Denkschrift der Unternehmerverbände führt Betriebe im Dienstleistungssektor, Franchise-Unternehmen, Verwaltungs- und Warenzeichengesellschaften an, für die ein Stammkapital von mehr als 20 000 DM zu hoch sei. *Barz*[7] verlängert diese Liste noch um Pensions- und Unterstützungskassen, religiöse, karitative, gesellschaftliche und soziale Zusammenschlüsse sowie die Komplementär-GmbH. Die letztere sollten wir gleich aus dem Spiel lassen, da „Unternehmungen", die lediglich in den Handelsregister- und Steuerakten existieren, schwerlich etwas zum Bild eines gesetzlichen Normaltypus beitragen können. Im übrigen bestreitet niemand, daß in den anderen erwähnten Fällen ein Betriebskapital von 20 000 DM ausreichend sein kann. Damit wird aber nicht die Frage beantwortet, ob nicht auch dort eine zusätzliche Haftsumme (Garantiekapital) aus Gründen des Gläubigerschutzes und der Unternehmungssicherung wünschenswert wäre. An dieser Stelle müßte die Frage nach dem Sinn der Haftungsbeschränkung im Kleinbetrieb gestellt werden. Gewiß kann dieser nicht im Schutz derjenigen Unternehmer gesehen werden, die „durch die gegenwärtigen wirtschaftlichen Bedingungen überfordert"[8] sind. Eine Vertiefung müssen wir uns hier versagen.[9]

Bei einem internationalen Rechtsvergleich ist es meistens nutzlos, Gesetzesteile isoliert zu betrachten. Wird im hier interessierenden Fall aber mehr als nur der Betrag des Mindeststammkapitals in den Vergleich einbezogen, dann wird deutlich, daß die der deutschen GmbH vergleichbaren Assoziationen in den übrigen EWG-Staaten stärker personalistisch ausgestaltet sind als in der Bundesrepublik[10]. Zuweilen setzt ihre Entstehung auch eine behördliche Genehmigung des Gesellschaftsvertrages voraus. Die Frage nach dem Mindeststammkapital wird natürlich anders beantwortet werden können, wenn z. B. die Gesellschafter oder Geschäftsführer unter bestimmten Umständen persönlich zur Schuldendeckung herangezogen werden können.

Im Gegensatz zum Referentenentwurf des GmbH-Gesetzes[11], der eine Er-

---

[7] *Carl Hans Barz:* Kapitalfragen im Referentenentwurf eines GmbH-Gesetzes. In: GmbH-Reform, Bd, 1 der Schriftenreihe Rechtspolitik und Gesetzgebung, Bad Homburg-Berlin-Zürich 1970, S. 38.

[8] *Jutta Limbach:* Der Referentenentwurf eines neuen GmbH-Gesetzes und die Rechtswirklichkeit. In: GmbH-Reform, a. a. O., S. 22.

[9] Weiterführend *Fritz Fabricius:* Das Stammkapital der GmbH – Zur Frage seiner Rechtfertigung und der Rechtfertigung seiner Höhe. In: GmbH-Rundschau, 61. Jg. (1970), S. 137–144; *Herbert Wiedemann:* Haftungsbeschränkung und Kapitaleinsatz in der GmbH. In: Die Haftung des Gesellschafters in der GmbH, Berlin 1968, S. 5 bis 61; *Karl Winkler*: Die Haftung der Gesellschafter einer unterkapitalisierten GmbH. In: Der Betriebs-Berater, 24. Jg. (1969), S. 1202–1207.

[10] Vgl. z. B. *Wolfgang Däubler:* Die niederländische NV. In: GmbH-Rundschau, 56. Jg. (1965), S. 170–174; *Ernst Metzger:* Die GmbH in Frankreich, ebenda, 58. Jg. (1967), S. 177–188; *Johannes Bärmann:* Das GmbH-Recht der EWG-Staaten im Vergleich zum Referentenentwurf eines GmbH-Gesetzes, ebenda, 60. Jg. (1969), S. 197–202; Jura Europae: Das Recht der Länder der Europäischen Wirtschaftsgemeinschaft, Bd. I: Gesellschaftsrecht, München-Berlin-Paris, Loseblattwerk (seit 1964).

[11] *Bundesministerium der Justiz* (Hrsg.): Referentenentwurf eines Gesetzes über Gesellschaften mit beschränkter Haftung, Köln-Marienburg 1969.

höhung des Mindeststammkapitals auf 50 000 DM vorgesehen hatte, kehrt der Regierungsentwurf zum ursprünglichen Betrag von 20 000 DM zurück. Nach den vorstehenden Ausführungen kann diese Entscheidung nur bedauert werden. Ein bescheidener Trost mag darin gesehen werden, daß der Mindestbetrag künftig in voller Höhe einbezahlt werden soll.

II. Gesellschafterdarlehn

Kaum weniger lange umstritten als das Mindeststammkapital (und mit diesem logisch verbunden) ist der Kapitalcharakter der Gesellschafterdarlehn. Aus der Sicht der Gesellschafter spricht nämlich fast alles dafür, einen zusätzlichen Kapitalbedarf statt über eine Erhöhung des Stammkapitals mit Hilfe von Gesellschafterdarlehn zu decken: Die Darlehnsgewährung ist schnell und diskret, sie bedarf keiner Satzungsänderung und läßt die Stimmenverteilung in der Gesellschafterversammlung unberührt. Bei einer Verschlechterung der wirtschaftlichen Situation können dem Gesellschafter nachträglich Sicherungen gewährt werden. Im Falle des Zusammenbruchs stellt das Darlehn grundsätzlich kein haftendes Kapital dar. Unter steuerlichem Aspekt stellen sich Darlehnszinsen als Betriebsausgaben dar, während Dividenden aus dem versteuerten Gewinn bezahlt werden müssen. Darüber hinaus läßt das Darlehn – im Gegensatz zu einer Erhöhung des Stammkapitals – den Einheitswert des Betriebsvermögens unberührt. Schließlich unterliegt das Darlehn normalerweise auch nicht der Kapitalverkehrsteuer. So ist es nicht verwunderlich, daß es Gesellschaften m. b. H. gibt, die neben dem Mindeststammkapital von 20 000 DM Gesellschafterdarlehn von mehreren Millionen DM ausweisen. Gesetzgebung und Rechtsprechung haben in der Vergangenheit Teillösungen erarbeitet, mit denen der Kapitalcharakter der Gesellschafterdarlehn unter bestimmten Voraussetzungen geändert bzw. die Darlehn der Kapitalverkehrsteuer unterworfen werden konnten.

Da es eine gesetzliche Verpflichtung zur angemessenen Ausstattung der Unternehmung mit haftendem Kapital nicht gibt, konnte die Rechtsprechung in Zivilsachen aber nur diejenigen (seltenen) Fälle erfassen, in denen eine Schädigung der Gläubiger beabsichtigt bzw. in Kauf genommen wurde oder in denen ein schwerwiegender Verstoß gegen Treu und Glauben nachzuweisen war. Die Darlehnsgewährung begründet eine Schadenersatzpflicht des Darlehnsgebers, wenn sie mit dem Vorsatz geschieht, Dritte zu schädigen: Der Darlehnsgeber ist zugleich Geschäftsführer der GmbH und hat durch das Darlehn eine Konkursverzögerung erreicht oder er hat leichtsinnigerweise den Betrieb fortgesetzt, obwohl ihm die Unterkapitalisierung hätte bekannt sein müssen. Die Rückforderung kann gegen den Treu- und Glaubensgrundsatz verstoßen, wenn sich der Gesellschafter durch die Rückforderung zu seinem eigenen Verhalten bei Darlehnsgewährung in Widerspruch setzt: Der Gesellschafter hat das Darlehn in der erklärten Absicht gewährt, hiermit eine Sanierung zu ermöglichen. Solange diese nicht gelungen ist, kann eine Rückforderung nicht in

Frage kommen.[12] Die Masse der Fälle von Gesellschafterdarlehn wird über die Normen des BGB (§§ 242 oder 826) aber nicht erfaßt.[13]

Gesellschafterdarlehn werden vom Kapitalverkehrsteuergesetz (§ 3) wie Zuführungen von Beteiligungskapital behandelt, wenn sie „eine durch die Sachlage gebotene Kapitalzuführung" ersetzen. Diese Formulierung ist seit rd. 40 Jahren umstritten. Bis 1963 orientierte sich die steuerliche Rechtsprechung überwiegend an der Fristigkeit des Darlehns und der Einhaltung der sogenannten goldenen Bilanzregel. Sie ließ allerdings zunehmend Ausnahmen von dieser angeblichen Norm zu. Im Jahre 1969 revidierte der BFH dann seinen Standpunkt grundsätzlich.[14] Das Gesellschafterdarlehn wird für die Kapitalverkehrsteuer nunmehr wie eine Zuführung von Beteiligungskapital behandelt, wenn das Unternehmen ohne die Zuführung von Eigenkapital in dem vorgesehenen Umfang nicht hätte fortgeführt werden können. Über diesen Mindestrahmen hinaus ist ein Gesellschafterdarlehn kapitalverkehrsteuerpflichtig, wenn eine Fremdfinanzierung in diesem Zeitpunkt als unordentliches Geschäftsgebaren anzusehen gewesen wäre.[15]

Der Referentenentwurf eines GmbH-Gesetzes hatte zunächst versucht, durch Übernahme von Begriffen des Kapitalverkehrsteuergesetzes einen Teil der Gesellschafterdarlehn im Konkurs in haftendes Eigenkapital umzudefinieren. Um dem Konkursverwalter den Nachweis der Unterkapitalisierung zu erleichtern, führten die Referenten einige Fiktionen und Rechtsvermutungen ein. Dieser Vorschlag ist auf viel Kritik gestoßen.[16] Der Regierungsentwurf beschränkt sich jetzt auf eine Generalklausel. Beispielhaft soll im Gesetz lediglich der Fall erwähnt werden, daß das Darlehn dazu diente, die Zahlungsunfähigkeit der Gesellschaft abzuwenden oder hinauszuschieben. Im übrigen soll – wie im Kapitalverkehrsteuergesetz – auch das entsprechende Darlehn eines Dritten, für das der Gesellschafter

---

[12] BGH-Urt. II ZR 187/57 vom 14. 12. 1959, BGHZ 31, 258.

[13] Weiterführend *Günther Wüst:* Gläubigerschutz bei der GmbH, Stuttgart-Berlin 1966; *Paul Hofmann:* Zum Durchgriffs-Problem bei der unterkapitalisierten GmbH. In: Neue Juristische Wochenschrift, 19. Jg. (1966), S. 1941–1946; *Hans Jürgen Sonnenberger:* Das Dahrlehn des GmbH-Gesellschafters als Mittel der Gesellschaftsfinanzierung, ebenda, 22. Jg. (1969), S. 2033–2038; *Karl Winkler:* a. a. O., S. 1202; *Christoph Kamm:* Gesellschafterdarlehn an Kapitalgesellschaften, Düsseldorf 1970.

[14] BFH-Urt. vom 3. 12. 1969, II 162 65, BStBl. II 1970, S. 279 (Der Betrieb, 23. Jg. (1970), S. 1205, mit Anmerkungen) und vom 3. 12. 1969, II R 2/68, BStBl. II 1970, S. 289 (Der Betrieb, 23. Jg. (1970), S. 1207).

[15] Vgl. *Karl F. Bachmayr:* Neue Gesellschaftsteuer-Rechtsprechung zum Gesellschafterdarlehn. In: Der Betrieb, 23. Jg. (1970), S. 1848–1854; *Kurt Messmer:* Die durch die Sachlage gebotene Kapitalzuführung. In: Der Betriebs-Berater, 25. Jg. (1970), S. 1057–1066; *Anton Gregor Conze:* Abgrenzung zwischen steuerfreien und steuerpflichtigen Gesellschafterdarlehn, ebenda, 16. Jg. (1971), S. 513–519.

[16] Vgl. *Marcus Lutter:* Rechtsverhältnisse zwischen den Gesellschaftern und der Gesellschaft. In: Probleme der GmbH-Reform, H. 25 der Schriftenreihe Rechtsfragen der Handelsgesellschaften, Köln 1969, S. 63–95; *Balduin Kamprad:* Die Behandlung von Gesellschafterdarlehn in dem Referentenentwurf eines GmbH-Gesetzes. In: GmbH-Rundschau, 60. Jg. (1969), S. 168–175; *Eberhard Luckan* und *Knut Schacht:* Gläubigerschutz, Publizität und Haftung. In: Der Betrieb, 23. Jg. (1970), S. 1449 – 1457.

eine Sicherheit geleistet oder für das er sich verbürgt hat, in die Regelung miteinbezogen werden.

Der Regierungsentwurf will Gesellschafterdarlehn im Konkurs über das Vermögen der GmbH oder im Vergleichsverfahren zur Abwendung des Konkurses wie Eigenkapital behandeln, wenn das Darlehn in einem Zeitpunkt gewährt worden ist, „in dem ihr die Gesellschafter als ordentliche Kaufleute Eigenkapital zugeführt hätten" (§ 49 Abs. 1 RegE). Für die Praxis brauchbar wird diese Formulierung allerdings nur werden können, wenn es gelingt, Verschuldungsgrenzen zu definieren, von deren Überschreiten ab eine erhöhte Gläubigergefährdung angenommen werden kann. Hierzu werden die viel kritisierten[17] allgemeinen Finanzierungsregeln wenig beitragen können und die Theorie der optimalen Kapitalstruktur auch nicht. Ebenso wie die Grundsätze ordnungsmäßiger Buchführung nicht der Bilanzpolitik dienen (auch wenn sie ihr nicht immer im Wege stehen), so richtet sich auch die Bestimmung einer Verschuldungsgrenze nicht am jeweiligen Ziel der Unternehmensleitung aus, sondern sie dient zunächst den Interessen derjenigen, die der Unternehmung Kapital oder Arbeitskraft zur Verfügung gestellt haben, ohne merklichen Einfluß auf die Geschicke des Unternehmens nehmen zu können. Das Mindesteigenkapital in diesem Sinne ist wesentlich abhängig von der Höhe des in einem überschaubaren Zeitraum wahrscheinlichen Jahresfehlbetrages.[18] Das Verlustrisiko schwankt mit der Branche, der konjunkturellen Entwicklung, der Unternehmungsgröße und bestimmten Strukturmerkmalen der Unternehmung. Wenn davon ausgegangen werden kann, daß die Tendenz besteht, die Höhe des Eigenkapitals dem Unternehmungsrisiko anzupassen, dann könnten die Branchen mit Hilfe der Bilanzstatistik (z. B. über den Verschuldungsfaktor) in Risikoklassen eingeteilt werden, für die unterschiedliche Verschuldungsgrenzen (aufgeteilt nach Unternehmungsgrößenklassen und Strukturmerkmalen, z. B. der Rechtsform) bestimmbar wären. Im Einzelfall würde dies nicht bedeuten, daß eine Unternehmung, die z. B. in Übereinstimmung mit dem unteren Quartilswert des Mittelbereichs (vgl. Tab. 1) finanziert wurde, nicht in Konkurs fallen kann. Illiquidität kann auch bei ausreichendem Eigenkapital eintreten (allerdings ist dies weniger wahrscheinlich, da ausreichendes Eigenkapital in der Regel eine kurzfristige Kreditaufnahme ermöglicht). Soweit die Insolvenz auf Finanzierungsfehler zurückzuführen ist, wird man dann aber zumindest sagen können, daß auch andere Kaufleute in der vergleichbaren Situation denselben Fehler gemacht hätten. Mehr wird im Interesse der Gläubiger, der Minderheitsgesellschafter und der Beschäftigten nicht verlangt werden

---

[17] Es finden sich allerdings auch immer wieder Verteidiger. Vgl. z. B. *Günter Flohr:* Insolvenzen von Unternehmen (Ursachen und Möglichkeiten der Vorsorge). In: Neue Betriebswirtschaft, 24. Jg. (1971), S. 60.

[18] In eine ähnliche Richtung weisen die Ausführungen von *Karl-Heinz Maul* (Bemerkungen zum Gläubigerschutz im Rahmen der aktienrechtlichen Rechnungslegung und einer verschuldungsgradbedingten Ausschüttungsregelung. In: Die Wirtschaftsprüfung, 21. Jg. (1968), S. 537–542, insbes. S. 540). Vgl. hierzu auch *Karl Schwantag:* Eigenkapital als Risikoträger. In: Zeitschrift für handelswissenschaftliche Forschung, 15. Jg. (1963), S. 218–231.

können.[19] In diesem Zusammenhang sei daran erinnert, daß es seiner Zeit (1962) auch gelungen ist, detaillierte Grundsätze zu entwickeln, nach denen das Bundesaufsichtsamt für das Kreditwesen die Ausstattung der Kreditinstitute mit Eigenkapital „im Interesse der Erfüllung ihrer Verpflichtungen gegenüber ihren Gläubigern" beurteilt.[20]

III. Publizität und Pflichtprüfung des Jahresabschlusses

Anders als der Referentenentwurf, der im Vergleich mit den aktienrechtlichen Bestimmungen grundsätzlich geringere Anforderungen für die Rechnungslegung der GmbH vorgesehen hatte, trennt der Regierungsentwurf zwischen nationalen Anforderungen und Vorschriften, die aus einer erwarteten[21] EWG-Richtlinie übernommen werden sollen.

Die Einführung einer Offenlegungspflicht auch für den Jahresabschluß der GmbH war bereits in der ersten EWG-Richtlinie vorgesehen worden.[22] Die Pflicht zur Anwendung dieser Bestimmung wurde jedoch bis zum Zeitpunkt der Anwendung einer Richtlinie aufgeschoben, die Vorschriften zum Inhalt des Jahresabschlusses enthalten und diejenigen Gesellschaften bezeichnen soll, die von der Pflicht zur Offenlegung des gesamten oder eines Teiles des Jahresabschlusses befreit sind. Ein Entwurf dieser Richtlinie ist soeben erschienen.[23] Eine vollständige Befreiung von der Offenlegungspflicht sieht er nicht vor. Abgestuft nach Größenmerkmalen werden lediglich Objekt und Mittel der Publizität sowie die Verpflichtung zur

---

[19] Anderer Ansicht ist *J. Wolany*, der glaubt, mit Hilfe des § 826 BGB bessere Ergebnisse erzielen zu können „als mit der betriebswirtschaftlichen Idee einer unrichtigen Finanzierung" (Buchbesprechung zu Wüst. In: Zeitschrift für das gesamte Handelsrecht und Wirtschaftsrecht, Bd. 129 (1967), S. 339).

[20] *O. Verf.:* Die Grundsätze über das Eigenkapital und die Liquidität der Kreditinstitute gemäß §§ 10 und 11 des Gesetzes über das Kreditwesen. In: Monatsberichte der Deutschen Bundesbank, Januar 1962, S. 3–17.

[21] Eine Verweisung des nationalen Rechtes auf zukünftige EWG-Richtlinien ist juristisch bedenklich. Aus diesem Grunde mußte die Bundesregierung davon ausgehen, daß die erwartete EWG-Richtlinie „etwa zugleich mit dem neuen deutschen GmbH-Gesetz in Kraft treten kann" (Begründung, a. a. O., S. 82). Vgl. hierzu *Gerhard Rambow:* Probleme bei der Durchführung von Richtlinien der EWG. In: Deutsches Verwaltungsblatt, 83. Jg. (1968), S. 445–454, insbes. S. 447.

[22] Artikel 2 Abs. 1 Ziff. f der Ersten Richtlinie des Rates vom 9. 3. 1968 zur Koordinierung der Schutzbestimmungen, die in den Mitgliedstaaten den Gesellschaften im Sinne des Artikels 58 Absatz 2 des Vertrages im Interesse der Gesellschafter sowie Dritter vorgeschrieben sind, um diese Bestimmungen gleichwertig zu gestalten (Amtsblatt der Europäischen Gemeinschaften vom 14. 3. 1968 Nr. L 65/9). Vgl. hierzu *Marcus Lutter:* Die erste Angleichungsrichtlinie zu Art. 54 Abs. 3 Lit g EWGV und ihre Bedeutung für das geltende deutsche Unternehmensrecht. In: Europarecht, 4. Jg. (1969), S. 1–19; *Jürgen Einmahl:* Die erste gesellschaftsrechtliche Richtlinie des Rates der Europäischen Gemeinschaften und ihre Bedeutung für das deutsche Aktienrecht. In: Die Aktiengesellschaft, 14. Jg. (1969), S. 131–139 und 167–173.

[23] Vorschlag einer Vierten Richtlinie des Rates aufgrund von Artikel 54 Absatz 3 Buchstabe g zur Koordinierung der Schutzbestimmungen, die in den Mitgliedstaaten den Gesellschaften im Interesse der Gesellschafter sowie Dritter hinsichtlich der Gliederung und des Inhalts des Jahresabschlusses und des Lageberichts sowie hinsichtlich der Bewertungsmethoden und der Offenlegung dieser Dokumente vorgeschrieben sind (Bundestagsdrucksache VI/2875 vom 7. 12. 1971). Vgl. hierzu *Klaus Offerhaus:* Die Rechnungslegungsvorschriften nach dem Vorschlag der EWG-Kommission. In: Der Betrieb, 25. Jg. (1972), S. 397–402.

Prüfung des Jahresabschlusses variiert (vgl. Tab. 3). Für Kreditinstitute und Versicherungen wird eine besondere Richtlinie vorbereitet.

Tabelle 3 *Die Publizitätspflicht der GmbH nach dem EWG-Richtlinien-Entwurf*

Unternehmungsgröße[1]			Prüfung und Veröffentlichung		
Bilanzsumme	Jahresumsatz	Beschäftigte	Publizitätsobjekt	Pflichtprüfung	Publizitätsmittel
bis 100 000 RE	bis 200 000 RE	bis 20	verkürzte Bilanz m. Erläuterungen	nein	Handelsregister
über 100 000 bis 1 Mill. RE	über 200 000 bis 2 Mill. RE	über 20 bis 100	vollständige Bilanz mit Erläuterungen, verkürzte G+V-Rechnung sowie Prüfungsbericht	ja	Handelsregister
über 1 Mill. RE	über 2 Mill. RE	über 100	vollständige Bilanz und G+V-Rechnung mit Erläuterungen sowie Prüfungsbericht	ja	Handelsregister und Bundesanzeiger

[1] Von den drei genannten Merkmalen braucht zunächst nur eines zuzutreffen. Falls die Grenze eines der Merkmale überschritten wird, kann später eine Rückstufung nur dann vorgenommen werden, wenn für 2 aufeinanderfolgende Geschäftsjahre alle drei Merkmale der niedrigeren Stufe zutreffen.

Wird der Richtlinien-Entwurf in der vorgelegten Fassung angenommen, dann dürfte sich eine nationale Regelung des Jahresabschlusses von Kapitalgesellschaften insoweit erübrigen, da den Unternehmen nicht zugemutet werden kann, getrennte Abschlüsse nach nationalem und internationalem Recht aufzustellen. Für einen doppelten Abschluß besteht auch sachlich nicht das geringste Bedürfnis.

Die Publizität des Jahresabschlusses liegt im Interesse der Gläubiger und der Beschäftigten, bei Unternehmen von volkswirtschaftlicher Relevanz auch in dem der Öffentlichkeit.[24] Allerdings kann die Frage der Publizität nicht getrennt von derjenigen nach der Prüfung des Jahresabschlusses beantwortet werden, da die Veröffentlichung eines nichtgeprüften Abschlusses nicht sinnvoll ist.[25] Mit der Pflichtprüfung sind Kosten verbunden, die

[24] Weiterführend *Edgar Castan:* Zur Frage der Einführung einer Publizitätspflicht für alle Großunternehmen. In diesem Jahrbuch, 13. Jahr (1968), S. 191–209.

[25] So auch *Karl-Heinz Forster:* Rechnungslegung und Publizität. In: GmbH-Reform, a. a. O., S. 124; *Fritz Rittner:* Die handelsrechtliche Publizität außerhalb der Aktiengesellschaft. In: Verhandlungen des 45. Deutschen Juristentages, München-Berlin 1964, S. 145; *Lutz Fischer:* Zur Pflichtprüfung und Publizität der Jahresabschlüsse nach dem Referentenentwurf eines GmbH-Gesetzes. In: Der Betrieb, 23. Jg. (1970), S. 504.

wiederum von der Qualität der Prüfung und der Qualifikation der Prüfer abhängen. Das Bundesjustizministerium ging offenbar zunächst davon aus, daß die Prüfung des Jahresabschlusses der Gesellschaften m. b. H. der aktienrechtlichen Pflichtprüfung vergleichbar sein müsse. Der Referentenentwurf sah als Prüfer nur Wirtschaftsprüfer (und die nur noch verhältnismäßig wenigen vereidigten Buchprüfer) vor. Der Regierungsentwurf schob die Entscheidung über den Kreis der Prüfer dann dem Ministerrat der EWG zu und die Verfasser des EWG-Richtlinien-Entwurfs wollen den Schwarzen Peter nunmehr dem nationalen Gesetzgeber zurückgeben: Nach den EWG-Vorstellungen soll der Jahresabschluß durch eine Person oder mehrere Personen geprüft werden, „die auf Grund des nationalen Rechts zur Prüfung des Jahresabschlusses zugelassen sind" (Art. 49). Eine Parteinahme für den Berufsstand der Wirtschaftsprüfer war mit dieser Formulierung nicht beabsichtigt[26], zumal niemand leugnen kann, daß Prüfungen des Jahresabschlusses (auf ihre Übereinstimmung mit den gesetzlichen Anforderungen) auch von den Angehörigen der steuerberatenden Berufe (und den Betriebsprüfern des Finanzamtes) durchgeführt werden.

Eine gegenüber der aktienrechtlichen Pflichtprüfung modifizierte Prüfung der Gesellschaften m. b. H. drängt sich zunächst aus Kostengründen auf. Eine Prüfung nach aktienrechtlichen Grundsätzen würde die Mehrzahl der betroffenen Unternehmen in einem Maße belasten, das in einem deutlichen Mißverhältnis zum Nutzen der Prüfung steht. Einen Ausweg aus dieser Situation hat *Wehage*[27] gezeigt. Nach seiner Auffassung werden gegenwärtig rd. 30 000 Gesellschaften m. b. H. von den Steuerberatern und Steuerbevollmächtigten betreut. Zu diesem Mandat gehörten in der Regel auch die Aufstellung des Jahresabschlusses und die Erteilung eines Abschluß- und Prüfungsvermerkes, so daß nach seiner Auffassung hier nicht mit zusätzlichen Kosten gerechnet zu werden brauche. Erweitert man den Kreis der prüfungspflichtigen Gesellschaften in dem von dem EWG-Richtlinien-Entwurf vorgesehenen Umfang, dann wird man um eine Einbeziehung der Angehörigen der steuerberatenden Berufe in den Kreis der Prüfer auch deshalb kaum herumkommen, da die Kapazität der Wirtschaftsprüfer und der Wirtschaftsprüfungsgesellschaften dem Bedarf auf absehbare Zeit nicht angepaßt werden könnte.[28] Die Zahl der Pflicht-

[26] Vgl. Begründung des Entwurfs, a. a. O., S. 30.

[27] *Helmut Wehage:* Gedanken zum Referentenentwurf eines neuen GmbH-Gesetzes. In: Deutsche Steuerrundschau, 7. Jg. (1969), S. 440.

[28] Aus grundsätzlichen Erwägungen ablehnend *Hermann Greiffenhagen:* Anmerkungen zur Publizität und Rechnungslegung des Referentenentwurfs eines GmbH-Gesetzes. In: GmbH-Rundschau, 60. Jg. (1969), S. 204. *Gessler* spricht demgegenüber von einem unerläßlichen Bestandsschutz für die Angehörigen der steuerberatenden Berufe, soweit sie bisher schon an der Prüfung der materiellen Richtigkeit von Jahresabschlüssen mitgewirkt haben. (*Ernst Gessler:* GmbH-Reform. In: Steuer-Kongreß-Report 1970, München 1970, S. 314). *Elmendorff* vertritt die Auffassung, daß die Heranziehung von Personen zur Abschlußprüfung der GmbH, die nicht die Anforderungen eines aktienrechtlichen Pflichtprüfers erfüllen, sich auf kleinere Gesellschaften und eine Übergangszeit beschränken müsse (*Wilhelm Elmendorff:* Die Rechnungslegungsvorschriften nach dem Vorschlag einer 4. Richtlinie der Kommission der Europäischen Gemeinschaften. In: Die Wirtschaftsprüfung, 25. Jg. (1972), S. 39).

mandate dürfte sich bei der Grenzziehung des EWG-Richtlinien-Entwurfs mindestens verzehnfachen.[29] Behält man diese Grenze bei, dann sollte auf eine Publizität des Jahresabschlusses der kleineren Gesellschaften verzichtet werden.

IV. Vollständigkeit des Jahresabschlusses

1. Der Regierungsentwurf konkretisiert – wie schon zuvor der Referentenentwurf – den Grundsatz der Bilanzvollständigkeit durch Übernahme der entsprechenden Detailregelungen aus dem Aktiengesetz. Zum Teil handelt es sich dabei lediglich um Kodifizierungen von Grundsätzen ordnungsmäßiger Buchführung. Dies gilt jedenfalls für das Verbot der Aktivierung des originären Firmenwertes, der Erweiterungs- und Umstellungskosten sowie der antizipativen Rechnungsabgrenzungsposten im weiteren Sinne. Sachlich nicht ausreichend begründet erscheint dagegen das aktienrechtliche Verbot der Aktivierung selbst geschaffener immaterieller Anlagewerte (insbesondere Patente, Lizenzen, Urheberrechte).[30] Die Bewertungsschwierigkeiten sind bei selbst geschaffenen immateriellen Anlagegütern (soweit es sich nicht um sogenannte Grundlagenforschung handelt) nicht größer als bei der unfertigen und fertigen Produktion. Das Vorsichtsprinzip allein ist noch kein Bilanzierungsgrundsatz, zumal es im üblichen Sprachgebrauch viel zu allgemein formuliert ist, um zu objektiv nachprüfbaren Bilanzansätzen zu führen. Im übrigen ist es nicht verständlich, warum das Aktiengesetz den Ansatz von Herstellungskosten zwar bei den immateriellen Gütern des Anlagevermögens, nicht aber auch im Vorratsvermögen verbietet.[31]

Der EWG-Richtlinien-Entwurf spricht ein grundsätzliches Verbot der Aktivierung selbst geschaffener immaterieller Anlagewerte nicht aus. Selbsterstellte Konzessionen, Patente, Lizenzen, Warenzeichen und ähnliche Rechte sollen allerdings nur unter der Voraussetzung aktivierbar sein, daß das nationale Recht eine entsprechende Ermächtigung enthält. Warum gerade hier die Individualität des nationalen Bilanzrechts gewahrt werden soll, ist nicht ersichtlich.

2. Für die Passivseite übernimmt der Regierungsentwurf die aktienrecht-

[29] Die Zahl der Pflichtmandate würde sich noch erheblich erhöhen, wenn auch die GmbH & Co Kommanditgesellschaften in gleicher Weise prüfungspflichtig würden. Dies sieht § 26 des Regierungsentwurfes eines Einführungsgesetzes zum GmbHG vor.

[30] So auch *Wilhelm Hasenack:* Stellungnahme zum Referentenentwurf eines GmbH-Gesetzes mit besonderer Berücksichtigung der geplanten Vorschriften zur Rechnungslegung. In: Betriebswirtschaftliche Forschung und Praxis, 21. Jg. (1969), S. 562. *Saage* hält im Gegensatz hierzu alle Aktivierungsverbote des § 153 Abs. 3 AktG für Grundsätze ordnungsmäßiger Buchführung. (*Gustav Saage:* Grundsätze ordnungsmäßiger Buchführung aus der Sicht des neuen Aktienrechts. In: Neue Betriebswirtschaft, 20. Jg. (1967), S. 8).

[31] Die Frage der Aktivierbarkeit von Herstellungskosten immaterieller Umlaufgüter bejaht auch *Hugo von Wallis* (Zu Grundfragen des Bilanzsteuerrechts. In: Aktuelle Probleme der Datenverarbeitung und Bilanzierung, Stuttgart 1971, S. 128). Anderer Ansicht ist *Erwin Pougin* (Die Rechnungslegungsvorschriften des neuen Aktiengesetzes als Grundsätze ordnungsmäßiger Buchführung. In: Wirtschaftsprüfer im Dienst der Wirtschaft. Festschrift für E. Knorr, Düsseldorf 1968, S. 235).

lichen Beschränkungen der Rückstellungsarten und der Rechnungsabgrenzungsposten. Mit dem Verbot der Passivierung sogenannter Aufwandsrückstellungen (z. B. für die Selbstversicherung) folgte das AktG keinem Grundsatz ordnungsmäßiger Buchführung.[32] Ein unkontrolliertes Ausufern der Rückstellungen hätte auch erreicht werden können [33], ohne die Grundsätze der dynamischen Bilanzauffassung an dieser Stelle preiszugeben.

Die bei den immateriellen Anlagewerten geübte Rücksicht auf das nationale Bilanzrecht nimmt der EWG-Richtlinien-Entwurf bei den Rückstellungen nicht. Hierunter sollen bilanziert werden „mit Sicherheit anfallende, in den folgenden Geschäftsjahren auszuweisende Aufwendungen für größere Instandhaltungs- oder Wiederinstandsetzungsarbeiten sowie ihrer Eigenart nach genau umschriebene Verluste oder Aufwendungen, die am Bilanzstichtag als wahrscheinlich oder sicher, aber ihrer Höhe oder dem Zeitpunkt ihres Eintritts nach als unbestimmt anzusehen sind". Von dem aktienrechtlichen Rückstellungsbegriff unterscheidet sich diese Definition zunächst durch die erweiterte Zulassung von Aufwendungen für unterlassene Instandsetzungen: nach dem deutschen AktG sind diese nur insoweit zu berücksichtigen, als sie im folgenden Geschäftsjahr zu Ausgaben führen. Zum anderen gestattet die EWG-Definition Aufwandsrückstellungen, soweit sie „wahrscheinlich oder sicher" zu Ausgaben führen, die in einer vorangegangenen Periode verursacht sind. Eine Einschränkung der stillen Rücklagen in den Rückstellungen ist erklärtes Ziel des EWG-Richtlinien-Entwurfs.[34]

Hinsichtlich der antizipativen Rechnungsabgrenzungsposten trifft der EWG-Entwurf keine Entscheidung. Sie sollen entweder als Abgrenzungen oder als Verbindlichkeiten (bzw. Forderungen) bilanziert werden können.

V. Klarheit des Jahresabschlusses

1. Der *Regierungsentwurf* lehnt die „Vereinfachungen", die der Referentenentwurf für das Gliederungsschema der *Bilanz* vorgesehen hatte, ab. Er schließt sich vielmehr so eng wie möglich dem aktienrechtlichen Vorbild an. Diese Entscheidung erscheint sachlich geboten, da in der Addition von Positionen, die in der Buchführung fast ausnahmslos getrennt anfallen, keine Vereinfachung gesehen werden kann. Sie kommt dennoch überraschend, da die Mehrzahl der Verbände[35], die zur Frage der Bilanzgliede-

---

[32] So auch *Wilfried Boelke:* Die Bewertungsvorschriften des Aktiengesetzes 1965 und ihre Geltung für die Unternehmen in anderer Rechtsform, Berlin 1970, S. 172.

[33] Nach der Meinung von *Döllerer* hätte eine Vorschrift, die Aufwandsrückstellungen generell zuläßt, auch in Widerspruch gestanden zu dem Verbot der antizipativen Posten der Rechnungsabgrenzung (*Georg Döllerer:* Rechnungslegung nach dem neuen Aktiengesetz und ihre Auswirkungen auf das Steuerrecht. In: Der Betriebs-Berater, 20. Jg. (1965), S. 1410). Gegen dasselbe Verbot verstoßen dann aber auch die Reparaturrückstellungen, die ausdrücklich zugelassen worden sind!

[34] Begründung des Entwurfs, a. a. O., S. 21 und 27.

[35] Deutscher Industrie- und Handelstag und andere, a. a. O., S. 54; *Arbeitsgemeinschaft selbständiger Unternehmer:* Stellungnahme zum Referentenentwurf eines Gesetzes über Gesellschaften mit beschränkter Haftung, Bonn 1970, S. 10; Centrale für GmbH: Die GmbH-personenbezogene Unternehmensform in Vergangenheit und Zukunft. Beilage zur GmbH-Rundschau, H. 6, 61. Jg. (1970), S. 6; *Deutscher Anwaltsverein:* Stellungnahme zum Referentenentwurf eines GmbHG vom 22. 6. 1970, S. 44.

rung Stellung genommen hatten, selbst das vereinfachte Schema noch als Überforderung der kleinen und mittelgroßen Betriebe bezeichnet hatte.

Als rechtsformspezifische Abweichung vom aktienrechtlichen Gliederungsschema der Bilanz sieht der Regierungsentwurf gegebenenfalls den Ausweis eingeforderter Nachschüsse vor. Ihnen soll auf der Passivseite ein „Nachschußkapital" in gleicher Höhe entsprechen. Als Nachschußkapital sollen darüber hinaus eingezahlte Nachschüsse ausgewiesen werden, soweit sie nicht zum Ausgleich eines Jahresfehlbetrages oder eines Verlustvortrages verwandt worden sind. Da der Laie mit dem Begriff „Nachschußkapital" die Vorstellung eines in Krisenzeiten einforderbaren Betrages verbinden dürfte (dem dann allerdings ein gleich hoher Betrag auf der Aktivseite entsprechen müßte), wäre es klarer, derartige Beträge der Sonderrücklage zuzuführen. Die Zahl der Gesellschaften mit Nachschußverpflichtung ist im übrigen äußerst gering.

Wegen der besonderen Rechtsfolgen, die der Gesetzgeber an bestimmte Gesellschafterdarlehn knüpfen will, erscheint der vorgesehene Ausweis von Verbindlichkeiten gegenüber Gesellschaftern und ihnen gleichstehenden Personen (zu denen auch Dritte zählen, für deren Forderung ein Gesellschafter eine Sicherheit bestellt oder eine Bürgschaft übernommen hat) zwingend. Ein Außenstehender kann den Anteil des in dieser Position gegebenenfalls enthaltenen Eigenkapitals allerdings nur dann abschätzen, wenn es gelingt, in irgendeiner Form Verschuldungsgrenzen zu normieren.[36]

Eine gesetzliche Rücklage sieht der Regierungsentwurf nicht vor. Um aber zu verhindern, daß Beträge, die aus einer vereinfachten Kapitalherabsetzung freigeworden sind, kurzfristig im Bilanzgewinn erscheinen und um Geschäftsanteile zu Lasten des Bilanzgewinns oder einer freien Rücklage einziehen zu können, ohne die Haftungssubstanz der Gesellschaft kurzfristig zu vermindern, ist eine sogenannte Sonderrücklage vorgesehen, die insoweit die Funktionen einer gesetzlichen Rücklage übernimmt. Im Gegensatz zu dieser soll die Sonderrücklage nach Ablauf von 5 Jahren zu einer freien Rücklage werden. Die (auch vom AktG nicht ausgeschlossene) Vermischung von Kapitaleinzahlungen und zurückbehaltenen Gewinnen dient nicht der Klarheit des Abschlusses.

Abgesehen von der alternativ vorgesehenen Staffelform zeichnet sich das *EWG-Schema der Bilanz* materiell zunächst dadurch aus, daß auf einige (für die Zwecke der externen Analyse relativ unbedeutende) Aufgliederungen verzichtet wird, andere dagegen zusätzlich vorgesehen sind. Verzichtet wird auf eine Unterteilung der Grundstücke und Bauten, den Vermerk der Sicherungen bei den langfristigen Ausleihungen und die Angabe der bundesbankfähigen Wechsel. Zusätzlich verlangt wird dagegen der Ausweis der Anteile an verbundenen Unternehmen (gesondert für das Anlage- und Umlaufvermögen), ein Vermerk über die Restlaufzeiten aller Forderungen des Umlaufvermögens und bei den Verbindlichkeiten auch der dinglichen Sicherungen. Neben den Forderungen und Verbind-

[36] Vgl. oben S. 153.

lichkeiten gegenüber verbundenen Unternehmen sollen Forderungen und Verbindlichkeiten gegenüber Unternehmen, mit denen ein Beteiligungsverhältnis besteht, gesondert gezeigt werden. Unter den Rücklagen erscheinen neben den gesetzlichen, freien und statutarischen Posten gegebenenfalls gesonderte Beträge für ein Agio, eventuelle Neubewertungen sowie eigene Anteile. Die Rückstellungen werden aufgegliedert in solche für Pensionen und ähnliche Verpflichtungen, für Steuerschulden sowie sonstige. Die sonstigen Rückstellungen sind im Anhang zu erläutern, sofern sie eine gewisse Bedeutung haben. Bei den Steuerrückstellungen sollen diejenigen für „latente Steuerverpflichtungen" gesondert vermerkt werden. Offenbar wird hier daran gedacht, die als Folgen steuerlicher Vergünstigungen mit Stundungseffekt zunächst nicht entstandene Steuerschuld als Rückstellung zu bilanzieren, um die entsprechenden Ausgaben später erfolgsneutral behandeln zu können. Die Erfassung dieser „latenten Steuern" dürfte zumindest so lange auf Schwierigkeiten stoßen, wie der Körperschaftsteuersatz gespalten ist.

Bemerkenswert an dem EWG-Schema der Bilanz ist schließlich die vorgesehene Einführung der Bruttomethode im Anlagenspiegel: Außer den Zu- und Abgängen, den Umbuchungen, Abschreibungen und Zuschreibungen des Geschäftsjahres sollen für jeden Posten die ursprünglichen Anschaffungs- oder Herstellungskosten und die kumulierten Abschreibungen genannt werden. Entsprechendes wird auch für Wertkorrekturen zum Umlaufvermögen verlangt. Der Bruttoausweis erlaubt einen Einblick in die Bewertungspolitik der Unternehmung, sofern ihr Produktionsprogramm nicht sehr heterogen ist.

Insgesamt gesehen macht das EWG-Bilanzschema die Vermögens- und Kapitalstruktur sehr viel transparenter als die aktienrechtliche Gliederung, ohne die Kapitalgesellschaften unzumutbar zu belasten. (Für die im Anlagenspiegel auszuweisenden Anschaffungs- oder Herstellungskosten ist bei erstmaliger Anwendung eine Erleichterung vorgesehen.) Die kleinen Gesellschaften m. b. H. (vgl. oben Tab. 3) sollen sich im übrigen eines verkürzten Bilanzschemas bedienen dürfen, das auf der Aktivseite 11 und auf der Passivseite 9 Positionen enthält.

2. Hinsichtlich der *Gewinn- und Verlustrechnung* hält der Regierungsentwurf des GmbH-Gesetzes an dem Vorschlag der Referenten fest, das aktienrechtliche Schema zu übernehmen. Lediglich auf den Vermerk über die Pensionszahlungen soll verzichtet werden. Zur Begründung verweisen die Erläuterungen[37] auf die „in der Regel kleineren Verhältnisse in Gesellschaften m. b. H.". Abgesehen von der Schwäche im Ausdruck, überzeugt dieses Argument nicht. Der Aktiengesetzgeber war wohl beraten, als er die höchstrichterlich sanktionierte[38] Durchbrechung der Grundsätze ordnungsmäßiger Buchführung bei der Nichtpassivierung von Pensionsverpflichtungen mit Hilfe des Bilanzvermerkes milderte. Es besteht kein Grund, bei den Gesellschaften m. b. H. anders zu verfahren, zumal das

---

[37] Regierungsentwurf, a. a. O., S. 170.

[38] BGH-Urteil vom 27. 2. 1961 – II ZR 292/59 (Die Aktiengesellschaft, 6. Jg. [1961], S. 137).

Risiko aus Pensionszusagen mit der Abnahme der Betriebsgröße nicht kleiner sondern eher größer wird. Im übrigen kann nicht auf die Verhältnisse im Kleinbetrieb abgestellt werden, solange auch Großunternehmen in der Rechtsform der GmbH betrieben werden.

Die vorgeschlagenen *EWG-Schemata der Gewinn- und Verlustrechnung* würden die Rechnungslegung überwiegend verfeinern. Anders als die deutsche Gliederung, die zwar die Mehrzahl der außerordentlichen Erträge, nicht aber die außerordentlichen Aufwendungen zeigt, fächert das EWG-Schema das Jahresergebnis nach dem Betriebsergebnis, dem Finanzergebnis, dem außerordentlichen Ergebnis und den Steuern auf.

Als *Betriebsergebnisrechnung* können die Unternehmen eine Produktionsrechnung vorlegen, in der den Umsatzerlösen, Bestandserhöhungen, aktivierten Eigenleistungen und sonstigen betrieblichen Erträgen bestimmte primäre Aufwandsgruppen (insbesondere Materialaufwand und Personalaufwand) gegenübergestellt werden. Zugelassen soll aber auch eine Umsatzrechnung werden, die die Umsatzerlöse und die ihnen zuzuordnenden Aufwendungen nach Kalkulationsgruppen (Herstellungskosten, Vertriebskosten, allgemeine Verwaltungskosten) ausweist. Es werden hier also jeweils zwei Gliederungsprinzipien (Produktionsrechnung bzw. Umsatzrechnung und Primär- bzw. Sekundärgliederung) kombiniert, deren Zuordnung offenbar praktischen Erwägungen folgte. Würde man die Umsatzrechnung nämlich statt mit der Sekundärgliederung (Aufwendungen nach Funktionsbereichen) mit der Primärgliederung (Aufwendungen nach Arten) verbinden, dann müßten die Primäraufwendungen (Löhne, Material, Abschreibungen), die nicht auf die abgesetzten Leistungen entfallen, eliminiert werden. Aus der Sicht des externen Analytikers spricht gegen die Produktionsrechnung, daß sie auf der Ertragsseite die Anwendung verschiedener Bewertungsmethoden (mit unterschiedlichem Spielraum für den Bilanzierenden) erfordert, um das Realisationsprinzip nicht zu durchbrechen. Gegen die Umsatzrechnung spricht, daß in Unternehmen mit langer Produktionsdauer (Bauindustrie, Schiffbau) im Zeitvergleich starke Schwankungen im Umfang der ausgewiesenen Leistungen und Kosten auftreten können (falls den Auftraggebern nicht Zwischenrechnungen erteilt werden).[39] Der Gefahr, daß Unternehmen derselben Branche bei unterschiedlicher Gliederung ihrer Gewinn- und Verlustrechnung nicht vergleichbar sein würden, versucht der EWG-Richtlinien-Entwurf damit zu begegnen, daß bei Anwendung der Umsatzrechnung mit Sekundärgliederung im Geschäftsbericht (Anhang) der Gesamtbetrag der Personalaufwendungen gezeigt werden soll. Nicht vergleichbar bleibt dann aber immer noch der Materialaufwand. Unverständlich ist, warum bei Anwendung der Produktionsrechnung mit Primärgliederung nur die Abschreibungen auf aktivierte immaterielle Anlagen und aktivierte Errichtungs- und Erweiterungskosten sowie Abschreibungen auf Gegenstände des Umlaufvermögens gezeigt werden sollen, während die Abschreibungen auf Sach-

[39] Zur Diskussion der beiden Verfahren innerhalb einer EWG-Studiengruppe vgl. *Wilhelm Elmendorff:* Harmonisierung der Rechnungslegungsvorschriften in der Europäischen Wirtschaftsgemeinschaft. In: Die Wirtschaftsprüfung, 20. Jg. (1967), S. 624.

anlagen im sonstigen betrieblichen Aufwand untergehen dürfen. Wahrscheinlich hat man sich hier davon leiten lassen, daß die Abschreibungen auf Sachanlagen auch in der Alternativlösung (bei Anwendung der Sekundärgliederung) nicht ersichtlich sind.

Innerhalb der *Finanzergebnisrechnung* werden Erträge aus Beteiligungen, sonstigen Wertpapieren und Forderungen des Anlagevermögens sowie sonstige Zinsen und ähnliche Erträge ausgewiesen. Erträge aus verbundenen Unternehmen sind zu vermerken. Neben den Abschreibungen auf Finanzanlagen sollen die Abschreibungen auf Wertpapiere des Umlaufvermögens (die im aktienrechtlichen Schema in einem Sammelposten untergehen) gesondert erscheinen. Der Klarheit nicht dienlich wäre der vorgesehene Ausweis des gesamten Zinsaufwandes in der Finanzergebnisrechnung. Das *außerordentliche Ergebnis* wird nach außerordentlichen Aufwendungen und außerordentlichen Erträgen gegliedert, die ihrerseits nicht weiter spezifiziert werden. Soweit sie nicht von untergeordneter Bedeutung sind, sollen sie im Anhang nach Art und Höhe erläutert werden. Bei den Steuern sind die gewinnabhängigen (getrennt nach effektiven und „latenten") von den übrigen gesondert auszuweisen. Dies würde dem Bilanzanalytiker einen zuverlässigen Rückschluß auf das Ergebnis der Steuerbilanz ermöglichen, zumal die aperiodischen Steuerzahlungen nicht hier, sondern im außerordentlichen Ergebnis erscheinen.

Insonderheit des Letzteren wegen, aber auch wegen der Forderung nach einem gesonderten Ausweis der außerordentlichen Aufwendungen wird das vorgeschlagene EWG-Schema der Gewinn- und Verlustrechnung erheblichen Widerspruch bei den betroffenen Unternehmen hervorrufen. Dieser wird auch dadurch nicht wesentlich milder ausfallen, daß der EWG-Richtlinien-Entwurf es den Mitgliedstaaten freistellt, auf eine Veröffentlichung der Gewinn- und Verlustrechnung der kleinen Gesellschaften m. b. H. zu verzichten und für die mittelgroßen eine teilweise saldierte Rechnung vorzusehen.

VI. Wahrheit des Jahresabschlusses

In prosperierenden Unternehmen spitzt sich das Problem richtiger Bewertung (nach Handelsrecht) auf die Frage nach der Zulässigkeit der Bildung und Auflösung von stillen Rücklagen zu. Gegenwärtig kann davon ausgegangen werden, daß mit den Grundsätzen ordnungsmäßiger Buchführung zwar einige Techniken der Bildung stiller Rücklagen unvereinbar sind, ihr Umfang aber praktisch nicht beschränkt ist. Neben den Zwangsrücklagen, die sich insbesondere aus dem Anschaffungswertprinzip ergeben und den Ermessensrücklagen, die Folge der Ungewißheit bei fast allen Bewertungsakten sind, dürfen Nichtaktiengesellschaften auch Willkürrücklagen bilden. Gefordert wird für sie — außerhalb des den Gesellschaftern ohnehin zustehenden Dispositionsspielraums[40] — nur, daß sie entweder mit der Ausnutzung zulässiger Wahlrechte bei der Bilanzierung oder Bewertung oder aber mit dem sogenannten Vorsichtsgedanken moti-

[40] Vgl. *Brüggemann*. In: Großkommentar zum HGB, 3. Aufl. Berlin 1967, Anm. 4 zu § 40.

viert werden können. „Vorsichtig" bewerten heißt bei den der Abnutzung unterliegenden Gütern nicht nur, der pessimistischsten Erwartung beim Ansatz der Nutzungsdauer zu folgen. Die Nutzungsdauer kann auch bewußt zu kurz angesetzt werden, um mit Hilfe stiller Rücklagen Verluste späterer Perioden „auffangen" zu können. Von den Verlusten muß lediglich angenommen werden, daß sie nach der allgemeinen Erfahrung auf Grund konjunktureller Schwankungen unvermeidbar sind. Stellen sich diese Annahmen später als falsch heraus, so hat dies für die handelsrechtliche Bewertung keine Konsequenzen. Statt über eine Verkürzung der Nutzungsdauer können stille Rücklagen im übrigen auch mit Hilfe der Abschreibungsmethode oder über zusätzliche (planlose) Abschreibungen gelegt werden.[41]

Das Aktiengesetz von 1965 hat mit der Einführung von planmäßigen Abschreibungen und der Bindung außerplanmäßiger Abschreibungen an bestimmte Voraussetzungen die Willkürrücklagen in den Handelsbilanzen der Aktiengesellschaften, Kommanditgesellschaften auf Aktien und Versicherungsvereinen auf Gegenseitigkeit (Ausnahme für die Bewertung der Forderungen und Wertpapiere in den Bilanzen der Kreditinstitute) eingeschränkt. Wer allerdings erwartet hatte, daß sich die neuen aktienrechtlichen Bewertungsgrundsätze als „Ausdruck geläuterten bilanzrechtlichen Denkens"[42] zu Grundsätzen ordnungsmäßiger Buchführung entwickeln würden, der wurde spätestens durch das Publizitätsgesetz[43] eines besseren belehrt. § 5 des genannten Gesetzes macht für die betreffenden Nichtaktiengesellschaften zwar die Gliederungsvorschriften des Aktiengesetzes verbindlich (mit Einschränkungen für die Gewinn- und Verlustrechnung der Personenunternehmen), sieht jedoch von einer Übernahme der aktienrechtlichen Bewertungsvorschriften ab („für die Wertansätze ... gelten die Grundsätze ordnungsmäßiger Buchführung ...").

Auf dem durch das Publizitätsgesetz vorgezeichneten Weg sind der Referenten- und der Regierungsentwurf eines GmbHG nun weitergegangen. Zwar übernehmen sie „grundsätzlich" die aktienrechtlichen Bewertungsvorschriften, sie gestatten es dann aber dem individuellen Gesellschaftsvertrag, alles beim alten zu lassen: Über die gesetzlich zulässigen Abschreibungen hinaus sollen weitere Abschreibungen vorgenommen werden müssen, soweit der Gesellschaftsvertrag sie vorschreibt. Sie sollen vorgenommen werden dürfen, sofern der Vertrag eine entsprechende Ermächtigung enthält und hierdurch nicht verhindert wird, daß ein Bilanzgewinn von

[41] Im Gegensatz zu dieser Auffassung geht *Boelke* (a. a. O., S. 56 und 135) davon aus, daß die Grundsätze ordnungsmäßiger Buchführung alle stillen Rücklagen verbieten, soweit diese nicht durch das Realisationsprinzip bedingt sind oder aus den Schwierigkeiten der Bewertung entstehen. *Boelke* verzichtet auf die Auseinandersetzung mit der Rechtsprechung, weil er diese für nicht zuständig in der Frage hält, was als GoB anzusehen ist. Übersehen wird bei dieser Argumentation, daß die Ordnungsmäßigkeit der Buchführung zunächst einmal ein handels*rechtlicher* Begriff ist. Weiterführend *Wilhelm Kruse:* Grundsätze ordnungsmäßiger Buchführung. Rechtsnatur und Bestimmung, Köln 1970.

[42] *Georg Döllerer:* a. a. O., S. 1417.

[43] Gesetz über die Rechnungslegung von bestimmten Unternehmen und Konzernen vom 15. 8. 1969 (BGBl. I, S. 1189).

mindestens 4 % des Stammkapitals ausgewiesen wird. Offenbar soll der Gesellschaftsvertrag bei der Festlegung der obligatorischen Abschreibungen nicht einmal an die bescheidenen Anforderungen der Grundsätze ordnungsmäßiger Buchführung gebunden sein.

Es ist nicht mehr originell, die kümmerlichen Argumente, die noch für die Bildung stiller Willkürrücklagen vorgebracht werden können, zu widerlegen.[44] Daß diese Begründungen seit Jahrzehnten wiederholt werden (auch in der Erläuterung des Regierungsentwurfs findet sich wieder eine bekannte Kollektion) erhöht ihre Überzeugungskraft nicht. Neu wäre lediglich die im Gesetzentwurf vorgesehene Möglichkeit, mit Hilfe der Satzung stille Rücklagen erzwingen zu können. Eine solche Vorschrift würde den Abschlußprüfer, wie *Saage*[45] es formuliert hat, insoweit „zum Hüter der Bilanzunwahrheit und der Sicherung von Bilanzverschleierungen und Bewertungswillkür" machen. „Sinn liegt wohl darin, aber kein vernünftiger und kein gesamtwirtschaftlich sowie objektiv-betriebswirtschaftlich eigentlich zulässiger."[46]

Erwartungsgemäß folgt der EWG-Richtlinien-Entwurf dem Regierungsentwurf des deutschen GmbH-Gesetzes nicht. Er übernimmt vielmehr weitgehend die Bewertungsregeln des deutschen Aktiengesetzes und will sie sogar an einer Stelle noch verschärfen: Hatte der beizulegende Wert bei der Bewertung des Anlage- oder Umlaufvermögens oder der nahe Zukunftswert bei der Bewertung des Umlaufvermögens eine niedrigere Bewertung erlaubt und war von dieser Ermächtigung Gebrauch gemacht worden oder hatte beim Umlaufvermögen die Anwendung des Niederstwertprinzips eine außerordentliche Wertkorrektur erzwungen, so sollen diese Wertminderungen rückgängig gemacht werden müssen, wenn die Gründe der Abschreibung fortgefallen sind.[47]

VII. Vergleichbarkeit des Jahresabschlusses

Ein möglichst sicherer Einblick in die Vermögens- und Ertragslage der Unternehmung, von der die §§ 149 AktG und 128 des Regierungsentwurfs sprechen, setzt zeitlich vergleichbare Jahresabschlüsse voraus. Andererseits kommen die Rechnungslegungsvorschriften (nicht zuletzt wegen der Maßgeblichkeit der Handelsbilanz für die Steuerbilanz) ohne die Zubilligung von Wahlrechten und ohne einen gewissen Ermessensspielraum für den Bilanzierenden nicht aus. Schließlich sind auch der Zeit oder Sache nach außerordentliche Positionen unvermeidlich. Der Grundsatz der Vergleichbarkeit fordert daher kein starres Festhalten an einmal getroffenen Entscheidungen bei Wahlfreiheit. Er gestattet aber auch keinen willkürlichen

---

[44] Vgl. hierzu z. B. *Gustav Saage:* Die stillen Reserven im Rahmen der aktienrechtlichen Pflichtprüfung, Köln–Opladen 1959; *Gerhard Scherrer:* Zur Konzeption der Bewertungsvorschriften des geplanten GmbH-Gesetzes. In: Der Betrieb, 24. Jg. (1971), S. 585–590.

[45] *Gustav Saage:* Die Reform der Rechnungslegung der GmbH. In: Neue Betriebswirtschaft, 23. Jg. (1970), S. 9.

[46] *Wilhelm Hasenack:* a. a. O., S. 565.

[47] Die anders lautenden Bestimmungen der §§ 154 Abs. 2 und 155 Abs. 4 AktG hält *Boelke* (a. a. O., S. 135 und 165) für nicht vereinbar mit den Grundsätzen ordnungsmäßiger Buchführung.

Wechsel und verlangt bei Änderungen sowie zeitlichen oder sachlichen Besonderheiten des Abschlusses eine Erläuterung.

Das AktG von 1965 konkretisierte den Grundsatz der Vergleichbarkeit (wenn auch unvollkommen) durch Vermerke in der Gewinn- und Verlustrechnung sowie Angaben im Geschäftsbericht. Änderungen im Postenausweis der Erfolgsrechnung und ein großer Teil der außerordentlichen Erträge (nicht getrennt nach periodenfremden und außergewöhnlichen) sind in der Rechnung selbst zu zeigen. Ein Wechsel im Postenausweis der Bilanz ist im Geschäftsbericht zu erwähnen. Dort ist auch über Änderungen in der Art der Bewertung sowie die Vornahme außerplanmäßiger Abschreibungen zu berichten. Die Pflicht zur Bezifferung ihrer quantitativen Auswirkungen hängt vom Umfang dieser die Vergleichbarkeit der Jahresabschlüsse störenden Maßnahmen ab.

Das Publizitätsgesetz wahrte den Grundsatz der Vergleichbarkeit in der vom AktG eingeschränkten Form zwar noch für die Gesellschaften m. b. H., es gab ihn jedoch für die Personenunternehmen bereits auf (der Geschäftsbericht wurde ihnen erlassen).

Der Regierungsentwurf des GmbHGesetzes rückt nun – ebenso wie schon der Referenten-Entwurf zuvor – auch für die Gesellschaften m. b. H. von dem Grundsatz der Vergleichbarkeit ab. Übernommen werden lediglich der Vermerk über einen Wechsel der Ausweisart in der Gewinn- und Verlustrechnung sowie die Darstellung der außerordentlichen Erträge. Ausdrücklich verzichtet wird dagegen auf eine Erläuterung des Jahresabschlusses. Begründet wird der Verzicht auf einen Geschäftsbericht damit, daß die Gesellschafter „im Hinblick auf ihre in der Regel enge Verbundenheit mit der Gesellschaft selbst genügend Einblick in die geschäftliche Entwicklung haben oder sich diesen Einblick doch jederzeit durch Ausübung ihres Auskunfts- und Einsichtsrechts verschaffen können"[48].

Übersehen wir hier, daß es auch für den (Minderheits)-Gesellschafter einen erheblichen Unterschied ausmacht, ob auf bestimmte, die Vergleichbarkeit mit dem Vorjahresabschluß störende Einflüsse hingewiesen werden muß, oder ob er sich diese Erkenntnis erst durch Ausübung seines Auskunfts- und Einsichtsrechts (unter möglicherweise relativ erheblichen Kosten) erst beschaffen muß. Völlig unberücksichtigt bleiben bei der vorgesehenen gesetzlichen Regelung diejenigen Bilanzinteressenten, denen ein Auskunfts- und Einsichtsrecht nicht zusteht.

Der EWG-Richtlinien-Entwurf geht in seinen Anforderungen an die Bilanzvergleichbarkeit über die Forderungen des deutschen AktG noch weit hinaus. Zunächst wird ausdrücklich festgestellt, daß Stetigkeit in der Anwendung von Bewertungsmethoden bestehen müsse. Die auf die verschiedenen Posten des Jahresabschlusses angewandten Bewertungsmethoden sowie die Berechnungsmethoden der Wertkorrekturen sind im Anhang anzugeben. Hier sind auch Änderungen der Bewertungsmethoden (die nur in Ausnahmefällen gestattet sein sollen) zu erwähnen. Ihr Einfluß auf die Vermögens-, Finanz- und Ertragslage ist darzustellen. Darüber hinaus sollen außerplanmäßige Abschreibungen auf das Anlagevermögen und

[48] Regierungsentwurf, a. a. O., S. 164.

Wertkorrekturen im Umlaufvermögen, soweit sie Folge des Ansatzes eines niedrigeren Zukunftswertes sind, gesondert in der Gewinn- und Verlustrechnung oder im Anhang genannt werden müssen. Schließlich gehört in den Anhang auch ein Bericht über die außerplanmäßigen Abschreibungen auf das Anlage- oder Umlaufvermögen, die in Anwendung von Steuervorschriften vorgenommen wurde.

Die Annahme des EWG-Richtlinien-Entwurfs und seine Übernahme in das nationale Recht würden sich auf die Weiterentwicklung der Grundsätze ordnungsmäßiger Buchführung sehr viel stärker auswirken als die Verabschiedung des Aktiengesetzes, da der Kreis der betroffenen Unternehmen ungleich größer wäre. Die Richtlinie erfüllt den größten Teil der Forderungen, die an einen Jahresabschluß zu stellen sind, mit dem Rechenschaft gelegt werden soll. Zwischen dem Entwurf und seiner Verwirklichung liegt aber noch ein weiter Weg.

Summary

The regulations on financing and balancing set down definitely in the government draft of a new German law of limited liability companies are presented and discussed as the economist sees them. The government's intention to leave the lowest amount of the capital stock – regardless of the size of an enterprise – an unchanged DM 20 000 is not considered justifiable because limited companies compared to enterprises of other forms are, on an average, more indebted and more susceptible to bankruptcy. Hence the proposition to consider partners' loans to the company in certain circumstances equity capital in case of the company's bankruptcy is welcomed.

As the government intends to introduce part of the EEC regulations directly into the national law the instructions for balancing as stated in the government draft must be seen in connexion with the fourth EEC guiding principle to the contents of the annual financial statement and the publication of same. In creditors', labour's and in common interest the author stands up for publishing annual financial statements of medium-sized and large limited companies. The financial regulations on balancing considered by the government are investigated in respect to the extent of their being suitable for serving the principles of completeness, distinctness, truth, and comparability of balances.

The propositions of the draft of EEC guiding principles are mainly approved of while the instructions for balancing of the government draft – especially as far as they are deviating from the regulations of the law relating to joint-stock companies – are regarded as too soft. The author doesn't, above all, think it justifiable to admit secret reserves to the extent provided. He doesn't believe that what the draft of EEC guiding principles claims will be realized too soon.

„Kreditwürdigkeit"

Bezugsgrößen von Verhaltenserwartungen in Kreditbeziehungen

von

JÜRGEN HAUSCHILDT

Shylock: „Wenn ich sage, er ist ein guter Mann, so meine ich damit, versteht mich, daß er vermögend ist. Aber seine Mittel stehen auf Hoffnung; er hat eine Galeone, die auf Tripolis geht, eine andere nach Indien. Ich höre ferner auf dem Rialto, daß er eine dritte zu Mexiko hat, eine vierte nach England. Aber Schiffe sind nur Bretter, Matrosen nur Menschen; es gibt Landratten und Wasserratten, Wasserdiebe und Landdiebe – ich will sagen, Korsaren, und dann haben wir die Gefahr von Wind, Wellen und Klippen. – Der Mann ist bei alledem vermögend – 3000 Dukaten – ich denke, ich kann seine Bürgschaft annehmen."
Shakespeare, Der Kaufmann von Venedig

Ist der laut gedachte Entscheidungsprozeß des *Shylock* heute noch repräsentativ für einen Kreditgeber, der zu dem Schluß kommen will, seine Kreditnehmer seien kreditwürdig, eines Kredites „würdig"? Kann der Bankier unserer Tage seine Erwartungen auf prinzipiell andere Informationen stützen? Muß er – wie *Shylock* – einem diffusen Gewisper „auf dem Rialto" Glauben schenken? Ist er gezwungen, in der Mentalität des Pfandleihers Sicherheiten und Versilberungswerte zu überschlagen? Läßt sich die Struktur seiner Erwartungen heute stärker differenzieren?

Sicher ist, daß die *Zielsetzung des Kreditgeschäfts* über die Jahrhunderte hin die gleiche geblieben ist, wie sie von *Paul Jacob Marperger* im Jahre 1717 in folgenden Satz gefaßt wurde[1]: „... die Lehn-Banco sucht nichts anderes, als ihr gebührendes Interesse oder Zins vor das ausgeliehene Capital, und hat weiter mit der Handlung nichts zu thun ..., wann sie ihr darauff vorgeschossenes Geld nur wiederbekommet ..."

Der Antrag eines potentiellen Kreditnehmers oder die erfolgreiche Suche nach neuen Kreditnehmern stellen das Kreditinstitut an den Start eines Entscheidungs- und Verhandlungsprozesses, in dessen Verlauf ein vieldimensionales Problem zu lösen ist: die *Bewältigung der Unsicherheit.* Die Unsicherheit bezieht sich auf ein ganzes Bündel von Problemaspekten, auf höchst unterschiedlich meßbare Phänomene, auf vielfältig miteinander verflochtene Wirkungszusammenhänge. Mögen einzelne Informationen über die intendierte Kreditbeziehung sicher sein, andere, auf den gleichen Kreditnehmer und den gleichen Kreditantrag gerichtete Erwartungen sind extrem unsicher, bestenfalls nominal klassifizierbar und/oder in ihrer Komplexität undurchschaubar.[2]

---

[1] *Paul Jacob Marperger:* Beschreibung der Banquen, Halle und Leipzig 1717, S. 42 f.

[2] Infolgedessen sind die klassischen Typologien der „Entscheidung unter Sicherheit", „unter Risiko" oder „unter Unsicherheit" für die realtheoretische Analyse nicht brauchbar. Vgl. auch *Manfred Wächtershäuser:* Der Kreditentscheidungsprozeß im Bankbetrieb, Diss. Frankfurt 1970, S. 61 f.

Eine realtheoretische, verhaltensorientierte Betriebswirtschaftslehre fragt nach den Dimensionen dieser Erwartungsstruktur. Die folgende Darstellung versucht, einen Ansatz für die dazu notwendige empirische Forschung zu liefern. Zu einigen Aspekten können empirische Befunde vorgelegt werden.

Dem wissenschaftlichen Vorgehen bieten sich dabei zwei unterschiedliche Wege an:

– In einer dynamischen Betrachtung ist im *Zeitablauf* zu beobachten, wie zwischen *dem* Kreditnehmer und *dem* Kreditgeber eine sich zunehmend stabilisierende Struktur der Erwartungen aufgebaut wird.

– In einer statischen Betrachtung ist zu einem *Zeitpunkt* zu analysieren, welche Arten von Erwartungen ein Kreditgeber gegenüber einer *Vielzahl* unterschiedlicher Kreditnehmer hegt.

Wir werden im folgenden die zweite Vorgehensweise wählen: unsere Entscheidung wurde wesentlich durch die Tatsache bestimmt, daß wir durch das Entgegenkommen einer deutschen Bank eine Erhebung aus „lebenden" Kreditakten durchführen konnten.[3] Die historischen und lokalen Eigenheiten unserer Erhebung fordern zur weiteren Prüfung anhand anderer Erhebungsfelder auf.[4]

I. Sichere Erwartungen durch Sicherheiten?

Es ist kein Zufall, daß in der Theorie der unvollkommenen Information und in der bankbetrieblichen Kredittheorie der Begriff der „Sicherheit" eine zentrale Bedeutung hat. Zwar scheint der Leser hier auf den ersten Blick einem Wortspiel ausgesetzt, auf den zweiten Blick zeigt sich aber eine enge inhaltliche Beziehung: Sicherheiten[5] sind im Selbstverständnis der Banken ihre Rechte zur Liquidierung von Vermögenspositionen des Schuldners, wenn er die wesentlichen Teile des Kreditvertrages nicht erfüllt.[6] Diese bankbetrieb-

---

[3] *Jürgen Hauschildt:* Organisation der finanziellen Unternehmensführung – eine empirische Untersuchung, Stuttgart 1970, S. 24 ff. – Die empirische Prüfung wurde u. a. im folgenden anhand eines Datenmaterials vorgenommen, das vom Verf. für eine Untersuchung finanzorganisatorischer Probleme erhoben wurde. Ausgewertet wurden 213 Kreditakten einer Großbank mit Hilfe von Dokumentenfragebögen. Das Erhebungsfeld umfaßt konzernfreie Nicht-Aktiengesellschaften mit Sitz im Rhein/Neckar-Raum im Größenbereich von 1–20 Mill. DM Umsatz (Zeitraum 1964–1966).

[4] Vgl. dazu auch die empirische Untersuchung von *Pfisterer* – eine Umfrage über die Instrumente der Kreditwürdigkeitsanalyse bei Volksbanken – aus dem Jahre 1967. *Friedrich Pfisterer:* Der Informationsbedarf bei der Kreditgewährung von Volksbanken und seine Deckung in der Praxis, Diss. Karlsruhe 1968.

[5] Vgl. *Hans Jacob Krümmel:* Zur Bewertung im Kreditstatus. In: Zeitschrift für handelswissenschaftliche Forschung, Jg. 14 N. F. (1962), S. 141 f.; *Hellmut Scholz:* Das Recht der Kreditsicherung, 3. Aufl., Berlin 1965, S. 20; *Axel Stier:* Die Sicherung von Industrieanleihen, Frankfurt a./M. 1970, S. 34 ff.; *Karl Fr. Hagenmüller:* Der Bankbetrieb, 3. Aufl., Bd. II, Wiesbaden 1970, S. 24 ff.

[6] Außerdem rechnet die Bankpraxis die sog. „Negativerklärungen" zu den Sicherheiten; das sind Willenserklärungen des Schuldners, die auf das Unterlassen bestimmter Verhaltensweisen gerichtet sind: Grundstücksbelastungen, Gewinnentnahmen, Verkauf bestimmter Vermögensteile etc. Vgl. *Wilhelm Schütz* (Bearb.): Bankgeschäftliches Formularbuch, 18. Ausgabe, Köln 1969, S. 413.

lichen Sicherheiten gewähren eine vergleichsweise sichere Erwartung im Sinne der Theorie der unvollkommenen Information. Denn der Kreditgeber kann nach eigenem Entschluß einen Liquidationsprozeß auslösen: Sicherheiten sind somit *„dispositions-sicher“*. Sie sind in ihrer Höhe so dimensionierbar, daß der Kreditgeber den vollen Kredit oder doch einen relativ hohen Anteil durch sie decken kann: Sicherheiten sind *„betrags-sicher“*. Wenn der Kreditgeber die maßgeblichen Sicherheiten seines Kreditnehmers auf sich ziehen kann[7], setzen sie Barrieren vor den Einbruch der Konkurrenz: Sicherheiten sind *„konkurrenz-sicher“*.

Sicherheiten beziehen sich indessen auf eine Ausnahmesituation, von der alle Beteiligten hoffen, daß sie möglichst niemals eintrete. Denn die Liquidierung von Sicherheiten beendet nach aller Erfahrung die Kreditbeziehungen.[8] Wenn aber die Bank beabsichtigt, die Kreditbeziehung über die Laufzeit des einzelnen Kreditvertrages hinaus fortzuführen, dann muß sie die Kreditgewährung von anderen Erwartungen abhängig machen, als sie durch Sicherheiten repräsentiert werden. Sicherheit der Erwartungen durch Stellung von Sicherheiten bedeutet lediglich Gewißheit in einem unerwünschten Grenzfall.[9]

Daraus folgt indessen nicht, daß die Bank auf Sicherheiten verzichtet.[10] Wenn aber der Fall auftritt, daß die Banken in nennenswertem Maße auch ungesicherte Kredite vergeben, dann läßt sich daraus schließen, daß die Erwartungen über den unerwünschten Grenzfall hinausreichen.[11] Die zu prüfende Hypothese lautet dementsprechend:

Hypothese I:
Sicherheitenstellung ist keine zwingende Voraussetzung für eine auf Dauer gerichtete Kreditbeziehung.

Die in unserer Stichprobe enthaltenen Kreditnehmer pflegen seit mindestens drei Jahren die Beziehung zu der untersuchten Bank. Wir sehen darin eine Dauerbeziehung i. S. der Hypothese I. Die Sicherheitenstellung wurde durch folgende Frage erhoben:

---

[7] Eine Grenze wird der Sicherheitenstellung durch die Wirkung von § 419 BGB gesetzt, nach dem bei vollständiger Vermögensübernahme auch die Haftung auf den Übernehmer übergeht.

[8] So kennzeichnet *Wehrhahn* die Verwertung des Sicherungsgutes sehr plastisch als „die letzte Erfüllung seines Daseinszwecks“. *Jürgen Wehrhahn:* Der notleidende Kredit – Maßnahmen bei Zahlungsunfähigkeit von Bankkunden, Wiesbaden 1965, S. 79.

[9] *Jonas* und *Büschgen* sprechen in diesem Zusammenhang vom „Aufbau einer zweiten Verteidigungslinie“. *Heinrich H. Jonas:* Grenzen der Kreditfinanzierung, Wiesbaden 1960, S. 181, 188; *Hans Egon Büschgen:* Die Fremdfinanzierung der Unternehmung als Strukturentscheidungsproblem der Geschäftsbank. In: Betriebswirtschaftliche Information, Entscheidung und Kontrolle, Festschrift für Hans Münstermann, Hrsg. *W. Busse von Colbe* und *G. Sieben*, Wiesbaden 1969, S. 260.

[10] *Dieter Münker:* Das langfristige Kreditgeschäft der Großbanken, Stuttgart 1967, S. 165.

[11] So der Gedanke der „dynamischen Kreditbegebung“ bei *F. Fink:* Dynamische Kreditbegebung. Ein Beitrag zur Lösung des Kreditproblems des mittleren und kleinen Industriebetriebes, Diss. München 1956, S. 114; vgl. auch *Wehrhahn:* a. a. O., S. 14; *Uwe Rameken:* Die Konkurrenzpolitik der Kreditbanken, Diss. Hamburg 1965, S. 220.

Welche Sicherheiten wurden für die Kreditgewährung im Jahre 1966 gestellt?
1 sachenrechtliche Sicherheiten innerhalb der Unternehmung, wie Hypotheken, Grundschulden
2 staatliche Bürgschaften
3 private Bürgschaften und Privatvermögen
4 sonstige Sicherheiten
0 es wurden keine Sicherheiten gestellt

Die Auswertung unserer Stichprobe ergab folgendes Bild:

Tabelle 1 *Stellung von Sicherheiten*

Sicherheitenstellung	%
Sicherheiten wurden gestellt	48
Sicherheiten wurden *nicht* gestellt	52
Insgesamt	100

n = 213

Die Hypothese I wurde damit bestätigt.[12] Der Befund ist indessen weiter zu differenzieren, denn möglicherweise besteht zwar ein Kreditvertrag, der Kredit wird aber tatsächlich nicht genutzt. Hypothese I wird in noch strengerer Weise geprüft, wenn die Fälle ausgewertet werden, in denen die Kredite laufend in Anspruch genommen, zugleich aber keine Sicherheiten gestellt wurden. Diese spezielle Auswertung zeigt, daß in 30 % der erhobenen Fälle der Kredit ohne Stellung von Sicherheiten nachhaltig genutzt wurde. Damit erweist sich unsere theoretische Fragestellung, auf welche *anderen* Erwartungen sich die Kreditgewährung stützt, in einer beachtlichen Zahl von Fällen als berechtigt.[13] Das gilt selbst dann, wenn wir – der obigen Argumentation folgend – davon absehen, daß in den Fällen, in denen Sicherheiten gestellt werden, ebenfalls noch zusätzliche Verhaltenserwartungen die Kreditvergabe stützen.
Die Behauptung sei durch eine weitere Prüfung gestützt, die sich auf die *Art* der gestellten Sicherheiten richtet. Unter Berücksichtigung von Mehrfachnennungen ergibt sich folgende Struktur der Sicherheiten (vgl. Tabelle 2):[14]
Bei näherer Analyse zeigt sich, daß höchstens etwa drei Viertel der als „sicher" im Sinne der Ungewißheitstheorie angenommenen Erwartungen dieses Prädikat verdienen: Die Grundbesitzbelastungen, die anderen sachenrechtlichen Sicherheiten sowie die Sicherheiten außerhalb der Unternehmung. Die Zessionen stützen sich indessen auf Erwartungen, die wesentlich weniger dispositionssicher und betragssicher sind. Die Negativerklärungen stützen sich ausschließlich auf Verhaltenserwartungen des Kreditgebers.

[12] Vgl. auch die gleichlautenden Befunde bei *Jonas:* a. a. O., S. 151.
[13] Wegen des Bankgeheimnisses konnte nicht geprüft werden, welchen Einfluß die relative Kredithöhe auf die Sicherheitenstellung hatte.
[14] Vgl. auch *Jonas:* a. a. O., S. 151; *Stier:* a. a. O., S. 81 f. Siehe auch die für kleinere Unternehmen ermittelte Struktur der Sicherheiten bei *Klaus Oelschläger, Peter Schöber* unter Mitarbeit von *Klaus Tiepelmann:* Das Finanzierungsverhalten der westdeutschen Handwerker, Köln und Opladen 1969, S. 56 ff.

Tabelle 2 *Struktur der Sicherheiten*

Art der Sicherheiten	%
Sicherheiten innerhalb der Unternehmung:	
a) Hypotheken und/oder Grundschulden sowie andere sachenrechtliche Sicherheiten	35
b) Zessionen	14
c) Negativ-Erklärungen	9
Sicherheiten außerhalb der Unternehmung:	
Bürgschaften von nicht voll haftenden Gesellschaftern, von sonstigen Personen sowie privates Vermögen	42
Insgesamt	100

Fassen wir zusammen: Die große Zahl von Kreditbeziehungen ohne Sicherheitenstellung, sowie die Betrachtungen zur Struktur der Sicherheitenstellung zeigen, daß in auf Dauer gerichteten Kreditbeziehungen zusätzliche, über die Liquidierungserwartungen von Sicherheiten hinausgehende Verhaltenserwartungen existieren müssen.

II. „Goldene“ Verhaltens-Erwartungen — Orientierung an Bilanzregeln

Wenn es gilt, Erwartungen zu analysieren, liegt der Rückgriff auf eine Theorie nahe, die sich einer speziellen Art von Erwartungen widmet, der Theorie der Rollenerwartungen:[15] Banken sind gegenüber dem Kreditnehmer Bezugsgruppen mit einem überaus wirksamen Sanktionsinstrumentarium. Der Kreditnehmer wird mit allen Mitteln danach streben, die Rollenerwartungen der Banken und speziell „seiner“ Bank zu erfüllen.[16]
In dieser Situation ist die Struktur der Rollenerwartungen entscheidend, wie sie sich in hinreichend konkordanter und konsistenter Form im Bewußtsein

[15] Aus der Fülle der Literatur zur Rollentheorie seien herausgegriffen *Friedrich H. Tenbruck:* Zur deutschen Rezeption der Rollentheorie. In: Kölner Zeitschrift für Soziologie und Sozialpsychologie, Jg. 13 (1963), S. 1 ff.; *ders.:* „Rolle“. In: Handwörterbuch der Organisation, Hrsg. *E. Grochla*, Stuttgart 1969, Sp. 1466 ff.; *Ralf Dahrendorf:* Homo sociologicus, 6. Aufl., Köln und Opladen 1967, S. 28 ff.; *Heinrich Popitz:* Der Begriff der sozialen Rolle als Element der soziologischen Theorie, 2. Aufl., Tübingen 1968.

[16] *Dietrich Börner:* Die Bedeutung von Finanzierungsregeln für die betriebswirtschaftliche Kapitaltheorie. In: Zeitschrift für Betriebswirtschaft, Jg. 37 (1967), S. 347 ff.; *Ralf-Bodo Schmidt:* Wirtschaftslehre der Unternehmung – Grundlagen, Stuttgart 1969, S. 80 f.

der Entscheidungsträger in der Bank ausgebildet hat.[17] Sie fußt auf „Erfahrung“, d. h. auf einer mehr oder weniger bewußten, mehr oder weniger detaillierten, oftmals unreflektiert tradierten „Theorie der erfolgreichen Kreditbeziehung“. Eine derartige „Theorie“ hat nicht die Form von Lehrbuch-Theorien. Sie operiert mit groben Vereinfachungen und vagen Erfolgsindikatoren. Sie schließt von bestimmten Daten auf andere, ohne die Zwischenglieder des Wirkungszusammenhanges zu beachten – ja, oftmals ohne sie zu kennen. Die wichtigsten „Hypothesen“ dieser „Theorie der erfolgreichen Kreditbeziehung“ sind die bekannten *„goldenen“ Regeln:*[18]

Der Kreditgeber vermutet, daß der Kreditnehmer seine Zins- und Rückzahlungsverpflichtungen erfüllen wird, wenn in der Bilanz des Kreditnehmers

1. das Anlagevermögen durch Eigenkapital und langfristiges Fremdkapital gedeckt ist (Goldene Bilanzregel),
2. die Zugänge im Anlagevermögen (Investitionen) durch zusätzliches Eigen- und langfristiges Fremdkapital gedeckt sind (Goldene Finanzierungsregel),
3. das Eigenkapital größer ist als das Fremdkapital (banker's rule, 1 : 1-Regel),
4. die flüssigen Mittel zuzüglich der kurzfristigen Forderungen die kurzfristigen Verbindlichkeiten überdecken (Liquiditätsregel).

Mag sich auch die Kritik[19], ja sogar der Spott der Wissenschaft über jene Erfahrensregeln ergossen haben – in einem Punkt handelt es sich um eine hoch einzuschätzende „Theorie“: Sie wird immer wieder an der Realität geprüft, und es gab aufgrund dieser Prüfungen nur unbedeutend wenige Testergebnisse, die derartige „goldene Regeln“ verwerfen ließen.

Erklärbar ist dieses Ergebnis vielleicht mit Hilfe des Gedankens der „self-

---

[17] Rollentheoretische Interpretationen erfuhren die Entscheidungsregeln bei *Dietrich Härle:* Finanzierungsregeln und ihre Problematik, Wiesbaden 1961, S. 108 f.; *Horst Albach:* Finanzplanung im Unternehmen. In: Management international, Jg. 2 (1962) H. 6, S. 71; *Klaus v. Wysocki:* Das Postulat der Finanzkongruenz als Spielregel, Stuttgart 1962; *H. Wissenbach:* Die Bedeutung der Finanzierungsregeln für die betriebliche Finanzpolitik. In: Zeitschrift für Betriebswirtschaft, Jg. 34 (1964), S. 447 f.; *Börner:* a. a. O., S. 348.

[18] Eine ausführliche Zusammenstellung derartiger Regeln findet sich bei *Härle:* a. a. O., S. 23 ff. Zu den amerikanischen Varianten siehe *Roy A. Foulke:* Practical Financial Statement Analysis, 5th ed., New York, Toronto, London, Tokyo 1957, 1961, S. 232 ff.; *Jules I. Bogen* (Hrsg.): Financial Handbook, 4th ed., New York 1968, sect. 8, S. 31 ff.

[19] Siehe unter anderem *Martin Lohmann:* Die Problematik der goldenen Bilanzregel. In: Die Wirtschaftsprüfung, Jg. 12 (1959), S. 141 ff.; *Härle:* a. a. O., S. 55 ff.; *Horst Albach:* Das optimale Investitionsbudget bei Unsicherheit. In: Zeitschrift für Betriebswirtschaft, Jg. 37 (1967), S. 509 ff.; *Erich Gutenberg:* Gewinnverwendungspolitik – Einfluß der Gewinnverwendung auf das Wachstum der Unternehmung. In: Finanzierungs-Handbuch, Hrsg. *H. Janberg,* Wiesbaden 1970, S. 69 f.; *ders.:* Grundlagen der Betriebswirtschaftslehre, 3. Bd.: Die Finanzen, 3. Aufl., Berlin/Heidelberg/New York 1969, S. 277 ff.; *Dieter Schneider:* Investition und Finanzierung, Köln und Opladen 1970, S. 393 ff.; *Robert Buchner:* Bilanzanalyse und Bilanzkritik. In: Handwörterbuch des Rechnungswesens; Hrsg. *E. Kosiol,* Stuttgart 1970, Sp. 220 ff. Anders *Helmut Lipfert:* Finanzierungsregeln und Bilanzstrukturen. In: Finanzierungs-Handbuch, a. a. O., S. 173. Für *Lipfert* sind derartige Regeln „... als Orientierungshilfe für unternehmerische Finanzierungs- und Investitionsentscheidungen gut brauchbar ...“. In ähnlichem Sinne äußern sich *Hans Janberg:* Finanzierung und Finanzpolitik, ebenda, S. 52 ff., und *Hagenmüller:* a. a. O., S. 23.

fulfilling-prophecy": Mag auch die Einhaltung der „goldenen Regeln" noch keine hinreichende Gewähr für die finanzielle Stabilität eines Kreditnehmers bieten, entscheidend ist, daß der Kreditgeber glaubt, daß dieser Effekt eintrete: Er wird dem Kreditnehmer bei Einhaltung der „goldenen Regeln" Kredit geben und dadurch dazu beitragen, daß dessen finanzielles Gleichgewicht erhalten wird – wodurch wiederum seine Theorie einer erfolgreichen Kreditbeziehung bestätigt wird.

Stützel kommt zum gleichen Ergebnis wiederum unter Verwendung rollentheoretischer Kategorien, wenn er formuliert: „Eine Bank als Transformationsinstitut darf sich bei Abschätzung von Risiken gar nicht von der subjektiven eigenen Einschätzung dieser Risiken leiten lassen ... Sie *muß*, damit die Rückzahlung an ihre Einleger gesichert bleibt, ihre Kredite abtretbar halten. Sie muß sich ... davon leiten lassen, wie andere diese Risiken beurteilen ...; entscheidend ist ... das was in der Bankwelt als tragbar und vertretbar *gilt*."[20]

Diese Gedanken lassen sich zu folgender Hypothese verdichten:

Hypothese II:
Banken orientieren sich bei der Kreditgewährung an bestimmten Schwellenwerten von Bilanzrelationen.

Um Hypothese II zu prüfen, müßten Kredit-Entscheidungsprozesse während ihres Ablaufs beobachtet werden. Die Diskretion der Kreditbeziehung zieht der empirischen Forschung hier indessen eine Grenze. Zur Prüfung sind daher andere Beobachtungen heranzuziehen. Diese indiziellen Prüfbefunde lassen dann vielleicht ein mittelbares Urteil über die Hypothese II zu. Geprüft werde folgender Satz:

In ihren Jahresabschlüssen präsentieren die Unternehmen ein Bilanzbild, das den „goldenen Regeln" entspricht.

Zunächst werden die Jahresabschlüsse von Aktiengesellschaften des verarbeitenden Gewerbes unter Ausschluß von Handels-, Dienstleistungs- und Bauunternehmen herangezogen (vgl. Tabelle 3).[21]

In bezug auf die Relationen 1 und 2 präsentieren die Unternehmen ein Bilanzbild, das den „goldenen Regeln" entspricht. Unterschritten wird regelmäßig der Grenzwert des Verhältnisses von Eigenkapital zu Fremdkapital. Der Grenzwert der Liquiditätsregel wird ebenfalls weniger streng eingehalten.

Tabelle 4 prüft die Einhaltung der gleichen Regeln anhand eines anderen Prüffeldes: Es handelt sich dabei um Bilanzdaten von 46 000 Unternehmen aller Rechtsformen, die von der Deutschen Bundesbank erhoben wurden.[22]

Auch in diesem Befund zeigt sich, daß die Unternehmen in ihren Jahresabschlüssen ein Bild ausweisen, das der „goldenen Bilanzregel" und der „goldenen Finanzierungsregel" entspricht. Die „1 : 1-Regel" zum Verschuldungs-

[20] *Wolfgang Stützel:* Banken, Kapital und Kredit in der zweiten Hälfte des zwanzigsten Jahrhunderts. In: Strukturwandlungen einer wachsenden Wirtschaft, Verhandlungen auf der Tagung des Vereins für Socialpolitik in Luzern 1962, 2. Band, Berlin 1964, S. 566.

[21] Statistisches Jahrbuch für die Bundesrepublik Deutschland 1970, Hrsg. *Statistisches Bundesamt*, Stuttgart und Mainz 1970, S. 172 ff., sowie Statistisches Jahrbuch 1971, S. 174 ff.

[22] Die Jahresabschlüsse von Unternehmen für 1968, in: Monatsberichte der Deutschen Bundesbank, Jg. 23 (1971), Januar 1971, S. 12 ff.

Tabelle 3 *Bilanzrelationen von Aktiengesellschaften*

Relationen	Grenzwert der Hypothese	1966	1967	1968
1. langfr. Kapital[23] / Anlagevermögen[24]	≧ 1,0	1,15	1,22	1,25
2. langfr. Finanzierung[25] / Investitionen[26]	≧ 1,0	1,36	1,38	
3. Eigenkapital / Gläubigerkapital[27]	≧ 1,0	0,85	0,85	0,79
4. flüssige Mittel + Forderungen / kfr. Verbindlichkeiten	≧ 1,0	0,85	0,99	1,14

[23] Grundkapital + Rücklagen + Posten mit Rücklagenanteil + Pensionsrückstellungen + langfristige Verbindlichkeiten
[24] Sachanlagevermögen + Finanzanlagevermögen
[25] Zuwachs an Eigenkapital + Zuwachs an lfr. Fremdkapital + Abschreibungen auf Sachanlagen, auf immaterielle Anlagewerte und auf Finanzanlagen
[26] Zuwachs an Anlagevermögen + Abschreibungen auf Anlagevermögen
[27] Gläubigerkapital = Fremdkapital – Pensionsrückstellungen

Tabelle 4 *Bilanzrelationen von Unternehmen lt. Erhebung der Deutschen Bundesbank*

Relationen	Grenzwert der Hypothese	1966	1967	1968
1. langfr. Kapital[28] / Anlagevermögen[29]	≧ 1,0	1,01	1,04	1,08
2. langfr. Finanzierung / Investitionen	≧ 1,0	1,14	1,10	
3. Eigenkapital / Gläubigerkapital[30]	≧ 1,0	0,72	0,85	0,79
4. flüssige Mittel + kfr. Forderungen[31] / kfr. Verbindlichkeiten	≧ 1,0	0,82	0,87	0,91

[28] Kapital und Rücklagen + lfr. Verbindlichkeiten
[29] Sachanlagen + Beteiligungen
[30] Die Rückstellungen sind in der Berichterstattung der Deutschen Bundesbank nicht differenziert. Sie wurden hier nicht in das Gläubigerkapital eingerechnet.
[31] Kasse, Bank- und Postscheckguthaben + Wertpapiere des Umlaufvermögens + kfr. Forderungen.

grad und die „Liquiditätsregel“ werden – wie von den Aktiengesellschaften – nicht mit der gleichen Strenge eingehalten.

Die bisher analysierten Testergebnisse sind Durchschnittswerte. Unsere Beurteilungen würden in den Fällen nicht zutreffen, in denen die Bilanzrelationen so stark streuen, daß eine große Zahl im „unzulässigen Bereich“, d. h. *unter* dem Grenzwert der Hypothese, liegt. Um diesen Zweifel zu beseitigen, seien die folgenden Streuungsdiagramme einer Zufallsstichprobe von 75 deutschen, börsennotierten Aktiengesellschaften herangezogen:

Schaubild 1 *Streuung der Bilanzrelationen deutscher Aktiengesellschaften (1968)*

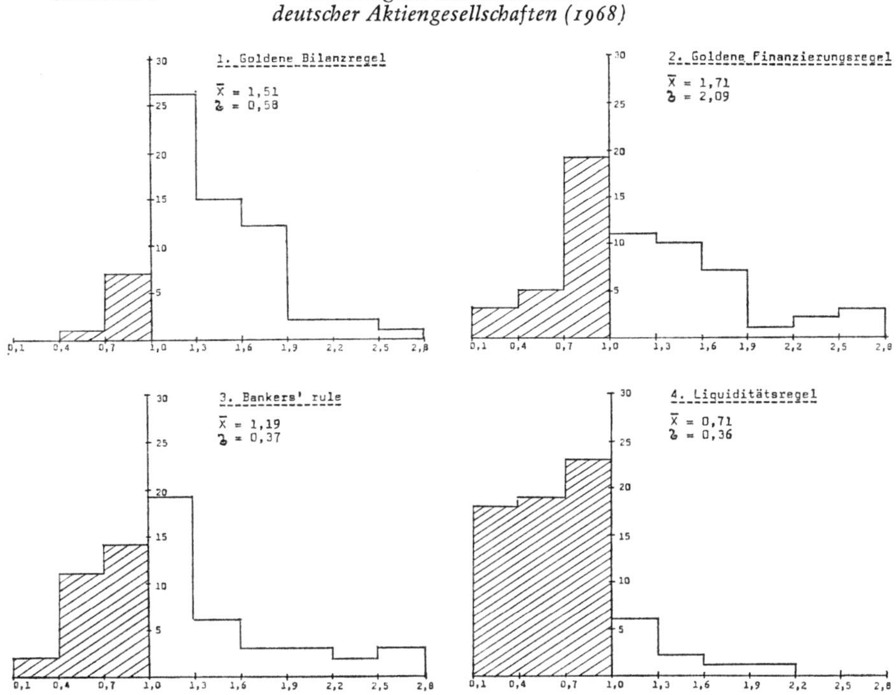

Die Grenzwerte der Hypothesen werden durch die Senkrechten repräsentiert, die schraffierten Felder sind der jeweils „unzulässige Bereich“. Die Streuungsdiagramme der ersten zwei Relationen zeigen eine *hypothesenkonforme Schiefe der Verteilung* sowie eine weitgehend *hypothesenkonforme Lage gegenüber dem Grenzwert.*[32] Konkret: die Zahl der Fälle im „unzulässigen“ Bereich ist wesentlich kleiner als im „zulässigen“. Die Kennzahl zum Ver-

[32] Unser Befund zur Bilanzrelation I deckt sich mit den Ergebnissen einer Untersuchung des *Statistischen Bundesamtes* aus dem Jahre 1957: Streuung in der Kapitalstruktur von Aktiengesellschaften der Industrie. In: Wirtschaft und Statistik, Jg. 10 N. F. (1958), S. 662 ff.

schuldungsgrad (1 : 1-Regel) zeigt eine stärkere Streuung.[33] Die Liquiditätsregel wird nicht streng eingehalten – ein Hinweis darauf, daß die Praxis diese theoretisch besonders anfechtbare Relation zu Recht weniger beachtet.
Damit ist unsere rollentheoretisch begründete Vermutung weitgehend bestätigt, daß die Unternehmen tatsächlich ein Bilanzbild präsentieren, das den „goldenen Regeln" entspricht.[34] Die folgenden Streuungsdiagramme von 74 japanischen, börsennotierten Aktiengesellschaften machen sogar deutlich, daß diese Rollenerwartungen selbst unter den andersartigen lokalen und sozialen Bedingungen Japans lediglich in bezug auf den Verschuldungsgrad (Bilanzrelation 3) modifiziert sind.[35]

Schaubild 2 *Streuung der Bilanzrelationen japanischer Aktiengesellschaften (1968)*

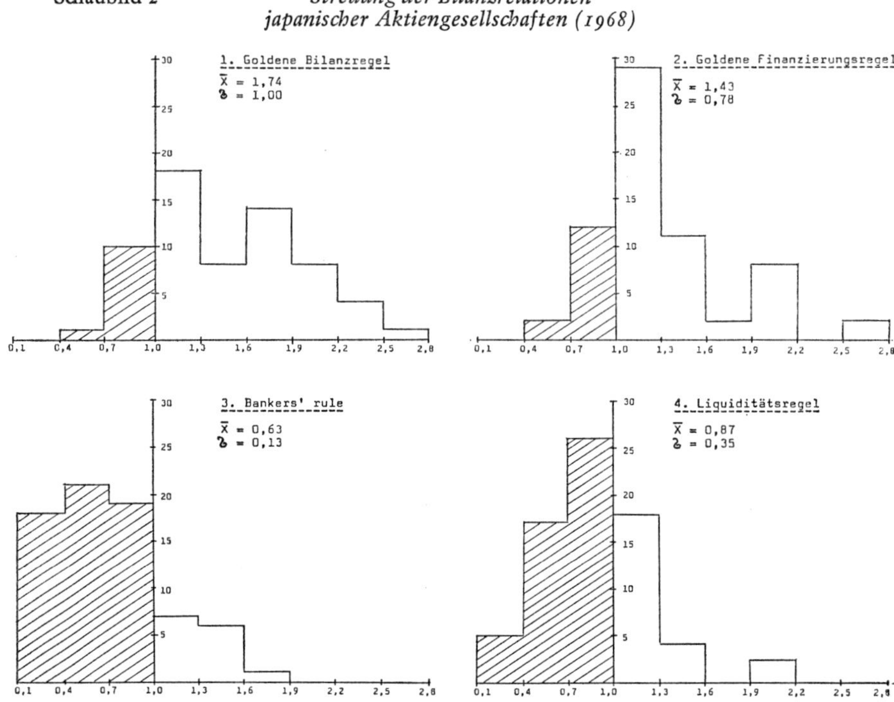

[33] Diese breitere Streuung in bezug auf Relation 3 zeigt sich auch in der bereits erwähnten Untersuchung des Statistischen Bundesamtes aus dem Jahre 1957, a. a. O., S. 664.
[34] Siehe auch Befunde von *Rudolf Berndsen:* Die deutschen Aktiengesellschaften – Bilanzanalyse seit 1948, Hannover 1965, S. 315 ff.
[35] Dieser Test widerlegt auch teilweise eine Vermutung *Börners:* a. a. O., S. 349, Fußnote 32.

Die strenge Beachtung der Bilanzregeln wirft die Frage auf, ob sie überhaupt ein Kriterium von hinreichender *Trennschärfe* darstellen, um die Frage nach der Kreditwürdigkeit zu entscheiden. Die Kreditgeber brauchen offenbar weitere Informationen über den Kreditnehmer, um zu einem individuellen Kreditwürdigkeitsurteil zu gelangen.[36]

III. Das Planungsvermögen des Kreditnehmers — im Urteil der Bank

Die Bilanz schließt einen vergangenen Zeitraum ab. Verhaltenserwartungen, die sich auf Bilanzrelationen stützen, müssen also von der Unterstellung ausgehen, daß die aus der Bilanz ersichtlichen Verhaltensweisen der Vergangenheit repräsentativ für das zukünftige Verhalten sind — angesichts der Dynamik der Realität wahrhaftig eine „heroische“ Annahme.[37]

Die Entscheidung über die Kreditgewährung verlangt Informationen über die *Zukunft* des Kreditnehmers: das sind zunächst die Informationen, die *alle* Kreditnehmer in gleicher Weise betreffen. Darüber hinaus werden Informationen über die Zukunft des *individuellen* Kreditnehmers benötigt. Bei geringer lokaler und sozialer Distanz zum Kreditnehmer läßt sich ein Teil derartiger Zukunftsinformationen zuverlässig gewinnen. Eine noch zweckdienlichere Möglichkeit der Informationsgewinnung und -beurteilung liegt für den Kreditgeber darin, die Pläne des Kreditnehmers einzusehen und sein Planungsvermögen zu beurteilen.[38] Diese Überlegung führt zu

---

[36] Bemerkenswerte Ansätze zur statistischen Untersuchung von Bilanzdaten unter der Frage, ob charakteristische Veränderungen bestimmter Relationen auf Insolvenz hinzudeuten vermögen, finden sich bei *William H. Beaver:* Financial ratios as Predictors of Failure. In: Empirical Research in Accounting, Selected Studies 1966 (Ergänzungsheft zu Journal of Accounting Research, Vol. 4, 1966) S. 71 ff.; *ders.:* Alternative Accounting Measures as Predictors of Failure. In: The Accounting Review, Nr. 1, Vol. XLIII (Januar 1968), S. 113 ff.; *Peter Weibel:* Probleme der Bonitätsbeurteilung von Unternehmungen. In: Betriebswirtschaftliche Probleme des Bankbetriebs, Bern/Stuttgart 1971, S. 97 ff. Siehe auch meine Ansätze zur property-space-Analyse und zur Konsistenz-Analyse von Bilanzen (*Jürgen Hauschildt:* Entwicklungslinien der Bilanzanalyse. In: Zeitschrift für betriebswirtschaftliche Forschung, Jg. 23 (1971), S. 335 ff.).

[37] *Wolfram Engels:* Betriebswirtschaftliche Bewertungslehre im Licht der Entscheidungstheorie, Köln/Opladen 1962, S. 182 ff.; *Karl Käfer:* Die Bilanz als Zukunftsrechnung. In: Mitteilungen aus dem handelswissenschaftlichen Seminar der Universität Zürich, Hrsg. *R. Büchner* und *K. Käfer*, H. 115, Zürich 1962, S. 26; *Eberhard Witte:* Die Liquiditätspolitik der Unternehmung, Tübingen 1963, S. 126 ff.; insbes. 130; *Adolf Moxter:* Die Grundsätze ordnungsmäßiger Bilanzierung und der Stand der Bilanztheorie, Besprechungsaufsatz. In: Zeitschrift für betriebswirtschaftliche Forschung, 18. Jg. N. F. (1966), S. 51; *Wolfgang Stützel:* Bemerkungen zur Bilanztheorie. In: Zeitschrift für Betriebswirtschaft, 37. Jg. (1967), S. 336.

[38] Dieser Gedanke wurde besonders eindringlich bereits im Jahre 1933 von *Gubitz* vertreten. *Wolfgang Gubitz:* Finanzpläne als Kontrollmittel für Bank-Kredite. In: Zeitschrift für betriebswirtschaftliche Forschung, Jg. 27 (1933), S. 506 ff., insbes. S. 509 ff.; *L. Faißt:* Kreditwürdigkeitsprüfung in Theorie und Praxis. In: Betriebswirtschaftliche Blätter für die Praxis der Sparkassen und Girozentralen, Jg. 14 (1965), S. 82; *H. J. Krümmel:* Finanzierungsrisiken und Kreditspielraum. In: Zeitschrift für Betriebswirtschaft, Jg. 36 (1966), S. 144 f.; *Rex J. Morthland:* Credit Analysis – Specific tools of Analysis. In: The Banker's Handbook, Ed. *W. H. Baughn* and *C. E. Walker,* Homewood Ill. 1966, S. 302; *Wächtershäuser:* a. a. O., S. 78 ff., 102 ff.

Hypothese III:
Banken orientieren sich bei der Kreditgewährung an den Plänen und am Planungsvermögen der Kreditnehmer.

Die Lehre von der betriebswirtschaftlichen Planung unterscheidet die Planung einzelner Projekte (Objekte) von der Routine-Planung der gesamten Güter- und Geldströme. Die Prüfung der Hypothese III hätte also zu fragen, ob die Bank die Kredite mit Blick auf Projekt-Pläne vergibt und ob sie die Existenz eines Routine-Planungssystems in ihrer Kreditentscheidung positiv bewertet.

Unser Material ließ die Prüfung der zweiten Teilfrage in bezug auf die *Finanzplanung des Kreditnehmers*[39] zu, die *Krümmel* als „... das einzige zweckentsprechende Informationsmittel über die Zahlungsfähigkeit des Kreditnehmers während der ganzen Laufzeit des Kredits"[40] ansieht.

Wir stellten folgende Frage:

Geht aus den Kreditunterlagen hervor, ob die Unternehmung mit Hilfe einer laufenden Finanzplanung die ein- und ausgehenden Zahlungen des kommenden Monats hinreichend genau voraussieht?

1 Ja, die Unternehmung hat eine derartige Finanzplanung.
2 Nein, die Unternehmung hat eine derartige Finanzplanung nicht.
3 Unsere Unterlagen geben keinen Aufschluß darüber, ob die Unternehmung eine derartige Finanzplanung hat.

Die Antwort auf diese Erhebungsfrage ließ dem Kreditsachbearbeiter einen Freiheitsraum, das prognostische Potential seines Kunden zu bewerten. Die Frage band ihn dabei an die Aufzeichnungen in der Kreditakte. Eine tiefergehende Prüfung der Leistungsfähigkeit der Finanzplanung wurde mit unserer Frage nicht erreicht und war auch nicht angestrebt.

Hypothese III fragt nach dem Einfluß auf die Kreditgewährung. Da wir das Bankgeheimnis zu respektieren hatten, konnten wir die Höhe der eingeräumten Kredite nicht direkt erfragen. Die Bedeutsamkeit eines Finanzplanungssystems für die Kreditgewährung ließ sich nur indirekt bestimmen durch den Zusammenhang des Wissens der Bank um die Existenz einer funktionsfähigen Finanzplanung mit der Stellung von Sicherheiten und den ausgehandelten Zinskonditionen.

Wir testen somit folgende Hypothesen III a und III b:

Wenn ein kreditbegehrendes Unternehmen nach Meinung der kreditgewährenden Bank über ein Finanzplanungssystem verfügt, dann ist die Wahrscheinlichkeit,
– daß es keine Sicherheiten stellt (Hypothese III a),
– daß es günstigere Kreditkonditionen erzielt (Hypothese III b),
größer, als wenn das kreditbegehrende Unternehmen nach Ansicht der Bank über ein Finanzplanungssystem nicht verfügt.

[39] *Kurt Berger:* Kreditwürdigkeitsprüfung und Kreditgutachten, Berlin 1948, S. 66 ff.; *K. Mellerowicz* und *H. Jonas:* Bestimmungsfaktoren der Kreditfähigkeit, 2. Aufl., Berlin 1957, S. 221 ff.; *Jonas:* a. a. O., S. 182; *Ludwig Orth:* Die kurzfristige Finanzplanung industrieller Unternehmungen, Köln und Opladen 1961, S. 35; *Burkhard Witteler:* Die Beurteilungskriterien im Kreditwürdigkeitsgutachten – Ermittlung und Aussagefähigkeit, Diss. Frankfurt 1962, S. 200 ff.; *Manuel Falter:* Die Praxis des Kreditgeschäfts bei Sparkassen und anderen Kreditinstituten, 6. Aufl., Stuttgart 1966, S. 382 ff.; *Pfisterer:* a. a. O., S. 70 ff.; *Wächtershäuser:* a. a. O., S. 170 ff.

[40] *Krümmel:* Zur Bewertung im Kreditstatus, a. a. O., S. 140.

Die Auswertung unserer Stichprobe ergab unter den Fragestellungen der Hypothesen III a und III b *keinen signifikanten Befund.*
Erklärbar ist dieses erste Testergebnis nur dadurch, daß der Testansatz einen bedeutsamen Einfluß außer acht ließ, der als Rahmenbedingung prinzipiell das Verhältnis von Kreditnehmer und Kreditgeber bestimmt: die *Konkurrenz der Banken* untereinander. Aus der betriebswirtschaftlichen Preis- und Absatztheorie folgt, daß starker Wettbewerb der Banken zu geringeren Sicherheits- und Zinsforderungen führt als schwacher Wettbewerb.[41] Wenn sich eine Bank unter der Wirkung der Konkurrenz zur Kreditgewährung entschließt, wird sie sich wenigstens dadurch zu ver„sichern" suchen, daß sie fragt, ob der Kreditnehmer in der Lage sei, mit Hilfe einer funktionsfähigen Finanzplanung seine Geldströme zu kontrollieren.
Wir erweitern die Hypothesen III a und III b um eine entsprechende Wenn-Komponente:
Wenn um eine kreditbegehrende Unternehmung ein starker Wettbewerb der Kreditinstitute geführt wird und wenn diese Unternehmung nach Meinung der kreditgewährenden Bank über ein Finanzplanungssystem verfügt, dann treten die von den Hypothesen III a und III b bezeichneten Effekte auf.

Die Konkurrenzsituation wurde nach folgender Frage skaliert:[42]

> Wie stark war der Wettbewerb mit anderen Kreditinstituten um die untersuchte Unternehmung im Jahre 1966?
> 1 kein Wettbewerb
> 2 geringer Wettbewerb
> 3 verschärfter Wettbewerb

Im ersten Testansatz dieser erweiterten Hypothesen wurde der Zusammenhang zwischen *Sicherheitenstellung* und Finanzplanung bei *schwacher* Konkurrenz der Kreditinstitute geprüft. Interessanterweise zeigten sich bei dieser Rahmenbedingung *keine* signifikanten Unterschiede zwischen Unternehmen mit und ohne Finanzplanung: Fehlender Wettbewerb der Kreditinstitute verlangt keine Differenzierung der Erwartungsstruktur, macht Beachtung des Planungspotentials des Kreditnehmers entbehrlich.[43]
Bei *starker* Konkurrenz der Kreditinstitute zeigte sich folgendes Testergebnis, das die Hypothese III a bestätigt (vgl. Tabelle 5):
Wenn die kreditbegehrenden Unternehmen von den Kreditinstituten in starkem Konkurrenzkampf umworben sind und nach Meinung der kreditgewährenden Bank über eine funktionierende Finanzplanung verfügen, dann erhalten sie in einer wesentlich größeren Zahl von Fällen den Kredit, ohne Sicherheiten zu stellen – gemessen an der Zahl der Fälle, in denen der Kreditnehmer ein derartiges Finanzplanungssystem nicht ausgewiesen hat.

---

[41] Vgl. *K. F. Hagenmüller:* Bankbetrieb und Bankpolitik, Wiesbaden 1959, S. 230 f.; *E. Aust:* Der Wettbewerb in der Bankwirtschaft – Grundzüge und Anregungen für eine allgemeine Theorie, Diss. Frankfurt 1962, S. 95; *O. V.:* Die Regelung der Bankkonditionen nach § 23 KWG (Zinsverordnung). In: Monatsberichte der deutschen Bundesbank, Jg. 17, März 1965, S. 4 f.; *Hans-Jacok Krümmel:* Bankzinsen. Untersuchung über die Preispolitik von Universalbanken, Köln 1964, S. 230.
[42] In 16 Fällen wurde „kein Wettbewerb" konstatiert.
[43] Die fehlende Differenzierung der Befunde *Pfisterers* unter dem Kriterium der Konkurrenzsituation macht einen Vergleich dieser Befunde mit seinen Angaben problematisch (*Pfisterer:* a. a. O., S. 82).

Tabelle 5 *Sicherheitenstellung und Finanzplanung von Kreditnehmern bei starker Konkurrenz der Kreditinstitute (Angaben in Prozent)*

Sicherheitenstellung / Finanzplanung	Der Kreditnehmer stellt *keine* Sicherheiten	Der Kreditnehmer stellt Sicherheiten	Summe
Der Kreditnehmer hat eine Finanzplanung	61	39	100
Der Kreditnehmer hat *keine* Finanzplanung	40	60	100

$n_s^* = 91$, $p < 0{,}05$ (χ^2 – Test)

Die *praktische Konsequenz* für kreditbegehrende Unternehmen liegt auf der Hand: Die Verschuldungsfähigkeit steigt, wenn sich die Unternehmensleitung der Instrumente einer rationalen finanziellen Unternehmensführung, wozu eine Finanzplanung gehört, bedienen kann.[44]

Nach dem soeben praktizierten Testansatz wird im folgenden der Zusammenhang der Existenz einer Finanzplanung und den *Kreditkonditionen* untersucht. Dabei wurden die Kreditkonditionen dichotom in „Normalkonditionen" und in „Sonderkonditionen" aufgeteilt. Eine derartige Zuordnung war im Jahr 1966 noch einwandfrei möglich, denn vom Zeitpunkt des Inkrafttretens der Zinsfreigabeverordnung vom 21. März 1967 besteht die hier noch ausgewertete Zinsbindung nicht mehr. „Sonderkonditionen" für Kontokorrent-Kredite umschlossen seinerzeit alle Zinssätze, die den Sollzinssatz für „Normalkonditionen" (Diskontsatz + 4½ %) unterschritten. Eine genauere Erhebung war wegen des Bankgeheimnisses nicht möglich. Die diesbezügliche Erhebungsfrage lautete:

Welche Konditionen sind der Unternehmung im Jahre 1966 gewährt worden?
1 Normalkonditionen
2 Sonderkonditionen

Wie bei Test III a wurde der Test III b nach der Intensität der Konkurrenzsituation der Kreditinstitute differenziert. Wie dort zeigte sich *keine signifikante* Beziehung zwischen der Existenz einer Finanzplanung und den Konditionen bei *schwacher* Konkurrenz der Kreditgeber. Um so deutlicher ist der Hinweis auf das Funktionieren des Marktmechanismus im Kreditgeschäft, wenn wir den Befund bei *starker* Konkurrenz der Kreditinstitute betrachten:

Wenn kreditbegehrende Unternehmen von den Kreditinstituten in starkem Konkurrenzkampf umworben werden und nach Meinung des Kreditgebers über eine funktionierende Finanzplanung verfügen, dann erhalten sie in wesentlich höherer Zahl von Fällen Kredite zu (günstigeren) Sonderkon-

[44] Vgl. auch meine Befunde über das Verhältnis von Verschuldung zur hierarchischen Position der Verhandlungspartner in Kreditverhandlungen, *Jürgen Hauschildt:* Finanzorganisation und Verschuldungsgrad. In: Zeitschrift für Betriebswirtschaft, Jg. 40 (1970), S. 432 ff., 442 ff.; siehe auch *Helmut Koch:* Finanzplanung. In: Handwörterbuch der Betriebswirtschaft, Hrsg. *H. Seischab* und *K. Schwantag,* 3. Aufl., Bd. II, Stuttgart 1957/58, Sp. 1911.

ditionen, als wenn sie ein derartiges Planungsinstrument nicht aufweisen – ein weiteres, in diesem Fall sogar in Geld quantifizierbares Votum für den Aufbau eines Planungssystems.

Tabelle 6 *Konditionen und Finanzplanung von Kreditnehmern bei starker Konkurrenz der Kreditinstitute (Angaben in Prozent)*

Konditionen / Finanzplanung	Der Kreditnehmer erhält Sonderkonditionen	Der Kreditnehmer erhält Normalkonditionen	Summe
Der Kreditnehmer hat eine Finanzplanung	67	33	100
Der Kreditnehmer hat *keine* Finanzplanung	41	59	100

$n_*^* = 86$ (in fünf Fällen konnten – verglichen mit n_s^* – die Kreditkonditionen nicht erhoben werden), $p < 0{,}05$ (χ^2 – Test)

Der Wissenschaftler muß indessen Distanz wahren und die Frage anschließen, ob die beobachteten Effekte möglicherweise durch ein drittes, bisher noch nicht berücksichtigtes Phänomen hervorgerufen oder verstärkt werden. Die Effekte könnten „Gemeinsamkeitskorrelationen" mit der *Unternehmensgröße* aufweisen. Für diesen Zusammenhang bestehen folgende Vermutungen:

– Der Wettbewerb der Banken konzentriert sich auf relativ große Unternehmen, und umgekehrt: große Unternehmen sind leichter in der Lage, einen Konkurrenzkampf der Banken untereinander auszulösen.[45]
– Großunternehmen stehen im Ruf, über ein Finanzplanungssystem zu verfügen.[46]

Wir wählen den Jahresumsatz der Unternehmen als Meßwert für die Unternehmensgröße und prüfen zunächst die direkte Beziehung zwischen Unternehmensgröße und den betrachteten Eigenschaften. Dabei zeigen sich in allen Fällen hochsignifikante Beziehungen

– zwischen Unternehmensgröße und Meinung der Bank über das Vorhandensein einer Finanzplanung ($p < 0{,}001$),
– zwischen Unternehmensgröße und Konkurrenzsituation ($p < 0{,}001$),
– zwischen Unternehmensgröße und Sicherheitenstellung ($p < 0{,}001$),
– zwischen Unternehmengröße und Kreditkonditionen ($p < 0{,}001$).

Entscheidend für unsere Frage, ob ein *eigenständiger* Einfluß der Finanzplanung neben dem Größeneinfluß besteht, ist jetzt die Prüfung, wie groß die Unterschiede der durchschnittlichen Umsätze zwischen den Unternehmen in den einzelnen Zellen der Tabellen 5 und 6 sind.

---

[45] *E. Aust:* a. a. O., S. 56; *Joachim Süchting:* Kalkulation und Preisbildung der Kreditinstitute, Frankfurt a. M. 1963, S. 70; *Wolfgang Stützel:* Bankpolitik heute und morgen – ein Gutachten, Frankfurt 1964, S. 56.

[46] *Eugen Schmalenbach:* Die Aufstellung von Finanzplänen, Leipzig 1931, S. 3; *Orth:* a. a. O., S. 52; *J. Hauschildt:* Organisation der finanziellen Unternehmensführung, a. a. O., S. 122, 128 ff.

Der folgende Testansatz zeigt in den Zellen der Matrix die durchschnittliche Umsatzhöhe für das Jahr 1966 in Millionen DM.

Tabelle 7 *Unternehmensgröße, Finanzplanung und Sicherheitenstellung der Kreditnehmer bei starker Konkurrenz der Kreditinstitute (Angaben in Millionen DM Umsatz)*

Sicherheitenstellung / Finanzplanung	Der Kreditnehmer stellt *keine* Sicherheiten	Der Kreditnehmer stellt Sicherheiten
Der Kreditnehmer hat eine Finanzplanung	11,3	11,4
Der Kreditnehmer hat *keine* Finanzplanung	10,0	5,9

Für die in Tabelle 5 ausgewiesene Verteilung der Zahl der Unternehmen auf die Zellen der Matrix liefert das Größenkriterium laut Ausweis der Tabelle 7 keine Erklärung. Das gilt zumindest für den Fall, daß die Unternehmen über eine Finanzplanung verfügen, denn die beiden Teilklassen unterscheiden sich in der Größe nicht. Für die in Tabelle 5 gezeigte Verteilung bleibt somit letztlich die Tatsache ausschlaggebend, daß die Kreditnehmer nach Ansicht der Bank über eine funktionsfähige Finanzplanung verfügen.

Tabelle 7 läßt indessen deutlich werden, daß ein Kreditnehmer, der keine Finanzplanung ausweist und überdies auch noch relativ klein ist, mit hoher Wahrscheinlichkeit Sicherheiten stellt – und es ist wohl nicht unrealistisch zu sagen – stellen muß.

Das gleiche Bild zeigt sich bei Einbeziehung der Unternehmensgröße in die Analyse des Zusammenhanges zwischen Finanzplanung und Kreditkonditionen:

Tabelle 8 *Unternehmensgröße, Finanzplanung und Kreditkonditionen der Kreditnehmer bei starker Konkurrenz der Kreditinstitute (Angaben in Millionen DM Umsatz)*

Konditionen / Finanzplanung	Der Kreditnehmer erhält Sonderkonditionen	Der Kreditnehmer erhält Normalkonditionen
Der Kreditnehmer hat eine Finanzplanung	12,2	10,5
Der Kreditnehmer hat *keine* Finanzplanung	9,0	6,9

Die in Tabelle 6 ausgewiesene relativ hohe Zahl von Kreditnehmern mit Finanzplanung und Sonderkonditionen – gemessen an der Zahl von Kreditnehmern mit Finanzplanung und Normalkonditionen – wird ebenfalls nicht durch signifikante Größenunterschiede erklärt.[47] Lediglich in den Fäl-

[47] $t = 0{,}51$

len, in denen Fehlen der Finanzplanung und geringe Unternehmensgröße zusammentreffen, ist wiederum die Wahrscheinlichkeit gering, daß der Kreditnehmer günstige Sonderkonditionen aushandeln kann.
Insgesamt läßt sich also zum Einfluß der Unternehmensgröße *neben* dem Einfluß der Finanzplanung auf die Kreditwürdigkeit folgendes feststellen:

- Die Unternehmensgröße ist nicht von ausschlaggebender Bedeutung in den Fällen positiver Einflüsse (keine Sicherheiten, Sonderkonditionen).
- Die Wirkung des Fehlens einer Finanzplanung (Sicherheitenstellung, Normalkonditionen) wird verstärkt, wenn der Kreditnehmer ein relativ kleines Unternehmen ist.

IV. Zusammenfassung

Das Problem der unsicheren Erwartungen in der Entscheidung zur Kreditwürdigkeit liegt in der Einschätzung des Verhaltens der potentiellen Kreditnehmer. Der Kreditgeber orientiert seine Erwartungen dabei an charakteristischen Bezugsgrößen:
Die erste Gruppe von Bezugsgrößen sind die *Sicherheiten* – indessen löst diese Orientierung das Entscheidungsproblem nur im unerwünschten Grenzfall: Sicherheiten geben nur Gewißheit bei ihrer Liquidation. Diese bedeutet in aller Regel das Ende der Kreditbeziehung.
Die zweite Gruppe von Bezugsgrößen sind Grenzwerte bestimmter *Bilanzrelationen*. Die empirische Analyse von Bilanzen zeigt, daß diese Grenzwerte von den betrachteten Unternehmen in einem erstaunlichen Ausmaß eingehalten werden. Damit verlieren diese Grenzwerte der Bilanzrelationen ihre Eignung, das Kreditwürdigkeitsurteil hinreichend zu begründen.
Wir haben einen dritten Bezugstatbestand empirisch geprüft: die *Finanzplanung des Kreditnehmers*. Die Befunde zeigen, daß das Urteil der Bank über das Planungsvermögen des Kreditnehmers die Kreditgewährung beeinflußt. Das gilt interessanterweise nur in der Situation eines verschärften Konkurrenzkampfes der Banken untereinander – ein Hinweis auf die Wirksamkeit des Marktmechanismus.

Summary

The main problem of uncertainty in the credit-decision of a bank is the estimation of the debtor's behaviour. The financial theory suggests that banks place their expectations in some characteristic reference points:
The first group of reference points are securities (mortgages, bails, contracts of guarantee, abandonments of claims, stocks, bonds and similar collateral). The empirical test shows that in a large number of cases securities are not asked by the banker or not made available by the borrower to the bank. Credit relations are existing without securities.
The second group of reference points are financial ratios of the balance sheet, of the flow-of-funds-statement and of the profit-and-loss-statement. The empirical test shows that certain marginal values of those ratios are really observed in a large extent. But the importance of the ratios to act as an instrument to select the debtors is decreased by this fact.
We tested a third reference point: the ability of a debtor to forecast the cash receipts and disbursements accurately. The empirical test shows that debtors with sufficient cash-availability-projections have a better bargaining position than those without financial projections. In a situation of hard competition between banks a borrower with a financial planning system is most likely to get the credit without securities or at lower costs.

Was ist Sozialpolitik?

von

BRUNO MOLITOR

Die Sozialpolitik, wie sie sich uns konkret darbietet, hat eine erstaunliche Entwicklung genommen. Aus der gehörigen Distanz betrachtet, springen vor allem drei Punkte ins Auge. Einmal ist der Mitteleinsatz quantitativ stürmisch gestiegen, obwohl man in der Wohlstandsgesellschaft mit ihrer ständigen Steigerung des Einkommensniveaus eher das Gegenteil erwartet hätte. Zum anderen scheint die Sozialpolitik ihren schichtenspezifischen Charakter zu verlieren; immer mehr werden Personenkreise einbezogen, die es bislang gewohnt waren, für sich selbst aufzukommen. Nicht zuletzt multiplizieren sich aber auch die Ansatzpunkte; offenbar lassen sich stets wieder weiße Flecken auf der sozialpolitischen Landkarte entdecken. Kein Wunder, daß da zweifelnd gefragt wird, ob es überhaupt noch ein gemeinsames sachliches Band gibt, das so unterschiedliche Maßnahmen wie die Altersversorgung und eine Mitbestimmungsregelung, die Ausbildungsförderung und Mietsubventionen, das Kindergeld und eine Korrektur der Vermögensverteilung zusammenhält.[1]

I. Zur Fragestellung

Was ist Sozialpolitik? Auf der politischen Bühne und im praktischen Tagesbetrieb dürfte die Frage weder oft auftauchen noch sonderlich beunruhigen. Sie bezeichnet ein durchaus theoretisches Problem. Und zwar nicht nur deshalb, weil man sich in der wissenschaftlichen Arbeit terminologisch zu verständigen sucht und die Dimension der Erfahrungswelt, der die Analyse gilt, sauber herausheben will. Wichtiger ist, daß die gedanklichen Schnittlinien, die der Begriff durch die komplexe Wirklichkeit legt, mit darüber bestimmen, was eine Theorie an erklärenden Erkenntnissen über die Sache zutage fördern kann. Gleichwohl handelt es sich hier um eine Zweckmäßigkeitsfrage, in der nicht Gründe der Richtigkeit, sondern die Vor- und Nachteile einer bestimmten Position entscheiden. Anhand der unterschiedlichen Fruchtbarkeit der denkbaren Ansätze für die Analyse sollte eine Einigung verhältnismäßig leicht zu erzielen sein.

Und doch ist in der wissenschaftlichen Sozialpolitik bis heute die Bestimmung des Untersuchungsobjektes in einer Weise kontrovers, die aufhorchen läßt. Dabei meinen wir nicht einmal so sehr die erschreckende Vielzahl der Definitionen, zu denen der immerhin gleiche empirische Befund Anlaß gibt.[2] Sie erklärt sich zum Teil schon daraus, daß manche der vorgeschla-

---

[1] Vgl. *Hans Albert:* Politische Ökonomie und Sozialpolitik, 1958. Abgedruckt in *ders.:* Marktsoziologie und Entscheidungslogik, Neuwied 1967, S. 183.

[2] Vgl. z. B. die noch heute instruktive Übersicht bei *Friedrich Lütge:* Der Begriff Sozialpolitik. In: Jahrbücher für Nationalökonomie und Statistik, 137. Bd. (1932), S. 481 ff.

genen Begriffe zu inhaltsleer sind, um überhaupt noch etwas Gesondertes zu treffen[3]; andererseits mag auch die unvorhergesehene Ausfächerung der zu bezeichnenden Sache selbst ihre Rolle spielen. Bedenklicher ist der Umstand, daß vielfach das Geschäft der begrifflichen Umschreibung unversehens in eine Normierung des Gegenstandes umschlägt. Das geschieht regelmäßig bei Aufstellungen, die sich auf das „Wesen" der Sozialpolitik beziehen, bei Licht betrachtet jedoch Postulate zur Sache darstellen, nämlich dazu, was Sozialpolitik sein sollte.[4] Wie läßt sich diese normative Neigung erklären? Nun, wir haben es bei der Politik mit dem Verhalten des Sozialgebildes „Staat" zu tun, das, wie keines sonst, von manchen Gesellschaftsgruppen mit Nachdruck beargwöhnt, von anderen wiederum als Retter aus aller Not betrachtet wird. Und das, was Sozialpolitik heißt, ist just das Bündel an staatlichen Aktionen, das in der industriellen Entwicklung von Anfang an besonders heftig umstritten war. Was liegt da näher, als sich nicht mit einer Erklärung dieser politischen Sparte und ihrer Entwicklung zu begnügen, sondern von der Wissenschaft zu erwarten, daß sie zu ihrer Rechtfertigung bzw. Regulierung beiträgt. Und der Institution „Wissenschaft" ist in der modernen Zivilisation nun einmal ein Prestige zugewachsen, das im politischen Machtkampf zählt.

Eine sozialpolitische Theorie, die Erfahrungswissenschaft sein will[5], kann sich natürlich nicht auf dieser Ebene bewegen. Wie die Dinge liegen, muß sie schon bei der Bestimmung des Untersuchungsobjektes vor normativen Fallstricken auf der Hut sein. So ist es angezeigt, statt unserer Eingangsfrage weniger mißverständlich zu formulieren: Wie soll die Vokabel „Sozialpolitik" für die Zwecke einer erklärenden Analyse verwandt werden? Auf solche Weise wird offensichtlich nichts dekretiert, noch gar an einer Umzäunung für ein Universitätsfach gearbeitet. Es geht, wie bei wissenschaftlichen Kategorien überhaupt, um eine zweckmäßige Arbeitshypothese.

II. Auf der Suche nach einer Arbeitshypothese

Auf der Suche nach einer solchen Arbeitshypothese stoßen wir auf mehrere denkbare Möglichkeiten, die es zu prüfen lohnt.

1. Sozialpolitik als Bekämpfung der Armut

Wäre es zweckmäßig, mit „Sozialpolitik" das Verhalten des Staates gegenüber der Armut in der Gesellschaft zu fassen? Das gäbe sicherlich nicht den

---

[3] Vgl. etwa die früher vielzitierte Definition „Sozialpolitik ist die auf Sicherung fortdauernder Erreichung der Gesellschaftszwecke gerichtete Politik" von *Otto v. Zwiedineck-Südenhorst* (Sozialpolitik, Leipzig und Berlin 1911, S. 38).

[4] *Walter Weddigen* (Erdrutsch in der Wissenschaft Sozialpolitik? In: Schmollers Jahrbuch, 87. Jg. (1967), S. 435 passim) spricht ausdrücklich von der „leitenden Norm", *Gerhard Albrecht* (Bemerkungen zu einer neuen Theorie der Sozialpolitik. In: Jahrbücher für Nationalökonomie und Statistik, 171. Bd. (1959), S. 368 f.) von einem „Grundauftrag" der Sozialpolitik, auf den allein es ankomme. Für beide Autoren handelt es um die soziale Befriedigung zur Wahrung der Volksgemeinschaft. Vgl. *Walter Weddigen:* Grundzüge der Sozialpolitik und Wohlfahrtspflege, Stuttgart 1957, S. 2, 12; *Gerhard Albrecht:* Sozialpolitik, Göttingen 1955, S. 33.

[5] Dazu *Bruno Molitor:* Theorie der Wirtschaftspolitik und Werturteil. In diesem Jahrbuch, 8. Jahr (1963), S.81 ff.

schlechtesten Ansatz ab. Gründe der historischen Kontinuität, selbst zu vorindustriellen Zeiten, könnten ins Feld geführt werden und natürlich die wirtschaftliche Lage, in der sich gegenwärtig der größere Teil der Bevölkerung in den Entwicklungsländern befindet. Aber auch in den sog. Überflußgesellschaften ist die Armut keineswegs ausgestorben[6], so gerne man die Augen vor dem offenbar peinlichen Phänomen verschließt. Ja, würde sie nach dem wahrscheinlich ernstgemeinten Vorschlag *Bernhard Shaws*[7] geradezu „verboten", spricht doch alles dafür, daß sie de facto immer wieder auftaucht, und zwar nicht nur als bedauerliches Einzelgeschick, sondern in typischer Konfiguration. Das gilt schon im Hinblick auf das physiologische Existenzminimum, wie man es in einer „poverty-line" zu berechnen sucht[8]. Man braucht nur an so wesentliche Teilstücke wie die Wohnverhältnisse[9], die Hilfen bei angeborenen und langdauernden Leiden oder an die Verdienstsicherheit für ungelernte Arbeiter zumindest in stadtfernen Gebieten zu denken. Überdies ist das Existenzminimum keine fixe Größe, vor allem wenn „kulturelle" Anforderungen einbezogen werden. Es ändert sich nach Höhe und Zusammensetzung mit der Entwicklung der Gesellschaftswirtschaft. Was tatsächlich als Armut erscheint, hängt jeweils vom Abstand zu dem Lebensstandard ab, den andere Gesellschaftsgruppen (oder Länder) bereits erreicht haben, und von der sich ändernden allgemeinen Bewußtseinslage, die jeweils über die Toleranzgrenze nach unten bestimmt. So gesehen, würde es sich bei der Armut um ein permanentes Sozialphänomen handeln, mit dem sich die Politik auf jeder gesellschaftlichen Entwicklungsstufe auseinanderzusetzen hat.

Indessen, auf seiten der Betroffenen möchte „niemand hilfsbedürftig, aber jeder rentenberechtigt sein"[10], und die Sozialpolitiker ihrerseits sehen ihre Tätigkeit Idealen verpflichtet, die jenseits der Armutsbekämpfung angesiedelt sind. In der Tat bezieht sich heute nicht nur die Masse der sozialpolitischen Maßnahmen, zumal in den Wachstumssparten des Systems, auf Bürger, die sich in keiner Weise in Elendsnähe befinden. Der Armut selbst

---

[6] Vgl. bei *John Kenneth Galbraith* (The Affluent Society, Boston und London 1958, deutsch: Gesellschaft im Überfluß, München und Zürich 1959, S. 340 ff.) das Kapitel über die „Armutsinseln", wo auch der fatale Zirkel des Pauperismus beschrieben wird. Für Deutschland *Stephanie Münke:* Die Armut in der heutigen Gesellschaft, Berlin 1956; *dies.:* Armut in der Wohlstandsgesellschaft. In *Friedrich Lenz* (Hrsg.): Beiträge zur Wirtschafts- und Gesellschaftsgestaltung (Gleitze-Festschrift), Berlin 1968, S. 85 ff.

[7] *Bernard Shaw:* The intelligent Woman's Guide to Socialism and Capitalism, London 1927, deutsch: Wegweiser für die intelligente Frau zum Sozialismus und Kapitalismus, Berlin 1931, S. 134 ff., 537.

[8] Vgl. *B. Seebohm Rowntree* und *G. R. Lavers:* Poverty and the Welfare State, London, New York, Toronto 1951, S. 9 ff.

[9] Was die geltenden Bauordnungen der Länder in der Bundesrepublik Deutschland unter der Zielsetzung „gesundes Wohnen" konkretisieren, dürfte hier einen Mindeststandard darstellen. Rechtlich erzwungen wird er aber nur für die Neuzugänge an Wohnungen. Der Althausbestand soll jeweils nachfolgen. Würde auch auf ihn der Standard angewandt, so ergäben sich quantitative Anforderungen an eine Städtesanierung, die jeden Baudirektor erschrecken lassen. Dazu *Gesellschaft für Wohnungs- und Siedlungswesen:* Sicherung gesunder Wohnverhältnisse, Hamburg 1968.

[10] *Hans Achinger:* Soziologie und Sozialreform. In: Soziologie in der modernen Gesellschaft Verhandlungen des 14. Deutschen Soziologentages, Stuttgart 1959, S. 48.

wird kaum mehr mit einer Intensität begegnet, wie sie etwa noch aus der früheren Enquête-Tätigkeit des Vereins für Sozialpolitik hervortritt. Die Fürsorge selbst ist jetzt in die Form eines subjektiven Rechtsanspruches gekleidet[11], der Bereich freilich, wo nach ihren Prinzipien verfahren wird, erheblich beschränkt. Ja, unter dem Druck der Vorstellung einer Gesellschaft von Gleichen hat sie ihren Namen in „Sozialhilfe" umgetauscht.
Nach alledem dürfte es theoretisch wenig zweckmäßig sein, die heutige Sozialpolitik schwergewichtig mit der Armutsbekämpfung in Zusammenhang zu bringen. Weder dem Selbstverständnis der Praxis, noch, was bedeutsamer ist, den Wirkungen ihrer Maßnahmen nach böte sich so der Analyse ein aussichtsreicher Weg, um die politische Wirklichkeit in den Griff zu bekommen. Dennoch wird der Begriff der Sozialpolitik auch bei anderer Verwendung kaum je den Beiklang von Philanthropie ganz abstreifen können, der im üblichen Sprachgebrauch des Wortes „sozial" mitschwingt.

2. *Sozialpolitik als System der Sozialen Sicherheit*

Fahren wir besser, wenn als Sozialpolitik die staatlichen Bemühungen um „soziale Sicherheit" verstanden werden? Damit käme man dem empirischen Befund gewiß näher. Die Sicherungssysteme fallen heute, was den finanziellen Mitteleinsatz betrifft, stark ins Gewicht. Sie zeichnen sich durch eine wachsende Popularität aus. Allen Beschwörungen der Risikofreudigkeit zum Trotz, nimmt das Bedürfnis, die einmal erreichte Position in der Wirtschaftsdynamik geschützt zu sehen, mit der Hebung des Wohlstandsniveaus keineswegs ab. Und die Wirtschaftskrisen und politischen Umwälzungen boten und bieten einen drastischen Anschauungsunterricht, daß ihm vorbeugend wie schadensabwehrend am wirksamsten mit kollektiven Maßnahmen zu begegnen ist. Dabei beschränken sich die Sicherungsveranstaltungen nicht mehr auf den Kreis der unselbständig Erwerbstätigen.[12] Unbeschadet aller Leistungsdifferenzierungen im einzelnen, zielen sie überdies auf den voll ausreichenden Einkommensschutz ab. Und der Kreis der „Risiken", die bedacht werden sollen, scheint prinzipiell nicht begrenzt zu sein — wir sind gerade Zeuge, wie eine neue Welle von Hilfsansprüchen die Politik überrollt, die schon aufgrund der bloßen Zugehörigkeit zu Branchen erhoben werden, die im Wirtschaftswachstum zurückbleiben.[13]
Die quantitative und qualitative Bedeutung der Sicherungseinrichtungen steht also außer Frage. Dennoch erfaßt man mit ihnen nur einen Ausschnitt dessen, was gemeinhin als Sozialpolitik gilt. So bliebe zum Beispiel der ganze Maßnahmenkomplex ausgeschlossen, der sich auf die Stellung

---

[11] Er wird aus der Sozialstaatsentscheidung des Grundgesetzes (Art. 20, 28, 78 III, in Verbindung mit Art. 1 I) hergeleitet. Vgl. *Theodor Maunz, Günter Dürig:* Kommentar zum Grundgesetz, Bd. 1, 2. Aufl., München und Berlin 1966, S. 22.
[12] Als international bahnbrechendes Konzept eines umfassenden Sicherungssystems für alle Gesellschaftsmitglieder vgl. *William Beveridge:* Report on Social Insurance and Allied Services, London 1942, deutsch: Der Beveridge-Plan, Zürich 1943.
[13] Dazu *Bruno Molitor:* Sektorale Einkommensverteilung und Wirtschaftspolitik. In diesem Jahrbuch, 12. Jahr (1967), S. 97 ff.

der Beschäftigten im Produktionsprozeß bezieht. Auch tritt das Sicherheitsstreben als Anspruchsmotiv gegenüber der Politik kaum isoliert oder gar im Sinne eines „letzten“ Zieles auf.[14] Bei Licht betrachtet, entpuppt es sich als Teil einer größeren Konfession, nämlich die formalen Freiheitsrechte auf Dauer materiell zu unterbauen. Da dürfte sich für die sozialpolitische Theorie ein übergreifender Untersuchungsaspekt empfehlen, auch wenn dabei in Kauf genommen werden muß, daß die Chance zur terminologischen Abstimmung etwa mit dem angelsächsischen Sprachgebrauch ungenutzt bleibt, die eine Gleichsetzung von Sozialpolitik und „Social Security System“[15] wohl bieten würde.

3. Sozialpolitik als angewandte Labor-Economics

In gewissem Sinne umfassender ist eine dritte denkbare Arbeitshypothese: Man könnte unter „Sozialpolitik“ die staatlichen Maßnahmen zusammenfassen, die sich auf den Produktionsfaktor Arbeit beziehen, sie also als politische Anwendung einer „Labor-Economics“[16] verstehen, der es ihrerseits um die Determinanten des Faktorangebotes, um Kalküle für den Einsatz der knappen Arbeitsmengen und -qualitäten und die „Reproduktion“ der Arbeitskraft geht, nachdem lange Zeit in der Nationalökonomie einseitig, wenn auch wirtschaftshistorisch verständlich, der Kapitaltheorie das besondere Augenmerk galt. Das Reizvolle dieses Ansatzes läge gerade darin, hier zu einer Gewichtsverlagerung beizutragen, die dem Entwicklungsstadium der heutigen Industriewirtschaften entspricht, und insbesondere dem traditionellen Vorurteil zu steuern, das die Sozialpolitik unbesehen der Konsumsphäre zuordnet und blind ist für den investiven Charakter, den eine Reihe ihrer Maßnahmen hat oder bei entsprechender technischer Gestaltung doch haben kann.

Indes, so sehr die Genealogie der Sozialpolitik mit der Arbeiterfrage verbunden ist, so wenig kann doch übersehen werden, daß sie ihre Schichtbindung abzustreifen tendiert. Und selbst im engeren Kreis der auf die Arbeitnehmerstellung bezogenen Interventionen ist es zweifelhaft, inwieweit der Aspekt einer angewandten Arbeitsökonomie von der sozialpolitischen Wirklichkeit bestätigt wird. Natürlich hat er nichts mit Postulaten einer „Menschenökonomie“ im Umgang mit der Arbeitskraft zu tun.[17] Immerhin steht ein Produktivitätskalkül im Vordergrund. Und da ist zu sagen, daß die konkrete Sozialpolitik solchen Richtmaßen nur teilweise und bedingt gehorcht. Das scheint sie ja gerade für manche Seiten unheimlich zu machen. Sie setzt sich vielfach bewußt über das Leistungsprinzip

---

[14] Vgl. auch *Gerhard Weisser:* Soziale Sicherheit. In: Handwörterbuch der Sozialwissenschaften, Bd. 9, S. 399 ff.

[15] Vgl. etwa *Eveline M. Burns:* Social Security and Public Policy, New York, Toronto, London 1956.

[16] Hervorgehoben seien *Florence Peterson:* Survey of Labor Economics, New York, London 1947; *Lloyd Reynolds (Clark Kerr, Sumner H. Slichter):* Economics of Labor. In *Howard S. Ellis* (Hrsg.): A Survey of Contemporary Economics, Philadelphia, Toronto 1949, S. 225 ff.; *Joseph Shister* (Hrsg.): Readings in Labor Economics and Industrial Relations, 2. Aufl., Chicago, Philadelphia, New York 1956.

[17] Etwa im Stile von *Rudolf Goldscheid:* Entwicklungswerttheorie, Entwicklungsökonomie, Menschenökonomie, Leipzig 1908.

hinweg. Ihre Schutzmaßnahmen lockern die Marktzwänge. Ja, in gewissem Sinne kündigt sich in ihr ein Abfall vom Mythos der allein seligmachenden Erwerbsarbeit an, in dem sich eine bestimmte konservativ – bürgerliche Philosophie[18] mit dem Kommunismus heutiger Provenienz offenbar aus Gründen der Herrschaftszementierung trifft.
Die Arbeitsökonomie kann also kaum den gesuchten Untersuchungsaspekt bieten, es sei denn, man wollte für ihre stärkere Berücksichtigung in der sozialpolitischen Praxis plädieren und sich nicht auf die Erklärung der gegebenen Regelungen beschränken. Selbstverständlich schließt das nicht aus, daß deren Einfluß auf die Arbeitsproduktivität ein wichtiges Teilstück der Wirkungsanalyse abgeben muß, ja bei manchen Maßnahmen recht eigentlich die „Kosten" des sozialpolitischen Eingriffes signalisiert.

4. Sozialpolitik als Politik der Einkommensverteilung

Wird die Situation nicht besser getroffen, wenn man Sozialpolitik mit Einkommensverteilungspolitik gleichsetzt[19] und deren Grenzen dann aus dem Konflikt mit den gleichzeitig angestrebten Wachstums- und Stabilitätszielen zu erklären sucht? Der Vorteil des Ansatzes liegt für den Ökonomen auf der Hand. Man befindet sich auf dem gleichsam häuslichen Terrain der wirtschaftspolitischen Analytik. Zudem bietet die Verteilungstheorie in ihrer heutigen Form ein brauchbares Fundament, um die einzelnen Sozialmaßnahmen nach Ansatzpunkt und Effekt systematisch zu erfassen. Und wenn über bestimmte technische Probleme entschieden ist – so zum Beispiel, ob Sparen und Versicherung als Formen der intertemporalen Einkommensverteilung schlechtweg einzubeziehen sind; ob die Lohnbildung schon darum, weil sie sich in der Marktform des bilateralen Monopols vollzieht, zur Sozialpolitik zählt, und ob andererseits Interventionen in die Arbeitsbedingungen als indirekte Verteilungsmaßnahmen gelten können –, dann dürfte auch eine Geschlossenheit des theoretischen Gebäudes zu erreichen sein, die imponieren kann.
Aber fällt Sozialpolitik tatsächlich mit Einkommensverteilungspolitik zusammen? Offensichtlich wird in die marktwirtschaftliche Distribution auch unter Gesichtspunkten eingegriffen, die mit sozialpolitischen Vorstellungen in herkömmlichem Verstande nichts zu tun haben. Zum anderen verteilt die Sozialpolitik nicht nur Einkommen, sondern sucht auch Abhängigkeitsverhältnisse zu regulieren, die sich nicht einfach aus Einkommensunterschieden herleiten. Und selbst für den Teilbereich ihrer Distributionsmaßnahmen ergäbe sich der mehr als nur terminologische Schönheitsfehler, daß immerhin ein Instrument, dessen sie sich bedient, zum bestimmenden Merk-

---

[18] Als historische Reminiszenz sei auf *Heinrich v. Treitschkes* Reaktion auf den „Sozialismus und seine Gönner" (gemeint war der Kathedersozialismus, insbesondere *Gustav v. Schmoller)* verwiesen: er sah in Gesellschaftskritik und Sozialpolitik den Ausdruck einer „wüsten Sinnlichkeit". Vgl. *Ernst Schraepler:* Quellen zur Geschichte der sozialen Frage in Deutschland, Bd. 2, 2. Aufl., Göttingen 1964, S. 71.

[19] Vgl. *Elisabeth Liefmann-Keil:* Ökonomische Theorie der Sozialpolitik, Berlin, Göttingen, Heidelberg 1961, S. 3 ff.; *Rudolf Schilcher:* Sozialpolitik als Wirtschaftspolitik. In *Olaf Triebenstein* (Hrsg.): Sozialökonomie in politischer Verantwortung (Tiburtius-Festschrift), Berlin 1964, S. 211.

mal der politischen Sparte aufrückt. Das ist methodisch wenig zweckmäßig, mag das Instrument auch eine noch so bedeutsame Rolle spielen.[20]

5. Sozialpolitik als Gesellschaftspolitik

Nach alledem könnte man versucht sein, den gordischen Knoten zu durchschlagen, indem man Sozialpolitik schlechthin als Gesellschaftspolitik konzipiert, was auch die schlichte Übersetzung des Epithetons „sozial" decken würde. Dazu genügt es freilich nicht, den Wirkungen nachzugehen, die die einzelnen Sozialmaßnahmen nolens volens auf die gegebene Gesellschaftsstruktur und das Verhalten der Gesellschaftsmitglieder ausüben[21] – welche Politik hätte sie nicht?[22] Vielmehr setzte der theoretische Ansatz voraus, daß der Staat mit der Sozialpolitik die Frage nach der Organisation der Gesellschaft in einem mehr oder minder geschlossenen Entwurf beantwortet. Das wäre das weiteste, aber auch ein äußerst anspruchsvolles Konzept. Es würde, um nur einige Beispiele herauszugreifen, so komplexe Gegenstände wie die anzustrebende Verfassung von Ehe und Familie und der Wohn- und Siedlungsformen ebenso einschließen müssen wie die Gestalt des Bildungssystems oder der Produktionsverhältnisse. Und wenn es auch nicht ausgeschlossen ist, daß das Ungenügen an den punktuellen Eingriffen, die hier überall erfolgen, irgendwann einmal den Wunsch nach einer „Politik aus einem Guß" sich durchsetzen läßt, so hielte sich der Ansatz doch für die gegebene und absehbare Lage in einer beträchtlichen Distanz von der Wirklichkeit.

Schon auf der Ebene der Wissenschaft sucht man vergebens nach einer operationalen Theorie der Gesellschaft und ihres immanenten Wandels, die doch erst eine rationale „Ordnungspolitik" fundieren könnte. Sie würde einen Methodenpluralismus und eine Fachkooperation voraussetzen, von der wir weit entfernt sind. Und was den erforderlichen Elan betrifft, so scheinen nur noch einige Ethnologen[23] ungebrochen in der Tradition der Aufklärung zu stehen und von der durchgängigen „Machbarkeit" gesellschaftlicher Beziehungen überzeugt zu sein, während gelegentlich wiederum Philosophen[24] das Privileg ihres Faches in Anspruch nehmen und gegenüber den tatsächlichen Gesellschaftsverhältnissen für eine „große Verweigerung" plädieren, ohne sagen zu müssen, was nun konkret an ihre Stelle treten soll.

---

[20] So führt denn auch *Elisabeth Liefmann-Keil* (Ökonomische Theorie der Sozialpolitik, a. a. O., S. 2) als aufgabensetzenden Bezugspunkt den „Maßstab der Gerechtigkeit" ein, dessen Anwendung die Sozialpolitik zu „gewährleisten" habe. Zur Kritik vgl. *Rudolf Schilcher:* Sozialpolitik als Wirtschaftspolitik, a. a. O., S. 210 f.

[21] Vgl. unter diesem Aspekt vor allem *Hans Achinger:* Sozialpolitik als Gesellschaftspolitik, Hamburg 1958.

[22] So kann es nicht erstaunen, daß in kaum einer politischen Rede die Berufung auf „gesellschaftspolitische Anliegen" fehlt. Sie gehört offenbar zum Kanon der Modernität. Indessen ist schon der inflationistische Sprachgebrauch ein Zeichen dafür, daß über die sachliche Schwierigkeit einer Gesellschaftspolitik, die Ernst machte, kaum Klarheit herrscht. Tatsächlich substituiert denn auch die verbale Beschwörung nur zu oft das konkrete Handeln.

[23] *Margaret Mead:* And Keep Your Powder Dry, New York 1943, deutsch: Und haltet euer Pulver trocken, München 1946.

[24] *Herbert Marcuse:* One-Dimensional Man, Boston 1964, deutsch: Der eindimensionale Mensch, 3. Aufl., Neuwied, Berlin 1968.

Kein Wunder, daß da die praktische Politik im wesentlichen nur jene Gesellschaftsverfassung bestätigt, die *Mills*[25] mit der Formel eines „Konservativismus ohne konservative Ideologie" umschreibt. Jedenfalls: die gegebene Sozialpolitik als umgreifende Gesellschaftspolitik verstehen wollen, hieße das ehrgeizige Geschäft der gesellschaftlichen Ordnung auf schwache Schultern legen. Der tatsächliche Effekt einer Altersversicherung oder Preissubvention, des Arbeitsschutzes oder der Ausbildungsförderung würde dabei weit überschätzt. Gewiß spielen solche Maßnahmen immer auch in die allgemeine Wirtschafts-, Gesundheits- und Bildungspolitik ein. Aber der Aspekt, unter dem das geschieht, ist durchaus beschränkt. So etwas wie die sachliche Federführung hat die überkommene Sozialpolitik hier nirgendwo inne.

III. Sozialpolitik: Verhalten des Staates gegenüber der sozialen Ungleichheit

Wir schlagen für die Theorie eine bescheidenere Arbeitshypothese vor, die aber an der Sache weniger Widerstand finden dürfte: Sozialpolitik soll das Verhalten des Staates gegenüber der sozialen Ungleichheit der Bürger, genauer: der *Ungleichheit ihres sozialen Status*, heißen. Auf solche Weise besteht noch am ehesten Aussicht, ihrem merkwürdig ambivalenten Charakter gerecht zu werden: dem revolutionär-konservativen Doppelgesicht[26], ihrem in der modernen Politik allgegenwärtigen, aber faktisch doch überall beschränkten Einfluß und endlich dem Umstand, daß unbeschadet aller typischen Konflikte, auf die ihre Expansion stößt, ein Abschluß des sozialpolitischen Geschäftes unabsehbar erscheint.

1. Statusformen

Mit der Kategorie „sozialer Status" erfassen wir nur einen Ausschnitt des Netzwerkes, in dem sich dem Einzelnen die Gesellschaft präsentiert. Es gibt andere Stränge der sozialen Organisation. Und wenn sie auch nicht beziehungslos nebeneinander verlaufen, so sind es doch, systematisch wie historisch gesehen, die härteren Ordnungsverfahren, die zunächst zum politischen Problem werden.

a. Rechtlicher Status

Vorab handelt es sich um die Stellung des Einzelnen als Adressat der Rechtsordnung, um seinen rechtlichen Status. Hier ist das Gesellschafts-

---

[25] *Charles Wright Mills:* The Power Elite, New York 1956, deutsch: Die amerikanische Elite, Hamburg 1962, S. 369.

[26] Dazu vor allem *Eduard Heimann:* Soziale Theorie des Kapitalismus – Theorie der Sozialpolitik, Tübingen 1929, insb. S. 230 ff. Daß Sozialpolitik und Gewerkschaftswesen den „Kapitalismus" in bestimmtem Sinne abbauen, aber andererseits doch wieder seinen geordneten Fortgang sichern, erklärt vieles an der ambivalenten Haltung des Marxismus gegenüber einer Verbesserung des Arbeiterloses „innerhalb des Systems" und seinem erbitterten Kampf gegen den „Revisionismus". Und auch für *Heimann* bleibt die Möglichkeit zu besorgen, daß „die Arbeiter sich durch Sozialpolitik als Bürger legitimieren lassen" und „für das Linsengericht der sozialpolitischen Milderung im Kapitalismus ihr geschichtliches Recht auf Neugestaltung der Welt aus dem Geist der sozialen Freiheit verkaufen".

mitglied besonders empfindlich betroffen. Denn die Bereiche der rechtlichen Regelung mögen enger oder weiter gezogen sein, die Gesetze so oder anders zustande kommen und inhaltlich ausfallen: stets bleibt dem Recht der Charakter, ein bestimmtes Verhalten, sei es als Nicht-Dürfen, sei es als Tun-Müssen, zu erzwingen, und zwar letztlich durch die Androhung (legaler) physischer Gewalt. Das ist der stählerne Kern jeder Rechtsordnung.

Und er bedeutet eine soziale Herausforderung, wenn die Pflichten und Ansprüche, die das Recht vermittelt, nicht von allen Bürgern in gleicher Weise geteilt werden, vielmehr Privilegien, Standesgerichtsbarkeiten und Regentenwillkür zur Ungleichheit des rechtlichen Status zwischen den Einzelnen und Gesellschaftsgruppen führen. Für das neuzeitliche Bewußtsein liegt darin eine Attacke auf die Würde, die jedem Menschen „ohne Ansehen der Person" eignet. Und man versteht, daß die Gesellschaftskritik zuvörderst auf die „Gleichheit vor dem Gesetz" abzielte. Sie wurde wesentlicher Bestandteil dessen, was wir als Rechtsstaat ansehen.

Mit der verfassungsmäßigen Garantie ist freilich noch nicht alles erreicht. Auch für die Gleichheit vor dem Gesetz gilt, daß formale Rechte, so wichtig sie für sich genommen sind, stets auch das Problem ihrer materiellen Fundierung aufwerfen.[27] Um einige zeitgemäße Beispiele herauszugreifen: Nicht jeder verfügt über die Kenntnisse, wie sich die legalen Schlupfwinkel etwa in Steuergesetzen ausnutzen lassen; nicht jeder kann sich einen versierten Rechtsbeistand leisten, und das finanzielle Risiko, sein Recht durch drei Prozeßinstanzen zu verfolgen, trifft keineswegs jedermann in gleicher Weise.

b. Politischer Status

An zweiter Stelle geht es um den politischen Status des Einzelnen, um seine Teilhabe am Zustandekommen der allgemeinverbindliches Recht setzenden Gesetze. Hier ist im demokratischen Staat die traditionelle Objektstellung der Vielen oder die Beschränkung der politischen Beteiligung nach der Herkunft und wirtschaftlichen Situation („Klassenwahlrecht") insofern überwunden, als jeder Bürger in gleicher und freier Wahl mitbestimmen kann, welche der konkurrierenden Regierungsmannschaften jeweils an die Hebel der Macht gelangt. Und über die Geltung von Gesetzen entscheidet, mehr oder minder direkt, der Beschluß der Mehrheit.

Damit wird der gleiche Charakter der Gesellschaftsmitglieder als Staatsbürger in sein Recht gesetzt. Und es heißt nicht, diesen Gewinn herabsetzen, wenn die kritische Aufmerksamkeit auf die Grenzen und Gefährdungen gerichtet bleibt, die eine demokratische Ordnung umstellen. So muß die Freiheit der Wahl in dem Maße illusorisch werden, in dem sich die Konkurrenz zwischen den politischen Alternativen verflüchtigt. Des weiteren bedeutet die Entscheidung durch Mehrheitsbeschluß nicht notwendig, daß das erlassene Gesetz auch in der Sache den Interessen der

---

[27] Vgl. die schneidende Ironie bei *Anatole France* (Le Lys Rouge, VII): „Ils y doivent travailler devant la majestueuse égalité des lois, qui interdit au riche comme au pauvre de coucher sous les ponts, de mendier dans les rues et de voler du pain".

Vielen dienen muß. Schließlich sind die Mittel, mit denen sich die öffentliche Meinung beeinflussen und die Regierung unter Druck setzen läßt, unter den Gesellschaftsmitgliedern alles andere als gleichmäßig verteilt, und das nicht nur, was die Presse anbelangt.[28]

c. Sozialer Status

Aber selbst wenn wir einmal voraussetzen, daß der rechtliche und der politische Status des Einzelnen unproblematisch geworden sind, bleibt ein dritter Strang gesellschaftlicher Organisation, der nicht mehr zweifelsfrei hingenommen wird: die soziale Rangordnung unter den Bürgern im Sinne der Gesellschaftsschichtung.

Das Netzwerk der interpersonalen Beziehungen ist nicht strukturlos. Es differenziert nach Positionen. Und diese sind nicht nur der Sache nach verschiedenartig, was für sich genommen kaum sonderlich aufregend wäre. Vielmehr verbindet sich mit der Differenzierung eine unterschiedliche gesellschaftliche Wertschätzung: bestimmte Positionen gelten als überlegen und erstrebenswert, andere als schlecht gestellt und weniger geachtet. So wird aus der vergleichsweise harmlosen Gliederung der Gesellschaft eine Rangordnung des sozialen Status, den der Einzelne bzw. eine Gruppe von Einzelnen jeweils innehat.

Gewiß gehört die hier gründende Ungleichheit unter den Bürgern der Sphäre der unter-rechtlichen Gesellschaftsorganisation an, und entsprechend schwächer sind auch die Verhaltenskontrollen, die mit ihr einhergehen. Aber das besagt keineswegs, daß die soziale Ungleichheit darum nicht als Stachel wirkte. Im Gegenteil, sie wird als Widerspruch zum gleichen natürlichen Rang der Gesellschaftsmitglieder empfunden und gibt, wenn auch die Anlässe wechseln, die eigentliche Zielscheibe der heutigen Sozialkritik ab. Gewiß ist die erstrebte Angleichung der gesellschaftlichen Positionen geeignet, auch die Gleichheit des politischen und selbst rechtlichen Status der Bürger zu fördern. Gleichwohl gilt sie bei der gegebenen Stufe der Sozialentwicklung als ein durchaus eigenständiges Ziel, das seinen humanen Wert in sich selbst trägt.[29] De facto hat denn der demokratische Staat – über die formale Beteiligung aller am Zustandekommen der für jedermann gleich verbindlichen Gesetze hinaus – eine eigene politische Sparte entwickelt, die dem Gesetzes*inhalt* nach versucht, die Ungleichheit des gesellschaftlichen Status zwischen den Bürgern abzubauen. Nicht zuletzt verbindet sich im heutigen Sprachgebrauch mit der Bezeichnung „sozial" die Vorstellung, daß überkommene Standardunterschiede und Schichtenschranken überwunden werden.

---

[28] Hier liegt denn auch eine Erklärung für das „demokratische Paradox", daß die Stimmen der Bürger zwar an der Wahlurne gleich viel zählen und dennoch für das, was die Regierung tut oder unterläßt, unterschiedliche Bedeutung haben können. Vgl. *Bruno Molitor:* Vermögensverteilung als wirtschaftspolitisches Problem, Tübingen 1965, S. 166 ff.

[29] Vgl. *Richard H. Tawney:* Equality, 4. Aufl., London 1952; neuerdings *Alva Myrdal* u.a.: Jämlikhet, Stockholm 1969, deutsche Ausgabe: Ungleichheit im Wohlfahrtsstaat, Hamburg 1971.

2. Kriterien des sozialen Status

Welches aber sind die Kriterien, an denen sich der soziale Status messen läßt? Da es um den Grad gesellschaftlicher Teilhabe geht, können wir auch umgekehrt fragen, was die Gesellschaft an „Werten“ zu verteilen hat, die allgemein begehrt und knapp sind. Offenbar enthält jede soziale Distributionsordnung eine materielle und eine ideelle Komponente. So bieten sich das Maß an „Reichtum“ und an „Ansehen“[30], über das der Einzelne verfügt, als universelle Statuskriterien an.

a. Einkommenshöhe

Freilich müssen die Kategorien in eine für die politische Analyse zweckmäßige Form gegossen werden. Als Standard des materiellen Faktors wäre das laufende Einkommen anzusetzen. Wir sprechen vom *laufenden* Einkommen, da nicht nur die Höhe, sondern auch die Sicherheit der Bezüge im Zeitverlauf[31] für die gesellschaftliche Position bedeutsam ist; beide stehen im übrigen bis zu einem gewissen Grade in einem Substitutionsverhältnis zueinander. Die Vermögenssituation wird insofern mit erfaßt, als es sich da, wo Vermögensbestände in einem statusrelevanten Umfang vorhanden sind, um eine (oft zusätzliche) Einkommensquelle handelt; daß sie ohne eigenen Arbeitseinsatz und auch dann fließt, wenn Erwerbsunfähigkeit vorliegt, macht sie besonders attraktiv. Andererseits ist die Chance, Vermögen zu bilden, eng mit der Einkommenshöhe korreliert.

b. Unabhängigkeitsgrad im Beruf

Schwieriger liegen die Dinge beim ideellen Faktor der Rangdifferenzierung. „Ehre“, „Ansehen“, „Prestige“ sind schwer zu messen und noch schwerer durch politische Aktionen zu beeinflussen. So erscheint es für unseren Zusammenhang zweckmäßiger, hier den Selbstbestimmungsgrad im Sinne des Dispositionsspielraumes im Arbeitsverhältnis als Indikator zu wählen. Der Vorteil liegt nicht nur darin, daß auf diese Weise die „ideelle“ Bewertung der Positionen objektiviert und vom persönlichen Verhalten losgelöst wird. Der Indikator trifft auch eher die heutige Bewußtseinslage. Denn nichts bestimmt jenseits der Einkommenshöhe die unterschiedliche Schätzung der gesellschaftlichen Position stärker als das Maß an Entscheidungs-

---

[30] *Ralf Dahrendorf:* Über den Ursprung der Ungleichheit unter den Menschen, Tübingen 1961, abgedruckt in *ders.:* Pfade aus Utopia, München 1967, S. 373 f. Vgl. auch *Karl Martin Bolte:* Schichtung. In *René König* (Hrsg.): Soziologie, Frankfurt 1967, S. 266 ff.; *Heinz Kluth:* Sozialprestige und sozialer Status, Stuttgart 1957; *Erwin K. Scheuch:* Sozialprestige und soziale Schichtung. In *David V. Glass, René König* (Hrsg.): Soziale Schichtung und soziale Mobilität, 5. Sonderheft der Kölner Zeitschrift für Soziologie und Sozialpsychologie, 3. Aufl., Köln und Opladen 1968, S. 65 ff.

[31] Hier liegt auch der Grund, der für die Statusangleichung gerade die bestimmenden Züge der Beamtenposition zum mehr oder minder bewußten Ideal der europäischen Arbeiterbewegung macht.

freiheit innerhalb der beruflichen Tätigkeit – ein für die moderne Arbeitswelt in der Tat knappes „Gut“.[32]

c. *Zur Frage der Substituierbarkeit*

Die Frage liegt nahe, wie die beiden Attribute des sozialen Status sich zueinander verhalten und ob sie möglicherweise substituierbar sind. Auf den ersten Blick scheint es, daß in den entwickelten Industriegesellschaften überall das Einkommen zum dominierenden Rangkriterium wird und im übrigen sich ein hoher Grad von Statuskristallisation durchsetzt dergestalt, daß eine prestigegewichtige Berufsposition jeweils mit einem hohen Einkommensniveau einhergeht und umgekehrt.

Was das Gewicht des Einkommensfaktors anbelangt, so steht seine überragende Bedeutung außer Zweifel: von ihm hängt der effektive Lebensstandard ab; er bestimmt zu seinem Teil auch über den Nutzen einer verlängerten Freizeit, und da kaum mehr Standesnormen wirksam sind, die das, was „man“ sich leisten darf, begrenzen, wird Geld in der Tat zur eigentlichen Barriere für den Zugang zu den begehrten materiellen und kulturellen Gütern, die die Gesellschaft zu bieten hat. Jedoch mit einer gewichtigen Ausnahme: das Einkommen will verdient sein. Wer nicht über einen entsprechenden Vermögensbestand verfügt, muß ein Arbeitsverhältnis eingehen. Und hier bedeutet Geld nicht, wie im Freizeit- und Konsumbereich, schon Dispositionsspielraum. Das macht ja gerade die „naive Bestürzung mancher Industrieller“[33] aus, daß mit einer guten und permanent steigenden Bezahlung sich nicht einfach Zufriedenheit am Arbeitsplatz einstellt, ja der Abhängigkeitskonflikt eher an Intensität gewinnt.

Und auch die erwähnte Statuskristallisation trifft in der Realität nur verhältnismäßig zu. Bestimmte Berufe persönlicher Dienstleistungen zum Beispiel mögen die stärksten Raten an Einkommenssteigerung aufweisen und ebenfalls der absoluten Einkommenshöhe nach erheblich aufholen. Aber damit braucht sich keineswegs in gleicher Weise das Positionsprestige zu ändern. In Wahrheit geht der Einkommensanstieg auf eine überproportionale Verknappung des betreffenden Arbeitsangebotes zurück, in der sich just die zunehmende Abneigung gegenüber einem hohen Grad direkter Abhängigkeit in der beruflichen Tätigkeit widerspiegelt. – Oder: der Chemiker einer industriellen Entwicklungsabteilung mag im Vergleich zum Mitglied eines wissenschaftlichen Institutes das Mehrfache verdienen, und doch kann das Prestigeübergewicht nach wie vor bei der unabhängigeren Position liegen.

---

[32] In der soziologischen Theorie wird als weiteres Merkmal der sozialen Schichtung das „Ausbildungs- und Erziehungsniveau“ herausgehoben (vgl. *Ralf Dahrendorf:* Reflexionen über Freiheit und Gleichheit. In diesem Jahrbuch, 4. Jahr (1959); abgedruckt in *ders.:* Gesellschaft und Freiheit, München 1961, S. 388). Gewiß spielt die Vorbildung in die Statusdifferenzierung ein. Aber darum muß es sich noch nicht um einen eigenständigen Bestimmungsfaktor des sozialen Ranges handeln. Als Bedingung der erzielbaren Einkommenshöhe einerseits, der prestigerelevanten Unabhängigkeit im Beruf andererseits wird sie u. E. durch das materielle und ideelle Statuskriterium überdeckt.

[33] *Joseph A. Schumpeter:* Kapitalismus, Sozialismus und Demokratie, 2. deutsche Aufl., Bern 1950, S. 232.

Wir müssen schließen, daß Einkommenshöhe und beruflicher Freiheitsgrad auch in der gegebenen Gesellschaft ihre Eigenständigkeit für die Statusdifferenzierung behalten. Was sich verschiebt, ist ihr relatives Gewicht. Bei niederem Ausgangsstandard überwiegt der Vorteil der zusätzlichen Einkommenseinheit. Aber mit der steigenden materiellen Basis nimmt der Grenznutzen eines erhöhten Freiheitsgrades im Arbeitsverhältnis zu. Das ist für die Wirksamkeit der Sozialpolitik als Gesamtveranstaltung bedeutungsvoll. Im Bemühen, die soziale Ungleichheit abzubauen, wäre sie schlecht beraten, das Statuskonzept allzu statisch aufzufassen. Vielmehr ändert sich das optimale Verhältnis zwischen ihren einkommens- und ihren freiheitsbezogenen Aktionen je nach dem Entwicklungsstadium, das die Gesellschaft erreicht.

IV. Ausblick

Inwieweit der vorgeführte Ansatz für die Analyse der Sozialpolitik fruchtbar ist, muß sich bei dem Ausbau der Theorie und letztlich ihrer Anwendung zur Erklärung der Realität erweisen. In einer Art Vorgriff sei jedoch auf drei Punkte verwiesen.

Zur Zielinterpretation: Man mag fragen, ob der Sozialpolitik nicht Gewalt geschieht, wenn sie so, wie das unsere Arbeitshypothese tut, mit dem Gleichheitsproblem in Zusammenhang gebracht wird. Steht das Vorgehen in Einklang mit der historischen Entwicklung? Und überhaupt: gibt es nicht eine Vielzahl von Gründen, aus denen man Sozialpolitik betreiben kann? Natürlich gab und gibt es diese unterschiedlichen Beweggründe. Man denke an den Impuls der christlich-humanitären Ethik, an das Motiv, sich gegen den gesellschaftlichen Umsturz zu versichern, andererseits wieder an die Triebfeder des Anti-Kapitalismus, an „Bedürfnisse" der wirtschaftlichen Rationalität oder, nicht zuletzt, an das Interesse des demokratischen Politikers, sich Wählerunterstützung zu verschaffen – höchst unterschiedliche Motive also, und doch können sie ein und dieselbe Sozialgesetzgebung „begründen".

Nur besagt das nichts gegen den Ansatz der politischen Theorie, die aus dem Gesellschaftsprozeß eine Variable – einen als Ziel charakterisierten Tatbestand – abstrahiert und ihre Relevanz zur Erklärung des tatsächlichen Verhaltens des Staates postuliert, so wie es in unserem Fall für die Sozialpolitik mit der Angleichung des sozialen Status zwischen den Bürgern geschieht. Verwirrung entsteht lediglich dann, wenn das Motiv des Handelns mit dessen gesellschaftlichem Zweck gleichgesetzt wird. Aber eine solche „Psychologisierung" ist in den Sozialwissenschaften allemal ein Sündenfall. Gesellschaftliche Phänomene, wie etwa die Funktion der Arbeitsteilung oder der Zweck einer Aktiengesellschaft, lassen sich nicht auf die Motivation der beteiligten Individuen reduzieren – genausowenig wie eine noch so intensive Beschreibung des historischen Einzelfalles, zum Beispiel der Umstände, die die *Bismarck*sche Regierung zu ihren Sozialgesetzen veranlaßten, uns ein analytisches Instrument an die Hand gäbe, das das sachliche Ergebnis der inaugurierten Veranstaltungen erfassen ließe. Kurz, das Motiv, aus dem heraus es zur Sozialpolitik kommt, ist eines (Interesse aus ...), das Ziel jedoch, in dem die tatsächlichen Maßnahmen konvergieren, ein anderes (Interesse an ...). Und sich an das letztere zu halten, macht die Theorie erst operational, zum Beispiel für die Erfolgswürdigung der politischen Maßnahmen, und auch „objektiv“: die Analyse wird unabhängig von Einstellungen gegenüber der Sozialpolitik.

Zur Lageanalyse: Besteht aber das Ziel in der Statusangleichung, so hat die Theorie in einem nächsten Schritt den Gründen nachzugehen, die es zur sozialen Ungleichheit kommen lassen. Das Spektrum reicht von Alter, Krankheit und Kinderzahl über die Begabungsunterschiede einerseits, den Grad der Arbeitsteilung mit seinen Koordinationserfordernissen andererseits bis hin zu den Mechanismen der Einkommens- und Vermögensverteilung und den Hindernissen, auf die die vertikale Mobilität stößt. Dabei gilt es herauszuarbeiten, welcher dieser Faktoren historisch „zufällig“ und welcher „natürlich“ ist; ob im letzteren Fall sich gleichwohl das gegebene *Ausmaß* der Statusdifferenzierung als variabel erweist, und inwieweit schließlich der Gesellschaftsprozeß die Ungleichheit von selbst abbaut oder reproduziert bzw. verstärkt.

Dieses Teilstück ist in der sozialpolitischen Theorie, obwohl für die Beurteilung der Rationalität konkreter Maßnahmen unerläßlich, bislang zu kurz gekommen. So kann es nicht erstaunen, daß die Praxis mangels hinreichender Information über den Ziel-Lage-Zusammenhang zuweilen mit ihren Vorhaben die falsche Festung berennt und andererseits wieder Ansatzpunkte, die einen relativ hohen Erfolg für die Zielrealisierung versprechen, links liegen läßt.

Zur Maßnahmenprogrammierung: Was endlich das dritte Element des Ziel-Lage-Mittel-Modells, das für jede politische Analyse konstitutiv ist, betrifft, so springt bei der von uns vorgeschlagenen Arbeitshypothese eine Systematik der denkbaren Maßnahmen heraus, die den Ansprüchen einer erklärenden Theorie der Sozialpolitik durchaus genügt. Freilich muß man dazu Dinge als eine Einheit auffassen, die im traditionellen Denkschema verschiedenen Organisationsbereichen angehören. So wäre eine sozial inspirierte Steuerpolitik ebenso einzubeziehen wie die staatliche Ausgabenwirtschaft, zumal das verteilungspolitisch gezielte Angebot öffentlicher Güter und Dienste. Insgesamt zeigt sich nicht nur, daß der Sozialpolitik – im Rahmen der Marktwirtschaftsordnung – ein reichhaltiges Instrumentarium zur Verfügung steht, sondern auch, bei Anwendung der Theorie auf die Realität, daß die Angleichung des sozialen Status praktisch bereits weit auf den Weg gebracht ist; die Entwicklung der Gesetzgebung stellt alles andere als eine Ansammlung zufälliger Maßnahmen dar. Allerdings wollen gleichfalls einige gegenläufige Tendenzen berücksichtigt sein, von denen wir nur den Inflationsprozeß mit seinen einseitigen Verteilungswirkungen, die Unternehmenskonzentration und die Förderung des Kapitalexportes nennen. Und natürlich gehört nicht zuletzt dies zum Herzstück der sozialpolitischen Theorie: daß die „Kosten“ der Gleichheitspolitik aufgezeigt werden, die sich über die Maßnahmenwirkungen aus der Beeinträchtigung anderer, gleichzeitig angestrebter wirtschafts- und gesellschaftspolitischer Ziele ergeben, und diese Kosten pflegen mit dem Grad des Abbaues der Statusdifferenzierung progressiv zu steigen.

Das ist denn auch der Punkt, an dem die positive Theorie nolens volens der Aufklärung der ideologischen Kämpfe dient. Ziele zu setzen oder frontal zu bekämpfen, ist nicht ihre Sache (das vermag nur der Normativist); aus der gehörigen Distanz betrachtet, bleibt das Gleichheitsziel in seinem „Wert“ ebenso ambivalent wie das Wachstumsziel oder jenes, daß in dubio jeder machen kann, was ihm behagt. Aber die – oft unbewußten – Wirkungen der ergriffenen Maßnahmen auf andere Ziele gehören zu den nachweisbaren Tatsachen. Sie sind der objektive Pegel, der anzeigt, wo die Wohltat der Gleichheitspolitik sich in offensichtliche Plage verwandelt.

Summary

The starting point of the article lies in the rapid expansion of social policy, although one should expect rather the contrary in the affluent societies of today with a constantly rising income level. The author asks what the traditional theory of social policy has to contribute to the explanation of the astonishing phenomenon. He examines five fundamental concepts for analysis: social policy as attack on poverty, as system of social security, as applied labor-economics, as policy of income redistribution and as wide-range social reform. But none of these hypotheses turns out to be satisfying.

It seems more successful in explaining reality, to conceive social policy as the modern state's behaviour in view of the inequality of social status among its citizens. The author marks off this kind of status against the juridical and the political status, and develops two general criterions: income level and professional independence, which make the degree of social inequality measurable. The article concludes with an outlook on the structure of a theory of social policy thus founded, with special regard to the interpretation of aims, the analysis of the status – differentation – process and the programming of means.

Zur Problematik der Tarifautonomie

von

BERNHARD KÜLP

I. Einführung in die Problematik

In den letzten Jahren wurde wiederholt die Frage gestellt, ob nicht die Realisierung gesamtwirtschaftlicher Ziele eine Einschränkung der Tarifautonomie erfordere.[1] Rechtfertigen lassen sich die Autonomie der Tarifpartner und die damit verbundenen Privilegien (gesetzesähnlicher Status der Tarifverträge, Streik- und Aussperrungsrecht) vor allem damit, daß die Lohnsätze und Arbeitsbedingungen sachgerechter und sozial befriedigender von den Tarifpartnern in gemeinsamen Verhandlungen festgelegt werden können als durch eine Übertragung dieser Aufgaben entweder auf die Unternehmungen und damit den freien Arbeitsmarkt oder auf den Staat.

Die Lohnfindung in den Tarifverhandlungen ist der Lohnfindung auf dem freien Markte vornehmlich deshalb überlegen, da die Tarifverhandlungen bessere Chancen für eine Startgleichheit der Arbeitnehmer und Arbeitgeber eröffnen als der freie Arbeitsmarkt, auf dem der Unternehmer sowohl im Hinblick auf die Anzahl der Konkurrierenden wie auch im Hinblick auf den besseren Informationsstand dem einzelnen Arbeitnehmer gegenüber einen Startvorsprung innehat. Sie ist weiterhin einer Lohnfestsetzung von seiten des Staates überlegen, da im Rahmen der dezentralen Struktur der Tarifverhandlungen besser als im Rahmen der zentralen Institution des Staates auf die branchen-, raum- und berufsbedingten Besonderheiten der einzelnen Wirtschaftsbereiche eingegangen werden kann, da außerdem unterstellt werden kann, daß die betroffenen Arbeitnehmer und Arbeitgeber den in den Tarifverhandlungen ausgehandelten Kompromissen eher zustimmen werden als einem vom Staat diktierten Lohnangebot, und da schließlich eine staatlich verordnete Lohnfestsetzung die Gefahr mit sich brächte, daß sich die Streikwaffe in Form eines Generalstreikes unmittelbar gegen den Staat richten und damit die staatlich-demokratische Ordnung gefährden könnte.

Die These, daß die Tarifpartner bei der Lohnfindung dem Staat und dem Einzelunternehmen überlegen sind und daß deshalb die Aufgabe der Einkommensverteilung bzw. der Festlegung der Einkommens*relationen* den Tarifpartnern überlassen bleiben soll, dürfte auch heute von den wichtigsten politischen Gruppen unwidersprochen bleiben. Wenn die Tarifautonomie trotzdem Gegenstand der aktuellen Diskussion ist, so vor allem deshalb, weil befürchtet wird, daß die Aktivität der Tarifpartner nicht nur – wie beabsichtigt – auf die Einkommensverteilung einwirkt, sondern daß die Lohnpolitik der Tarifpartner gleichzeitig auch Einfluß auf das gesamt-

---

[1] Vgl. *Bruno Molitor:* Längerfristige Stabilitätspolitik. In diesem Jahrbuch, 15. Jahr (1970), S. 54 ff.

wirtschaftliche Preisniveau, den Beschäftigungsgrad und das wirtschaftliche Wachstum nimmt und daß über die Tätigkeit der Tarifpartner die Realisierung dieser gesamtwirtschaftlichen und dem Staat übertragenen Aufgaben ernsthaft gefährdet werden kann. In der augenblicklichen Konjunktursituation wird vor allem die Befürchtung geäußert, daß die Realisierung des Zieles Geldwertstabilität durch eine uneingeschränkte Autonomie der Tarifpartner in Frage gestellt wird.

Gerade aus diesem Grund ist die Bundesregierung seit einiger Zeit bestrebt, die Geldwertstabilität nicht nur auf dem traditionellen Wege der Geld- und Fiskalpolitik zu erreichen, sondern darüber hinaus auch durch einkommenspolitische Maßnahmen. Zu diesen Maßnahmen zählen vor allem die Bemühungen im Rahmen der Konzertierten Aktion im gemeinsamen Gespräch zwischen der Regierung auf der einen und den Interessenverbänden auf der anderen Seite Orientierungsdaten zu erarbeiten, die die Grenze der volkswirtschaftlich erwünschten und tragbaren Lohnsteigerungen festlegen.[2]

Die Konzertierte Aktion und die damit verbundenen Bemühungen, die Lohnexpansion zu reduzieren, sind heftig attackiert worden. Insbesondere Vertreter der Gewerkschaften sehen in der Konzertierten Aktion den Versuch, die Tarifautonomie auszuhöhlen, indem ihnen das einzige ihnen zur Verfügung stehende Instrument zur Korrektur der Einkommensverteilung aus den Händen genommen wird. Von seiten der Wirtschaftswissenschaft wird die Politik der Orientierungsdaten und Lohnleitlinien vor allem kritisiert, weil man ihre stabilitätspolitische Effizienz bezweifelt. Es wird nicht nur darauf hingewiesen, daß die Inflationsrate seit Einführung dieser einkommenspolitischen Maßnahmen keineswegs reduziert werden konnte, ganz im Gegenteil hierzu sogar noch angestiegen ist, sondern es wird auch darauf aufmerksam gemacht, daß aus einer Vielzahl von Gründen (auf die wir später noch eingehen wollen) diese beabsichtigten konjunkturdämpfenden Wirkungen gar nicht eintreten können.

In einer solchen Situation zeigen sich drei Probleme, die Gegenstand dieser Abhandlung sein sollen. Es ist erstens die Frage zu überprüfen, ob und ggf. unter welchen Voraussetzungen und in welchem Ausmaße die Lohnpolitik der Tarifpartner tatsächlich, wie zumeist unterstellt, das Ziel der Geldwertstabilität gefährdet. Es sind nicht nur die Gewerkschaften, die diese These von der Inflationswirkung der Tariflohnerhöhungen bezweifeln. Sofern wir zu dem Ergebnis kommen, daß unter gewissen realistischen Voraussetzungen von den Tariflohnerhöhungen tatsächlich preissteigernde Effekte ausgehen können, müssen wir uns zweitens die Frage stellen, ob die bisher eingeleiteten Maßnahmen zur Dämpfung der Tariflohnexpansion (also vor allem die Politik der Konzertierten Aktion) ein geeignetes Instrument zur Geldwertstabilisierung darstellen. Sofern unsere Analyse den Schluß zuläßt, daß die bisher eingeleiteten Maßnahmen ineffizient sind, stellt sich die dritte Frage, ob andere einkommenspolitische Maßnahmen geeignet erscheinen, die inflationäre Wirkung der Tariflohnerhöhungen zu beseitigen oder zu reduzieren.

---

[2] Vgl. Gesetz zur Förderung der Stabilität und des Wachstums der Wirtschaft vom 8. Juni 1967, BGBl. I, 582, § 3.

II. Der Einfluß von Lohnerhöhungen auf das Preisniveau

Wenden wir uns dem ersten Teil unserer Untersuchung zu. Die Frage, ob Tariflohnsteigerungen inflationär wirken, ist gleichbedeutend mit der Frage, ob die Tariflöhne in den Kranz der Bestimmungsfaktoren des Preisniveaus eingehen. Im Rahmen der Wirtschaftswissenschaft besteht nun keinesfalls Einigkeit darüber, welche Faktoren das Preisniveau determinieren. Im wesentlichen konkurrieren drei Theorien zur Erklärung der in der Realität zu beobachtenden inflationären Tendenzen miteinander.

1. Der quantitätstheoretische Ansatz

Die *Quantitätstheorie* führt Preisniveausteigerungen in erster Linie auf Mängel der Geldpolitik zurück. So weist z. B. *M. Friedman* – einer der Hauptvertreter der modernen Quantitätstheorie – darauf hin, daß die Preisniveausteigerungen der Vergangenheit stets von einer Expansion der Geldmenge begleitet waren, die die langfristige Wachstumsrate des realen Sozialproduktes überstieg.[3] Es könne nicht damit gerechnet werden, wie die Anhänger der *Keynes*-Schule behauptet hätten, daß Nachfrageüberhänge auch aus nichtmonetären Gründen entstünden und daß diese Nachfrageüberhänge Preissteigerungen auslösen könnten, die nicht von einer Geldmengenexpansion begleitet würden. Es wird also, mit anderen Worten, bestritten, daß eine Expansion der gesamtwirtschaftlichen Nachfrage notfalls auch über eine Zunahme der Umlaufsgeschwindigkeit finanziert werden kann.

Weiterhin behauptet diese Theorie, daß eine Geldexpansion, die nicht von gleichgroßen Wachstumsraten im realen Sozialprodukt begleitet ist, notwendigerweise zu Preissteigerungen führt, daß also eine Geldmengenexpansion nicht durch ein induziertes Sinken der Umlaufsgeschwindigkeit des Geldes kompensiert werden kann.

Legt man diese Theorie zugrunde, so können Preisniveausteigerungen nicht damit erklärt werden, daß die Tarifpartner das Lohnniveau über Gebühr erhöhen. Stets ist es die verfehlte Geldpolitik, die überhaupt erst inflationäre Lohnsteigerungen ermöglicht. Würden die Tarifpartner auch bei einer restriktiven Geldpolitik, die die Geldmenge nur im Ausmaß des langfristigen Wachstums des realen Sozialproduktes ansteigen läßt, die Löhne über das volkswirtschaftlich vertretbare Maß hinaus anheben, so wäre automatisch die Rentabilität der Unternehmungen gefährdet, die Gewerkschaften müßten ihre expansive Lohnpolitik mit Arbeitslosigkeit bezahlen. Andererseits würde ein Maßhalten der Tarifpartner ohne eine stabilisierende Geldpolitik ihr Ziel verfehlen, weil sich die von der Geldpolitik ausgelösten Nachfrageüberhänge von den Gütermärkten auf die Arbeitsmärkte weiterpflanzen würden und die Unternehmungen in diesem Falle aufgrund der Verknappung der Arbeitskräfte von sich aus bereit wären – notfalls über übertarifliche Zuschläge – das Effektivlohnniveau anzuheben.

[3] *Milton Friedman:* Geldangebot, Preis- und Produktionsänderungen. In: Ordo, 11. Bd. (1959), S. 193–216.

Folgt man dieser Theorie, so ist eine Einkommenspolitik aus stabilitätspolitischen Gründen weder notwendig, noch erfolgversprechend. Vielmehr ist das Hauptaugenmerk darauf zu richten, daß die Notenbank eine preisniveauneutrale Geldpolitik überhaupt durchführen kann. Die beiden wichtigsten Gründe dafür, daß in der Vergangenheit die Notenbank keine unabhängige Geldpolitik in diesem Sinne durchführen konnte, liegen einmal in der Giralgeldschöpfungsmöglichkeit der Geschäftsbanken, die mit den traditionellen Instrumenten der Notenbank (Diskontpolitik, Mindestreservenpolitik und Offenmarktpolitik) nicht vollständig beseitigt werden konnte. Zum anderen besteht die Gefahr, daß die Notenbank über Zahlungsbilanzüberschüsse und die hierdurch bedingten Devisenzuflüsse gezwungen wird, die inländische Geldmenge zu erhöhen. (Bei freier Konvertibilität der Währungen können Devisen jederzeit in inländisches Geld umgewechselt werden.) Die Quantitätstheoretiker empfehlen deshalb zur Stabilisierung des Preisniveaus eine außenwirtschaftliche Absicherung (z. B. durch Freigabe der Wechselkurse) und – um die Giralgeldschöpfung der Geschäftsbanken auszuschalten – die Einführung einer 100⁰/₀igen Mindestreserve.

2. *Der nachfrageorientierte Ansatz*

Ganz andere Schlußfolgerungen für eine Stabilitätspolitik ergeben sich, wenn wir die postkeynesianische, *nachfrageorientierte* Inflationstheorie[4] zugrunde legen. Ausgangspunkt dieser Theorie ist die These, daß Steigerungen des Preisniveaus in erster Linie auf Nachfrageüberhänge auf den Gütermärkten zurückgeführt werden müssen. Steige die gesamtwirtschaftliche Nachfrage nach Gütern, so könne dieser Expansion um so weniger durch eine Ausweitung der Güterproduktion begegnet werden, je näher die Volkswirtschaft dem Zustand der Vollbeschäftigung und Vollauslastung der Kapazitäten sei. Es entstünden Nachfrageüberhänge, die Preisniveausteigerungen nach sich zögen. Diese Preisniveausteigerungen seien jedoch nicht in der Lage, die Nachfrageüberhänge langfristig abzubauen. Das güterwirtschaftliche Angebot werde durch die knappen Ressourcen begrenzt und könne deshalb auch bei Preissteigerungen nicht mehr ausgeweitet werden; die Nachfrage hänge indessen – in Realgrößen gemessen – von der Höhe des Realeinkommens ab und könne daher – wenn man einmal von der Möglichkeit der Geldillusion und von Verteilungseffekten absehe – durch Preisniveausteigernungen nicht entscheidend reduziert werden. Gerade wegen dieses Versagens der Gleichgewichtsmechanismen habe der Staat die Aufgabe, die *autonome* Nachfrage nach Gütern soweit zu reduzieren, daß die Nachfragesteigerungen den durch reale Faktoren begrenzten Angebotssteigerungen entsprechen.

Welche Bedeutung erlangt im Rahmen dieser Theorie die Tariflohnpolitik für die Stabilität des Preisniveaus? Lohnsteigerungen vergrößern nicht nur die Kosten, sondern über die Einkommen auch die Nachfrage nach Gütern. Unterstellen wir, daß die Tariflohnsteigerungen bei Vereinbarung von

[4] Vgl. *Lawrence R. Klein:* The Keynesian Revolution, New York 1961, insbes. S. 153 ff.

Barlöhnen die Sparquote der Arbeitnehmer unbeeinflußt lassen. Eine Lohnsteigerung um 5 % führt somit auch zu einer Steigerung des Arbeitnehmerkonsums von 5 %. Unterstellen wir weiterhin, daß die Anzahl der Beschäftigten und die effektive Arbeitszeit pro Beschäftigten konstant bleiben, so führt eine produktivitätsorientierte Lohnpolitik (die Lohnsätze steigen im Durchschnitt um denselben Prozentsatz wie die gesamtwirtschaftliche Arbeitsproduktivität) zu einer Nachfragesteigerung der Arbeitnehmer, die gerade der produktivitätsbedingten Steigerung des Angebotes entspricht. Da annahmegemäß der gesamte Produktivitätszuwachs für eine Steigerung der Güterproduktion eingesetzt wird, steigt die Güterproduktion um den gleichen Prozentsatz wie die Produktivität. Da andererseits annahmegemäß die Arbeitnehmer einen bestimmten unveränderten Prozentsatz ihres Einkommens für Konsumgüter verwenden (und da wegen der Vollbeschäftigungssituation nicht damit gerechnet werden kann, daß aufgrund der Lohnsteigerungen Arbeitskräfte entlassen werden) steigt die Konsumnachfrage der Arbeitnehmer um den gleichen Prozentsatz wie die Lohnsätze. Das heißt mit anderen Worten: die vom Lohnsektor her bedingte Nachfrage steigt prozentual im gleichen Ausmaß wie das Angebot, eine produktivitätsorientierte Lohnpolitik stellt sicher, daß vom Tariflohnsektor her keine inflationären Tendenzen ausgehen. Umgekehrt gilt natürlich auch, daß unter den gemachten Annahmen jede Lohnsteigerung, die den gesamtwirtschaftlichen Produktivitätszuwachs übersteigt, in diesem Maße inflationär wirkt.

Diese Überlegungen bedürfen einer Reihe von Ergänzungen. Wir haben unterstellt, daß die Arbeitnehmer einen konstanten Prozentsatz ihres Einkommens sparen. Diese Annahme dürfte bei Vereinbarung von Barlöhnen durchaus der Wirklichkeit nahekommen. Werden jedoch Investivlöhne oder andere vermögenswirksame Leistungen vereinbart, so steigt die Sparquote der Arbeitnehmer an und die Nachfrage nach Konsumgütern von seiten der Arbeitnehmer nimmt um einen geringeren Prozentsatz als die Lohnsteigerungen zu. Das bedeutet jedoch nichts anderes, als daß in der Höhe, in der Investivlöhne vereinbart werden (also die Sparquote der Arbeitnehmer ansteigt), die *Gesamt*lohnsumme stärker als die Produktivität ansteigen kann, ohne vom Tariflohnsektor her Preisniveausteigerungen auszulösen. Investivlöhne wirken somit – dieser Theorie zufolge – nicht inflationär.

Eine zweite Ergänzung ergibt sich daraus, daß die Wirkungen der Tariflohnerhöhungen auf das Preisniveau entscheidend davon abhängen, inwieweit inflationäre Tendenzen (= Nachfrageüberhänge) vom Nichtlohnsektor (also vor allem von der Zahlungsbilanz oder vom Staatsbudget) ausgehen. Solange die vom Nichtlohnsektor her bedingten Preissteigerungen größer sind als diejenigen, die vom Lohnsektor ausgehen, tritt eine Preissteigerung unabhängig davon ein, ob die Tarifpartner sich an die Forderung der produktivitätsorientierten Lohnpolitik halten oder nicht. Denn steigen in diesem Falle die Tariflöhne nur im Ausmaß der Produktivitätssteigerungen, so werden aufgrund der Nachfrageüberhänge auf den Gütermärkten und der hierdurch ausgelösten Nachfrageüberhänge auf den Arbeitsmärkten die Unternehmer die Effektivverdienste auch ohne Tariflohnsteigerungen (also über eine Erhöhung der übertariflichen Lohnzuschläge) anheben. Die Arbeitsknappheit bedingt in diesem Falle eine Erhöhung der Effektivverdienste unabhängig davon, ob inflationäre Tariflohnsteigerungen eintreten oder nicht. Eine *effektive* Gefahr für das Preisniveau werden somit die *Tarif*lohnsteigerungen nur dann, wenn die vom Tariflohnsektor ausgehenden expansiven Tendenzen größer sind als die inflationären Tendenzen, die vom Nichtlohnsektor ausgelöst werden.

Legen wir also die nachfrageorientierte Inflationstheorie zugrunde, so können in der Tat von einer (eine bestimmte Grenze übersteigenden) Lohnerhöhung preissteigernde Effekte ausgehen. Eine Preisniveaustabilisierung kann nur erzielt werden, wenn erstens die preissteigernden Wirkungen von Leistungsbilanzüberschüssen und von Staatsbudgetdefiziten beseitigt werden und wenn zweitens die *Bar*lohnerhöhungen (nicht aber unbedingt die *Gesamt*lohnerhöhungen) auf das Ausmaß der gesamtwirtschaftlichen Produktivitätssteigerung begrenzt werden.

3. Der angebotsorientierte Ansatz

In der jüngsten Zeit wird in immer stärkerem Maße die These vertreten – und damit kommen wir zur dritten alternativen Inflationstheorie –, daß Preisniveausteigerungen in erster Linie auf Steigerungen in den Durchschnitts*kosten* zurückzuführen sind.[5] Eine Stabilitätspolitik hat somit – dieser dritten Theorie zufolge – vor allem die Aufgabe, das Niveau der Durchschnittskosten konstant zu halten. Auf die Tariflohnpolitik angewandt, ergeben sich von dieser Theorie ausgehend ähnliche Schlußfolgerungen wie aus der nachfrageorientierten Inflationstheorie. Da die durchschnittlichen *Lohn*kosten nur dann konstant bleiben, wenn die Lohnsätze nicht stärker ansteigen als die Arbeitsproduktivität, gehen auch nach der angebotsorientierten Inflationstheorie von einer produktivitätsorientierten Lohnpolitik keine preisniveausteigernden Effekte aus.

Allerdings ergeben sich doch – trotz dieser Gemeinsamkeiten – gewisse Unterschiede in den politischen Konsequenzen, je nachdem ob man eine kosten- oder eine nachfrageorientierte Inflationstheorie zugrunde legt. Lassen sich nämlich die Preisniveausteigerungen nicht mit Nachfrageüberhängen, sondern mit einem Ansteigen in den Durchschnittskosten erklären, so ist es für die Frage nach der inflationären Wirkung von Tariflohnerhöhungen unerheblich, ob die Lohnerhöhungen bar ausgezahlt und konsumtiv verwandt oder gespart werden. Weiterhin spielt es für den Preissteigerungseffekt der Tariflohnerhöhungen keine Rolle, ob auf den übrigen Märkten Nachfrageüberhänge bestehen oder nicht. Auf dem Boden einer kostenbedingten Inflationstheorie kommen wir also zu einer strikten Forderung nach einer produktivitätsorientierten Lohnpolitik, im Gegensatz zu den Schlußfolgerungen, die aufgrund einer nachfrageorientierten Inflationstheorie gezogen werden können. Die Forderung nach einer produktivitätsorientierten Lohnpolitik gilt auf der Grundlage einer nachfrageorientierten Inflationstheorie nur für *Bar*lohnerhöhungen und nur in be-

[5] *Sidney Weintraub:* Classical Keynesianism, Monetary Theory and Price Level, Philadelphia/New York 1961.

stimmten Konjunktursituationen (dann nämlich, wenn der Kostendruck größer wird als der Preissteigerungsdruck von seiten der nicht vom Tariflohnsektor ausgehenden Nachfrageüberhänge).

4. Das Gewicht der einzelnen Bestimmungsfaktoren

Unsere bisherigen Überlegungen haben gezeigt, daß die Frage, ob, in welchem Ausmaße und unter welchen Bedingungen Lohnsteigerungen inflationär wirken, recht unterschiedlich beantwortet werden muß, je nachdem welche der alternativen Inflationstheorien zugrunde gelegt wird. In der öffentlichen Diskussion wird oftmals eine *mono*kausale Erklärung abgelehnt und darauf hingewiesen, daß sowohl monetäre Faktoren wie Nachfrageüberhänge und Kostensteigerungen für inflationäre Tendenzen verantwortlich sind. Mit diesem Hinweis ist jedoch nicht sehr viel gewonnen. Jede Gruppe wird aus verständlichen Gründen der Inflationserklärung großes Gewicht beimessen, die ihren Interessen am meisten entgegenkommt. Natürlich spricht vieles dafür, daß alle drei genannten Bestimmungsgründe Inflationserscheinungen auslösen können. Eine Entscheidungshilfe ist dem Politiker jedoch nur dann gegeben, wenn die Wirtschaftstheorie Kriterien entwickelt, unter welchen Voraussetzungen und ggf. mit welchem Gewicht der eine oder der andere Faktor Preissteigerungen auslöst. Aber gerade die Beantwortung dieser Frage ist in der Literatur äußerst kontrovers. Da Empfehlungen an den Politiker jedoch – wie angemerkt – eine Theorie über die Bestimmungsgründe von Preisniveausteigerungen voraussetzen, sollen an dieser Stelle einige Hypothesen formuliert werden.

In bezug auf die Rolle der *monetären* Faktoren mag durchaus zugegeben werden, daß Preisniveausteigerungen größeren Ausmaßes fast immer mit einer Erhöhung der Geldmenge und nur in den seltensten Fällen allein mit einer Zunahme in der Umlaufsgeschwindigkeit des Geldes finanziert werden. Soweit es gelingt, eine autonome Geldpolitik im Sinne von *Friedman* zu garantieren, mögen die Schlußfolgerungen der Quantitätstheorie zutreffen. Das non sequitur folgt aus der Befürchtung, aus politischen Gründen könne nicht damit gerechnet werden, daß die Voraussetzungen für eine unabhängige Geldpolitik in unmittelbarer Zukunft geschaffen werden, daß Preisniveausteigerungen größeren Ausmaßes fast immer mit hängige Geldpolitik durchführen kann, haben wir bereits festgestellt; dieser Tatbestand ist unbestritten. Voraussetzung für eine autonome Geldpolitik ist vor allem eine Freigabe der Wechselkurse bzw. ein außenwirtschaftliches Äquivalent zur Freigabe, denn nur in diesem Falle ist die Gefahr ausgeschaltet, daß die Notenbank aufgrund eines Zahlungsbilanzüberschusses zu einer nicht beabsichtigten Geldmengenvermehrung gezwungen werden kann. Die BRD hatte zwar in der jüngsten Zeit die Wechselkurse freigegeben. Die Diskussion um diese Freigabe und die Kritik an dieser Maßnahme im In- und Ausland lassen es jedoch äußerst unwahrscheinlich erscheinen, daß eine derartige Politik auf längere Zeit eingeführt werden kann.

Aber selbst dann, wenn die Wechselkurse generell, also nicht nur in der

BRD und nicht nur für kürzere Zeit freigegeben würden, wären noch nicht alle politischen Voraussetzungen für das Funktionieren der *Friedman*schen Konzeption erfüllt. Vor allem im Rahmen eines dezentralen Tarifverhandlungssystems, in dem sich die gesamtwirtschaftliche Lohnsumme aus einer Vielzahl von Einzelverhandlungen ergibt, ist nicht damit zu rechnen, daß die Lohnerhöhungen nicht doch einmal die volkswirtschaftlich tragbare Grenze überschreiten. Hält sich die Notenbank an die *Friedman*sche Konzeption, so führt eine überhöhte Lohnforderung automatisch zu einem Ansteigen der Arbeitslosenrate. Es ist undenkbar, daß Staat und Notenbank einem solchen Ansteigen der Arbeitslosenzahlen tatenlos zusehen werden. Die Regierung würde beschäftigungspolitische Maßnahmen einleiten und die Notenbank unter Druck setzen, diese Politik nicht durch eine restriktive Geldpolitik zu durchkreuzen. Wir kommen also zu dem Ergebnis, daß den *monetären* Faktoren in der heutigen Wirtschaftsverfassung mehr eine abhängige und weniger eine autonome Rolle zukommt und daß es an den politischen Voraussetzungen fehlt, die schwache Position der Notenbank wesentlich zu stärken. Politisch läßt sich aus diesen Überlegungen der Schluß ziehen, daß *monetäre* Maßnahmen allein zur Stabilisierung des Preisniveaus nicht ausreichen werden, sondern daß es vielmehr auch der Bemühungen bedarf, die *nichtmonetären* inflationären Faktoren unmittelbar in den Griff zu bekommen.

Es ist unbestritten, daß Nachfrageüberhänge preissteigernd wirken; es ist jedoch zumindest seit den konjunkturpolitischen Erfahrungen der letzten Jahrzehnte ebenfalls unbestritten, daß auch bei einem gesamtwirtschaftlichen Gleichgewicht oder sogar bei Angebotsüberhängen aufgrund eines starken Kostendrucks die Preise generell ansteigen können. Aufgrund der Erfahrungen der letzten Jahrzehnte sei nun im Hinblick auf die Frage nach dem Verhältnis dieser beiden Inflationsursachen folgende Hypothese aufgestellt: welches Gewicht diesen Faktoren zukommt, hängt in erster Linie von der jeweiligen Konjunkturlage ab. Die Konjunkturphase des *Aufschwungs* ist dadurch ausgezeichnet, daß sich aufgrund der noch brachliegenden Kapazitäten und Arbeitskräfte die Preissteigerungen in Grenzen halten. Je weiter sich die Volkswirtschaft dem Zustand der Vollbeschäftigung nähert, um so mehr können die anhaltenden Nachfragesteigerungen nicht mehr durch Angebotsausweitungen kompensiert werden, um so mehr entstehen Nachfrageüberhänge, die die Inflationsrate ansteigen lassen. In dieser Phase ist der Kostendruck noch gering, da die Mehrzahl der Tarifverträge zu einer Zeit abgeschlossen wurde, in der aufgrund der für die Arbeitnehmer noch ungünstigen Arbeitsmarktlage unterdurchschnittliche Lohnsteigerungen erzielt werden konnten. Mit dem Auslaufen der bestehenden Tarifverträge werden die Gewerkschaften ihre Lohnforderungen erhöhen, um ebenfalls am wirtschaftlichen Aufschwung zu partizipieren, doch wird man noch nicht von einem effektiven Kostendruck sprechen können, da das schnelle Anwachsen der Nachfrageüberhänge auch ohne Tariflohnsteigerungen Preissteigerungen ausgelöst hätte.

Das fortdauernde Anwachsen der Preissteigerungsrate und die mit einem time lag sichtbar werdenden relativ hohen Gewinnsätze aus der Anfangsphase des Aufschwungs lassen jedoch in nachfolgenden Tarifrunden die

Lohnforderungen der Gewerkschaften emporschnellen. Noch ist die Bereitschaft der Unternehmer zu Lohnzugeständnissen groß, da Kostensteigerungen auf den Preis abgewälzt werden können. Die Tatsache, daß diese Tarifverträge jedoch erst nach einiger Zeit auslaufen, bringt es mit sich, daß diese hohen Kosten auch dann noch anfallen, wenn sich bereits ein Konjunkturumschwung abzeichnet und die Nachfrageüberhänge zurückgehen. Der von den Nachfrageüberhängen ausgehende Preissteigerungsdruck sinkt nun sehr schnell unter die von den Kosten ausgehenden Preissteigerungstendenzen, so daß nun die Bedingungen für eine Kosteninflation vorliegen; diese können den Konjunkturumschlag hinauszögern, obwohl von den *realen* Faktoren her die Voraussetzungen für eine Fortdauer der Hochkonjunktur nicht mehr gegeben sind.

Wie lange dieser Kostendruck auch in Zeiten des Konjunkturabschwunges anhält, hängt nun entscheidend davon ab, in welchem Maße die Wirtschaftssubjekte zu absoluten Preis- und Lohnsenkungen bereit sind. *H. Arndt* hat vor kurzem in einem Spiegelartikel darauf hingewiesen, daß in diesem Punkte die negativen Erfahrungen in den USA schwerlich auf die BRD übertragen werden können.[6] Aufgrund überbetrieblicher Tarifabschlüsse überstiegen in der BRD die Effektivverdienste in Zeiten der Hochkonjunktur die Tariflöhne; damit hätten die Unternehmungen in der BRD die Möglichkeit, durch Abbau der übertariflichen Lohnzuschläge in Zeiten der Rezession das absolute Lohnniveau zu senken. In den USA würden hingegen in der Regel betriebsnahe Kollektivverträge abgeschlossen, die gerade deshalb, weil die Tarifverträge auf die Wirtschaftslage jedes einzelnen Unternehmens abstellen, keine übertariflichen Zuschläge größeren Ausmaßes zuließen. Es komme noch hinzu, daß der Export- und Importanteil der USA am Sozialprodukt bedeutend geringer sei als in der BRD. Das habe zur Folge, daß der ausländische Wettbewerbsdruck in der BRD bedeutend größer sei als in den USA; die Unternehmungen in der BRD stünden somit unter starkem Druck, in Zeiten der Rezession die Lohnsätze abzubauen. Mit anderen Worten: im Gegensatz zu den USA haben die Unternehmungen in der BRD auf der einen Seite aufgrund übertariflicher Lohnzuschläge die Möglichkeit, in Zeiten der Rezession das Lohnkostenniveau abzubauen, gleichzeitig ist auf der anderen Seite auch der Anreiz, von diesen Möglichkeiten während der Rezession Gebrauch zu machen, in der BRD größer als in den USA.

Diese von *Arndt* herausgestellten Unterschiede mögen zu der Vermutung Anlaß geben, daß die Gefahr einer Stagflation (Preissteigerungen bei einem Konjunkturrückschlag) in der BRD geringer ist als in den USA. Trotzdem sollte man diese Unterschiede nicht überbewerten. Bereits in der vergangenen Rezession haben die Gewerkschaften — teilweise mit Erfolg — den Versuch unternommen, den Abbau der übertariflichen Lohnzuschläge durch tarifliche Abmachungen zu verhindern. Weiterhin gilt es zu berücksichtigen, daß die Unternehmungen in den USA zwar in geringerem Maße auf *ausländische* Konkurrenz Rücksicht zu nehmen haben als die Unter-

[6] *H. Arndt:* Stagflation — eine Folge ökonomischer Macht. In: Der Spiegel, 25. Jg. (1971), Nr. 41, S. 66–68. Vgl. auch *H. Arndt:* Stagflation. In: Wirtschaftswoche, 26. Jg. (1972), Nr.1, S. 20 ff.

nehmungen in der BRD, daß sich jedoch ihre Konkurrenzsituation gerade dadurch verschärft, daß die Kollektivverträge in den USA – im Gegensatz zur BRD – vorwiegend auf *betrieblicher* Ebene abgeschlossen werden. In der BRD haben Unternehmungen, die Lohnerhöhungen auf den Preis abwälzen, keine Verschlechterung der Wettbewerbssituation gegenüber der inländischen Konkurrenz zu befürchten, da auch diese vor der gleichen Situation stehen und bestrebt sein werden, die Lohnerhöhungen im Preis weiterzugeben; in den USA schafft dagegen intranationale Konkurrenz durchaus Anreize zu einem restriktiven lohnpolitischen Verhalten. Wir können somit abschließend feststellen, auch in der BRD muß mit der Gefahr gerechnet werden, daß in Zeiten des Konjunkturabschwunges die Preissteigerungen anhalten und daß die Ursache dieser inflationären Tendenzen u. a. im Tariflohnsektor liegt.

III. Lohnleitlinien ein geeignetes Instrument der Stabilisierungspolitik?

Wenden wir uns nun dem zweiten Problem dieser Abhandlung zu. Anschließend an das Ergebnis der vorstehenden Analyse gilt das Interesse der Frage, ob unverbindliche Lohnleitlinien und Orientierungsdaten, die im Rahmen der Konzertierten Aktion zwischen Regierung und Interessenverbänden beraten werden, zur Preisniveaustabilisierung beitragen.

Fragt man nach dem bisherigen Erfolg der einkommenspolitischen Maßnahmen, so muß man feststellen, daß nach Einführung der Lohnleitlinien keine nennenswerte Konjunkturdämpfung eingetreten ist; die jährliche Inflationsrate ist im Gegenteil sogar noch angestiegen. Natürlich kann aus dieser Tatsache allein nicht der Schluß gezogen werden, daß die Lohnleitlinien überhaupt keinen konjunkturpolitischen Erfolg hatten oder sogar die Situation noch verschärft haben. Es wäre auch denkbar, daß die Preisniveausteigerungen ohne Lohnleitlinien noch größer gewesen wären.

Die Quintessenz der folgenden Ausführungen vorwegnehmend schließen wir uns jedoch der Meinung an, daß Lohnleitlinien aus einer Vielzahl von Gründen kein geeignetes Instrument zur Stabilisierung des Preisniveaus darstellen. Es spricht sogar einiges für die Befürchtung, daß Lohnleitlinien insgesamt konjunkturanregend und nicht konjunkturdämpfend wirken.

1. Mangelnde Klarheit der Normen

Ein erster Grund für den geringen Erfolg der Orientierungsdaten und Lohnleitlinien dürfte in der mangelnden Klarheit der Normen liegen, die im Zusammenhang mit der Stabilisierungspolitik an die Tarifpartner herangetragen werden. Prinzipiell verfügt der Staat über drei Möglichkeiten, auf das Verhalten der Wirtschaftssubjekte Einfluß zu nehmen: der Staat kann erstens über *ordnungs*politische (marktadäquate) Maßnahmen tätig werden. Die vom Staat angestrebten Zielgrößen – in unserem Falle die Steigerungsraten des Preisniveaus – ergeben sich aus dem Marktprozeß; der Staat beschränkt sich darauf, über Veränderung der Anreize (Stärkung der Incentives, Abbau von Fehlanreizen) die Zielgröße im erwünschten Sinne zu beeinflussen.

Eine zweite Beeinflussungsmöglichkeit des Staates liegt in *dirigistischen* Maßnahmen: das erwünschte Verhalten wird vom Staat diktiert, etwa dadurch, daß Preissteigerungen generell verboten werden. Immer mehr nehmen Politiker jedoch zu einer dritten Beeinflussungsmöglichkeit Zuflucht: da die Politiker einerseits davon überzeugt sind, daß ordnungspolitische Maßnahmen allein nicht ausreichen, um das Preisniveau zu stabilisieren, andererseits jedoch dirigistische Maßnahmen aus grundsätzlichen Erwägungen heraus nach Möglichkeit vermieden werden, greift man zu *moral persuasions*.[7] Man beläßt die Entscheidung über die anstehenden Probleme (z. B. über die Lohnsteigerungsraten) den privaten Wirtschaftssubjekten, appelliert jedoch an ihr Verantwortungsbewußtsein und erwartet, daß bei den Entscheidungen der Privaten nicht nur das Einzelinteresse, sondern auch die gesamtwirtschaftlichen Belange gebührend berücksichtigt werden.

Führt eine solche Politik der ‚moral persuasions' zu dem erwünschten Erfolg? Welche Voraussetzungen müssen erfüllt sein, damit die privaten Wirtschaftssubjekte sich die gesamtwirtschaftlichen Belange freiwillig zu eigen machen?

Eine erste Voraussetzung ist Klarheit der Normen. Wer an die gesamtwirtschaftliche Verantwortung der Tarifpartner appelliert, muß zunächst deutlich machen, wie die Tarifpartner sich in concreto verhalten müßten, wenn sie dem Leitbild der gesamtwirtschaftlichen Verantwortung voll entsprechen wollten. Bei welcher tariflichen Lohnerhöhung sind die gesamtwirtschaftlichen Belange gebührend berücksichtigt? Man ist versucht zu antworten: das Lohnniveau dürfe nur im Ausmaße des gesamtwirtschaftlichen Produktivitätszuwachses angehoben werden. Es hat den Anschein, als wäre eine so definierte Norm eindeutig: solange die Tarifpartner Lohnerhöhungen beschließen, die nicht über den Produktivitätszuwachs hinausgehen, verhalten sie sich normenadäquat, im anderen Falle normenwidrig.

In Wirklichkeit sind die Probleme komplizierter. Zum einen hängt die Antwort auf die Frage, ob eine Lohnerhöhung preisniveauneutral ist, wie die Analyse im Teil II dieser Arbeit gezeigt hat, nicht nur von dem Verhältnis zwischen Lohnhöhe und Produktivitätssteigerung, sondern auch von anderen Faktoren wie etwa dem Sparverhalten der Arbeitnehmer ab. Es bedarf also einer modifizierten Lohnformel. Durch diese Modifizierung wird jedoch die Frage nach der Klarheit der Normen nicht beantwortet. Auch unter Berücksichtigung weiterer Faktoren kann man zu keiner eindeutigen Norm gelangen; die ursprüngliche Norm wird lediglich durch eine andere, etwas kompliziertere ersetzt. Von größerer Bedeutung ist jedoch ein zweiter Einwand.

Würde man die Lohnleitlinien in dem Sinne auslegen, daß jeder *einzelne* Tarifverband seine Lohnforderungen oder Lohnzugeständnisse an dieser gesamtwirtschaftlichen Formel ausrichten soll, so wäre damit de facto die Tarifautonomie aufgehoben. Die Tarifpartner würden sich in diesem Falle

[7] Vgl. zu diesem Instrument der Wirtschaftspolitik *Egon Tuchtfeldt:* Moral Suasion in der Wirtschaftspolitik. In *E. Hoppmann* (Hrsg.): Konzertierte Aktion. Kritische Beiträge zu einem Experiment, Frankfurt/M. 1971, S. 19–68.

darauf beschränken, den Willen des Staates zu vollziehen. Das widerspricht jedoch den erklärten Absichten der Bundesregierung.[8] Die Versicherungen der Bundesregierung durch die Orientierungsdaten und Lohnleitlinien die Tarifautonomie nicht antasten zu wollen, können nur so verstanden werden, daß die Richtgrößen Durchschnittswerte darstellen, die im konkreten Einzelfall aus gutem Grunde über- oder auch unterschritten werden können. Wir hatten einleitend aufgezeigt, daß mit der Festlegung der Tariflöhne im Grunde genommen über zwei Fragen entschieden wird: einmal über die Einkommensverteilung, also über die Einkommens*relationen*, zum anderen über das gesamtwirtschaftliche Lohn- und Preisniveau. Es entspricht weitgehender Überzeugung, daß die Tarifverbände im allgemeinen eine befriedigendere Lösung des Verteilungsproblems erreichen können, als wenn diese Aufgabe allein den Betrieben oder dem Staate übertragen würde. Auf der anderen Seite liegt die Verantwortung für die Realisierung der gesamtwirtschaftlichen Ziele – vor allem der Geldwertstabilität – eindeutig beim Staat und nicht bei den Tarifpartnern. Über Lohnleitlinien und Orientierungsdaten wird nun angestrebt, die Verwirklichung der gesamtwirtschaftlichen Ziele durch den Staat sicherzustellen, ohne deshalb die Aufgabe der Einkommensverteilung den Tarifpartnern zu entziehen. In diesem Sinne soll die Tarifautonomie durch die Fixierung von Lohnleitlinien nicht angetastet werden.

Akzeptiert man diese Aufgabenteilung, so muß man zugestehen, daß die Lohnerhöhung in einem konkreten Einzelfall stets das Ergebnis eines Kompromisses darstellt: auf der einen Seite haben die Tarifpartner davon auszugehen, daß die Lohnerhöhungen aus konjunkturpolitischen Gründen im Durchschnitt nicht über ein bestimmtes Ausmaß hinausgehen sollten. Auf der anderen Seite kann es jedoch aufgrund einer erwünschten Veränderung in den Einkommensrelationen notwendig werden, die Löhne in einem Einzelbereich stärker oder geringer anzuheben als im angestrebten Durchschnitt. In diesem Falle ist es jedoch nicht klar, wie sich die Tarifpartner idealiter verhalten sollen. Bei welcher konkreten Lohnforderung liegt der ideale Kompromiß zwischen Stabilisierungs- und Verteilungsziel? Ein Gewerkschaftsfunktionär kann davon überzeugt sein, daß die Löhne im Durchschnitt lediglich um 4 % ansteigen sollten und trotzdem für seinen Bereich eine 10%ige Lohnerhöhung fordern, da er davon ausgeht, daß die besonderen Bedingungen des zur Diskussion stehenden Wirtschaftszweiges diese überdurchschnittliche Lohnsteigerung notwendig machen. Es dürfte den einzelnen Gewerkschaften nicht schwer fallen, in jeder Situation Argumente dafür zu finden, daß gerade in dem von ihnen vertretenen Bereich eine überdurchschnittliche Lohnsteigerung gerechtfertigt ist.

In der Tat verhalten sich die Regierungen in ähnlicher Weise. Wie wäre es sonst zu verstehen, daß die Regierung auf der einen Seite von den Wirtschaftssubjekten Preisdisziplin fordert und nur eine Preissteigerung von etwa 3 % im Durchschnitt für vertretbar hält, gleichzeitig aber in den Bereichen, die sie selbst kontrolliert, Preissteigerungen von über 20 % zuläßt?

---

[8] So *Karl Schiller:* Unangetastet. In: Der Arbeitgeber, 21. Jg. (1969), S. 445.

2. *Fehlanreize*

Ein zweiter Grund für den mangelnden Erfolg von Lohnleitlinien und Orientierungsdaten dürfte darin zu suchen sein, daß das System der Orientierungsdaten durch Fehlanreize überlagert wird. Man kann nur dann erwarten, daß Wirtschaftssubjekte freiwillig gewisse Beschränkungen auf sich nehmen, wenn dieses Verhalten in irgendeiner Weise honoriert wird, nicht jedoch dann, wenn die Verletzung der Normen belohnt und das Einhalten bestraft wird. Genau ein solches fehlgeleitetes System liegt jedoch u. E. bei den Orientierungsdaten vor.

Wir müssen davon ausgehen, daß es immer einzelne Personen oder Gruppen gibt, die sich normenwidrig verhalten, also auf unser Beispiel übertragen, daß es immer einzelne Gewerkschaften geben wird, die nicht bereit sind, aus gesamtwirtschaftlichen Gründen ihre Lohnforderungen einzuschränken. Unterstellen wir einmal, daß zu Beginn einer Politik der ‚moral persuasions' alle betroffenen Arbeitnehmergruppen außer einer bereit seien, aus konjunkturpolitischen Gründen Abstriche von ihren Forderungen hinzunehmen. Die eine Gewerkschaft, die sich nicht von den Appellen an die gesamtwirtschaftliche Verantwortung beeinflussen läßt, wird nun materiell belohnt. Das Nominallohneinkommen dieser Gruppe steigt überproportional an, die hierdurch ausgelösten Preissteigerungen sind gering, da annahmegemäß die Mehrheit der Tarifverbände eine preisneutrale Lohnpolitik verfolgt, darüber hinaus gehen diese Preissteigerungen zu Lasten der Gesamtheit. Beide Faktoren wirken dahin, daß die expansive Lohnpolitik dieser einen Gewerkschaft und damit das Ausscheren aus der Norm (nur preisniveauneutrale Lohnerhöhungen vorzunehmen) zu einer Steigerung des Reallohneinkommens dieser Gruppe und zu einem höheren Anteil am Gesamtlohneinkommen führt. Das bedeutet jedoch nichts anderes, als daß die Nichtbeachtung der Norm materiell belohnt wurde.

Aber gerade diese materielle Belohnung des „Normenbrechers" enthält für die übrigen Gruppen, die sich bisher an diese Norm hielten, einen Anreiz, ebenfalls von der Norm abzuweichen. Es muß deshalb damit gerechnet werden, daß im weiteren Verlauf weitere Gruppen nicht mehr bereit sind, aus gesamtwirtschaftlichen Gründen in ihren Lohnforderungen Zugeständnisse zu machen. Je mehr Gurppen jedoch ausscheren, um so schwieriger wird die Situation der übrigen, die sich noch der Norm verpflichtet wissen. Die Tatsache, daß immer mehr Gruppen eine expansive, d. h. preissteigernde Lohnpolitik betreiben, bewirkt, daß das Preisniveau immer spürbarer ansteigt. Damit vermindern sich zwar die Reallohneinkommenssteigerungen derjenigen, die diese expansive Lohnpolitik durchführen. Gleichzeitig hat jedoch dieses Verhalten zur Folge, daß diejenigen, die sich auf preisniveauneutrale Lohnerhöhungen beschränken, immer größere Reallohneinkommenseinbußen hinnehmen müssen. Damit steigt der Anreiz, sich der expansiven Lohnpolitik anzuschließen, um ein weiteres an.[9]

Wir meinen, daß sich das tatsächliche Verhalten der Gewerkschaften seit Bestehen der Konzertierten Aktion recht gut mit diesem Modell erklären

[9] Vgl. *Erich Hoppmann:* Konzertierte Aktion und der „Rahmen der marktwirtschaftlichen Ordnung". In *ders.* (Hrsg.): Konzertierte Aktion, a. a. O., S. 271.

läßt. Man kann kaum bezweifeln, daß die Bereitschaft der Gewerkschaften, aus gesamt*wirtschaftlichen* und vielleicht auch gesamt*politischen* Gründen Abstriche von ihren Lohnforderungen hinzunehmen, in der ersten Runde der Konzertierten Aktion beachtlich hoch war. Es kann jedoch auch kaum bezweifelt werden, daß diese Bereitschaft im weiteren Verlauf immer mehr zurückging und daß die Gewerkschaftsspitzen immer größerem gewerkschaftsinternem Druck ausgesetzt sind, die Konzertierte Aktion zu verlassen.

3. *Statt Konjunkturdämpfung Konjunkturanregung?*

Unsere vorhergehenden Ausführungen haben gezeigt, daß von den Lohnleitlinien mindestens solange, wie man an der Tarifautonomie festhält, keine klaren Handlungsanweisungen ausgehen können. Trotz der fehlenden Klarheit unterstellen die Verfechter der Lohnleitlinien, daß Orientierungsdaten konjunkturdämpfende Effekte auslösen. Zwar könne man nicht damit rechnen, daß die Lohnleitlinien voll beachtet werden, ein gewisser Erfolg sei jedoch bereits dann garantiert, wenn die Gewerkschaften aufgrund der ‚moral persuasions' ihre Lohnforderungen *teilweise* reduzieren.

Es muß jedoch bezweifelt werden, ob von den Orientierungsdaten und Lohnleitlinien diese konjunkturdämpfenden Effekte tatsächlich ausgehen können. Wie wir bereits gesehen haben, sind Orientierungsdaten als *Durchschnitts*werte konzipiert, Abweichungen nach oben im Einzelfalle sind solange für das Stabilisierungsziel nicht gefährlich, als sie von gleichgroßen Abweichungen nach unten begleitet sind.

Es fragt sich jedoch, ob Orientierungsdaten im Rahmen von Lohnverhandlungen überhaupt den Charakter von Durchschnittswerten annehmen können, ob sie nicht notwendigerweise — und zwar aus Gründen der Verhandlungslogik — in Mindestwerte umschlagen müssen. Verhandlungen gehen stets von bestimmten Positionen der Tarifverbände aus; es ist das Ziel eines jeden Partners, im Zuge der Verhandlungen die eigene Position zu verbessern. Ein Verhandlungserfolg ist solange garantiert, wie sich beide Gruppen aus einer Korrektur der bestehenden Zustände einen Vorteil erhoffen können.

Werden nun von der Regierung Orientierungsdaten bekanntgegeben, so tut sie kund, daß sie Lohnerhöhungen bis zu einer bestimmten Grenze als volkswirtschaftlich gerechtfertigt betrachtet. Da Lohnerhöhungen bis zu dieser Grenze den Gewerkschaften somit von höchstoffizieller Seite bereits zugestanden werden, kann nicht damit gerechnet werden, daß die Gewerkschaften bereit sind, über Lohnerhöhungen bis zu dieser Grenze noch ernsthaft zu verhandeln. Sie werden ihr Machtpotential vielmehr einsetzen, um Lohnerhöhungen über diese Grenze hinaus zu realisieren. Diese Überlegungen gelten vor allem dann, wenn die Gewerkschaftsfunktionäre gegenüber ihren Mitgliedern eine schwache Position einnehmen und darauf angewiesen sind, die Mitglieder durch Interessenpolitik „bei der Stange" zu halten. In einer solchen Situation dürfte es einem Gewerkschaftsfunktionär schwerfallen, Tarifverträgen mit geringeren Lohnerhöhungen zuzustimmen als denjenigen, die bereits durch die Regierung öffentlich zugestanden wurden; jeder Funktionär wird seinen gewerkschaftsinternen Erfolg daran messen, inwieweit die tariflich vereinbarten Lohnsätze die Lohnleitlinien überschreiten. Orientierungsdaten legen somit das Niveau fest, von dem ab ernsthaft verhandelt wird, sie sind *Ausgangspunkt* der Verhandlungen und nicht — wie beabsichtigt — *Ziel*größe.

Nun kann man sich natürlich die Frage stellen, ob die Orientierungsdaten nicht zur Höchstgrenze für die Ziele werden können, die die Arbeitgeber in den Tarifverhandlungen verfolgen. Warum können die Arbeitgeber nicht in gleicher Weise für sich in Anspruch nehmen, daß die Lohnleitlinien die Höchstgrenze beschreiben, die auf keinen Fall überschritten werden darf, und daß die Lohnverhandlungen von seiten der Arbeitgeber den Zweck verfolgen, über das von der Regierung bereits zugestandene Ausmaß an Widerstand gegenüber gewerkschaftlichen Lohnforderungen hinaus weitere Abstriche von den gewerkschaftlichen Lohnforderungen zu erkämpfen?

Der Grund für die asymmetrische Wirkung der Lohnleitlinien dürfte vor allem in folgendem liegen: die Dynamik unseres Wirtschaftssystems bringt es mit sich, daß nahezu immer um Lohn*erhöhungen* und nicht um Lohn*senkungen* verhandelt wird. Das bedeutet, daß es die Gewerkschaften sind, die ein Interesse an einer Korrektur der bestehenden Tarifverträge haben und die deshalb die *Initiative* für Tarifverhandlungen entfalten. Mit dieser Rollenverteilung ist es auch zu erklären, daß der Kampfwaffe der Arbeitgeber, der Aussperrung, im Rahmen der tariflichen Beziehungen eine ganz andere Bedeutung zukommt als der Kampfwaffe der Gewerkschaften, dem Streik. Während die Gewerkschaften die Drohung mit dem Streik zur Unterstützung ihrer Lohnforderungen *offensiv* einsetzen können, dient die Aussperrung de facto lediglich dazu, die Wirksamkeit der Streikwaffe zu vermindern. Die Aussperrung wird somit lediglich *defensiv* eingesetzt. Diese Asymmetrie in den Rollen der Tarifverbände hat nun auch zur Folge, daß die Lohnleitlinien zur Mindestgrenze der Lohnforderungen der Gewerkschaften, wohl kaum aber zur Mindestgrenze des unternehmerischen Widerstandes gegenüber den gewerkschaftlichen Lohnforderungen werden können.

4. Die Position der Gewerkschaftsfunktionäre

In unseren bisherigen Überlegungen versuchten wir ein generelles Modell für das Verhalten der Tarifpartner zu entwickeln. De facto müssen wir jedoch davon ausgehen, daß sich einzelne Gewerkschaften gegenüber Orientierungsdaten und Lohnleitlinien unterschiedlich verhalten. Einer der wichtigsten Gründe hierfür dürfte in der unterschiedlichen Position der Gewerkschaftsfunktionäre gegenüber ihren Mitgliedern liegen. Ein möglicher Maßstab für die Stärke der Position ist der gewerkschaftliche Organisationsgrad. Welchen Einfluß der Organisationsgrad auf das Verhalten und auf die Erfolgsaussichten der Gewerkschaften hat, wurde vor allem in den USA untersucht. Zahlreiche empirische Untersuchungen versuchten nachzuweisen, daß eine positive Korrelation zwischen Organisationsgrad und realisierten Lohnsteigerungen bestehe. Nun hat *Pierson* in jüngster Zeit eine empirische Untersuchung (ebenfalls für die USA) vorgelegt, aus der hervorgeht, daß die Zusammenhänge zwischen Organisationsgrad und realisierten Lohnerhöhungen stark modifiziert wurden, seit die Regierungen einkommenspolitische Maßnahmen eingeleitet hatten.[10] Während bisher im allgemeinen die realisierten Lohnsteigerungen um so höher waren, je größer der Organisationsgrad der Gewerkschaften war, lassen sich seit Bestehen der Lohnleitlinien überdurchschnittlich hohe Lohnsteigerungen gerade in den Betrieben feststellen, die gewerkschaftlich nur sehr schwach organisiert sind.

Dieses zunächst paradoxe Ergebnis kann damit erklärt werden, daß nur mitgliederunabhängige Gewerkschaften eine so starke Position innehaben, daß sie den gesamtwirtschaftlichen Belangen Rechnung tragen können. Je schwächer hingegen eine Gewerkschaft ist und je mehr die Spitzenfunktionäre um ihre Stellung im Verband kämpfen müssen, um so mehr sehen sich diese Funktionäre gezwungen, reine Interessenpolitik zu betreiben, um auf diese Weise die Mitglieder „bei der Stange zu halten".

Unsere Überlegungen müssen somit insoweit modifiziert werden, als die bisher von uns entwickelten Thesen in erster Linie für mitgliedsschwache Gewerkschaften gelten. Welche Bedeutung hat diese Modifizierung für die BRD? Eine Situationsanalyse zeigt, daß die Gewerkschaften einen relativ niedrigen Organisationsgrad aufweisen, daß die Gewerkschaften hierzulande nicht zu den Mitteln des closed shop und union shop greifen können und daß die in den Tarifverhandlungen vereinbarten Lohnerhöhungen fast ausnahmslos allen betroffenen Arbeitnehmern, also nicht nur den Gewerkschaftsmitgliedern zugute kommen. Diese drei Faktoren legen den Schluß nahe, daß die Position der Gewerkschaftsfunktionäre gegenüber ihren Mitgliedern insgesamt recht schwach ist, so daß unsere theoretischen Überlegungen auch für die Gewerkschaften in der BRD gelten dürften.

IV. Alternativen zur bestehenden Einkommenspolitik

1. Der Investivlohn

Die einkommenspolitischen Vorschläge beschränken sich nicht auf Lohnleitlinien und Orientierungsdaten. Schon in den 50er Jahren wurden Investivlöhne vorgeschlagen, die nach Meinung ihrer Verfechter nicht nur eine Erhöhung der Lohnquote bewirken, sondern darüber hinaus auch den Preissteigerungsdruck von seiten des Lohnsektors mindern könnten.

Die Diskussion um den Investivlohn hat gezeigt, daß die Beantwortung der Frage, ob Investivlöhne preisniveaustabilisierend wirken, entscheidend davon abhängt, ob Preisniveausteigerungen auf Kosten- oder Nachfragefaktoren zurückgeführt werden müssen. Legt man eine rein kosteninflatorische Erklärung zugrunde, so kommt man zu dem Ergebnis, daß Investivlöhne, die ein bestimmtes Ausmaß übersteigen, genauso wie Barlöhne preissteigernd wirken. Größere Erfolgsaussichten bestehen, wenn Preissteigerungen auf Nachfrageüberhänge zurückgeführt werden können. In diesem Falle gilt es zu berücksichtigen, daß Investivlöhne nicht wie Bar-

[10] *Gail Pierson:* The Effect of Union Strength on the US ‚Phillips Curve'. In: American Economic Review, Vol. 58 (1968), S. 456–467.

löhne zu einer Vergrößerung der Konsumnachfrage und damit nicht zu einer Ausweitung des Nachfrageüberhanges führen.

Unabhängig von dieser Frage ist zu klären, inwieweit die Tarifpartner überhaupt bereit sind, über Investivlöhne größeren Ausmaßes zu verhandeln. Die Lohnpolitik der Vergangenheit gestattet keine klare Antwort. Lange Zeit hatte es den Anschein, als seien die Gewerkschaften zu einer Investivlohnpolitik nicht bereit. Es folgte dann in den vergangenen Jahren eine kurze Phase, in der vermögenswirksame Leistungen in einem größeren Teil der Tarifverträge vereinbart wurden. Es entstand der Eindruck, als sei der Widerstand der Gewerkschaften gegenüber Investivlohnplänen gebrochen. Die lohnpolitischen Forderungen und Verlautbarungen der Einzelgewerkschaften in der jüngsten Tariflohnphase lassen jedoch Zweifel aufkommen, ob die Gewerkschaften tatsächlich bereit sind, Investivlohnerhöhungen in größerem Ausmaß anzustreben.

Der Widerstand der Gewerkschaften gegenüber Investivlöhnen erscheint dem theoretisch geschulten Beobachter zunächst unverständlich. Im Rahmen der Verteilungstheorie konnte gezeigt werden, daß die Beschränkung der Gewerkschaften auf eine reine *Bar*lohnpolitik nur zu einem geringen verteilungspolitischen Erfolg führen kann, daß aber die Einführung von Investivlöhnen die Chance eröffnet, die Einkommensverteilung wirksam zugunsten der Arbeitnehmer zu verbessern. Warum machen die Gewerkschaften von diesen Möglichkeiten so geringen Gebrauch? Die Erklärung für dieses Verhalten dürfte (neben ideologischen Gründen) zum einen darin zu suchen sein, daß die gewerkschaftlichen Strategien und Taktiken eben nicht nur an dem Ziel ausgerichtet werden können, für die eigene Gruppe die bestmöglichen Verhandlungsergebnisse zu erzielen. Die gewerkschaftlichen Strategien und Taktiken werden vielmehr darüber hinaus auch entscheidend davon bestimmt, welche Position die Gewerkschaftsspitze gegenüber ihren Mitgliedern und dem gewerkschaftlichen Mittelbau einnimmt. Je schwächer die Position der Gewerkschaftsspitze gegenüber ihren Mitgliedern ist, um so schwieriger dürfte es für die Funktionäre sein, Investivlöhne anstelle von Barlöhnen zu fordern, da der optisch sichtbare Erfolg bei einer Investivlohnpolitik geringer ist als bei einer Barlohnpolitik. Die Wirtschaftstheorie mag zwar nachweisen, daß Barlohnerhöhungen zu einem großen Teil auf die Preise abgewälzt werden und somit das Realeinkommen nicht entscheidend vergrößern, daß Investivlohnerhöhungen hingegen die Preissteigerungsrate verringern helfen. Der einzelne Arbeitnehmer sieht jedoch nur die vordergründigen Zusammenhänge: Barlohnerhöhungen steigern seine nominalen Dispositionsmöglichkeiten, während Investivlohnerhöhungen aufgrund der vorübergehenden Sperrfristen den Dispositionsspielraum des Arbeitnehmers nicht sichtbar vergrößern. Zum andern erlangt in diesem Zusammenhange die dezentrale Struktur der Tarifverhandlungen Bedeutung. Eine Investivlohnpolitik führt über eine Verringerung der Preissteigerungsrate zu einer Erhöhung des Anteils der Arbeitnehmer am Sozialprodukt. Die Einkommensverbesserungen kommen somit den Gewerkschaften, die eine Investivlohnpolitik durchführen, nur zum Teil zugute. Nutznießer einer solchen Politik sind auch die Arbeitnehmergruppen, die keine Investivlohnpolitik durchführen. Die Investivlohnpolitik hat den Charakter eines Kollektivgutes, von dessen Konsum niemand ausgeschlossen werden kann und das deshalb auch bei rationalem Verhalten der Beteiligten suboptimal angeboten wird.[11] Daß die Gewerkschaften einer Investivlohnpolitik skeptisch gegenüber stehen, kann somit mit ihrer zur Zeit relativ schwachen Position gegenüber den tatsächlichen und potentiellen Mitgliedern und darüber hinaus mit der dezentralen Struktur der Tarifverhandlungen erklärt werden.

2. *Der Vorschlag einer Tarifbörse*

F. Spiegelhalter hatte vor längerer Zeit den Vorschlag unterbreitet, eine Tarifbörse einzurichten, auf der die Tariflohnsätze der einzelnen Tarifbereiche solange in gemeinsamen Verhandlungen der Beteiligten korrigiert werden sollten, bis die gesamtwirtschaftliche Lohnsumme den gesamtwirtschaftlich vertretbaren Richtgrößen entspricht. Es ist schwierig, sich vorzustellen, wie ein solches Modell in praxi funktionieren sollte. Immerhin scheint dieser Vorschlag diskussionswürdig zu sein, da er eine der größten Schwierigkeiten der Politik der Lohnleitlinien zu umgehen versucht.
Bei der Diskussion der Lohnleitlinien hatten wir gesehen, daß die Hauptschwierigkeit der Einkommenspolitik darin zu sehen ist, daß mit der Lohnpolitik der Tarifpartner ein *verteilungs*politisches Ziel: die Festlegung der Einkommensrelationen und zur gleichen Zeit ein stabilitätspolitisches Ziel: die Stabilisierung des Preisniveaus tangiert wird. Die Politik der Lohnleitlinien verfolgt nun das Ziel, auf der einen Seite die verteilungspolitische Aufgabe den Tarifpartnern zu belassen, auf der anderen Seite jedoch die für das stabilitätspolitische Ziel schädlichen Auswirkungen der Tarifpolitik abzufangen. Die Politik der Lohnleitlinien muß jedoch scheitern, da sie nur dann auf die Lohnsumme Einfluß gewinnen kann, wenn sich jede Einzelgewerkschaft an diesen Lohnleitlinien ausrichtet, wenn also mit anderen Worten die Autonomie der Tarifpartner auch in der verteilungspolitischen Aufgabe aufgehoben wird. Eine erfolgreiche Politik der Lohnleitlinien würde zu einer Zementierung der Einkommensverteilung führen; der Mißerfolg dieser Politik muß damit erklärt werden, daß die Gewerkschaften gerade wegen der hiermit verbundenen Zementierung der Einkommensverteilung nicht bereit sind, sich diesen Normen zu unterwerfen.

3. *Trennung zwischen Lohnniveau und Einkommensrelationen*

Eine Lösung des Problems kann deshalb nur dann erwartet werden, wenn es gelingt, das Problem der Festlegung des Lohn*niveaus* und das andere Problem der Festlegung der Einkommens*relationen* voneinander zu trennen. Der Ansatz von *Spiegelhalter* tendiert in diese Richtung. Eine Trennung dieser beiden Aufgaben könnte man nun – in Weiterführung der Gedankengänge von *Spiegelhalter* – dadurch erreichen, daß sich die Tarifpartner darauf beschränken, lediglich die Einkommens*relationen* festzulegen. Diesen Vorschlag unterbreitete in jüngster Zeit *W. Krelle*.[12] So könnte

[11] Vgl. *Mancur Olson jr.*: Logik des kollektiven Handelns, Tübingen 1968, S. 26 ff. (deutsche Übersetzung).
[12] *Wilhelm Krelle:* Inflation (Interview). In: Wirtschaftswoche, 25. Jg. (1971), Nr. 43, S. 32.

man z. B. davon ausgehen, daß die in den Tarifverhandlungen ausgehandelten Lohnsätze nicht wie bisher in DM-Werten, sondern in einer Verhandlungseinheit (Verhandlungsmark) festgelegt werden und daß die Regierung die Möglichkeit erhält, die Relation zwischen Verhandlungsmark und DM im nachhinein abzuändern. Gehen wir davon aus, daß im Ausgangszeitpunkt das Verhältnis zwischen Verhandlungsmark und DM eins zu eins ist und daß aufgrund der bereits stattgefundenen Lohnverhandlungen die gesamte Lohnsumme – nun in DM-Werten umgerechnet – das Niveau übersteigt, das für eine preisniveauneutrale Lohnsummensteigerung gerade noch verträglich erscheint. In diesem Falle müßte die Regierung die Relation zwischen Verhandlungsmark und DM neu festsetzen und zwar die Verhandlungsmark so stark abwerten, daß die zu erwartende Lohnsummensteigerung als preisniveauneutral gelten kann. Dieser Vorschlag entspricht übrigens einem Verfahren, daß de facto lange Zeit für die Festlegung der Ärztehonorare praktiziert wurde.

Nun könnte eine solche Politik nur dann Aussicht auf Erfolg haben, wenn die Preisniveausteigerungen auf Kostensteigerungen zurückgeführt werden können. Sind nämlich Preisniveausteigerungen auf Nachfrageüberhänge zurückzuführen, so trägt die Stabilisierung des Tariflohnniveaus nicht zur Stabilisierung des Preisniveaus bei. Aufgrund der Nachfrageüberhänge, die sich im allgemeinen auch auf die Arbeitsmärkte weiterpflanzen, werden die Effektivverdienste ansteigen, und zwar gleichgültig, ob die Tariflöhne angehoben werden oder nicht. Sind jedoch die Preisniveausteigerungen auf Lohnkostensteigerungen zurückzuführen, so dürfte eine Reduzierung der Tariflohnsätze (bzw. der Steigerungsrate der Tariflohnsätze) auch eine Reduzierung der Steigerungsrate des Preisniveaus auslösen.

Nun hatten wir im vorhergehenden Abschnitt gesehen, daß Investivlohnpläne im Hinblick auf das stabilitätspolitische Ziel nur dann Aussicht auf Erfolg haben, wenn Preisniveausteigerungen auf Nachfrageüberhänge zurückgeführt werden können. Da andererseits die in diesem Abschnitt entwickelten Vorschläge nur bei kostenbedingten Preisniveausteigerungen Aussicht auf Erfolg haben, käme es darauf an, beide Instrumente kombiniert einzusetzen, um auf diese Weise sowohl den kosten- wie auch nachfragebedingten Inflationsdruck zu reduzieren. Das könnte folgendermaßen aussehen. Durch Gesetz z. B. wäre festzulegen, daß alle Tariflohnerhöhungen, die die gesamtwirtschaftlichen Produktivitätszuwächse übersteigen, automatisch auf ein Sparkonto der einzelnen Arbeitnehmer eingezahlt werden müssen und daß für diese Sparkonten eine Sperrfrist vorzusehen ist, während der diese Beträge nur bei Vorliegen bestimmter Ausnahmesituationen für Konsumzwecke abgehoben werden können. Solche Ausnahmen könnten z. B. Krankheit, Heirat, Umzug, Überschreiten einer gewissen Altersgrenze (z. B. Pensionierungsalter) sein. Die zweite kritische Schwelle für tarifliche Lohnerhöhungen würde überschritten werden, wenn die vom Tariflohnsektor ausgehenden Preissteigerungseffekte die vom Nichtlohnsektor ausgehenden Inflationstendenzen übersteigen würden. Zu diesem Zwecke müßte die Kaufkraftsumme, die sich aus dem Leistungsbilanzüberschuß und dem Überschuß der öffentlichen Ausgaben (des Bundes, der Länder, der Kommunen und der Einrichtungen der Sozialen Sicherung) errechnet, der Kaufkraftsumme gegenübergestellt werden, die sich aus der Differenz zwischen Lohnsumme bei produktivitätsorientierter Lohnpolitik und tatsächlich zu erwartender Lohnsumme ergeben. Sobald die zweitgenannte Kaufkraftsumme die erstgenannte übersteigt, hätte der Staat im Sinne des vorherigen Vorschlages den DM-Wert der Verhandlungsmark abzuwerten und zwar in dem Ausmaße, daß sich die obengenannten Kaufkraftsummen ausgleichen. Selbstverständlich handelt es sich hierbei nur um sehr grobe Richtwerte, die noch modifiziert und verfeinert werden müßten.

4. Asymmetrische Lösung?

Fragen wir uns, welchen Einwendungen ein solcher Plan begegnen könnte? Eine erste Kritik könnte daran ansetzen, daß hier das Gebot der Symmetrie verletzt werde. Um das Ziel der Preisniveaustabilisierung zu realisieren, würden die Rechte der Gewerkschaften eingeschränkt, ohne daß dieser den Gewerkschaften auferlegten Beschränkung eine gleichartige Beschränkung auf seiten der Arbeitgeber entspräche. Man erwarte von den Gewerkschaften, daß sie eine Reduktion in den Tariflohnerhöhungen hinnehmen, ohne daß ein gleiches Verhalten von den Unternehmungen in bezug auf die Preisfestsetzung verlangt werde. Eine solche asymmetrische Politik sei ungerecht und für die Gewerkschaften unzumutbar.

Gegenüber dieser Kritik ist auf zweierlei hinzuweisen. Zunächst muß festgestellt werden, daß diese optisch ohne Frage vorliegende Asymmetrie auf sachliche Gründe zurückzuführen ist. Es ist zwar im Rahmen einer sozialen Marktwirtschaft möglich, die Steigerungsraten der Tariflöhne zu reduzieren, nicht jedoch jeden einzelnen Güterpreis. Der Grund für diese unterschiedlichen Möglichkeiten besteht einmal darin, daß über Tariflohnerhöhungen in einer im Vergleich zu Preiserhöhungen relativ geringen Anzahl von Verträgen entschieden wird, so daß es bedeutend einfacher ist, die Tariflohnerhöhungen als die Vielzahl von Einzelpreisvariationen einer politischen Kontrolle zu unterwerfen. Es kommt noch hinzu, daß die Unternehmungen durchaus ein Interesse daran haben, die vom Staat verordnete Abwertung der Verhandlungsmark durchzuführen, während eine generelle Abwertung der Einzelpreise dem Interesse der Unternehmungen widersprechen und gerade deshalb bedeutend häufiger umgangen würde. Mit anderen Worten, es scheint zwar möglich, eine gewisse Beschränkung der Tariflohnerhöhungen im Rahmen der bestehenden Wirtschaftsordnung durchzuführen; der Versuch, dieses Konzept auch auf die einzelnen Güterpreise zu übertragen, würde ein solches Ausmaß an Kontrollen voraussetzen, das einer Aufgabe der freien Marktwirtschaft gleichkäme. Nun besteht wohl Einigkeit darüber, daß bei allen Mängeln der bestehenden Wirtschaftsordnung die freie Unternehmerinitiative eine bessere Gewähr für ein relativ hohes wirtschaftliches Wachstum bringt als eine dirigistisch geleitete Wirtschaftsverfassung und daß deshalb der Verzicht auf umfassende Preiskontrollen als notwendiger Preis für den in den westlichen Volkswirtschaften erzielten höheren Lebensstandard angesehen werden kann.

Nun mag diese Begründung für denjenigen, der von der Asymmetrie betroffen ist, also für den Arbeitnehmer, nicht überzeugend wirken, da auch mit der besten Begründung der Tatbestand der anscheinenden Benachteiligung der Arbeitnehmer nicht aufgehoben ist. Von größerer Bedeutung ist deshalb ein zweites Argument. Man muß sich nämlich fragen, ob dieser *optischen* Asymmetrie eine *effektive* Benachteiligung des Arbeitnehmers entspricht. Nochmals sei daran erinnert, daß nach diesem Vorschlag eine Abwertung der Verhandlungsmark von seiten des Staates nur für die Fälle und nur in dem Ausmaße vorgeschlagen wird, in denen bzw. als die Lohnsteigerungen aller Wahrscheinlichkeit nach zu gleichgroßen Preissteigerungen führen. Die Arbeitnehmer stehen nun vor folgender Alternative: entweder bleibt es beim bisherigen Zustand, dann ist in den Fällen, in denen diesem Vorschlag entsprechend eine Abwertung der Verhandlungsmark notwendig würde, die Nominallohnsteigerung mit einer gleichgroßen Preissteigerung verbunden, nur das Nominal- nicht aber das Realeinkommen der Arbeitnehmer ist in diesem Falle gestiegen. Wird jedoch die Verhandlungsmark wie vorgeschlagen abgewertet, so erzielen zwar die Arbeitnehmer jetzt ein geringeres *Nominal*einkommen, da jedoch nun die kostenbedingten Preissteigerungen ausbleiben, ist die Reduktion im Reallohneinkommen nicht entscheidend größer als bei Alternative eins. Realiter stellen sich die Arbeitnehmer in ihrer Gesamtheit somit bei beiden Alternativen in etwa gleich.

Es mag zugegeben werden, daß einzelne Arbeitnehmer durchaus durch die eine oder andere Lösung begünstigt werden, unsere Überlegungen gelten nur für den Durchschnitt der Arbeitnehmer; das bedeutet jedoch notwendigerweise, daß der Begünstigung des einen eine Benachteiligung des anderen entspricht. Es mag weiterhin zugegeben werden, daß eine geringfügige Umverteilungswirkung zu Lasten der Arbeitnehmergruppe eintreten könnte, da von den Beschränkungen im Nominallohneinkommen nur Lohneinkommensempfänger betroffen werden, während der Vorteil ausbleibender Preissteigerungen auch den Nichtarbeitnehmerhaushalten zugute kommt. Da jedoch die Ausgaben der Arbeitnehmerhaushalte über 80 % des Konsums ausmachen dürften und da sich die reale Konsumausgabenhöhe der Selbständigen durch politische Maßnahmen kaum wirksam beeinflussen lassen dürfte, wird die Verteilungsverschlechterung sicher unter einem Prozent liegen. Wenn wir also auf die Entwicklung der *Real*einkommen achten, wird somit bei dieser auf den ersten Blick asymmetrisch erscheinenden Lösung der Arbeitnehmer im Durchschnitt nicht entscheidend gegenüber anderen Gruppen benachteiligt.

5. *Vorteile einer Stabilisierung*

Wenden wir uns einem zweiten möglichen Einwand zu. Wenn doch – wie gezeigt – alles beim alten bleibt, wenn das Reallohneinkommen der Arbeitnehmer bei beiden Alternativen die gleiche Höhe erreicht, warum sollte man dann überhaupt zu einem so umstrittenen Mittel der Stabilisierungspolitik greifen? Dieser Einwand beruht auf einem Mißverständnis. Der Hinweis, daß alles beim alten bleibt, beschränkt sich auf die Frage, wie sich die Höhe des Realeinkommens der Arbeitnehmer und damit zugleich der Anteil der Arbeitnehmer am Sozialprodukt aufgrund dieser Maßnahmen ändert. Eine Stabilisierung des Güterpreisniveaus wird jedoch nicht primär gefordert, um den Anteil der Arbeitnehmer am Sozialprodukt zu verändern, sondern weil eine schleichende Inflation erstens diejenigen Einkommensgruppen benachteiligt, deren Einkommen nur nach überdurchschnittlich langer Zeit an die Preissteigerungen angepaßt werden (das sind keinesfalls immer die Arbeitnehmer in ihrer Gesamtheit), weil eine schleichende Inflation zweitens die Gläubiger, vor allem die Kleinsparer im Verhältnis zu den Schuldnern benachteiligt, weil drittens von einer schleichenden Inflation aller Wahrscheinlichkeit nach wachstumshemmende Effekte ausgehen und weil viertens der Prozeß der schleichenden Inflation – wie die Vergangenheit zeigt – zu immer größeren Preissteigerungsraten führt. Es sind also diese aufgezählten negativen Wirkungen, die man mit Hilfe einer Stabilisierungspolitik verhindern möchte; der Hinweis auf die Erhaltung der Reallohneinkommenshöhe diente nur als Nachweis, daß diese Politik nicht einseitig auf dem Rücken der Arbeitnehmer ausgetragen wird.

6. *Erfolgsaussichten*

Wir kommen nun zu einem dritten Einwand gegenüber der in Teil III vorgetragenen Konzeption. Es ist nämlich die Frage zu stellen, ob diese Politik tatsächlich zum Erfolg und zu einer Dämpfung in den Lohn- und Preissteigerungsraten führt. Ist nicht zu befürchten, daß die Gewerkschaften in dem Maße ihre Lohnforderungen erhöhen, in dem sie damit rechnen müssen, daß der Staat die Verhandlungsmark abwertet? Man könnte davon ausgehen, daß die Gewerkschaften an der *Real*einkommenserhöhung der Arbeitnehmer interessiert sind und deshalb den erwarteten Abwertungseffekt bereits in ihren Lohnforderungen berücksichtigen. Weiterhin gilt es zu überprüfen, ob nicht auch der Widerstand der Arbeitgeber gegenüber den Lohnforderungen der Gewerkschaften erlahmt, da die Arbeitgeber nun davon ausgehen können, daß Lohnsteigerungen, die ein bestimmtes Maß überschreiten, effektiv nicht ausgezahlt werden müssen. Etwas vergröbernd könnte man diese Kritik dahingehend zuspitzen, daß diese Politik die Expansion der Lohnsteigerungsraten um ein weiteres vergrößere und damit den Zustand überhaupt erst schaffe, den es mit diesen Maßnahmen angeblich zu bekämpfen gelte.

Nun scheint eine solche Beweisführung nicht überzeugend. Zunächst muß nochmals daran erinnert werden, daß eine Abwertung der Verhandlungsmark im wesentlichen nur zu einer Reduzierung der *Nominal*lohneinkommen, nicht jedoch der *Real*lohneinkommen führen wird. Sofern also die These richtig ist, daß die Gewerkschaften ihre Lohnforderungen am Realeinkommen der Arbeitnehmer ausrichten, wird gerade deshalb von einer solchen Stabilisierungspolitik keine Steigerung der Lohnforderungen zu erwarten sein. In der Vergangenheit erhöhten die Gewerkschaften ihre Lohnforderungen, weil sie die zu erwartenden Preissteigerungen berücksichtigen mußten, nun erhöhen sie ihre Lohnforderungen, weil sie Abwertungseffekte befürchten.

Ein zweites kommt hinzu. Es muß bezweifelt werden, ob sich die Lohnpolitik der Gewerkschaften tatsächlich in erster Linie am Reallohn ausrichten kann. Es gilt nämlich zu berücksichtigen, daß für die Veränderungen der Reallohneinkommen in unserer Gesellschaftsordnung mehrere Instanzen verantwortlich sind. Über die *Nominal*lohnerhöhungen entscheiden die Tarifpartner. In welchem Ausmaße die Preise steigen, liegt jedoch in der Verantwortung der Unternehmer und des Staates. Die Position der Gewerkschaftsfunktionäre hängt somit in unserer Gesellschaft weniger davon ab, welche *Real*lohnsteigerungen die Aktivität der Gewerkschaften auslöst als davon, welche *Nominal*lohnsteigerungen erkämpft werden, welchen Teil also die Gewerkschaften zu einer Reallohneinkommenssteigerung beigetragen haben. Die Frage, ob jede *Nominal*lohnsteigerung tatsächlich zu *Real*lohnzuwächsen führt, scheint zu komplex, als daß erwartet werden kann, daß die Gewerkschaftsmitglieder von diesen Zusammenhängen Kenntnis nehmen. Da also davon auszugehen ist, daß die Position der Funktionäre stärker von ihrem *Nominal-*, als von ihrem *Real*lohnerfolg abhängt, werden sich die Gewerkschaftsfunktionäre auch in viel stärkerem Maße von Nominallohnveränderungen leiten lassen. Wenn hinterher die Unternehmungen durch Preissteigerungen oder der Staat durch Abwertungen der Verhandlungsmark diesen Erfolg teilweise wieder rückgängig machen, so können die Gewerkschaften darauf hinweisen, daß diese Maßnahmen ohne ihre Billigung erfolgen.

Auch die weitere These, daß der Widerstand der Arbeitgeber bei Einführung dieser einkommenspolitischen Maßnahmen erlahmen wird, muß bezweifelt werden. Der zu erwartende Abwertungseffekt bezieht sich allein auf die *gesamt*wirtschaftliche Lohnsumme, während der Widerstand der Arbeitgeber in erster Linie davon abhängen dürfte, inwieweit die zur Diskussion stehenden Lohnsteigerungen die Wettbewerbsposition der Unternehmungen gefährden. Der Wettbewerb der einzelnen Unternehmungen untereinander hängt nun – sehen wir von den außenwirtschaftlichen Beziehungen zunächst ab – nicht so sehr vom gesamtwirtschaftlichen Lohn- und Preis*niveau*, sondern vielmehr von den Lohn- und Preis*relationen* ab. Das Ausmaß des Widerstandes der Arbeitgeber gegenüber den gewerkschaftlichen Lohnforderungen bestimmt aber entscheidend die Wettbewerbsposition des Unternehmers. Der einzelne Arbeitgeberverband muß stets befürchten, daß die anderen Branchen und Regionen einen stärkeren Widerstand leisten und sich gerade auf diesem Wege Kosten- und damit Wettbewerbsvorteile verschaffen. Es muß somit davon ausgegangen werden, daß die Unternehmer auch nach Einführung einer solchen Einkommenspolitik nach wie vor ein Interesse daran haben, den gewerkschaftlichen Lohnforderungen Widerstand entgegenzubringen.

Natürlich muß zugegeben werden, daß unter Berücksichtigung des Außenhandels gewisse Modifizierungen eintreten: die einkommenspolitischen Maßnahmen des Staates treffen nur die *in*ländische Lohnsumme, so daß eine Reduzierung der gesamtwirtschaftlichen Lohnsumme zwar die inländischen Einkommensrelationen unberührt läßt, jedoch gleichzeitig das Lohn- und Kostenverhältnis zwischen In- und Ausland zugunsten des Inlandes verschiebt.

Es ist also unter Berücksichtigung des Außenhandels in der Tat damit zu rechnen, daß der Widerstand der Unternehmer gegenüber Lohnforderungen der Gewerkschaften nachlassen könnte, weil die Lohnkostensteigerungen nicht mehr wie bisher die Wettbewerbsposition gegenüber dem Ausland belasten. Allerdings sollte diesem Argument keine übermäßige Bedeutung beigemessen werden. Es gilt nämlich im Auge zu behalten, daß in dem Maße, in dem die Stabilisierungspolitik erfolgreich ist, das Preisniveau also stabilisiert wird, gerade der Wettbewerb im *In*land ansteigt und die Arbeitgeber einem verstärkten Anreiz ausgesetzt sind, den Lohnforderungen der Gewerkschaften Widerstand entgegenzusetzen.

7. *Bedrohung der staatlichen Ordnung?*

Ein größeres Gewicht dürfte einem vierten Einwand zukommen. Wird dem Staat das Recht zugesprochen, die Steigerungsrate der gesamtwirtschaftlichen Lohnsumme festzulegen, so ist damit zu rechnen, daß die Tarifpartner diese staatlichen Entscheidungen zu beeinflussen versuchen. Sollten die Tarifverbände ihre Forderungen gegenüber dem Staat mit der Androhung von Arbeitskampfmaßnahmen verbinden, so wäre damit gleichzeitig die demokratische Ordnung gefährdet.

Ein entscheidender Vorteil der Tarifautonomie besteht – wie bereits gezeigt – ja gerade darin, daß der Staat die Aufgabe der Einkommensverteilung den Tarifpartnern überträgt und daß sich deshalb etwaige Arbeitskampfmaßnahmen nicht gegen den Staat, sondern gegen private Organisationen richten und daß darüber hinaus aufgrund der dezentralen Struktur der Tarifverhandlungen das Ausmaß der Arbeitskämpfe soweit beschränkt wird, daß nicht die gesamte Volkswirtschaft von den Arbeitskämpfen zur gleichen Zeit betroffen wird. Es bedarf einer ernsthaften Überprüfung, ob nicht diese Vorteile einer Tarifautonomie verlorengehen, wenn die Festlegung der gesamtwirtschaftlichen Lohnsumme dem Staate übertragen wird.

Summary

During the last years repeatedly the question arose, whether it is necessary to restrict the right of free wage bargaining (Tarifautonomie) in order to approach macroeconomical objectives.

In this essay three questions are treated:

a) Do the activities of the two parties engaged in labour negotiations endanger monetary stability,

b) are the measures of income policy introduced by Federal Government (Konzertierte Aktion etc.) appropriate to prevent possible negative effects of the right of free wage bargaining on monetary stability, and

c) what other alternatives of income policy are actually discussed and how are these alternative proposals to be judged?

An answer to question (a) will be complicated by the fact that different theoretical conceptions can be used to explain currency depreciation. There will be different answers to this question depending on which theoretical explanation will be accepted.

Nevertheless it must be assumed that, beside other determinants, also the activities of the bargaining parties may endanger monetary stability.

In answer to question (b) it is demonstrated that wage guidelines not binding the parties will hardly be able decisively to reduce the expansive effects caused by the collective wage agreement system.

As alternative proposals (to the measures of income policy introduced by Federal Government – Konzertierte Aktion etc. –) finally the demand for introduction and development of a system combining wage rises with compulsory saving (Investivlohn) and a recent proposal expressed in this context by *W. Krelle* are discussed.

Wo der Sozialstaat versagt: „Freie Mitarbeit"

von

FRANK WOLTERECK

Es erscheint auf den ersten Blick unvorstellbar, daß es auch heute noch in der Bundesrepublik Menschen gibt, die abhängige Arbeit leisten, dennoch aber überhaupt keinen oder doch nahezu bis auf Null reduzierten sozialen Schutz genießen. Tatsächlich gibt es aber in bestimmten Wirtschaftszweigen, und zwar im wesentlichen auf dem Kultur- und Unterhaltungssektor, zahlreiche Rechtsverhältnisse dieser Art. Mit Schauspielern, Sprechern, Sängern, Musikern, Redakteuren, Autoren, Regisseuren, aber auch mit Lehrbeauftragten, wissenschaftlichen Hilfskräften, Artisten, Lehrern, Dozenten, Trainern, Kameramännern, Cutterinnen werden von den Arbeitgebern der Kultur- und Unterhaltungsindustrie gern Verträge geschlossen, deren Kernsatz lautet: „Die Parteien sind sich darüber einig, daß mit dem vorstehenden Vertrage freie Mitarbeit vereinbart und nicht etwa ein Arbeitsverhältnis begründet wird." Die Bedeutung dieser Klausel kann gar nicht überschätzt werden: Kündigungsschutz, Mutterschutz, Geltung der Tarifnormen, Gehaltsfortzahlung im Krankheitsfall, freiwillige Sozialleistungen (z. B. Gratifikationen, Pensionen) und ähnliche sozialstaatliche Errungenschaften, die heute allgemein – und das mit Recht – als selbstverständlich gelten, haben für die freien Mitarbeiter keine Gültigkeit. Ob und inwieweit das Sozialversicherungsrecht auf sie anzuwenden ist, ist zweifelhaft; möglich ist, daß sie auch zur Zahlung von Umsatzsteuer verpflichtet sind. Übrigens gilt dies alles auch dann, wenn der freie Mitarbeiter lediglich für einen Auftraggeber dauernd und unter Inanspruchnahme seiner vollen Arbeitskraft beschäftigt ist.

Die Rechtskonstruktion der freien Mitarbeit stellt also nichts weiter dar, als einen Rückfall in den liberalen Staat der vorigen Jahrhundertmitte. Für die Rechtsbeziehungen zwischen Auftraggeber und freiem Mitarbeiter gelten nämlich nach allgemeiner Auffassung schlichtweg die Regeln des Dienstvertrages nach den §§ 611 ff. BGB, und zwar wohlverstanden ohne diejenigen Vorschriften, die auf Arbeitsverhältnisse beschränkt sind; selbst der beschränkte soziale Schutz, der sich für Arbeitnehmer im Text des Bürgerlichen Gesetzbuches findet – die zentralen Schutznormen sind im wesentlichen in besondere arbeitsrechtliche Gesetze ausgelagert – kann von dem freien Mitarbeiter nicht in Anspruch genommen werden. Sein Recht ist daher uneingeschränkt von dem Gedanken der Vertragsfreiheit beherrscht, es befindet sich in der historischen Ausgangssituation, die zur Schaffung des modernen Arbeitsrechts als eines Schutzrechts der Arbeitnehmer drängte. Er kann daher frei kündigen aber auch gekündigt werden, genießt selbstverständlich keinen Mutterschutz oder Schwerbeschädigtenschutz, für ihn gilt die Betriebsverfassung nicht und nicht das Tarifrecht, sein sozialversicherungsrechtlicher Status ist ungeklärt, das Finanzamt fordert von ihm Umsatzsteuer, etwa vorhandene betriebliche Altersversorgungen gelten für ihn nicht. Nun könnte man zwar auf den Gedanken kommen, daß diese Nachteile über die Vergütung des freien Mitarbeiters in der Regel ausgeglichen werden. Da der freie Mitarbeiter aber rechtlich der formalen Vertragsfreiheit ausgeliefert ist, wirtschaftlich daher seine Arbeitskraft lediglich nach den Marktgesetzen verkaufen kann, sind dem immanente Grenzen gesetzt. In der Praxis sieht das so aus, daß auf dem Kultur- und Unterhaltungssektor einer erheblichen Anzahl von Anbietern auf seiten der freien Mitarbeiter eine nur geringe und wirtschaftlich eindeutig übermächtige Zahl von Nachfragern gegenübersteht, die zudem — nicht zuletzt unter dem Druck der von ihr beschäftigten Arbeitnehmer — organisatorische Vorsorge dahingehend getroffen hat, daß die Bäume der freien Mitarbeiter in der Regel nicht über die der Arbeitnehmer in gleicher Position hinauswachsen, wobei der fehlende soziale Schutz des freien Mitarbeiters in der Praxis meist nicht oder gänzlich unzulänglich berücksichtigt wird. So führen etwa Rundfunkanstalten, die freie Mitarbeiter in erheblichem Umfang beschäftigen, interne Honorarlisten, um sicherzustellen, daß dem freien Mitarbeiter im Monat nur soviele Aufträge zugeteilt werden, daß er mit seinem Verdienst nicht nachhaltig über das Einkommen seiner vergleichbaren Kollegen gelangt, die als Arbeitnehmer akzeptiert wurden. Es verwundert daher nicht, wenn viele der sogenannten „freien Mitarbeiter" meinen, sie seien weniger frei als vogelfrei.

Im Folgenden soll versucht werden, diese Enklave der reinen und ungebrochenen Vertragsfreiheit im Sozialstaat zunächst nach geltendem Recht näher zu untersuchen; darauf aufbauend soll dann ein Vorschlag an den Gesetzgeber formuliert werden.

I. Das Recht der „Freien Mitarbeit"

Eine Darstellung des Rechts der „freien Mitarbeit" muß sich zunächst mit der Abgrenzung zwischen Arbeitsvertrag und freiem Dienstvertrag des „freien Mitarbeiters" auseinandersetzen.

Beide Verträge sind Dienstverträge im Sinne der §§ 611 ff. BGB: Jeder Arbeitsvertrag ist zugleich ein Dienstvertrag, nicht aber umgekehrt jeder Dienstvertrag ein Arbeitsvertrag. Der Dienstvertrag ist also Oberbegriff. Es ist daher zunächst der Dienstvertrag im weiteren Sinne vom Werkvertrag (§ 631 BGB) abzugrenzen.

1. Werkvertrag — Dienstvertrag

Eine Leistung ist dann Gegenstand eines Werkvertrages, wenn die Herbeiführung eines Erfolges geschuldet wird. Im Gegensatz dazu liegt das Wesen des Dienstvertrages darin, daß nur Tätigkeit als solche — wenn auch selbstverständlich in Richtung auf den Erfolg — geschuldet wird. Verspricht ein Architekt, um ein Beispiel zu nennen, als vertragliche Leistung Bauplanung und Bauaufsicht, dann übernimmt er damit die Herstellung des Hauses als Erfolg; es liegt also Werkvertrag vor. Verpflichtet er sich dagegen lediglich zur Bauaufsicht, liegt Dienstvertrag vor. Bei einigen Tätigkeitsbereichen stellt sich die Frage der Abgrenzung zwischen Werkvertrag einerseits und Dienstvertrag andererseits in aller Regel nicht, weil sich aus der Interessenlage der Parteien solcher Verträge meist ergeben wird, daß lediglich Arbeit in Richtung auf einen Erfolg, d. h. also Tätigkeit, nicht aber Erfolg geschuldet wird. So wird sich ein frei praktizierender Arzt oder ein Krankenhausträger regelmäßig vertraglich nur zur Behandlung des Patienten lege artis verpflichten, nicht aber die Heilung selbst als Vertragsleistung versprechen. Es liegt daher in solchen Fällen Dienstvertrag vor.

Ergibt also eine erste Prüfung, daß ein bestimmter Erfolg geschuldet wird, z. B. die Ablieferung eines bühnenfertigen Stückes, so ist ein Werkvertrag gegeben. Es ist dann zugleich negativ entschieden, daß kein Dienstvertrag und daher auch nicht der Unterfall eines Dienstvertrages, nämlich ein Arbeitsvertrag vorliegen kann. Hat die erste Prüfung jedoch das Ergebnis gebracht, daß lediglich Arbeit in Richtung auf einen Erfolg, mit anderen Worten die Leistung von Diensten geschuldet wird, so ist jetzt weiter zu prüfen, ob es sich um einen Arbeitsvertrag oder um einen freien Dienstvertrag handelt.

2. Dienstvertrag — Arbeitsvertrag

Ein Dienstvertrag ist dann Arbeitsvertrag, wenn die Dienstleistung in *persönlicher Abhängigkeit* erbracht wird[1]. Der durch freien Dienstvertrag Verpflichtete erbringt dagegen seine Dienstleistung unter Wahrung seiner persönlichen Selbständigkeit.

Dieses von der Rechtsprechung vor allem auch des Bundesarbeitsgerichts und der herrschenden Meinung im arbeitsrechtlichen Schrifttum herausgearbeitete Kriterium der persönlichen Abhängigkeit ist einigermaßen unscharf. Daran ändert sich auch dann nichts, wenn man statt dessen von fremdbestimmter im Gegensatz zu selbstbestimmter Arbeit spricht oder betont, es müsse in bezug auf die Arbeitsleistung eine Gehorsamspflicht bestehen, wenn man im Gegensatz zur freien Mitarbeit, also freiem Dienstvertrag, ein Arbeitsverhältnis annehmen will[2]. Im übrigen gibt die h. M. selber zu, das Merkmal der persönlichen Abhängigkeit sei ein lediglich relatives Kriterium, weil es maßgeblich auf den Grad der Abhängigkeit ankomme[3]. Einig ist man sich in Rechtsprechung und Schrifttum schließlich insoweit, als es auf bloße wirtschaftliche Abhängigkeit nicht ankommen könne[4]; im gleichen Augenblick wird in neuerer Zeit allerdings eingeräumt, daß damit die Rechtslage der wirtschaftlich vollkommen Abhängigen

[1] Nahezu allgemeine Ansicht, vgl. den Nachweis bei *Hueck-Nipperdey:* Lehrbuch des Arbeitsrechts, 1. Bd., 7. Aufl. 1963, S. 41, Fußnote 15; mit ausführlichem weiteren Nachweis LAG Saarbrücken, Urteil vom 8. 11. 67, AP Nr. 7 zu § 611 BGB Abhängigkeit, mit weiterem Nachweis insbesondere der Rechtsprechung des BAG.

[2] *Hueck-Nipperdey:* Lehrbuch des Arbeitsrechts, a. a. O., S. 41, mit weiterem Nachweis dort Fußnote 16.

[3] *Hueck-Nipperdey:* Lehrbuch des Arbeitsrechts, a. a. O., S. 43.

[4] Ständige Rechtsprechung des BAG, vgl. z. B. AP Nr. 7 zu § 611 BGB Lehrer, Dozenten, mit weiteren Nachweisen; *Hueck-Nipperdey:* Lehrbuch des Arbeitsrechts, a. a. O., S. 59 f., mit weiterem Nachweis.

„wenig befriedigend“ geregelt sei und man sich fragen müsse, ob einzelne arbeitsrechtliche Bestimmungen „wegen gleicher sozialer Lage“ im Wege vorsichtiger Analogie auf sie Anwendung finden könnten[5].
Die persönliche Abhängigkeit als Voraussetzung für den Arbeitnehmerstatus und damit für den sozialen Schutz des Abhängigen wird von der h. M. anhand der folgenden Kriterien gemessen.

Weisungsgebundenheit

Als entscheidendes Merkmal für die Feststellung persönlicher Abhängigkeit wird die Weisungsgebundenheit des Beschäftigten angesehen. Wendet man dieses Kriterium auf einen praktischen Einzelfall an, so zeigt sich seine Schwäche sehr bald[6]. So hat das Bundesarbeitsgericht beim Chefarzt eines Krankenhauses trotz umfassender sachlicher Entscheidungsfreiheit ein Arbeitsverhältnis angenommen. In dieser Entscheidung hat das Gericht hervorgehoben, daß ein Arbeitsverhältnis auch dann gegeben sein könne, wenn der Arbeitgeber auf die sachliche Ausübung der Tätigkeit keinerlei Einfluß ausübe[7]. In seiner „Artisten“-Entscheidung hat das Bundesarbeitsgericht denselben Standpunkt vertreten[8]. Auf zwei Klagen von Hochschuldozenten hat das Gericht jedoch in den Jahren 1957 und 1965 entschieden, die Kläger seien keine Arbeitnehmer, weil sie ihre Tätigkeit im wesentlichen frei und nicht weisungsgebunden hätten gestalten können[9]. In seiner „Handicapper“-Entscheidung aus dem Jahre 1962 hat das Bundesarbeitsgericht dann auch deutlich zu erkennen gegeben, daß bei der Feststellung persönlicher Abhängigkeit im wesentlichen formale Überlegungen heranzuziehen sind. Praktisch wird dort die Abgrenzung der Gestaltungsfreiheit der Parteien und damit dem Grundsatz der Vertragsfreiheit ausgeliefert; das Bundesarbeitsgericht äußert: „Freilich hätten nun die Parteien, wenn sie es gewollt hätten, ihre rechtlichen Beziehungen zueinander als Arbeitsver-

[5] So *Hueck-Nipperdey:* Grundriß des Arbeitsrechts, 5. Aufl. 1970, S. 30. Das BAG meint: „Der in seiner wirtschaftlichen Existenz von einem Auftraggeber völlig abhängige freie Mitarbeiter (verdient) wenigstens einen bescheidenen Schutz. Demgemäß muß der Dienstherr einen derartigen freien Mitarbeiter, dem jahrelang ständig Einzelaufträge erteilt worden sind, entweder rechtzeitig, d. h. unter Einhaltung einer Frist von 2 Wochen, auf die bevorstehende Beendigung der arbeitnehmerähnlichen Vertragsbeziehungen und damit auch der Einzelhonoraraufträge hinweisen oder ihm eine entsprechend lange Auslauffrist (Schonfrist) gewähren“ (BAG, Urteil v. 8. 6. 67, AP Nr. 6 zu § 611 BGB Abhängigkeit mit Anmerkung von *Schnorr*, der diese Gedankengänge noch erweitert). Weitergehend *Maus:* Die „freien Mitarbeiter“ der Deutschen Rundfunk- und Fernsehanstalten. In: Recht der Arbeit, 1968, S. 367 ff. (374).

[6] Ständige Rechtsprechung des BAG, vgl. z. B. AP Nr. 7 zu § 5 ArbGG; AP Nr. 1 zu § 611 BGB Erfinder; auch das BSG folgt diesem Standpunkt, vgl. z. B. BSG, Urteil v. 11. 8. 66, AP Nr. 5 zu § 611 BGB Abhängigkeit, mit ausführlichem weiteren Nachweis seiner Rechtsprechung. *Hueck-Nipperdey:* Lehrbuch des Arbeitsrechts, a. a. O., S. 41, dort insbesondere Fußnote 15 mit ausführlichem weiteren Nachweis des Schrifttums.

[7] BAG, Urteil vom 27. 7. 61, AP Nr. 24 zu § 611 BGB Ärzte, Gehaltsansprüche, mit ausführlichem weiteren Nachweis.

[8] BAG, Urteil vom 20. 10. 66, AP Nr. 1 zu § 2 BUrlG.

[9] BAG, Urteil vom 16. 12. 57, AP Nr. 3 zu § 611 BGB, Lehrer, Dozenten; BAG, Urteil vom 15. 2. 65, AP Nr. 7 zu § 611 BGB Lehrer, Dozenten.

hältnis gestalten können ... dazu wäre allerdings notwendig gewesen, daß der Kläger sich bei seiner Ausgleichertätigkeit wie ein Arbeitnehmer hätte behandeln lassen, insbesondere soweit wie möglich als Erkenntnismerkmale seiner Arbeitnehmerbindung an feste Arbeitszeiten und dazu an einem festen Ort, möglichst in den Räumen des Beklagten, gehalten gewesen und auch wie ein Angestellter bezahlt worden wäre“[10]. Kritische Stimmen im Schrifttum haben daher schon seit längerem darauf hingewiesen, daß in aller Regel die Merkmale der persönlichen oder wirtschaftlichen Abhängigkeit lediglich „dazu herhalten, zu einem erwünschten punktuellen sozialen Ergebnis zu gelangen“[11]. Im „Handicapper-Fall“ sind Anhaltspunkte für die Richtigkeit dieser Behauptung aus den Urteilsgründen des Bundesarbeitsgerichts selbst – wenn auch an anderer Stelle und in anderem rechtlichen Zusammenhang – zu entnehmen, wenn es dort heißt, daß der Beschäftigte „noch eine Pension als Rittmeister von monatlich 400,– DM bezieht und ferner ein beträchtliches Vermögen besitzt“[12]. Auf der gleichen Linie liegt die „Fußballtrainer“-Entscheidung des Landesarbeitsgerichts Frankfurt[13], in der u. a. auch darauf abgestellt wurde, daß sich der Beschäftigte nur nebenberuflich zur Verfügung gestellt hätte; seine persönliche Selbständigkeit gegenüber dem beklagten Verein habe sich dadurch erhöht.

Die h. M. in Rechtsprechung und Schrifttum sieht das Merkmal der persönlichen Abhängigkeit daher im wesentlichen formal. Bei dieser Betrachtungsweise kann es sich auf eine Norm stützen, nämlich den § 84 Abs. 1 Satz 2 HGB. Diese Norm grenzt den freien Handelsvertreter von dem auf Provisionsbasis bezahlten kaufmännischen Angestellten dadurch ab, daß selbständig, d. h. Nichtarbeitnehmer derjenige sei, der „im wesentlichen frei seine Tätigkeit gestalten und seine Arbeitszeit bestimmen kann“.

Bindung an feste Arbeitszeit

Die Pflicht zum regelmäßigen Erscheinen im Betrieb und die Bindung an feste Arbeitszeiten werden daher von der h. M. als ein sehr wichtiges Indiz für das Bestehen eines Arbeitsverhältnisses angesehen[14], doch sollen umgekehrt betriebsübliche Freiheiten, die vorwiegend Leitenden Angestellten hinsichtlich ihrer Anwesenheitspflicht im Büro gewährt werden, die Annahme eines Arbeitsverhältnisses keinesfalls ausschließen. Dasselbe soll für die sich zunehmend ausbreitende „gleitende Arbeitszeit“ gelten[15]. Es zeigt sich also, daß trotz starker Formalisierung der Abgrenzung Rechtssicherheit auch nicht annähernd zu erreichen ist. Das gilt um so mehr, als es um-

---

[10] BAG, Urteil vom 13. 12. 62, AP Nr. 3 zu § 611 BGB Abhängigkeit.
[11] *Schnorr* in Anmerkung zu BAG, AP Nr. 6 zu § 611 BGB Abhängigkeit unter I.
[12] Siehe Fußnote 10.
[13] LAG Frankfurt/Main, Urteil vom 27. 10. 64, AP Nr. 4 zu § 611 BGB Abhängigkeit.
[14] So das BAG in der „Chefarzt“- und der „Artisten“-Entscheidung, s. Fußnoten 7 und 8.
[15] *Falkenberg:* Abgrenzung zwischen Arbeitnehmern, arbeitnehmerähnlichen Personen und freien Mitarbeitern. In: Das Personalbüro, H. 1 vom 25. 1. 71, Gruppe 3, S. 218.

gekehrt eine ganze Reihe von Industriezweigen gibt, bei denen das Einhalten fester Programme und unbedingte Pünktlichkeit und Vollzähligkeit aller Mitwirkenden für das Betriebsgeschehen conditio sine qua non sind, und zwar in gleicher Weise für Arbeitnehmer wie für freie Mitarbeiter. Es sei hier nur auf den Bereich der öffentlichen Rundfunkanstalten und Bühnenbetriebe hingewiesen, die dann konsequenterweise in Rechtsstreitigkeiten darauf bestehen, das Merkmal der Einhaltung der betrieblichen Pläne — seien sie nun nach außen oder auch nur nach innen gerichtet — könne daher überhaupt keine Bedeutung haben, müsse vielmehr als wertneutral betrachtet werden[16].

Die Möglichkeit dieser Argumentation zeigt, daß der Ansatz des Bundesarbeitsgerichts verfehlt ist. Es ist unzulässig, auf formale Gesichtspunkte im Einzelfall abzustellen, wenn dadurch einerseits Rechtssicherheit nicht vermehrt, andererseits die Findung sozialstaatlich vertretbarer Ergebnisse erschwert wird. Dabei hätte es an sich für das Bundesarbeitsgericht nahegelegen, den Arbeitnehmerbegriff als Schlüssel für den Zugang zum sozialstaatlichen Schutz des Arbeitsrechts nun auch unter der Berücksichtigung der Sozialstaatsnorm des Grundgesetzes als einer der beiden Staatszielbestimmungen und zusammen mit der Rechtsstaatsnorm höchsten Norm unserer Rechtsordnung auszulegen[17]. Statt dessen ergibt sich bereits aus den bislang vorgestellten Abgrenzungsmerkmalen, daß im Kern der Argumentation des Bundesarbeitsgerichts und der ihm folgenden h. M. auf die Vertragsfreiheit der Parteien, also auf ein einfaches Grundrecht abgestellt wird, das im Range unter der Sozialstaatsnorm steht[18]. Ein solches Vorgehen ist umso bedenklicher, als es gerade die einseitige Ausnutzung der Vertragsfreiheit durch die Unternehmer war, die den rechtlichen Ansatzpunkt für die sozialen Mißstände des Frühkapitalismus gebildet hat und damit zum historischen Anlaß für das als Gegengewicht zur Vertragsfreiheit entwickelte Arbeitsrecht geworden war[19].

---

[16] Vgl. „Hamburger-Studio-Orchester-Fall", LAG Hamburg, Urteil vom 25. 11. 70, 4 Sa 67/69, nicht veröffentlicht.

[17] Es ist heute nahezu allgemein anerkannt, daß die Sozialstaatsnorm des Grundgesetzes als eine der beiden Staatszielbestimmungen und zusammen mit der Rechtsstaatsnorm höchste Norm unserer Rechtsordnung aufzufassen ist und bei der Anwendung jeder Norm daher ein wichtiges Auslegungskriterium bildet. Vgl. nur *Hamann-Lenz:* Das Grundgesetz für die Bundesrepublik Deutschland, 3. Aufl. 1970, Art. 20 Anm. 3 Ab, dort mit weiterem Nachweis. — Hierauf weist auch *Schnorr* in seiner bereits mehrfach erwähnten Anmerkung zu BAG AP Nr. 6 zu § 611 BGB Abhängigkeit hin, um dann allerdings zu bemerken: „Vielleicht zeugt dies von der zutreffenden Einsicht des Gerichts in die fragwürdige Komplexität dieser verfassungsgesetzlichen Generalklausel, deren Rechtsnormativität bekanntlich von mancher Seite zu Recht in Zweifel gezogen wird."

[18] Zur Rangfolge zwischen den Grundrechten und der Sozialstaatsnorm vgl. z. B. *Hamann-Lenz:* a. a. O., Einführung A 1 und 2, B 1.

[19] Es sei nur auf die Ausführungen in dem führenden Lehrbuch zum Arbeitsrecht, nämlich bei *Hueck-Nipperdey:* Lehrbuch des Arbeitsrechts, a. a. O., S. 9, hingewiesen, wo es u. a. heißt: „Der Arbeitnehmer mußte sich in weitem Umfang den Forderungen des Unternehmers fügen, wenn er Arbeit erhalten wollte, und er mußte arbeiten, um leben zu können. Die Arbeitsbedingungen ergaben sich deshalb nur rein äußerlich aus freiem Vertragsschluß, materiell beruhten sie nur allzu oft auf einem mehr oder weniger einseitigen Diktat des Unternehmers."

Unterordnung unter Arbeitnehmer des Dienstherrn

In seiner „Kameramann“-Entscheidung hat das Bundesarbeitsgericht neben einer Reihe weiterer Indizien für das Vorliegen persönlicher Abhängigkeit u. a. auch die Unterordnung unter andere im Dienst des Arbeitgebers stehende Personen genannt[20]. Auch dieses Kriterium ist überwiegend formal, es gelten die bereits genannten Bedenken auch hier. Ein zur Leistung von Diensten Verpflichteter wird in jedem größeren Betrieb eine Person vorfinden, die ihm gegenüber den Willen des Arbeitgebers repräsentiert. Das gilt genauso für den Unternehmer wie für den Arbeitnehmer. Einige Beispiele mögen das erläutern: So wird der selbständige Rechtsanwalt Weisungen für die Führung des Prozesses von dem als Arbeitnehmer angestellten Leiter der Rechtsabteilung des Mandanten erhalten, der selbständige Arzt von dem Personalleiter gebeten werden, Reihenuntersuchungen durchzuführen, der Architekt eines neuen Betriebsgebäudes die Wünsche und Vorstellungen seines Vertragspartners durch dessen zuständige Angestellte erfahren. Selbständigen Aussagewert hat das Kriterium daher nicht[21].

Sonstige Indizien nach der herrschenden Meinung

Ein buntes Sammelsurium weiterer Merkmale soll die Entscheidung erleichtern helfen. So soll die Möglichkeit zur Nebentätigkeit ohne Zustimmung des Vertragspartners Indiz für ein freies Mitarbeiterverhältnis sein[22]. Das ist außerordentlich bedenklich, weil der Arbeitnehmer nicht seine volle Arbeitskraft schuldet, sondern lediglich Arbeitskraft nach Maßgabe der vereinbarten Arbeitszeit.

Sein daneben noch verbleibender Freiraum, der durch die laufenden Senkungen der wöchentlichen Arbeitszeit ständig wächst, ist grundgesetzlich durch Art. 12 GG geschützt, wie insbesondere gegenüber öffentlichen

---

20 BAG, AP Nr. 6 zu § 611 BGB Abhängigkeit.

21 Ähnlich auch *Falkenberg:* a. a. O., S. 219. – Typisch ist hier die Entscheidung des LAG Saarbrücken, AP Nr. 7 zu § 611 BGB Abhängigkeit, wo – im übrigen recht willkürlich – verschiedene Arten von Unterordnung unter andere Arbeitnehmer des Dienstherrn unterschieden werden. In diesem Urteil waren die Anordnungen des Fernsehbeauftragten der beschäftigenden Rundfunkanstalt deshalb für in diesem Zusammenhang unerheblich erklärt worden, weil „diese Art von Weisungsgebundenheit ... nämlich nicht die für ein Arbeitsverhältnis typische (ist). Sie bezweckt nicht die Unterwerfung unter ein Weisungsrecht, wie es dem Arbeitgeber hinsichtlich der Arbeitsweise des in seinen Diensten stehenden Arbeitnehmers zusteht, sondern ergibt sich im wesentlichen aus der Natur der Arbeitsaufgabe und der vertraglichen Konkretisierung der geschuldeten Leistung.“ – Kritisch auch *Hueck-Nipperdey:* Lehrbuch des Arbeitsrechts, a. a. O., S. 44, Fußnote 22, der zu Recht darauf hinweist, daß der Arbeitnehmer seine Arbeitskraft nicht im vollen Umfange nach dem Ermessen des Unternehmers zur Verfügung stelle, sondern sich lediglich zu inhaltlich, zeitlich und örtlich näher bestimmten Arbeiten verpflichtet. Im übrigen sei es auch so, daß es durchaus Fälle gebe, in denen leitende Angestellte in geringerem Umfang untergeordnet seien als freie Vertragspartner des Unternehmers (angestellter Chefarzt/frei praktizierender Belegarzt).

22 *Siebert:* Die Abgrenzung zwischen Arbeitsverhältnis und selbständigem Dienstvertrag. In: Betriebs-Berater 49, S. 747; *Falkenberg:* a. a. O., S. 218, mit weiterem Nachweis; BAG, AP Nr. 6 und 7 zu § 611 BGB Abhängigkeit.

Dienstherrn durch die Rechtsprechung des Bundesverwaltungsgerichts in neuerer Zeit herausgearbeitet wurde[23]. Der Arbeitnehmer, der eine Nebentätigkeit ausübt, macht daher lediglich von seinem grundgesetzlich geschützten Freiraum Gebrauch; indizielle Wirkung für fehlende persönliche Abhängigkeit ist daher aus diesem Verhalten nicht zu entnehmen.

Auf den Ort der Erledigung der Tätigkeit, der ebenfalls Indizwirkung haben soll, kann es genausowenig ankommen. Einmal gibt es zahlreiche Arbeitnehmer außerhalb von Betrieben – z. B. Privatsekretäre oder Kraftfahrer –, zum anderen sind nicht alle in den Betrieb eingegliederten Personen Arbeitnehmer (z. B. Vorstandsmitglieder einer AG)[24].

Auch aus der Form der Vergütung möchte die h. M. ein Indiz ableiten. Dabei wird zum Teil – und hier muß wohl der Vorwurf weitgehender Naivität erhoben werden – auf die bloße Bezeichnung der Zahlung als Honorar abgestellt, zum Teil wird weitergehend verlangt, daß die Zahlung jedenfalls nicht in regelmäßiger Höhe als sogenanntes Pauschalhonorar erfolgen dürfe, weil dies indiziell für ein Arbeitsverhältnis spreche. Als Indiz für das Fehlen persönlicher Anbhängigkeit sei dagegen eine unregelmäßige Bezahlung anzusehen, die am einzelnen Auftrag orientiert sei[25]. Dabei wird jedoch übersehen, daß die besondere Bezahlung jedes einzelnen Auftrages lediglich den Stellenwert eines Verrechnungsfaktors hat und daher die Annahme eines Arbeitsvertrages ebensowenig hindern kann, wie etwa die Vergütung eines Arbeitnehmers nach Stücklohn[26].

Als Indiz wird auch die tatsächliche Gewährung von Erholungsurlaub genannt[27]. Hieraus kann nun in der Tat kaum ein Schluß gezogen werden, da nach § 2 des Bundesurlaubsgesetzes Urlaub auch an lediglich arbeitnehmerähnliche Personen zu gewähren ist.

Es finden sich weiter Indizien, die völlig in die Organisationsgewalt des Arbeitgebers und damit in sein Belieben gestellt sind. Die h. M. hält es in diesem Zusammenhang für bedeutsam, ob dem Beschäftigten die Arbeitsgeräte zur Verfügung gestellt werden oder ob er sie mitbringt. Sie stellt weiter darauf ab, ob über ihn Personalunterlagen geführt werden und

---

[23] BVerwG, Urteil vom 17. 9. 70, DÖV 71, S. 64 = NJW 70, S. 2313, mit weiterem Nachweis; die Entscheidung betrifft an sich nur die Nebentätigkeit von Beamten, gilt in ihrer Begründung aber auch für Arbeitnehmer. Gleicher Ansicht für das Arbeitsrecht – wenn auch ohne verfassungsrechtliche Begründung – *Hueck-Nipperdey:* Lehrbuch des Arbeitsrechts, a. a. O., S. 42, Fußnote 15.

[24] Gleicher Ansicht *Hueck-Nipperdey:* Lehrbuch des Arbeitsrechts, a. a. O., S. 41, Fußnote 15 mit ausführlicher Begründung und eingehendem Nachweis insbesondere auch der Gegenmeinung. Anders z. B. BAG, AP Nr. 3 zu § 611 BGB Abhängigkeit.

[25] Vgl. BAG, AP Nr. 3 zu § 611 BGB Abhängigkeit mit insoweit kritischer Anmerkung von *Schnorr v. Carolsfeld*; BSG, AP Nr. 5 zu § 611 BGB Abhängigkeit; BAG, AP Nr. 6 zu § 611 BGB Abhängigkeit; LAG Saarbrücken, AP Nr. 7 zu § 611 BGB Abhängigkeit.

[26] So auch *Schnorr* in Anmerkung zu BAG, AP Nr. 6 zu § 611 BGB Abhängigkeit; ohne weitere Begründung gleicher Ansicht *Schnorr v. Carolsfeld:* a. a. O.; *Falkenberg:* a. a. O., S. 219.

[27] BAG, AP Nr. 3 und Nr. 6 zu § 611 BGB Abhängigkeit mit weiterem Nachweis; *Falkenberg:* a. a. O., S. 219.

darauf, ob von seinen Vergütungen Lohnsteuer und/oder Sozialversicherungsbeiträge tatsächlich einbehalten werden[28].

Im Zweifel: Parteiwillen

Auf der gleichen Ebene liegt es, daß die h. M. zwar in erster Linie auf die tatsächliche Vertragsgestaltung abstellt, unter der Voraussetzung jedoch, daß die Prüfung aller für und gegen die Annahme eines Arbeitsverhältnisses sprechenden relevanten Umstände nicht zu einem eindeutigen Ergebnis führt, dann aber doch den Willen der vertragschließenden Parteien, soweit er im Vertrage selbst zum Ausdruck gebracht worden ist, zum entscheidenden Faktor erklärt[29]. Es liegt daher beim Arbeitgeber, durch geschickte Nutzung seiner erdrückenden wirtschaftlichen Überlegenheit, die ihm auf dem Gebiet der Kultur- und Unterhaltungsindustrie in aller Regel zukommt, zunächst eine Reihe von Indizien so auszugestalten, daß sie gegen ein Arbeitsverhältnis spricht, und im übrigen ausdrücklich in den Text der regelmäßig von ihm vorgefertigten Vertragsurkunden eine Bestimmung aufzunehmen, nach der beide Parteien übereinstimmend der Ansicht sind, es läge kein Arbeitsverhältnis vor. Bei den oligopolistisch strukturierten Verhältnissen auf dem Gebiet der Medien des Rundfunks und Fernsehens, aber auch auf weiteren Teilsektoren der Kulturindustrie finden sich daher auch ganz überwiegend einheitlich formulierte, vorgedruckte Urkunden mit diesem Inhalt[30]. Es bedarf kaum der Erwähnung, daß in diesem Bereich auch weit überwiegend versucht wird, die anderen, einseitig in die Gestaltungsmacht des Unternehmers gegebenen Indizien für diesen günstig zu gestalten. Das ist umso leichter, als von der Rechtsprechung ja gerade Verhaltensweisen des Unternehmers, die für diesen schon für sich genommen kostengünstig sind – Weglassen von Personalunterlagen, Nichtabziehen von Lohnsteuer- und Sozialversicherung – darüber hinaus zu Indizien hochstilisiert werden, die für die Abgrenzung zwischen Arbeitsvertrag einerseits und freiem Dienstvertrag andererseits von Bedeutung sind. Eine weitere Prämie winkt dem seine ihm von der Rechtsprechung zugewiesene Gestaltungsfreiheit vollen Umfangs nutzenden Unternehmer insofern, als gerade im Bereich der Rundfunk- und Fernsehanstalten tarifliche Versorgungswerke entstanden sind, die den Unternehmern hohe soziale Folgelasten aufbürden. Entschließt

---

[28] Siehe Nachweis bei Fußnote 27. *Schnorr v. Carolsfeld* in Anmerkung zu BAG, AP Nr. 3 zu § 611 BGB Abhängigkeit hebt erfreulich deutlich hervor, daß ein Abstellen auf das Abführen von Lohnsteuer und Sozialversicherung einen Zirkelschluß bedeutet, da beides umgekehrt davon abhängig ist, ob ein Arbeitsverhältnis vorliegt oder nicht. Es wird hier im verschleierten Gewande eben doch nur auf die Ausgestaltung des Arbeitsverhältnisses durch den Arbeitgeber abgestellt, der von sich aus diese gesetzlichen Abgaben einbehalten und dadurch zugleich ein weiteres Indiz für die Berechtigung dieses Vorgehens und eben damit das Vorliegen eines Arbeitsverhältnisses schaffen kann.

[29] BAG, AP Nr. 6 zu § 611 BGB Abhängigkeit; ähnlich, aber nicht so weit gehend, LAG Frankfurt, AP Nr. 4 zu § 611 BGB Abhängigkeit. Dem BAG hat sich angeschlossen *Falkenberg:* a. a. O., S. 219.

[30] Siehe dazu die Ausführungen im Tatbestand bei BAG, AP Nr. 6 zu § 611 BGB Abhängigkeit und bei LAG Saarbrücken, AP Nr. 7 zu § 611 BGB Abhängigkeit. Vgl. auch *Maus:* a. a. O., S. 368.

sich der Unternehmer daher, den Dienstvertrag als freies Mitarbeiterverhältnis auszugestalten, spart er auch diese recht erheblichen Lasten, ohne seinerseits davon irgendeinen Nachteil zu haben. Man kann daher pointiert formuliert behaupten, daß die Abgrenzungstechnik der h. M. den Unternehmer über die Gewährung von „Prämien" geradezu dazu verleitet, Beschäftigte aus dem Arbeitnehmerstatus herauszuhalten. Unter der Herrschaft der Sozialstaatsnorm müßte das Gegenteil der Fall sein!

II. Arbeitnehmerähnliche „Freie Mitarbeiter"

Das geltende Recht kennt hier insofern eine Differenzierung innerhalb der Gruppe der freien Mitarbeiter, als es für diejenigen unter ihnen, die (wenn auch nicht persönlich, so doch wenigstens) wirtschaftlich abhängig sind, einen minimalen Restbestand des Arbeitsrechts gelten läßt. Dabei wird von der Rechtsprechung die Prüfung der wirtschaftlichen Abhängigkeit auch auf das etwa vorhandene Vermögen des Beschäftigten sowie auf sonstige Einnahmequellen ausgedehnt[31]. Dem Bundesarbeitsgericht genügt es nicht, daß schon ein „beträchtlicher Verlust von Einkommensquellen in gewissem Sinne wirtschaftlich abhängig machen *kann*", es verlangt darüber hinaus auch noch, daß der Beschäftigte „seiner sozialen Stellung nach" dem Typ einer arbeitnehmerähnlichen Person entspricht. In dem schon erwähnten „Handicapper"-Fall kam das Bundesarbeitsgericht dann auch zu dem Ergebnis, daß der dort beschäftigte pensionierte Rittmeister mit einer Pension von 400,– DM und persönlichem Vermögen – „ein Mann in der sozialen Stellung des Klägers" – wenigstens aus diesem Grunde nicht wirtschaftlich abhängig sei[32]. Die Entscheidung des Bundesarbeitsgerichts hat denn auch Kritik gefunden[33], denn das Arbeitsrecht ist kein ständisches Recht, es stellt vielmehr auf die Tätigkeit des Beschäftigten ab. Auch ein „Mann in der sozialen Stellung" etwa eines Rittmeisters a. D. kann nach völlig einhelliger Ansicht durchaus Arbeitnehmer sein; hier wird – und das auch vom Bundesarbeitsgericht – auf die Art seiner Beschäftigung abgestellt[34]. Bei der Entscheidung des Grenzfalls des bloß wirtschaftlich Abhängigen, d. h. Arbeitnehmerähnlichen, kann nun nicht auf ständische Unterschiede, sondern konsequenterweise eben auch nur auf die Art der Tätigkeit abgestellt sein.

Im übrigen finden sich eine Reihe von Indizien in der Rechtsprechung, die für die Abgrenzung zwischen arbeitnehmerähnlichen freien Mitarbeitern und anderen freien Mitarbeitern herangezogen werden. So muß die vom Auftraggeber bezogene Vergütung den wesentlichen Teil der wirtschaftlichen Existenzgrundlage darstellen, wobei die normalen Lebensbedürfnisse des zu betrachtenden Berufskreises zugrundezulegen sind[35]. Schließ-

---

[31] BAG, AP Nr. 3 zu § 611 BGB Abhängigkeit.

[32] Siehe Fußnote 31.

[33] *Schnorr v. Carolsfeld* in Anmerkung zu AP Nr. 3 zu § 611 BGB Abhängigkeit.

[34] Herrschende Meinung, vgl. nur *Hueck-Nipperdey:* Lehrbuch des Arbeitsrechts, a. a. O., S. 41, Fußnote 15 mit weiterem Nachweis; *Nikisch:* a. a. O., S. 94, mit weiterem Nachweis.

lich ist eine gewisse Dauer und Regelmäßigkeit der Rechtsbeziehungen notwendig[36].

Werden diese Voraussetzungen erfüllt, so ist in ganz geringfügigem Umfang das Arbeitsrecht auf die Rechtsbeziehung zwischen dem arbeitnehmerähnlichen freien Mitarbeiter und seinem Auftraggeber anzuwenden. Als einzige Vorschrift aus dem materiellen Arbeitsrecht gilt für den arbeitnehmerähnlichen freien Mitarbeiter das Bundesurlaubsgesetz nach dessen § 2 entsprechend. Aus dem gesamten Normenkreis des materiellen Arbeitsrechts ist sonst keine weitere Vorschrift auf ihn anzuwenden; es findet sich lediglich eine Kompromißvorschrift in dem durch das 1. Arbeitsrechtsbereinigungsgesetz vom 14. August 1969 neugefaßten § 621 Ziff. 5 BGB, die bei einem die Erwerbstätigkeit des Mitarbeiters vollständig oder hauptsächlich in Anspruch nehmenden Dienstverhältnis diesem eine Kündigungsfrist von 2 Wochen zubilligt. Das ist alles.

Gerichtliche Auseinandersetzungen zwischen einem arbeitnehmerähnlichen freien Mitarbeiter und seinem Auftraggeber sind dagegen vor den Gerichten für Arbeitssachen auszutragen. Nach § 5 Arbeitsgerichtsgesetz sind die Arbeitsgerichte zuständig auch für „sonstige Personen ..., die wegen ihrer wirtschaftlichen Unselbständigkeit als arbeitnehmerähnliche Personen anzusehen sind". Das ist eine merkwürdige Logik. Einerseits ist der bloß arbeitnehmerähnliche Mitarbeiter aus dem Schutzbereich des Arbeitsrechts und insoweit auch aus dem des Sozialstaatsgrundsatzes herausgenommen, zum anderen wird ihm dies im Streitfall vor den Arbeitsgerichten bescheinigt. Ein schwacher Trost bleibt ihm: Das Verfahren vor den Arbeitsgerichten ist in jeder Lage zu beschleunigen[37], Gerichtskostenvorschüsse werden nicht verlangt, ein Anwaltszwang ist in 1. Instanz nicht vorhanden[38] und schließlich haben sich die Parteien vor den Arbeitsgerichten in 1. Instanz gegenseitig Kosten nicht zu erstatten[39].

Auch dieser schwache Schutz fehlt den nicht arbeitnehmerähnlichen freien Mitarbeitern, d. h. also solchen, die auch nicht wirtschaftlich abhängig sind. Für alle freien Mitarbeiter gilt nach der Rechtsprechung des Bundessozialgerichts, daß für sie keine Versicherungspflicht zur Kranken-, Arbeitslosen- und Arbeiterrentenversicherung besteht. Eine solche Versicherungspflicht setzt voraus, daß der Beschäftigte in einem abhängigen Beschäftigungsverhältnis steht. Entscheidend ist dabei die persönliche Abhängigkeit[40]. Damit entfällt für den Unternehmer zugleich die Pflicht, die Arbeitgeberanteile zur Sozialversicherung zu tragen.

Der freie Mitarbeiter ist auch nicht lohnsteuerpflichtig, alle damit verbundenen Pflichten – Führung eines Lohnkontos, Mithaftung usw. – entfallen

---

35 BAG, AP Nr. 6 zu § 611 BGB Abhängigkeit; LAG Saarbrücken, AP Nr. 7 zu § 611 BGB Abhängigkeit mit ausführlichem weiteren Nachweis der Rechtsprechung und des Schrifttums; BAG, Urteil vom 7. 1. 1971, AP Nr. 8 zu § 611 BGB Abhängigkeit.

36 Siehe Fußnote 35 und *Falkenberg:* a. a. O., S. 220, mit weiterem Nachweis.

37 §§ 9 Abs. 1, 60 Abs. 1 und Abs. 4 Satz 2 Arbeitsgerichtsgesetz.

38 §§ 12 Abs. 4 Satz 2, 11 Abs. 1 und 2 Arbeitsgerichtsgesetz.

39 § 61 Abs. 1 Arbeitsgerichtsgesetz.

40 BSG, AP Nr. 5 zu § 611 BGB Abhängigkeit.

für den Beschäftigenden. Er ist vielmehr zur Einkommensteuer zu veranlagen. Darüber hinaus kommt in Frage, daß er auch umsatzsteuerpflichtig ist[41].

III. Sozialstaatsnorm

Die Ergebnisse der herrschenden Meinung sind nicht nur unbefriedigend[42], sondern auf dem Boden des geltenden Rechts durchaus vermeidbar. Die zum Gestaltungsmißbrauch seitens der Unternehmer geradezu verlockende Rechtsprechung des Bundesarbeitsgerichts übersieht, daß der Begriff des Arbeitnehmers – wie alle rechtlichen Begriffe – nicht einen für alle Zeiten unveränderlichen Inhalt hat, sondern wertausfüllungsbedürftig ist, und weiter, daß hierbei die Sozialstaatsnorm als die die ganze Rechtsordnung durchziehende Auslegungsrichtlinie heranzuziehen ist[43]. Berücksichtigt man weiter, daß es gerade die wirtschaftliche Abhängigkeit des Arbeitnehmers war, die zu den bekannten Mißbräuchen der Vertragsfreiheit seitens der Unternehmer im Frühkapitalismus geführt hat, dann ist es in einem sozialen Staat unerträglich, den sozialen Schutz allein solchen Bevölkerungsschichten vorzuenthalten, die zwar nicht persönlich, wohl aber wirtschaftlich abhängig sind und typische Arbeitnehmertätigkeit verrichten. Betrachtet man § 5 Arbeitsgerichtsgesetz, der diese arbeitnehmerähnlichen Personen aus der Zivilgerichtsbarkeit herausnimmt und sie zu ihrem Schutze der Arbeitsgerichtsbarkeit unterstellt, dann ist in ihm lediglich ein allgemeiner sozialstaatlicher Grundgedanke beispielhaft zum Ausdruck gekommen. Das gleiche gilt für den § 2 des Bundesurlaubsgesetzes. Auch an ihm wird die sozialstaatliche Überlegung sichtbar, daß der soziale Schutz des Arbeitsrechts nicht nur Arbeitnehmern, sondern der gleich schutzbedürftigen und schutzwürdigen Gruppe der arbeitnehmerähnlichen Personen zukommen muß. Es ist daher schon nach positivem Recht davon auszugehen, daß das gesamte Arbeitsrecht auf alle arbeitnehmerähnlichen freien Mitarbeiter uneingeschränkt anzuwenden ist.[44]

In der Rechtsprechung des Bundesarbeitsgerichts finden sich dazu nur erste vorsichtige Ansätze, wenn es bei langjährigen Dauerverhältnissen freien Mitarbeitern wenigstens eine 14tägige Auslauffrist, übrigens bezeichnen-

---

[41] Vgl. *Sölch-Ringleb:* Kommentar zum neuen Umsatzsteuergesetz, § 2 Randnr. 28, 29.

[42] Siehe Fußnote 5.

[43] Das Bundesarbeitsgericht würde daher gut daran tun, in Grenzfällen nicht wie bisher auf den einseitig vom Arbeitgeber zu manipulierenden Parteiwillen, also das einfache Grundrecht der freien Entfaltung nach Art. 2 GG abzustellen, sondern unter Heranziehung der Sozialstaatsnorm im Zweifel das Vorliegen der Arbeitnehmereigenschaften zu bejahen. – Jedenfalls sollte das Bundesarbeitsgericht hier Rechtstatsachenforschung betreiben, bevor es weiterhin von der formalen Gleichheit zwischen Unternehmer und angeblich freiem Mitarbeiter ausgeht. Dafür wäre z. B. interessant ein Blick in den Beitrag von *Freiherr von Sell,* WDR-Verwaltungsdirektor: Der Rundfunk und die freien Mitarbeiter. In: Jahrbuch der Arbeitsgemeinschaften deutscher Rundfunkanstalten 1971, nachgedruckt in Hörfunk–Fernsehen–Film, H. 5/71, und die Kritik dazu in Hörfunk–Fernsehen–Film, H. 6/71, S. 28 ff. – Gleicher Ansicht auch *Maus:* a. a. O., S. 371.

[44] Ansätze bei *Maus:* a. a. O., S. 373 ff., ähnlich wie hier *Schnorr:* a. a. O., unter II.

derweise in Analogie zu der entsprechenden Regelung des § 29 Heimarbeitsgesetz, gewähren will. In diesem Gesetz sind übrigens bestimmte selbständige Unternehmer, nämlich Hausgewerbetreibende, in einer Weise dem sozialstaatlichen Schutz unterstellt, wie das sonst nur bei Arbeitnehmern üblich ist. Durch das Arbeitsrecht ziehen sich im übrigen immer wieder Regelungen, die Heimarbeitern einen dem Arbeitnehmerstatus vergleichbaren sozialen Schutz gewähren. In diesem Gesetz befinden sich auch Regelungen, die, „wenn dieses wegen ihrer Schutzbedürftigkeit gerechtfertigt erscheint“, im Lohnauftrag arbeitende Gewerbetreibende — auch wenn sie fremde Hilfskräfte beschäftigen — den eigentlichen Hausgewerbetreibenden und Heimarbeitern gleichstellen (§ 1 Abs. 2 Heimarbeitsgesetz). Auch auf diese Regelung läßt sich die hier vertretene Ansicht stützen, daß auf Mitarbeiter, die ähnlich wie Arbeitnehmer sozial schutzbedürftig sind, das Arbeitsrecht entsprechend anzuwenden ist.

IV. Ausdehnung des Rechtsschutzes

Wegen der unklaren Rechtslage und der im wesentlichen anders lautenden Rechtsprechung der Arbeitsgerichtsbarkeit ist dem Gesetzgeber dringend zu empfehlen, eine klarstellende Regelung zu treffen.
Leider kommt eine Generalklausel aus technischen Gründen nicht in Betracht, da trotz jahrzehntelanger hartnäckiger Versuche ein Arbeitsgesetzbuch immer noch fehlt und dieser Zustand sich in absehbarer Zeit voraussichtlich auch nicht ändern wird. Es empfiehlt sich daher, in alle einzelnen arbeitsrechtlichen Schutzgesetze einen § 1 a einzufügen, der lauten könnte: Arbeitnehmer im Sinne dieses Gesetzes sind auch solche Beschäftigte, die wegen ihrer wirtschaftlichen Unselbständigkeit, ihrer Beschäftigung mit typischen Arbeitnehmertätigkeiten und ihrer sozialen Schutzbedürftigkeit als arbeitnehmerähnlich auzusehen sind.

Summary

The judicial system of the so-called free-lance work signifies a relapse into the Liberal State of the middle of last century. According to general interpretations the legal relations of employer to free-lance employee must simply be regulated by § 611 ff. BGB of the working-contract and, of course, without any social protections added later on.
The distinction between employer and so-called free-lance employee therefore is of extreme importance regarding the social protection of the employee. Marks of distinction are above all the subjection to given instructions and the commitment to regular working hours, subordination to the employees of the employer, and others. A very doubtful fact is that referring to dubious cases the general opinion puts on to the will of the parties: thus enabling the economically more powerful client to manipulate.
In doubtful cases one has to derive from the Social State Pattern that there exists a working-contract; even more, one has to derive from it that the entire working-law applies to free-lance employees, too.

Thesen zur Soziologie des Streiks

Das Beispiel der wilden Streiks in der BRD im September 1969

von

SIEGFRIED BRAUN

Es ist eine Tatsache, daß die „wilden Streiks“ oder wie eine zugleich beschwichtigende und werbende Sprachregelung will: die „spontanen Arbeitsniederlegungen“ vom September 1969 die beruflich und politisch Betroffenen, also insbesondere Gewerkschaftsführungen und Unternehmensleitungen überrascht haben[1], in der politischen Öffentlichkeit entweder als Symptome einer „englischen Krankheit“ oder als Symptome eines neuerwachenden Klassenkampfes „gewertet“ wurden, wohingegen sie in den Sozialwissenschaften wegen ihres Widerspruchs zu den einschlägigen empirischen Befunden und theoretischen Erwartungen[2] als erklärungsbedürftig angesehen wurden. Zwar hatten schon in der ersten Hälfte des Jahres 1969 in Unternehmen der Stahlindustrie kleinere Abteilungsstreiks stattgefunden und hatten schon Wochen vor Beginn der wilden Streiks nicht nur Gewerkschaftsfunktionäre „vor Ort“, sondern selbst Arbeitsdirektoren dringende Warnungen an ihre Zentralen gerichtet[3], so daß die anwachsende Unzufriedenheit in vielen Betrieben im Prinzip bekannt war und auch erste Schritte ausgelöst hatte, um die tarifvertragliche Verhandlungsapparatur in Bewegung zu setzen[4]. Aber daß größere Teile der industriellen Arbeiterschaft wirklich zur Tat schreiten würden und es dabei zu immerhin weitgestreuten, anhaltenden und massenhaften Arbeitsniederlegungen kommen würde, die nur mühsam unter Kontrolle gebracht werden konnten, hat wohl auch derjenige nicht erwartet, der sich bewußt war, daß auch in der Bundesrepublik eine bestimmte industrielle Unruhe, die sich kontinuierlich in wilden Streiks äußert, mit zu den kennzeichnenden Erscheinungen der

---

[1] Das wird auch durch die inzwischen vorgelegten Dokumente und Untersuchungen bestätigt. Es sind dies insbesondere *Michael Schumann* u. a. (Soziologisches Forschungsinstitut Göttingen/SOFI): Am Beispiel der Septemberstreiks – Anfang der Rekonstruktionsperiode der Arbeiterklasse?, Frankfurt 1971; *Eberhard Schmidt:* Die wilden Streiks im September 1969. In *ders.:* Ordnungsfaktor oder Gegenmacht. Die politische Rolle der Gewerkschaften, Frankfurt 1971; *Institut für angewandte Sozialwissenschaften (IFAS):* Die spontanen Arbeitsniederlegungen vom September 1969, Bad Godesberg 1970; *Institut für marxistische Studien und Forschungen (IMSF):* Die Septemberstreiks – Darstellung, Analyse, Dokumente, Frankfurt 1970.

[2] Siehe dazu z. B. *H. Kern* und *M. Schumann:* Industriearbeit und Arbeiterbewußtsein, Frankfurt 1971, sowie die Übersicht von *F. Neidhardt:* Zwischen Apathie und Anpassung. Unterschichtenverhalten in der Bundesrepublik. In diesem Jahrbuch, 15. Jahr (1970), S. 209–225.

[3] Siehe *E. Schmidt:* a. a. O., S. 113 f., 142 und passim.

[4] Siehe ebenda, S. 113.

industriellen Wirklichkeit gehört.[5] Nicht nur konnten die Gewerkschaftsführungen im wirtschaftsfriedlichsten aller Industrieländer erfahrungsgemäß, aus welchen ihrerseits politisch vermittelten Gründen auch immer, keine wesentliche Eigentätigkeit der Arbeiterschaft annehmen, sondern sie konnten gerade deshalb zu Recht erwarten, daß auch unzufriedene Arbeiter sich der Notwendigkeit der Einhaltung von Verträgen nicht verschließen würden, die durch erhebliche Sanktionsmöglichkeiten abgesichert waren und daher zunächst einmal zur Diskussion gestellt werden mußten. Desgleichen durften die Unternehmensleitungen, gestützt auf die politisch-ökonomisch vermittelte aktuelle Betriebsorientierung der Arbeiterschaft, zu Recht annehmen, daß die nach der Krise von 1967/68 gerade wiedergewonnene Sicherheit der Arbeitsplätze auch ungeduldige Arbeiter noch hinreichend zur Fortsetzung der Arbeit anhalten würde, so daß das vorzeitige gewerkschaftliche Verhandlungsbegehren als strategischer Schachzug betrachtet und abgetan werden konnte.[6] Schließlich standen wilde Streiks überhaupt zur deutschen Tradition des Arbeitskampfes, die durch geringen Umfang und hohe Disziplin der Streiktätigkeit gekennzeichnet ist und innerhalb derer wilde Streiks niemals jenen Umfang und jene strategische Bedeutung erlangen konnten, die ihnen sowohl in den romanischen wie in den angelsächsischen Ländern zukommt, in einem derartigen Widerspruch, daß sie als unwahrscheinlich aus dem Kalkül der Organisationen ausgeschlossen werden konnten. So erscheint die Überraschung, die die tatsächlich ausbrechenden und sich schnell verbreitenden Streiks hervorriefen, natürlich, die Reaktion der Öffentlichkeit naheliegend und das Bedürfnis nach einer sozialwissenschaftlichen Erklärung der Ereignisse, die sowohl den Objektivitätsansprüchen wissenschaftlicher Arbeit als auch den Rationalitätsanforderungen einer politisch unbefangenen Wirklichkeitserkenntnis gerecht wird, nur zu verständlich.

I. Zur Programmatik einer soziologischen Erklärung der wilden Streiks

Eine Untersuchung, die sich das Ziel setzt, die spontanen Arbeitsniederlegungen oder „wilden Streiks“ vom September 1969 soziologisch zu erklären, stellt sich damit zugleich die Aufgabe, eine Summe von Tatsachen, Vorgängen und Ereignissen als Ergebnis einer einheitlichen, kollektiven Handlung aufzufassen und als objektiven Ausdruck des Denkens und Handelns einer in einem bestimmten gesellschaftlichen Zusammenhang miteinander verbundenen und wechselseitig aufeinander einwirkenden „Menschenvielheit“ *(Weber)* aus der Charakteristik des zugrunde liegenden Vergesellschaftungsprozesses und -zustands zu erklären. Macht man sich aufgrund dieser Zielsetzung und Aufgabenstellung daran, sich über Tatbestand, Problem und Erklärungsansatz im Hinblick auf die spontanen Arbeitsniederlegungen

---

[5] Diese industrielle Unruhe, die aus kleinen und kleinsten Streiks gebildet wird, wird jedoch aus der amtlichen Statistik nicht ersichtlich, da diese nur Arbeitsniederlegungen registriert, an denen mehr als zehn Arbeiter beteiligt waren oder die länger als einen Arbeitstag dauerten, wenn dadurch ein Arbeitsausfall von mehr als 100 Arbeitstagen entstand. Vgl. die Angaben bei *M. Schumann;* a. a. O., S. 169.

[6] Vgl. *E. Schmidt:* a. a. O., S. 114.

von 1969 Klarheit zu verschaffen, so ergeben sich eine Reihe von methodischen Problemen, die hier nicht im einzelnen erörtert, aber programmatisch expliziert werden sollen, um Klarheit über die Voraussetzungen und den Kontext der folgenden Untersuchung und Erklärung zu gewinnen.
Zunächst zeigt eine einfache Überlegung, daß die hier zur Debatte stehenden wilden Streiks der Gattung Streik angehören, also gerade in ihrem spezifischen Charakter nicht hinreichend erfaßt und begriffen werden können ohne einen allgemeinen Begriff vom Streik. Als solche haben sie eine alte Geschichte[7], sind der Antike nicht fremd gewesen, seit dem Mittelalter kann man sie zu den Traditionen rechnen, die die soziale Tatsache der Christenheit ausmachen[8], sie werden aber zur regelmäßigen Erscheinung und gehören gewissermaßen zum Programm kapitalistisch organisierter Industriegesellschaften mit liberaler Verfassung[9], lassen sich selbst in autoritären Verhältnissen nicht ganz unterdrücken und sind in der Bundesrepublik zumindest als gewerkschaftliches Kampfmittel in mehr oder weniger engen Grenzen sogar verfassungsrechtlich anerkannt[10]. Insofern stellen sie „normale" und „programmatische" Erscheinungen dar und haben offenbar etwas mit den Grundlagen des Arbeitens und Wirtschaftens in solchen Sozialsystemen zu tun. Sie lassen sich deshalb nicht zutreffend und hinreichend verstehen, wenn man nicht die allgemeinen Grundlagen von den besonderen Auftrittsbedingungen und diese wiederum von den im Einzelfall gegebenen Veranlassungen von Streiks unterscheidet.[11]
Dieser Umstand ist besonders zu betonen angesichts eines verbreiteten, theorielosen politischen Pragmatismus, der entweder jeden Streik und daher auch die wilden Streiks von 1969 als etwas „Neues", „Vereinzeltes" empfindet, als bedauerlichen Unglücksfall auffaßt und damit im Zusammenhang mit kurzschlüssigen Strategien sozialtechnischer oder sozialpsychischer Art und entsprechenden Praktiken zur Verhinderung künftiger Wiederholung schnell bei der Hand ist und niemals zu einem wirklichen Verständnis des Streikphänomens gelangt. Wenn schon nicht die geschichtlich-gesellschaftliche Vermittlung von Streiks, so sollte doch der Umstand daß selbst in der Bundesrepublik „wilde Streiks", wenn auch nicht des Ausmaßes der Septemberstreiks, durchaus zum industriellen Alltag gehören[12], auch wenn sie nicht in der amtlichen Statistik erscheinen, auf jene grundlegende „industrielle Unruhe" hinweisen, die die im industriellen Produktionsprozeß offenbar alltäglich mitzuverarbeitenden sozialen Spannungen anzeigt, einem solchen Denken bemerklich machen, daß sich dahinter eine komplexere und fundamentalere Kausalität verbirgt, als sie einem pragmatischen ad-hoc-Denken erscheint.

---

[7] Siehe dazu *D. Schneider:* Der Streik. Begriff und Geschichte. In *D. Schneider* (Hrsg.): Zur Theorie und Praxis des Streiks, Frankfurt 1971.

[8] Zum Begriff der Christenheit als soziale Tatsache siehe z. B. *T. Parsons:* Christianity and Modern Industrial Society. In *E. A. Tiryakian* (Hrsg): Sociological Theory, Values and Sociocultural Change, London 1963, S. 33 ff.

[9] Dazu z. B. *A. M. Ross:* The natural History of the Strike. In *A. Kornhauser* u. a. (Hrsg.): Industrial Conflict, New York–London 1954, S. 23 ff.

[10] Dazu *B. Rüthers:* Streik und Verfassung, Köln 1960.

[11] Wofür freilich ein allgemeiner Verteilungskonfliktansatz wenig Handhabe bietet, wie die sonst verdienstvolle Studie von *Klaus Wiedermann:* Streik und Streikdrohung, Bonn–Herford 1971, zeigt.

[12] Vgl. dazu Anm. 5.

Von dieser Überlegung ausgehend ist es notwendig, das Streikphänomen überhaupt und dementsprechend auch die hier zu untersuchenden wilden Streiks als Resultate kollektiver Handlungen zu verstehen und zu erklären, die in ihrer spezifischen Rationalität gesellschaftliche Struktureffekte des Arbeits- und Produktionsprozesses darstellen. Als solche kollektive Handlungen sind sie oder stellen sie sich dar als Produkte eines komplexen Bedingungszusammenhangs, der sich nach drei Dimensionen gliedern läßt:

1. der institutionellen Dimension, d. h. nach den Bedingungen und Ursachen in jenem Komplex von „leitenden Institutionen“ (wie z. B. Vertrag, Markt, Eigentum), der die Normen und Methoden gesellschaftlich festlegt und konkretisiert, mittels derer eine vergesellschaftete „Menschenvielheit“ *(Weber)* gewissermaßen programmatisch ihre Lebensprobleme lösen will. Ein solcher institutioneller Rahmen ist die Bedingung dafür, daß wir sinnvoll von einem bestimmten, stets geschichtlich-gesellschaftlich vermittelten sozialen System sprechen können, und deshalb auch für die Untersuchung einer kollektiven, politisch bedeutsamen Handlung wie eines Streiks grundlegend;
2. der organisatorischen Dimension, d. h. nach den Bedingungen und Ursachen in der Gesamtheit jener organisatorischen Veranstaltungen, durch die die Zwecke des Arbeits- und Produktionsprozesses realisiert und der institutionelle Rahmen entsprechend dem Wechsel der Situationen aufgrund der immanenten Entfaltung des Arbeits- und Produktionsprozesses so aktualisiert wird, daß ein mit den Normen des gesellschaftlichen Zusammenhangs übereinstimmender geregelter Interaktionszusammenhang entsteht;
3. der situativen Dimension, d. h. nach den Bedingungen und Ursachen, die sich daraus ergeben, daß die Individuen und Gruppen sich in bestimmte institutionell determinierte und organisatorisch vermittelte Situationen gestellt sehen, auf die sie sich einstellen und die sie in einer dauerhaften und stabilen Weise bewältigen müssen.

Die wilden Streiks stellen sich im Rahmen dieser Auffassung als kollektive gesellschaftlich vermittelte Handlungen dar, die eine mehrdimensionale Einheit bilden und sowohl aus ihren institutionellen, „objektiven“ als auch aus ihren organisatorischen, den Arbeitsprozeß als Interaktionsprozeß nach innen und außen vermittelnden, aber auch aus ihren situationsabhängigen, „subjektiven“ Bedingungen und Ursachen erklärt werden müssen.

Diese allgemeine Konzeption des Streiks liefert auch einen Ausgangspunkt dafür, die Summe von Tatsachen, Vorgängen und Ereignissen, die die wilden Streiks von 1969 ausmachen, so zu unterscheiden und zusammenzufassen, daß eine Definition des eigentlich fraglichen und zu erklärenden Tatbestands möglich wird, der nicht durch ein unkritisches Vorverständnis die Beantwortung der Frage nach dem spezifischen Charakter der wilden Streiks vorwegnimmt, noch den zahlreichen politisch-interessierten und stets möglichen Verzerrungen schon der Wahrnehmung und Herausarbeitung der Tatsachen erliegt, die dann in der theoretischen Beurteilung sich nur wiederholen.

Demnach lassen sich die wilden Streiks vom September 1969 gewissermaßen in der Perspektive eines zwar informierten und menschlich interessierten,

aber weder theoretisch noch politisch festgelegten Beobachters, der nichts weiter voraussetzt, als daß es sich um menschliche, also durch Zweck-Mittel-Ziel-Zusammenhänge bestimmte Handlungen einerseits, um bestimmte, gesellschaftlich vermittelte Handlungen andererseits handelt[13], folgendermaßen definieren:
Es handelt sich bei den wilden Streiks um spontane, kollektive, gewerkschaftlich nicht organisierte Arbeitsniederlegungen von Lohnarbeitern zum Zwecke, durch wirtschaftlichen Druck sozialen Widerstand zu leisten, mit dem Ziel, persönliche, gesellschaftlich vermittelte Interessen durchzusetzen. Als solche waren sie spezifisch gekennzeichnet:

1. als situationsabhängige, raumzeitlich bedingte, kollektive Handlungen a) durch eine schnell sich ausbreitende Beteiligung von Tausenden von Industriearbeitern (etwa 150 000), b) durch eine breite Beteiligungsstreuung nach Betriebsgröße (Mittel- und Großbetriebe), Branchen (eisenschaffende und metallverarbeitende Industrie, Bergbau u. a.) und Regionen (Saar- und Ruhrgebiet, norddeutsches Küstengebiet, Württemberg u. a.), durch eine relativ große Hartnäckigkeit und dementsprechend lange Dauer (insgesamt 18 Tage);
2. als organisationsbezogene und aus den Interaktionsprozessen der industriellen Arbeitswelt hervorgegangene zweckbestimmte Willensäußerungen a) durch den Wunsch nach sofortiger und sichtbarer Einkommensverbesserung (Nennung fester Summen); b) durch die Forderung nach Lohngleichheit bei vergleichbarer Leistung im Unternehmen (Kritik interner betrieblicher und regionaler Ungleichheiten, c) durch die unmittelbare oder mittelbare Kritik am Funktionsausfall von Unternehmensleitungen und Gewerkschaftsführungen (antibürokratische Kritik);
3. als institutionell bestimmte und gesellschaftlich-politisch informierte und inspirierte Handlungen a) durch die verbreitete Zurückweisung aller „politischen" Deutungen der Arbeitsniederlegungen, b) durch die Entwicklung eigener Formen der Meinungsbildung, der öffentlichen Repräsentation und Handlungskoordination, c) durch die zumindest prinzipielle Bereitschaft der Übernahme des Arbeitskampfrisikos (Rechts- und Erfolgsrisiko).

Das Programm der folgenden Untersuchung besteht also darin, diesen empirischen Tatbestand als Resultat einer kollektiven, gesellschaftlich umfassend bedingten Handlung zu erklären.

II. Die institutionellen Grundlagen von Streiks

Insofern die wilden Streiks von 1969 in eine Reihe von Erscheinungen gehören, durch die industrielle Produktionssysteme regelmäßig und trotz stets erneuerter politisch-organisatorischer Anstrengungen offenbar ununterdrückbar gekennzeichnet sind, verlangt ihre Untersuchung und Erklärung zunächst, jene allgemeinen Grundlagen zu ermitteln, ohne deren systematische Wirksamkeit das industrielle Streikphänomen als Ausdruck dauerhafter, kollektiver Handlungsbereitschaften von Lohnarbeitern unverständlich bleiben müßte. Diese allgemeinen Grundlagen finden sich in dem, was man den institutionellen Rahmen industrieller Gesellschaften, insbesondere des für deren Bestehen und Arbeiten konstitutiven Produktions- und Wirtschaftsprozesses nennen kann.[14] Er umfaßt die Gesamtheit

---

[13] Zu diesem gewissermaßen auf einer „phänomenologischen Reduktion" beruhenden Vorgehen siehe vor allem die auf den Arbeiten von *E. Husserl* beruhenden soziologischen Arbeiten von *A. Schütz, insbesondere:* The Problem of Rationality in the Social World. In: Collected Papers, II, The Hague 1971, S. 64 ff.

[14] Der Begriff der Institution ist soziologisch grundlegend, trotzdem gibt es keine einheitliche Definition, wohl aber gewisse Übereinstimmungen. *Parsons* bezeichnet als

der rechtlich oder politisch abgesicherten und auf Dauer gestellten Einrichtungen und Festlegungen, denen gemäß sich ein gesellschaftlicher Zusammenhang als soziales System mit einer bestimmten „Gesetzlichkeit" und einer entsprechenden Typik der Verhaltensdispositionen konstituiert. Als solcher ist er Ausdruck eines geschichtlich-gesellschaftlich vermittelten Wertsystems und des darin mitgelieferten sinnhaften Lebens- und Ordnungsentwurfs, zu dessen politischer Durchsetzung und Erhaltung er entwickelt wurde und die Funktion hat, zugleich mit einer bestimmten inneren Ordnung eine nach außen handlungsfähige Einheit zu gewährleisten. Die Organisationen und Interaktionen der Mitglieder einer Gesellschaft oder eines gesellschaftlichen Zusammenhangs aktualisieren immer auch deren institutionellen Rahmen in ihrem Verhalten.

Nun ist ein wesentlicher und gerade für die industrielle Arbeitswelt entscheidender Teil des institutionellen Rahmens westlicher Industriegesellschaften das Privateigentum an den Produktionsmitteln, wie es im Rahmen einer auf Kapitalrechnung beruhenden Marktwirtschaft auf der Grundlage einer durch die industrielle Technik notwendig gewordenen arbeitsteiligen Kooperation und durch die staatliche Eigentumsgarantie abgesichert mittels Vertragsbeziehungen[15] in Funktion tritt und sich realisiert. Dieses institutionelle Arrangement gestaltet den gesellschaftlich grundlegenden Arbeitsprozeß typisch so, daß der Eigentümer der Produktionsmittel, also der Kapitalist, Unternehmer, Manager, die hier nicht unterschieden zu werden brauchen, Subjekt des Arbeitsprozesses wird und damit nicht nur sein politisch-ökonomisches Selbsterhaltungs- und Selbstverwirklichungsinteresse maßgebend wird, sondern ihm mit dem Besitz und der Verfügung über die Produktionsmittel auch die Macht zukommt, über Arbeitsplätze und über die Zulassungs- und Verwirklichungsbedingungen der Arbeit anderer zu bestimmen. Diese institutionelle Setzung setzt daher zugleich den auf die Produktionsmittel und die Arbeitsplätze zur Verwirklichung seiner Arbeitskraft und Arbeitsqualifikation Angewiesenen als Lohnarbeiter und als „Objekt" des Arbeitsprozesses, konstituiert also ein Herrschaftsverhältnis, innerhalb dessen sich der Lohnarbeiter prinzipiell den Erfordernissen des kapitalistischen Kalküls fügen muß. Diese Gegebenheiten schaffen grundsätzlich unterschiedliche existentielle Interessenlagen im Arbeitsprozeß, und

---

Institutionen „die Art und Weise, wie die Wertmuster der gemeinsamen Kultur eines sozialen Systems in die konkreten Handlungen ihrer Einheiten im Rahmen ihrer wechselseitigen Interaktion integriert sind durch die Definition von Rollenerwartungen und die Organisation von Motivationen". Siehe: Economy and Society, London 1957, S. 102. Hier wird ein mehr objektiver Begriff von Institution gebraucht, wie er in der *Hegel*schen Rechtsphilosophie impliziert ist und auch der *Marx*schen Kapitalismusanalyse zugrunde liegt, den man mit *Popper* zu Recht als „Institutionalisten" bezeichnen kann. Siehe dazu *K. R. Popper:* Die offene Gesellschaft und ihre Feinde, 2. Bd., Bern 1958, S. 126 f. Im übrigen siehe zur Klärung *E. Durkheim:* Regeln der soziologischen Methode, Neuwied 1961; *P. L. Berger/Th. Luckmann:* Die gesellschaftliche Konstruktion der Wirklichkeit, S. 49 ff.; ferner zusammenfassend *F. Jonas:* Die Institutionenlehre Arnold Gehlens, Tübingen 1966.

[15] Für *Parsons* ist daher der Vertrag die zentrale Institution industriell-kapitalistischer Wirtschaftssysteme, eine Sicht, die aber nur die formalen Aspekte solcher Systeme berücksichtigt. Siehe: Economy and Society, a. a. O., S. 102 ff.

damit insoweit auch in der Gesellschaft, und führen ihrer elementaren sozialen Logik nach zu jenem antagonistischen, sich wechselseitig ausschließenden Anspruch auf Kontrolle der Arbeitsplätze, der Arbeitsbedingungen und gesellschaftlichen Existenzgrundlagen, der die unmittelbare Grundlage des sogenannten Kampfes von Lohnarbeit und Kapital ist.
Der damit implizierte, wie *Max Weber* es formulierte, Kampf des Menschen mit dem Menschen, wie er für kapitalistische Produktionsorganisationen charakteristisch ist[16], bringt da, wo sich die institutionelle Logik des „Kapitalverhältnisses" *(Marx)* durchsetzt, also besonders, wo traditionelle Vermittlungen wegfallen, insbesondere bei besonderer „Negativität" (Schwere, Schmutz, Gefahr usw.) der Arbeitsleistung allgemein, in Großbetrieben und dort, wo die konkrete Gemeinschaft der Arbeiter die Kommunikationschancen liefert, sich über die gemeinsame Situation elementar zu verständigen[17], jene charakteristische Entfremdung zwischen Arbeitern und Unternehmern hervor, deren entwickelte Form man organisationstheoretisch dadurch kennzeichnen könnte, daß man sagt, daß beide sich wechselseitig als Umwelt betrachten. Diese Entfremdung ist nicht nur, wie *Weber* richtig sah, eine Vorbedingung der hohen Produktivität und formalen Rationalität kapitalistisch organisierter industrieller Produktionssysteme[18], sondern auch des ihnen immanenten Arbeitskampfes als der Grundform des Klassenkampfes. Denn der Aufbau und die Bewegung des Kapitalverhältnisses zwingt typisch den Kapitalisten, politische Gesichtspunkte um seiner Funktion willen preiszugeben, den Lohnarbeiter aber, „Politiker" zu werden, um seine Existenzbedingungen unter Kontrolle zu bringen. Denn in diesem Kampf ist das einzige sichere, jederzeit verfügbare Mittel auf seiten des Lohnarbeiters irgendeine Form der Solidarisierung, deren letzter, entscheidender Ausdruck die kollektive Arbeitsniederlegung, der Streik, ist. Als solche ist eine latente Streikbereitschaft eine notwendige Folge der Wirksamkeit des institutionellen Rahmens kapitalistisch organisierter industrieller Produktionssysteme und eine normale Erscheinungsform ihrer „Logik" und gesellschaftlichen Dynamik. Die „soziale Logik" seiner Lage aufgrund des institutionellen Rahmens kapitalistischer Produktionsprozesse verursacht also den politischen Widerstand des Lohnarbeiters und schafft damit auch die Streikbereitschaft, die dann im Fortschritt der Industrie und des demokratischen Prozesses meist nach langen Kämpfen gewerkschaftlich organisiert und nach Form und Inhalt geregelt wird, wie es als Tatbestand ja auch der sogenannten Tarifautonomie zugrunde liegt.

---

[16] Siehe *M. Weber:* Wirtschaft und Gesellschaft, 2. Kap.: Soziologische Grundkategorien des Wirtschaftens, § 11, nach der von *J. Winckelmann* 1964 herausgegebenen Studienausgabe, S. 65 f.

[17] Siehe dazu das anhand von internationalen Vergleichsdaten entwickelte Theorem von *Kerr* und *Siegel* zur Erklärung der unterschiedlichen Streikneigung in verschiedenen Industriezweigen, das zwischen Arbeitern unterscheidet, die als „isolated mass" (wie gewöhnlich Bergarbeiter und Hafenarbeiter) und solchen, die als „integrated individual" (wie Landarbeiter) leben. Siehe *C. Kerr/A. Siegel:* The interindustry propensity to strike – an international comparison. In *A. Kornhauser* u. a. (Hrsg.): Industrial Conflict, a. a. O., S. 189 ff.

[18] Siehe *M. Weber:* a. a. O., S. 102.

Streikbereitschaft wird also nicht durch die Gewerkschaften geschaffen, sondern von diesen nur organisiert und verfügbar gehalten. Sie ist das Produkt kapitalistisch organisierter Arbeitsverhältnisse, einschließlich des darin aktualisierten, formal egalitären, ökonomisch individualistischen Wertsystems. Was also zu erklären ist im Hinblick auf die hier zur Debatte stehenden wilden Streiks, ist nicht, daß Streiks und Arbeitsniederlegungen vorkommen, denn die Bereitschaft dazu wird durch die Wirksamkeit des institutionellen Rahmens der Industriearbeit systematisch und alltäglich erzeugt, sondern welche Bedingungen gegeben sein müssen, damit diese Streikbereitschaft, die latent stets vorhanden ist, manifest wird und welche Bedingungen im vorliegenden Falle der spontanen Arbeitsniederlegungen gegeben waren.

III. Die organisatorische „Vermittlung" von Streiks

Dieser institutionelle Rahmen des industriellen Arbeits- und Produktionsprozesses, wie er seinen in erster Linie wirtschaftlichen, insofern zu Recht als kapitalistisch zu bezeichnenden Aspekten gemäß umrissen wurde, verleiht diesem Prozeß jedoch nur eine bestimmte „politische" Grundlage und Struktur, die in der beschriebenen Typik der sozialen (Klassen-)Lagen, dem sich daraus ergebenden und zum Gegensatz erweiternden Unterschied der sozialen Existenz- und Grundinteressen und der dementsprechenden Verhaltensprogrammatik zum Ausdruck kommt.[19] Er konstituiert damit eine unter mehreren Dimensionen der industriellen Arbeitswirklichkeit und zwar gewissermaßen die objektive, durch bestimmte Herrschaftsverhältnisse gekennzeichnete und daher als politisch zu bezeichnende Dimension, zu deren sozialer „Logik" und Rationalität es gehört, daß der Lohnarbeiter eine allgemeine Widerstandsbereitschaft und in deren Fortsetzung auch in der Regel eine Streikbereitschaft als Mittel einer nur solidarisch wirksamen, insofern auch einer politischen Vermittlung bedürftigen Selbstverteidigung entwickelt.[20]

Der industrielle Arbeits- und Produktionsprozeß weist daneben aber auch eine Dimension auf, in der er uns als eine komplex organisierte, d. h. durch die bewußt entworfene und flexibel praktizierte Differenzierung und Integrierung menschlicher Aktivitäten und Leistungen zur einheitlichen Erfüllung bestimmter Zwecke vermittelte Wirklichkeit erscheint.[21] Diese heute jedem Beobachter sich aufdrängende, bereits durch eine hochentwickelte Technik bedingte und durch Sozialtechniken aller Art ergänzte, organisatorische Vermittlung der industriellen Wirklichkeit hat ihre erste Quelle schon in der Notwendigkeit, entsprechend der durch den gegebenen institutionellen Rahmen implizierten Dynamik der technisch-ökono-

---

[19] Dies kann, in anderen Worten und Begriffen ausgedrückt und undogmatisch aufgefaßt, als Grundthese der *Marx*schen Kapitalismusanalyse angesehen werden.

[20] Dies gilt auch für Streiks von Arbeitern, die sich wie in den USA als Ausdruck eines „Kapitalismus des Proletariats" verstehen lassen. Siehe dazu *Daniel Bell:* The Capitalism of the Proletariat: A Theory of American Trade-Unionism. In: The End of Ideology, New York–London 1962, S. 211–227.

[21] Dazu zusammenfassend neuerdings *N. Luhmann:* Art. „Gesellschaftliche Organisation". In: Erziehungswissenschaftliches Handbuch, Bd. I, S. 387 ff., 1969.

misch-sozialen Mittelverwendung die Realisierung der jeweiligen Arbeits- und Produktionszwecke betriebsförmig so zu organisieren, daß eine hinreichend kontrollierte, integrierte und motivierte Zusammenarbeit möglich wird. Die betriebliche und unternehmerische Organisation des industriellen Arbeits- und Produktionsprozesses, in dem sie Menschen und Sachen zweckmäßig koordiniert, aktualisiert und vermittelt zugleich den institutionellen Rahmen kapitalistischen Wirtschaftens, insofern sie die Funktion erfüllt, den in diesem Rahmen sich ständig erneuernden Bedarf an Legitimierung, Stabilisierung und Regulierung der Zusammenarbeit und der dazu erforderlichen Interaktionsprozesse durch Ausbildung eines auf der differenzierten Verteilung jeweils arbeitsrelevanter „Werte" beruhenden „Statussystems" zu befriedigen, das sich als „Schichtung" darstellt.[22]

Eine zweite Quelle ist die Herausbildung eines staatlichen Interventionismus zur Modifizierung und Regelung der allgemeinen Bedingungen des industriellen Arbeits- und Produktionsprozesses und darüber hinaus die Notwendigkeit zunehmender sachverständig-bürokratischer Vermittlungen der Kapitalverwertung auf immer größerer Stufenleiter.[23] Im Zuge dieses Prozesses erweist es sich nicht nur unter demokratischen Gesichtspunkten als unvermeidlich, sondern zur politischen Befriedung der Arbeitssphäre auch als zweckmäßig, den institutionell vermittelten Interessengegensatz von „Kapital" und „Arbeit" sozusagen aus der betrieblichen Wirklichkeit auszugliedern und durch überbetriebliche Organisation in Arbeitgeber- und Arbeitnehmerverbänden einer politischen Regelung zugänglich zu machen.

Gewerkschaftliche Verbandsbildung zum Zwecke der vertraglichen Fixierung von Arbeitsbedingungen mit dem Ziel der Interessenvertretung ist in dieser Hinsicht der sichtbarste Ausdruck dieses Organisationsprozesses, wodurch der institutionell bedingte „Klassenkampf"[24] zur geregelten, berechenbaren, insbesondere auf Interessenausgleich unter Verteilungsgesichtspunkten gerichteten, thematisch begrenzten und politisch rational diskutierbaren Auseinandersetzung prinzipiell friedlicher und professionell arbeitender Interessenverbände „zivilisiert" wird. In diesem Zusammenhang wird dann auch der „wilden" Widerstands- und Streikbereitschaft durch Umformung in eine differenziert geregelte Einstellung ein Ende bereitet, so daß Streikhandlungen als letztes strategisches Mittel der dafür zuständigen Organisationen abrufbar und verfügbar werden, wenn es gelingt, den Streik als Mittel einer allgemeinen und nunmehr unter Statusgesichts-

[22] Zum Begriff des Statussystems in diesem Zusammenhang insbesondere *Ch. I. Barnard:* The Functions of the Executive, Cambridge/Mass. 1951 (9. Aufl.). Zur Unterscheidung von Schichtung und Klassenstruktur siehe *R. Dahrendorf:* Soziale Klassen und Klassenkonflikt in der industriellen Gesellschaft, Stuttgart 1957, S. 144 f. Vgl. dazu auch den Begriff der „sozio-ökonomischen Schichtung" in *ders.:* Die Sozialstruktur des Betriebs, Wiesbaden 1959.

[23] Siehe dazu u. a. die differenzierte Analyse neuerer Entwicklungen bei *Joachim Hirsch:* Wissenschaftlich-technischer Fortschritt und politisches System, Frankfurt 1970.

[24] *Th. Geiger* nennt diesen Vorgang „Institutionalisierung des Klassenkampfes", der hier, wie es scheint, richtiger als „Organisierung des Klassenkampfes" bezeichnet wird denn institutionalisiert wird etwas, wie Klassenstruktur und Klassenkampf durch die Institution des Privateigentums an den Produktionsmitteln und seine Implikationen. Siehe *Th. Geiger:* Klassengesellschaft im Schmelztiegel, Köln–Hagen 1949, S. 182 ff.

punkten thematisch differenzierten und zugleich beschränkten gewerkschaftlichen Handlungsbereischaft sinnhaft zu integrieren.
Erst auf dieser Ebene können dann Streiks als generalisierter Ausdruck „des sozialen Konflikts“[25] und als eine Form des rational nicht entscheidbaren Streites um die Verteilung sozialer „Werte“ erscheinen, wie sie insbesondere von Wirtschaftswissenschaftlern aufgefaßt und erforscht wurden[26]. Der soziale Konflikt erscheint dann zu Recht „als Kampf um Werte, um ein gewisses Maß an Macht, Wohlstand und Status. In unserer industrialisierten Gesellschaft, im Gegensatz zu den eingefrorenen Gesellschaften des Mittelalters, findet ein Verteilungsprozeß dieser genannten Größen statt... In der Regel dürfte keine Gruppe bereit sein, bereits besetzte Positionen oder erworbenen Wohlstand freiwillig aufzugeben; darüber hinaus dürfte jede Gruppe geneigt sein, sich an einem Zuwachs einen besonders großen Anteil zu sichern. Soweit bei den Gruppen die Vorstellungen darüber, was ihnen zustehen sollte, auseinandergehen und die Legitimität bereits besetzter Positionen etc. in Frage gestellt wird, kann es unter gewissen Bedingungen zum Streik kommen.“[27] Das kann als eine im ganzen zutreffende Beschreibung und These über die Rationalität auch von Lohnarbeiterstreiks im Rahmen der Dimension ihrer organisatorischen Vermittlung angesehen werden, sie übersieht aber die elementaren gesellschaftlichen Voraussetzungen im institutionellen Rahmen und damit die Herrschaftsverhältnisse des industriellen Arbeits- und Produktionsprozesses, so daß die relativ regelmäßigen Streiks von Lohnarbeitern auf eine Stufe gestellt werden mit den seltenen Streiks oder Streikdrohungen von Ärzten oder Piloten, die doch eher auf mit den Mitteln des Klassenkampfes ausgefochtenen Standeskonflikten beruhen.
Insofern im Zusammenhang mit einem derart ökonomisch und politisch durchorganisierten und geregelten Arbeits- und Produktionsprozeß wilde Streiks auftreten, müssen sie als Ausdruck des Versagens und schwerwiegender Mängel in der „organisatorischen Vermittlung“ des Klassenkampfes sowohl auf seiten der Betriebe wie der gewerkschaftlichen Praxis betrachtet werden. Dieses Versagen wirft den Arbeiter auf seine Klassenlage zurück und läßt ihn in der Regel stellvertretend für die, aus welchen Gründen auch immer, nicht funktionsfähige Gewerkschaft handeln. Es ist daher nicht notwendig, wilde Streiks, wie es manche lokalen und nationalen Gewerkschaftsführungen in den USA und anderswo[28], insbesondere aber Unternehmensleitungen mit Regelmäßigkeit tun, als Ergebnis „politischer Verhetzung“ oder „dunkler Machenschaften“ zu betrachten[29], denn schließlich gab es Streiks, bevor es die moderne Arbeiter- und Gewerkschaftsbewe-

[25] So *Klaus Wiedemann:* a. a. O.
[26] Dazu *Th. Pirker:* Art. „Streik“. In: Wörterbuch der Soziologie, Stuttgart 1971. Siehe ebenfalls die ausgezeichnete Übersicht über die Forschung bei *Klaus Wiedemann:* a. a. O.
[27] *Klaus Wiedemann:* a. a. O., S. 14.
[28] Siehe dazu *L. R. Sayles:* Wildcat Strikes, Harvard Business Review, Bd. 32 (1954), S. 42 ff.
[29] Wie es eine bequeme, verschwörungstheoretische Denkhilfe für Unternehmensleitungen gern möchte; siehe dazu die charakteristischen Ausführungen von *H. G. Sohl* bei *E. Schmidt:* Ordnungsfaktor oder Gegenmacht, a. a. O., S. 276 ff.

gung gab, so daß offenbar tiefer fundierte und politisch nicht einfach machbare Bereitschaften dieser Erscheinung zugrundeliegen müssen. Das gilt auch für die Septemberstreiks: sie kommunistischen Aktivitäten in die Schuhe zu schieben, entgegen dem erklärten Willen der Streikenden und obwohl sie viele Anzeichen einer durch die organisatorische Vermittlung des Klassenkampfes bedingten „Statuspolitik“[30] (thematische Beschränkung der Forderungen, Gleichstellung innerhalb des Unternehmens und der Region u. a.) an sich tragen, wäre der Behauptung gleichzusetzen, die „Bildzeitung“ schaffe die mindere Mentalität ihrer Leser, während sie tatsächlich nur eine gesellschaftlich produzierte Mentalität gewinnbringend ausbeutet und in politischer Herrschaftsabsicht bekräftigt. *Knowles* sagt daher mit Recht:

„... es ist die Machtchance der politischen Agitatoren, die Mißstände und Beschwerden für sich ausnutzen, weitgehend abhängig von dem tatsächlichen Vorhandensein dieser Mißstände und der Zeit, die verstrichen ist, bevor man sich mit ihnen beschäftigt hat ... es ist unmöglich, in einem Vakuum zu agitieren“[31].

Es muß daher angenommen werden, daß es neben dem Ausfall der organisatorischen Vermittlung des „Klassenkampfes“ spezifische Gründe in der Definition der Situation durch die Arbeiter gegeben hat, die den Streikausbruch erklären.

IV. Die Situationsbedingungen von Streiks

Als eine institutionell verursachte und (unter liberalen politischen Verhältnissen) organisatorisch vermittelte, ihrer letzten politischen Zielsetzung nach auf die Errichtung einer im Wechsel der wirtschaftlich-gesellschaftlichen Konstellationen des industriellen Arbeits- und Produktionsprozesses wirksamen Gegenmacht bezogene Handlungsbereitschaft von Lohnarbeitern bedarf ihr tatsächlicher Einsatz und damit das Auftreten wirklicher Streiks, wie gerade die „wilden Streiks“ besonders deutlich machen, immer auch der Erklärung durch die jeweilige aktuelle Situation, in deren Horizont die Gründe und Anlässe zu finden sein müssen, die subjektiv den Entschluß zum Handeln motiviert haben und sich in den betrieblichen und gewerkschaftlichen Kommunikations- und Diskussionsprozessen durchsetzen konnten. Auch wenn man eine generelle gewerkschaftliche Einstellung, die Streikbereitschaft einschließt, voraussetzt, ist diese doch nicht in dem Sinne denkbar, daß sie unter beliebigen Bedingungen und ohne eine sinnfällige Begründung, die erst subjektive Entschlüsse zur Streikbeteiligung in hinreichendem Umfang möglich macht, abrufbar wäre.[32] Vielmehr wirkt das Gewicht der institutionellen Herrschaftsverhältnisse und der betrieblichen

---

[30] Der Begriff der Statuspolitik, von *Hofstadten* zur Kennzeichnung der amerikanischen Rechten entwickelt, soll eine Politik kennzeichnen, die an ausschnitthaften Gruppeninteressen orientiert ist. Vgl. *D. Bell:* Status Politics and New Anxieties. In: The End of Ideology, a. a. O., S. 103 ff.

[31] *K. G. J. C. Knowles:* Strikes – A Study in Industrial Conflict, Oxford 1952, S. 39.

[32] Das haben die deutschen Gewerkschaften in den Jahren des Wirtschaftswunders eindringlich erfahren. Siehe dazu die aufschlußreiche Stellungnahme des Hauptvorstandes der IG Metall zum Vorwurf mangelnden gewerkschaftlichen Kampfwillens bei *Schmidt:* Ordnungsfaktor oder Gegenmacht, a. a. O., S. 322 ff.

und gewerkschaftlichen Organisationen mit ihren sozialen Differenzierungs- und Integrierungstendenzen, die zusammen mit zur konkreten Situation des Lohnarbeiters gehören, dahin, daß nur schwerwiegende Notwendigkeiten, reelle Einsichten und dringende Bedürfnisse Aussicht haben, eine hinreichende Streikmotivation abzugeben.

Es muß daher als verfehlt angesehen werden, Streiks in erster Linie sozialpsychologisch oder „subjektivistisch" verstehen zu wollen. Vielmehr müssen sie als das Ergebnis eines letzten Endes, von einem komplexen Zusammenhang von elementaren Erfahrungen, ausgebildeten Einstellungen, zum Widerspruch reizenden Situationsgegebenheiten gespeisten, politischen Entschlusses betrachtet werden. Als solcher ist ein Streik ein Ausdruck einer Verhaltensdisposition, die zwar durch die institutionell vermittelte Klassenlage bestimmt ist, sich aber gegen das Gewicht der gesellschaftlichen Verhältnisse erst durchsetzen und angesichts des gerade für den Lohnarbeiter fühlbaren Risikos der Abweichung von gültigen Erwartungen erst stabilisieren muß. Die Aussage eines amerikanischen Arbeiters über seine Erfahrungen in einem „wilden Streik" mag dies veranschaulichen:

„Die Leute fürchten alle, daß ihnen etwas passiert, daß etwas schiefgehen wird und daß sie dann darunter zu leiden haben. Wenn man die Arbeit niederlegt, hat man das Gefühl, daß die ganze Welt gegen einen ist. Man fühlt sich furchtbar unwohl in seiner Haut. Man fragt sich, was wohl die Vorgesetzten denken, wenn sie einen ansehen. In dem Moment, wo man zu arbeiten aufhört, denkt man, daß man zur Arbeit zurückkehren sollte. Du hast so lange Zeit gelernt, Anordnungen entgegenzunehmen, daß man sich jetzt davor fürchtet, es nicht zu tun. Du hast Angst, dafür bestraft zu werden, man glaubt, etwas Falsches und Unerlaubtes zu tun."[33]

Diese Aussage macht deutlich, welchen solidarischen Zusammenhalt und welch gute Gründe Arbeiter, die streiken wollen, haben müssen, um dem gewaltigen Druck standzuhalten, den die gesellschaftlichen Ordnungen und Verhältnisse in ihnen und ihnen gegenüber erzeugen. Viele andere einschlägige empirische Befunde weisen gleichfalls darauf hin, daß die gesellschaftlichen Verhältnisse von Arbeitern insgesamt aufgefaßt werden als durch „Geld" vermittelte Machtverhältnisse,[34] die kalt nach mechanischen Regeln funktionieren. Als so gesehene und aufgefaßte Verhältnisse können die Ansprüche, Regeln und Normen, die diese an jedermann herantragen, von Arbeitern nur teilweise, insbesondere im Hinblick auf die sinnfällig notwendige Arbeit verinnerlicht werden, müssen vielmehr in weitem Umfang als „objektive" Ansprüche und Regeln empfunden werden, denen man sich zwar im allgemeinen fügen muß, zu deren Erfüllung und Einhaltung aber die notwendigen sozialen Mittel und Voraussetzungen fehlen, so daß die gesellschaftliche Wirklichkeit sowohl als eine Last wie auch als Ursache einer Situation erscheint, die als „statisch" und zugleich einer Dynamik ausgeliefert empfunden wird, die skeptische Wachsamkeit und defensives Verhalten verlangt, wenn man nicht unterliegen will.

Das durchschnittliche Verhalten von Arbeitern ist daher, entsprechend den Implikationen eines ihrer Situation entsprechenden „dichotomischen Gesell-

---

[33] Siehe *L. R. Sayles:* a. a. O.

[34] Vgl. dazu *F. Neidhardt:* a. a. O.; ferner *H. Deppe:* Das Bewußtsein der Arbeiter, Köln 1971, sowie die neueren Untersuchungen von *J. Goldthorpe* u. a.: The affluent Worker in the Class Structure, Cambridge 1969.

schaftsbildes"[35] in politischen und gesellschaftlichen Zusammenhängen durch eine zwangsläufig sowohl skeptische wie dogmatische Verarbeitung der ihnen zugemuteten Verhaltenslasten und die Einschätzung der eigenen Lebenssituation als statisch, d. h. ohne individuelle Perspektiven außerhalb kollektiver Veränderungen bestimmt, so daß ein wesentlich defensiver Verhaltensentwurf zustandekommt.[36] Jede einseitig subjektivistische oder psychologistische Interpretation des Streikverhaltens würde daher der ernsten Situation widersprechen, in der sich ein Arbeiter befindet, der sich entscheiden soll, ob er sich an einem Streik beteiligt oder nicht.[37]

Man muß vielmehr, will man die Situationsbedingungen von Streiks, seien sie organisiert oder unorganisiert, verstehen, davon ausgehen, daß Arbeiter nur zum Streik neigen, wenn es ihnen notwendig erscheint, daß sie aber zur Feststellung der Notwendigkeit ihre eigenen Urteilskriterien entwickelt haben und eine spezifische Rationalität ausbilden, die insbesondere in Deutschland mit einer verhältnismäßig hohen Toleranz- und Frustrationsschwelle verbunden ist. Man kann daher annehmen, daß Arbeiter entsprechend ihrer Lage die sich wandelnden technisch-ökonomischen Konstellationen des industriellen Arbeits- und Produktionsprozesses auch aufgrund ihrer teilweisen Integration in die betrieblichen und gewerkschaftlichen Organisationen und damit die Gegebenheiten ihrer Situation mit einer skeptischen Distanz betrachten, vieles hinnehmen, aber doch bestimmte strenge Regeln entwickeln, die die Grenze und Schwelle des von ihnen unter Macht- und Wertgesichtspunkten Hinnehmbaren angeben. Nur wenn Gegebenheiten der Situation diese Grenze überschreiten und in klarem Widerspruch zu den genannten Regeln der Situationsbeurteilung und Situationsbewältigung stehen, werden sie im allgemeinen zum Streik schreiten.

Diese These gilt insbesondere auch für wilde Streiks, bei denen ja die Sicherungen der Organisation wegfallen und auch die gewerkschaftliche Kommunikation und Diskussion zur Bestimmung der Situation nicht stattfindet. Es muß dann ein besonderer Widerspruch in der Situation vorliegen, der zum Handeln gewissermaßen zwingt, weil man sich bei aller Resignation gegenüber der eigenen Lage dies „nicht gefallen lassen" kann, wobei dies aber auch stellvertretend für die aktuell vielleicht nicht handlungsfähige Gewerkschaft geschehen kann. *Knowles* beschreibt eine solche Situation allgemein mit folgenden Wendungen:

„Wenn diese ernsten Mißstände ohne sofortigen Protest durchgehen würden, oder wenn sie nur in unüberschaubaren und langwierigen Verfahren behandelt würden, könnte das Solidaritätsgefühl der Männer – und damit verbunden die Verhandlungsstärke der Gewerkschaften – empfindlich geschwächt werden. Obgleich viele Abkommen Regelungen gegen Streiks enthalten, bevor alle verfahrenstechnischen Möglichkeiten ausgeschöpft sind, kann es doch geschehen, daß spontane Streiks unter Miß-

[35] Siehe dazu *H. Popitz* u. a.: Das Gesellschaftsbild des Arbeiters, Tübingen 1957.

[36] Siehe dazu *F. Weltz:* Der Arbeiter und der Aufstieg, unveröffentlichtes Manuskript, München 1968.

[37] Das wird auch nicht dadurch in Frage gestellt, daß z. B. von einem wilden Streik in England, in einem Unternehmen der Glasherstellung, das seit 40 Jahren keinen Streik kannte, berichtet wird, daß viele Arbeiter, nachdem es einmal zum Handeln gekommen war, den Eindruck hatten, daß sie sich dies „schon lange hätten gönnen sollen". Siehe den Bericht „Strike at Pilkington". In: New Society, November 1970.

achtung der vereinbarten Regelungen die Position der Gewerkschaft stärken, selbst wenn deren Vertreter offiziell daran gebunden sind, die Streiks abzulehnen."[38]

Die hier zu erklärenden spontanen Arbeitsniederlegungen vom September 1969 lassen sich als subjektive Handlungen, unter den genannten Voraussetzungen, durch eine Definition der Situation durch die Arbeiter erklären, die insbesondere durch das Mißverhältnis zwischen dem Wachstum der Gewinne und Löhne[39] und dem damit zusammenhängenden Mißverhältnis zwischen Arbeitslast und Arbeitsertrag[40] vor dem Hintergrund einer gerade beendeten Rezession, der durch konzertierte Aktion und Regierungsbeteiligung der SPD anscheinend legitimierten Erwartung einer „symmetrischen" Teilnahme an den Arbeitsergebnissen und der bevorstehenden staatsbürgerlichen Beanspruchung durch die Bundestagswahlen bestimmt war und mit ihren widersprüchlichen Erwartungen und Enttäuschungen jene Schwelle überschreiten ließ, die durch die skeptische und defensive Grundeinstellung der Arbeiter vorgezeichnet ist. Darauf bezieht sich auch *Schumann* in der Studie des Göttinger soziologischen Forschungsinstituts, wenn er die Bedeutung der „gesichert erscheinenden Erwartung auf, wenn auch nur beschränkte, Verbesserungen und Partizipation am technisch-ökonomischen Fortschritt" hervorhebt:

„Dieses aus den historischen Erfahrungen entwickelte Anspruchsniveau dürfte in den letzten Jahren dadurch gefestigt worden sein, daß im Rahmen der ‚konzertierten Aktion' stärker als früher die Forderung der Arbeiter nach ‚gerechter' – freilich auch systemkonformer – Beteiligung am Zuwachs des Sozialprodukts unterstützt wurde und diese damit das Signum gleichsam offizieller, gesellschaftlich sanktionierter Zustimmung bekam. Wenn die Aufteilung des ökonomisch-sozialen Fortschritts dieser Art ‚Gerechtigkeit' nicht entspricht, wenn die Erwartungen der Arbeiter von ihrem ‚berechtigten' Anspruch nicht erfüllt werden, dann ist eine Situation gegeben, in der sich die Arbeiter gerade wegen ihrer Orientierungen an den gesellschaftlich vorgegebenen Normen gegen diese Entwicklung zur Wehr setzen."[41]

Diese Einsicht macht zusammen mit bestimmten Merkmalen des Streikverhaltens wie Ablehnung jeder „politischen" Interpretation des Streiks, antibürokratische Ressentiments, Betonung von Gleichbehandlungsgrundsätzen deutlich, daß die zugrundeliegende Definition der Situation den differenzierenden und integrierenden Einflüssen der „organisatorischen Vermittlung" des Klassenkampfes verhaftet ist und die Septemberstreiks daher mehr die Grenzen einer solchen Vermittlung anzeigen als die Herausbildung eines „Klassenbewußtseins".

V. Zur Erklärung der wilden Streiks

Diesen Überlegungen gemäß lassen sich zur Erklärung der spontanen Arbeitsniederlegungen vom September 1969 unter Bezug auf ihre hauptsächlichen empirischen Merkmale, wie unter I. zusammengestellt, und im Lichte der methodischen Unterscheidung von institutionellem Rahmen,

---

[38] *K. G. J. C. Knowles:* a. a. O., S. 33.

[39] *H. Giersch* spricht von einer „Gewinnexplosion". Siehe dazu *E. Schmidt:* a. a. O., S. 110.

[40] Eine Beziehung, die insbesondere *H. Baldamus:* Der gerechte Lohn, Berlin 1961, systematisch untersucht hat.

[41] Siehe *M. Schumann:* a. a. O., S. 72.

organisatorischer Vermittlung und Situationsgegebenheiten des industriellen Arbeitsprozesses im allgemeinen und von Streiks im besonderen zusammenfassend folgende Thesen aufstellen:

1. Objektiv können die spontanen Arbeitsniederlegungen vom September 1969, insofern sie kollektive Arbeitsniederlegungen von Lohnarbeitern darstellen, nicht als besonders erklärungsbedürftig angesehen werden. Als solche sind sie vielmehr sehr alte Ausdrucksformen des sozialen Protestes der arbeitenden Bevölkerung. Innerhalb des institutionellen Rahmens des industriellen Arbeits- und Produktionsprozesses werden sie aber geradezu zum „Verhaltensprogramm" von Lohnarbeitern und sind in dieser Hinsicht kennzeichnend für die Sozialgeschichte und Gegenwart aller Industriegesellschaften. Die letzte Ursache dafür ist die institutionelle Trennung und nur durch Markt- und Vertragsverhältnisse unter Konkurrenzbedingungen vermittelte Beziehung des Arbeiters zu den Arbeitsmitteln durch die Institution des Privateigentums an den Arbeitsmitteln unter Bedingungen eines kooperativen Arbeitsprozesses. Dies konstitutiert ein Herrschaftsverhältnis zwischen denen, die über die Arbeitsmittel und damit über Arbeitsplätze und die Gesamtheit der Zulassungs-, Leistungs- und Verwirklichungsbedingungen der Arbeit verfügen und dies aufgrund ihrer jeweiligen Interessen- und Ordnungsvorstellungen tun, und denen, die von solcher Verfügung ausgeschlossen, aber auf Arbeitsplätze angewiesen und sich daher den Zulassungs-, Leistungs- und Verwirklichungsbedingungen der Arbeit, die durch die andere Seite definiert werden, fügen müssen. Im Horizont der geschichtlichen Proklamation liberaler, auf Freiheit und Gleichheit bezogener, politischer Ordnungsvorstellungen entwickelt sich daher ein fundamentaler Gegensatz der gesellschaftlichen Existenz- und Grundinteressen zwischen Lohnarbeit und Kapital. Er kommt zum Ausdruck in den spontanen Solidarisierungen von Lohnarbeitern, in der Ausbildung von Widerstands- und Streikbereitschaften und in dem sich daraus ergebenden offenen oder verdeckten Arbeits- und Klassenkampf. Insofern die wilden Streiks von 1969 in diesem Sinne Streiks waren, waren sie auch objektiv eine Erscheinung des Klassenkampfes.

2. Dieser institutionell bedingte Klassengegensatz und die damit gegebene „industrielle Unruhe" wird jedoch im Aufbau und in der Entwicklung der kapitalistischen Industriegesellschaft sowohl betrieblich als auch überbetrieblich zunehmend durch Organisationen und Techniken aller Art vermittelt in dem doppelten Sinne, daß er einerseits anerkannt und andererseits politisch-gesellschaftlich geregelt und innerhalb bestimmter Grenzen neutralisiert wird. Im Betrieb geschieht dies durch den Einbau des Lohnarbeiters in ein differenziertes Statussystem und in eine daraus hervorgehende sozio-ökonomische Schichtung, überbetrieblich durch die gewerkschaftliche Verhandlungs- und Vertragsaktivität zur zeitlichen Fixierung der sozialen und ökonomischen Arbeitsbedingungen. Damit wird auch die Streikbereitschaft der Lohnarbeiter zur generalisierten Einstellung eines durch betriebliche und überbetrieblich-gewerkschaftliche Loyalitäten teilweise integrierten „Betriebsarbeiters", der eine, wenn auch sehr elementare und verhältnismäßig unterprivilegierte Position zu verlieren hat. Streiks und Streikdrohungen werden unter diesen Bedingungen zu plan-

mäßig verfügbaren, aber zugleich im betrieblichen und gewerkschaftlichen Kommunikations- und Diskussionsprozeß strengen Kriterien unterliegenden, legalen Mitteln der Auseinandersetzung zwischen bürokratisch und professionell geleiteten Organisationen zur Austragung klassenbedingter Interessengegensätze. Insofern die wilden Streiks von 1969 der organisatorischen Vermittlung entraten und den Spielregeln des organisierten Klassenkampfes widersprechen, muß dies als Folge der Mängel der Tugenden dieser organisatorischen Vermittlung angesehen werden, nämlich der ausgefeilten bürokratischen Praxis in den Betrieben und der Bindung der gewerkschaftlichen Aktivität an bestimmte vertragliche Spielregeln, ohne welche die organisatorische Vermittlung nicht bestehen könnte. Insofern zeigen die nichtorganisierten Streiks vom September eine Grenze der organisatorischen Vermittlung des „Klassenkampfes" an, die eben diese Spannungen nicht nur regelt, sondern ihre eigenen Spannungen erzeugt.

3. Die unmittelbare Ursache der Streiks muß in dem Widerspruch zwischen den, durch den Anspruch auf „symmetrische Wirtschaftssteuerung" (konzertierte Aktion) und die Beanspruchung als Staatsbürger (Wahlen) sowie die Beteiligung der SPD als „Arbeiterpartei" an der Regierung, verstärkten „Normalitäts-" und insofern auch „Gerechtigkeitserwartungen" der Arbeiter und der tatsächlichen wirtschaftlichen Entwicklung (Gewinnexplosion, einseitige Zunahme der Arbeitsbelastung bei Reaktionsschwäche der Unternehmensleitungen und Gewerkschaftsführungen) gesucht werden. Die schnelle Ausdehnung der Streiks über Industriezweige, unterschiedlich große Betriebe und ihre relativ lange Dauer weisen darauf hin, daß nicht einzelne Mißstände, sondern eine komplexe Gesamtsituation die Streiks motiviert hat. Dabei war das Streikverhalten bestimmt durch eine Orientierung, die sich am besten als „antibürokratisch" bezeichnen läßt. Die Forderungen nach sofortiger und anschaulicher Einkommensverbesserung (Nennung fester Summen), nach Lohngleichheit bei vergleichbarer Leistung und die direkte oder indirekte Kritik am Funktionsausfall von Betriebsleitungen und Gewerkschaftsführungen weisen auf einen Protest gegen die subtile, an einem Gesamtzusammenhang orientierte, vorsichtige und übermäßig an der Einhaltung von Regeln und Konventionen interessierte Funktionsweise bürokratischer Apparate hin, deren Leistungen zu spät, zu unüberschaubar, zu vermittelt erscheinen. Dies zusammen mit der Ablehnung „politischer" Deutungen der Streiks, der durchaus selbstbewußten Übernahme des Arbeitskampfrisikos und der disziplinierten und verständigen Entwicklung eigener Formen der Entscheidungsfindung und Handlungskoordination zeigt, daß die Streiks das Ergebnis eines gesellschaftlichen Bewußtseins sind, das durch die „organisatorische Vermittlung" des Klassenkampfes geprägt ist, damit im Zusammenhang sich an Normalitätskriterien unter Statusgesichtspunkten orientiert, deshalb an der Durchsetzung thematisch begrenzter und politisch neutraler Forderungen interessiert ist und sich zur Legitimierung des eigenen Verhaltens auf Vorstellungen eines demokratisch-pluralistischen „Gleichgewichts der Kräfte" beruft.

Man kann die spontanen Arbeitsniederlegungen vom September 1969 daher als Klassenkampf mit Standesbewußtsein, orientiert an demokratisch-pluralistischen Wertvorstellungen unter Bedingungen der komplexen organisatorisch-bürokratischen Vermittlung gesellschaftlicher Verhältnisse bezeichnen.

Summary

The theses concerning sociology of strikes try to understand and to explain the "wildcat strike" of September 1969 in the Federal Republic of Germany as a social phenomenon by means of a general scheme for analyzing strikes.
For that purpose the "institutional frame" of the industrial – capitalistic labour and production process – which causes strike readiness to be part of the industrial worker's program of behaviour – is distinguished from the "organizational conveyance" of just this production process within business and society; it is but this conveyance by which strike readiness is transformed into an attitude – to be called off under certain conditions and in typical situations of conflict–that is "organized" by union federatons. Finally there is the dimension of the underlying conditions of a situation that, in case, motivate the workers to strike and then lead to spontaneous strikes when the organizational conveyance fails, especially that of the unions.
This analysis comes to the conclusion that the "wildcat strikes" of 1969 are representing cases of the industrial class warefare caused by certain failures in the "organizational conveyance" and motivated by the economical data of a particular situation in which the standards of what is normal and what is "just" seemed to be directly injured, especially those of the workers beyond the growth industries.

II. Teil

BERICHTE

Gedanken zu den Großstadtproblemen der USA

von

ERNEST J. GOODMAN

Großstadtprobleme gibt es, seit sich die Menschen entschlossen haben, ihr Einzeldasein aufzugeben und zusammen an einem Ort zu leben. Schon die Bibel berichtet von Babylon als „Mutter der Huren und allen Abschaums der Erde". Und auch das Athen der Antike hatte trotz aller architektonischer Pracht und geistiger Blüte Schattenseiten und kam einem Slum auf vielen Gebieten sehr nahe. Die Größe Roms war von Verbrechen und Seuchen überschattet, und das elegante Paris zur Zeit Ludwig XIV. stank, daß man es noch meilenweit vor den Toren der Stadt roch.

Auf der ganzen Welt versuchen die Völker, den wachsenden Problemen in ihren Großstädten wirksam zu begegnen. In Ost und West wird mit den Schwierigkeiten, die die immer gigantischer werdenden Zusammenballungen von Menschen auf einem Raum ergeben, gekämpft. Und auch in den Vereinigten Staaten zeichnet sich seit Jahren die verheerende Entwicklung in den Städten ab. Die amerikanischen Großstädte mit ihren weit in den Himmel ragenden Skylines, vor wenigen Jahren noch verheißungsvolles Symbol des „Landes der unbegrenzten Möglichkeiten" und Stolz seiner Bewohner, sind auf dem besten Wege, sich in Alpträume zu verwandeln.

Doch wenn man die Probleme amerikanischer Städte mit denen anderer Metropolen auf der Welt vergleicht, findet man Schwierigkeiten ganz besonderer Art, die die Überwindung der krassen Mißstände bedeutend erschweren und die Krise verschärfen.

I.

a) Zum einen ergeben sich die gesellschaftlichen Spannungen aus der Tatsache, daß die amerikanischen Städte von immer neuen Einwandererwellen mit verschiedenartigsten kulturellen, bildungsmäßigen und beruflichen Hintergründen überschwemmt werden, zum anderen führen ständige Zuwanderungen von Farbigen aus den ländlichen Bereichen der USA dazu, daß die Städte zu Schlachtfeldern der Revolution der Farbigen werden. Solange noch die großen Gruppen meist bettelarmer weißer Einwanderer ins Land kamen, stellte das Wohnen in den Slums für die Masse von ihnen nur eine Übergangssituation dar. Je mehr sich diese Einwanderer dem neuen Leben angepaßt hatten, je mehr sie wirtschaftlich und gesellschaftlich aufstiegen, desto mehr strebten sie aus den Slums heraus. Sie machten sich schnell die Werte, Berufe und Verhaltensweisen der amerikanischen Mittelklasse zu eigen. Wer in den Slums blieb, war oft unfähig sich anzupassen und stellte sich gegen die Gesellschaft.

b) Nachdem die großen Einwandererwellen aus Europa gegen Ende des ersten Weltkrieges nachließen, holte man Gruppen anderer Rassen ins Land, um die Lücken auf dem Arbeitsmarkt einer rasch expandierenden

Wirtschaft zu schließen. Negern, Puertoricanern, Mexikanern und Indianern wird jedoch nicht die gleiche wohnungsmäßige, gesellschaftliche und berufliche Beweglichkeit zugestanden, wie man sie früher den Einwanderern gewährt hat. Selbst Farbige, die es beruflich und gesellschaftlich zu etwas bringen, werden oft gezwungen, in Slums oder slumähnlichen Gebieten zu bleiben. Man kann sagen, daß das Wohnen in solchen Bezirken nicht mehr Übergangssituation, sondern Endlösung ist. Hinzu kommt, daß die Slums heute von Menschen bewohnt werden, deren Wertvorstellungen weit auseinanderfallen: Viele sind außerordentlich ehrgeizig und befähigt und kämpfen einen pausenlosen Kampf um Anerkennung und Erfolg für sich und ihre Kinder. Mit etwas staatlicher Unterstützung könnten sie leicht der Gesellschaft angegliedert und vom Slumleben befreit werden. Komplizierter liegt es bei den Menschen, die wirklich ernsthafte Anpassungsschwierigkeiten haben. Zu ihnen gehören Alkoholiker, Rauschgiftsüchtige, Kriminelle aller Art und Milieugeschädigte, die sich oft jeder Rehabilitation widersetzen oder jedenfalls jahrelange intensive Betreuung nötig hätten. Daß das Zusammenleben so verschiedenartiger Gruppen Anlaß zu ständigen Auseinandersetzungen gibt, ist leicht einzusehen.

Seit Mitte der sechziger Jahre z. B., widersetzten sich in vielen Großstädten, besonders in New York, Eltern aus dem weißen Mittelstand heftig dem Vorgehen der Behörden, farbige Kinder in Schulen weißer Wohngebiete zu unterrichten, um die durch die Wohngebiete bedingte Rassentrennung aufzulockern und die Rassenintegration voranzutreiben. Diese Praxis hat in den letzten Jahren zugenommen, was häufige gewaltige Zusammenstöße zwischen Farbigen und Weißen herbeiführte. Andererseits geben New Yorker Stadtbeamte heute zu, daß die blutigen Aufstände im Negerviertel Harlem im Jahre 1964 ihren Ursprung darin hatten, daß sich die Neger gegen diskriminierende Methoden seitens der Stadt bei der Vergabe von Wohnungen, Arbeitsplätzen und Erziehungsmöglichkeiten auflehnten. Auch der Aufruhr des Jahres 1966, der zu umfangreicher Zerstörung von Privateigentum und zu wahllosen Plünderungen führte, wurde durch ein diskriminierend wirkendes Ausbildungssystem ausgelöst. Mit jedem Jahr verschärfen sich die Spannungen, und die Forderungen der Farbigen nach Gleichberechtigung laufen heute praktisch darauf hinaus, daß sie Schulen, Krankenhäuser und Geschäftsleben ausschließlich schwarzer Kontrolle unterstellen wollen. Natürlich führt diese Radikalisierung unter den Negern zu Gegenreaktionen der Weißen, und die Stimmen für eine gewaltsame Unterdrückung jeden weiteren schwarzen Aufbegehrens werden immer lauter. Und zwei traditionsgemäß miteinander sympathisierende Gruppen, wie Juden und Neger, sind heute durch ungeschicktes Taktieren einzelner Negerführer verfeindet. Ja selbst die Beziehungen zwischen den 840 000 Puertoricanern und den 1,5 Millionen Negern der Stadt New York nähern sich dem Siedepunkt. Die Neger sind den Puertoricanern gegenüber feindlich eingestellt, weil sich ein Teil von ihnen dank seiner helleren Hautfarbe bei der Eingliederung in die amerikanische Mittelstandsgesellschaft leichter tut. Umgekehrt wollen selbst Puertoricaner mit dunkler Hautfarbe nicht mit den Negern auf die gleiche Stufe gestellt werden.

II.

a) Es ist kaum verwunderlich, daß der wohlhabendere weiße Mittelstand sich diesen laufend wachsenden gesellschaftlich-rassischen Spannungen durch eine Flucht in die Vororte zu entziehen sucht. Allerdings wird diese nach den neuesten Volkszählungen anhaltende Tendenz auch noch durch die erheblich geringere Besteuerung in den Vorstädten gefördert. Einzelhandel und Bankgeschäft machen den Auszug aus den Citys schon seit langem mit, und Industrie und Management sind gerade dabei, sich anzuschließen. Zurück bleiben die Unterprivilegierten. Amerika sieht sich der wenig erfreulichen Erscheinung gegenüber, daß bald eine große Zahl gettoartiger Citys, denen jegliche gesunde Steuerbasis fehlt, von Vororten mit einer wohlhabenden und selbstzufriedenen weißen Bevölkerung umgeben sein wird, die jeden Eingliederungsversuch heftig bekämpft.

Die finanziellen Folgen für die Citys lassen sich am Beispiel New Yorks ersehen: Täglich fahren dort weit über 500 000 Pendler zu ihren Arbeitsplätzen in die Stadt. Sie benutzen die öffentlichen Verkehrsmittel, beschmutzen die Straßen, erhalten den Schutz der Polizei und genießen auch sonst alle Vorteile der öffentlichen Einrichtungen. Aber sie zahlen nur die relativ geringe Einkommensteuer, während alle anderen Steuern, besonders die Grundsteuer, an die Vororte jenseits der Stadtgrenzen entrichtet werden.

Dem Auszug der finanzkräftigeren Weißen in die Vorstädte folgt die Übernahme der teilweise entleerten Stadtteile durch die Schwarzen. Dies führt zu erneuten Spannungen, denn die zurückgebliebenen Weißen, meist ältere Leute, sehen fassungslos, daß Stadtteile, die generationenlang nur vom weißen Mittelstand bewohnt waren, zu Slums herabsinken sollen. Gerade diese Bürger verteidigen die von ihnen mühsam erklommene höhere Gesellschaftsstufe gegenüber den Negern am heftigsten. Die Entfremdung zwischen den Rassen geht so weit, daß der sogenannte „White Backlash" Thema aller letzten Wahlkämpfe war.

b) Die Gesellschaftsordnung, in der die europäischen Einwanderergruppen viele Jahre lang gelebt haben, in der einzelne Gewerkschaften oder Industriezweige mehr oder weniger einer bestimmten ethnischen Gruppe vorbehalten waren und in der die verschiedenen Gruppen verschiedene Stadtteile bewohnten, oft auch politisch beherrschten, wird immer mehr bedroht. Ebenso werden die in solchen nach Rassen getrennten Wohngebieten bestehenden charakteristischen Schulformen, Kirchen und Organisationen mehr und mehr von „Eindringlingen" durchsetzt. Dabei zeigt sich, daß die Neger nicht eine Einwanderergruppe wie alle andern sind, und es erscheint sehr zweifelhaft, ob die Weißen einmal der schwarzen Bevölkerung Amerikas das Gefühl einer gemeinsamen amerikanischen Identität vermitteln werden. Für den Neger ist es viel schwerer, akzeptiert zu werden. Das Prestige einer gemeinsamen kulturellen Vergangenheit, an die man sich stolz zurückerinnern könnte, fehlt als Bindeglied – ganz im Gegensatz zu den europäischen Einwanderern: Es fehlt ihnen das natürliche Selbstvertrauen früherer Einwanderergruppen. Der „neue" Cityneger fühlt sich nicht wie ein Einwanderer und will seine Lage auch nicht nach dem alten

Vorbild der Immigranten lösen. Indessen, die Geschichte der amerikanischen Volksgruppen ist im wesentlichen die Geschichte einer langsamen und mühseligen Anpassung an schwierigste Lebensumstände, und man erwartet, daß diese Anpassung in der oben skizzierten Weise vor sich geht.

Die Neger wollen sich mit solch einer langwierigen Entwicklung nicht abfinden. Sie sagen, daß das alte Schema der Integration von Einwanderern auf sie nicht paßt, weil ihr Schicksal schrecklicher und drastischer als jedes andere gewesen ist. Sie behaupten, ihnen werde von den Weißen ein Haß entgegengebracht, der nichts mit den üblichen kleinlichen Vorurteilen gemeinsam hat, die frühere Einwanderergruppen hinnehmen mußten. Sie glauben, daß die schwarze Hautfarbe bei den Weißen Angst hervorruft und daß der fehlende nationale Rückhalt ein Nachteil bei der Eingliederung sei. Darüber hinaus sei das heutige Amerika komplizierter und ihre Vorstellungen über die USA unterschieden sich von denen aller anderen Einwanderer. So sieht eine radikale Gruppe alle Weißen als Ausbeuter, wobei keine Unterschiede zwischen alteingesessenen Amerikanern und Gruppen gemacht werden, die selbst noch auf dem Wege nach oben sind. Ja, besonders sie werden angefeindet, weil ihre gesellschaftlichen Erfolge die Anstrengungen der Neger nach Gleichberechtigung nur behindern.

Die große Mehrheit der Weißen sieht in der Revolte der Neger kaum mehr als eine pausenlose Belästigung durch die „schwarzen Teufel". Und ihre Stimmung läßt sich der Bemerkung eines Ladeninhabers entnehmen: „Die Nigger wollen alles für nichts haben". Die immer radikaler werdenden Schwarzen meinen im Gegensatz dazu, daß Weiße überhaupt nicht über ihre Lebensnöte urteilen und entscheiden könnten.

c) Die Lösung dieser ungeheuren gesellschaftlichen und rassischen Spannungen wird noch erschwert durch die katastrophale Wohnungsnot in den amerikanischen Großstädten. Der soziale Wohnungsbau ist so gut wie zum Stillstand gekommen.

Um auch nur in New York die Wohnraumkrise zu beheben, wären zusätzlich 780 000 Wohnungen für Familien der unteren Einkommensklasse dringend nötig. Indessen hat das für den sozialen Wohnungsbau zuständige „Federal Housing Program" während seines 35jährigen Bestehens nur 800 000 Sozialwohnungen errichtet. Ließe man sich vom Wohnungsamt der Stadt New York im Jahre 1970 in die Warteliste eintragen, man könnte erst nach 50 Jahren mit einer mit öffentlichen Mitteln geförderten Wohnung rechnen. Außerdem sind in New York etwa eine halbe Million Wohnungen vollkommen verkommen, und die Verfallserscheinungen breiten sich aus, da als Folge der dauernden Unruhen immer mehr Privateigentümern Investitionen zu riskant erscheinen und sie sich aus den Slumgebieten zurückziehen. Die Bundesregierung legt den Schwerpunkt ihrer Maßnahmen auf Neubauten; nur über einige mager finanzierte Programme wird dem Verfall entgegengewirkt und dies, obwohl die Erhaltung bestehenden Wohnraums den Bedarf an Neubauwohnungen reduzieren würde. Das gleiche Bild in den Slums von Chikago, der einst mondänen „West Side". An sich noch brauchbare Ziegelappartement-Häuser werden von ihren Eigentümern aufgegeben, da in diesem Gebiet Investitionen für Erhaltungsmaßnahmen nicht mehr gewinnträchtig erscheinen.

Größtes Hindernis des sozialen Wohnungsbaus sind die steigenden Kapital- und Baukosten, Grundstückspreise sowie Grundsteuern, die Neubauten in vielen Städten so verteuern, daß sie die für vom Bund unterstützte Wohnungsbauprogramme geltenden Kostensätze übersteigen und damit nicht förderungswürdig sind. In den vollgebauten Städten, wo für jedes neue Haus ein anderes abgerissen werden muß, ergeben sich weitere Kostensteigerungen. Daher sind zum Beispiel 92 % der 2,8 Millionen New Yorker Wohnungen ohne Regierungsunterstützung gebaut worden, und in neuerer Zeit werden privatfinanzierte Wohnhäuser nur noch in den sogenannten „besseren" Wohngegenden erstellt, deren Mieten dann 100 bis 200 Dollar pro Zimmer betragen. Nach dem traditionellen amerikanischen Grundsatz, daß die Miete möglichst nicht mehr als 25 % des Einkommens ausmachen sollte, müßte eine Familie mit einer Vierzimmerwohnung zirka 25 000 Dollar im Jahr verdienen, um sich eine solche Wohnung leisten zu können, wohingegen in New York das durchschnittliche Familieneinkommen nur 6000 Dollar beträgt.

Da die Nachfrage nach Büroraum in den meisten amerikanischen Städten fast ebenso groß ist wie die nach Wohnungen, wenden sich viele Bauherrn dem Bürohausbau zu, bei dem mit höheren Mieterträgen und weniger Mieterschwierigkeiten zu rechnen ist. Bei dieser Wohnungspolitik ist es kein Wunder, wenn sich die Massen aus den Elendsquartieren zusammenrotten, um gegen die Reichen zu rebellieren.

III.

a) Die Aufgabe, einen Weg aus der Krise der amerikanischen Städte zu finden, obliegt in erster Linie den Bundes- und Länderparlamenten. Die Städte werden streng durch Ländergesetze und -verfassungen kontrolliert. Ihre Selbstverwaltungsrechte sind so begrenzt, daß jegliche Selbsthilfe an der Kontrolle der Staatsregierung scheitert, wenn der Staat nicht bereit ist, helfend einzugreifen.

Im Falle New Yorks z. B., bestimmt sich die Macht des Staates über die Stadt noch immer nach der veralteten Verfassung von 1894. Die Stadt, Sinnbild von Macht und Reichtum, ist gezwungen, mit geringen Bruchteilen der innerhalb ihres Gebietes erzielten Finanzeinnahmen die Bevölkerungsprobleme zu lösen. Das Gros der Einnahmen muß an den Staat abgegeben werden: Im Jahre 1969 behielt die Stadt von jedem Dollar, der an Einkommen- und Körperschaftsteuer einkam, 4 Cents, und selbst die durften nur unter der strengen Kontrolle des Staates verwendet werden. Die Stadt New York erbringt 43 % der Steuergelder des Staates New York, aber ihre Abhängigkeit geht so weit, daß sie nicht einmal die Kosten einer Hundemarke ohne Zustimmung der Regierung heraufsetzen darf.

Den Städten sind die Hände gebunden, ihre Macht reicht nicht aus, der Probleme in ihren Mauern Herr zu werden. Die Bürgermeister ringen verzweifelt mit den Regierungen um mehr Unterstützung und größere Selbstverwaltungsrechte, insbesondere um eigene Besteuerungsrechte, welche die Städte bis jetzt ausschließlich aufgrund der Steuergesetze der Einzelstaaten ausüben. So gelingt es ihnen nicht, die Einkommensteuer der „Pendler", die außerhalb der Städte wohnen und nur zur Arbeit in die City fahren, an die der Stadtbewohner anzugleichen. Denn die Pendler sind gewöhnlich durch mächtige Blöcke in den Staatsparlamenten vertreten und untergraben jeden Versuch der Steueranpassung. Schlimmer noch, die Staaten lehnen nicht nur jegliche finanzielle Unterstützung der Städte ab, sie versuchen sogar, die bestehenden Steuerrechte einzuschränken, weil sie um ihr eigenes Wohlergehen fürchten, wenn die ergiebigen Steuerquellen zu stark angezapft werden.

b) Aber, abgesehen von Schwierigkeiten mit antiquierten Staatsverfassungen und teilnahmslosen Parlamentsabgeordneten, meinen viele auch, die Stadtverwaltungen selbst bedürften dringend einer Reform. Durch ständige Kompetenzüberschneidungen und einen verwirrenden Verwaltungsapparat ist die Verwaltungspraxis von langsamer, zäher Entschlußlosigkeit, in einer Zeit, da zahlreiche akute Probleme zu raschen Entscheidungen drängen. Los Angeles wird oft als Beispiel zitiert: Die Stadtverwaltung beruht auf einer 42 Jahre alten Gemeindeverfassung, die eine Gewaltenteilung zwischen einem 15köpfigen Stadtrat, einer Gruppe von fünf Bezirksaufsehern und dem Bürgermeister vorsieht. Der Stadtverwaltung selbst unterstehen nur Polizei und Feuerschutz, während die Bezirke Aufgaben wie Gesundheitswesen und Wohlfahrt innehaben. Mit Problemen der Wasser- und Luftverschmutzung und mit dem Transportwesen befassen sich mehr als 300 besondere, sogenannte „Single Purpose Districts", und die 20 Schuldistrikte unterstehen völlig autonomen Schulaufsichtsbehörden. Es ist klar, daß die vielschichtigen Probleme Los Angeles durch die verschiedenen Kompetenzregelungen nicht gerade einfacher zu lösen sind. Ob die Stadt unter diesen Umständen die Sorgen und Nöte ihrer 650 000 Farbigen[1] bewältigen kann, von denen nur 30 000 in dem berühmten schwarzen Getto „Watts" leben, wird die Zukunft erweisen. Und was die Hoffnung auf baldige Lösung der Konflikte mit den Schwarzen nicht vergrößert: In Los Angeles leben 780 000 Mexikaner, abgesehen von Mexico-City und Guadalajara die größte Ansammlung von Mexikanern an einem Ort.

c) Daß dort, wo solche unübersehbaren Menschenmassen zusammenhausen, unvorstellbare Mengen an Schmutz anfallen und die Straßen pausenlose Reinigung verlangen, ist ein Umstand, der sich mit Hilfe einer gut organisierten Müllabfuhr und Straßenreinigung gerade noch bewältigen ließe, was auch mehr oder weniger gelingt. Doch schon zum Sauberhalten der Parks und Grünanlagen fehlen die nötigen Mittel. Die grünen Oasen der meisten amerikanischen Städte verwandeln sich langsam in graue, verschmutzte Anlagen, die keinem mehr Erholung und Freude bringen. Und wie man dem Gift, das aus Tausenden von Auspuffrohren und Industrieschornsteinen strömt und bei Windstille wie eine Glocke über den Städten hängt, begegnen soll, ist ein bis heute gänzlich unlösbar erscheinendes Problem, das noch lange die Gemüter bewegen wird. Bisher begegnet man ihm mit Galgenhumor, wie ein Bilderwitz im „New Yorker" beweist: Ein Ehepaar sitzt auf der Terrasse seines New Yorker Appartements bei Tisch und die Frau ruft ihrem Mann zu: „Beeile dich, Liebling, die Suppe wird sonst schmutzig."

[1] Man vergegenwärtigte sich, daß ihre Zahl mit der der Einwohner Düsseldorfs vergleichbar ist.

IV.

Ist es ein Wunder, daß die Amerikaner angesichts eines solchen Chaos nur zu gerne die Probleme ihrer Städte von sich schieben und lieber romantischen Träumen von der guten alten Zeit nachhängen? Sie wollen nicht wahrhaben, daß die veränderten Lebensbedingungen in den Städten auch eine neue Einstellung ihrer Bürger erfordern. Es scheint, als gäben sich die Städter mit Vorliebe ländlichen Idealen hin. Sie sehnen sich nach ihrer „eigenen Scholle", auf der sie uneingeschränkter Herr sind und auch als solcher von ihren Nachbarn geachtet werden. Wie sonst sollte man ihr Bestreben, selbst in den engsten Innenstädten ländliche Vorortsverhältnisse mit Rasenflächen und Gärtchen herzustellen, deuten. Das in vergangenen Zeiten bedeutungsvolle gutnachbarliche Verhältnis ist ein so tief verwurzeltes Bedürfnis der Amerikaner, daß sie es auch heute noch mit Hingabe pflegen, sei es durch „Togetherness", nachbarliche Zusammenschlüsse, gemeinsame Barbecue-Parties im Freien oder Camping. Daher ist es wirklich fragwürdig, ob ein echtes, öffentliches Interesse am Überleben der Städte existiert und ob sich überhaupt genug Einsatzfreudige fänden, um für die Besserung der Situation zu kämpfen. Meinungsumfragen zeigen deutlich, daß es über die Hälfte der US-Bürger in kleine Ortschaften oder auf die Höfe zieht. Wir finden ein romantisches Sehnen nach ländlichem Leben in allen Altersgruppen und Schichten. Die alten Werte, die ländlichen Tugenden, wie natürliches Selbstvertrauen und Unabhängigkeit des Einzelnen in einem starken Familienbund und einer kleinen Gemeinde von Leuten seinesgleichen, bestehen wie zu Zeiten des Ursprungs der Nation. Der Kosmopolitismus in den Städten scheint vielen suspekt. Ihnen spricht *Thomas Jefferson* aus der Seele, der an seinen Freund *James Madison* schrieb: „Ich betrachte große Städte als verderblich für die Moral, Gesundheit und Freiheit des Menschen".

Wer dies bedenkt, fragt sich, ob die große Mehrheit der Städter den Einsatz wagen will, der nötig ist, die vielschichtigen Probleme ihrer Städte zu meistern. Die dafür nötigen Tugenden wurden früher von Generation zu Generation weitergegeben, als das Leben in der Gemeinschaft noch stärker von Religion und Moral als von Gesetzen und Vorschriften bestimmt war. Heute denkt man anders, vor allem die Jugend. Eine Basis für eine neue Gesellschaftsordnung muß geschaffen werden, oder man muß die Gültigkeit der alten Werte wiederentdecken. Denn allein wirtschaftliche Verbesserungen, verbunden mit politischen und gesetzlichen Maßnahmen, reichen nicht aus für die dauerhafte Existenz einer funktionsfähigen Gesellschaft. Die Erkenntnisse, die aus der Forschung von Wissenschaftlern und Experten zur Rettung der Großstädte hervorgehen, müssen von den Städtern praktiziert werden. Jedoch der Yankee-Optimismus scheint verloren gegangen zu sein. Die Tatsachen erdrücken die Hoffnung auf schnelle Besserung. Und viele warten nur noch auf ein Wunder, das die riesigen Probleme löst und die Städte wieder zu dem macht, was sie früher waren: Symbole ihrer Träume.

Zum Problem des Schulabbruchs

Soziale Determinanten, Ideologien, Reformkonsequenzen
Bericht über den Stand der euro-amerikanischen Dropout-Forschung

von

SUSANNE GRIMM

I. Das Phänomen des Schulabbruchs im Rahmen der bildungssoziologischen Forschung

Die bildungssoziologische Forschung in der Bundesrepublik hat sich in den vergangenen zehn Jahren verschiedenen Aspekten der Sozialisation zugewandt. Arbeitskräftemangel, die Verschärfung der internationalen Konkurrenz und die Veränderung wirtschaftlicher Wachstumsbedingungen führten zu einer ersten Kritik am westdeutschen Bildungssystem. Diese Kritik gab Anlaß zu Analysen des Schulsystems und hier besonders zur Untersuchung der Sozialisationsprobleme bildungsunterprivilegierter Gruppen. Demgegenüber waren quantitative Analysen des Schulabbruchs (dropout) bisher nur selten Gegenstand bundesrepublikanischer Bildungsforschung,[1] während qualitative Analysen noch völlig ausstehen.[2]
Bevor solche Analysen erfolgen können, bedarf es einer Aufarbeitung der internationalen Dropout-Forschung. Aufgabe dieses Artikels ist es daher, die bisher versäumte Rezeption der umfassenden amerikanischen Dropout-Forschung für den deutschsprachigen Raum nachzuholen. Um einen schnelleren Einstieg in die vorliegende Dropout-Forschung zu ermöglichen und bisherige Forschungsschwerpunkte bzw. Forschungslücken transparent zu machen, soll hier versucht werden, die vielfältigen und detaillistischen Erklärungsansätze des Schulabbruchs unter bestimmten Aspekten zu systematisieren. Innerhalb dieser Systematik werden als zentrale Dimensionen

---

[1] Einen ersten detaillierten Überblick über die Erfolgs- bzw. Mißerfolgsquoten von Gymnasien und Realschulen gab *M. Gurland* für Baden-Württemberg an Hand einer Längsschnittuntersuchung der Aufnahmejahrgänge 1952 und 1954. Vgl. *M. Gurland:* Von der Aufnahmeprüfung bis zum Abitur. In: Deutsche Schule, Bd. 57 (1965), S. 61–79 und S. 152–173. Die Analyse von *D. Jungk:* Probleme des sozialen Aufstiegs berufstätiger Jugendlicher, Stuttgart 1968, bringt u. a. auch eine Aufschlüsselung der Versagerquoten in Berufsaufbauschulen. – Zur Dropout-Quote von Abendgymnasien und Kollegs vgl. *P. Hamacher:* Bildung und Beruf bei Studierenden des Zweiten Bildungsweges, Stuttgart 1968. – Eine Effizienz-Analyse der Universitäten gibt u. a. *J. Hitpass*. Für Nordrhein-Westfalen vgl. *J. Hitpass:* Das Studienschicksal des Immatrikulationsjahrgangs 1958, Gütersloh 1967.

[2] Da wir unter „qualitativen" Analysen nicht beschreibende, sondern nur beschreibende und erklärende Untersuchungen verstehen wollen, die durch die Einbeziehung mehrerer unabhängiger Variablen und die Verwendung von Signifikanztests versuchen, funktionale und kausale Zusammenhänge aufzudecken, entfallen unter diesem Aspekt Untersuchungen, die nur zu korrelativen Aussagen kommen.

die beiden Subsysteme Familie und Schule herausgestellt[3] und in Beziehung gesetzt zur sozialen Schichtung.[4]

II. Versuch einer Systematisierung vorliegender Erklärungsansätze des Schulabbruchs

1. Schichtunabhängige elterliche Erziehungseinflüsse und Schulabbruch: Familialer sozialer Kontext

Für einen erfolgreichen Sozialisationsprozeß ist es notwendig, dem Kind in der Familie Gelegenheit zu geben, sich mit geschlechtsunterschiedlichen Bezugspersonen zu identifizieren. Ist diese Voraussetzung nicht gegeben, so ist der Schulerfolg gefährdet. So konnten *B. Barger* und *E. Hall*, die den Einfluß sozio-ökonomischer, sozio-kultureller Variablen sowie den Einfluß unterschiedlicher Leistungsniveaus auf den Schulabbruch bei College-Studenten und -Studentinnen untersuchten, feststellen, daß im Hinblick auf die untersuchten Variablen nur zwischen dem ehelichen Status der Eltern und dem Schulabbruch ein Zusammenhang besteht. Dropouts der oberen Leistungsgruppen kommen häufiger aus unvollständigen Familien (Eltern getrennt oder geschieden) als Non-Dropouts derselben Leistungsgruppe.[5]
Von den elterlichen Bezugspersonen kommt der Mutter als erstem Identifikationsobjekt des Kindes die zentrale Bedeutung zu. Von ihren Wertorientierungen hängt es ab, welche Verhaltenserwartungen das Kind internalisiert und in welchem Ausmaß ihm später die schulische Integration gelingt. Zeigt die Mutter geringes Interesse an der Schule, so beeinträchtigt dies den Schulerfolg des Kindes. *F. V. Mannino* kommt bei der Befragung von Unterschichtmüttern, deren Kinder die High School besuchen, zu dem Ergebnis, daß Mütter von Dropouts seltener als Mütter von Non-Dropouts ihr Kind in schulischen Fragen beraten und den Lehrer konsultieren.[6] Das

---

[3] Die Herausstellung der Subsysteme Familie und Schule als zentrale Dimensionen orientiert sich an den Ergebnissen der schichtspezifischen Sozialisationsforschung. Diese Forschung hat gezeigt, daß die Wertorientierungen von Familie und Schule nicht immer identisch sind und daß bei Wertdissens Wertkonflikte auftreten, die den Schulerfolg hemmen.

[4] Wenn wir in der nachfolgenden Systematik zwischen schicht-„unabhängigen" und schicht-„abhängigen" Einflüssen unterscheiden, so heißt dies: Ein bestimmter Faktor korreliert stärker mit einer bestimmten Schichtzugehörigkeit als mit einer anderen und die Unterschiede sind signifikant (= schichtabhängig); bzw. ein bestimmter Faktor korreliert in ähnlicher oder gleicher Weise mit allen untersuchten Schichten und es wurden keine signifikanten Unterschiede ermittelt (= schichtunabhängig). Nun ist diese Abhängigkeit bzw. Unabhängigkeit aus bestimmten methodischen Gründen allerdings nur eine relative: Jede operationale Definition erfaßt nur begrenzte Aspekte einer Variablen. In nicht-experimentellen Untersuchungssituationen, die für die Sozialwissenschaften charakteristisch sind, kann der Einfluß der „erklärenden" Variablen auf das zu erklärende Problem nur indirekt erschlossen werden.

[5] Vgl. *B. Barger* u. *E. Hall:* The Interaction of Ability Levels and Socioeconomic Variables in the Prediction of College Dropouts and Grade Achievement. In: Educational and Psychological Measurement, 1965, 25 (2), S. 501–508.

[6] Vgl. *F. V. Mannino:* Family Factors Related to School Persistence. In: Journal of Educational Sociology, 1962, 25 (5), S. 193–202.

Soziale Determinanten des Schulabbruchs[7]

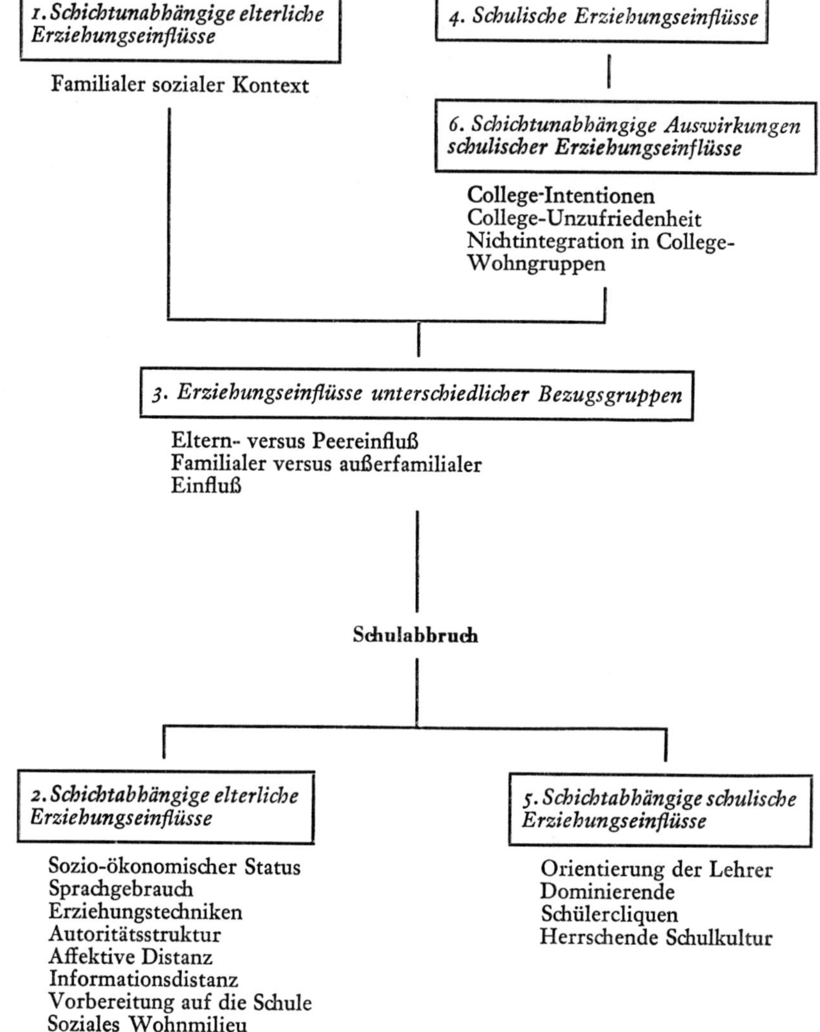

[7] Die Signifikanzniveaus der in den einzelnen Dimensionen angeführten Kriterien bewegen sich zwischen $p > 0{,}001$ und $p > 0{,}05$.

Verhalten der Non-Dropouts weist auf atypische Sozialisationsformen in der Unterschicht hin.

2. *Schichtabhängige elterliche Erziehungseinflüsse und Schulabbruch*

Angesichts der Mittelschichtorientierung der Schule stellen die familialen Sozialisationsleistungen der unterschiedlichen sozialen Schichten unterschiedliche schulische Starthilfen dar. Während für die Mittel- und Oberschicht der Sozialisationsprozeß in der Schule eine Fortsetzung der familialen Sozialisation bedeutet, stellt der schulische Sozialisationsprozeß für die Unterschicht einen Gegensatz zur familialen Sozialisation dar.[8] In welch vielfältiger Weise die Unterschichtkultur die Schulerfolgschancen von Unterschichtkindern in der mittelschichtorientierten Schule erschwert, zeigen die Ergebnisse der schichtspezifischen Dropout-Forschung.

Sozio-ökonomischer Status

Daß das Phänomen des Schulabbruchs ein vornehmlich unterschichtspezifisches Problem darstellt, weist besonders *A. W. Astin* nach. An Hand einer 4-jährigen Längsschnittuntersuchung prüft er den Einfluß sozio-ökonomischer Variablen auf die Ausbildungsaspirationen und Berufspläne von College-Studenten. Als signifikante Indikatoren für die Voraussage von Dropout erweisen sich das schulische Ausbildungsniveau der Eltern, die Berufposition des Vaters und das schulische Ausbildungsniveau der Kameradengruppen (peers).[9] Da sich im Rahmen der schichtspezifischen Dropout-Forschung gezeigt hat, daß die Unterschicht tendenziell weit häufiger unter den Schulabbrechern vertreten ist als die Mittel- und Oberschicht, wollen wir im folgenden die Merkmale des familialen Sozialisationsklimas der Unterschicht skizzieren.

Sprachgebrauch

Als zentrale Einflußvariable auf die geistige Entwicklung von Kindern und ihre Vorbereitung auf die Schule erweist sich – wie *B. Bernstein* zuerst feststellte[10] – der schichtunterschiedliche Sprachgebrauch. Die fremden Sprachcodes der mittelschichtorientierten Schule stellen für Kinder der Unterschicht Nachteile in den Schulerfolgschancen dar. So ermittelte *D. Lawton* bei Schülern der grammar school unter Konstanthaltung des Intelligenzquotienten, daß Arbeiterkinder im schriftlichen Sprachgebrauch gegenüber Kindern der Mittelschicht benachteiligt sind und daß sie seltener eine abstrakt generalisierende Sprachform verwenden. *Lawton* weist nach, daß

---

[8] Vgl. *H. G. Rolff* u. *Th. Sander:* Soziale Bildungsbarrieren und ihre Überwindung durch technische Hilfsmittel und programmierten Unterricht. In: Deutsche Schule, Bd. 59 (1967), S. 85 f.

[9] Vgl. *A. W. Astin:* Personal and Environmental Factors Associated with College Dropouts among High Aptitude Students. In: Journal of Educational Psychology, 1964, 55 (4), S. 219–227.

[10] Vgl. *B. Bernstein:* Sozio-kulturelle Determinanten des Lernens. In: Kölner Zeitschrift für Soziologie und Sozialpsychologie, Sonderheft 4, 1959, S. 52–79. Zu einer Darstellung und Kritik der Forschungsliteratur seit *Bernstein* vgl. *W. Nipold:* Sprache und soziale Schicht, Berlin 1970.

das Ausmaß des schichtunterschiedlichen Dropout ganz wesentlich von den unterschiedlichen Sprachstilen abhängt.[11]
Die Untersuchungsergebnisse von *U. Oevermann* haben deutlich gemacht, daß der Sprache bei kognitiven Prozessen eine innere Vermittlungsfunktion zukommt.[12] Angesichts dieser Tatsache ist es nicht verwunderlich, daß *K. L. Harding* bei Dropouts geringere theoretische Fähigkeiten feststellt als bei Non-Dropouts.[13] Zu diesem Ergebnis kommt *Harding* auf Grund von Intelligenztests bei Schülern der 10. und 11. High School-Klasse. Die Auswirkung des spezifischen Sprachgebrauchs der Unterschicht kann sich generell aber auch in einem geringen schulischen Qualifikationsniveau niederschlagen. Daß hinsichtlich des Qualifikationsniveaus zwischen Dropouts und Non-Dropouts Unterschiede bestehen, zeigen die Ergebnisse von *L. Cohen* und *D. Child*, die Leistungstests bei erstsemestrigen Universitätsstudenten durchführten.[14]

Erziehungstechniken

Wie insbesondere durch die Untersuchungen von *U. Bronfenbrenner*[15] und *M. L. Kohn*[16] bekannt, sind auch Erziehungstechniken schichtunterschiedlich. Nach *Bronfenbrenner* und *Kohn* ist für eine erfolgreiche emotionale, geistige und soziale Vorbereitung auf die Schule eine für die Mittelschicht typische verbal-orientierte, enge und bestätigende Beziehung zu beiden Elternteilen notwendig. Genau daran fehlt es bei den von *L. F. Cervantes* untersuchten High School-Dropouts aus städtischen Unterschichtfamilien.[17] *Cervantes* untersucht als Indikatoren für das Fehlen eines nahen Primärkontaktes den Grad an verbal-orientierter, bestätigender intrafamilialer Kommunikation und den Grad an emotionaler Befriedigung des Jugendlichen durch das Primärsystem Familie. *Cervantes* kommt dabei zu dem Ergebnis, daß sich Dropouts seltener als Non-Dropouts durch ihre Familie

---

[11] Vgl. *D. Lawton:* Class Language and Learning. In: Mental Health, 1967, 26 (2), S. 3–5. *Lawton* sagt hier nicht, auf welcher Schulstufe der grammar school, mit Hilfe welches Samples und mit welcher Erhebungsmethode er seine Untersuchung durchgeführt hat. Ferner fehlen Angaben über das Signifikanzniveau der angeführten Indikatoren des schichtunterschiedlichen Sprachgebrauchs.

[12] Vgl. *U. Oevermann:* Schichtenspezifische Formen des Sprachverhaltens und ihr Einfluß auf die kognitiven Prozesse. In: *H. Roth* (Hrsg.): Begabung und Lernen, Deutscher Bildungsrat, Gutachten und Studien der Bildungskommission 4, Stuttgart 1969, S. 297–356.

[13] Vgl. *K. L. Harding:* A Comparative Study of Caucasian Male High School Students who Stay in School and those who Drop Out, Dissertation, Chapter V, Summary, Conclusions and Recommendations, S. 82–101.

[14] Vgl. *L. Cohen* u. *D. Child:* Some Sociological and Psychological Factors in University Failure. In: Durham Research Review, 1969, 6 (22), S. 365–372.

[15] Vgl. *U. Bronfenbrenner:* Socialization and Social Class through Time and Space. In: *E. E. Maccoby, T. M. Newcomb* u. *E. L. Hartley* (Hrsg.): Readings in Social Psychology, New York 1958.

[16] Vgl. *M. L. Kohn:* Social Class and the Exercise of Parental Authority. In: American Sociological Review, Vol. 24 (1959), S. 352 ff.; *ders.:* Social Class and Parent-Child Relationships. An Interpretation. In: American Journal of Sociology, Vol. 68 (1962/63), S. 471 ff.

[17] Vgl. *L. F. Cervantes:* The Family of the Dropout. In *ders.:* The Dropout, Ann Arbor 1969, S. 11–37.

verstanden und akzeptiert fühlen; daß bei Dropouts eine bestätigende intrafamiliale Kommunikation sehr sporadisch ist und daß Dropouts tendenziell weit weniger Vertrauen zur Familie haben als Non-Dropouts. Im Vergleich zum Familienklima der Non-Dropouts bezeichnet *Cervantes* das Familienklima der Dropouts als „kühler" und „künstlicher", was häufig dazu führt, daß Dropouts die Befriedigung ihrer emotionalen Bedürfnisse außerhalb der Familie suchen, bei Menschen, deren Einstellungen und Wertorientierungen unter Umständen im Widerspruch stehen zu den familialen Orientierungen.

Autoritätsstruktur

Innerhalb der Familie kommen den beiden Elternteilen im Hinblick auf den Sozialisationsprozeß unterschiedliche Funktionen zu. Während der Vater stärker die Werte des öffentlichen Leistungsbereichs zu vertreten hat – besonders die Leistungsorientierung –, die sich für die spätere Plazierung des Kindes in Schule und Beruf günstig auswirken, konzentriert sich die Orientierung der Mutter stärker auf familistische Werte. Da sich die einzelnen sozialen Schichten aber in ihrer familialen Autoritätsstruktur unterscheiden (Oberschicht: patriarchalisch; Mittelschicht: egalitär; Unterschicht: matriarchalisch), sind damit auch schichtunterschiedliche Wertorientierungen gegeben. *F. Neidhardt* führt den Mangel an familialer Außenorientierung in der Unterschicht auf den matriarchalischen Familismus dieser Schicht zurück.[18] *L. F. Cervantes*, der die Autoritätsstruktur von Dropout- und Non-Dropout-Familien aus der Unterschicht untersucht hat,[19] differenziert diesen Tatbestand durch folgende Feststellung. Innerhalb der Arbeiterschicht gebe es eine subkulturelle Dichotomie: Während in Dropout-Familien die Mutter die Autoritätsinstanz darstelle, werde die Autorität in Non-Dropout-Familien durch den Vater repräsentiert. Signifikante Unterschiede zwischen Dropout- und Non-Dropout-Familien bestehen nach *Cervantes* auch hinsichtlich der Anerkennung der elterlichen Autorität. Während Dropouts die elterliche Autorität häufiger zurückweisen, wird sie von Non-Dropouts häufiger akzeptiert.[20] Im Hinblick auf den sozialen Aufstieg erleichtert die Akzeptierung der elterlichen Autorität, d. h. in diesem Fall der väterlichen Autorität, die Vorbereitung auf die mittelschicht-spezifischen Werte, Normen und Einstellungen der Schule und begünstigt eine Graduierung. *L. F. Cervantes* untersuchte darüber hinaus Freunde der Familien von Dropouts und Non-Dropouts der Unterschicht.[21] Dropout-Familien besitzen insgesamt weniger und insbesondere weniger Freunde, die die Schulmotivation fördern, als

---

[18] Vgl. *F. Neidhardt:* Schichtspezifische Vater- und Mutterfunktionen im Sozialisationsprozeß. In: Soziale Welt, 16, 1965, S. 338–348.

[19] Vgl. *L. F. Cervantes:* Parental Authority and the Dropout. In: Sociological Analysis, 1966, 27, S. 27–37.

[20] *Cervantes* kommt auf Grund dieses Ergebnisses zu dem Schluß, daß es innerhalb der Arbeiterschicht auch *zwei Jugendkulturen* gibt – eine in Bezug auf die Erwachsenenkultur unabhängige Jugendkultur der Dropouts und eine unter diesem Aspekt abhängige Jugendkultur der Non-Dropouts.

[21] Vgl. *ders.:* The Isolated Nuclear Family and the Dropout. In: Sociological Quarterly, 1965, 6, S. 103–118.

Familien von Non-Dropouts. Ausdruck der mangelnden familialen Außenorientierung ist die Tatsache, daß Eltern von Dropouts, wie *A. L. Bertrand* aufgrund von Interviews der Eltern von High School-Non-Dropouts und Dropouts feststellte, eine indifferentere Einstellung gegenüber einer höheren Schulbildung erkennen lassen als Eltern von Non-Dropouts.[22] *Bertrand* fand in diesem Zusammenhang auch signifikante Unterschiede in der Teilnahme der Eltern an Schulaktivitäten.[23]

Affektive Distanz

Ein weiterer Aspekt sozialer Schichtung ist die „soziale Distanz". Wie ich an anderer Stelle gezeigt habe, besitzen Angehörige der Unterschicht eine besondere „affektive Distanz" zum Bereich weiterführender Schulen und zum Berufsbereich der Mittel- und Oberschicht.[24] Diese Distanz bewirkt eine Unsicherheit der Eltern hinsichtlich ihrer eigenen Aufstiegs- und Zukunftsorientierung, die sie auf ihre Kinder übertragen. Es ist daher nicht erstaunlich, daß – wie *L. Cohen* und *D. Child* bei ihrer Befragung festgestellt haben – Unsicherheit in der Berufswahl und Zukunftsangst hinsichtlich der Berufsaussichten sich bei Dropouts stärker niederschlagen als bei Non-Dropouts.[25] Ein weiterer Ausdruck elterlicher Bildungsunsicherheit sind geringe schulische Ausbildungserwartungen, die auf die Kinder projiziert werden. Wie *K. L. Harding* feststellte, bestehen hinsichtlich solcher Erwartungen signifikante Unterschiede zwischen Dropouts und Non-Dropouts.[26] Ihren gravierendsten Niederschlag findet die elterliche Bildungsunsicherheit aber in einem Mangel an Vertrauen in die Leistungsfähigkeit des Kindes. Dies spiegelt sich in einer geringen Selbsteinschätzung der Jugendlichen wider. Bezeichnenderweise fand *K. L. Harding*, daß Dropouts ihre theoretischen Fähigkeiten geringer einschätzen als Non-Dropouts.[27]

Informationsdistanz

Eine andere Ausdrucksform der „sozialen Distanz" ist die „Informationsdistanz". Bei Angehörigen der Unterschicht äußert sich diese Distanz in einer Unkenntnis des Bildungs- und Berufsbereichs der Mittel- und Oberschicht, die aufstiegshemmend wirkt.[28] Auch die Dropout-Forschung zeigt,

[22] Vgl. *A. L. Bertrand:* School Attendance and Attainment: Function and Disfunction of School and Family Social Systems. In: Social Forces, Vol. 40 (1962), S. 228–233.

[23] Vgl. *ders.:* a. a. O., S. 231.

[24] Vgl. *S. Grimm:* Die Bildungsabstinenz der Arbeiter, München 1966, S. 116–125.

[25] Vgl. *L. Cohen* u. *D. Child:* a. a. O., S. 369. Auch *Hopkins, Malleson* und *Sarnoff* konstatierten die Unsicherheit in der Berufswahl bei Universität-Dropouts gegenüber Non-Dropouts, während *Youmans* das geringe Vertrauen in die Zukunft für High School-Dropouts gegenüber Non-Dropouts bestätigt. Vgl. *J. Hopkins, N. Malleson* u. *I. Sarnoff:* Some Non-intellectuell Correlates of Success and Failure among University Students. In: British Journal of Educational Psychology, Vol. 28 (1958), S. 25–36; vgl. *E. G. Youmans:* The Rural School Dropout: A Ten-Year Follow-up Study of Eastern Kentucky Youth. In: Bulletin of the Bureau of the School Service, Vol. 36 (1963), S. 31.

[26] Vgl. *K. L. Harding:* a. a. O., S. 89.

[27] Vgl. *ders.:* a. a. O., S. 88.

[28] Vgl. *S. Grimm:* a. a. O., S. 66–85.

wie *L. B. Greenfield* durch Befragung erstsemestriger College-Studenten herausfand, daß Schulabbrecher im Unterschied zu Schulabsolventen einen Informationsmangel hinsichtlich ihrer Berufsmöglichkeiten aufweisen.[29]

Vorbereitung auf die Schule

Vergleicht man die Wertorientierungen und Verhaltenserwartungen, die Kinder der Unterschicht während ihrer familialen Sozialisation erfahren haben, mit den für sie gegensätzlichen Mittelschichtwerten der Schule, so überrascht es nicht, daß Dropouts, die sich tendenziell häufiger aus der Unterschicht rekrutieren, hinsichtlich der Schulnormen eine geringere Anpassung zeigen als Non-Dropouts. *A. J. Miller* und *J. P. Twyman* untersuchten mittels Einstellungsskalen und Schuleignungstests den Einfluß von Wertorientierungen und Persönlichkeitsmerkmalen auf den Schulerfolg.[30] Ein Vergleich von College-Dropouts und Non-Dropouts zeigte, daß Non-Dropouts stärker „sachorientiert" sind und damit eine größere Unabhängigkeit gegenüber anderen aufweisen als Dropouts. Dagegen sind Dropouts stärker „sozialorientiert", womit sich eine größere Abhängigkeit von anderen verbindet, die mit geringeren Schulerfolgschancen korreliert. Einen weiteren Indikator für schulische Orientierungsschwierigkeiten untersuchten *L. Cohen* und *D. Child.* Dropouts sahen sich häufiger durch ihre Arbeit überfordert als Non-Dropouts.[31]

Soziales Wohnmilieu

Die schulischen Chancennachteile der Unterschicht werden, wie *J. Kob* festgestellt hat, besonders manifest bei Jugendlichen, die in schichthomogenen Stadtvierteln wohnen.[32] Dementsprechend ist auch die Dropout-Rate der von *E. Palmore* hinsichtlich einiger sozio-ökonomischer Variablen untersuchten Unterschichtangehörigen in schichthomogenen Wohngebieten höher als in heterogenen Einzugsgebieten.[33]
Abschließend sei bemerkt, daß schichtspezifische Sozialisationsformen generelle Orientierungsmuster darstellen, die zwar für die Mehrzahl der Angehörigen einer sozialen Schicht typisch sind, aber eben nicht für alle. Da

---

29 Vgl. *L. B. Greenfield:* Attrition among First Semester Engineering Freshmen. In: Personnel and Guidance Journal, 1964, 42 (10), S. 1003–1010. *Ch. W. Hobart,* der auf Grund der amerikanischen Volkszählung von 1957 den durchschnittlichen Beschulungsgrad aller 25-jährigen weißen und nichtweißen Jugendlichen miteinander vergleicht und nach Schulniveaus differenziert, hebt bei seiner Analyse der Bildungshemmnisse unterprivilegierter Schulgruppen, die er auch für die Dropout- Situation als relevant ansieht, ebenfalls die ungenauen Vorstellungen über die anzustrebenden Berufsmöglichkeiten hervor. Vgl. *Ch. W Hobart:* Underachievement among Minority Group Students: An Analysis and a Proposal. In: Phylon, 1963, 24, 2, Sum., S. 184–196.

30 Vgl. *A. J. Miller* u. *J. P. Twyman:* Persistence in Engineering and Technical Institute Programs: A Study of some Nonintellective Concomitants. In: Journal of Human Resources, Vol. 2, Nr. 2, Spring 1967, S. 254–262.

31 Vgl. *L. Cohen* u. *D. Child:* a. a. O., S. 369.

32 Vgl. *J. Kob:* Erziehung in Elternhaus und Schule, Stuttgart 1963.

33 Vgl. *E. Palmore:* Factors Associated with School Dropouts and Juvenile Delinquency among Lower-Class Children. In: Social Security Bulletin, 1963, 26, S. 4–9.

kein soziales System eine vollkommene soziale Kontrolle ausübt, gibt es individuelle Abweichungen von den generellen Orientierungsmustern. Das heißt, der Sozialisationsprozeß verläuft nicht in allen Familien derselben Schicht nach diesen schichtspezifischen Verhaltensmustern. Daher gibt es innerhalb jeder Schicht atypische Sozialisationsformen, wie wir exemplarisch an den schichtdifferenzierenden Ergebnissen von *Cervantes*, *Mannino* und *Palmore* und an dem schichtunabhängigen familialen Kontext-Merkmal (unvollständige Familie) gesehen haben.

3. Erziehungseinflüsse unterschiedlicher Bezugsgruppen und Schulabbruch

Für die individuelle Abweichung von den schichtspezifischen Sozialisationsmustern ist u. a. von Bedeutung, an welchen Bezugspersonen bzw. Bezugsgruppen man sich orientiert. Von der Art der „signifikanten Anderen" hängt es ab, welche Sozialisationsinhalte gelernt werden. Für die individuelle Abweichung von den generellen Schichtmustern können sowohl die zugeschriebenen familialen Sozialisationskontakte als auch erworbene sekundäre Sozialisationskontakte relevant werden. Entscheidend ist, daß der einzelne sich mit den Bezugspersonen bzw. Bezugsgruppen[34] identifiziert, daß er ihre Wertorientierungen und Verhaltenserwartungen verinnerlicht und sein Verhalten an ihnen orientiert.

Hierbei fallen der Bezugsgruppe mehrere Funktionen zu:

– Die Fremdgruppe dient als Orientierungs- bzw. Vergleichsgruppe für das eigene Verhalten bzw. für das Verhalten der Eigengruppe.

– Die Bezugsgruppe dient als Identifikationsgruppe, indem das Individuum die Wertorientierungen und Verhaltenserwartungen der Fremdgruppe für sich als verbindlich anerkennt und bestrebt ist, sich das Verhalten der Fremdgruppe anzueignen.

– Die Fremdgruppe dient als Interaktionsgruppe, die es dem Nichtmitglied gestattet, ihre Normen kennenzulernen und einzuüben.

Als Unterstützung für den mit dem Eintritt in die Fremdgruppe notwendig werdenden Schichtwechsel kann eine antizipatorische Sozialisation dienen, die das Individuum in einer Art Selbsterziehungsprozeß mit den Normen der Fremdgruppe vertraut macht. Eine solche antizipatorische Akkulturation unterstützt den Aufstieg in die Fremdgruppe und erleichtert die Integration in ihre Normenwelt. Für das Gelingen der antizipatorischen Sozialisation müssen allerdings bestimmte sozio-kulturelle Voraussetzungen gegeben sein.

– Ein gewisses Maß an Kenntnis und Bestätigung durch die Fremdgruppe, damit die Fremdgruppe die Qualität einer Bezugsgruppe gewinnen kann.

– Die Sozialstruktur der Bezugsgruppe muß relativ offen sein, d. h. die „soziale Distanz" zu Nicht-Mitgliedern darf nicht zu groß sein.

Darüber hinaus sind Individuen, die in der Eigengruppe keine ausreichenden Identifikationsmöglichkeiten finden, prädestiniert für die Orientierung an einer Fremdgruppe.

Ist die antizipatorische Sozialisation erfolgreich, so verlieren die Normen der Eigengruppe für das Individuum an Bedeutung. Durch diesen kultu-

---

34 Als „Bezugspersonen oder -gruppen" im eigentlichen Sinn gelten im allgemeinen Nicht-Mitgliedsgruppen, an deren Verhalten man sich orientiert.

rellen Entfremdungsprozeß schwächen sich die sozialen Beziehungen zur Eigengruppe ab. Dies führt nicht selten zu einem Status-Konflikt, der durch einen verschärften sozialen Druck der Mitglieder der Eigengruppe verstärkt werden kann.[35]

Für soziale Aufstiegsprozesse, die mit der Orientierung an Fremdgruppen im Zusammenhang stehen, müssen einerseits objektive Aufstiegsmöglichkeiten vorhanden sein, andererseits subjektive Aufstiegsmotivationen. Für die Entwicklung von Aufstiegsmotivationen ist von Bedeutung, in welchem Ausmaß sich Angehörige unterer sozialer Schichten mit den Wertorientierungen und Verhaltenserwartungen höherer sozialer Schichten identifizieren.

Eltern- versus Peereinfluß

Da der Einfluß unterschiedlicher Bezugsgruppen auf das Phänomen des Schulerfolgs bzw. Schulabbruchs bisher kaum untersucht worden ist, soll hier stellvertretend die Analyse von *E. L. McDill* und *J. Coleman* diskutiert werden, die im Hinblick auf den Einfluß von Bezugsgruppen als richtungweisend bezeichnet werden kann und als Grundlage für die im Anschluß referierten Ergebnisse der Dropout-Forschung dienen soll.[36] *McDill* und *Coleman* befragten mittels schriftlicher Klassenzimmerinterviews High School-Schüler in zwei Phasen. Während die Verfasser im ersten Teil ihrer Analyse den Einfluß von Eltern und Kameradengruppen auf die College-Intentionen der Schüler überprüfen, beschreiben sie im zweiten Teil der Analyse die Auswirkung des Aspirationsklimas unterschiedlicher Schulen, indem sie die „College-Orientierung" von sechs verschiedenen High Schools miteinander vergleichen und in Beziehung setzen zu den College-Intentionen der aus diesen Schulen ausgewählten Schülern.

Als Indikatoren für den Elterneinfluß untersuchten *McDill* und *Coleman* das schulische Ausbildungsniveau des Vaters sowie die Einstellung der Eltern zum College-Besuch ihrer Kinder. Dagegen prüften die Autoren den Einfluß der Kameradengruppen mit Hilfe des soziometrischen Status der Befragten innerhalb der Sozialstruktur ihrer High Schools. Im Hinblick auf den Einfluß der Bezugsgruppen — Familie, Kameraden — lassen sich im Zeitvergleich folgende Ergebnisse herausstellen:

— Im ersten High School-Jahr ist der Einfluß der Eltern auf die College-Intentionen der Schüler weitaus stärker als der Einfluß der Kameraden.

— Im letzten High School-Jahr verhält es sich genau umgekehrt: der Einfluß der Kameradengruppen auf die College-Intentionen der Schüler hat gegenüber dem Elterneinfluß den Vorrang gewonnen.

— Die schulischen Aspirationsklimata haben auf den untersuchten Variablenzusammenhang ebenfalls einen Einfluß: In den Schulen mit positiver

---

[35] Für eine allgemeine Orientierung vgl. *M. Emge:* Fremde Gruppen als Bezugsgruppen. In: Kölner Zeitschrift für Soziologie und Sozialpsychologie, Bd. 19 (1967), S. 246—262; *R. K. Merton:* Anticipatory Socialization. In *H. H. Hyman* u. *E. Singer* (Hrsg.): Readings in Reference Group Theory and Research, Toronto 1968, S. 347—349; *R. Turner:* The Social Context of Ambition, San Francisco 1964, S. 128—133, 219—222.

[36] Vgl. *E. L. McDill* u. *J. Coleman:* Family and Peer Influences in College Plans of High School Students. In: Sociology of Education, Vol. 38 (1964), S. 112—126.

„College-Orientierung" ist der Einfluß der peers gegenüber dem der Eltern auf die College-Intentionen der Schüler im Verlauf der High School-Jahre größer als in Schulen mit negativer „College-Orientierung".

Familialer versus außerfamilialer Einfluß

Eine der wenigen Untersuchungen, die den Einfluß familialer und außerfamilialer Beziehungen auf den Dropout untersucht, wenn auch unter Ausschluß der Schichtzugehörigkeit, ist die Analyse von *M. A. Malec, J. B. Williams* und *E. Z. Dager*.[37] Das ausgewählte Sample setzt sich aus Dropouts und Non-Dropouts der 9. bis 11. High School-Klasse zusammen. Die Untersuchung zielt darauf ab, zwei konkurrierende, im nachfolgenden skizzierte Erklärungsansätze des Dropout-Problems zu überprüfen und miteinander zu verbinden. Während *L. F. Cervantes* die Bedeutung der Familienintegration, also des familialen Aspektes, für den Schulerfolg hervorhebt, betonen *B. C. Rosen* und *W. B. Brookover* die Wichtigkeit der Internalisierung der Leistungsorientierung und der Selbsteinschätzung der Leistungsfähigkeit, also außerfamiliale Aspekte. *Malec*, *Williams* und *Dager*, die die genannten drei Variablen in ihre Analyse einbeziehen, kommen an Hand einer Fragebogenerhebung mit Einstellungsskalen zu folgenden Ergebnissen:

– Hinsichtlich der Leistungsorientierung kommt der Familienintegration keine Bedeutung zu.

– Hinsichtlich der Selbsteinschätzung der Leistungsfähigkeit ist die Familienintegration dagegen von Bedeutung.

4. *Schulische Erziehungseinflüsse und Schulabbruch*

Obwohl die Schule gegenüber der Familie ein eigenes Subsystem darstellt und in Bezug auf den Schulerfolg als eigene Erklärungsvariable gelten kann, sind Erklärungsversuche unter schulischem Aspekt bisher kaum erfolgt.[38] Um so weniger hat dieser Einflußfaktor im Rahmen der Dropout-Forschung Beachtung gefunden.[39]

Da im Hinblick auf den Schulerfolg zwischen familialer und schulischer So-

[37] Vgl. *M. A. Malec, J. B. Williams* u. *E. Z. Dager:* Family Integration Achievement Values, Academic Self-Concept and Dropping Out of High School. In: Sociological Focus, Vol. 3, No. 1, Autumn 1969, S. 68–77.

[38] „Unfortunately, such an approach to the analysis of the school has been a rare phenomenon until recently." *J. F. Morris* u. *E. Lunzer:* Contexts of Education, Development in Learning, London 1969, S. 248. Auf diesen Mangel in der englischen und amerikanischen Bildungsforschung wies *J. Floud* bereits 1959 hin. Vgl. *ders.:* Die Schule als eine selektive Institution. In: Kölner Zeitschrift für Soziologie und Sozialpsychologie, Sonderheft 4, 1959, S. 46. Auch in der deutschen Bildungsforschung fehlen diesbezügliche Ansätze. Vgl. *C. Rauh:* Soziale Faktoren des Unterrichtsprozesses. In *K. Ingenkamp* (Hrsg.): Handbuch der Unterrichtsforschung, Teil II, Weinheim 1970, S. 2077.

[39] So ist es bezeichnend, daß *D. Schreiber* in seinem Forschungsbericht, Dropout: causes and consequences, keine Dropout-Untersuchung zitiert, die von einem organisations-soziologischen Erklärungsansatz ausgeht. In *R. Ebel* (Hrsg.): Encyclopedia of Educational Research, London 1969, S. 308–316. *J. Floud* nennt als Beispiel dieser fehlenden Forschungsinitiativen unter schulischem Aspekt das Problem der „early leavers" der englischen grammar schools und der „dropouts" der amerikanischen High Schools. Vgl. *ders.:* a. a. O., S. 48.

zialisation eine Wechselwirkung besteht, beziehen einige der Dropout-Forscher beide Faktoren, nämlich familiale wie schulische, in ihre Analysen ein. Im Wertsystem der Gesellschaft hat die Schule – wie alle übrigen Sozialisationsinstanzen – die Funktion, die Jugendlichen in das bestehende Gesellschaftssystem zu integrieren. Diese Aufgabe erfüllt die Schule in zweifacher Hinsicht: einerseits, indem sie über die Gewährung oder Verweigerung von Bildungs- und Lebenschancen entscheidet, andererseits indem sie die Anpassung an die herrschenden Normen gewährleistet, weswegen das Bildungssystem von den herrschenden Normen ausgeht. Außer der Oberschicht, für die weiterführende Schulen eine Selbstrekrutierungsinstanz darstellen, ist die Mittelschicht für einen Aufstieg über die Schule prädisponiert. Einerseits repräsentiert sie die herrschenden Werte am deutlichsten, andererseits findet sie in der Schule eine Mittelklasseninstitution. Demgegenüber ist die Ausgangssituation der Unterschicht weitaus ungünstiger. Ihre „soziale Distanz" zu den herrschenden Werten, und das heißt nicht zuletzt zu den Normen der Schule, steht ihrem Aufstieg über die Schule entgegen. Für die Unterschicht ist die herrschende Schulkultur der Mittelschicht eine Fremdkultur.[40] Aus diesem Grunde ist es verständlich, warum Autoren, welche die familiale Sozialisation der schulischen Sozialisation gegenüberstellen, vornehmlich die Bildungssituation der Unterschicht analysieren.
Wir wollen bei den Dropout-Analysen unter schulischem Aspekt ebenfalls zwischen schichtabhängigen schulischen Erziehungseinflüssen und schichtunabhängigen schulischen Erziehungseinflüssen unterscheiden und die Ergebnisse dieser Untersuchungen getrennt referieren.

5. Schichtabhängige schulische Erziehungseinflüsse und Schulabbruch

Orientierung der Lehrer

Der Repräsentant der mittelständischen Normenwelt der Schule ist der *Lehrer.* Unabhängig davon, ob er seiner Herkunft nach der Mittelschicht angehört oder im Verlauf seiner schulischen und beruflichen Sozialisation die Werte dieser Schicht verinnerlicht hat, beeinflussen mittelständische Leistungserwartungen sein erzieherisches Verhalten. Der Lehrer ist allerdings nicht nur Träger der herrschenden Bildungsinhalte und der „formalen" Sprache, sondern er praktiziert auch die mittelständischen Erziehungstechniken. Wie wir besonders durch die Untersuchung von *O. Preuss* wissen, drückt sich die mittelschichtspezifische Orientierung des Lehrers darüber hinaus in der Beurteilung der Schüler aus.[41] In das Eignungsurteil des Volksschullehrers z. B., der nur ein Repräsentant der unterschiedlichen Lehrergruppen ist, gehen soziale Faktoren ein, die der Intelligenztest nicht

[40] Vgl. *U. Jaeggi:* Macht und Herrschaft in der Bundesrepublik, Frankfurt 1969, S. 147–170; *W. Sprondel:* Elemente des Zuweisungsprozesses sozialer Positionen. Diss. phil., München 1968.

[41] Vgl. *O. Preuss:* Soziale Determinanten im Urteil von Volksschullehrern über die Eignung von Schülern für eine weiterführende Schule, Diss., Münster 1968; *F. Latscha:* Der Einfluß des Primärlehrers. In *F. Hess*, *F. Latscha* u. *W. Schneider:* Die Ungleichheit der Bildungschancen, Olten 1966, S. 185–258; *G. Steinkamp:* Die Rolle des Volksschullehrers im schulischen Selektionsprozeß. In diesem Jahrbuch, 12. Jahr (1967), S. 302–324.

mißt, deren Einbeziehung aber dazu führt, daß Arbeiterkindern geringere Bildungs- und Lebenschancen eingeräumt werden als Kindern höherer Schichten. Dieser Mittelschichtpräferenz von Lehrern entspricht auch das Ergebnis der Fragebogenerhebung von *D. Friesen*, der bei der Untersuchung von Schülern zweier kanadischer High Schools festgestellt hat, daß Dropouts, die sich zum größten Teil aus Unterschichtangehörigen zusamensetzten, den Lehrer seltener als „verständnisvoll und hilfsbereit" empfanden als Non-Dropouts, die hauptsächlich höheren Schichten angehörten.[42]
Hinsichtlich der Schichtzugehörigkeit kommt *D. Friesen* zu folgendem Resümee: Jugendliche aus unteren Sozialschichten verlassen die Schule weniger auf Grund eigener bildungsfeindlicher Wertvorstellungen als auf Grund von Vorurteilen und von Skepsis bezüglich unterschichtspezifischer Verhaltensweisen und Persönlichkeitsmerkmale seitens der Lehrer.[43] Der Einschätzung des Lehrers kommt aber für den Schulerfolg von Unterschichtkindern deshalb eine so große Bedeutung zu, weil der Lehrer zu den „signifikanten Anderen" gehört, von denen die Entwicklung der Selbsteinschätzung der schulischen Leistungsfähigkeit der Schüler abhängt. Diese fremdvermittelte Selbsteinschätzung beeinflußt die Schulleistungen stärker als die gemessene Intelligenz.[44]

Dominierende Schülercliquen

Einen weiteren Faktor, der auf das „Klassenklima" einwirkt, stellen altershomogene Kameradengruppen dar. Auch sie gehören zu den „signifikanten Anderen", welche die soziale, emotionale und geistige Integration bzw. Nichtintegration des einzelnen in die Mittelschichtkultur der Schule beeinflussen. Die Frage ist nun, inwieweit solche „Schülercliquen" den einzelnen in die Lage versetzen, schichtbedingte Chancennachteile zu verringern. Dank des Literaturberichts von *H. G. Rolff* und *G. Winkler*, in welchem die einschlägigen amerikanischen Forschungsergebnisse referiert werden,[45] wissen wir, daß die Cliquenbildung in der Schule schichtintern verläuft und daß sowohl in der High School als auch im College mittelständische Schülercliquen dominieren. Das ist insofern bedeutsam, als Schülercliquen einen Einfluß auf das Aspirationsniveau und die Leistungsfähigkeit der Mitschüler ausüben, sich aber je nach Schichtzugehörigkeit in ihrem Ansehen und Einfluß unterscheiden. Während man Mitgliedern von Mittelschicht-Schülercliquen ein hohes Maß an Ansehen entgegenbringt und hohe Leistungen von ihnen erwartet, genießen Mitglieder von Unterschicht-Schülercliquen ein geringes Ansehen, mit dem sich auch geringe Leistungserwartungen verbinden. Ganz wesentlich ist in diesem Zusammenhang die immer wieder bestätigte Erkenntnis, daß sich die tatsächliche Leistung in der Zeit auf die Leistungserwartung einpendelt. Angesichts dieser schichtinternen Gruppierungen und der Dominanz von Mittelschicht-Schülercliquen ist es nicht verwunderlich, daß *A. L. Bertrand* bei seiner mit Hilfe schriftlicher

[42] Vgl. *D. Friesen:* Profile of the Potential Dropout. In: Alberta Journal of Educational Research, Vol. XIII, No. 4, 1967, S. 299–309.
[43] Vgl. *D. Friesen:* a. a. O., S. 308.
[44] Vgl. *W. B. Brookover* u. *S. Thomas:* Self-Concept of Ability and School Achievement. In: Sociology of Education, Vol. 37 (1964), S. 271–278.
[45] Vgl. *H. G. Rolff* u. *G. Winkler:* Cliquenwirtschaft in der Schulklasse? In: Neue Sammlung, Bd. 7 (1967), S. 44–58.

Klassenzimmerinterviews durchgeführten Untersuchung zu dem Ergebnis kommt, daß Dropouts der Unterschicht selten Führerrollen innerhalb der Schulorganisation einnehmen.[46] *R. J. Thomas,* der die Daten von Schuldokumenten von Schülern der Eintrittsklasse einer High School analysierte, konstatiert ergänzend, daß Dropouts durch seltene Teilnahme an extracurricularen Aktivitäten auffallen. Dieser Tatbestand erwies sich in seiner Untersuchung als wichtigster Prognosefaktor für Dropout bzw. Non-Dropout.[47] Die Frage, ob die Schülercliquen der Mittelschicht es der Unterschicht ermöglichen, ihre Chancennachteile zu verringern, muß also verneint werden. Im Gegenteil, die Vorrangstellung, die die Mittelschicht-Schülercliquen durch ihr höheres Ansehen genießen, und ihre Abkapselung haben auf den schulischen Sozialisationsprozeß der Unterschicht eher einen negativen Einfluß: die geringe Selbsteinschätzung der schulischen Leistungsfähigkeit von Schülern dieser Schicht wird durch die negative Fremdeinschätzung potenziert und generalisiert.[48] Ergebnis dieser negativen Verstärkung ist eine Abnahme der Lernmotivation, die einen Leistungsrückgang bewirkt, der häufig zum Schulabbruch führt.

Herrschende Schulkultur in ihrem Einfluß auf die Integration der Schüler[49]

Betrachtet man die Ergebnisse der schichtunterschiedlichen Sozialisationswirkungen der Schule auf seiten der Schüler, so fällt zunächst einmal auf, daß Dropouts der Unterschicht häufiger über „unbefriedigende Schulerfahrungen" berichten als Non-Dropouts der Mittelschicht.[50] Wie wir im Verlauf der bisherigen Darstellung immer wieder gezeigt haben, sind für

---

[46] Vgl. *A. L. Bertrand:* a. a. O., S. 231.

[47] Vgl. *R. J. Thomas:* An Empirical Study of High School Dropouts in Regard to Ten Possibly Related Factors. In: Journal of Educational Sociology, 1954, S. 11–18.

[48] Vgl. *J. Toby:* Orientation to Education as a Factor in the School Maladjustment of Lower-Class Children. In: Social Forces, Vol. 35 (1957), S. 263.

[49] Es ist bezeichnend, daß in den referierten amerikanischen Untersuchungen der Begriff der „Integration" eine so zentrale Rolle spielt. „Sozialisation" wird immer nur als Übernahme, nie aber auch als notwendige Infragestellung tradierter Werte und Normen einer Gesellschaft verstanden. Daß die Unterschicht in diesem einseitigen Anpassungsprozeß an die Leistungsnormen einer mittelschichtorientierten Schule entweder unterliegt („geringere Schuleignung", höhere Dropout-Quote) oder der eigenen Kultur entfremdet wird („Verlust ihres ursprünglichen Intelligenzpotentials", soziale Isolierung), geht allerdings selbst aus den amerikanischen Dropout-Untersuchungen hervor. – Daß auch andere westliche Demokratien von diesem einseitigen „Sozialisations"-Verständnis ausgehen und eine einseitige Anpassung an die leistungsorientierte Mittelklassengesellschaft erzwingen und darüber hinaus zu rechtfertigen versuchen, soll dieser Forschungsbericht zeigen. Daß uns bei dem Bemühen, das westdeutsche Schulsystem zu reformieren, die amerikanischen Reformversuche kein Vorbild sein können, weil ihre Maßnahmen (intensive Förderung „kompensatorischer Vorschulprogramme" und Beschränkung auf eine „formale" Curriculumreform) darauf angelegt waren, das bestehende Schulsystem in seiner Organisationsstruktur und in seinen Bildungsinhalten beizubehalten, belegen die Kritiken der amerikanischen Reformversuche. Vgl. hierzu u. a. *H. Abels* (Hrsg.): Sozialisation in der Schule, Kettwig/Ruhr 1971, S. 157, und die Publikation der Redaktionsgruppe „Sozialisation und kompensatorische Erziehung", Berlin 1969, S. 17. Zur Kritik der unzureichenden Reformversuche in den europäischen Demokratien vgl. u. a. *H. Thomas* (Hrsg.): Weltproblem Chancenungleichheit (OECD), Frankfurt 1970.

[50] Vgl. *D. Friesen:* a. a. O., S. 304.

die höheren Dropout-Quoten der Unterschicht nicht primär intellektuelle, sondern vielmehr soziale und emotionale Faktoren verantwortlich. Da die aus der Fremdeinschätzung aller „signifikanten Anderen" resultierende Selbsteinschätzung der schulischen Leistungsfähigkeit in der Unterschicht tendenziell geringer ist als in der Mittel- und Oberschicht und eine „soziale Distanz" zu den Mittelschichtnormen der Schule besteht, wird die soziale und emotionale Integration der Unterschicht in die herrschende Schulkultur erschwert. Eine Folge dieser sozialen und emotionalen Integrationsschwierigkeiten der Unterschicht ist ihre geringere schulische Orientierung, wie *D. Friesen* bei Unterschicht-Dropouts ermittelte.[51] Als weiteres Ergebnis einer schichtunterschiedlichen Unterstützung in der Schule läßt sich die schichtunterschiedliche Häufigkeit der Wiederholung einer Klasse interpretieren, wie *A. L. Bertrand* dies bei amerikanischen High School-Dropouts feststellte[52] und was für westdeutsche Mittel- und Oberschulen durch die Längsschnittuntersuchung von *M. Gurland* bestätgt wurde.[53] Die härteste Konsequenz der Diskrepanz zwischen den schichtunterschiedlichen schulischen und familialen Wertorientierungen und den schichtunterschiedlichen Sozialisationsleistungen von Schule und Familie ist der schichtunterschiedliche Schulabbruch, der fast von allen Dropout-Forschern, die Schichtaspekte einbezogen haben, konstatiert wird.

Wie stark die schichtunterschiedlichen Dropout-Raten durch die Mittelschichtnormen der Schule[54] bedingt sind, zeigt besonders *J. Zvi Namenwirth*. Um zu prüfen, welcher der folgenden Faktoren den größten Einfluß auf den Dropout hat — Verzögerungen im Reifeprozeß, ungenügende Anpassung an die schulischen Mittelschichtstandards oder unzureichende Schulleistungen vor dem Eintritt in die High School — wendet er zwei Erhebungstechniken an. In einer in zwei Städten durchgeführten Längsschnittuntersuchung wertet *Zvi Namenwirth* erstens Schuldokumente von High School-Schülern aus und interviewt zweitens diese Schüler. Die Ergebnisse seiner Faktoren- sowie seiner multiplen Regressionsanalyse zeigen, daß der schulische Mißerfolg von Dropouts primär durch eine ungenügende Anpassung an die schulischen Mittelschichtstandards zu erklären ist. *Zvi Namenwirth* kommt auf Grund seiner Analyse zu folgendem Schluß: Der Dropout-Anteil der Unterschicht ist um so höher, je dominanter die Mittelschichtorientierung der Schule.[55]

---

[51] Vgl. *ders.:* a. a. O., S. 302.

[52] Vgl. *A. L. Bertrand:* a. a. O., S. 231.

[53] Vgl. *M. Gurland:* a. a. O.

[54] Vgl. *J. Zvi Namenwirth:* Failing in New Haven: An Analysis of High School Graduates and Dropouts. In: Social Forces, Vol. 48 (1969), S. 23—36.

[55] *N. Rogoff*, die die Daten von zwei umfangreichen Studien über die amerikanischen High Schools unter dem Aspekt der Sozialschichtung der Schüler und der Zahl der Sekundarabschlüsse analysiert, kommt zu dem Ergebnis, daß die regional unterschiedliche Verteilung der Sozialschichten der Bevölkerung sich in einer tendenziell schichtspezifischen Zusammensetzung der Schüler in den regional unterschiedlichen High Schools widerspiegelt. „Über die Hälfte aller Schulen wird in starkem Maße von Schülern einer einzigen oder zwei benachbarten Statuskategorien besucht." *N. Rogoff Ramsøy:* Die Schülerschaft der Comprehensive High Schools in den Vereinigten Staaten. In *H. Thomas* (Hrsg): Weltproblem Chancenungleichheit (OECD), a. a. O., S. 103 f.

Auf die Nachteile der der Unterschicht zugemuteten Anpassung an die einseitige Mittelschichtorientierung der Schule weist *C. W. Janssen* hin, der mit seiner Untersuchung aus der sterilen Mittelschichtbefangenheit der amerikanischen Dropout-Forschung herausführt. Mit Hilfe von drei verschiedenen Kreativitätstests, die er bei Unterschichtangehörigen zu zwei unterschiedlichen Zeitpunkten – zu Beginn und am Ende – der Eingangsklasse der High School in vier Städten anwendet, kommt er zu folgendem Ergebnis: Non-Dropouts erkaufen ihren Schulerfolg durch eine Reduktion ihres ursprünglichen Intelligenzpotentials: ihre kreativen Intelligenzleistungen liegen weit unter denen der Dropouts.[56]

6. Schichtunabhängige Auswirkungen schulischer Erziehungseinflüsse und Schulabbruch

Während bei den vorausgegangenen Untersuchungen Schulen analysiert wurden, die sich an der Mittelschicht orientierten, beschäftigen sich die folgenden Analysen mit Schulen schichtunterschiedlicher Orientierung.

College-Intentionen

Daß Schulen sich hinsichtlich ihres Aspirationsklimas unterscheiden, weist besonders *A. Wilson* nach.[57] Obwohl *Wilson* nicht auf Dropouts Bezug nimmt, sind seine Ergebnisse für die folgende Erörterung von zentraler Bedeutung. *Wilson* vergleicht 13 High Schools mit unterschiedlichem Aspirationsklima. Er geht von der Hypothese aus, daß College-Intentionen von High School-Schülern wesentlich vom Aspirationsklima der Schule abhängen. *Wilson* sieht das Aspirationsklima einer Schule durch die Wertvorstellungen der Mehrheit der Schüler geprägt. Nach der in einer Schule anzutreffenden Schichtdominanz unterscheidet *Wilson* 3 unterschiedliche Schultypen. Er weist nach, daß College-Intentionen von Schülern mit dem schulischen Aspirationsklima variieren. In schichthomogenen Schulen fungieren die Eltern als ausschlaggebende Bezugsgruppe, während in schichtheterogenen Schulen zwei alternative Bezugssysteme – Eltern und Kameradengruppen – bestehen: entweder die Unterschichteltern bleiben als Bezugsgruppe dominant, was sich bei ihren Kindern in einer geringen Neigung zum College-Besuch ausdrückt, oder die mittelschichtspezifischen Kameradengruppen dominieren als Bezugsgruppe und modifizieren dadurch die durch die Eltern vermittelten Motivationen, was bei den Kindern zu einer größeren Neigung zum College-Besuch führt.

College-Unzufriedenheit

Im Vergleich zu *Wilson* gehen *L. A. Pervin* und *D. B. Rubin* von einem stärker gruppenspezifisch-motivationalen Erklärungsansatz aus.[58] Sie stellen

[56] *C. W. Janssen:* Comparative Creativity Scores of Lower Socioeconomic Dropouts and Non-Dropouts. In: Dissertation Abstracts, Vol. 27 (1966), A. P. 1659.

[57] Vgl. *A. Wilson:* Residential Segregation of Social Classes and Aspirations of High School Boys. In: American Sociological Review, Vol. 24 (1959), S. 836–845.

[58] Vgl. *L. A. Pervin* u. *D. B. Rubin:* Students Dissatisfaction with College and the College Dropout: A Transactional Approach. In: Journal of Social Psychology, 1967, 72, S. 285–295 (S. 292).

folgende Hypothesen auf: Je größer die Diskrepanz zwischen Selbst- und College-Perzeption, desto größer die College-Unzufriedenheit und die Dropout-Wahrscheinlichkeit. Die genannte Diskrepanz führen die Autoren stärker auf außerschulische als auf schulische Faktoren zurück.[59] *Pervin* und *Rubin* überprüfen ihre Hypothesen bei College-Studenten höherer Semester, deren Einstellungen sie durch Befragung ermittelten und faktorenanalytisch auswerteten. Dies brachte sie zu folgenden Ergebnissen:

– Die Diskrepanz zwischen Selbst- und College-Perzeption korreliert stärker mit außerschulischen als mit schulischen Faktoren.

– Diskrepanzen zwischen Selbst- und College-Perzeption korrelieren stärker mit College-Unzufriedenheit als mit College-Zufriedenheit.

– College-Unzufriedenheit korreliert stärker mit außerschulischen als mit schulischen Faktoren.

– Dropout-Antizipation korreliert stärker mit außerschulischen als mit schulischen Faktoren.

– Dropout-Antizipation in Kombination mit den perzipierten Diskrepanzen erklärt 30–45 % der Varianz des Dropout.

Nichtintegration in College-Wohngruppen

D. Nasatir untersucht mit Hilfe einer Kontext-Analyse den Einfluß von Individualmerkmalen (Orientierung und Integration von College-Studenten) in Verbindung mit Kollektivmerkmalen (Orientierung der College-Wohngruppen) auf den Dropout.[60] Die Analyse des Zusammenhangs von Individualmerkmalen, Kollektivmerkmalen und Dropout-Rate führt zu folgenden Ergebnissen:

	Integrierte Individuen		Nichtintegrierte Individuen	
	Akademischer Kontext	Nichtakademischer Kontext	Akademischer Kontext	Nichtakademischer Kontext
Akademisch Orientierte	0 %	19 %	11 %	29 %
Nichtakademisch Orientierte	16 %	7 %	30 %	17 %

– Die Dropout-Rate der nichtintegrierten Studenten ist in allen Kategorien um ca. 10 % höher als die Dropout-Rate der integrierten Studenten.

– Die geringsten Dropout-Raten innerhalb jedes Integrationstyps zeigen diejenigen Studenten, bei denen eine Übereinstimmung zwischen individueller Orientierung und Gruppenorientierung besteht.

---

[59] Aus dem zitierten Untersuchungsbericht von *Pervin* und *Rubin* geht leider nicht hervor, mit Hilfe welcher Indikatoren sie die außerschulischen Faktoren erfaßt haben.

[60] Vgl. *D. Nasatir:* A Contextual Analysis of Academic Failure. In: School Review, Autumn 1963, S. 290–298.

– Die Dropout-Rate ist am höchsten, wenn Studenten in fremden Kontexten agieren, in die sie nicht integriert sind.

Leider unterscheidet *Nasatir* die untersuchten Studenten nicht nach ihrer Schichtzugehörigkeit. Bestimmte Orientierungspräferenzen in den Dropout-Raten lassen jedoch auf eine unterschiedliche Schichtzugehörigkeit der untersuchten Studenten schließen. Auf Grund der Untersuchungen von *D. Friesen* sowie von *A. J. Miller* und *J. P. Twyman* wissen wir, daß Dropouts weniger schulorientiert und stärker integrationsabhängig sind als Non-Dropouts. Die Tendenzunterschiede in den von *Nasatir* ermittelten Dropout-Raten lassen daher folgende Vermutung zu: Bei den akademisch orientierten Studenten, für die die Übereinstimmung von individueller und Gruppen-Orientierung wichtiger ist als die Integration, scheint es sich vornehmlich um Angehörige der Mittel- und Oberschicht zu handeln. Die nichtakademisch orientierten Studenten, für die die Integration entscheidender ist als die Übereinstimmung von individueller und Gruppen-Orientierung, scheinen sich dagegen vornehmlich aus der Unterschicht zu rekrutieren.

Abschließend soll noch über die Untersuchung von *B. K. Eckland* berichtet werden, der die Daten 7- und 10jähriger Längsschnittuntersuchungen von College-Studenten analysiert.[61] Der Autor differenziert die ermittelte Dropout-Rate von 50 % nach unterschiedlichen Dropout-Typen – später Graduierte und potentiell Graduierende (d. h. frühere Dropouts, die das College erneut besuchen) – und kann damit die ursprüngliche Dropout-Rate von 50 % auf 25 % (Nichtgraduierende) reduzieren. *Eckland* betont in diesem Zusammenhang die Notwendigkeit einer künftigen interinstitutionellen Dropout-Forschung. Aufgabe einer solchen Zusammenarbeit sei es, die Prognosefähigkeit der bisher ermittelten Dropout-Variablen auf ihre Stabilität in Bezug auf die unterschiedlichen Dropout-Typen hin zu untersuchen.

III. Ideologien des Schulabbruchs

Wenn einerseits die Verfassung westlicher Demokratien eine den Fähigkeiten des einzelnen entsprechende Ausbildung verbürgt, andererseits die gegenwärtigen Schulsysteme diesen verfassungsrechtlichen Anspruch für die Mehrheit der Bevölkerung nicht einlösen, so muß man sich fragen, welche herrschaftsspezifischen Interessen und Ideologien der Verwirklichung einer solchen Chancengleichheit im Wege stehen. Neben der Frage der Legitimierung der geringen Schulerfolgschancen der Mehrheit der Bevölkerung auf seiten der Herrschenden stellt sich die Frage, wie sich die Herrschenden der Loyalität der benachteiligten Gruppen versichern. Da in demokratischen Gesellschaften der Schule im Prozeß der Zuweisung von Status-Positionen eine zentrale Steuerungsfunktion zugschrieben wird, muß die Ideologie der Herrschenden sowohl schulischen Erfolg, also sozialen Aufstieg, als auch schulischen Mißerfolg, d. h. sozialen Abstieg, rechtfertigen. Die sozialen Deutungsmuster der unterschiedlichen Verteilung von

[61] Vgl. *B. K. Eckland:* A Source of Error in College Attrition Studies. In: Sociology of Education, Vol. 38 (1964), S. 60–72.

Status-Positionen und die Wahl der sozialen Mechanismen zu ihrer Steuerung hängen von dem in einer Gesellschaft dominierenden Mobilitätsmuster und dem damit korrespondierenden Schulsystem ab. Daß es zwischen demokratischen Gesellschaften hinsichtlich der Mobilitätsmuster und den damit korrespondierenden Schulsystemen Unterschiede gibt, legt *R. Turner* einleuchtend dar.[62] Während in den USA das Mobilitätsmuster des individuellen Wettbewerbs gilt, mit dem sich ein relativ offenes Schulsystem verbindet,[63] dominiert in England das Muster von der Zuschreibung sozialer Positionen, dem ein relativ geschlossenes Schulsystem entspricht.[64] Analog hierzu werden Erfolg bzw. Mißerfolg in der Schule daher in der amerikanischen Gesellschaft als Ergebnis eigenen Bemühens interpretiert,[65] während sie in der englischen Gesellschaft auf die Kompetenz der Wenigen bzw. die Inkompetenz der Vielen zurückgeführt werden. Die Entscheidung über das Gelingen oder Mißlingen der „eigenen" Mobilitätsanstrengungen fällt im amerikanischen Schulsystem in einer späten Phase. Die Selektion erfolgt dort erst im Junior-College, das einen „Auskühlungsmechanismus" in Gang setzt.[66] Im Gegensatz hierzu erfolgen Selektion und Segregation der Wenigen im englischen Schulsystem in einer frühen Phase, nämlich im Alter von 11 Jahren, und führen damit zu einem frühen Abbau der beruflichen Aufstiegsaspirationen der Vielen. Im amerikanischen Schulsystem wird die Loyalität der benachteiligten Gruppen durch einen langen Disziplinierungsprozeß und durch die Ideologie der Chancengleichheit gesichert. Demgegenüber versichern sich in England die Herrschenden der Loyalität der Beherrschten durch eine ständige Beschwörung des Glaubens an die überlegene Kompetenz der Auserwählten, den sie durch die Aufnahme einer Minorität von Aufstiegsmobilen in die elitären public schools und durch die Anerkennung der grammar schools als Agenturen des Aufstiegs für mittlere Führungspositionen zu stützen suchen. *W. Sprondel*, der die Eliteselektion im westdeutschen Schulsystem und deren Legitimierung analysiert hat, weist nach, daß hier die Positionszuweisung nach dem Zu-

[62] Vgl. *R. Turner:* Sponsored and Contest Mobility and the School System. In: American Sociological Review, Vol. 25 (1960), S. 855–867.

[63] Für die Relativität der „Schichtoffenheit" des amerikanischen Schulsystems liefert die Analyse von *N. Rogoff Ramsøy* zahlreiche Belege. Vgl. *N. Rogoff Ramsøy:* a. a. O., S. 84–108.

[64] Daß das Schulreformgesetz von 1944 das ausgeprägte schichtspezifische Bildungsgefälle im englischen Schulsystem bisher nicht auszugleichen vermochte, belegt das im Zeitvergleich erstellte Zahlenmaterial von *J. Westergaard* und *A. Little*. Vgl. *J. Westergaard* u. *A. Little:* Bildungschancen und soziale Auslese in England und Wales: Entwicklungstrends und bildungspolitische Folgerungen. In *H. Thomas (Hrsg.):* Weltproblem Chancenungleichheit (OECD), a. a. O., S. 110–136.

[65] *J.-C. Combessie* kritisiert in diesem Zusammenhang den vor dem Bruch mit der voluntaristischen Ideologie häufig naiv verwandten Gebrauch des Begriffs „schichtspezifische Wertvorstellungen". Zahlreiche amerikanische Bildungssoziologen hätten die Wertvorstellungen der Mittelschicht verabsolutiert, dadurch die Unterschiede in den objektiven sozialen Bedingungen von Mittel- und Unterschicht vernachlässigt und die tatsächliche Ungleichheit schulischer Bildungschancen ignoriert. Vgl. *J.-C. Combessie:* Education et valeurs de classe dans la sociologie américaine. In: Revue française de sociologie, Bd. 10 (1969), S. 12–36.

[66] Vgl. *B. R. Clark:* The „Cooling Out" Function in Higher Education. In: American Journal of Sociology, Vol. 65 (1959/1960), S. 569–576.

schreibungsmuster erfolgt, ideologisch aber nach dem individuellen Wettbewerbsmuster interpretiert wird.[67] Angesichts der realen Chancenungleichheit und der Ineffektivität des dreigliedrigen Schulsystems einerseits sowie der propagierten Ideologie von der Gleichheit der Bildungschancen, von der Aufstiegsfunktion der Schule und von der hohen Mobilität in unserer Gesellschaft andererseits, erscheint *Sprondels* Darstellung durchaus nicht überzeichnet.[68]

IV. Reformkonsequenzen

Der hier vorgelegte Forschungsbericht hat gezeigt, daß von den Problemen des Schulabbruchs am stärksten die Unterschicht betroffen ist. Darüber hinaus zeigen die referierten Forschungsergebnisse erneut, daß die Schulschwierigkeiten dieser Schicht vornehmlich durch die Mittelschichtorientierung der Schule bedingt sind. Auf Grund dieser Ergebnisse halten wir eine Reform der Bildungsinhalte und der Organistionsstruktur der Schule,[69] eine Institutionalisierung vorschulischer Sozialisationshilfen für die Unterschicht und eine Reform der Lehrerausbildung für erforderlich.

1. Reform der Bildungsinhalte und der Organisationsstruktur der Schule

Die jüngsthin in Schweden gemachte Erfahrung, daß organisatorische Reformen zur Verminderung ungleicher Bildungschancen nur wenig beizutragen vermögen, zeigt die Notwendigkeit, *inhaltlichen Reformen* den Vorrang zu geben.[70] Indessen gibt es für die Tatsache, daß man sich – übrigens nicht nur in Schweden – zunächst organisatorischen Reformen zuwandte, zwei gewichtige Gründe: Eine Organisationsreform stellt die herrschenden Werte der Mittelschicht weit weniger in Frage als eine Reform der Bildungsinhalte. Wie die curricularen Reformüberlegungen zeigen, verlangt eine Reform der Bildungsinhalte nämlich neben der Infragestellung der Mittelschicht-Werte die Einbeziehung von Werten der Unterschicht, was auf den erbitterten Widerstand der herrschenden mittelschichtorientierten Interessengruppen stößt. Ein sekundärer Grund für den

---

[67] Vgl. *W. Sprondel:* a.a.O., S. 58.

[68] Daß zwei Jahrzehnte Kritik nicht ausgereicht haben, um die Dominanz restaurativer Tendenzen im westdeutschen Schulsystem abzubauen, zeigt die Analyse von *C. Kuhlmann*. Vgl. ders.: Schulreform und Gesellschaft in der Bundesrepublik 1946–1966. In *S. B. Robinsohn* (Hrsg.): Schulreform im gesellschaftlichen Prozeß, Stuttgart 1970, Bd. 1, S. 1–206.

[69] Wir betonen hier bewußt den übergreifenden Aspekt der Schulreform vor der Institutionalisierung der Vorschulerziehung, um über diesem vergleichsweise kleinen Schritt nicht die umfassendere Reform zu vergessen bzw. die Notwendigkeit einer umfassenden Reform nicht durch eine einseitig-intensive Betreibung der Vorschulerziehung zu verschleiern.

[70] Vgl. *O. Ruin:* Der Ausleseprozeß im schwedischen Bildungssystem. In *H. Thomas* (Hrsg.): Weltproblem Chancenungleichheit, a. a. O., S. 153; *E. Jüttner:* Die Reform des schwedischen Gesamtschulsystems. In: Gesamtschule, Bd. 2 (1970), S. 16–20; *L. Dyckerhoff:* Die Schule in der ‚demokratischen Leistungsgesellschaft' – eine vergleichende Analyse der gesamtschulartigen Systeme Schwedens und Japans, unveröffentlichte Diplomarbeit, Soziologisches Institut der Universität München, 1971, S. 74.

bisherigen Vorrang organisatorischer Reformen ist die „soziale Distanz" der Bildungsforscher und -reformer zur Subkultur der Unterschicht.[71] Daher bedurfte es zunächst gewisser Reformerfahrungen und spezifischer Forschungsergebnisse, um den Primat inhaltlicher Reformen zu erkennen. Und auch hier stellt sich erst allmählich heraus, von welchen generellen Zielen eine Reform ausgehen muß, die Schulnachteile der Unterschicht ausgleichen will.

Eine solche Reform muß mit einer Revision der traditionellen Bildungswerte und Arbeitsmethoden beginnen.[72] Das bedeutet im einzelnen:

– die Anerkennung eines mehrdimensionalen Begabungsbegriffs, d. h. die Akzeptierung und Umsetzung schichtunterschiedlicher Begabungsspezifika;

– eine neue Definition des Begriffs „Bildung", die z. B. Orientierungsbedürfnisse, Methodenkenntnisse, Kritikfähigkeit, kreative und originale Denkleistungen und ein praxisbezogenes Problemlösungsvermögen einbezieht;

– neue Lehrinhalte der Spracherziehung, d. h. z. B., daß bei der Konzeption von Lesebüchern den schichtunterschiedlichen, komplementären Sozialerfahrungen Rechnung getragen wird;

– die Einführung neuer Arbeitsmethoden, also etwa die Erziehung zu kooperativen Arbeitsformen und zur individuellen Beherrschung der Techniken geistiger Arbeit; sowie

– die Einbeziehung neuer Unterrichtsmedien, wie Programmierter Unterricht, Schulfernsehen und Sprachlabors.

Da nun aber der dreigliedrigen Schule „typologische Vorstellungen" zugrundeliegen[73], die den inhaltlichen Reformzielen widersprechen, müssen die inhaltlichen Reformen durch *organisatorische Reformen* ergänzt werden. Ein Organisationsmodell, das den inhaltlichen Reformen am adäquatesten zu sein scheint, ist die integrierte Gesamtschule.[74] Dieser Schultyp, konzipiert als Gegenmodell zum versäulten dreigliedrigen Schulsystem, geht von folgenden Prinzipien aus:[75]

– weitgehende Differenzierung, d. h. Aufgliederung der Unterrichtsfächer in Kurs- und Kernfächer; vielfältige Fächerangebote mit der Möglichkeit einer wahlweisen Kombination sowie eine Aufteilung der Schüler in verschiedene Leistungsniveaugruppen in den Kursfächern;

---

[71] Die Redaktionsgruppe der Publikation „Sozialisation und kompensatorische Erziehung" spricht in diesem Zusammenhang von der „ideologischen Befangenheit" der Forscher. Vgl. *ders.:* a. a. O., S. 97.

[72] Zu den folgenden Ausführungen der Probleme der Schulreform vgl. besonders die Darstellung von *W. L. Bühl:* Regulation oder Mobilisation? Zur soziologischen Strategie der Schulreform. In: Internationale Zeitschrift für Erziehungswissenschaft, Bd. 16 (1970), S. 451–483.

[73] Als „typologisch" bezeichnet *C. Kuhlmann* die Vorstellung von drei Begabungstypen, drei Schultypen, drei Berufsfeldern und drei Führungsebenen, der ausschließlich die Rechtfertigung des status quo zukomme. Vgl. *ders.:* a. a. O., S. 1/172 f.

[74] Daß dieses Organisationsmodell nicht unangefochten ist, zeigen u. a. die Überlegungen von *H. Ortmann:* Arbeiterfamilie und sozialer Aufstieg, Kritik einer bildungspolitischen Leitvorstellung, München 1971, S. 200–202.

[75] Zur Einführung in die Probleme der Gesamtschule vgl. *Deutscher Bildungsrat:* Empfehlungen der Bildungskommission, Einrichtung von Schulversuchen mit Gesamtschulen, Bad Godesberg 1969.

– weitgehende Durchlässigkeit, d. h. vielfache Umstufungsmöglichkeiten bis zum Ende der differenzierten Mittelstufe;
– allmähliche Eignungsdifferenzierung, d. h. allgemeine Gewährung eines längeren Erprobungszeitraums zur Begabungsfindung, -lenkung und -förderung vor der schrittweise einsetzenden Differenzierung nach Leistungsniveaugruppen in den Kursfächern;
– Verlängerung der allgemeinen Schulpflicht durch Einführung eines Vorschuljahres und Heraufsetzung des Schulentlassungsalters;
– neue Verfahren der Leistungsbewertung, d. h. Anwendung sprachfreier Tests und eines objektivierten Zensierungsmodells; diagnostische und Schullaufbahn-Beratung;
– sozialintegrative Maßnahmen, d. h. Ausgang von einem gemeinsamen Fundament an Lehrinhalten in den Kursfächern; mehrjähriger gemeinsamer Unterricht in den Kernfächern und unmittelbare rationale Aufarbeitung sozialer Vorurteile.

2. Institutionalisierung vorschulischer Sozialisationshilfen für die Unterschicht

Ein wesentliches Ziel der Schulreform, die Chancennachteile der Unterschicht zu verringern, kann nicht erreicht werden, wenn Unterschichtkinder nicht frühzeitig die Gelegenheit erhalten,[76] in Ergänzung zu den eigenen Sozialisationsformen fremde Sozialisationsformen zu erfahren. Da der Sprache für die kognitive Entwicklung eine zentrale Bedeutung zukommt, die inhaltlich andersartigen Spracherfahrungen der Unterschicht aber auch unter anderen Bedingungen verlaufen als in der Mittelschicht, müssen die Sozialisationshilfen für die Unterschicht bei einer „komplementären Spracherziehung"[77] ansetzen. Zur Erweiterung ihrer eigenen Sozialisationsmuster und -verhaltensweisen ist es notwendig, auch die Eltern in den Lernprozeß aktiv miteinzubeziehen.[78]

3. Reform der Lehrerausbildung

Für die Umsetzung von Reformen kommt den Lehrern eine zentrale Bedeutung zu. Denn vom Grad ihres demokratischen Engagements und vom Grad der kritischen Reflexion ihrer schichtgebundenen Mentalität hängt es ab, inwieweit sie in ihrem Bereich die Reformen zu verwirklichen vermögen. Daher ist es notwendig, die Lehrerausbildung entsprechend zu reformieren. Die Ergebnisse der Einstellungs- und Vorurteilsforschung

---

[76] Daß die Prägekraft der Umwelt in der frühen Kindheit am größten ist, hat *B. Bloom* überzeugend nachgewiesen. Vgl. *ders.:* Stability and Change in Human Characteristics, New York 1964.

[77] Unter „komplementär" soll hier verstanden werden die gegenseitige Anerkennung unterschiedlicher Wertsysteme und die Aufnahme neuer sozialer Erfahrungsmuster. Zur Problematik der „kompensatorischen Erziehung" vgl. besonders *H. Abels* (Hrsg.): a. a. O., S. 127 ff. u. 134 f.

[78] Zur Durchführung einer komplementären Spracherziehung vgl. *U. Oevermann:* a. a. O., S. 339–344. Zu den didaktischen Möglichkeiten einer Elternbildung vgl. *W. Bäuerle:* Theorie der Elternbildung, Sozialpädagogische Reihe, Bd. 4, Weinheim 1971.

machen deutlich, daß eine künftige Lehrerausbildung nicht bei der Vermittlung spezifischer Informationen stehen bleiben kann, sondern sich darüber hinaus besonderer Methoden der Einstellungsänderung bedienen muß.[79] Um die Ziele einer inhaltlichen und organisatorischen Schulreform und einer institutionalisierten Vorschulerziehung verwirklichen zu können, muß die Lehrerausbildung und -weiterbildung künftig von folgenden Prinzipien ausgehen:

– sozialwissenschaftliche Grundausbildung aller Lehrer,[80]
– Erprobung von Modellen zur Einstellungsänderung und Verhaltensmodifizierung,[81]
– Professionalisierung im Hinblick auf spezifische Expertenfunktionen,[82]
– demonstrative Kooperation mit Kollegen aller Fachrichtungen in Form von team-teaching in den Kernfächern,
– temporäre Freistellung von Lehrfunktionen zur Ermöglichung beruflicher Weiterbildung und praktischer Arbeit mit Unterschichteltern.

Zur Anwendung der Ausbildungserkenntnisse der Lehrer in der Praxis bedarf es allerdings einer Reduktion der Herrschaftsverhältnisse in der Schule, d. h. einer enthierarchisierten, sich selbst verwaltenden Schule.

[79] Die Anwendung solcher Methoden ist im Hinblick auf eine notwendige „Ambivalenztoleranz" und eine Identifikationsmöglichkeit für Schüler aller Schichten erforderlich. Da der Sozialisationsprozeß niemals als total und abgeschlossen anzusehen ist, muß eine Umpolung der die geringeren Schulerfolgschancen der Unterschicht verstärkenden Mittelschichtorientierung der Lehrer erfolgen.

[80] Für eine erste Orientierung vgl. *S. Grimm:* Soziale Schichtung und ihre Bedeutung für die Erziehung. In: Pädagogische Welt, Bd. 21 (1967), S. 394–403.

[81] Über die bisher – besonders in Amerika – erprobten Modelle wird von *H. Schumann:* Der Beitrag der Lehrer zur Demokratisierung der Bildungschancen – Konsequenzen für eine Reform der Lehrerausbildung, unveröffentlichte Diplomarbeit, Soziologisches Institut der Universität München, 1971, kritisch berichtet.

[82] Die nach einer einheitlichen Grundausbildung einsetzende Spezialisierung und die damit verbundene Konkretisierung der spezifisfichen Unterrichtssituation und der didaktischen Konsequenzen (Lehrmethoden, Unterrichtsstil) ist für einen Wandel im Rollenverständnis der unterschiedlichen Lehrergruppen notwendig.

Zwischen Freiheit und Gesetz

Zur Illusion von der Normenfreiheit in der Erziehung

von

CHRISTA MEVES*

Vorbemerkung

Nicht ohne Grund kommen gerade radikale Sozialreformer bei ihren Überlegungen, eine „bessere Welt“ zu verwirklichen, immer wieder zu dem Ergebnis, dafür einen neuen Menschen verlangen zu müssen. Dabei erwarten sie meist allzu leichtfertig diesen neuen Menschen als selbstverständliches Nebenprodukt ihrer geplanten Totalreform. Wir wissen heute, daß auch in dieser Hinsicht die praktischen Erfahrungen mit kapitalistischen und antikapitalistischen Gesellschaften enttäuschend gewesen sind.

Die Anonymität der gesellschaftlichen Apparaturen und die unausweichlichen Bedingungen wirtschaftlicher Prozesse, so wie sie sich aus der modernen arbeitsteiligen Wohlstandsgesellschaft ergeben, bewirken von sich aus keine Menschlichkeit, eher das Gegenteil. Dagegen setzen sie Menschlichkeit voraus. Auch die Anarchisierung der gesellchaftlichen Organisation vermindert nicht, sondern erhöht die Ansprüche, die an eine schon vorhandene soziale Bereitschaft der Menschen gestellt werden.

So bleibt die Soziabilität des Menschen stets eine besondere Erziehungsaufgabe, die sich nicht von selbst aus der jeweiligen Gesellschaftsordnung ergibt, sondern besonderer pädagogischer Anstrengungen bedarf. Die Frage ist nur, ob wir nicht inzwischen durch unsere Gesellschaftsordnung so verbildet sind, daß uns bereits die Einsicht und Bereitschaft fehlt, das Notwendige zu tun.

Heinz-Dietrich Ortlieb

Eine der fundamentalsten Verwirrungen, denen wir heute ausgesetzt sind, wird durch die Erkenntnis hervorgerufen, daß der Mensch weitgehend durch Umwelteinflüsse geformt wird. Es scheint so, als ob diese Einsicht zu dem Schluß führen müßte, daß Normen und Sittenregeln allenfalls dazu angetan seien, den Menschen von sich selbst wegzuführen, ihn der Möglichkeit zu eigenständiger, normloser Freiheit zu entfremden; als bedeuteten Ordnungen und Gesetze immer für die Person Fremdherrschaft, die ihn einenge und an seiner freien Entfaltung in schädigender Weise hindere.

Sind Normen und Gesetze für uns noch notwendig oder sind sie überflüssig geworden – und müssen wir sie dann nicht zugunsten einer Normfreiheit abschaffen, die dem Menschen die Möglichkeit gibt, von Fall zu Fall nach eigener Maßgabe zu entscheiden?

Besonders deutlich wird die Notwendigkeit zu einer nachdenklichen Neubesinnung über ethische Kategorien anhand der gesetzlichen Regelung in Prozessen gegen Straffällige. Kann man es verantworten, einen Triebtäter, wie zum Beispiel Bartsch, für seine Taten zu verurteilen? Unsere tiefenpsychologischen Gutachter, *Lemp* und *Brocher* vor allem, haben ihn für unzurechnungsfähig erklärt. Bartsch hat einen Charakter, der es ihm auf-

* Vgl. auch die Schrift der Autorin: Manipulierte Maßlosigkeit – psychische Gefahren im technisierten Leben, Herderbücher Bd. 401, Freiburg (Breisgau) 1971.

grund einer in seiner Kindheit erworbenen Triebanomalie unmöglich macht, sich den gesellschaftlichen Normen entsprechend zu verhalten. Er ist seelisch krank in einer Weise, daß seine Entscheidungsfreiheit von seinem pathologischen Drang überflutend eingeschränkt, ja getilgt wird. Er kann zwar Gut und Böse voneinander unterscheiden, hat aber nicht die Möglichkeit, im Sinne dieser Einsicht zu handeln. Es geht ihm so, wie *Paulus* es bereits warnend zu beschreiben wußte: „Das Gute, das ich tun will, das tue ich nicht, aber das Böse, das ich nicht tun will, das tue ich.“

Wird der Mensch also durch Fremdherrschaft in seiner Kindheit künstlich unfrei gemacht? Unsere Erfahrungen machen sogar noch schmerzhaftere Prognosen möglich. Ich möchte das an einem Fall aus der Praxis erläutern:

Vom Jugendamt geschickt kommt vor Jahren ein Vater mit seinem dreijährigen Sohn zu mir. Die Nachbarn haben die brutale Prügelerziehung des Vaters beobachtet, der seinen Jungen mehrmals täglich wegen kleiner Vergehen schlägt. Ich versuche vergeblich, den Vater – typischerweise ist die Mutter gar nicht mitgekommen, hat nicht mitkommen dürfen – davon zu überzeugen, daß er auf diese Weise bei seinem Sohn Charakterschäden verursache. Mein Rat an das Jugendamt, diesem Vater die elterliche Gewalt zu entziehen, scheitert an dem energischen Widerstand der Eltern und daran, daß direkte Mißhandlungen nicht nachweisbar sind.

Vor einigen Wochen habe ich im Gefängnis einen achtzehnjährigen Untersuchungshäftling zu begutachten. Er hat wesentlich jüngere Jugendliche unter direkter Bedrohung mit geladener Pistole mehrere Male gezwungen, Geld vom Konto ihrer Eltern abzuheben und bei ihm abzuliefern. Es handelte sich um jenen Ralf, der mir bereits als Dreijähriger vorgestellt worden war. Die Drachensaat ist aufgegangen. Darf ich in diesem Fall ein Gutachten erstellen, in dem ich bescheinige, daß dieser Junge in der Lage sei, seine ihm als Mensch gegebene Willensfreiheit zu gebrauchen? Darf ich das – obgleich auf meiner Karteikarte von damals der prognostische Eintrag steht: Gefahr von Gewaltverbrechen, Jähzorn, Affekthandlungen, wenn Erziehungsklima so bleibt? Und leider läßt sich nicht mehr der Einwand erheben, der es uns immer wieder so sehr erschwert, generalisierende Konsequenzen zu ziehen, der Einwand nämlich, mit Kasuistik ließe sich nichts beweisen, sie habe allenfalls anekdotischen Wert – dieser Einwand also ist in bezug auf das spezielle Problem „Prügelerziehung“ unzulässig, seit das Ehepaar *Glueck* in den USA mit Hilfe von Prognosen und Längsschnittuntersuchungen nachweisen konnte, daß solche Entwicklung, wie unser Ralf sie zeigte, keineswegs einmalig ist, sondern daß in hohen Prozentsätzen bei mißhandelten Kindern Gewalttaten die manifeste Konsequenz im Erwachsenenalter sind.[1]

I.

Es wäre doch sehr töricht, wenn wir als verantwortliche Erwachsene jetzt mit dem Fuß stampfen und sagen würden: Er sollte aber wissen, was Gut und Böse ist, er sollte danach handeln können! Wir würden uns dann nicht anders benehmen, wie *Morgenstern* ironisierend diese Diskrepanz zwischen

[1] *S. und E. Glueck:* Unrevealing juvenile delinquency, New York 1947.

sittlicher Forderung und Wirklichkeit beschreibt: Wir würden schließen „messerscharf, daß nicht sein kann, was nicht sein darf". Mit Recht wehren wir uns heute gegen ein solches idealisierendes Wunschdenken und möchten uns an die Realität halten, um sie zu bewältigen, hic et nunc.

Auf diesem Weg sind wir nun aber unversehens in ein schlinggewächsiges Fahrwasser geraten; und zwar durch folgenden Fehlschluß: Wenn die Umwelt durch Fremdherrschaft schädigt, so schalte man diese Umwelt doch aus, schaffe man eine Gesellschaft, die *nicht* einengt, die freiläßt, um die volle, gesunde Entfaltung des Menschen zu erwirken. Dieser Prämisse nun liegt interessanterweise eine Vorstellung vom Menschen zugrunde, die bereits im Zeitalter der Aufklärung, im 18. Jahrhundert postuliert wurde, nämlich die Vorstellung, daß der Mensch von Natur gut sei und Erziehung allein darin bestehen sollte, durch Nichtbeeinflussung dieses Gutsein zu freier Schönheit zu entfalten.[2] Wir haben aber an der Praxis erfahren, daß dieses Modell eine enorme Überschätzung der Freiheit des Menschen bedeutet. Wir wissen heute zwar, daß durch bestimmte unzureichende oder inadäquate Umweltbedingungen in gesetzmäßiger Starre typische Charakterverbiegungen und seelische Leiden hervorgerufen werden können; wir haben aber auch in unserem Alltag lernen müssen, daß der Mensch keineswegs grenzenlos plastisch, keineswegs ohne Schaden zu nehmen grenzenlos manipulierbar ist. Wir sind mit Hilfe der Kinderpsychotherapie keineswegs auf die Absolutheit der Normfreiheit, auf menschliche Autonomie, sondern gerade auf die Begrenztheit des Menschen, auf die Beschränkung menschlicher Möglichkeiten gestoßen.[3] Wenn man zum Beispiel, wie bei uns, eine riesige Kampagne startet und die Frauen von ihren Säuglingen fort in die Berufe drückt und die Kinder, statt ihre urtümlichen Bedürfnisse zu befriedigen, nach allen Regeln der Kunst wirtschaftswunderlich durch ihre Kindheit hindurch verwöhnt, so züchtet man ein Heer von Verwahrlosten. Sie manifestieren sich heute in allen antisozialen Variationen, wie sie nun einmal dem individuellen Schicksal entsprechen: als aggressive oder als sexuelle Verwahrlosung, als Suchterkrankung, als Kleptomanie, als Hochstapelei oder als Landstreichertum. Und jede Variante hat ihre spezielle geradezu einförmig typische Vorgeschichte.[4]

Und hier nun scheint mir der spezielle Erkenntniswert dieser unbequemen Erfahrungen zu liegen: Wir können es uns zum Beispiel nicht einfach erlauben, den Menschen nach eigenem Ermessen den Erfordernissen der Industriegesellschaft anzupassen; indem wir argumentieren, der Mensch sei das absolut lernfähige Wesen, er müsse von uns für die Erfordernisse der durch die Technik bestimmten Welt gemacht werden. Das geht immer nur unter Beachtung bestimmter Naturgesetze, bestimmter Entfaltungsbedingungen. Wir kämen ja auch nicht auf die Idee, zum Mond zu fahren, ohne die Gravitationsgesetze sehr genau zu beachten. Wir tun das nicht, weil wir wissen, daß wir mit Sicherheit Schiffbruch erleiden würden. Es wäre eine

---

[2] *J. J. Rousseau:* Emil, oder über die Erziehung, 4. Aufl., Langensalza 1907, S. 9, S. 16 ff.

[3] *A. Dührssen:* Psychogene Erkrankungen von Kindern und Jugendlichen, Göttingen 1960.

[4] *C. Meves:* Erziehen lernen, 2. Aufl., München 1972.

glatte Fehlinvestition. Die Möglichkeiten, sich auf dem Mond relativ frei zu bewegen, sind für die Astronauten nur durch sehr sorgfältige Berechnungen zu verwirklichen, und wir kämen nicht auf die Idee, sie zu verurteilen, wenn man sie, statt ihnen den erfolgversprechenden Start zu ermöglichen, irgendwo hoffnungslos in der Wüste ausgesetzt hätte, wo sie vielerlei irre Selbstrettungsversuche probiert hätten, ohne je zu starten.

Ich will damit sagen: *Ein* positiver Beitrag tiefenpsychologischer Erkenntnisse in bezug auf die dringend notwendige Bewußtseinserweiterung und damit auch eine Voraussetzung zur Neubildung ethischer Normen könnte in der Aufklärung der Fehlvorstellung von der schrankenlosen Machbarkeit des Menschen bestehen. Wir können zwar nachweisen, daß der Mensch, je jünger er ist, um so leichter, verbiegbar, verführbar, verformbar ist. Aber wir können auch die unverantwortbaren, krankmachenden, zukunftverspielenden Folgen beschreiben, die in all ihrer eisernen Konsequenz eintreten, wenn unumgängliche lebens- und arterhaltende Bedingungen außer acht gelassen oder unzulässigerweise manipuliert werden. Daß der Mensch nicht zur Gesetzlosigkeit schlechthin berufen ist, daß er seine Grenzen überschreitet, wenn er meint, er könne sich alles je nach Lust und Laune erlauben, das läßt sich eben an Hand der Erfahrung der Psychopathologie beweisen.[5] Willkür in der Erziehung – nach welchem ideologischen Konzept auch immer – kann seelische Entfaltung behindern, ja in schlimmen Fällen verstümmeln.

II.

So gehört es zum Beispiel zu den Aufgaben des Kleinkindes, das kindliche Ich einerseits in deutlicher Absetzung von der Mutter zu entfalten und andererseits die Grenzen seiner expansiven Machtbedürfnisse zu erfahren. Wird diese entwicklungspsychologische Gegebenheit nicht beachtet und statt dessen etwa unter einer pietistischen Ideologie jeder Egoismus, jeder Besitz- und Geltungswunsch im Keim unter dem ideologischen Postulat unterdrückt, so entwickeln solche Menschen eine sogenannte Aggressionshemmung, das heißt, sie sind nun zeit ihres Lebens oberflächlich gesehen außerordentlich unterwürfig, werden aber immer einmal wieder von Durchbrüchen durch ihre Gehemmtheit in Form von Jähzorn, Geiz und heimlichen Manövern der Machtergreifung überschwemmt, ja geradezu beherrscht.[6]

Interessanterweise führt aber Prinzipienreiterei in der Erziehung nach der extrem entgegengesetzten Richtung – etwa mit der modischen Ideologisierung eines falsch verstandenen Freiheitsideals – zu gleichartigen Minderungen der Eigenentfaltung: Werden Kleinkinder durch eine solche Ideologie gehindert, an ihren Erziehern zu erfahren, daß ihren Impulsen zur Ich-Ausweitung unumstößliche Grenzen gesetzt sind, so werden daraus mit Sicherheit ebenfalls keine freien Menschen, sondern unglückliche Ungeheuer, die von ihren ungesättigten Aggressionen immer wieder überflutet werden.[7]

---

[5] *C. Meves:* Verhaltensstörungen bei Kindern, 2. Aufl., München 1972.

[6] *F. Riemann:* Grundformen der Angst, 4. Aufl., München 1969.

[7] *C. Meves:* Aggression und Autorität. In: Mut zum Erziehen, 3. Aufl., Hamburg 1972.

Ich kann die Gesetze, die auf diese Weise an der Praxis sichtbar wurden, hier nur andeuten; aber eines ist sicher: Wenn der Mensch die Chance bekommen will, als Erwachsener nicht ständig durch geschädigte Antriebe in seiner Willensfreiheit behindert zu sein, hat er es nötig, sich an bestimmte Vorschriften zu halten. Diese *Vor*schriften können nicht, wenn sie das Ziel, die Entscheidungsfreiheit des Menschen erreichen wollen, nach eigenem Ermessen ausgedacht werden. Sie sind eine Folge des genauen Beobachtens und Erforschens der Entfaltungsbedingungen des Menschen. So relativierend die Erkenntnisse über die Verstörungsmöglichkeit des Menschen durch Umwelteinflüsse zunächst auch zu sein scheinen, so führen sie bei genauerer Betrachtung gerade zu der Erkenntnis, daß der Mensch auch in bezug auf die Gestaltung seines Lebens von ehernen Naturgesetzen abhängig ist. Die Chance, einen Status zu erreichen, in der Freiheit von ihnen möglich ist, kann ihm nur zuteil werden, wenn er sie zunächst beachtet.

Der Mensch wird also nicht gegen alle Unbill Mensch, das Genie setzt sich nicht um jeden Preis durch. Der Mensch ist das Allerzarteste unter den Lebewesen und häufig gleicht er am Ende seiner Kindheit eher einem kranken Tier als der Krone der Schöpfung.

Die oft geradezu gleich aussehenden Verhaltensstörungen von Kindern und Tieren, denen man die ihnen adäquaten Entfaltungsbedingungen versagte, haben uns gezeigt, daß der Mensch, wenn seine Reifung mißlingt, in tierische Stadien zurückfallen kann, das heißt, er erreicht nicht die Stufe, in der er in der Lage wäre, aufgrund von Reflexion und Einsicht nach freiem Entschluß zu handeln, sondern er verfällt der Herrschaft ungesteuerter, überschießender, gestauter Antriebe. Nur wenn ein Menschenkind einen Erzieher hat, der – bewußt oder unbewußt – auf die Naturgesetze hört und sich ihnen stellvertretend für das Kind unterwirft (wie zum Beispiel den Gesetzen der Brutpflege) hat es die Chance, aus ihrer Herrschaft teilweise und zunehmend mehr bereits zu Lebzeiten entlassen zu werden. Denn erst in der Welt mündiger Erwachsenheit verliert die Natur ihr Primat.[8]

Entwicklungspsychologisch gesehen ist Gesetzlichkeit die adäquate Passung für Lebewesen, deren geistig-seelischer Status die „Vorschrift" unumgänglich nötig macht; und zwar trifft das zu sowohl für die Stammesgeschichte wie die Einzelentwicklung. Freiheit von der Natur setzt ihre geistige Integration, nicht ihre Vergewaltigung, Verdrängung oder Vernachlässigung voraus. Erst ein Mensch, der bewußt in der Lage ist, der Natur zu geben, was der Natur gebührt, hat die Chance, eine Reifestufe zu erreichen, in der Raum ist für freiheitliches und verantwortungsbewußtes Handeln.[9] Daher ist auch erst der in dieser Weise völlig seelisch und geistig ausgereifte Mensch kraft seiner Einsicht in seine Gebundenheit in der Lage, eine Befreiung von äußeren Normen zu ertragen, ohne in die Gefahr einer anarchistischen Inflation seiner Antriebe durch ein Ausmaß an Freiheit zu geraten, das seinem Entwicklungsstand nicht entspricht. Erst dem wirklich mündigen Menschen ist es möglich, den äußeren Sittenkodex durch persönliche Entscheidungs-

---

[8] *C. Meves:* Vergleichbare Strukturen von Verhaltensstörungen bei Kindern und Tieren. In: Praxis der Kinderpsychologie, H. 8, 1967, S. 237 ff.

[9] *F. Riemann:* Die Moral als Ergebnis menschlichen Frühschicksals. In: Natur und Natürlichkeit, Dokumente der Paulus-Gesellschaft, München 1968, S. 107 ff.

freiheit zu ersetzen, da er sich freiwillig dem Geist der Liebe als einem Gradmesser seines Handelns unterstellt hat. Dieser Status ist aber geradezu bestimmt durch die Einsichtsfähigkeit in die Notwendigkeit von Ordnung und durch die persönliche Entscheidung, sich selbst um der anderen willen an sie gebunden zu fühlen.

III.

Da dieser Status aus den eben beschriebenen Gründen aber heute nur noch von einer immer kleiner werdenden Zahl von Menschen im Erwachsenenalter erreicht wird, ist das Postulat gesellschaftlicher Normfreiheit nicht nur eine unrealistische, sondern geradezu gefährliche Tendenz. Sie ist auch keineswegs ein gesundes Zeichen echten Fortschritts – im Gegenteil: Es ist ein Zeichen von Reife, Grenzen zu erkennen, anzuerkennen und sich selbst aufgrund eines persönlichen Verantwortungsgefühls Einschränkungen auferlegen zu können. Freiheit ohne Schranken fordert gerade der Unmündige, der seelisch Kranke, der aufgrund gestauter und unbewältigter Antriebe maßlos nach Sofortbefriedigung Heischende. Das läßt sich in jeder Einzelbehandlung immer wieder erfahren.[10]

Die Fähigkeit zu echter moralischer Entscheidung ist also erst die Frucht einer vollen Ausreifung zum Menschen – und hier erst könnte ein Gesetz ansetzen, das vom Vorhandensein der freien Willensentscheidung ausgeht. Sehr viel zu tun hätte das Gericht dann freilich nicht mehr, denn die meisten Verbrechen werden von Personen begangen, die sich noch oder tragischerweise für immer in einem vormoralischen Zustand befinden.

Die Konsequenz aus diesen Erkenntnissen könnte also nicht heißen, diese Menschen auf freien Fuß zu setzen – im Gegenteil, viel konsequenter müßte die Straftat als ein deutlicher Beweis dafür gewertet werden, daß hier Unfreiheit, Unmündigkeit, Entwicklungsrückstand in einem Maße vorliegt, die der ständigen Beobachtung, Betreuung, intensiver Überwachung, ja u. U. sogar des ständigen Freiheitsentzugs bedarf. Diese Konsequenz müßte allein schon deshalb vollzogen werden, um die Gesellschaft zu schützen – aber auch, um Verantwortung für diese Unmündigen zu übernehmen. Dabei darf ich von meinem Fach her sagen: Man macht sich die Sache ganz gewiß zu leicht, wenn man meint, durch eine Auflage etwa von zehn Verhaltenstherapiestunden oder einem zwölfmaligen Sensitivitytraining eine Nachreifung erreichen zu können. Es dreht sich überhaupt in den seltensten Fällen nur darum. Meistens ist die Straftat der manifest gewordene Knoten eines riesigen unterschwelligen Geschwürs, das oft bereits irreparable Zerstörungen angerichtet hat. Heilung von Triebtätern – etwa durch eine Hirnoperation oder durch Kastration, durch Schocktherapie oder ein bißchen Fürsorge ist eine geradezu dummerjanige Illusion. Natürlich kann man einen Verstümmelten so zusätzlich verstümmeln, daß er nicht mehr kriechen kann – mit einer Beseitigung der Erkrankung haben solche Manipulationen nicht das geringste zu tun. Hart möchte ich daher an dieser Stelle im Hinblick auf alle törichten Hoffnungen auch auf die Seelenärzte

[10] *W. Schwidder:* Neopsychoanalyse. In: Handbuch der Neurosenlehre und der Psychotherapie, Bd. III, München–Berlin 1969.

der Zukunft sagen: Viele dieser Fälle sind irreparabel krank, sie sind fehlgeprägt, und wir können daraus nur die bittere Konsequenz ziehen, diesen Menschen in Verwahrung menschenwürdige Lebensbedingungen zu schaffen, da die freie Umwelt für sie zu einer unerträglichen Dauerversuchungssituation wird, vor der wir sie und die Umwelt zu schützen haben. Aber schlimmerweise gibt es bei uns keinerlei Institutionen, die die Funktion übernehmen können, für Kranke dieser Art in echter Weise menschenwürdige, beschützende Werkstätten unter der Obhut des Staates zu sein.

Ich habe meinen Aufsatz aber allein von diesem Bereich her aufgezäumt, um an Hand der kinderpsychologischen Erkenntnisse aufzuzeigen, wie sehr durch die Krankheiten der Seele im Entfaltungsprozeß des Menschen hindurch sehr eherne Ordnung sichtbar wird, der wir uns nicht achtlos entziehen können.

Viele der alten ethischen Normen waren sicher auf dem Grund der bitteren Erfahrung, aus der Not der Zweckmäßigkeit, aus dem Unvermögen zu persönlicher Entscheidungsfreiheit und Einsichtsmöglichkeit erwachsen. Wir sind heute über Normen dieser Art keineswegs erhaben. Sicher mag die eine oder die andere im echten Sinne überholt sein; bei vielen anderen verstehen wir sicher nur törichterweise ihren Sinn nicht mehr. Und müssen wir ihn nun wirklich erst wieder — durch wie viele Generationen hindurch — bitter am Übermaß von Not, Krankheit und Seelenverstümmelung erlernen? Oder können wir nicht doch dieses in der Natur übliche strapaziöse Verfahren abkürzen, indem wir aus Einsichten in die Psychopathologie Konsequenzen ziehen?

IV.

Sehr unmittelbar läßt sich der Sinn sittlicher Strukturen zum Beispiel am Familiengefüge erkennen. Die Familie läßt sich bestimmt nicht unbeschadet einfach abschaffen. Kinder arbeitender unehelicher Mütter haben absolut keine Chancengleichheit mit solchen, die das erste Lebensjahr bei einer glücklichen Familienmutter verbringen dürfen, bei denen gleichzeitig ein Vater den Unterhalt verdient, viel weniger Chancengleichheit als zwischen einem Arbeiter- und einem Akademikerkind aus vollständiger, intakter Familie. Und durch die Erstellung von mehr Kindergärten kann man sich um diese Gegebenheiten bestimmt nicht herummogeln.

Viele Tabus, wie zum Beispiel die Inzestschranke zwischen Eltern und Kindern, sind nicht nur in bezug auf das Erbgut zweckmäßig, sondern sie sind unumgänglich, weil sonst die Ausrichtung auf einen fremden gegengeschlechtlichen Partner nicht in fröhlicher Unbewußtheit vor sich geht, sondern durch Angst blockiert wird. Die Inzestschranke zwischen Eltern und Kindern — so haben *Ford* und *Beach*[11] jüngst nachgewiesen — ist in allen noch so primitiven Gesellschaften der Art Mensch durchgängig vorhanden. Wenn man zum Beispiel diese Norm der Inzestschranke lockert, wie es der Psychologe *Kentler*[12] in seinem Buch „Sexualerziehung" direkt vorschlägt, und zwar dergestalt, daß Eltern und Kinder miteinander versuchen sollten

[11] *C. S. Ford* u. *F. A. Beach:* Formen der Sexualität, 2. Aufl., Hamburg 1969.
[12] *H. Kentler:* Sexualerziehung, Hamburg 1970.

zu koitieren, um – wie er sagt – „an der Enttäuschung der Unangemessenheit zu scheitern“, statt wie heute an der Norm der Ausschließlichkeit der Erwachsenensexualität frustriert zu werden, so hat eine solche Entnormung, wie die tiefenpsychologische Erfahrung lehrt, schwere pathologische Folgen. Denn die sogenannte ödipale Phase der Kinder, etwa im Alter von fünf Jahren, hat – das ließ sich durch kritisches Beobachten ermitteln – einen vollständig anderen Stellenwert als den der sexuellen Vorübung und bedarf auch anderer erzieherischer Verhaltensweisen durch die Erwachsenen. Wir haben an einzelnen Fällen hinreichende Praxiserfahrung darüber sammeln können, daß Kinder, die durch überhitzte erotische oder gar sexuelle Anreizung in der ödipalen Phase an ihren gegengeschlechtlichen Elternteil seelisch gefesselt werden, meist bereits im Grundschulalter, spätestens aber in der Jugendzeit eine Fülle von schweren Verhaltensstörungen entwickeln. Und zwar besteht der Kern dieser Störungen in Gewissensängsten und Selbstbestrafungstendenzen, die zu einer Kette von Unfällen, Ohnmachtsanfällen und einer Fülle von leib-seelischen Erkrankungen wie chronischem Erbrechen, Eßstörungen, ja schließlich zu Perversionen führen können. Es scheint, daß die Fesselung an den unangemessenen Partner Angst und damit „Fluchttendenzen“ von der Gefahrenquelle mobilisiert. Denn es ist Aufgabe der Eltern in der ödipalen Phase ihrer Kinder ihnen Vor-*Bild*, nicht Vor-*Leib* zu sein.[13]

Aus Erfahrungen dieser Art läßt sich ablesen, daß wir Empfehlungen zur Normfreiheit keineswegs unreflektiert übernehmen dürfen; denn wir riskieren es auf diese Weise, abartige seelische Entwicklungen heraufzubeschwören, Störungen, die dann sicher die Lebenserfüllung einer noch viel größeren Zahl von Menschen in Frage stellen würden als es unter einer einseitigen Prüderie des Lebensstils im vorigen Jahrhundert der Fall war.

Ich könnte noch viele Beispiele bringen, die alle deutlich machen, daß die wenigsten alten Ordnungen willkürlich von Menschen zu Unterdrückungszwecken *gemachte* Normen waren. Gemachte Normen verschwinden wieder von der Bildfläche der Geschichte, wenn sie Mißbrauch sind, enden in der Zerstörung, wie uns Hitlers „Tausendjähriges Reich“ eindrücklich vor Augen geführt hat. Dies ist der zentrale Irrtum aller jener, die nach einer gesellschaftlichen Veränderung mit absoluter Normfreiheit rufen: daß alle tradierten Normen „*gemacht*“ wurden, um die Menschen zu unterdrücken und daß man nun nur Normfreiheit zu „machen“ brauche, um die Seligkeit auf Erden herzustellen. Eine solche Anthropologie ist unbiologisch und unrealistisch. Der Beweis von Echtheit oder Unechtheit, von Einklang oder Mißbrauch wird am *Leben* erbracht und daran, ob der jeweilige Brauch eine Passung darstellt zur Entwicklungssituation eines Kollektivs. Er steht oder fällt damit, ob er die Chancen zu menschlicher Höherentwicklung steigert oder blockiert. Höherentwicklung in bezug auf seelisch-geistige Differenziertheit ist aber – genau wie bei der Mondfahrt – nur auf der Basis der Beachtung und Einhaltung von Naturgesetzen vollziehbar. Viele dieser Grundgesetze sind uns in bezug auf den Menschen bisher nicht ins Bewußtsein gedrungen. Solange sie in natürlicher Ordnung gelebt wurden, war das

---

[13] *C. Meves:* Zur Ätiologie der Hysterie aus der Sicht kinderpsychotherapeutischer Praxis. In: Wege zum Menschen, 19. Jg. (1967), H. 3, S. 31 ff.

auch nicht nötig. Heute, im technischen Zeitalter, wo wir die alten Ordnungen mit der Auflösung der agrarischen Kultur nicht mehr haben und mit dem Glauben an unsere unumschränkte Machbarkeit versuchen, uns die Erde zu versklaven, stoßen wir an unsere Grenzen; sie werden an seelischen Erkrankungen sichtbar. Sie zu kennen bietet eine Chance, neue Kriterien zu finden in der Frage, wie weit wir befugt sind, gesellschaftliche Veränderungen vorzunehmen, ohne uns zu ruinieren. Da wir das heute nicht mehr in ausreichendem Maße erkennen, steht die Natur in ungeheuerlicher Dämonie auf und singt uns in der seelischen Entartung und Erkrankung des Menschen ihr Rachelied. Die Psychopathologie kennt den Text dieses Liedes, und uns kann nur geholfen werden, wenn wir ihn lernen und eilig beginnen mit den alten Ritualen, dem Opfern, dem Knien, dem Beten zur Beschwichtigung des Zornes der Göttin.
Ich spreche absichtlich an dieser Stelle in der Sprache der Mythologie, damit wir erkennen, daß religiöse Rituale, bis hinein in den Mummenschanz, in den Naturregionen keineswegs immer nur dummer Aberglaube waren, sondern Gefühl für Wesensbezüge, das wir schlimmerweise verloren haben. Es steht uns wohl auch heute noch an, darauf zu *horchen*, um dann, wenn wir im Nachdenken über den Sinn einer überlieferten Norm oder durch geniale Menschen eine Einsicht gewonnen haben, mit Ernst zu *gehorchen.*

V.

Ich fasse zusammen: Das modische Postulat, Normfreiheit für jedermann zu fordern, um „repressive Herrschaftsansprüche“ zu überwinden, macht eine Neubesinnung dieses Themas und das Suchen nach Kriterien notwendig. Erfahrungen auf dem Gebiet der Entwicklungspsychologie und der Psychopathologie können dazu einen Beitrag leisten. Es gibt artspezifische Entfaltungsbedingungen beim Menschen – wie zum Beispiel die „Brutpflege“ durch eine immer gleiche Person, die Erziehung zur Selbständigkeit, die Erfahrung der Grenzen des eigenen expansiven Machtbedürfnisses und der Gelegenheit zu angestrengter, durchhaltender Antriebsbetätigung. Diese „Vorschriften“ der Natur verlangen ihre strenge Einhaltung und Erfüllung: Denn wenn sie nicht hinreichend genug beachtet werden, gerät der Mensch in die Gefahr, den Status mündiger Erwachsenheit, in dem es ihm möglich ist, aufgrund von Reflexion und Einsicht zur Verwirklichung seiner Willensfreiheit zu kommen, nie erreicht. Er bleibt statt dessen ein partiell Entwicklungsgehemmter, der von seinen beschädigten Antrieben immer erneut überflutet wird und sich – besonders im Fall von Straftaten wird das deutlich – als ein von innen Besessener erweist. Die immense Zunahme solcher Entfaltungsstörungen, die Tatsache also, daß die Zahl der „Mündigen“ abnimmt, macht das Postulat der Normfreiheit zu einer gefährlich unrealistischen Tendenz: denn da dem Unmündigen eine bewußte Einsicht in seine Gebundenheit an biologische, kosmische Ordnungen fehlt und an ihrer Stelle unreflektiert und unbewußt das Bedürfnis steht, den eigenen Machtbereich auf Kosten anderer auszudehnen, beschwört er die Gefahr eines überbordenden Anarchismus herauf, der durch seine Tendenz zu hemmungsloser Machtergreifung nicht die Freiheit fördert, wie er vorgibt, sondern Gewaltherrschaft bewirkt.

Zu den sozialen und politischen Auswirkungen des Wehrdienstes bei der Bundeswehr

von

WILFRIED LAATZ

I. Einleitung

Seit den ersten Anfängen der Remilitarisierung in der Bundesrepublik bis heute haben mehr als 2 Mill. Wehrpflichtige die Bundeswehr durchlaufen und sie als Reservisten verlassen. Wirkt sich der Wehrdienst, der eine Neudefinition der eigenen Lebenspläne und Situationen vom Eingezogenen verlangt und den Dienenden einem Prozeß sekundärer Sozialisation unterwirft, auf Verhaltensweisen und Einstellungen der Reservisten in gesellschaftlich und politisch relevanter Weise aus?

Diese Frage wird vielfach bejaht. Drei charakteristische Auswirkungen werden oft erwartet. Erstens gilt der Wehrdienst – vor allem bei weiten Kreisen der Bevölkerung[1] – als „Charakterschule der Nation", zweitens wird durch Vermittlung der ehemaligen Soldaten eine zunehmende Integration des Militärs in die Gesellschaft in Form einer erhöhten Wehrbereitschaft der Bevölkerung und zunehmenden Prestiges des Militärs erwartet[2] und drittens wird der ursprüngliche Sinn der Konzeption von der „Armee als Erziehungsschule der Nation"[3] erneut aufgegriffen und dem Wehrdienst ein bestimmter politischer Bildungscharakter zugesprochen.

Über die Art dieser Auswirkungen herrscht in der Literatur keine Einigkeit. Es lassen sich jedoch drei grundsätzliche Positionen unterscheiden, die eng mit dem politischen Standort ihrer Verfechter verknüpft sind.

1. Die Vertreter der „Inneren Führung"[4], die sogenannten konservativen Reformer, deren Auffassung sich formal mit der offiziellen Auffassung der Bundeswehrführung deckt, sehen in der Bundeswehr einen integrierten Bestandteil der liberal-demokratisch verfaßten Gesellschaftsordnung der Bundesrepublik. Alle Einflüsse, die bewußt oder unbewußt auf den Wehrdienst zurückzuführen sind, decken sich mit den Normen und Wertvorstellungen dieser Gesellschaft. Die Bundeswehr kann sich in deren Augen ihrem Bildungsauftrag nicht verschließen, setzt aber lediglich die Arbeit anderer

---

[1] Vgl. *Elisabeth Noelle* und *Erich Peter Neumann* (Hrsg.): Jahrbuch der öffentlichen Meinung 1957, Allensbach und Bonn 1957, S. 307 f. Ähnliche Auffassungen wurden aber auch in wissenschaftlichen Publikationen vertreten. So *Wilhelm Traphagen:* Militärdienst und Volkserziehung. In: Soziale Welt, 1952, H. 3, S. 347.

[2] Vgl. *Kai-Uwe von Hassel* in der Beilage zur „Information für die Truppe", 1963, H. 10, S. 4 f.

[3] Über die Entwicklung dieser Idee bis zum Ende des Ersten Weltkrieges kann man sich informieren bei *Reinhard Höhn:* Die Armee als Erziehungsschule der Nation, Bad Harzburg 1963.

[4] Ihre Grundauffassung ist am klarsten in den zahlreichen Veröffentlichungen des Grafen *Baudissin* niedergelegt. Als offizielle Publikation vgl. Handbuch Innere Führung, 3. Aufl., Bonn 1964.

Sozialisationsinstanzen als Teil der Erziehung zu mündigen Staatsbürgern in der Demokratie fort. Der Reservist, der die Schule der Bundeswehr durchlaufen hat, soll die demokratischen Lebensformen bejahen und sich aktiv für ihre Verwirklichung einsetzen.

2. „Restaurative Kräfte“[5] innerhalb und außerhalb der Bundeswehr wehren sich demgegenüber gegen den nach ihrer Ansicht falsch verstandenen Demokratismus innerhalb der Bundeswehr. Unter Berufung auf ein ewiges „Wesen des Soldatentums“ lehnen sie die Prinzipien der Inneren Führung als zeitbedingte Konzession an innen- und außenpolitische Gegner in der Phase des Wiederaufbaus einer deutschen Armee ab. Sie betreiben mehr oder minder offen die Revision dieses Konzepts zugunsten tradierter Formen soldatischen Lebens. Auch gegen den Einfluß der Inneren Führung werden sich ihrer Ansicht nach die unveränderlichen Formen des Soldatentums zwangsläufig in der Bundeswehr durchsetzen. Dessen zeitlose Werte und Normen schlügen sich im Charakterbild des echten Soldaten nieder, der den Sinn soldatischen Lebens zu begreifen und anzuerkennen fähig sei. Das Bild der restaurativen Kräfte vom Soldaten ist geprägt durch die tradierten autoritären Tugenden des Preußischen Soldatentums und verbindet sich mit entsprechenden Vorstellungen von dessen politischer und gesellschaftlicher Stellung und Funktion.

3. In den Grundzügen ähnliche Erwartungen, aber mit anderer politischer Interpretation und von gänzlich verschiedenem politischem Standpunkt, hegen liberale und sozialistische Kritiker der Bundeswehr. Aufgrund der in der Bundeswehr vorherrschenden ideologisch-politischen Strukturen und der funktionsbedingten Eigenarten des militärischen Apparats erwarten sie politisch und gesellschaftlich gefährliche Einflüsse des Militärs auf die junge Generation.[6] Das Militär wird als „autoritäre Schule der Nation“ verstanden, die den Wehrpflichtigen einem antidemokratischen Schulungsprozeß unterwirft. Der Wehrdienst bewirkt die Herausbildung autoritärer Charakterzüge und die Entwicklung antidemokratischer Ideologien und Verhaltensweisen bei den Soldaten und wirke als Schule der Gewalt zugleich dehumanisierend.[7]

Welchen Einfluß übt der Wehrdienst tatsächlich auf die Einstellungen und Verhaltensweisen der Reservisten aus? Wie bedeutend ist dieser gegebenenfalls, und wirkt er über die unmittelbaren Grenzen des Militärs hinaus? Die Soziologie hat dieser Frage noch wenig Beachtung geschenkt. Pauschal for-

---

[5] Vgl. u. a. *Werner Picht:* Wiederbewaffnung, Rottweil 1954, sowie zahlreiche Veröffentlichungen des gleichen Autors; *Winfried Martini:* Freiheit auf Abruf, Köln und Berlin 1960. Die Auseinandersetzung der Vertreter der Inneren Führung mit restaurativen Kräften innerhalb der Bundeswehr analysieren u. a. *Albrecht Klausnitzer:* Die Diskussion um die Innere Führung. Zum Verhältnis von Bundeswehr und Öffentlichkeit. In *Georg Picht* (Hrsg.): Studien zur gesellschaftlichen und politischen Situation der Bundeswehr, 2. Folge, Witten und Berlin 1966, S. 159–244; *Hans-Helmut Thielen:* Der Verfall der Inneren Führung. Politische Bewußtseinsbildung in der Bundeswehr, Frankfurt a. M. 1970.

[6] Vgl. *Fritz Vilmar:* Rüstung und Abrüstung im Spätkapitalismus, 3. Aufl., Frankfurt a. M. 1967, S. 179.

[7] Vgl. ebenda, S. 185.

mulierte Hypothesen stehen begrenzten empirischen Ergebnissen gegenüber.[8]

In der vorliegenden Studie werden einige — leider nur begrenzt aussagefähige — empirische Materialien zu dieser Frage zusammengestellt und der Versuch einer vorläufigen Interpretation unternommen. Die verfügbaren Daten zwingen zu einer Konzentration auf Meinungen und Einstellungen[9], die sich auf die Bundeswehr und den Bereich des Militärdienstes selbst beziehen auf der einen Seite und auf gesellschaftspolitische Meinungen, sowie Einstellungs- und Verhaltensweisen auf der anderen.

Sofern im Laufe der Untersuchung veränderte Meinungen und Einstellungen bei Soldaten oder Reservisten ermittelt werden, kann dies als Ergebnis der Neuorientierung in einer für sie problematischen Situation angesehen werden. Diese Situation ist ganz allgemein gekennzeichnet durch den Konflikt zwischen individuellen Interessen und persönlichen politischen Orientierungen auf der einen Seite und den aufgrund öffentlicher Pflichten an die Dienenden herangetragenen Integrations- und Anpassungsforderungen auf der anderen. Dabei ist von Bedeutung, daß diese Anforderungen nur bestimmte Gruppen selektiv treffen. Meinungsänderungen und Einstellungswandel erscheinen in der gegebenen Situation analytisch:

1. als Ausdruck eines Prozesses sekundärer Sozialisation, insofern der Wehrpflichtige während des Wehrdienstes in einem Prozeß der Rollenaneignung über die mit der Rolle verbundenen funktional legitimierten Verhaltenserwartungen und „äußeren" Verhaltensweisen hinaus ein damit verbundenes Feld von Wert- und Interpretationsmustern erwirbt, also unter Integrations- und Anpassungsdruck eine bestimmte, allgemein anerkannte, „Subsinnwelt" zusammen mit spezifischen Legitimationsmustern für den Wehrdienst sich aneignet;
2. als Ausdruck eines Vorgangs rationaler Interessenkalkulation, insofern der Wehrpflichtige im Zuge des durch den Wehrdienst erzwungenen Prozesses der Neuformulierung seiner Lebenspläne materielle Nutzenerwägungen in sein Kalkül mit einbezieht;
3. als Ausdruck eines Bedürfnisses nach Statussicherung und Situationsrationalisierung, insofern sich in den Einstellungen des Wehrpflichtigen der bür-

[8] Eine kurze Übersicht gibt *Werner Fuchs:* Befehl, Gewalt, demokratische Gesellschaft. Neuere Literatur zur Militärsoziologie. In: Soziale Welt, 1969, H. 4, insbes. S. 495.

[9] Die Termini „Meinung" und „Einstellung" werden im Folgenden nebeneinander gebraucht. „Meinungen", d. h. mehr oder weniger rationale Stellungnahmen zu konkreten Problemsituationen, sind der empirischen Forschung in Form verbalisierter Reaktionen auf Stimuli verhältnismäßig leicht und unmittelbar zugänglich. Dagegen bezeichnet der Begriff „Einstellung" eine dauerhafte Bereitschaft, auf ähnliche Objekte und Situationen in gleichartiger Weise zu reagieren. „Einstellungen" sind der Beobachtung nicht unmittelbar zugänglich. Sie haben den Charakter theoretischer Konstrukte und können als solche nur aus beobachteten Regelmäßigkeiten des Verhaltens erschlossen werden. In der vorliegenden Untersuchung dienen verbalisierte „Meinungen" als Schlüssel zu dahinterstehenden dauerhafteren „Einstellungen". Es ist faktisch nicht möglich, im Einzelfall immer exakt zwischen „Meinungen" und „Einstellungen" zu unterscheiden. Die Termini werden daher in der vorliegenden Arbeit in begrenztem Umfange synonym verwendet. Sofern Reaktionen auf konkrete Reize erörtert werden, scheint allerdings der Terminus „Meinung" angemessener, bezogen auf allgemeine Dispositionen dagegen der der „Einstellung".

gerliche Anspruch auf Vernünftigkeit und gesellschaftliche Anerkennung seiner Tätigkeit niederschlägt; und

4. als Ausdruck politischer Stellungnahme, insofern sich darin die Konfrontation gesellschaftlich erworbener normativer Erwartungen und der Grad der geistigen Integration in das politische System der Bundesrepublik auf der einen Seite mit realen politischen Erfahrungen in der Bundeswehr auf der anderen Seite ausdrückt.

Zunächst werden einige Überlegungen zu den Sozialisationsbedingungen in der Bundeswehr angestellt, aus denen sich auf indirektem Wege Annahmen über den Einfluß des Wehrdienstes auf das Bewußtsein von Reservisten gewinnen lassen. Mit Hilfe der verfügbaren Daten wird dann eine genauere quantitative und qualitative Bestimmung dieser Einflüsse vorgenommen und zum Abschluß eine knappe zusammenfassende Interpretation dieser Ergebnisse versucht.

II. Sozialisationsbedingungen

Eine der wesentlichen Quellen von Einstellungsveränderungen sind die Einflüsse, denen der Einberufene im Verlauf des Sozialisationsprozesses, mit dessen Hilfe er in die Bundeswehr integriert wird, ausgesetzt ist. In unserem Zusammenhang interessiert weniger die mit dem Erwerb neuer Rollen verbundene Aneignung militärisch-relevanter, mehr oder weniger funktionaler Verhaltensregeln, als die damit gleichzeitig verknüpfte weiterreichende Vermittlung sozialer und politischer Wertmuster und Interpretationsschemata.

Es ist die offizielle Aufgabe der politischen Bildung in der Bundeswehr, dem Soldaten eine bestimmte politische Sichtweise und damit im Zusammenhang auch Legitimationen für die Bundeswehr zu vermitteln. Daneben dürften der informellen Vermittlung von Einstellungen und Verhaltensweisen, über die in den Kadern der Bundeswehr stillschweigender Konsensus herrscht, ebenso große Bedeutung zukommen.

Die Einflußmöglichkeiten im Sozialisationsprozeß des Wehrdienstes unterscheiden sich trotz gewisser Tendenzen zur Angleichung ziviler und militärischer Strukturen[10] in charakteristischer Weise von denen der meisten zivilen Institutionen. Auf viele Züge der Wirklichkeit innerhalb der Bundeswehr läßt sich die Theorie „totaler Institutionen" recht gut anwenden.[11] Der Wehrdienst erfaßt das Individuum in allen Lebensbereichen und hebt die sonst übliche Trennung wichtiger Tätigkeitssphären – vor allem zwischen Privatleben und Arbeitsbereich – auf. Zugleich werden wesentliche Grundrechte aufgrund des Wehrrechts eingeschränkt. Über den Wehrpflichtigen

---

[10] Solche Tendenzen belegen für die Bundeswehr *Johannes H. von Heiseler:* Militär und Technik. Arbeitssoziologische Studien zum Einfluß der Technisierung auf die Sozialstruktur des Militärs. In *G. Picht* (Hrsg.): Studien zur gesellschaftlichen und politischen Situation der Bundeswehr, a. a. O., S. 66–158; *Wido Mosen:* Eine Militärsoziologie. Technische Entwicklung und Autoritätsprobleme in modernen Armeen, Neuwied und Berlin 1967.

[11] Zur Theorie totaler Institutionen vgl. *Erving Goffman:* Asylums. Essay on the Social Situation of Mental Patients and other Inmates, Garden City und New York 1961.

kann somit ziemlich umfassend verfügt werden. Diese Verfügungsmacht kann dazu ausgenutzt werden, die Identität des Soldaten in festgelegter Weise umzustrukturieren. Durch Isolation und ständige Schikane kann ein Mortifikationsprozeß des urspünglichen Selbst eingeleitet und dessen vollkommene Anpassung an eine vorgeschriebene Rollenstruktur der totalen Institution erzwungen werden. In den meisten Armeen der Welt wird ein solcher Umstrukturierungsprozeß bewußt angestrebt und durch spezielle Techniken der Menschenbehandlung in die Wege geleitet.

Nach dem Konzept des Staatsbürgers in Uniform sollen dagegen solche Anpassungsmechanismen in der Bundeswehr weitgehend ausgeschlossen werden. Dies geschieht vor allem durch die Beschränkung der Befehlsgewalt des Vorgesetzten auf funktionsnotwendige Aufgaben und die Garantien eines ausgebauten Kontrollsystems. Sowohl auf dem Erlaßwege als auch in der Praxis wurde dieses Prinzip jedoch weitgehend durchlöchert. Zur Erklärung der Möglichkeit dieses Vorganges läßt sich dreierlei sagen: 1. Die Unterscheidung funktional notwendiger und nicht notwendiger Verhaltensweisen ist sachlich schwer begründbar und daher kaum kontrollierbar. Dies liegt daran, daß die Bundeswehr ihrer Funktion gemäß, sowohl aufgrund der Strategie flexibler Abschreckung als auch durch die Notwendigkeit zur Einstellung auf den Ausnahmefall, die Vorbereitung auf verschiedenartige, auch vortechnische Arten der Kriegsführung zu betreiben hat. Zum anderen ist die Wirksamkeit und Notwendigkeit der dabei angewandten Praktiken wegen der Realitätsferne des Wehrdienstes in Friedenszeiten kaum kontrollierbar. Schließlich bedarf die Organisierung der Ausbildung größerer Menschenmengen eines Minimums bürokratisierter und formalisierter Handhabungen der Bedürfnisse ganzer Blocks von Menschen. Die Prinzipien des Umgangs mit Menschen sind dabei aber aus dem Kriegsbild nicht ohne weiteres ableitbar. 2. Auf diese Weise bleibt ein Spielraum für die Legitimation und Rekonstruktion restaurativer Praktiken, die entweder mit dem Nimbus des Sachverstandes versehen oder durch das Mittel der Gruppensolidarität abgesichert werden, zumal die Widersprüchlichkeit und Unklarheit der Prinzipien der Inneren Führung[12] einer konservativen Auslegung Tür und Tor öffnen. Dies wird von den interessierten politischen Kräften entsprechend genutzt. 3. Die vorgesehenen Kontrollgarantien sind zum Teil – wie die Funktion des Wehrbeauftragten – abgebaut worden oder nicht hinreichend wirksam. So scheint es, als ob das Beschwerderecht von den Wehrpflichtigen, denen der Wehrdienst unter einer Übergangsperspektive erscheint, nicht ausgeschöpft würde und zudem durch Gruppensolidarität innerhalb des Kaders an Effizienz verlöre.[13]

Man muß dennoch einräumen, daß das Modell der totalen Institution für die Bundeswehr nicht im gleichen Maße zutrifft wie für die meisten anderen

[12] Die Widersprüche des Konzepts der Inneren Führung analysiert *Thielen* insbesondere im Abschnitt „Die Widersprüche der Inneren Führung als Bedingung ihres Verfalls“ (a. a. O., S. 12–22) genauer. Seine Unklarheiten zeigt *Friedrich Weltz:* Wie steht es um die Bundeswehr?, Hamburg 1964, vor allem im Abschnitt „Probleme der Inneren Führung“, S. 81–97, auf.

[13] Vgl. *Hermann Wessling:* Der Status des wehrpflichtigen Soldaten in der industriellen Gesellschaft Westdeutschlands. Versuch einer Deutung der Literatur und einer Entwicklung von Hypothesen, Diplomarbeit, Hamburg 1965, S. 174.

Armeen. Zudem sind Wehrpflichtige auf Zeit bei entsprechend psychischer Konstitution in der Lage, durch Rollendistanzierung die Einflüsse des Sozialisationsprozesses weitgehend zu unterlaufen.[14]

Aber auch ohne die besonderen Mechanismen totaler Institutionen setzt der normale Prozeß des Rollenerwerbs die Wehrpflichtigen einem Druck zur Anpassung und kognitiven wie affektischen Einflüssen aus. Es wäre sogar denkbar, daß diese gerade in einer Armee ohne bewußte grundlegende soziale Antagonismen und ohne sehr abrupten Bruch mit den Strukturen ziviler Institutionen bei Wehrpflichtigen auf weniger Widerstand treffen und sich daher in deren Bewußtsein eher niederschlagen.

Gleichzeitig sind nämlich im Korps der Zeit- und Berufssoldaten der Bundeswehr Wert- und Normvorstellungen wesentlich anders verteilt, als in der bundesdeutschen Gesellschaft insgesamt. Da Offiziere und Unteroffiziere aber die im Sozialisationsprozeß vermittelten Wertmuster und Interpretationsschemata weitgehend bestimmen, ist von hier aus ein konstanter einseitiger Einfluß zu erwarten. Dies kann an Hand der Rekrutierungsmuster des Offizierskorps, des Wahlverhaltens der Offiziere und ihrer Einstellung zu den Prinzipien der Inneren Führung gezeigt werden und bleibt nicht ohne Wirkung auf die Art des politischen Unterrichts in der Bundeswehr und die dabei verwendeten Unterrichtsmaterialien.

Das Offizierskorps der Bundeswehr entspricht nach den Ergebnissen von *Werner Baur* in seiner sozialen Zusammensetzung nicht der gesellschaftlichen Struktur der Bundesrepublik. Noch ausschließlicher als andere Gruppen der Oberschicht – und dies ist erstaunlich, da der Beruf des Offiziers kein akademischer Beruf ist – rekrutiert sich die militärische Führung aus Kreisen der oberen Mittelschicht, vor allem aber aus der Beamtenschaft. Zugleich ist auch der Anteil der Adligen am Offizierskorps überdurchschnittlich groß und Berufsvererbung überaus weit verbreitet.[15] Hinzu kommt der hohe Grad der Kontinuität der militärischen Führungsspitze über den Zusammenbruch nach dem Zweiten Weltkrieg hinaus.[16] Kennzeichnend sind also: erstens, der unmittelbare Rückgriff auf einen Berufsstand ohne demokratische Tradition beim Wiederaufbau der Bundeswehr und zweitens, die enge Verknüpfung auch des jüngeren Teils des Offizierskorps mit den konservativen sogenannten „staatstragenden“ Schichten der bundesdeutschen Gesellschaft. Letzteres dürfte vor allem auf eine Kongruenz der Wertsysteme[17] des Militärs und jener Gruppen zurückzuführen sein.

Im Bewußtsein dieser Schichten kommt dem Staat als Repräsentanten der Nation eine ganz besondere Stellung zu. Die Armee ist die höchste Verkör-

---

[14] So erklärt sich z. B. der geringe Einfluß des Vaterländischen Unterrichts in der Armee des deutschen Kaiserreiches auf das Bewußtsein sozialdemokratisch eingestellter Soldaten.

[15] Vgl. *Werner Baur:* Deutsche Generale. Die militärischen Führungsgruppen in der Bundesrepublik und in der DDR. In *Wolfgang Zapf* (Hrsg.): Beiträge zur Analyse der deutschen Oberschicht, München 1965, S. 124; *Eric Waldmann:* Soldat im Staat. Der Staatsbürger in Uniform – Vorstellung und Wirklichkeit, 3. Aufl., Boppard am Rhein 1964, S. 230 f.

[16] Vgl. *Werner Baur:* a. a. O., S. 114.

[17] Ebenda, S. 126.

perung dieses Staates und der Dienst in ihr hebt das Soldatentum deutlich gegenüber anderen, gewöhnlichen Berufen hervor. Die Gesellschaft, die ihnen vorschwebt, ist eine hierarchisch gegliederte, von einer Elite vermittels eines Systems von Unterordnung und Autorität beherrschte, als konfliktfreie Gemeinschaft verstandene Leistungsgesellschaft.[18] Die Soldaten beanspruchen für sich in dieser Gesellschaft eine besondere moralisch begründete Elitestellung.[19] Das Selbstbewußtsein, das sich in diesem Anspruch niederschlägt, entspricht nicht einem beruflichen Leistungsbewußtsein im bürgerlichen Sinne, sondern begründet sich extrafunktional über die besondere gesellschaftliche Stellung des Soldaten und die nach beruflichen oder kommerziellen Maßstäben nicht meßbaren, traditionell mit dem Gedanken des Opfers und des Lebenseinsatzes verbundenen, moralischen Qualitäten des soldatischen Wesens.

Dieses Selbstbewußtsein ist aber heute beständig gefährdet. Dem Elitebewußtsein korrespondiert kein Pendant in Form der Anerkennung einer Sonderstellung des Soldaten in der Bevölkerung.[20] Produktive Leistung, die in der bürgerlichen Gesellschaft als Kriterium der Prestigeverteilung beansprucht wird, ist beim Militär nicht nachweisbar. Das Militär ist zudem, erfüllt es den ihm zugewiesenen Auftrag, in der prekären Lage, sich selbst überflüssig zu machen und die eigene Auflösung zu forcieren. Diese statusgefährdenden Elemente der eigenen Situation, die zum Teil im Konzept der Inneren Führung ausdrücklich benannt und als unaufhebbarer innerer Widerspruch der Situation der Bundeswehr anerkannt wurden, treffen in großen Teilen des Offizierskorps auf Widerstand. Maßnahmen und Ideen, die den Status des Soldaten sichern, seinen Nimbus und seine Macht als Vorgesetzten erhalten und dem Soldatentum eine dauerhafte Stellung in der Gesellschaft sichern, werden in der Bundeswehr auf Widerhall rechnen können.

In dieser Situation liegt es nahe, den Kommunismus als dauerhaften äußeren und inneren Feind aufzubauen und zu dämonisieren und zugleich die Verfassung der Bundesrepublik in einer bestimmten autoritären Weise zu interpretieren und zu glorifizieren, um dann als Hüter dieser so verfaßten Gesellschaft gegenüber dem so verstandenen Kommunismus auftreten zu können. Darauf beruht das in der Bundeswehr verbreitete Selbstverständnis als elitäre – aber mißverstandene – Kraft, der die Aufgabe zukommt, die vorgefundene Gesellschaft gegen den Widerstand böswilliger oder unwissender innerer Feinde zu einem leistungsfähigen Gesamtverband zur Verteidigung gegen den Kommunismus zu organisieren. Das politische Bewußtsein und das politische Verhalten des Offizierskorps lehnt sich an diejenigen politischen Kräfte an, deren Konzepte diesem Anspruch an eine formierte „autoritäre Leistungsgesellschaft" unter der besonderen Verantwortung des Soldaten entgegenkommen.

---

[18] Vgl. *Werner Baur:* a. a. O., S. 127; *Oskar Negt:* In Erwartung der autoritären Leistungsgesellschaft. Zum gesellschaftlichen Bewußtsein der wirtschaftlichen und militärischen Führungsschichten. In *Gert Schäfer* und *Carl Nedelmann* (Hrsg.): Der CDU-Staat. Studien zur Verfassungswirklichkeit der Bundesrepublik, München 1967, S. 200–237.

[19] Vgl. *Wido Mosen:* Bundeswehr – Elite der Nation?, Neuwied und Berlin 1970.

[20] Vgl. *Friedrich Weltz:* a. a. O., S. 7.

Progressive politische Parteien – z. B. die SPD – haben daher im Offizierskorps der Bundeswehr so gut wie keine Chancen. Wie aus Tabelle 1 hervorgeht, wurde sie um 1960 nur von rund 5 % der Offiziere und 7 % der Offiziersanwärter vorgezogen. Die Bundeswehr war zum Zeitpunkt dieser Befragung mit rund 75 % CDU-Anhängern im Offiziers- und Unteroffizierskorps in jeder Hinsicht eine CDU-Armee. Daran hat sich bis heute auch durch die Regierungsfähigkeit der SPD nichts geändert. Gewinne der SPD dürften durch den Übergang ehemaliger FDP-Anhänger an die CDU mehr als kompensiert worden sein. Nach den Schätzungen von *Wildenmann* und *Schatz* ziehen auch heute noch drei Viertel der Offiziere der Bundeswehr die CDU als ihre Partei vor.[21] Da aber auch die CDU im Verlauf ihrer über 20jährigen Herrschaft die Erwartungen des konservativsten Teils des Offizierskorps nicht erfüllt hat, neigten zur Zeit ihrer Untersuchung zudem 20 bis 25 % der befragten Bundeswehrangehörigen der NPD zu.[22]

Tabelle 1 *Frage: „Welches Parteiprogramm einer Partei in der BRD kommt Ihrer Auffassung am nächsten?“*

	CDU/CSU	SPD	FDP	andere Parteien	keine Angabe	Anzahl der Befragten
	%	%	%	%	%	
Uffz.	74,2	13,1	3,2	3,5	5,6	595
Fw.	76,9	11,6	4,3	3,3	3,5	309
OA.	73,5	7,3	11,4	2,7	4,7	612
Offz. (Lt.–Hptm.)	74,6	4,8	11,5	3,9	4,8	108

Quelle: *Eric Waldman:* Soldat im Staat. Der Staatsbürger in Uniform – Vorstellung und Wirklichkeit, 3. Aufl., Boppard am Rhein 1964, S. 236.

Diese politische Auffassung schlägt sich auch in der Einstellung zu den Prinzipien der Inneren Führung nieder. *Macioszek* teilt aufgrund seiner Untersuchungen die Besucher eines Offizierslehrgangs in drei Gruppen ein. Die erste steht den Prinzipien der Inneren Führung progressiv gegenüber, d. h. wünscht die Verwirklichung ihres Wesensgehaltes, die zweite konservativ, d. h. hält am Status quo fest, in dem wesentliche Elemente der Inneren Führung von ihrer Verwirklichung ausgeschlossen sind, die dritte regressiv, d. h. wünscht die Rückkehr zu tradierten, von der Bundeswehr nicht übernommenen Formen militärischen Lebens. Er kommt zu dem Schluß, daß für die Verwirklichung der Inneren Führung im Offizierskorps der Bundeswehr keine Basis besteht. Die überwältigende Mehrheit der Befragten steht nämlich dem Konzept der Inneren Führung konservativ gegenüber.[23]

Schließlich muß sich die Einstellung des Offizierskorps aufgrund der praktizierten Unterrichtsmethoden auch im politischen Unterricht der Truppe niederschlagen, zumal die verfügbaren Unterrichtsmaterialien nach Maßgabe

---

[21] *Rudolf Wildenmann* und *Heribert Schatz:* Das Wahlverhalten an Bundeswehrstandorten. In *Rudolf Wildenmann* (Hrsg.): Sozialwissenschaftliches Jahrbuch für Politik, Bd. 1, München und Wien 1969, S. 96.

[22] Ebenda, S. 126 (Fußnote).

[23] Vgl. *Heinz-Georg Macioszek:* Das Problem der Tradition in der Bundeswehr, Dissertation, Hamburg 1968, S. 51 f. und 54.

verschiedener Inhaltsanalysen[24], wenn auch in abgeschwächter Form, dem Grundmuster der in der Bundeswehr verbreiteten Ideologien selbst folgen. Dies ist nicht nur auf den Einfluß restaurativer Kräfte in der Bundeswehr, sondern auf die innere Unklarheit und Widersprüchlichkeit des Konzepts der Inneren Führung selbst zurückzuführen, das wegen dieses Mangels seine Orientierungsfunktion für die ohnehin für diesen Unterricht kaum vorbereiteten Ausbildungsoffiziere nur mit Einschränkungen erfüllen kann.[25]
Im ganzen ist also aufgrund des militärischen Sozialisationsprozesses eine Beeinflussung des Wehrpflichtigen zugunsten einer Bejahung der militärischen Organisationen, einer herausgehobenen Stellung des Soldaten, traditioneller hierarchischer Formen militärischer Organisationen und einer auf Antikommunismus aufbauenden unkritischen Identifikation mit dem Status quo der bundesrepublikanischen Gesellschaft in der Interpretation einer „autoritären Leistungsgesellschaft" zu erwarten.

III. Meinungswandel und Einstellungsveränderungen durch den Wehrdienst

Die Sozialisationsbedingungen in der Bundeswehr machen nur einen der verschiedenen Situationsfaktoren aus, die die Bewußtseinsentwicklung des Rekruten bestimmen. Zudem kann man aus den Sozialisationsbedingungen allein, ohne besondere Kenntnis des Sozialisanten, wenig über deren tatsächliche Wirkungen erfahren. Die auf diesem indirekten Weg abgeleiteten Hypothesen werden im folgenden auf direktem Wege im wesentlichen bestätigt, zugleich aber modifiziert, präzisiert und umfassender erklärt.
Die verfügbaren Daten beziehen sich nur zum Teil auf eine repräsentative Stichprobe, die anderen auf bestimmte ausgewählte Teilgruppen. Ein Teil der Daten erlaubt eine detallierte Betrachtung der Veränderung von Meinungen und Einstellungen. Es handelt sich dabei um echte Paneldaten, die durch mehrfache Befragung ein und derselben Erhebungsgruppe ermittelt wurden oder um sogenannte „Pseudo-Paneldaten", d. h. Daten, die zu einem bestimmten Erhebungszeitpunkt durch gleichzeitige Erfassung von Meinungen zum Erhebungstermin und rückblickend für einen früheren Zeitpunkt gewonnen wurden. Ein anderer Teil der Daten ist lediglich einer Trendanalyse zugänglich. Es läßt sich in einem solchen Fall nur die Bruttoveränderung zwischen den Einstellungsverteilungen zu verschiedenen Zeitpunkten ermitteln. Dies ist der Fall, wenn eine Erhebung zu verschiedenen Zeitpunkten Meinungen vergleichbarer, aber nicht identischer Gruppen erfaßt. Dasselbe gilt, wo für die Entwicklung von Meinungen, bzw. Einstellungen keine echten Zeitreihen vorliegen und daher ersatzweise auf kom-

---

[24] *Rolf Gutte:* Die Mentalität unserer Armee – Analyse von Bundeswehrpublikationen. In: Frankfurter Hefte, 1966, H. 1, S. 6–16; *Siegfried Grimm:* Die geistige Rüstung des deutschen Soldaten. Untersuchung zum Konzept des staatsbürgerlichen Unterrichts in der Bundeswehr, Dissertation, Marburg 1967; *Hans-Helmut Thielen:* a. a. O.; *Paul Gerd Schwefeß:* Zur Praxis politischer Bildung in der Bundeswehr. Eine empirische Untersuchung in einer Bundeswehrkompanie, Diplomarbeit, Frankfurt a. M. 1968.
[25] Vgl. *Friedrich Weltz:* a. a. O.. insbesondere „Probleme der Inneren Führung", S. 81–91.

parative Betrachtungen verschiedener Untersuchungsgruppen zu ein und demselben Zeitpunkt zurückgegriffen werden muß. Für sich genommen ist die Aussagekraft der einzelnen herangezogenen Studien gering, zusammengenommen reichen sie jedoch aus, einige begründete Hypothesen über Einstellungsveränderungen durch den Wehrdienst zu formulieren.

1965 richtete das Institut für Demoskopie an Reservisten der Bundeswehr die Frage: „Wenn Sie einmal zurückdenken, wie Sie über die Bundeswehr dachten, bevor Sie einberufen wurden: Haben Sie durch die Bundeswehrzeit einen besseren Eindruck bekommen, oder sind Sie im Gegenteil enttäuscht worden?“[26] Die Ergebnisse sind in Tabelle 2 auszugsweise wiedergegeben.

Tabelle 2

Frage: „Wenn Sie einmal zurückdenken, wie Sie über die Bundeswehr dachten, bevor Sie einberufen wurden: Haben Sie durch die Bundeswehrzeit einen besseren Eindruck von der Bundeswehr bekommen, oder sind Sie im Gegenteil enttäuscht worden?“

	Reservisten insgesamt	Normale Wehrpflichtige	Soldaten auf Zeit
	%	%	%
einen besseren Eindruck bekommen	37	39	31
gleich, kein Unterschied	36	35	39
eher enttäuscht	27	26	30
zusammen	100	100	100

Quelle: *Elisabeth Noelle* und *Erich Peter Neumann* (Hrsg.): Jahrbuch der öffentlichen Meinung 1965–1967, Allensbach und Bonn 1967, S. 322.

Man kann aus ihr entnehmen, daß 64 % der Befragten ihren Eindruck während der Bundeswehrzeit revidiert haben, wobei der positive Einstellungswechsel vor allem bei den normalen Wehrpflichtigen überwiegt. Schon im Verlauf des Grundwehrdienstes änderte, den Ergebnissen einer anderen Untersuchung zufolge, ein Drittel der Eingezogenen seine Einstellung zum eigenen Wehrdienst. Jedoch gleichen sich in diesem Fall die unterschiedlichen Tendenzen in etwa aus.[27]

Diesen sehr umfangreichen Umorientierungen im Hinblick auf Bundeswehr und Wehrdienst stehen weniger bedeutende im Bereich des politischen Bewußtseins gegenüber. *Eric Waldman* stellte in seiner Untersuchung fest, „daß nur ein ganz geringer Prozentsatz seine parteipolitische Einstellung im Laufe der Dienstzeit geändert hat. Bei den Unteroffizieren und Mannschaften betrug der Anteil 10 %, bei den Offiziersanwärtern und bei den Offizie-

[26] *Elisabeth Noelle* und *Erich Peter Neumann* (Hrsg.): Jahrbuch der öffentlichen Meinung 1965–1967, Allensbach und Bonn 1967, S. 322.

[27] Forschungsinstitut für Soziologie der Universität Köln, Wehrsoziologische Forschungsgruppe: Die Anpassung des Rekruten an das militärische Leben während der allgemeinen Grundausbildung, Teil III: Die Bereitschaft zur Weiterverpflichtung, unveröffentlichter Forschungsbericht, Köln 1968, S. 1, hier zitiert nach *Rolf Ziegler:* Einige Ansatzpunkte der Militärsoziologie und ihr Beitrag zur soziologischen Theorie. In *René König* (Hrsg.): Beiträge zur Militärsoziologie, Sonderheft 12/1968 der Kölner Zeitschrift für Soziologie und Sozialpsychologie, S. 16.

ren kaum 3 %"[28]. Leider kann man *Waldmans* Zahlen nicht eindeutig entnehmen, welchen Parteien diese Umorientierung am meisten zugute kommt.[29] Eine überschlägige Umprozentuierung seiner Daten spricht für leichte Vorteile für die CDU, wie sie auch nach den Ergebnissen *Wildenmanns* und *Schatz'* zu erwarten wären.

Die in diesem Bereich feststellbaren Einflüsse sind zwar nicht sehr groß, betreffen aber interessanterweise vor allem die Mannschafts- und Unteroffiziersgrade und nehmen immerhin eine auf politischer Ebene wirksame Größenordnung an. Auch treten auf anderen Gebieten politischen Bewußtseins wesentlich größere Verschiebungen auf, ohne daß sich dies gleich in einer Veränderung der Parteipräferenz niederschlägt. In einer Ausbildungskompanie der Bundeswehr änderten z. B. während der Grundausbildung bis zu 50 % der Rekruten ihre Meinung zu bestimmten politischen Fragen. So nahmen 49 % der Befragten am Ende der Grundausbildung eine veränderte Position zum Kommunismus ein.[30]

Dem bisher Gesagten kann zweierlei entnommen werden: 1. Im Laufe des Wehrdienstes finden weitgehende Meinungs- und Einstellungsänderungen statt. 2. Sie lassen sich in unterschiedlicher Richtung nachweisen, so daß die Tendenzen sich im Endeffekt teilweise aufheben. Reine Trendanalysen unterschätzen daher den Gesamteinfluß des Wehrdienstes leicht.

Andererseits können Trenddaten die Ergebnisse der bisherigen Analyse ergänzen und verfeinern. Die vorliegenden Ergebnisse zeigen an, daß der Einfluß des Wehrdienstes auf verschiedene Einstellungsbereiche sehr unterschiedlich ist und häufig eine einseitigere Auswirkung des Wehrdienstes zu erwarten ist, als es nach den bisherigen Überlegungen den Anschein hat. Außerdem erlauben sie es, Beziehungen zwischen einzelnen Einstellungsfaktoren aufzuzeigen.

1. Veränderungen in der Einstellung zur Bundeswehr

Veränderungen in der Einstellung zur Bundeswehr wurde in einer vom Verfasser durchgeführten Studie, in der die Auffassungen gedienter und ungedienter Studenten vergleichend untersucht wurden, nachgegangen.[31] Die

---

[28] *Eric Waldman:* a. a. O., S. 235.

[29] *Waldman* selbst ist zwar der Meinung, „daß von dieser Änderung vor allem die SPD Vorteile hatte und am wenigsten die CDU" (a.a.O., S. 235). Dies beruht jedoch auf einem krassen Fehlschluß, der aufgrund einer der Fragestellung unangemessenen falschen Richtung bei der Prozentuierung der Daten zustande kommt. (Vgl. a. a. O., S. 236.) Da *Waldman* bei der Berechnung seiner Zahlenangaben Gewichtzahlen verwandte, die er nirgendwo ausweist, ist nur eine überschlägige Umprozentuierung möglich.

[30] *Paul Gerd Schwefeß:* a. a. O., Tab. 21, Anhang S. 26.

[31] Die Ergebnisse sind teilweise verwandt in *Wilfried Laatz:* Der Einfluß des Wehrdienstes auf die Einstellung zur Bundeswehr bei Studenten, Diplomarbeit, Frankfurt a. M. 1969. Die Ergebnisse dieser Studie werden im folgenden ohne Quellenangabe aufgeführt. Zu ihrer Durchführung wurde eine natürliche experimentelle Situation, der der Abiturjahrgang 1964 unterworfen war, zu einem ex-post-facto-Experiment genutzt. Der 1944 geborene Teil der Abiturienten wurde zur Bundeswehr eingezogen, die 1945 geborenen entgingen dagegen dem Wehrdienst, da sie nach den damaligen Regelungen erst nach Erreichung des 20. Lebensjahres eingezogen werden durften, bei Erreichung der Altersgrenze aber wegen fortgeschrittenen Aus-

Grundeinstellung zur Bundeswehr wurde dabei als komplexes Einstellungssyndrom aufgefaßt, das sich durch ein Zusammenwirken begrenzt autonomer Teileinstellungen ergibt. Mit Hilfe einer Clusteranalyse konnten vier solche Faktorengruppen[32] isoliert werden.

1. Die Bereitschaft, selbst Wehrdienst zu leisten, die eng mit privaten Nutzenerwartungen zusammenhängt, wurde unter der Bezeichnung „persönliche Faktoren" gefaßt.
2. Davon abgehoben sind Einstellungen, die das Prestige des Wehrdienstes und des Soldaten betreffen.
3. Eine dritte Faktorengruppe umfaßt militärisch-normative Vorstellungen, d. h. Vorstellungen vom richtigen militärischen Leben und dem Verhältnis des Militärs zur politischen Organisation der Gesellschaft.
4. Schließlich heben sich davon die Vorstellungen von der in der Bundeswehr praktizierten Ausbildung und deren militärischem Wert ab.

Die wichtigsten Ergebnisse dieser Untersuchung sind in Tabelle 3 kurz zusammengefaßt. In allen untersuchten Einstellungsbereichen wurden statistisch signifikante Unterschiede zwischen den beiden Untersuchungsgruppen festgestellt. Sie gingen ausnahmslos in die hypothetisch angenommene Richtung.

– Die subjektive Bereitschaft, ohne inneren Widerstand Wehrdienst zu leisten, ist bei den Gedienten weiter verbreitet als bei den Ungedienten. Viele Wehrpflichtige, die den Wehrdienst bereits abgeleistet haben, fühlen sich im

---

bildungsstandes als Studenten vom Dienst befreit wurden. Die Anfang 1968 in Frankfurt a. M. studierenden Mitglieder dieser beiden Gruppen wurden als Vergleichsgruppen in die Untersuchung einbezogen und postalisch befragt. Die Rücklaufquote betrug 84 %. Da die beiden Untersuchungsgruppen in ihrer Zusammensetzung fast identisch sind, war die Kontrolle möglicher intervenierender Variablen weitgehend gewährleistet. Zusätzlich wurden aus der Gruppe der 1944 Geborenen alle im ersten Halbjahr geborenen Personen eliminiert, da sie unter normalen Umständen einem anderen Abiturjahrgang angehören müßten. Ebenso wurden aus beiden Untersuchungsgruppen Kriegsdienstverweigerer und aus anderen als Studiengründen Zurückgestellte ausgesondert, um einen möglichen Einfluß selektiver Rekrutierung auszuschalten. Auf diese Weise kamen zwei Vergleichsgruppen von N = 120 gedienten und N = 104 nichtgedienten Studenten zustande. Meinungs- und Einstellungsunterschiede zwischen beiden Gruppen können auf langfristige Auswirkungen des Wehrdienstes zurückgeführt werden, da aufgrund des Auswahlverfahrens – mit geringen Einschränkungen bei Alter und Dauer der Universitätsausbildung – alle möglichen intervenierenden Variablen konstant gehalten werden konnten. Beide Vergleichsgruppen waren in ihrem Studium schon so weit fortgeschritten, daß eine mögliche Alternativhypothese, die Unterschiede seien auf Auswirkungen des Studiums zurückzuführen, wenig Plausibilität besitzt. Auch bestanden bei den Ungedienten keine Befürchtungen, noch eingezogen zu werden, die sie in ihrer Einstellung wesentlich hätten beeinflussen können. Auf jeden Fall geben die Ergebnisse Aufschluß darüber, wie sich Meinungen und Einstellungen von Gedienten darstellen würden, hätten sie den Wehrdienst nicht durchlaufen.

[32] Die Einteilung deckt sich im wesentlichen mit den Befunden von *Eduard A. Suchman, Robin M. Williams Jr., Rose K. Goldsen:* Student Reaction to impending Military Service. In: American Sociological Review, Vol. 18, 1954, S. 293–304. Eine etwas weniger umfangreiche Wiederholung dieser Untersuchung für deutsche Verhältnisse kommt zu ähnlichen Ergebnissen. *Hans Benninghaus:* Einstellungen von Rekruten zum Militärdienst. In *René König* (Hrsg.): Beiträge zur Militärsoziologie, a. a. O., S. 270–285. Beide Untersuchungen unterscheiden die Variablen „Einstellung zum Militärdienst", „persönliche Faktoren", „militärische Faktoren" und „ideologische Faktoren".

Tabelle 3 *Differenzen zwischen den Einstellungen von gedienten und ungedienten Studenten zur Bundeswehr*

I. Persönliche Faktoren

Frage: „Haben Sie eigentlich gerne gedient?“ (Gediente); „Wenn Sie als Wehrpflichtiger zur Bundeswehr eingezogen würden, würden Sie gerne Soldat werden?“ (Ungediente).

	Gediente	Ungediente
	%	%
gerne	18	—
notwendige Pflicht	38	38
nicht so gerne	20	7
ungern	24	55
zusammen	100	100

Frage: „Hat Sie der Wehrdienst in Ihren Plänen sehr gestört?“ (Gediente); „Wenn Sie heute eingezogen würden, würde Sie das in Ihren Plänen sehr stören?“ (Ungediente).

	Gediente	Ungediente
	%	%
sehr	40	94
etwas	40	5
kaum	14	1
gar nicht	6	—
	100	100

II. Prestige des Wehrdienstes und des Soldaten

Statement	Mittelwert-differenz	Signifikanz-niveau*
„Junge Leute, die in der Bundeswehr gedient haben, können sich in vielen Dingen Gleichaltrigen überlegen fühlen.“	1,35	0,0005
„Angesichts der wichtigen Aufgabe, die er in der Demokratie erfüllt, sollte man sich bemühen, dem Soldaten wieder ein größeres Ansehen in der Bevölkerung zu verschaffen.“	0,77	0,005
III. Normative Vorstellungen vom militärischen Leben		
„Die Schlagkraft einer Armee hängt davon ab, daß auf den Befehl der Gehorsam kommt, wie der Donner auf den Blitz.“	1,04	0,0005
„Der Truppenführer sollte in der Freizeit auf Distanz achten, sonst kann im Dienst nie mehr das Verhältnis des Respekts entstehen, das für eine wirkungsvolle Führung notwendig ist.“	0,71	0,005
„Ich bin dagegen, daß Gewerkschaften in der Bundeswehr wirken können. Wenn es einmal zu Streitigkeiten zwischen gewerkschaftlich organisierten Soldaten und Bundeswehrführung kommt, ist die Bundeswehr nicht mehr einsatzbereit.“	0,47	0,05

* Signifikanzniveau bei einem einseitigen t-Test für Mittelwertdifferenzen zwischen unabhängigen Stichproben. Die Zahl der Freiheitsgrade beträgt 222. Als signifikant gelten die Differenzen bei einem Signifikanzniveau $\leq$ 0,05.

IV. Ausbildung und Effektivität		
„In der Bundeswehr gibt es immer noch zu viel überflüssige Schikane."	−1,07	0,0005
„Wenn die Bundesrepublik vom Osten angegriffen würde, könnte die Bundeswehr zusammen mit ihren Verbündeten den Angriff abwehren."	1,01	0,0005
„Die Bundeswehr ist falsch organisiert; die Zeit der Gammelei steht in keinem vertretbaren Verhältnis zu der Zeit, in der wirklich etwas geleistet wird."	0,35	0,10

nachhinein durch diese Belastung in ihren Lebensplänen nicht gestört. Der Prozentsatz derer, die sich durch den Wehrdienst sehr gestört fühlen, geht von 94 auf 40 % zurück. Gleichzeitig versuchen viele Reservisten, dem Wehrdienst noch eine positive Seite für ihren Lebenslauf abzugewinnen.

— Das Prestige des gedienten Mannes erhöht sich bei den Reservisten im Verhältnis zur Vergleichsgruppe außerordentlich. Bei der Auswertung der entsprechenden Statements ergaben sich die größten Mittelwertdifferenzen der ganzen Untersuchung. In den Augen zweier Drittel aller Reservisten ist der gediente dem ungedienten Manne in vielen Belangen überlegen. Diese Einstellung überträgt sich auch auf die Forderung nach größerer gesellschaftlicher Anerkennung des Soldaten.

— Restaurative Ideen gewinnen auf dem Gebiet militärspezifischer normativer Vorstellungen an Boden. Ein großer Teil der Gedienten bezweifelt die Übertragbarkeit liberal-demokratischer Wertvorstellungen auf die Praxis der inneren Organisationen der Bundeswehr. Die bundesdeutsche Streitmacht soll von den üblichen gesellschaftlichen Formen der Interessenvertretung ausgenommen werden und in ihr ein ungebrochenes hierarchisches Prinzip von Befehl und Gehorsam gelten. Elitäre Abkapselungen des Offizierskorps gegenüber dem einfachen Soldaten und überkommene militärische Traditionen und Symbole finden bei den Gedienten mehr Befürworter.

— Schließlich werden Ausbildung und militärischer Wert der Bundeswehr erheblich günstiger bewertet. In den Augen vieler Reservisten ist die Ausbildung militärisch wirkungsvoll und Verstöße gegen die Menschenwürde halten sich im Rahmen des Unvermeidlichen. Dieser positive Eindruck wird auch auf die Einschätzung der militärischen Effektivität der Bundeswehr übertragen. Dagegen beurteilen die Gedienten in einem einzigen, für ihre Einstellung aber sehr bedeutsamen Punkt die Bundeswehr noch ungünstiger als die Vergleichsgruppe. Sie fühlen sich im Wehrdienst nicht produktiv ausgenutzt; Wehrdienst ist Gammeldienst.

Für die Grundeinstellung zur Bundeswehr sind persönliche Faktoren, d. h. die eigene Bereitschaft zur Ableistung des Wehrdienstes und das Prestige der Bundeswehr in den Augen der Befragten von größter Bedeutung. An Wichtigkeit folgt das Ansehen der Ausbildung und der dabei angewandten Ausbildungspraktiken. Das Ansehen der Bundeswehr als militärisches Instrument spielt dagegen eine geringe Rolle; normativen Vorstellungen vom militärischen Leben kommt die geringste Bedeutung zu.

Im Verlaufe des Wehrdienstes verändert sich auch der Stellenwert der einzelnen Faktoren für die Grundeinstellung zur Bundeswehr. In Tabelle 4 sind die korrelativen Beziehungen mit ausgewählten Statements, die die

einzelnen Einstellungsbereiche repräsentieren, für die beiden Untersuchungsgruppen im Vergleich dargestellt. Man kann aus ihr entnehmen, daß für die Gedienten bestimmte Faktoren an Bedeutung verloren, andere gewonnen haben.
– Die Einstellung zum eigenen Wehrdienst und
– die Beurteilung der Praxis der Inneren Führung verlieren an Bedeutung.
Wichtiger werden dagegen
– die ideologischen Vorstellungen von den Besonderheiten militärischen Lebens und
– das Unbehagen an der Unproduktivität und Unausgefülltheit im militärischen Dienst.

Tabelle 4

Differenzen in den korrelativen Beziehungen zwischen der Grundeinstellung zur Bundeswehr und ausgewählten Statements der einzelnen Faktorengruppen bei gedienten und ungedienten Studenten

Statement/Frage	Gediente	Ungediente
	r*	r
„Haben Sie eigentlich gerne gedient?“ (Gediente); „Wenn Sie als Wehrpflichtiger zur Bundeswehr eingezogen würden, würden Sie gerne Soldat werden?“ (Ungediente).	0,258	0,489
„In der Bundeswehr kann heute ein Rekrut jederzeit seinen Mund aufmachen, wenn er glaubt, Anlaß zur Beschwerde zu haben, ohne daß dies schlechte Folgen für ihn hat.“	0,251	0,374
„Die Schlagkraft einer Armee hängt davon ab, daß auf den Befehl der Gehorsam kommt, wie der Donner auf den Blitz.“	0,307	0,189
„Die Bundeswehr ist falsch organisiert; die Zeit der Gammelei steht in keinem vertretbaren Verhältnis zu der Zeit, in der wirklich etwas geleistet wird.“	0,247	0,005

* r = „Pearsonscher Produkt-Moment-Koeffizient“

2. *Veränderungen politischer Einstellungen und Verhaltensweisen*

Politische Einstellungen und Verhaltensweisen werden, sofern sie nicht unmittelbar militärpolitische Gegenstände betreffen, nicht in gleichem Maße durch den Wehrdienst affiziert.[33] *Paul Gerd Schwefeß* stellt jedoch bei seiner Paneluntersuchung einer Ausbildungskompanie, ebenso wie der Verfasser in seiner schon erwähnten Untersuchung, auch auf diesem Gebiet Meinungsänderungen fest. Es stellt sich die Frage, ob die Bundeswehr und vor allem der staatsbürgerliche Unterricht während des Wehrdienstes dem Anspruch gerecht werden, bei der Erziehung mündiger Staatsbürger für einen demokrati-

[33] Kürzlich von *Silbermann* und *Krüger* veröffentlichte Befunde weisen ebenfalls in die Richtung unserer Ergebnisse. Vgl. *Alphons Silbermann* und *Udo Michael Krüger:* Rechtsradikalismus in einem Bundeswehrstandort. Methodik und Ergebnisse einer Vorstudie. In: Kölner Zeitschrift für Soziologie und Sozialpsychologie. 1971, H. 3, S. 568–580, insbes. S. 575 f.

schen Staat mitzuwirken oder die Befürchtung undemokratischer Schulung während des Wehrdienstes zutrifft. Während des Grundwehrdienstes ist es in der untersuchten Bundeswehrkompanie gelungen, eine leichte Steigerung des Wissens über aktuelle politische Ereignisse[34] und gewisse politische Institutionen[35] zu erreichen. Diese Wissenssteigerung bezieht sich auf einige wenige im Unterricht exponiert behandelte Gegenstände[36] und erweist sich bei näherer Betrachtung als Steigerung oberflächlichen Schlagzeilenwissens.[37] Man kann dies weder sehr hoch veranschlagen, noch kann vom staatsbürgerlichen Unterricht in einem so geringen Zeitraum wesentlich mehr erwartet werden. Interessant ist lediglich, daß mit Hilfe dieses Unterrichts bei den Wehrpflichtigen, die in ihrer Zusammensetzung in etwa einem Bevölkerungsquerschnitt entsprachen, gewisse Effekte erzielt werden konnten, die in allen Fällen der Exponiertheit des im Unterricht Dargebotenen und dessen Tendenz entsprachen. Aufgrund der im Unterricht vertretenen Auffassungen kamen z. B. in sich widersprüchliche Ergebnisse hinsichtlich der Toleranz gegenüber verschiedenen politischen Gegnern im Innern zustande.[38]

Die festgestellten Änderungen im Wissensstand sind, zumal sich die Fragestellungen eng an den üblichen Unterrichtsstoff anlehnten, nicht überraschend und sagen noch wenig über evtl. politisierende und demokratisierende Wirkungen des Unterrichts aus. Hinweise dieser Art lassen sich im vorliegenden Material nicht finden.

Die Befunde der Studentenuntersuchung zeigen keinerlei Differenzen hinsichtlich des politischen Interesses der Vergleichsgruppen auf. In der Ausbildungskompanie wurde ein leichter Rückgang des Interesses festgestellt[39], während die tatsächliche Beschäftigung mit politischen Fragen, wegen der ungünstigen Kommunikationsbedingungen, sogar stark sank[40]. Auch in der parteipolitischen Betätigung gibt es keine Unterschiede. Dagegen haben sich ungediente Studenten signifikant häufiger als ihre Kommilitonen an Demonstrationen beteiligt, wie aus Tabelle 5 hervorgeht. Während von den Ungedienten 53 % im Untersuchungszeitraum an einer Demonstration teilgenommen hatten, waren es bei den Gedienten 10 % weniger. Hinzu kommt eine

Tabelle 5 *Frage: „Haben Sie im vorigen Semester an irgendeiner Demonstration teilgenommen?"*

	Gediente	Ungediente
	%	%
Ja	43	53
Nein	57	47
zusammen	100	100

[34] Vgl. *Paul Gerd Schwefeß:* a. a. O., S. 130.
[35] Vgl. ebenda, S. 132.
[36] Vgl. ebenda.
[37] Vgl. ebenda, S. 130.
[38] Vgl. ebenda, S. 142.
[39] Vgl. ebenda, S. 117.
[40] Vgl. ebenda, S. 118.

geringere Demonstrationshäufigkeit bei den demonstrierenden Reservisten. Eine erste Erklärung dieses Verhaltens könnte verstärkte Konzentration auf den beruflichen Bereich nach den verlorenen Jahren des Wehrdienstes und gesteigerter Konventionalismus bieten.

Hier deutet sich eine Verschiebung der politischen Tendenz an, wie sie auch die von *Wildenmann* und *Schatz* ermittelten Abweichungen des Wahlverhaltens in der Bundeswehr gegenüber der übrigen Bevölkerung erkennen lassen. So übertrafen die Soldaten den CDU-Anteil der Zivilbevölkerung bei den Bundestagswahlen von 1965 an den untersuchten Standorten um 20–50 %, während derjenige der SPD um ein Viertel unter deren Anteil bei der Bevölkerung lag. Auch die Ergebnisse der FDP erreichten nicht den Wählerdurchschnitt, während die NPD damals in der Bundeswehr ihr Ergebnis bei der Zivilbevölkerung um 30–90 % übertraf.[41] Leider ist nicht genauer festzustellen, zu welchem Teil dieses Ergebnis den Wehrpflichtigen zuzurechnen ist. Da auch in der Studentenuntersuchung Unterschiede in der politischen Einstellung der Vergleichsgruppen auftraten, ist jedoch anzunehmen, daß auch bei den übrigen Wehrpflichtigen eine gewisse Verschiebung eingetreten ist. Die befragten Studenten lehnen zwar Statements, die offensichtlich gegen gesellschaftlich anerkannte politische Normvorstellungen verstoßen, unabhängig von ihrer Gruppenzugehörigkeit mit überwältigender Mehrheit ab; es zeigen sich jedoch Unterschiede, wenn anstelle abstrakter Demokratiebeschwörung konkrete demokratische Prozesse zur Diskussion gestellt werden. Die Mittelwertdifferenzen der Antworten auf ausgewählte Statements politischen Inhalts sind in Tabelle 6 festgehalten. Es wird dort deutlich, daß der Abbau demokratischer Rechte bei den Reservisten wesentlich weniger Widerstand findet. So wandten sich die Gedienten nicht

Tabelle 6 *Differenzen zwischen den Einstellungen von gedienten und ungedienten Studenten zu einigen politischen Fragen*

Statement	Mittelwert-differenz	Signifikanz-niveau*
„Man sollte Streiks nicht verbieten, aber die Regierung sollte bei Lohnstreitigkeiten, die das Wirtschaftssystem gefährden, das letzte Wort haben.“	0,42	0,10
„Ziele und Methoden des Kommunismus haben sich nicht geändert und werden sich nicht ändern. Er wird immer darauf aus sein, sich die ganze Welt zu unterwerfen.“	0,65	0,01
„Demonstrationen sind ein legitimes Mittel, politische Meinungen auszudrücken. Die Studenten sollten aber nur bei besonders wichtigen Anlässen, die die studentischen Belange unmittelbar betreffen, demonstrieren.“	0,70	0,01
„Deutschland braucht keine Notstandsgesetze; wenn einmal der Ernstfall eintritt, reichen die bestehenden Gesetze aus.“	–0,67	0,025

* Signifikanzniveau bei einem einseitigen t-Test für Mittelwertdifferenzen zwischen unabhängigen Stichproben. Die Zahl der Freiheitsgrade beträgt 222. Als signifikant gelten die Differenzen bei einem Signifikanzniveau $\leq$ 0,05.

[41] Vgl. *Wildenmann* und *Schatz:* a. a. O., S. 125 f.

ebenso energisch wie ihre Kommilitonen gegen eine Einschränkung des geltenden Streikrechts und zeigten insgesamt größeren Konformismus mit den konservativen politischen Ideen und den etablierten Verhaltensregeln unseres politischen Systems.

IV. Interpretation

Um die vorliegenden Befunde richtig zu interpretieren, ist es notwendig, Meinungen und Einstellungen, sowie Meinungs- und Einstellungsveränderungen als Resultat politischer Selbstverortung innerhalb einer komplexen, viele Dimensionen und Persönlichkeitsschichten erfassenden Situation zu verstehen, die mehr umgreift als lediglich die Einflüsse des Sozialisationsprozesses innerhalb der Bundeswehr.

Für den noch nicht gedienten Wehrpflichtigen stellt der Wehrdienst ebenso wie für den Dienenden einen sehr realen, seine privaten Lebenspläne berührenden objektiven Situationsfaktor dar. Die Erfüllung der Wehrpflicht bedeutet eine mehr oder minder schwere Durchkreuzung der Zukunftspläne und ein nicht unbedeutendes persönliches Opfer. Dieser Verlust objektiver Lebenschancen wird auch nicht durch irgendeine Art deferred gratification oder durch Prestigegewinn kompensiert. Nachdem das Militär nach dem zweiten Weltkrieg nie mehr das Ansehen der Vorkriegszeit erlangen konnte, kommt der Wehrdienst im Gegenteil heute für die Mehrheit der Soldaten objektiv einem vorübergehenden Statusverlust gleich.[42] Unter dem beruflichen Gesichtspunkt, der bei der Beurteilung der eigenen Lage als dominierendes Statusmerkmal auch bei den Soldaten die Stellung zum Wehrdienst bestimmt[43], ist der Militärdienst für sie verlorene Zeit.

Allein unter diesem Gesichtspunkt wäre das allgemeine Unbehagen am Wehrdienst[44], das sich auch während des Wehrdienstes als verbreitete Verdrossenheit[45] am Dienst ausdrückt, schon zu verstehen. Dazu befinden sich die eingezogenen Wehrpflichtigen aufgrund des selektiven Einberufungssystems in der Bundesrepublik in einer Situation relativer Benachteiligung gegenüber einem schwankenden, aber immer sehr beträchtlichen Teil Gleichaltriger. Je stärker diese Benachteiligung empfunden wird, desto wahrscheinlicher wird eine Auflehnung gegen diesen Zustand.[46]

Eine große Rolle bei der Ablehnung des eigenen Wehrdienstes spielt auch die geringe Identifikation mit den politischen und militärpolitischen Prämissen, auf denen die Legitimation der Bundeswehr aufbaut. Erst kürzlich wurde unter Berufung auf Umfrageergebnisse bei nichtgedienten Wehr-

---

[42] Dies ist auch die zentrale These der Arbeit von *Hermann Wessling:* a. a. O., S. 107 f.

[43] Ebenda, S. 158 ff.

[44] Vgl. *Personalstrukturkommission des Bundesministers für Verteidigung:* Die Personalstruktur der Streitkräfte, Bonn 1971, S. 39 f.; vgl. auch *Hans Benninghaus:* a. a. O., S. 73; ebenso *Elisabeth Noelle* und *Erich Peter Neumann* (Hrsg.): Jahrbuch der öffentlichen Meinung 1965–1967, a. a. O., S. 304.

[45] Vgl. *Hans Benninghaus:* a. a. O., S. 273.

[46] Vgl. *Samuel A. Stouffer* u. a.: Studies in Social Psychology in World War II, Bd. 1: The American Soldier. Adjustment during Army Life, Princeton N. Y. 1949, S. 124.

pflichtigen die Bedeutung dieses Faktors mit Nachdruck hervorgehoben[47], während andere Erklärungssätze, in diesem Falle die Wehrungerechtigkeit als Erklärungsmoment, mit dem Ideologieverdacht belegt wurden. Tatsächlich besteht ein enger Zusammenhang zwischen politischem Bewußtsein und der Bereitschaft zum Wehrdienst. Es hieße aber die vorliegenden Ergebnisse stark überinterpretieren, machte man reine militärpolitische Reflexionen auch nur bei einer Mehrheit der Erfaßten für das Unbehagen am Militärdienst verantwortlich. Nach den Ergebnissen von *Suchman* u. a. in den USA und *Benninghaus* in Deutschland kommen persönlichen Erwägungen für die Erklärung eine erheblich größere Bedeutung zu als ideologischen Faktoren.[48] Jedenfalls folgt aus dem verbreiteten Mißbehagen und auch aus der mangelnden politischen Motivation bei den meisten keine aktive politische Stellungnahme gegen die Bundeswehr. So sind auch die meisten negativ eingestellten Wehrpflichtigen noch immer bereit, ihren Wehrdienst abzuleisten. Vor allem aber bejahen viele, die selbst sehr ungern dienen, die allgemeine Wehrpflicht.[49] Es geht hier nicht darum, den Militärdienst politisch zu rechtfertigen oder abzulehnen, sondern die Haltung der Wehrpflichtigen und ihre Ursachen angemessen einzuschätzen. Obwohl Wehrpflichtige, da der Wehrdienst sie unmittelbar berührt, eher als andere Gruppen eine reflektierte Stellungnahme zu ihm entwickeln dürften, werden sie andererseits durch das Fehlen einer ausführlichen militärpolitischen Auseinandersetzung in der Öffentlichkeit der Bundesrepublik an dieser Art Reflexion gehindert.[50] Die Verhaltensweise der meisten, politisch kaum engagierten Wehrpflichtigen entspricht passivem Gehorsam gegenüber dem Gesetz. Dieser Gehorsam beruht darauf, daß die Legitimation gesetzlicher Forderungen a priori unbefragt akzeptiert wird[51] und es daher keiner Bestätigung durch Identifikation mit den konkreten inhaltlichen Prämissen der zugrundeliegenden Politik bedarf. Jedoch beruht der Gehorsam aus diesem Grunde auf rein legalistischer Basis. Die Ausnutzung aller legalen Mittel zur Minderung der Opfer für sich selbst wird daher allgemein akzeptiert und ohne schlechtes Gewissen ausgeübt.[52]

Es wird hier darauf verzichtet, im einzelnen zu untersuchen, welchen Anteil politische Reflexion und welchen andere Kalküle genau bei der Herausbildung der Einstellung zur Bundeswehr bei den Ungedienten haben. Wichtig erscheint lediglich, daß Gruppen mit ausgeprägten Einstellungen, worauf sie im einzelnen auch beruhen mögen, in ihrer Einstellung durch den Wehrdienst wohl kaum berührt werden. Dieser dürfte vor allem die Wehrpflichtigen beeinflussen, die zwar mit Unbehagen, aber unter legalistischen, nicht stark fixierten Gesichtspunkten ihren Dienst antreten. Sie werden diesem Einfluß um so aufgeschlossener gegenüberstehen, je mehr sie ihre Stellung im System der Bundeswehr zur Identifizierung mit ihrer Rolle im Militär

[47] *Winfried Schwamborn:* Wehrgerechtigkeit als Ideologie. In: Blätter für deutsche und internationale Politik, 1972, H. 1, S. 95.
[48] Vgl. *Eduard A. Suchman* u. a.: a. a. O., S. 301 f.; *Hans Benninghaus:* a. a. O., S. 284.
[49] *Hans Benninghaus:* a. a. O., S. 274 f.
[50] Vgl. auch *Winfried Schwamborn:* a. a. O., S. 95.
[51] Vgl. *Eduard A. Suchman* u. a.: a. a. O., S. 303.
[52] Ebenda.

zwingt, d. h. je höher der erreichte Dienstgrad und je stärker ihre Selbstdefinition sich aus der beruflichen Stellung als Soldat ableitet. Auf der anderen Seite wird der Wehrdienst vor allem bei denen Antireaktionen hervorrufen, die in ihrer beruflichen Situation besonders benachteiligt werden oder deren gesellschaftlich erworbene Normvorstellungen in besonderem Maße von den in der Bundeswehr vorfindlichen Praktiken abweichen.[53]

Tatsächlich führt der Militärdienst, wie oben ausgeführt, zu erheblichen Frustrationen, die bei vielen Soldaten Antireaktionen und politische Umorientierung zur Folge haben. Da im Laufe des Wehrdienstes die normativen Ansprüche an das militärische Leben und das Unbehagen am Gammeldienst für die Einstellung zur Bundeswehr an Bedeutung gewinnen, liegt die Vermutung nahe, dies sei tatsächlich auf ganz bestimmte Erfahrungen während des Wehrdienstes zurückzuführen. Wahrscheinlich verdeutlicht erst die Erfahrung im Wehrdienst selbst vielen die Minderung eigener Lebenschancen und der persönlichen Autonomie. Die reale Erfahrung der Mißachtung ziviler Normen führt viele endgültig dazu, Militär und Militärdienst abzulehnen.

Der größere Teil der Wehrpflichtigen paßt sich jedoch den Anforderungen des Wehrdienstes an, nimmt eine positivere Einstellung zur Bundeswehr ein und internalisiert Teile der in der Bundeswehr gängigen Ideologien. Es muß zunächst erwogen werden, ob dies auf – im Vergleich zu den Erwartungen – positive Erfahrungen im Wehrdienst zurückzuführen sein könnte. Sicher spielt dies eine Rolle, dürfte aber im ganzen nicht ausreichen, das beschriebene Phänomen zu erklären. So besteht auch bei den Gedienten keine Einigkeit über all jene Faktoren, aus denen sich Aufschlüsse über derartige Erfahrungen ergeben könnten. Z. B. sind 53 % der Reservisten unter den befragten Studenten der Meinung, in der Bundeswehr gebe es immer noch zu viel überflüssige Schikane. Ähnlich sieht das Bild bei der Beurteilung der militärischen Effektivität der Bundeswehr aus, die von 43 % der gedienten Studenten bezweifelt wird. Dies ist sicher zum Teil auf unterschiedliche Erfahrungen zurückzuführen, aber der Erklärungswert einer solchen Hypothese wird durch andere Ergebnisse eingeschränkt. Bedenkt man, daß ein günstiges Urteil vor allem von solchen Reservisten abgegeben wurde, die traditionellen militärischen Normvorstellungen anhingen und sich die Zahl der Anhänger solcher Normvorstellungen während des Wehrdienstes erhöht, so liegt der Verdacht nahe, daß das günstigere Urteil der Gedienten nicht auf positive Erfahrungen hinsichtlich der Durchsetzung der Prinzipien der Inneren Führung in der Praxis zurückzuführen ist; es könnte vielmehr sein, daß im Lichte der gewandelten, nunmehr restaurativen Normvorstellungen diePraxis der Menschenführung in der Bundeswehr, auch wenn sie den Prinzipien der Inneren Führung nicht entspricht, in günstigerem Licht erscheint. Ein von solchen Einstellungen unabhängiges objektives Urteil über die Menschenführung in der Bundeswehr würde deshalb wohl zu einem ungünstigeren Ergebnis gelangen, als es den Aussagen der gedienten Studenten zufolge den Anschein hat.

---

[53] Welchen Anteil Selektion, antizipatorische Sozialisation, die Sozialisation in der Bundeswehr und die durch die berufliche Stellung erzwungene Neudefinition bei den einzelnen Gruppen an der Bewußtseinsbildung genau haben, kann hier nicht genauer nachgeprüft werden. Ansätze finden sich bei *Heinz-Georg Macioszek:* a. a. O., S. 110 f. und passim.

Die hier zur Diskussion stehenden Meinungs- und Einstellungsänderungen sind wohl vor allem das Resultat einer Bereitschaft zur Anpassung an die Bedingungen vorgegebener Strukturen unter dem Zwang zur Neuformulierung der eigenen sozialen Verortung als Ausdruck eines Bedürfnisses nach Statussicherung und Situationsrationalisierung. Im Verlaufe des Wehrdienstes verlieren sowohl persönliche Nutzenerwägungen als auch allgemein politische Auffassungen für die Stellung zur Bundeswehr an Bedeutung. Dies kann nur so verstanden werden, daß diese Faktoren mit der Einberufung und Unumgänglichkeit des Wehrdienstes gerade für die unter legalistischen Gesichtspunkten Dienenden an Realitätsgehalt und situationsstrukturierender Kraft verlieren. Für sie stellt sich das Problem, jetzt mit der Tatsache des Wehrdienstes fertig zu werden. Sie sind bereit, den Wehrdienst zu akzeptieren, sofern die zur Verfügung gestellte Bereitschaft wenigstens dem Anschein nach nicht sinnlos verschwendet wird und die innere Praxis auch nur annähernd einem reduzierten zivilen Standard entspricht. Viele versuchen dann, aus dem Wehrdienst, auch unter beruflichen Gesichtspunkten, das Beste zu machen.

Es besteht zugleich das Bedürfnis, den Konflikt zwischen Eigeninteresse und öffentlichen Anforderungen im Bewußtsein zu minimieren und die eigene Situation zu rationalisieren. Dazu ist es nötig, daß der Dienst als sinnvoll anerkannt und mit entsprechendem Prestige versehen wird. Erst diese Bereitschaft zur Anpassung und das daraus resultierende Bedürfnis nach sozialer Anerkennung bereitet das Feld für die während des Wehrdienstes an die Wehrpflichtigen herangetragenen Ideologiegehalte. Diese bieten den Kern für die Ideen, mit deren Hilfe der Dienende sein Verhalten legitimieren und die verschiedenen Zwänge, denen er sich unterwirft, akzeptieren kann.

Von diesen Überlegungen ausgehend läßt sich auch der unterschiedliche Einfluß des Wehrdienstes auf verschiedene Einstellungsfelder erklären. Er ist um so stärker, je enger und unmittelbarer einsichtig diese Einstellungen mit den als real empfundenen Elementen der neuen Situation sich verknüpfen. Man könnte sich die verschiedenen Einstellungsfelder in Form konzentrischer Kreise um den Wehrdienst als Mittelpunkt vorstellen, wobei der Abstand zum Mittelpunkt die Valenz des Wehrdienstes für diese Einstellungsbereiche angibt. Am unmittelbarsten betrifft er natürlich die Einstellung zum Militär selbst. Innerhalb dieses Bereiches treten Einstellungsverschiebungen vor allem da auf, wo sich der Wehrpflichtige in seinen Interessen direkt berührt sieht. So identifizieren sich sogar Gediente, die der Bundeswehr insgesamt negativ gegenüberstehen und selbst ungern gedient haben, in sehr großem Umfang mit allem, was das Prestige des gedienten Mannes stärkt und lehnen jede Aussage ab, die negativ auf den wehrpflichtigen Soldaten zurückfallen könnte.

Dasselbe Erklärungsmuster gilt auch für Veränderungen politischer Meinungen und Einstellungen im weiteren Sinne. Während das Verhältnis zur Demokratie in formellem Sinne durch den Wehrdienst in keiner Weise berührt wird und die Beziehungen zu parteipolitischen Positionen den meisten verschleiert bleibt, strukturiert der Wehrdienst die Einstellung zu solchen Problemen, deren Lösung zur Legitimation des eigenen Statusanspruches als

Soldaten geeignet erscheint und in der Bundeswehr in diesem Sinne angeboten wird. So ist es verständlich, wenn die Identifikation mit den staatlich regulierten Pflichten und der staatlichen Ordnungsmacht bei den Gedienten steigt, die Aggressivität gegenüber jedem, der sich diesem Anspruch verschließt, wächst und ein Feind- und Selbstbild, das das eigene Verhalten legitimiert, von den meisten Gedienten übernommen wird.

Ökonomische Konsequenzen des EWG-Beitritts für Großbritannien

von

HAJO HASENPFLUG und HENRY KRÄGENAU

Mit der am 22. Januar 1972 durch Premierminister *Heath* in Brüssel unterzeichneten Beitrittsvereinbarung erfolgte ein weiterer entscheidender Schritt zu einem vereinten Europa, zu dessen Errichtung bereits *Winston Churchill* in seiner Züricher Rede im Jahre 1946 aufgerufen hatte.

Der Weg zu einem EWG-Anschluß war in den fünfziger Jahren zunächst gekennzeichnet durch die Präferenz Großbritanniens für die Belange des Commonwealth, die jedoch im Laufe der Zeit mit der wachsenden Eigenstaatlichkeit der ehemaligen Kolonien abnahm. Die Konstellation für einen EWG-Beitritt war danach jedoch wiederum nicht günstig, da nun das wiederholte Veto Frankreichs im Wege stand. Erst nach dem Rücktritt *de Gaulles* im Jahre 1969 gab die französische Regierung zu erkennen, daß sie nicht mehr prinzipiell gegen eine Aufnahme Großbritanniens in die Gemeinschaft eingestellt war.

Ebenso, wie sich die politische Bereitschaft im Laufe der Zeit bei den Vertragspartnern veränderte, so unterlag auch die britische Öffentlichkeit einem Meinungswandel hinsichtlich ihrer Einstellung zum EWG-Beitritt. Die zustimmende oder ablehnende Haltung hing dabei im wesentlichen von der Einschätzung der alternativen Zukunftschancen der britischen Wirtschaft innerhalb bzw. außerhalb des größeren europäischen Marktes sowie den Kosten des Beitritts ab. In Kreisen der Wirtschaft war das entscheidende Argument für den Beitritt die Annahme, daß sich im Rahmen einer erweiterten Wirtschaftsgemeinschaft verbesserte Wachstumschancen ergeben würden.

Tabelle 1 *BSP-Wachstum und Preissteigerungsraten ausgewählter Industrienationen*

	Reales BSP-Wachstum im Durchschnitt der Jahre 1960–1970 in %	Veränderungen des Preisniveaus 1963–1970 (1963 = 100)	
		Konsumgüter	Industrieprodukte
Großbritannien	2,8	135,3	124,5
USA	4,1	126,8	117,8
Japan	11,3	144,4	109,4
Frankreich	5,7	130,9	124,3
Italien	5,6	127,7	121,0
BRD	4,9	120,6	107,0

Quellen: *National Institute:* Economic Review, Nr. 57, August 1971, S. 22 f. – *Europäische Gemeinschaften, Kommission, Sachverständigenrat für mittelfristige wirtschaftliche Perspektiven:* Perspektiven bis 1975, Teil I, Tab. C 3, S. 59.

Tatsächlich wies Großbritannien mit einer Zuwachsrate des realen Bruttosozialprodukts von nur 2,8 % im Durchschnitt der Jahre 1960–70 die niedrigste Wachstumsrate unter den Industrieländern auf. Die Gründe hierfür sind vielfältig: (1) Die Wirtschaftspolitik nach dem Kriege war lange Zeit mehr auf die Konservierung traditioneller Industriezweige als auf die Förderung eines zukunftsorientierten Strukturwandels gerichtet. (2) Die Überbewertung des Pfund Sterling und die – regional wie gütermäßig – ungünstige Exportstruktur hemmten die Übertragung von Wachstumsimpulsen aus dem Ausland und waren Ursachen periodisch wiederkehrender Zahlungsbilanzkrisen. (3) Diese Krisen zwangen die Regierung zu einer Wirtschaftspolitik des „Stop and Go", bei der kontraktive und expansive Maßnahmen sich häufig ablösten, und die insgesamt gesehen die Investitionsneigung lähmte. (4) Das industrielle Management ebenso wie die zahlreichen Einzelgewerkschaften zeigten sich der Herausforderung durch den dynamischen wirtschaftlichen und sozialen Wandel nicht ausreichend gewachsen, und zwar weder in privaten noch in verstaatlichten Unternehmen.[1]

Das geringe Wirtschaftswachstum war zugleich Folge und Ursache erheblicher regionaler Ungleichgewichte, die das Entstehen sozialer Spannungen förderten. Dem ausgedehnten industriellen Ballungsraum im Süden des Landes stehen in Nordirland, Schottland, Nordengland und Wales „depressed areas" mit z. T. hoher Arbeitslosigkeit und einem unterdurchschnittlichen Pro-Kopf-Einkommen gegenüber. Die mangelnde regionale Ausgewogenheit und das geringe Wachstum behinderten auch eine wirksame Stabilitätspolitik. Sie wurde weiter erschwert durch die fehlende Kooperationsbereitschaft von Gewerkschaften und Unternehmensleitungen auf Betriebs- wie auf Industrieebene und die archaisch anmutende Gewerkschaftsstruktur mit einer Vielzahl rivalisierender Einzelgewerkschaften. So übertrafen die britischen Preissteigerungen in den sechziger Jahren die Inflationsraten nahezu aller anderen Industrieländer.

In den letzten Jahren haben die Labour- wie die Toryregierung durch eine Reihe von Maßnahmen und Programmen die Bedingungen für eine Beschleunigung und Verstetigung des Konjunktur- und Wachstumsprozesses verbessert: Die Pfundabwertung von 1967 schuf die Grundlagen für eine rasche Expansion des Außenhandels und die Sanierung der Zahlungsbilanz. Im Rahmen einer langfristigen Strategie soll das regionale Entwicklungsgefälle abgebaut werden. Die Industrial Relations Bill verbessert die Voraussetzungen für geregelte Beziehungen zwischen den Tarifpartnern. Und auch der Beitritt zur EWG ist in diese wirtschaftspolitische „Vorwärtstrategie" einzuordnen.

Die folgende Analyse wird sich mit den ökonomischen Implikationen beschäftigen, die sich durch den britischen EWG-Beitritt für die Stellung der britischen Landwirtschaft sowie für die industrielle und handelsmäßige Entwicklung ergeben. Angesichts der besonderen Bedeutung dieser Probleme für das Wachstum, die Preisentwicklung und die Zahlungsbilanz Großbritanniens befaßt sich die Arbeit vor allem mit ihnen, obgleich für einen

[1] Vgl. *John and Anne-Marie Hachett:* The British Economy, London 1967, S. 33 ff.

Kosten-Nutzen-Vergleich durchaus noch eine Reihe anderer Faktoren von Bedeutung sind.[2]

I. Agrarwirtschaftliche Integrationseffekte

In den EWG-Staaten und auch in Großbritannien nehmen in der Diskussion um Beitrittsprobleme die landwirtschaftlichen Fragen in der Regel einen breiteren Raum ein als es aufgrund der ökonomischen Bedeutung dieses Sektors gerechtfertigt wäre. Welches Gewicht diese Fragen innerhalb der EWG haben, wird u. a. dadurch deutlich, daß 90 % des EWG-Budgets für die Landwirtschaft der Gemeinschaft ausgegeben werden. Ursache hierfür ist die Tatsache, daß die Vertragsparteien bei Gründung der Gemeinschaft im Vertrag von Rom der Agrarpolitik aufgrund der strukturellen Unterschiede in den einzelnen Ländern eine Sonderstellung eingeräumt haben.

EWG-Marktordnungen versus „deficiency payments“

Bei der Schaffung eines gemeinsamen EWG-Agrarmarktes konnten die Vertragspartner nicht einfach wie im gewerblichen Bereich verfahren und die Zollschranken innerhalb der Gemeinschaft aufheben und gemeinsame Wettbewerbsregeln schaffen, da die Agrarstruktur wie die Agrarpolitik der einzelnen Mitgliedstaaten vor dem Zusammenschluß zu stark voneinander abwichen. Die bestehenden nationalen agrarpolitischen Systeme gestatteten es nicht, zwischen den Landwirtschaften der einzelnen Mitgliedstaaten eine Beziehung auf der Grundlage marktwirtschaftlicher Regeln herzustellen. Es wurde daher ein System von Marktordnungen[3] für die wichtigsten Produkte geschaffen, das den innergemeinschaftlichen Handel fördern, einen gewissen Schutz gegenüber dem Wettbewerb aus Drittländern gewährleisten sowie den Export von Überschußerzeugnissen gestatten sollte. Im einzelnen wird dieses System, das nun auch auf die englische Landwirtschaft Anwendung finden wird, durch Marktregulierungen verschiedener Art gekennzeichnet. So gibt es innerhalb der Gemeinschaft für die meisten Grunderzeugnisse Preisregulierungen in Form von garantierten Erzeugerpreisen (Interventionspreise), festgesetzten Einfuhrpreisen (Schwellenpreise) sowie Grundrichtpreisen für den Verkauf landwirtschaftlicher Erzeugnisse auf der Grundhandelsstufe. Gegenüber Drittländern werden die Inlandspreise bei der Mehrzahl der Agrarerzeugnisse durch die Erhebung einer variierbaren Abgabe, der sog. Abschöpfung, auf die importierte Ware „geschützt“. Für den Absatz von Überschußerzeugnissen auf dem Weltmarkt gewährt die Gemeinschaft Ausfuhrbeihilfen, die sog. „Erstattung“, durch die die Produkte der Gemeinschaft preislich dem niedrigeren Weltmarktniveau angepaßt werden können. Trotz dieser Maßnahmen sind die Einkommen der Landwirte in der Gemeinschaft relativ niedrig, so daß wiederholt Proteste gegen die ungünstige Einkommenssituation laut wurden; andererseits liegen die Nahrungsmittel-

[2] Z. B. Fragen der regionalen und sektoralen Strukturpolitik, Fischereifragen und das Problem der „Sterling Balances“, die lange Zeit ein Schlüsselthema der Beitrittsverhandlungen waren.

[3] Bisher gibt es Marktordnungen für Getreide, Milchprodukte, Rinder- und Schweinefleisch, Zucker, Wein sowie verschiedene Obst- und Gemüsesorten.

preise der Gemeinschaft weit über dem Weltpreisniveau. In Großbritannien besteht eine völlig andere Situation. Die britischen Konsumenten können sich eines Preisniveaus erfreuen, das das Weltmarktniveau nicht wesentlich übersteigt, und die britischen Farmer befinden sich in einer relativ guten Einkommenssituation. Im Gegensatz zur EWG wurde der Landwirtschaft in Großbritannien kein Binnenmarktschutz durch Abschöpfung bzw. Schwellenpreise zuteil, so daß die preiswerteren Nahrungsmittelimporte aus den Commonwealth-Staaten ungehindert auf den Markt des Inselstaates fließen konnten und das Lebensmittelpreisniveau niedrig gestalteten. Auf der anderen Seite wurde durch ein System der sog. „deficiency payments" das Einkommen der Farmer geschützt.[4] Die britische Agrarpolitik greift nicht direkt in die Funktionszusammenhänge von Angebot und Nachfrage ein. Im Zuge einer jährlichen Revision für die zwölf wichtigsten Agrarerzeugnisse werden von der Regierung Mindestpreise festgesetzt, die jedoch ohne Einfluß auf den Marktpreis sind. Erzielen die Erzeuger für ihre Produkte einen Preis, der unter dem garantierten Mindestpreis liegt, so erhalten sie die Differenz zwischen dem Markt- und dem Garantiepreis durch „deficiency payments" erstattet.

Tabelle 2 *Landwirtschaftliche Erwerbsbevölkerung und der Beitrag der Landwirtschaft zum BSP*

Land	Anteil der landwirtschaftlichen an der gesamten Erwerbsbevölkerung in %	Beitrag der Landwirtschaft zum Bruttosozialprodukt in %
Großbritannien	3,0	3,2
EWG	13,5	7,4
Frankreich	13,6	7,3
BRD	9,1	4,5
Italien	21,8	11,3
Niederlande	7,8	7,0
Belgien	6,1	5,2
Luxemburg	10,6	3,5

Quelle: *E. Pisani:* Report on the Agricultural Problems involved in British Membership of the Common Market. In: Problems of the British entry into the EEC, London 1969, S. 16; *Statistisches Amt der EG:* Statistische Grundzahlen der Gemeinschaft, 10. Aufl., Brüssel, Februar 1971.

Dieses Finanzierungssystem kostete den britischen Staatshaushalt im Wirtschaftsjahr 1969/70 1,37 Mrd. DM. Darüber hinaus wurden in dieser Zeit noch 2,6 Mrd. DM für sonstige Subventionen an die Landwirtschaft gezahlt.[5] Ursache für diesen im Verhältnis zur EWG relativ geringen Betrag ist vor allem die Tatsache, daß die Zahl der zu unterstützenden Farmer nicht so hoch ist wie in den sechs EWG-Staaten. Während in Italien noch 22 %, in Frankreich 14 % und in der BRD immerhin 9 % der erwerbstätigen Bevölkerung

[4] 1968 waren durch das System der Garantiepreise und „deficiency payments" ca. 60 % der landwirtschaftlichen Produktion erfaßt, darunter Getreide, Schweinefleisch, Rind- und Hammelfleisch, Zuckerrüben, Kartoffeln und Milch.

[5] Vgl. *W. Schug:* EWG-Agrarpolitik und „deficiency payments". In: Agrarwirtschaft, Jg. 19 (1970), H. 8, S. 264.

in der Landwirtschaft tätig sind, beträgt dieser Prozentsatz in Großbritannien lediglich 3 %. Hinzu kommt, daß die Produktivität des landwirtschaftlichen Sektors dort höher ist als in allen EWG-Ländern.

Bei Betrachtung dieser gegensätzlichen Positionen wird deutlich, daß die britische Agrarpolitik der der EWG diametral entgegengesetzt ist. In Großbritannien konnte das System der deficiency payments Anwendung finden, da sich die damit verbundenen finanziellen Belastungen aufgrund günstigerer struktureller Voraussetzungen in Grenzen hielten. Die Höhe der Ausgleichszahlungen hängt nämlich u. a. von dem Selbstversorgungsgrad mit Agrarprodukten ab, so daß sich dieses System in erster Linie für ein Land wie Großbritannien eignet, das einen relativ geringen Anteil seines Bedarfs an Agrarprodukten aus der heimischen Produktion deckt.[6] Hätte man das britische System auf die EWG übertragen, so wären hier weitaus höhere Belastungen entstanden, da in der Gemeinschaft im Durchschnitt fünfmal soviel Beschäftigte im Agrarbereich tätig sind wie in England. Unter Zugrundelegung des EWG-Agrarpreisniveaus von 1970 hätten jährliche Ausgleichszahlungen in Höhe von ca. 28–30 Mrd. DM geleistet werden müsen.[7] Hinzu kommt, daß diese Beträge lediglich die direkten Aufwendungen für die deficiency payments umfassen und um die jährlichen Verwaltungskosten dieses Systems zu ergänzen wären, die – bezogen auf die 5,07 Mill. landwirtschaftlichen Betriebe ab 2 ha Nutzfläche in der EWG – auf nahezu 2 Mrd. DM zu schätzen sind.[8] Im Gegensatz zu diesem außerordentlich hohen Betrag von über 30 Mrd. DM, der sich nur auf die Einkommensverbesserung der Landwirte bezieht, d. h. Kosten für Strukturbeihilfen etc. noch nicht enthält, hat der EWG-Agrarfonds im Geschäftsjahr 1968/69 etwas über 6 Mrd. DM und im Jahr 1970 gut 9 Mrd. DM gekostet.[9]

Agrarpreisniveauangleichung bis 1977

In den Beitrittsverhandlungen konnte somit eine Beibehaltung des britischen Systems, geschweige denn eine Übertragung auf die EWG, nicht Verhandlungsgegenstand sein. Großbritannien mußte sich an das System der Agrarmarktordnungen anpassen. Lediglich partiell wurden einige Erleichterungen für die eigene Landwirtschaft und die Commonwealth-Staaten ausgehandelt. Bereits im ersten Jahr der Mitgliedschaft wird Großbritannien das EWG-Agrarsystem übernehmen. Die Agrarpreise werden allerdings noch nicht sofort an das EWG-System angepaßt, so daß Schwellen- und Interventionspreise sowie Ausgleichszahlungen nach britischen Vorstellungen festgesetzt werden. Sie werden niedriger sein als die der Gemeinschaft. Die Anpassung an die Schwellen- und Interventionspreise der Sechs soll dann in sechs Stufen innerhalb von fünf Jahren erfolgen. Da bis zur endgültigen Anpassung der Preisniveaus im Jahre 1977 Unterschiede zwischen den Preisniveaus der

[6] Für die EWG und Großbritannien ergeben sich bei verschiedenen Produkten folgende Selbstversorgungsgrade in %: Getreide 104/66, Zucker 103/32, frisches Obst 89/34, Rind- und Kalbfleisch 88/87, Schweinefleisch 99/100, Öle und Fette 38/12.

[7] Vgl. *W. Schug:* EWG-Agrarpolitik und „deficiency payments", a. a. O., S. 264.

[8] Vgl. ebenda.

[9] Vgl. *H. A. Figlmans:* Die Finanzierung der gemeinsamen Agrarpolitik. In: Agrarwirtschaft, Jg. 19 (1970), H. 8, S. 253 ff.

EWG und Großbritanniens bestehen bleiben, sind bis zum Ablauf der Übergangszeit noch Ausgleichszahlungen notwendig. Die britischen Exporte in die Gemeinschaft werden in gewissem Umfang mit zusätzlichen Exportabgaben belastet, während andererseits die EWG-Exporte nach Großbritannien durch Ausgleichszahlungen auf das britische Preisniveau heruntergeschleust werden.

Für die Produkte, bei denen anstatt/oder zusätzlich zu Marktordnungen ein gemeinsamer Außenzoll Anwendung findet, übernimmt Großbritannien analog zu der Regelung bei Industrieprodukten den gemeinsamen Außenzoll in der Zeit vom 1. Januar 1974 bis 1. Juli 1977 in vier Abschnitten.

Die ökonomischen Konsequenzen der Beitrittsvereinbarung für die britischen Landwirte sind überwiegend als positiv zu bezeichnen, da die EWG-Richtpreise fast aller Produkte über den britischen Garantiepreisen liegen (vgl. Tab. 3) und die von den Marktordnungen erfaßten Gütergruppen den überwiegenden Teil der britischen Agrarproduktion bilden.

Tabelle 3 *Garantierte Erzeugerpreise und Grundrichtpreise 1971/72 in £ Sterling*

Produkt	Großbritannien	EWG
Weizen (pro Tonne)	32,60	45,60
Gerste (pro Tonne)	29,00	41,75
Roggen (pro Tonne)	21,60	41,84
Kartoffeln (pro Tonne)	16,55	—
Zuckerrüben (pro Tonne)	7,60	7,20
Milch	0,19	0,21
Schweinefleisch	2,93	2,83
Rindfleisch	12,35	16,65
Eier (pro Dutzend)	0,17	—

Quelle: The Financial Times, London, Nr. 25492 vom 20. 6. 1971.

Bei den benachteiligten Farmern ist damit zu rechnen, daß sie sich auf den Anbau bzw. die Veredelung vorteilhafterer Erzeugnisse umstellen. Nach Schätzungen des britischen Landwirtschaftsministeriums wird sich durch den EWG-Beitritt bis 1977 ein zusätzliches Wachstum der landwirtschaftlichen Produktion von etwa 8 % ergeben.[10] Diese 8 % sind jedoch eher als zu niedrig anzusehen, da Erfahrungen in der EWG zeigten, daß die Produktionsvorhersagen für landwirtschaftliche Güter um ein Vielfaches übertroffen wurden.

Steigerung der Lebenshaltungskosten

Als weitere Folge der EWG-Mitgliedschaft wird sich das Lebenshaltungskostenniveau dem höheren EWG-Niveau angleichen. Aus den Preissteigerungen einzelner Agrarerzeugnisse ergeben sich insgesamt durchschnittliche Preissteigerungen für Nahrungsmittel, die im „Weißbuch" der Toryregie-

[10] Vgl. The United Kingdom and the European Communities, London 1971, S. 23.

rung mit 18–26 % veranschlagt werden.[11] Diese Aussagen decken sich auch mit den Schätzungen der Labourregierung vom Februar 1970.[12] Aus diesen Preissteigerungen resultierend, wurde im ersten Weißbuch für die Übergangsperiode insgesamt eine Steigerung des Lebenshaltungskostenindex um 4–5 % veranschlagt, während die Regierung *Heath* in ihrem Weißbuch von 1971 davon ausgeht, daß die 18–26 %igen Nahrungsmittelpreissteigerungen nur mit 3 % auf die Lebenshaltungskosten durchschlagen. Leidtragende dieser Entwicklung werden vor allem die Bezieher niedriger Einkommen sein, da bei ihnen die Ausgaben für Nahrungsmittel einen relativ hohen Anteil ihrer Gesamtausgaben ausmachen. So haben die britischen Gewerkschaften diese Preissteigerungen mit der daraus resultierenden Härte für niedrige Einkommensbezieher denn auch bereits als eines der Hauptargumente bei ihrer Absage gegenüber dem EWG-Beitritt in die Diskussion geworfen. Schon jetzt ist zu vermuten, daß die Gewerkschaften unter Hinweis auf die integrationsbedingte Steigerung der Lebenshaltungskosten ihre Forderungen bei künftigen Lohnverhandlungen entsprechend heraufsetzen werden.

Zu diesen Preissteigerungen kommen noch Preiserhöhungen hinzu, die aus der beabsichtigten Einführung des Mehrwertsteuersystems resultieren und die auf ca. 1 % geschätzt werden. Vertreter des Industrieverbandes weisen allerdings darauf hin, daß diese Preissteigerungen nicht unbedingt zu den Kosten des EWG-Beitritts gezählt werden dürften, da die Übernahme dieses Verbrauchsteuersystems auch unabhängig vom EWG-Anschluß in Zukunft zur Diskussion stehen könnte.[13]

Die britischen Beiträge zur gemeinsamen EWG-Finanzierung

Ein weiterer entscheidender Posten im Rahmen der Diskussion um die ökonomischen Konsequenzen des EWG-Beitritts ist die Höhe der von Großbritannien an den „Europäischen Agrarfonds" (EAGFL) zu leistenden Beiträge. Nach der im Dezember 1969 vereinbarten Neuordnung der EWG-Finanzverfassung werden vom 1. Januar 1971 an die Abschöpfungseinnahmen vollständig und die Zolleinnahmen der Mitgliedstaaten nach einem besonderen Schlüssel schrittweise dem Haushalt der Gemeinschaft zugeführt. Vom 1. Januar 1975 an bestehen die Einnahmen des Brüsseler Fonds aus dem Gesamtbetrag aller erhobenen Zölle und Abschöpfungen sowie aus dem Aufkommen einer EWG-Steuer.[14]

Da Großbritannien im Hinblick auf seinen relativ niedrigen Selbstversorgungsgrad hohe Importe bei Agrarprodukten, insbesondere aus dem Commonwealth, zu verzeichnen hat, müssen hohe Beträge aus Zoll- und Abschöpfungseinnahmen nach Brüssel abgeführt werden. Die Höhe der Abschöpfungseinnahmen schätzt die britische Regierung auf etwa 1,7 Mrd. DM

---

[11] Vgl. The United Kingdom and the European Communities, London 1971, S. 23.

[12] Vgl. Britain and the European Communities – An Economic Assessment, London 1970, S. 15 f.

[13] Vgl. *Confederation of British Industry:* Britain in Europe, London 1970, S. 21.

[14] Die Höhe des Steuersatzes soll dabei höchstens einen %-Punkt der für die Gemeinschaft einheitlichen Bemessungsgrundlage der Mehrwertsteuer betragen.

und die der Zolleinnahmen auf ca. 2,1 Mrd. DM. Nimmt man den für die EWG-Kasse bestimmten Anteil an der Mehrwertsteuer hinzu, der sich auf ca. 1,8 Mrd. DM belaufen wird, so ergibt sich insgesamt ein Beitrag zum EWG-Budget in Höhe von 5,6 Mrd. DM p. a. Diesen Belastungen der britischen Zahlungsbilanz stehen Rückvergütungen aus dem EWG-Fonds gegenüber, so daß sich eine jährliche Nettobelastung der Zahlungsbilanz in Höhe von 1,5–2,1 Mrd. DM ergibt. Dieser Betrag könnte sich geringfügig verringern, wenn durch eine stärker zunehmende Agrarproduktion der Selbstversorgungsgrad steigt. Insgesamt bieten die agrarwirtschaftlichen Implikationen der EWG mit den hohen Zahlungsbilanzkosten und den Preissteigerungen für Nahrungsmittel also ungünstige Aussichten. Lediglich die Erzeuger in der Landwirtschaft können überwiegend positive Erwartungen hegen.

II. Auswirkungen des EWG-Beitritts im Industriesektor

Angsichts der großen Belastungen der britischen Wirtschaft aus der Übernahme der gemeinsamen Agrarpolitik ist eine britische EWG-Mitgliedschaft *ökonomisch* nur dann rational, wenn durch den Beitritt gleichzeitig im Industriesektor Entwicklungen eingeleitet werden, die diese Belastungen überkompensieren. Kosten-Nutzen-Vergleiche erweisen sich aber als äußerst schwierig, weil gerade im industriellen Sektor eine Reihe von integrationsbedingten Effekten keine quantitativen Schlußfolgerungen zulassen. Eine Cost-Benefit-Analyse für die Industrie muß sich daher in vielen Bereichen mit qualitativen Tendenzaussagen zufriedengeben. Auszugehen ist dabei von folgenden Beitrittsvereinbarungen:

1. Zwischen Großbritannien und der EWG werden die Industriezölle, beginnend mit einer 20%igen Zollsenkung am 1. April 1973, in fünf Etappen bis zum 1. Juli 1977 völlig abgebaut. Die Übernahme des gemeinsamen Außentarifs beginnt 1974, wobei sich die Angleichung wie bei den Agrarprodukten in vier Schritten vollzieht.
2. Im Bereich der industriellen Rohstoffe wurden einige Sonderzollabkommen getroffen, die den Import dieser Güter nicht sofort mit der vollen Höhe des in der Gemeinschaft geltenden Zollsatzes belasten.[15]
3. Für den Kapitalverkehr sollen die britischen Regelungen denen der EWG angepaßt werden, was letztlich freie Portfolio- und Direktinvestitionstätigkeit innerhalb der EWG bedeutet.
4. Schließlich wird Großbritannien das Prinzip des freien Arbeitsmarktes übernehmen, d. h. die Beschäftigung britischer Arbeitnehmer in der EWG und von Arbeitnehmern anderer EWG-Staten in Großbritannien unterliegt keiner Beschränkung. Allerdings sollen gewisse restriktive Regelungen für Nordirland bis Ende der Übergangsperiode beibehalten werden.

Neben diesen Vereinbarungen müssen zudem die zukünftigen Zollpräferenzen und -diskriminierungen im Verhältnis zu den EFTA-Ländern, dem

[15] So wird beispielsweise der gegenwärtige EWG-Importzoll für Aluminium von 8,8% auf 5,5% gesenkt, wobei Großbritannien diesen Zoll nicht vor dem 1. Januar 1976 einzuführen braucht. Weiterhin gelten Sonderregelungen für Blei, Zink, Phosphor, Papierzeug, Zeitungspapier etc.

Commonwealth sowie sonstigen Drittländern bei der Untersuchung der Wachstumschancen der britischen Industrie nach dem EWG-Beitritt berücksichtigt werden. Die Entwicklung der verarbeitenden Industrie ist deshalb so entscheidend, weil davon die gesamtwirtschaftliche Wachstumsrate maßgebend bestimmt wird. Je stärker ihr Output wächst, um so schneller wachsen – bedingt durch die gesamtwirtschaftlichen Interdependenzen – Produktivität und Output der vor- und nachgelagerten Branchen.[16] Die Impulse zur Einleitung sowie der weiteren Entwicklung des Expansionsprozesses in diesem Sektor müssen – angesichts der bisher mangelnden Binnennachfrage – aus dem Ausland kommen.

Die Untersuchung hinsichtlich der industriellen Aussichten Englands innerhalb einer erweiterten EWG reduziert sich somit einerseits auf die Fragestellung, ob der EWG-Beitritt zu einem Anstieg des Wachstums der industriellen Exporte und somit zu einem – außenwirtschaftlich induzierten – Wachstum des Bruttosozialprodukts führt. Andererseits dürfen die industriellen Importe nicht entsprechend mitwachsen, da Großbritannien auf Zahlungsbilanz*überschüsse* angewiesen ist, weil es neben den Belastungen aus der Agrarfinanzierung Schuldenrückzahlungen zu leisten hat sowie die Sterling Balances abtragen muß.[17] Entscheidend wird dabei sein, inwieweit die britische Wirtschaft ihre Effizienz infolge stärkerer Auslandskonkurrenz zu erhöhen vermag.

Zoll- und Preiseffekte

Die tarifären Änderungen, die sich als Ergebnis des britischen EWG-Beitritts ergeben, sind ein erster Anhaltspunkt für die Bestimmung der Richtung zukünftiger Handelsströme von und nach Großbritannien und damit auch der Entwicklung der britischen Handelsbilanz. Da Zölle nichts anderes als Preisaufschläge auf Produkte darstellen, ergeben sich durch Abbau oder durch Erhöhungen Preisänderungen, die den Schutz der jeweiligen nationalen Industrien verringern oder verstärken.

Unter Zugrundelegung der Theorie der Integration müßten sich durch den britischen Beitritt zur EWG-Zolltarifunion drei Effekte für den Industriesektor ergeben:

1. Eine Erhöhung des Handels mit den EWG-Ländern als Ergebnis der wegfallenden Zölle;
2. eine gewisse Umlenkung des Handels, da durch die Übernahme des gemeinsamen EWG-Außenzolls die Importe aus Drittländern tendenziell sinken, weil an ihre Stelle kostengünstigere Importe aus den Partnerländern und/oder heimische Produkte treten;
3. eine Erhöhung des Wachstums als Ergebnis einer verbesserten Faktorallokation.

---

[16] Vgl. *N. Kaldor:* The Truth about the „Dynamic Effects". In: New Statesman vom 12. 2. 1971, S. 330.

[17] Zur Frage der Sterling Balances vgl. *P. Oppenheimer:* What happens to Sterling. In: The Banker, October 1970, S. 1046 ff. Vgl. auch *H. G. Johnson:* Financial and Monetary Problems of the United Kingdom. In: Journal of World Trade Law, Jg. 1969, Vol. 3, Nr. 4, S. 364 ff.

Ausgehend von den Zollsätzen nach der Kennedy-Runde beträgt der britische Meistbegünstigungssatz 1972 im arithmetischen Mittel 10,2 %, während der gemeinsame Außenzoll der EWG sich auf 7,6 % beläuft. Durch den Beitritt Großbritanniens fallen diese Belastungen im Handelsaustausch Großbritanniens mit der EWG künftig weg. Damit verbessern sich die britischen Exportchancen in der EWG, gleichzeitig kommt jedoch die inländische Wirtschaft unter stärkeren Wettbewerbsdruck aus der EWG. Dieser Druck wird noch dadurch verstärkt, daß Drittländer, wie z. B. die USA, billiger nach Großbritannien exportieren können, da der gemeinsame EWG-Außentarif um 2,6 %-Punkte niedriger ist als der bisherige britische Zoll.

Gegenüber den Commonwealth-Ländern, die sich nicht mit der EWG assoziieren, wird die britische Wirtschaft in Zukunft stärker geschützt, weil die Präferenzen wegfallen und der gemeinsame Außenzoll gilt. Die Position gegenüber den assoziierten Commonwealth-Ländern bleibt fast unverändert, da Großbritannien diesen Gebieten bislang schon niedrige Präferenzzölle in Höhe von durchschnittlich 1,2 % einräumte. Auch im Verhältnis zu den EFTA-Ländern und Irland, mit dem Großbritannien eine Freihandelszone bildet, werden sich voraussichtlich keine zollmäßigen Änderungen ergeben; denn Dänemark, Norwegen und Irland werden der EWG beitreten und die Rest-EFTA wird sich mit der EWG assoziieren.

Faßt man diese tarifären Änderungen zusammen, so zeigt sich, daß die britische Industrie nach dem Beitritt einen Verlust an Zollschutz in Höhe von 2,25 %-Punkten hinnehmen muß.[18] Unter der Annahme, daß die ausländischen Produzenten die Zollsenkung nicht durch Preiserhöhungen ausgleichen, könnten sich die Importe damit um insgesamt 2,25 % verbilligen. Durchschnittswerte dieser Art sind im Hinblick auf einzelne Branchen natürlich wenig aussagefähig, da die Produkte zu teilweise sehr stark differierenden Zollsätzen veranlagt werden. So werden in Großbritannien z. B. Nutzfahrzeuge zwischen 11 und 22 % belastet, Motorräder mit 18 %, Personenwagen mit 11 %, Eisen- und Stahlrohre mit 17 %, Kunstfasern mit 17,5 %, metallverarbeitende Werkzeugmaschinen mit 9–12 % usf.

Zolleffekte ergeben sich nicht nur für die Binnenwirtschaft Großbritanniens, sondern auch für dessen Exportwirtschaft. „Zollneutral“ wird sich der EWG-Beitritt im Hinblick auf die Belastungen der Exporte in die EFTA, nach Irland sowie in Drittländer erweisen. Gegenüber der EFTA und Irland wird der bisherige Zustand der Freihandelszone aufrechterhalten. Allerdings dürfte es auf diesen Märkten zu verstärktem Wettbewerb mit den anderen EWG-Ländern kommen, da diese dort künftig die gleichen Zollvorzüge erhalten wie Großbritannien. Die Importzölle der Drittländer bleiben von dem britischen EWG-Beitritt unberührt. Zollmehrbelastungen ergeben sich für britische Exporte aus dem Verlust von Commonwealth-Präferenzen. Auf der anderen Seite werden die Exporte in die EWG von Zolleistungen befreit.

Errechnet man den globalen *Zollentlastungseffekt*, der sich durch den britischen EWG-Beitritt für Industrieexporte ergibt, so kommt man auf nur

[18] Vgl. *Confederation of British Industry:* Britain in Europe, a. a. O., S. 24.

0,09 %-Punkte.[19] Eine derartige Globalzahl für die Zollentlastung läßt allerdings keine Rückschlüsse auf die Entlastung einzelner britischer Exportsektoren zu. Ebenso wie Großbritannien hat auch die EWG einen sehr differenzierten Branchenschutz durch Zölle. So werden beispielsweise Nutzfahrzeuge mit 22 % zollmäßig veranlagt, Traktoren mit 18 %, Dieselmotoren mit 14 %, organische Chemikalien mit 18 %, Kunststoffe mit 16—18 % usf. Der EWG-Beitritt dürfte daher für die einzelnen Branchen recht unterschiedliche Auswirkungen haben. Die Chancen im einzelnen hängen dabei von der spezifischen Wettbewerbssituation ab. Eine Schlüsselposition wird der Stahlindustrie zukommen, da sie für eine Reihe wichtiger Branchen die Vorprodukte liefert. Bislang wurde die British Steel Corporation, die als Staatsunternehmen den englischen Rohstahlmarkt beherrscht, staatlichen Preiskontrollen unterworfen und öffentlich subventioniert. So wurde für 1972 festgelegt, daß die britischen Stahlpreise maximal um 5 % steigen dürfen. Auf der anderen Seite wurden dem Unternehmen Schulden in Höhe von 350 Mill. £ erlassen. Als Ergebnis dieser staatlichen Eingriffe ist der Stahlpreis in Großbritannien nicht kostendeckend und im Vergleich zur BRD niedriger.[20] Da aber nach dem Vertrag über die Montanunion keine Staatssubventionen zulässig sind und außerdem die Preisfixierung wegfallen muß, werden sich die britischen Stahlpreise erhöhen. Damit wird sich die Wettbewerbslage der Stahlindustrie weiter verschlechtern. Mangelnde Lieferfähigkeit sowie teilweise ungenügende Qualitäten (z. B. bei Feinblechen) waren bereits in der Vergangenheit Ursache dafür, daß Stahlimporte einen immer größeren Marktanteil in Großbritannien erringen konnten. Steigende Stahlpreise wirken sich aber nicht nur auf die Wettbewerbsposition der Stahlindustrie selbst aus. Sie bedeuten gleichzeitig für eine Reihe wichtiger nachgelagerter Branchen wie z.B. Maschinen-, Automobil- und Schiffbau höhere Vorproduktkosten. Wenngleich durch den verstärkten Wettbewerb im Bereich der Stahlindustrie nach dem wechselseitigen Zollabbau Rationalisierungen erzwungen werden, um den Preiserhöhungstendenzen entgegenzuwirken, so dürfte sich die Wettbewerbsposition der britischen Stahlverbraucher relativ zur ausländischen Konkurrenz verschlechtern.

Auf der Grundlage in der Vergangenheit gewonnener Erfahrungen mit Zoll- und sonstigen Preisänderungen — so der Abwertung von 1967 — sind eine Reihe von Untersuchungen vorgenommen worden, die die „statischen" Handelsbilanz- und Realeinkommenseffekte einer industriellen Integration Großbritanniens mit der EWG am Ende der Übergangsperiode zu bestimmen suchten. Die statischen Effekte rühren aus reallokativen Veränderungen in der Konsum- und Produktionsstruktur her. Eine von *M. H. Miller*[21] vorge-

[19] Vgl. *Confederation of British Industry:* Britain in Europe, a. a. O., S. 24. — Der Zollentlastungseffekt ergibt sich aus der Zollsenkung für die in die EWG gehenden Exporte in Höhe von 1,33 %, der aber die Zollbelastung aus dem Verlust der Commonwealth-Präferenzen von 1,24 % entgegengerechnet werden müssen.

[20] Vgl. *W. Throm:* Mehr Wettbewerb auf dem Stahlmarkt. In: Frankfurter Allgemeine Zeitung, Nr. 19 vom 24. 1. 1972.

[21] *M. H. Miller:* Estimates of the static balance of payments and welfare costs of United Kingdom entry into the Common Market. In: Economic Review (Hrsg. National Institute of Economic and Social Research), London, Nr. 57, S. 69 ff.

nommene Gegenüberstellung dieser Studien zeigt, daß alle Analysen auf der Basis statischer Integrationseffekte zu Zahlungsbilanzbelastungen kommen, die zwischen 35–275 Mill. £ schwanken. Der einmalige Anstieg des Realeinkommens, der aus der Umlenkung der Faktoren in produktivere Bereiche resultiert, wird auf maximal 70 Mill. £ geschätzt, in den meisten Untersuchungen aber vernachlässigt. Unterstellt man, daß Maßnahmen zum Ausgleich der Zahlungsbilanz ergriffen werden – *Miller* geht von Abwertungen aus –, dann wird der Realeinkommenseffekt in zwei der untersuchten Fälle sogar negativ. Damit wird deutlich, daß die statischen Effekte nicht in der Lage sind, die Einkommensverluste aus der Übernahme des EWG-Agrarsystems zu kompensieren, und daß die Zahlungsbilanz noch zusätzlich belastet wird.

Befürworter des EWG-Beitritts setzen deshalb ihre Hoffnungen vor allem in die *„dynamischen" Integrationseffekte.*[22] Sie resultieren im einzelnen aus:[23]

1. Massenproduktionsvorteilen,
2. Produktivitätssteigerungen, die aus der Verschärfung des Wettbewerbs herrühren,
3. der Erhöhung des Investitionsniveaus wegen der Teilnahme an einem rascher wachsenden Markt.

Die Unterscheidung der einzelnen Effekte erfolgt nur aus analytischen Gründen, realiter handelt es sich um interdependente Variable. Ihr Wirksamwerden dürfte sich allerdings nur in mittel- bis langfristiger Sicht vollziehen. Man hat deshalb für den vollen Beitritt der britischen Industrie eine Übergangszeit von fünf Jahren gewählt. Es hat sich nämlich in der Vergangenheit gezeigt, daß sich seit der Pfund-Abwertung 1967 im wesentlichen nur der Exportsektor international als konkurrenzfähig erwies, während die überwiegend für den Inlandsbedarf produzierenden Sektoren bislang der ausländischen Konkurrenz unterlegen waren.[24] Eine sofortige Öffnung der Grenzen unter Abschaffung aller Zölle zwischen Großbritannien und der EWG hätte daher wahrscheinlich für eine Reihe von Industrieunternehmen keine Anpassungschancen gelassen und ihre Eliminierung aus dem Markt bedeutet.

Massenproduktionsvorteile

Im Rahmen statischer Analysen wird der Aspekt vernachlässigt, daß bei steigenden Ausbringungsmengen die Durchschnittskosten der Produktion sinken können. Dieser unmittelbar an die Zunahme der Produktion gebundene und daher als Massenproduktionsvorteil bezeichnete Effekt könnte sich als Folge des britischen EWG-Beitritts einstellen und erhebliche Bedeutung für die Produktivitätsentwicklung der britischen Industrie haben.

---

[22] Vgl. z. B. die EWG-Weißbücher der Labour- und der Konservativen Regierung: Britain and the European Communities, a. a. O., Ziffer 53; The United Kingdom and the European Communities, a. a. O., Ziffern 45 und 46.

[23] Vgl. *B. Griffiths:* The Cost of Entry. In: The Banker's Magazine, Juni 1970, Nr. 1515, S. 278.

[24] Vgl. *F. Franzmeyer*, Zur EWG-Erweiterung. In: Vierteljahresheft des Deutschen Instituts für Wirtschaftsforschung, 1970, Nr. 3, S. 220, sowie *o. V.*, Außenwirtschaftliche Gesundung Großbritanniens nur temporär. In: Wochenbericht des Deutschen Instituts für Wirtschaftsforschung, 1970, Nr. 23.

Economies of scale lassen sich dort erwarten, wo der Zollabbau erhebliche Preisreduktionen erlaubt, die wiederum eine verstärkte Nachfrage nach britischen Produkten auslösen und damit die Produktion stimulieren. Ein verstärktes Eindringen in den EWG-Markt ist für die britische Exportwirtschaft insofern von großer Bedeutung, als hier ein Nachfragepotential besteht, das von der *absoluten Größe* des Bruttosozialprodukts her gesehen doppelt so groß ist wie das der EFTA.

Für die Ausnutzung zukünftiger Massenproduktionsvorteile ist zudem weiter entscheidend, daß Großbritannien durch seinen EWG-Beitritt verstärkt an einem Markt partizipieren kann, der *schneller wächst* als die bisher mit Präferenzen ausgestatteten britischen Exportmärkte. Vergleiche der durchschnittlichen Wachstumsraten von EWG und EFTA in der Vergangenheit zeigen, daß das Sozialprodukt in der EFTA langsamer als in der Sechsergemeinschaft gestiegen ist. Dies dürfte auch für die Zukunft gelten. So geht eine mittelfristige EWG-Prognose für den Zeitraum 1970–75 davon aus, daß die EWG eine durchschnittliche Wachstumsrate von 5,28 % haben wird, während sich die der EFTA in der gleichen Zeit auf etwa 3,5 % belaufen wird.[25]

Im Ausmaß des Eindringens in den EWG-Markt wird sich die britische Industrie einer verstärkten Nachfrage nach ihren Produkten gegenübersehen. Allerdings darf man davon ausgehen, daß economies of scale nicht im Bereich der gesamten Industrie auftreten. Von Bedeutung dürften sie im wesentlichen in drei größeren Sektoren sein:[26]

1. In den forschungsintensiven Bereichen, wo die Forschungs- und Entwicklungskosten auf einen größeren Output umgelegt werden können;
2. in Teilen der Maschinenbauindustrie, insbesondere im Spezialmaschinenbau, wo sich bei steigenden Losgrößen die hohen Ausbildungskosten auf mehr Fertigungseinheiten verteilen, aber wohl auch im Fahrzeugbau;
3. in Teilen der chemischen und angeschlossenen Industrien, wo sich Anlagenkosten bei Erweiterungen nur unterproportional entwickeln.

Vergleiche der Forschungsaufwendungen in Anteilen am Sozialprodukt zeigen, daß Großbritannien mit 2,8 % an der Spitze in Europa liegt; die EWG-Länder wenden im Durchschnitt nur 1,3 % auf, keines dieser Länder erreicht den britischen Anteilswert. Auch in der übrigen Welt wird das britische Ergebnis nur von dem der USA übertroffen (3,4 %). Im Hinblick auf die wirtschaftliche Entwicklung Großbritanniens scheint von den Forschungsaufwendungen allerdings zu viel in die Grundlagenforschung geflossen zu sein und zu wenig in die eigentliche Produktentwicklung.[27] Gemäß einer Studie der OECD stammten von 140 in 15 bis 20 Jahren gemachten Erfindungen zwar 14 % aus Großbritannien gegenüber nur 9 % aus der BRD; gleichzeitig hatte aber die BRD mit 22 % einen höheren Anteil forschungsintensiver Produkte

[25] *Europäische Gemeinschaft, Kommission, Sachverständigengruppe für mittelfristige wirtschaftliche Perspektiven:* Perspektiven bis 1975, Teil I, Brüssel 1971, S. 59, Tab. 3.

[26] Vgl. *J. H. Williamson:* The prizes and penalties of a larger market. In: The Times, Nr. 58 182 vom 26. 5. 1971.

[27] Vgl. *OECD:* Gaps in Technology, General Report, Paris 1968, S. 12; *o. V.:* Die Bedeutung der staatlichen Forschung und Entwicklung in Großbritannien. In: Neue Zürcher Zeitung, Nr. 39 vom 10. 2. 1971; *C. Layton:* Technologischer Fortschritt für Europa, Köln 1969, S. 30.

an ihren Exporten als Großbritannien (14 %).[28] Inwieweit die ungenügende Umsetzung von Inventions in Innovations Ausdruck mangelnder Fähigkeit ist, läßt sich zwar nicht abschätzen. Sicher dürfte aber sein, daß die marktliche Enge in Großbritannien für den Absatz forschungsintensiver Produkte eine Rolle gespielt hat. Eine verstärkte Kooperation der EWG-Länder mit Großbritannien im Sinne vertikaler Spezialisierung in technisch fortschrittlichen Industriezweigen wie Reaktor-, Computer- und Flugzeugbau läßt für die erweiterte EWG insgesamt economies of scale erwarten.[29] Angesichts seiner europäischen Spitzenstellung in diesen Industrien könnte Großbritannien dabei im Vergleich zu den übrigen EWG-Ländern überproportionale Wachstumsgewinne erzielen, nicht zuletzt deswegen, weil es die Erkenntnisse seiner Grundlagenforschung verstärkt aktivieren kann. Voraussetzung dafür ist allerdings u. a. eine wettbewerbsorientierte, nicht aus nationalen Gründen diskriminierende Vergabe öffentlicher Aufträge.[30] Das wiederum setzt eine institutionalisierte Industrie- und Technologiepolitik in der EWG voraus.[31] Solange diese fehlt, dürfen die britischen Erwartungen hinsichtlich der Erzielung von economies of scale im Bereich der forschungsintensiven Industrien nicht zu hoch angesetzt werden.

Im Bereich des Fahrzeugbaus könnte durch steigende EWG-Nachfrage ein bereits eingeleiteter Prozeß zur verstärkten Realisierung von Massenproduktionsvorteilen noch intensiviert werden. So hat der größte britische Automobilproduzent British Leyland mit über 40 % Marktanteil bereits vor dem EWG-Beitritt modellpolitische Konsequenzen gezogen und ist zu einer Reduzierung der Typenvielfalt übergegangen. Ebenso dürften Möglichkeiten zur Gewinnung von Massenproduktionsvorteilen im Bereich des Spezialmaschinenbaus bestehen, da hier eine Reihe von Spezialunternehmen (Schwerachsenbau, Kühlkompressoren, Schleifmaschinen, Anlagen und Ausrüstungen für die Stahl- und Chemieausrüstung) aufgrund ihrer Erfahrungen gute Absatzchancen nach dem Wegfall der Zölle hat.

In der chemischen Industrie dürfte die Ausnutzung von Massenproduktionsvorteilen am augenfälligsten sein. Es zeigt sich vielfach, daß zur optimalen Nutzung der Anlagen der heimische Markt zu eng ist, so daß die Exportmärkte entscheidende Bedeutung bekommen. Angesichts seiner Größe wird sich zukünftig die EWG als relevanter Absatzmarkt für die britische Chemieindustrie erweisen. So wird möglicherweise der Kunststoffexport, der rund 19 % der Gesamtexporte der Chemieindustrie ausmacht, einen entscheidenden Impuls durch den britischen EWG-Beitritt erhalten. Bislang hatten sich die Exportzuwächse in die EWG wegen der hohen Zollbelastung von 16 bis 18 % nur unterdurchschnittlich entwickelt.

Exportsteigerungen in die EWG werden allerdings nicht in allen Bereichen möglich sein. Für Grundchemikalien wie Äthylen, Vinylchlorid usf. haben

---

[28] *O. V.:* Technological Gaps: The nature, causes and effects. In: The OECD Observer, Paris 1968, Nr. 33, S. 21.

[29] Vgl. *B. Balassa:* Trade Liberalization among Industrial Countries, New York, Toronto, London, Sidney 1967, S. 104.

[30] Vgl. *F. Franzmeyer:* Zur EWG-Erweiterung, a. a. O., S. 221.

[31] Vgl. *Europäisches Parlament:* Sitzungsdokumente 1970–71, Dokument 249, S. 2 f.

optimale Anlagegrößen einen solchen Umfang angenommen[32], daß es bei diesen Produkten zu Produktionsabsprachen kommen könnte. Von derartigen kooperativen Ansätzen zwischen EWG-Chemieindustrien kann aber die britische Industrie wegen der geographischen Lage nicht profitieren, weil beispielsweise ein Äthylenverbund mit Großbritannien aus technischen Gründen nicht realisierbar ist. Im Hinblick auf andere Produktionssparten geht möglicherweise die Spezialisierung in der chemischen Industrie weiter. Eine Spaltung in Teilmärkte, die so weit geht, daß sich keine Vorteile aus Massenproduktion ergeben – wie teilweise befürchtet[33] –, ist angesichts der absoluten Größe des EWG-Marktes für die Chemieindustrie wenig wahrscheinlich.

Eine Quantifizierung der economies of scale ist wegen vieler Imponderabilien problematisch. Die britischen Regierungen verzichteten daher in ihren Weißbüchern darauf. *Denison* schätzt die Massenproduktionsvorteile für Großbritannien auf 10 % der Wachstums*steigerung*.[34] Geht man davon aus, daß die im Weißbuch der konservativen Regierung angegebene integrationsbedingte Steigerung der Wachstumsrate um 0,5 % realisiert wird, dann errechnet sich am Ende des fünften Jahres nach dem Beitritt eine Erhöhung des Sozialprodukts um 1,1 Mrd. £; der Vorteil aus der Massenproduktion wäre demnach in diesem Jahr auf 110 Mill. £ zu veranschlagen.

Wettbewerbseffekte

Fehlende Binnen- und Exportmärkte von ausreichender Größe mit entsprechendem Wachstum haben in Großbritannien in vielen relevanten Industriesektoren Zusammenschlüsse gefördert[35], damit man auf effizienterem Niveau produzieren konnte.[36] Untersuchungen im Rahmen des Industrie-Census von 1963 zeigten, daß bei 32 von 120 Produkten der verarbeitenden Industrie jeweils vier bis fünf Firmen den Markt beherrschten, d. h. sie hatten zusammen 50 % und mehr Marktanteil. Der Prozeß verstärkter Konzentration hat sich seitdem noch intensiviert.[37] Der hohe Konzentrationsgrad der britischen Industrie wird auch im europäischen Rahmen deutlich, wenn man sich vergegenwärtigt, daß 49 der 200 größten Unternehmen und fünf von 20 der größten Konzerne des erweiterten EWG-Marktes aus Großbritannien stammen.[38] Mit den verstärkten Fusionen und dem sich damit automatisch verringernden Wettbewerbsdruck sind bei einer Reihe dieser Unternehmen – insbesondere natürlich dort, wo relativ hohe Außenzölle Schutz vor Im-

---

[32] Vgl. *J. H. Townsend:* Die britische Industrie und der gemeinsame Markt. In: Chemische Industrie, Düsseldorf 1971, Nr. 4, S. 195 f.

[33] Vgl. *P. Streeten:* Die EWG ist gar nicht so anziehend. In: Wirtschaftsdienst, 48. Jg. (1968), S. 699.

[34] *E. Denison:* Why growth rates differ, Washington 1967, S. 226.

[35] Entscheidende Unterstützung bei Fusionen erhielten die Unternehmen dabei von staatlicher Seite, da Zusammenschlüsse als entscheidendes Instrument zur Erhöhung der Wettbewerbsfähigkeit angesehen wurden. Vgl. *H. Berg:* Die EWG nach einem Beitritt Großbritanniens. In: Wirtschaftsdienst, 51. Jg. (1971), S. 407.

[36] Vgl. *Confederation of British Industry:* Britain in Europe, a. a. O., S. 18.

[37] Vgl. ebenda, S. 18.

[38] Vgl. *D. Kebschull:* Die Briten kommen. In: Wirtschaftsdienst, 51. Jg. (1971), S. 389.

porten boten – „lethargic attitudes" *(Williamson)* sichtbar geworden. Durch den britischen EWG-Beitritt wird auf diese Unternehmen ein verstärkter Wettbewerbsdruck ausgeübt; denn die Unternehmen verlieren im größeren Wirtschaftsraum ihre auf nationaler Ebene bestehenden oligopolistischen und monopolistischen Marktpositionen. Der Vorteil der Zollunion drückt sich darin aus, daß die für die Nutzung von economies of scale vielfach notwendigen Unternehmensgrößen auf der einen Seite beibehalten werden können, während auf der anderen Seite ein funktionsfähiger Wettbewerb ermöglicht wird.[39]

Als Folge des EWG-Beitritts dürfte es daher zu wettbewerbsinduzierten Rationalisierungen und zur Erhöhung der Innovationsbereitschaft[40] in der britischen Industrie kommen. Es kann dabei angenommen werden, daß weite Teile der britischen Industrie vom technischen Ausrüstungsstand her der des Kontinents unterlegen sind. Ein Indiz dafür ist die ungünstige Altersstruktur der metallverarbeitenden Werkzeugmaschinen in Großbritannien: In der BRD sind 35 % der insgesamt 1,3 Mill. arbeitenden Werkzeugmaschinen nicht älter als fünf Jahre, während es von den 1 Mill. Maschinen in Großbritannien nur 20 % sind. Ähnlich ungünstig sieht es aus, wenn man den Anteil der mehr als zehnjährigen Maschinen betrachtet: In Großbritannien waren es 62 %, in der BRD nur 42 %. Ein ähnlicher Rückstand besteht auch gegenüber anderen EWG-Ländern.[41]

Angesichts der im Verhältnis zu den geringen Produktivitätsfortschritten überproportionalen Lohnsteigerungen in den letzten Jahren werden britische Unternehmen erhebliche Anstrengungen unternehmen müssen, um nach dem fortschreitenden Zollabbau preislich konkurrenzfähig zu bleiben. Das ist um so notwendiger, als die Industrie durch die integrationsbedingte Erhöhung der Nahrungsmittelpreise mit verstärkten gewerkschaftlichen Lohnforderungen zu rechnen hat und sie teilweise durch ebenfalls EWG-bedingte Preiserhöhungen für Rohstoffe unter Kostendruck kommt. Allerdings reicht eine preisliche Wettbewerbsfähigkeit im Gemeinsamen Markt allein nicht aus: Entscheidend sind ebenso die Einhaltung von Lieferterminen, ein ausreichender Service, effizientes Marketing usf. Faßt man diese Leistungen unter dem Begriff der qualitativen Wettbewerbsfähigkeit zusammen, so zeigt sich, daß in der Vergangenheit eine Reihe britischer Branchen hier den Unternehmen in der EWG unterlegen war. Typisches Beispiel hierfür ist die Automobilindustrie. Eine wichtige Ursache für die Nichteinhaltung der Termine sind die bei den vier großen Automobilherstellern selbst oder bei deren Zulieferern häufig auftretenden Streiks. So wurden z. B. 1969 799 „wilde" und 15 offizielle, 1970 sogar 1053 inoffizielle und 21 offizielle Streiks verzeichnet.[42] Grotesk an diesen oft aus nichtigen Anlässen entstehenden Streiks ist, daß durch Arbeitskämpfe bei einzelnen Zulieferern die ganze Kraftfahrzeugin-

---

[39] Vgl. *J. E. Meade:* United Kingdom, Commonwealth and Common Market, Institute of Economic Affairs, Hobart Paper 17, London 1962, S. 15 f.

[40] Vgl. *T. Scitovski:* Economic Theory and Western European Integration, London 1958, 2. Aufl. 1962, S. 10 ff.

[41] Vgl. *Confederation of British Industry:* Britain in Europe, a. a. O., S. 19; *H. Bolter:* Machine tools stalemate. In: Financial Times, Nr. 25, 635 vom 20. 12. 1971.

[42] Vgl. Blick durch die Wirtschaft, Frankfurt, Nr. 67 vom 20. 3. 1971.

dustrie in Mitleidenschaft gezogen wird, weil eine Reihe der rund 500 Zulieferer für bestimmte Teile Monopol- oder Quasimonopolstellungen hat. Auf der anderen Seite dürfte das möglicherweise nicht immer genügend qualifizierte britische Management eine der Ursachen für die mangelnde Produktivität britischer Industrieunternehmen sein.[43]

Die Regierung hofft, daß nach dem britischen EWG-Beitritt der verstärkte Wettbewerb sowohl Arbeitgeber als auch Arbeitnehmer zu einer größeren Effizienz und dynamischen Haltung bringt.[44] Die relevanten Industriebranchen[45] wie Chemie, Kraftfahrzeugbau und Zuliefererindustrien, Maschinenbau sowie Textilindustrie glauben, durch die Ergreifung zwischenzeitlicher Anpassungsmaßnahmen zumindest am Ende der Übergangsperiode für den Wettbewerb mit der EWG gerüstet zu sein. Per Saldo dürfte die britische Industrie damit zwar einen wettbewerbsinduzierten Produktivitätsgewinn verzeichnen. Ob er aber tatsächlich ausreicht, um die trotz aller Anstrengungen auf den Inlandsmärkten eintretenden Markteinbußen durch verstärkte Exporte in die EWG auszugleichen[46] bzw. überzukompensieren, so daß keine Zahlungsbilanzbelastungen und Beschäftigungsrückgänge eintreten, dürfte entscheidend von den gewerkschaftlichen Verhaltensweisen determiniert werden.

Investitionssteigerungen

Neuinvestitionen sind in einem engen Verhältnis mit dem verstärkten Wettbewerb sowie den economies of scale zu sehen. Verstärkter Wettbewerb erfordert neue technische Verfahren, also neue Investitionen, wobei der Rationalisierungseffekt sich oft nur bei größeren Produktionsmengen realisieren läßt. Da die Investitionen eine bestimmende Determinante für die Höhe des Sozialprodukts sind, trägt jede integrationsbedingte Investitionssteigerung zur Steigerung des Volkseinkommens und damit zur britischen Wohlfahrt bei. Im Ausmaß, in dem eine steigende EWG-Nachfrage zur Auslastung der oft unterausgenutzten britischen Kapazitäten führt, wird die Investitionstätigkeit angeregt. In der Vergangenheit hat sich gezeigt, daß die britische Investitionsrate geringer war als die der EWG insgesamt, aber auch als die der einzelnen Mitgliedstaaten.

Die Gründe dafür sind vielfältiger Art und lassen keine eindeutigen Korrelationen zwischen einzelnen Ursachen und der Investitionsentwicklung zu. Dennoch kann man feststellen, daß die zahlungsbilanz- und währungspolitisch

---

[43] Über 50% der britischen Unternehmer bekannten bei einer Meinungsumfrage, daß sie ihre Anfangsstellung nur familiären oder gesellschaftlichen Kontakten verdankten. Vgl. *H. Krägenau:* Kann Großbritannien jetzt der EWG beitreten. In: Wirtschaftsdienst, 49. Jg. (1969), S. 7–13.

[44] Vgl. *H. G. Johnson:* Vorteile, Nachteile, Alternativen für Großbritannien. In: Euroforum 68, Europa in der Welt von morgen, Protokolle, S. 132.

[45] Vgl. Britain into the Community, Financial Times Survey. In: Financial Times, Nr. 25 635 vom 20. 12. 1971, S. 9–24; *o. V.:* Britische Industrie sondiert ihre EWG-Absatzchancen. In: Nachrichten für den Außenhandel, Frankfurt, Nr. 151 vom 7. 7. 1971.

[46] Das bedeutet allerdings nicht, daß Großbritannien den gleichen Marktanteil in der EWG erreichen muß wie EWG-Unternehmen in Großbritannien, damit sich der Beitritt „zahlungsbilanzneutral" vollzieht.

Tabelle 4 *Entwicklung der gesamten Bruttoanlageinvestitionen 1965–1970*

Land	Mittlere jährliche Zuwachsrate in %
BRD	4,1
Frankreich	7,7
Italien	8,1
Niederlande	6,9
Belgien	4,8
Luxemburg	2,9
Großbritannien	2,7

Quelle: *Europäische Gemeinschaften, Kommission:* Perspektiven bis 1975, a. a. O., S. 100, Tab. D 7; *IMF:* International Financial Statistics, Vol. XXIV, August 1971.

bedingte zyklische Stop-and-Go-Politik das Investitionsklima generell verschlechtert hat. Die Confederation of British Industry glaubt, daß die unterschiedlichen Besteuerungsansätze für ausgeschüttete und nichtausgeschüttete Gewinne ein weiterer Faktor für die im Vergleich zu den EWG-Ländern niedrige britische Investitionsrate waren. In Großbritannien hat nach Meinung des Verbandes die Diskriminierung der ausgeschütteten Gewinne verhindert, daß die Mittel in die produktivsten Bereiche fließen konnten, und damit das Wachstum verlangsamt.[47] Nicht zuletzt hat sicherlich auch die Verlagerung des Schwerpunktes der amerikanischen Direktinvestitionstätigkeit von Großbritannien in die EWG eine bedeutsame Rolle für die britische Investitionsrate gespielt. Die Umorientierung der amerikanischen Investitionstätigkeit ist in einem engen Zusammenhang mit der Errichtung der EWG zu sehen, die zur Zusammenfassung vieler Einzelmärkte zu einem Großmarkt führte.[48] Da die Vergrößerung des Absatzmarktes eines der Hauptmotive für Direktinvestitionen ist, war es nur verständlich, daß nach dem Scheitern des britischen EWG-Aufnahmeantrags aus dem Jahre 1961 sich die amerikanischen Investoren verstärkt der EWG zuwandten. Angesichts der hohen Produktivitätsdifferenzen zwischen britischen und amerikanischen Unternehmen in der verarbeitenden Industrie Großbritanniens[49] – man schätzt, daß zwischen den Unternehmen durchschnittlich Produktivitätsdifferenzen von 18 % bestehen – war diese Entwicklung volkswirtschaftlich bedauerlich: denn sie bedeutete einen Ressourcenverlust für Großbritannien und war identisch mit einer geringeren Steigerungsrate für Anlageinvestitionen. Gleichzeitig verringerten sich dadurch die Beschäftigungsmöglich-

[47] Vgl. *Confederation of British Industry:* Britain in Europe, a. a. O., S. 18.

[48] Vgl. *D. Haubold:* Auswirkungen von Direktinvestitionen in Industrieländern auf die Zahlungsbilanz des Gläubigerlandes – dargestellt am Beispiel der amerikanischen Direktinvestitionen in der verarbeitenden Industrie Westeuropas (erscheint demnächst als Veröffentlichung des HWWA).

[49] Vgl. *J. H. Dunning* and *D. C. Rowan:* Inter-firm efficiency comparisons: US and UK manufacturing enterprises in Britain. In *J. H. Dunning:* Studies in International Investment, London 1970, S. 378 ff. Vgl. *Confederation of British Industry:* Britain in Europe, a. a. O., S. 19.

keiten für britische Arbeitnehmer. Hinzu kommt, daß auch die britischen Firmen weniger konkurrenzbedingte Neuinvestitionen vorgenommen haben dürften.
Da nach dem britischen EWG-Beitritt Zölle keine und nichttarifäre Hindernisse eine geringere Rolle im Verkehr mit der EWG spielen, könnte Großbritannien zur amerikanischen Investitionsbasis für die EWG werden. Das erscheint insofern plausibel, als die US-Investitionen auch heute noch in Großbritannien größer sind als in jedem anderen EWG-Land. Hinzu kommt die gemeinsame Sprachbasis der Länder. Für Großbritannien würde eine solche Entwicklung gesamtwirtschaftlich einerseits eine *quantitative* Erhöhung der Investitionen bedeuten; entscheidend dürfte andererseits aber auch die *qualitative* Verbesserung der Kapitalmittel wegen der höheren Produktivität der amerikanischen Unternehmen sein. Eine Erhöhung der britischen Investitionen ist allerdings nicht nur aus der Steigerung der amerikanischen Direktinvestitionstätigkeit zu erwarten. Entscheidende Impulse für eine verstärkte Investitionsaktivität sind auch noch aus anderen Gründen wahrscheinlich: Der EWG-Zollabbau ist im Gegensatz zu anderen Vereinbarungen *unwiderruflich*, läßt also langfristige Dispositionen der Unternehmen zu. Zudem ist die EWG nicht nur als Zollunion zu verstehen, vielmehr wird der Handelsaustausch künftig auch von *nichttarifären* Hindernissen immer weniger beeinträchtigt. Schließlich darf man den psychologischen Anreiz-Effekt zur Vornahme von Neuinvestitionen nicht unterschätzen, der sich aus Erwartungen über den neuen „Inlandsmarkt der 300 Millionen“[50] ergibt.
Welche Erwartungen die Industrie an den britischen EWG-Beitritt knüpft, wird z. B. deutlich, wenn man die Kapazitäts-, bzw. Umsatzerwartungen einiger Branchen betrachtet. So geht die Stahlindustrie in ihren Investitionsplanungen von einer Verdoppelung der Kapazitäten auf 40 Mill. t Rohstahl bis 1980 aus. Teile der britischen Automobilindustrie sowie die Wolltextilindustrie wollen ihre Umsätze in die EWG bis 1975 um 100 % erhöhen. Da nach jüngsten Umfragen unter den Mitgliedern des Institute of Directors mit 42 000 Angehörigen des britischen Industrie- und Handelsmanagements sowie unter den 12 000 in der Confederation of British Industry zusammengeschlossenen Unternehmen der britische EWG-Beitritt mit überwältigender Mehrheit begrüßt wird, man sich also im industriellen Bereich überwiegend Nutzen aus dem EWG-Beitritt erhofft, kann diese Stellungnahme im gewissen Umfang auch als Indiz für eine steigende Investitionstätigkeit angesehen werden.

III. Schlußfolgerungen

Zieht man ein Fazit hinsichtlich der industriellen Auswirkungen des EWG-Beitritts in bezug auf Wachstum und Zahlungsbilanzentwicklung, dann zeigt sich, daß die „statischen“ Integrationseffekte eine Verschlechterung der Zahlungsbilanz erwarten lassen, also in die gleiche Richtung wirken, wie die sich aus der landwirtschaftlichen Integration ergebenden Einflüsse. Der aus der

[50] Die 300 Mill. ergeben sich aus der erweiterten EWG zusätzlich der assoziierten Rest-EFTA.

Reallokation der Ressourcen stammende Wachstumseffekt dürfte unbedeutend sein und durch die aus der Übernahme des EWG-Agrarsystems resultierenden Kosten weit überkompensiert werden. Entscheidend müssen daher die „dynamischen" Effekte aus der industriellen Integration sein, wenn Großbritannien einen Gewinn aus dem EWG-Beitritt ziehen will. Faßt man die Überlegungen über die Economies of scale, Wettbewerbseffekte sowie über die mögliche Steigerung der Investitionsrate zusammen, so lassen sich aus den zukünftigen Chancen einiger zentraler Branchen, wie Automobil- und Chemieindustrie sowie Spezialmaschinenbau usf. sowie der ihnen vor- und nachgelagerten Bereiche durchaus Wachstumsimpulse für die britische Wirtschaft erwarten. Diese Impulse könnten noch entscheidend verstärkt werden, wenn künftig innerhalb der EWG die Bereitschaft besteht, das britische „Überschußpotential" in technologischen Spitzenindustrien wie Flugzeug-, Reaktor- und Computerbau im Sinne intensivierter Arbeitsteilung zu nutzen.

Bei diesen Betrachtungen darf allerdings nicht außer acht gelassen werden, daß in der Vergangenheit die britische Wettbewersfähigkeit durch mangelnde Effizienz des Managements, vor allem aber auch durch die fehlende Kooperationsbereitschaft der weit über 500 Einzelgewerkschaften, entscheidend beeinträchtigt wurde. Nur wenn durch den verstärkten Wettbewerbsdruck in der EWG eine Änderung der Verhaltensweisen herbeigeführt wird, ist eine Konstellation gegeben, in der die britische Wirtschaft ihre Position verbessern könnte. Andernfalls besteht die Gefahr, daß die heimischen Produktionen in immer stärkerem Umfang durch Importe ersetzt und die Exportchancen nach dem Zollabbau nicht voll genutzt werden. In diesem Falle würde sich die britische Wirtschaft weiterhin auf dem anfangs aufgezeigten Pfad niedrigen Wachstums bewegen.

Abschließend sei jedoch darauf hingewiesen, daß Großbritannien – selbst wenn mögliche negative Beitrittseffekte eintreten – angesichts der zunehmenden weltwirtschaftlichen Bedeutung der EWG und der sich stark lockernden Beziehungen innerhalb des Commonwealth letztlich keine echte Alternative zum EWG-Beitritt verbleibt.